Waldemar Hopfenbeck

Umweltorientiertes Management und Marketing

Waldemar Hopfenbeck

Umweltorientiertes Management und Marketing

Konzepte – Instrumente – Praxisbeispiele

Dieses Werk wurde auf chlor- und säurefreiem, alterungsbeständigem Papier gedruckt.

verlag moderne industrie

CIP-Titelaufnahme der Deutschen Bibliothek

Hopfenbeck, Waldemar:
Umweltorientiertes Management und Marketing : Konzepte – Instrumente – Praxisbeispiele / Waldemar Hopfenbeck. – Landsberg/Lech : Verl. Moderne Industrie, 1990
ISBN 3-478-31830-0

Dieses Werk wurde auf chlor- und säurefreiem, alterungsbeständigem Papier gedruckt.

Umschlaggestaltung: Hubert Patscheider, 8900 Augsburg
Satz: Kessler Verlagsdruckerei, 8903 Bobingen
Druck und Bindearbeiten: Laub GmbH & Co, 6957 Elztal-Dallau
Printed in Germany 310830/10902703
ISBN 3-478-31830-0

Inhaltsverzeichnis

Teil 4

Aufbau eines umweltorientierten Informationswesens

Teil 5

Die ökologische Dimension im konstitutiven Bereich

Teil 6

Rahmenbedingungen einer ökologischen Unternehmenskonzeption

Teil 7

Die ökologische Dimension im normativen und strategischen Managementbereich

Teil 8

Der materialwirtschaftliche Weg zu einer Kreislaufökonomie

Teil 9

Die betriebliche Produktionswirtschaft als Rückstandswirtschaft

Teil 10

Aufbau eines integrierten Logistik-Managements
(oder: Am Anfang ans Ende denken)

Teil 11

Ökologisches Marketing – Strategie und nicht grünes Etikett

Teil 12

Institutionelle Verankerung des ökologischen Denkens

Teil 13

Personalpolitische Maßnahmen

Teil 14

Finanzierung und Förderung von Umweltschutzinvestitionen

Teil 15

Risikomanagement als Antwort auf die neue Umwelthaftung

Teil 16

Gatekeeper Handel – Pusher oder Blockierer?

Teil 17

Notwendigkeit eines Umwelt-Controlling

Teil 18

Ökologische Ethik als Management-Gimmick?

Anhang

Vorwort

Wenn man in der Flut von Veröffentlichungen zum Umweltschutz den Bedarf für ein neues Buch festzustellen glaubt, gilt es dies zu begründen. Meines Erachtens besteht eine große Lücke darin, daß das heute bereits von Teilen der Industrie erfolgreich praktizierte Umweltmanagement breiten Kreisen noch viel zu wenig bekannt ist. Den „State of the Art" in ökologieorientierter Unternehmensführung anhand zahlreicher Fallbeispiele darzustellen, ist Anliegen dieses Buches. Führungskräften aller Ebenen sollen Möglichkeiten gezeigt werden, der ökologischen Herausforderung erfolgreich zu begegnen. Manager sind in der Umweltdiskussion zumeist in der Defensive. Die Industrie ist allerdings an dieser außergewöhnlich polarisierten Meinungssituation nicht ganz unschuldig. Verzögerungs- und Verschleierungstaktiken, Informationszurückhaltung und Verharmlosung – Vorwürfe dieser Art bestimmen das Klima. Der Konflikt zwischen Ökonomie und Ökologie wurde rein rational „gemanagt", mit Fakten und Zahlen gearbeitet, das Emotionale vernachlässigt und die Ängste der Bevölkerung als außerhalb der wirtschaftlichen Rahmenbedingungen gesehen oder als „Ökotrip" abgetan. Es wird dabei übersehen, daß man auf Dauer eine verunsicherte Bevölkerung nicht mit Passivität, PR-Aktionen oder freiwilligen Absichtserklärungen beruhigen kann. Das Wirtschaften braucht aber einen gesellschaftlichen Konsens.

Ein zweites kommt hinzu: Beim heute vorherrschenden „Reparatur-Umweltschutz" sind weitgehend die Techniker für den Umweltschutz verantwortlich – es müssen aber dringend die Kaufleute mit einbezogen werden. Umweltschutz ist in alle Funktionsbereiche der Unternehmung als integraler Bestandteil einzubeziehen. Für den Manager darf es auch keine Entfremdung zwischen seinem Tun im Beruf und seinen persönlichen Interessen geben. Die jüngere Generation an Führungskräften muß ihr kritischeres Bewußtsein auch umsetzen. Wirtschaftsethik heißt i. d. S. auch Einheit zwischen Arbeits- und Lebenswelt.

Ein Wandel in der Wirtschaft ist unverkennbar. Mag die Zahl der Unternehmen, die eine ganzheitliche, umweltorientierte Unternehmenspolitik betreiben, noch klein sein, ihre Zahl wächst beständig. Vielen geht die Entwicklung sicherlich zu langsam, anderen ist die Notwendigkeit einer ökologischen Umorientierung unserer Produkte und Produktionsweisen jedoch immer noch nicht bewußt. Die Recherchen zu diesem Buch zeigten immer wieder, daß von einem umfassenden Bewußtseinswandel noch gar keine Rede sein kann. Ein neues Bewußtsein ist aber die Voraussetzung für eine Veränderung in Richtung zu innovativen Lösungen unserer Umweltkrise. Immer noch wird eine umweltorientierte Unternehmensführung durch ideologische Brillen gesehen, erschweren Vorurteile auf beiden Seiten einen fruchtbaren Dialog.

Dieses Buch will nicht nur helfen, bei verantwortlichen Führungskräften ihre „Sensibilität" gegenüber der ökologischen Herausforderung zu erhöhen, sondern ihnen mit Praxisbeispielen zeigen, wie selbst für einen unbeirrt ausschließlich wirtschaftlich denkenden Manager eine umweltbewußte Unternehmensführung eine Chance darstellt, die sich in vielen Fällen auch „rechnet". Zudem gibt es unter strategischen Gesichtspunkten – mit dem Ziel der Sicherung der Überlebensfähigkeit einer Unternehmung – überhaupt keine Alternative: Wer nicht rechtzeitig ökologisch fundierte Erfolgspotentiale geschaffen hat, wird eines Tages als Unternehmer verschwunden sein.

Laut einer BDI-Umfrage von Anfang 1989 betrachten 73 % der Unternehmen bereits den Umweltschutz als einen Teil ihrer Unternehmenspolitik. Nach Umfrage des Ifo-Instituts wollen sogar über 90 % der Unternehmen für umweltbewußt gehalten werden, betreiben aber trotzdem, wie Wicke vom Bundesumweltamt es nennt, eine „Vogel-Strauß-Politik". Auch die vom Ifo-Institut im Auftrag der Wirtschaftswoche durchgeführte Umfrage erkennt darin eher ein Lippenbekenntnis, wenn gleichzeitig erst 29 % einen Umweltschutzbeauftragten haben und 46 % Mitarbeitervorschläge zur Vermeidung von Umweltgefahren weder fördern noch belohnen. Daß 52 % firmenbezogene Umweltprobleme mit dem Betriebsrat diskutieren, hält der DGB für „geschönt".

Es stimmt nachdenklich, wenn Untersuchungen (so etwa die Allensbach-Erhebung 1989) den Unternehmen wenig bzw. keine Problemlösungskompetenz zubilligen und in der Jugendumfrage '89 die Umweltschutzorganisation Greenpeace mit Sympathiewert und Tatkraft bei Jugendlichen als „einsames" Vorbild anerkannt wird. Auch in der von der Zeitschrift natur regelmäßig durchgeführten Untersuchung zur Umwelteinstellung der Bevölkerung landete Greenpeace auf der Skala ganz oben. Die Ernsthaftigkeit des Engagements vieler Firmen wird selbst vom Managernachwuchs skeptisch beurteilt. Bei einer 1989er Repräsentativuntersuchung im Auftrag der „Apitz Image und Strategie Beratungsgesellschaft" werteten die Jugendlichen das „ökologische Bewußtsein" der Führungskräfte in der chemischen Industrie sowie der Pharma- und Stahlindustrie als ausreichend bis mangelhaft. Sich selbst bezeichneten die Nachwuchsführungskräfte zu 80 % als umweltbewußter oder sogar als viel umweltbewußter als der Durchschnitt der Bevölkerung. Der Umweltschutz wird als eine lohnenswerte Aufgabe angesehen. Als Konsequenz fordert die Studie, umweltbewußtes Verhalten als durchgängige Dimension des Denkens und Handelns zu verstehen und zu praktizieren.

> *„Es wird nicht mehr lange dauern, dann werden wir in den Vorstandsetagen avantgardistische Vordenker mit einem Greenpeace- oder WWF-Button am Revers ihres Nadelstreifenanzuges haben" (Apitz, 1990).*

Die Notwendigkeit einer umweltorientierten Umstrukturierung der Wirtschaft ist, auch wenn der Betroffenheitsgrad der Branchen unterschiedlich einzustufen ist, im Grunde unbestritten. Bisher war die unternehmerische

Antwort auf diese Herausforderung primär eine passive Anpassung an ordnungspolitisch gesetzte bzw. veränderte Rahmenbedingungen. Die in meinen Augen bessere Alternative ist eine aktive Antwort, die den Umweltschutz als Chance zur Sicherung der unternehmerischen Zukunft begreift, Aktion statt Reaktion. Die Umweltaufgabe ist für zukünftige Generationen (über-)lebensnotwendig – wir müssen deshalb zu deren Lösung „heute" Antworten finden. Vorausschauendes Umweltmanagement gehört zu den wichtigsten Aufgaben. Und: Wenn wir nicht heute handeln, wird es morgen noch viel teurer werden. Dieses Handeln darf jedoch nicht den Anschein der Alibifunktion erwecken, PR-Aktionen mit Hochglanzbroschüren allein schaffen nicht die unbedingt notwendige Glaubwürdigkeit. Wir müssen Produkt/Produktion und Umweltbelastung als zwei Seiten der gleichen Sache begreifen – eine Minimierung der mit jeder wirtschaftlichen Tätigkeit verbundenen Umweltbelastung (Rohstoffverbrauch, Emission, Abfall etc.) muß unser Ziel sein.

Umweltschutz ist längst kein Modethema mehr. Umweltbewußtsein steuert zunehmend das Verhalten der Verbraucher, und damit wird das entsprechende Engagement der Unternehmen unausweichlich. Die unternehmerischen Aktionen müssen aber mehr sein als reine Marketingstrategien für ein „grünes" Zielgruppensegment – gefordert ist eine ganzheitliche Denkweise, die alle Unternehmensbereiche und Funktionen durchdringt. Einige erfolgreiche Pioniere will ich vorstellen. Die Beispiele sollen zeigen, wie viele Unternehmen sich bereits erfolgreich den Erfordernissen auf operativer, strategischer und normativer Führungsebene angepaßt haben. Ich zeige nicht Unternehmen, die Produkte für den Markt der Umwelttechnik anbieten, sondern wie ein umweltbewußtes Denken in allen Funktionsbereichen einer Unternehmung unabhängig von seiner Branche implementiert werden kann. Die vorherrschende, meist passive Umweltschutzpolitik ist sicherlich eine der Ursachen dafür, daß im gegenwärtigen status quo der Verbraucher die steigende Umweltproblematik durch das Endprodukt selbst vernachlässigt und den Verursacher der Umweltschäden weniger bei sich selbst als beim Hersteller sieht. Es wird deshalb auch zu zeigen sein, daß die Bedrohung nicht nur durch spektakuläre Katastrophen, nicht nur durch bestimmte Industriezweige (für die die chemische Industrie heute quasi eine „Stellvertreterfunktion" einnimmt), sondern auch ganz entscheidend durch jeden einzelnen „Otto Normalverbraucher" als Folge seines gewöhnlichen Alltags- und Konsumverhaltens bewirkt wird.

Um aus der Zielscheibe öffentlicher Kritik herauszutreten, hilft nur ein Umdenken aller Führungskräfte hin zu einer ökologischen Unternehmensführung. Konzepte, Instrumente und Praxisbeispiele für eine solche Unternehmenspolitik sollen hier aufgezeigt werden. Mein besonderer Dank gilt den Vertretern der Wirtschaft, die mich bei der Materialiensammlung kooperativ unterstützt haben.

München, im September 1990 Waldemar Hopfenbeck

Teil 1
Die ökologische Herausforderung an die Unternehmensführung

Ökologie – Zeitproblem oder Dauerbrenner?

Bestandsaufnahme – mehr Frust als Hoffnung
Die aktuelle Umweltsituation
Der Bewußtseinswandel

Marktwirtschaftliche oder politische Lösungswege beim Umweltschutz?
Restriktionen durch die staatliche Umweltschutzpolitik
Der Weg zu einer öko-sozialen Marktwirtschaft

> *„Wir leben zwar in einem System durchgreifender Ökonomisierung, aber die natürlichen Ressourcen werden unter Kosten oder kostenlos gehandelt. Alle Wirtschaftskalküle sind daher falsch, da sie zu wenig Anreize zur Umwelt-, allgemeiner zur Ressourcenschonung schaffen.*
>
> *Der einzelne Akteur erfährt dieses System durch*
>
> - *internationalen, nationalen, sektoralen und produktspezifischen Wirtschaftswettlauf, bei dem er mithalten müsse und*
> - *aggressive Produktwerbung, der sich nur wenige entziehen können.*
>
> *In einem solchen System ist keiner schuldig, oder wir sind es alle: als Konsumenten, Verkäufer, Manager, Techniker, Lehrer, Politiker."*
>
> *(Krupp, Fraunhofer-Gesellschaft, 1989)*

Ökologie – Zeitproblem oder Dauerbrenner?

„Klar wird, daß wir uns als unwürdige Gäste auf der Erde aufführen. Mit unseren Aktivitäten, die Gewinn bringen, erleiden wir aber auch täglich Verluste, auch wenn sie nicht sofort sichtbar werden. Die Gewinne benutzen wir für uns selber, die Verluste geben wir leichtsinnig an die Generation nach uns weiter."

Diese, von Königin Beatrix in ihrer Weihnachtsbotschaft 1988 in eindringlicher, mahnender Weise an ihre Landsleute gerichteten Worte umreißen ein Zeitproblem, das wie kein zweites eine Herausforderung für Politiker, Manager . . ., ja für jeden einzelnen geworden ist.

Kaum ein Thema fand in den letzten Jahren ähnliche „Medienaufmerksamkeit" wie die Umweltfrage. Während die einen diese ökologische Krise als ein Existenzproblem unserer Industriezivilisation, als „Überlebensfrage" schlechthin charakterisieren, von einer „Zerstörung des bisherigen lebensbegründenden ökologischen Gleichgewichts" sprechen, konstatieren andere – wie bei jedem „Mode"-Thema – auch hier eine begrenzte Aufmerksamkeitsspanne.

Die täglichen Katastrophenmeldungen (heute ein Algenteppich – morgen ein Ölteppich) müssen, da kein Mensch ständig mit einem Katastrophenbewußtsein leben kann, ohne paranoid zu werden, irgendwie „verarbeitet" werden. So werden bei allen Betroffenen individuelle Verdrängungsmechanismen oder sonstige Methoden der Problembearbeitung (sprachliche Verschönerung, Negierung etc.) wirksam. Beliebt ist zudem eine Problemverschiebung. Durch hohe Schornsteine oder durch Mülltourismus wird das Problem aber nur „geographisch" weiter weg verlagert und durch technischen Umweltschutz wie Filteranlagen nur von einem Medium in ein anderes geschoben. Diese Maßnahmen mögen temporär notwendig sein und auch ihren Sinn haben, denn man gewinnt eine Zeitoption; aber diese Option muß auch genützt werden, denn das „Problem" liegt ja noch irgendwo „ungelöst"!

Überdrüssig der ständigen Umweltskandale, scheint die öffentliche Mediendiskussion sich bereits wieder neuen Themen zuzuwenden (das Katastrophenjahr 1986 mit Tschernobyl und den Rheinschäden bereits weit weg und ohne Folgen . . .), „belegen" aktuelle politische Entwicklungen in Osteuropa die Aufmerksamkeit. Bewirkte die ständige Medienpräsenz bereits eine Verdrossenheit statt einer Sensibilisierung, ist die ökologische Krise auch eine Krise der Wahrnehmung? Eine Neuorientierung in unserem Denken, das dem Umweltschutz einen ganz anderen Stellenwert in unserem Wertgefüge zumißt, muß deshalb auch da ansetzen, „was" wir überhaupt als Problem wahrnehmen.

Dieses wohl mehr temporäre Zurückdrängen der Umweltprobleme sollte jedoch nicht mißgedeutet werden, denn es sind gewisse (irreversible) Veränderungen unübersehbar, zudem lassen ständig wechselnde, neue Schlagworte (Waldsterben, Ozonloch, Treibhauseffekt, Nordseealgen, Robbensterben) die ökologische Herausforderung zum „Dauerbrenner" werden. Gestern ein Tankerunglück vor Alaska, heute vor Marokko, morgen wo?

Zahlreiche Umfragen der letzten Jahre, wie etwa vom Institut für praxisorientierte Sozialforschung, belegen einen deutlichen Wandel in der öffentlichen Meinung. Der Umweltschutz wird durchweg als eines der wichtigsten Themen angesehen und liegt bei ca. 70 %. Da diese Prioritätsverteilung seit sechs Jahren stabil bleibt, dürfen Umweltschutz und Ökologie keineswegs als Modeerscheinung abgetan werden. Diese stark gestiegene Umweltsensibilität zeigt sich in allen europäischen Ländern außer Frankreich und Irland. Nach einer Emnid-Studie aus dem Jahr 1989 ist für 72 % der ca. 350 Millionen EG-Bürger der Kampf gegen die Umweltbeeinträchtigung ein „dringliches, sofort in Angriff zu nehmendes Problem".

Insbesondere die Klimaveränderungen haben das Gefühl einer globalen Bedrohung verstärkt. Die politischen Folgen, insbesondere im Nord-Süd-Verhältnis, sind noch gar nicht absehbar – sollen etwa die Entwicklungsländer wegen unserer Umweltschutzgedanken auf die Früchte „ihrer" Industrialisierung verzichten?

Die Politiker werden dabei einige Tabuthemen konkretisieren müssen, denn es geht um das langfristige Überleben, nicht um kurzfristigen ökonomischen Wohlstand. Wenn die Berücksichtigung der Umweltschutzaspekte von Führungskräften immer wieder mit dem Vorteil einer damit verbundenen Verbesserung des Firmenimages gesehen wird, ist dies zwar von der Wirkung her gesehen richtig, greift aber dennoch viel zu kurz und wird der Komplexität des Themas nicht gerecht.

Umweltschutz darf nicht mehr auf Teilbereiche der Gesellschaft reduziert bleiben, darf nicht überwiegend als Verbesserung der Umweltschutz-„Technik" verstanden werden. Unser ungebrochenes extensives Wachstum hat zwar für Teile der Industriegesellschaften einen bisher nicht gekannten materiellen Wohlstand geschaffen, der aber offenkundig immer schwerer mit der ebenso begehrten Lebensqualität zu vereinbaren ist: Immer häufigeres Reisen führt zu lästigen Verspätungen am Boden und in der Luft, der quantitativ ansteigende Konsumwohlstand mit der Müllawine hat auch die Deponie oder Müllverbrennungsanlage in der Nachbarschaft zur Folge usw. Dieser Wohlstandsfortschritt ist gekoppelt an ökologische Folgeschäden, aber auch an soziale und kulturelle Folgen, da zunehmend nicht nur die Natur, sondern auch der Mensch überfordert scheint. Diese Folgen unseres Wirtschaftens bedürfen dringend einer gesellschaftlichen Bewertung.

Die drohende ökologische Katastrophe wird zum beherrschenden politischen Thema der nächsten Jahrzehnte werden. „Die für alle Beteiligten auf offene Rechnung fortgeschriebenen Geschäfte gingen aber bislang zu Lasten der schweigenden und duldenden Natur. Sie präsentiert nun – in steigenden Raten – ihre Rechnung. Auf die zivilisierten Gesellschaften und ihre Unternehmer wartet eher eine Jahrtausend- als eine Jahrhundertaufgabe" (Seidel, 1989).

Eine Strategie des volks- und betriebswirtschaftlichen Verdrängens der Folgen wirtschaftlichen Handelns ist nicht mehr möglich. Die existentielle Natur der Bedrohung erlaubt keine gefährliche Verharmlosung.

Die ökologische Herausforderung ist nicht mehr Sache kleiner Minderheiten (Öko-Freaks, Grüner, Spinner oder wie auch immer bezeichnet), sondern die zentrale Zukunftsfrage für jeden einzelnen. Da die Unternehmer einen Großteil der heutigen Probleme mit verursacht haben, sind sie auch für ihre Beseitigung mit verantwortlich. Der Staat allein wäre überfordert, den Unternehmen fällt damit auch eine gesellschaftspolitische Schlüsselrolle zu. Erfreulich, daß auch durchaus kritische Autoren, wie etwa Pfriem, dabei für ein „Augenmaß" eintreten:

„Die gesellschaftliche Rolle der Unternehmung bezüglich der Ökologieprobleme darf weder negativ noch positiv überstrapaziert werden. Die Unternehmen sind Primärproduzenten ökologischer Schäden und Zerstörungen, jedoch nicht, weil in ihren Führungsetagen die bösen Buben dieser Gesellschaft sitzen, sondern qua Funktion; mit einem radikalen Text am Schreibtisch ökologische Reinheit zu bewahren, fällt allemal leichter. Umgekehrt darf die Tatsache, daß inzwischen begonnen worden ist, die Notwendigkeit ökologischer Unternehmenspolitik und die hierin liegenden eigenen Chancen zu erkennen, nicht zu einer positiven Verzerrung des Bildes führen, so daß Unternehmen und Unternehmer plötzlich als die Avantgarde des ökologischen Umbaus der Gesellschaft vorgeführt werden. Als quasi-öffentliche Institution ist das Unternehmen an seinen Nutzenbeiträgen für eine vernünftige gesellschaftliche Entwicklung zu messen, natürlich auch (bzw. gerade) in ökologischer Hinsicht."

Während über viele Jahre eine mehr passive Verdrängungs- und Abwehrstrategie festzustellen war, ist zunehmend ein Umdenken zu erkennen. Waren es gerade zu Beginn dieser Entwicklung einige Pionierunternehmen aus dem mittelständischen Bereich, wird in jüngster Zeit die Notwendigkeit einer Integration der ökologischen Dimension in wirtschaftlichem Handeln generell kaum mehr angezweifelt, die ökologische Verantwortung der Unternehmen, zumindest im Ansatz, allgemein akzeptiert.

Strittig ist weitgehend das „Wie", die instrumentelle Ausgestaltung der Lösungsansätze.

Trotz dieses zunehmend aktiven Bemühens der Unternehmen, vor allem in Branchen mit großem Konfliktpotential, ist als Bestandsaufnahme dennoch ein nüchterner Befund angezeigt: über 400 Mitglieder bei B.A.U.M. und future belegen zwar ein steigendes Umweltbewußtsein bei Managern – die Zahl muß jedoch gegenüber ca. 2,5 Millionen Unternehmern und Gewerbetreibenden gesehen werden. Wir stehen im Bestreben nach einem offensiven, integrierten Umweltmanagement in Theorie und Praxis noch ganz am Anfang. Erste Schritte eines langfristigen Entwicklungsprozesses sind sicherlich getan, mehr noch nicht.

Diese ersten Ansätze gilt es aufzuzeigen. Das unausgeschöpfte Know-how ist allerdings noch groß, es sind erst kleine Fortschritte auf dem langen Weg zu einer wirklich umweltgerechten Produktion und zu einer Veränderung der vorherrschenden Konsumentenphilosophie im Sinne des „Kaufen, Gebrauchen, Wegwerfen" erreicht.

Verantwortungsbewußtes menschliches Handeln ist immer zielorientiert – wir brauchen deshalb ein „umweltorientiertes" Management und Marketing als unternehmenspolitisches Ziel. Diese Erweiterung des Managementverständnisses wird nicht mit einem „großen Wurf" auf einmal durchsetzbar sein, denn jede Veränderung beginnt mit dem ersten Schritt und zieht dann andere Veränderungen nach sich. Aber wir können nicht länger immer auf „andere" warten, denn erst wenn dieser erste Schritt gegangen wurde, kann der nächste Schritt folgen. Jeder einzelne kann in diesem Sinne an der Gestaltung der Zukunft mitwirken, steht dafür aber auch in der Verantwortung. Der einzelne, wie auch der einzelne Manager, mag für sich allein vielleicht wenig bewirken, doch wie die Beispiele in diesem Buch zeigen, gibt es bereits viele „Verbündete", auf deren Erfahrungen aufgebaut werden kann. Mögen die Beispiele dieser Vorreiter als Multiplikatoren wirken.

Bestandsaufnahme – mehr Frust als Hoffnung

Die aktuelle Umweltsituation

Das Umweltbundesamt bezifferte die rechenbaren Schäden für 1985 auf ca. 160 Milliarden DM. Eine öffentliche Anhörung zum Umweltproblem in Bonn im Mai 89 zeigte die rapide Zunahme der ökologischen und sozialen Schäden des Wirtschaftens und erhöhte die geschätzten Kosten bereits auf über 200 Milliarden DM. Dazu kommt als Zukunftsproblem die Altlastensanierung mit ihrem enormen Gefährdungspotential.

Wurden von Wicke 1986 unsere jährlichen Umweltschäden bei äußerst vorsichtiger Gesamtermittlung aller Umweltschäden auf ca. 6 % des Bruttosozialproduktes geschätzt, spricht das Wissenschaftszentrum Berlin jetzt bereits von 10 % des Bruttosozialprodukts. Zudem werden die bereits gestreßten Umweltressourcen zu viel und zu schnell verbraucht:

> „Dieses Tun bringt zwar Profite in den Bilanzen unserer Generation, aber unsere Kinder werden die Verluste erben. Wir borgen Umweltkapital von den zukünftigen Generationen ohne jede Absicht oder auch nur Aussicht zurückzuzahlen."
>
> (Brundtland-Bericht der UN-Umweltbehörde, 1987)

Andererseits sind die betrieblichen Ausgaben für kurative Umweltschutzmaßnahmen stetig im Steigen. Das Geschäft mit der Umwelttechnik zur Verringerung/Vermeidung oder Beseitigung bereits erfolgter Umweltbelastungen ist bereits zu einem über 30-Milliarden-Umsatzträger (EG: 90 Mrd. DM) für mehr als 4000 Unternehmen geworden. Die Westdeutsche Landesbank Girozentrale schätzt in ihrem Mitte 89 veröffentlichten Branchenreport „Umwelttechnik" allein aus dem Bereich öffentlicher Nachfrager das Wachstumspotential dieses Marktes in den nächsten 15 Jahren auf 200 bis 250 Mrd. DM. Ein Drittel der einheimischen Öko-Tech-Anlagen und -Geräte geht bereits in den Export, bei jährlichen Wachstumsraten von 10 Prozent. Man spricht von einer „Goldgräbermentalität" in der Branche. Allerdings wird auch festgestellt, daß ein Eigeninteresse an mehr Umweltschutz weder bei Unternehmen noch bei Gemeinden besteht, d. h., ohne staatliche Anreize und gesetzliche Vorschriften geschieht nur wenig. Die Zahlen des Statistischen Bundesamtes bestätigen, daß erst jeweils im Zuge neuer Gesetze „grüne Investitionswellen" ausgelöst wurden. Ökologie heute ist der ökonomische Erfolg von morgen: erst diese Erkenntnis könnte einen ökologischen Wachstumsschub ermöglichen.

Nach Zahlen des Statistischen Bundesamtes für die Bundesrepublik wurden von 1975 – 86 von der öffentlichen Hand 75,8 Mrd. DM und dem produzierenden Gewerbe 40,6 Mrd. DM investiert (1986 waren es rund 7,34 Mrd. DM), stiegen die laufenden Ausgaben von 1975 bis 1985 von 6,6 Mrd. DM auf 15,5 Mrd. DM und die Gesamtausgaben (Investitionen und Betriebsausgaben) von 1980 bis 86 von 1,7 auf 2 % der Bruttowertschöpfung; dazu sind noch jährlich ca. 1 bis 2 Mrd. DM für den Produkt- und Verbraucherschutz hinzuzuzählen.

Wie eine Untersuchung des Ifo-Instituts zeigt,

- sind es vorwiegend „gemischte“ Unternehmen, bei denen die Umweltschutztechnik als Diversifikationsmöglichkeit den nur ergänzenden Teil des Gesamtprogramms darstellt,
- eröffnen sich vorwiegend für mittelständische Unternehmen Marktchancen, da i. d. R. „maßgeschneiderte“ Technik gefordert ist,
- gehören fast drei Viertel der Anbieter der Investitionsgüterindustrie an (bei steigender Bedeutung der elektrotechnischen Industrie),
- drängen sich in jüngster Zeit nun auch Großunternehmen (z. B. aus dem Bereich der chemischen Industrie oder der Energieversorgungsunternehmen) auf diesen Markt, die besonders bei integrierten Lösungen einen Vorsprung haben dürften,
- ist der Markt stark von der öffentlichen Hand (als Gesetzgeber, Investor oder Subventionsgeber) und der jeweiligen Lage der öffentlichen Haushalte abhängig,
- geht der Trend zu „Paketlösungen“ (Anlagen und Dienstleistungsgeschäfte),
- beschäftigte der Umweltschutz 1984 bereits direkt oder indirekt über 400000 Personen.

Die zur Zeit, je nach Land, auf ca. 0,2 bis 1 % des Bruttosozialproduktes geschätzten Umweltschutzausgaben (nur noch Kanada, die Niederlande und Deutschland gaben über 1 % aus) werden stark zunehmen. Gemäß einer vergleichenden Untersuchung des Instituts der deutschen Wirtschaft (IW) betrugen die Umweltschutzausgaben der 10 wichtigsten Industrieländer 1988 0,7 % des BSP dieser Länder. Während diese Ausgaben zwischen 1980 und 1988 durchschnittlich um 1 % pro Jahr anstiegen, lag die Wachstumsrate des nominalen Sozialprodukts dieser Länder bei 7,8 %. Die 1988 insgesamt ausgegebenen Umweltschutzausgaben verteilen sich wie folgt:

USA	40,6 %	Kanada	5,1 %
Japan	19,2 %	Italien	3,9 %
BR Deutschland	13,1 %	Niederlande	3,0 %
Großbritannien	6,9 %	Schweden	1,1 %
Frankreich	6,2 %	Dänemark	0,9 %

Für die Verteilung der Ausgaben auf Staat und produzierendes Gewerbe zeigt sich ein starkes Übergewicht des Staates. Deutschland gehört zu den wenigen Ländern, in denen die Privatwirtschaft in den 80er Jahren ihre Umweltschutzausgaben stark ausgeweitet hat. Deutlich zeigt sich auch eine Arbeitsteilung zwischen Staat und Wirtschaft: beim Staat mehr Ausgaben beim Gewässerschutz (und zunehmend für die Abfallbeseitigung), die Unternehmen konzentrieren sich auf die Luftreinhaltung.

Nach Meinung von Experten der Anlageberatung (wie etwa Prudential-Bache) wird der Umweltschutz als die größte Wachstumsbranche seit dem Zweiten Weltkrieg angesehen. UBS Philips & Drew hat in der Studie „Investing in a green Europe" sechs Sektoren untersucht und die „Umweltgewinner" herausgefiltert. Inzwischen ist der deutsche Börsenzettel um einen reinen Umweltschutzwert erweitert worden: An die Börse ging die erst 1987 gegründete B. U. S. Berzelius Umwelt-Service, Tochter der Metallgesellschaft AG. Und die DG Bank empfiehlt anfangs 1990: „Legen Sie Ihr Vermögen dort an, wo es eine Zukunft hat: DG CAPITAL öko 2000"; diese neue Depotvariante konzentriert sich auf Aktien von Unternehmen im Umweltschutzsektor.

Unzweifelhaft sind auf bestimmten Teilgebieten (so etwa bei der Luftreinhaltung/Schwefeldioxid oder der Wasserqualität) Erfolge erzielt worden. Ohne diese Maßnahmen wäre die heutige Situation noch wesentlich schlechter. Trotz der erreichten Verringerung verursachen nach einer Bilanz des Umweltbundesamtes die Luftschadstoffe immer noch Schäden in astronomischer Höhe. Allein die durch das Waldsterben verursachten Schäden und Folgekosten im Fremdenverkehr werden zukünftig jährlich auf 4,7 Mrd. DM geschätzt.

An Steuergeldern und Investitionen des produzierenden Gewerbes kostete der Umweltschutz zwischen 1975 und 1988 324 Milliarden DM. Da Wicke die Umweltschäden mit jährlich 120 Milliarden DM beziffert, sind, so Schütze (1989), in Höhe dieses unterlassenen Umweltschutzes (das sind für die 13 Jahre insgesamt 1560 Milliarden DM) Werte verbraucht worden, die man vom Wirtschaftswachstum in diesen Jahren abziehen müßte.

Warum hat man trotzdem das Gefühl, daß sich die Gesamtsituation nicht verbessert hat, sondern von Jahr zu Jahr verschlechtert, sich die Folgekosten unserer Art zu wirtschaften ständig erhöhen? Die Ursachen sind vielfältig:

- Es wird überwiegend erst am Ende „nachsorgend" angesetzt, statt Prozesse so zu gestalten, daß solche Schadstoffe gar nicht entstehen. Umweltorientiertes Management wird nicht aus ganzheitlicher Sicht betrachtet, d. h. von einer Überprüfung der Inhaltsstoffe bei der Beschaffungspolitik, einer umweltfreundlicheren Gestaltung der Produkte und Produktionsverfahren, einer Sensibilisierung der Mitarbeiter mittels der Personalpolitik bis hin zur Integration der Entsorgungsphase.

- Anstelle der alten (reduzierten) Schadstoffe sind neue getreten, der Verringerung der Emissionen bei bestimmten Schadstoffen (z. B. SO_2) steht die Zunahme bei anderen gegenüber.

- Die Probleme werden durch die Technik nur in ein anderes Umweltmedium umgeleitet und dabei häufig sogar noch konzentriert (z. B. bei Kläranlagen fallen jährlich inzwischen rd. 60 Mill. t Klärschlamm an – bei der Abluftreinigung bei Kraftwerken lassen die verwendeten Verfahren der nassen Rauchgaswäsche bis 1990 fast 4 Mill. t Gips pro Jahr als neues Problem anfallen).

- Die nachsorgende Technik bezieht sich immer nur auf einige Schadstoffe, andere bleiben unbeachtet.

- Es wird ein Reduzierungserfolg oft überkompensiert durch den Mengeneffekt des steigenden Outputs. Die explosionsartige Zunahme der verkauften Gesamtzahl macht die Reduktion beim Einzelstück zunichte. Jährliche Wachstumsraten von 2 oder 3 % mögen bescheiden klingen, da sie aber auf jährlich steigende Basiszahlen gerechnet werden, produzieren sie damit ständig steigende absolute Zahlen (es ist lehrreich, sich 3 % Wachstum bei den Kfz-Neuzulassungen für 1970/80/90 in absoluten Zahlen vor Augen zu halten . . .)

„Und einer der größten Umweltfeinde ist das ständige Wachstum. So vermeldet die Firma Zweckform ganz stolz, daß bei manchen Papiersorten in zehn Jahren der Recyclinganteil von einem auf vierzig Prozent gestiegen sei. Gleichzeitig wuchs aber der gesamte Papierausstoß so stark, daß heute mehr Normalpapier hergestellt wird als vor zehn Jahren. Die Umwelt hat verloren statt gewonnen“ (Kurbjuweit, 1989).

Die Gesamtbelastung der Umwelt auch bei zunehmenden Produktionsmengen zu senken, kann nur bei radikalem Umsteigen von kurativ-nachsorgenden zu präventiv-integrierten Umweltschutzverfahren gelingen.

Einige Gedanken zu einem Lieblingsprodukt unseres Lebens. So hat sich die Zahl der in der Bundesrepublik zugelassenen Personenkraftwagen seit 1969 verdoppelt, fahren weltweit inzwischen fast 400 Millionen Autos und „produzieren“ jährlich 547 Mill. Tonnen Kohlenstoff. Die inzwischen erreichte Verkehrsdichte erlaubt eine Durchschnittsgeschwindigkeit der eines Fußgängers – wird das Auto bald ein Fahrzeug „ohne Raum“ sein?

Dieser Wachstum-Überkompensationseffekt ist jedoch nicht zwangsweise. So geht die jüngste Shell-Prognose über die Motorisierung in der Bundesrepublik von einem Bestandsmaximum von 31 bzw. 34,7 Mill. Fahrzeugen aus, wird die PKW-Dichte (Anzahl der Autos pro 1000 Einwohner) von zur Zeit über 590 auf 616 bzw. 700 je nach Szenario ansteigen. Durch geringeren Benzinverbrauch und geringere Fahrleistungen sieht man jedoch die Bestandserhöhung teilweise ausgeglichen bzw. sogar überkompensiert:

1988: 28,8 Mill. Tonnen Benzin
92 Mill. Tonnen Kohlendioxid (CO_2)

Szenario „Strukturwandel“: 2000: 86,8 Mill. Tonnen CO_2
2010: 74,4 Mill. Tonnen CO_2

Szenario „Disharmonien“: 2000: 58,9 Mill. Tonnen CO_2
2010: 46,5 Mill. Tonnen CO_2

Das Auto stellt zwar inzwischen in Deutschland 12% der industriellen Wertschöpfung, die soziologischen, physischen, ökologischen, politischen und technischen Risiken werden in einer Gesamtbilanzierung aber zunehmend beängstigend. So findet Levy die Zahl von 60200 Verkehrstoten 1987 in Europa (weltweit 400000 pro Jahr!) und 1,9 Millionen Verletzten als indiskutabel. Die Zahlen für die Bundesrepublik sind genauso erschreckend: 1988 wurden 8200 Menschen getötet, 448000 verletzt (darunter 40000 Kinder). Krupp, ehemaliger Leiter des Karlsruher Fraunhofer-Instituts schätzt die jährlich von Autos durch Umweltschäden verursachten Kosten auf bis zu 77 Mrd. DM. Aber: trotz des Bewußtseins, daß weltweit Tag für Tag fast 1500 Menschen im Straßenverkehr sterben, stellen wir jährlich neue Zulassungsrekorde auf . . .!?

Ein weiteres Beispiel für einen möglichen Entkoppelungseffekt findet sich zwischen dem industriellen Wasserverbrauch und der gesamtwirtschaftlichen Entwicklung. Die Industrie zeichnet ein enormer „Durst“ aus: z. B. pro Kilo Papier 3000 Liter, Kunststoff 500 Liter oder Zucker 120 Liter. Trotzdem hat sich nach dem Jahresbericht 1988 des Bundesverbandes der Deutschen Gas- und Wasserwirtschaft die Wasserabgabe weiter verringert (iwl, Umweltbrief). Auch beim Energieverbrauch ist eine Abkoppelung vom wirtschaftlichen Wachstum durchwegs erreicht worden. Doch dies ist nur die „halbe“ Wahrheit. Die Umweltverschlechterung ist damit keineswegs gestoppt, denn nirgendwo ist ein, die Umwelt tatsächlich entlastender, Minderverbrauch feststellbar. Die gegenwärtige Diskussion über Anreize oder Möglichkeiten der Tarifgestaltung sind beredtes Zeugnis der Schwierigkeiten. Wenn etwa die CO_2-Emissionen wirklich drastisch gesenkt werden sollen, dann geht es nicht darum, zusätzlichen Energieverbrauch zu vermeiden, sondern weniger Energie zu verbrauchen.

Für den entstehenden EG-Binnenmarkt wird laut Cecchini-Report eine dynamische Wirkung von 4 – 6,5 % prognostiziert (Investment Morgan Stanley rechnet mit 7,5 bis 9 %). Eine Ende 1989 vorgestellte Studie von 14 Wirtschaftswissenschaftlern aus allen EG-Ländern („Umwelt und der Binnenmarkt“) befürchtet ein beträchtliches Potential negativer Effekte der Wachstumseffekte auf Umwelt und Lebensqualität; insbesondere wird eine Zunahme der Schadstoffe in der Luft erwartet. Der mit der Hinwendung zur Marktwirtschaft einsetzende Konsum-Nachholbedarf in den osteuropäischen Ländern und die zunehmende Industrialisierung der Entwicklungsländer (insbesondere der Schwellenländer) bei gleichzeitig ungebrochener Bevölkerungsexplosion lassen nur die einzige Schlußfolgerung zu, daß zwar der Umsatz im technischen Umweltschutz stark zunehmen wird, andererseits die Umweltkrisen damit aber keineswegs weniger werden, sondern in ihrem zunehmend globalen Ausmaß ein ökologisches Umdenken immer dringlicher erscheint. Bedrückend insbesondere zwei Tatsachen: zum einen unsere fortbestehende Art der Energieversorgung über den Verbrauch fossiler Energieträger, zum anderen das ungebrochene Bevölkerungswachstum auf unserer Erde. Wenn von den zur Zeit 5 Mrd. Menschen nur eine Milliarde ihren Energieverbrauch im Zuge einer Verbesserung ihrer Lebensbedingungen nur auf ein Drittel unseres heutigen Verbrauchs anheben würde, hätte dies eine Steigerung der CO_2-Belastung um mehr als 20 % zur Folge. Die Entwicklungsländer fragen sich, warum man ihnen den Fortschritt nicht „gönnt", wollen sich nicht bevormunden lassen oder sehen dies als neo-koloniale Einmischung – zudem steht der Erhaltung der Natur der Zwang zum Export zur Bezahlung von Auslandsschulden gegenüber. Als neues Mittel ist auf dem Weltwirtschaftsgipfel in Toronto 1988 das Konzept „Debt-for-nature-swaps" (Tausch von Schulden gegen Naturschutz) entwickelt worden.

Gerade dieser globale Aspekt erschwert das Handeln – die internationalen Konferenzen zur drohenden Klimaveränderung sind so zahlreich, daß man die Tagungsorte kaum mehr in Erinnerung behalten kann, die politischen Aktionen dagegen sich nur in Ansätzen abzeichnen. Wird die Umwelt zerredet? Muß man, wie jüngst das weitgehend erfolglose Treffen der EG-Umweltminister demonstrierte, diese Treffen bereits als Ausdruck der Ohnmacht sehen?

- Der politische Wille schlägt sich zwar zunehmend in allen Parteien innerhalb ihrer Programme nieder, aber nur zögernd im politischen Handeln. Der EG-Einigungsprozeß, mit dem jüngsten Beispiel der Kompromißformel für Fusionen (oder auch bei der Umweltverträglichkeitsprüfung), läßt eine Nivellierung der Standards auf dem kleinsten gemeinsamen Nenner erwarten, der unterhalb der relativ hohen deutschen Werte liegt (und damit weit unter japanischen oder kalifornischen Standards).

Hoffnungsvoll würde eine weitere Entspannung im Ost-West-Konflikt stimmen, denn die Verringerung der jeweiligen Verteidigungshaushalte könnte die Mittel für grundlegende Veränderungen und eine massive Umverlagerung in den Umweltschutz freisetzen.

Der in den 70er und 80er Jahren gezogene ordnungspolitische Rahmen benötigt neue Strategien. Obwohl der Umweltschutz im internationalen Vergleich einen relativ hohen Standard erreicht hat, sieht selbst das Institut der deutschen Wirtschaft diese Politik an „konzeptionelle Grenzen" stoßen, denn eine einseitig an Auflagen orientierte Umweltpolitik eignet sich nicht für eine Vorwärtsstrategie. Die nachsorgende Umweltschutztechnik kann nur bereits entstandene Schäden, soweit möglich, beseitigen. Das aus ökologischer Sicht Unbefriedigende ist die Tatsache, daß die hier engagierte Industrie naturgemäß ein latentes Interesse am Fortbestehen des bisherigen Zustandes und nicht an der eigentlichen Ursachenbekämpfung hat.

Auch ich werde im folgenden die Notwendigkeit des Umdenkens vom Reparatur- zum Vermeidungsprinzip und den Übergang von der sektoralen zur integralen Betrachtungsweise als langfristig einzig richtige Strategie immer wieder betonen, da ein langfristig erfolgreicher Umweltschutz dringend die Nutzung innovativer Lösungen benötigt. Um die marktwirtschaftliche Dynamik für den Umweltschutz zu nutzen, ist der Hebel über den technischen Fortschritt beim Verursacher der Umweltbelastungen selbst anzusetzen. Statt den Stand der Technik ordnungsrechtlich festzuschreiben, muß der technische Fortschritt vielmehr das Ziel der marktwirtschaftlichen Anreizinstrumente sein. Umweltschutz muß bereits „vor“ Produktion und Konsum ansetzen, damit die jetzige Reparaturtechnik eines fernen Tages sich nur als eine Übergangslösung darstellt.

Nichtsdestotrotz werden diese vorsorgenden „integrierten“ („clean“) Technologien erst in Zukunft zum Tragen kommen und zudem immer auch einen beträchtlichen Rest-Reparaturteil übriglassen. Auch in nächster Zeit wird also die additive Umwelttechnik absolut im Vordergrund stehen, wird die Beseitigung allein der früheren Umweltsünden für viele Jahre ungeheure Investitionen erfordern – man denke nur an die sich immer klarer abzeichnende, alle Befürchtungen noch übertreffende, katastrophale Situation etwa in Osteuropa oder in den Entwicklungsländern (wo vor allem in Indien und China gigantische Umweltkatastrophen drohen).

Schütze wird mit seiner 1984er Prognose wohl recht behalten: „Die Umweltproblematik wird das alles überlagernde Thema der Weltpolitik der nächsten Jahrzehnte, so wie Wettrüsten und Kriegsverhütung die vergangenen Jahrzehnte geprägt haben.“

Der Bewußtseinswandel

Neben den in den letzten Jahren in allen westlichen Industriestaaten zunehmend restriktiver werdenden Umweltgesetzen und -vorschriften (wobei starke zeitliche Verzögerungen festzustellen sind: so folgte die BRD auf die USA, die Schweiz etwa erst in den achtziger Jahren auf die vorlaufende Entwicklung in der BRD) sehen wir deutliche Ansätze eines Bewußtseinswandels. Zunehmend wird die Notwendigkeit erkannt, unsere Umwelt zu schonen. Zahlreiche

Umfragen (IPOS, GfK oder Gruner + Jahr) bestätigen die – neben der Arbeitslosigkeit – absolute Priorität dieses Anliegens, aber auch eine weit verbreitete Skepsis über den langfristigen Erfolg der Umweltpolitik. Besteht jedoch tatsächlich bereits ein gesellschaftlicher Wert, die Natur als Lebensgrundlage zu bewahren, so wird dies von den Unternehmen ein qualitativ verändertes Verhalten erzwingen.

Beispiele solcher Ansätze für die letzten Jahre zeigt die Aufstellung:

- Unübersehbare Spuren einer **Ökowelle** in den Regalen (Produktzusatz: „Bio . . .", „umweltfreundlich" oder der blaue Umweltengel), der Bundestagsausschuß für Ernährung schätzt allerdings, daß doppelt so viele Produkte unter „Bio" angeboten wie produziert werden, also ein „Umweltzug mit Trittbrettfahrern" gegeben ist.

- Die **Kommission der EG** proklamiert 1987/88 zum „Europäischen Jahr des Umweltschutzes", nachdem allerdings erst 1986 die Umweltpolitik Bestandteil des EWG-Vertrages wurde.

- Eine steigende Zahl von Umweltpreisen wird vergeben. (Z. B. stiftete die Arbeitsgemeinschaft Selbständiger Unternehmer (ASU) 1988 die **„ASU-Auszeichnung für umweltbewußte Unternehmensführung";** waren es beim ersten Mal 173 Unternehmen, beteiligten sich bei der zweiten Ausschreibung 1989/90 bereits 497. 49 Bewerber konnten 9 oder alle 10 Kriterien des Bewertungskatalogs erfüllen und erhielten die Auszeichnung. Beim Ökowettbewerb des BDI 1989/90 beteiligten sich 250 Firmen).

- Das Sekretariat der UN-Wirtschaftskommission (ECE) schlägt vor, das „Management der Umwelt" als eine der wichtigsten **Regierungsaufgaben** zu verankern.

- In Deutschland wird 1990 endlich die EG-Richtlinie zur Umweltverträglichkeitsprüfung aus dem Jahre 1985 in nationales Recht umgesetzt.

- In Frankfurt eröffnet die erste **„Ökobank"**.

- Der BDI formuliert ein neues **Grundsatzprogramm** für eine umweltorientierte Unternehmenspolitik.

- Die Akademie Tutzing stellt „**Zehn Gebote für den Umweltschutz**" auf.

- Die Bundesregierung, Industrieverbände (z. B. in der Chemie) oder die Internationale Handelskammer veröffentlichen (z. T. überarbeitete) **„Leitlinien"** zum Umweltschutz.

- Die Parteien propagieren eine Welle „grüner" **Programme** („ökologische Erneuerung der Industriegesellschaft", „sozio-ökologische Marktwirtschaft").

- Bereits zum sechsten Mal fand die „**ökomedia**“, die Internationalen Tage des ökologischen Films statt, bei denen die Möglichkeiten der Darstellung von Umwelt- und Naturschutz in den Medien diskutiert wurden.
- Umwelt**ausstellungen** entstehen (z. B. „ökomenta“).
- Eine starke Bewegung in der **nationalen Umweltpolitik** (z. B. technische Anleitung zur Reinhaltung der Luft, neues Abfallgesetz, Ergänzungen im Gewässerschutz).
- Forderungen nach einer „**sanften** Technologie“, einer „sanften Chemie“ und einer „alternativen Ökonomie“ werden erhoben.
- In **New-Age-**Seminaren werden sanfte Führungsmethoden, neue Managementphilosophien, postmoderne Unternehmenspolitik, eine neue Ethik, ökologisches und ganzheitliches Denken als Ausdruck eines allgemeinen gesellschaftlichen Wandels vorgestellt.
- Der Daimler-Benz-Vorsitzende spricht von einer ökologisch orientierten Industriegesellschaft, in der eine umweltgerechte Planung die betriebswirtschaftlichen und ökologischen Ziele als **gleichrangig** behandelt.
- Im Juni 1988 erscheint erstmals die Zeitschrift „Unternehmen & Umwelt – Für eine umweltorientierte Unternehmenspolitik“.
- In Wien wird eine **Nachrichtenagentur** („Phoenix“) für Ökomeldungen gegründet.
- Das Allensbacher Institut für Demoskopie ermittelt monatlich für die Zeitschrift natur ein „**Umweltbarometer**“.
- 1989 wird in Hollywood eine Medienvereinigung für Umweltthemen gegründet **(Environmental Media Association),** um das Bewußtsein der Bevölkerung für die Bedrohung der Umwelt zu schärfen. Es sollen jedes Jahr die besten Filme und Fernsehsendungen zu Umweltthemen mit einem Preis („Environmental Media Award“) ausgezeichnet werden. Als weiteres Büro vermittelt „Earth Communication Office“ Stars an Umweltgruppen, damit diese leichter Spenden eintreiben können.
- Am 22. April 1990 wurde zum 1970 erstmalig in den USA eingeführten „Tag der Erde“ **(Earth Day)** in 136 Ländern mit 200 Millionen Teilnehmern gerechnet. Mit weltweiten Aktionen wurde versucht, dem Umweltschutz mehr Bedeutung zu geben. ABC strahlte eine mit vielen Stars angereicherte zweistündige Sondersendung aus.

Obwohl jede wirtschaftliche Tätigkeit zwangsläufig zu einer Beeinträchtigung der natürlichen Umwelt führt, also jede einzelwirtschaftliche Zielerreichung auch von ökologischen Faktoren abhängt, ist die Haltung vieler Unternehmen (bzw. der Industrieverbände) gegenüber dem Umweltschutz z. Z. noch eher hinhaltend oder ablehnend; doch zunehmend wird die Chance erkannt, die zukünftigen Erfordernisse einer umweltorientierten Unternehmensführung nicht nur mehr oder weniger passiv innerhalb der staatlich gesetzten Restriktionen, sondern **offensiv** im Sinne einer agierenden Unternehmenspolitik selbst zu gestalten.

Nach einer Umfrage des BJU im Jahre 1984 bei 820 Wirtschaftsbetrieben

- wollen 75 % ihre Produktion stärker auf die Umwelt ausrichten,
- sind 60 % sogar bereit, ökonomische Opfer für den Umweltschutz zu erbringen,
- beziehen bereits 47 % Umweltziele in ihre Unternehmenskonzepte ein,
- haben 30 % durch umweltbewußtes Verhalten gleichzeitig Kosten gespart oder ihre Gewinne erhöht.

Während diese Umfrage dem Umweltschutz einen hohen Stellenwert beizumessen scheint, glauben nach anderen Untersuchungen mehr als 2/3 der Bevölkerung, daß die Unternehmer dieses Thema nicht ernst genug nehmen.

Marktwirtschaftliche oder politische Lösungswege beim Umweltschutz?

Wicke entwickelt ein aus zehn marktorientierten Lösungen bestehendes Programm, das er im Bereich einer besseren Umweltpolitik für unumgänglich hält.

Der Lösungsweg 1 soll das freiwillige Verhalten aller Marktteilnehmer erhöhen:

a) Steigerung des Umweltbewußtseins und -verhaltens der Verbraucher

b) umweltbewußte Unternehmensführung

c) umweltfreundliche staatliche Beschaffung

d) Schaffung von Benutzervorteilen für umweltfreundliche Produkte.

Durch Lösungsweg 2 sollen Umweltvereinbarungen getroffen werden, und zwar:

e) Vereinbarungen zwischen Wirtschaft und lokal von Schadstoffbelastungen Betroffenen und

f) Branchenabkommen oder -vereinbarungen, in denen sich bestimmte Wirtschaftszweige dem Staat gegenüber zu einem bestimmten umweltfreundlichen Verhalten verpflichten.

Lösungsweg 3 soll das Gewinninteresse der Unternehmen zur Anregung für ein ökologisch orientiertes Verhalten wecken:

g) Umweltabgaben in Abhängigkeit von dem jeweiligen Schadstoffausstoß

h) Umweltschutzlizenzen, mit denen der Schadstoffausstoß insgesamt auf ein bestimmtes Niveau begrenzt wird und ein Anreiz entsteht, durch Schadstoffreduzierungen Lizenzen gewinnbringend verkaufen zu können

i) flexible nachträgliche Anordnungen, bei denen diejenigen, die freiwillig mehr Schadstoffe reduzieren als angeordnet, diese Zusatzminderungen gewinnbringend einsetzen können.

Beim letzten Lösungsweg 4 sollen umweltbedeutsame rechtliche Verbesserungen durch eine verschärfte Umwelthaftung das wirtschaftliche Risiko bei umweltfeindlicher Produktion deutlich steigern.

Uhlig (1978) differenziert die Eingriffsarten der Umweltpolitik, die von staatlicher Seite innerhalb des marktwirtschaftlichen Rahmens möglich sind, mit 5 Strategien:

- Bei der Auflagenstrategie soll durch direkte Eingriffe des Staates auf das einzelwirtschaftliche Verhalten eingewirkt werden (Beispiele: Verbote, Gebote).

- Bei der Marktstrategie soll die autonome Marktregelung, unter gezielter Vorgabe von Rahmenbedingungen wirtschaftlichen Handelns, aufrechterhalten bleiben (Beispiele: Umweltzertifikate, ökologische Buchführung).
- Bei der Anreizstrategie sollen durch verschiedene Anreize individuelle Entscheidungen beeinflußt werden (Beispiele: Emissions-, Produkt- und Ressourcensteuer, Subventionen).
- Bei der Substitutionsstrategie soll mittels marktsubstituierender Handlungen das Entstehen aktivitätsinduzierter Störgrößen bzw. realer Schadenspositionen vermieden werden (Beispiel: Gebühren).
- Bei der Kompensationsstrategie wird die Beseitigung entstandener realer Schadenspositionen angestrebt (Beispiel: Wiederaufforstung, Einbau von Sauerstoffbelüftungsanlagen in stark verschmutzte Gewässer).

Über die zur Erreichung des Zieles „Umweltschutz" zu beschreitenden Wege differieren die Vorstellungen stark. Erachten einige eine Steuerung durch politische Instanzen als notwendig, da es im wirtschaftlichen Entscheidungsprozeß keine handlungsrelevanten Indikatoren gibt, wollen andere statt staatlicher (dirigistischer) Zwangsmittel die freien Kräfte der Marktwirtschaft ganz bewußt in ihr Lösungskonzept einbauen und durch Anreize das Eigeninteresse der Industrie ansprechen.

Restriktionen durch die staatliche Umweltschutzpolitik

Die „Umweltverbesserung" als Ziel der Umweltpolitik kann, neben reinen Zielbeschreibungen, mit Hilfe von Umweltindikatoren als operationale Maßstäbe formuliert werden. Deren Höchstwertfestsetzung ist in ihrem (gesellschaftlich) „gewünschten" Ausmaß das Resultat wirtschaftlicher Interessen- bzw. Machtverhältnisse, das Ergebnis politischer Entscheidungsprozesse bzw. Ausfluß gesellschaftlicher Konventionen. Strebel (1980) hält die Definition der angestrebten Umweltqualität mit Hilfe von Indikatoren zwar für operational, aber inhaltlich noch unbefriedigend, da

- möglicherweise nicht alle Schadstoffe erfaßt werden,
- akzeptierte Konzentrationswerte ökologisch nicht gesichert (und daher möglicherweise zu hoch angesetzt) sind,
- Synergieeffekte vernachlässigt bleiben,
- Umweltwirkungen jenseits der Toxizität nicht berücksichtigt werden.

„Gesellschaftliche **Instrumente** der Umweltpolitik suchen

- entweder die ökologischen Schäden von Produktion und Konsum zu vermeiden, einzuschränken oder (nachträglich) zu beseitigen,

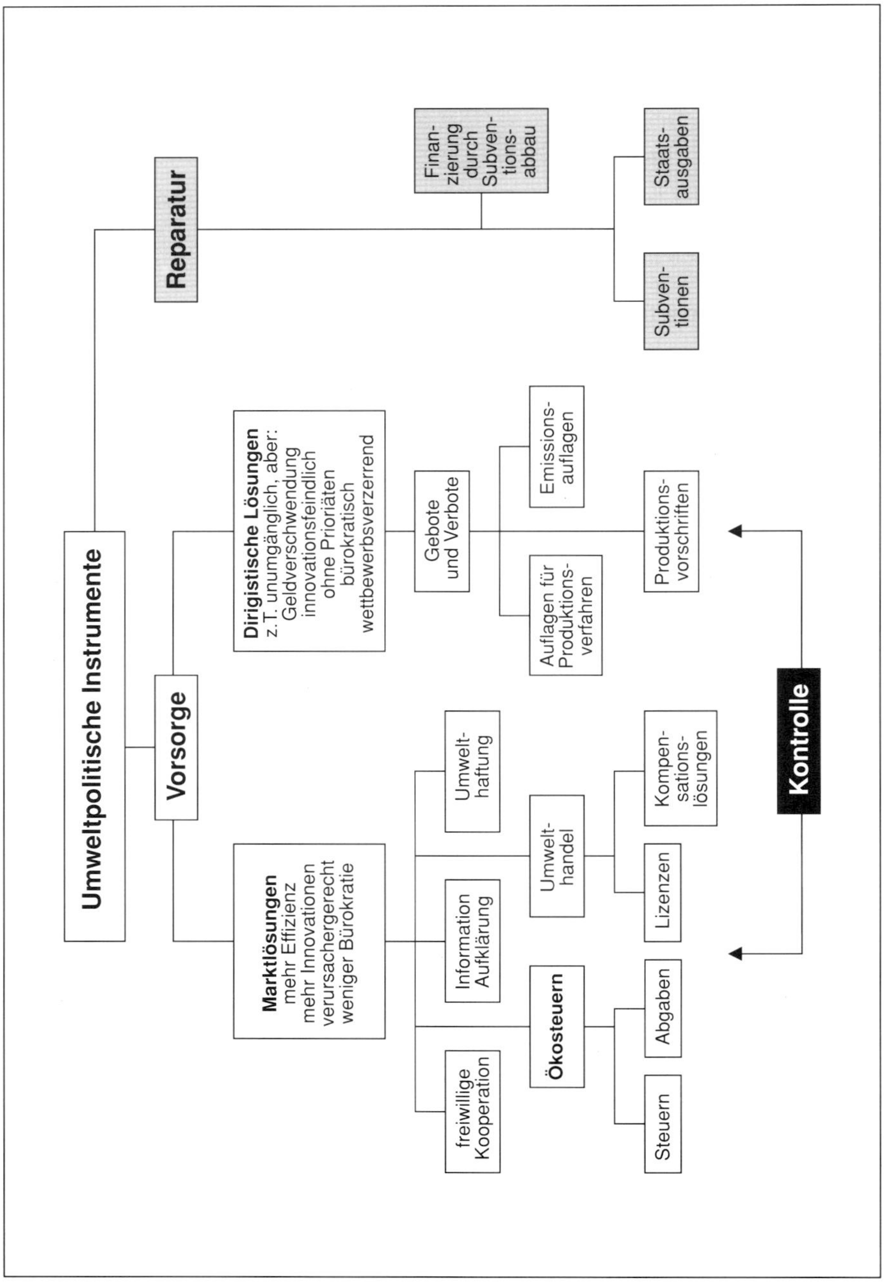

Quelle: Wirtschaftswoche, 22. 9. 1989

Abb. 1: Umweltpolitische Instrumente

- und/oder sie zielen darauf ab, die Nachteile geschehener Umweltbelastungen zwischen Schädigern und Geschädigten monetär auszugleichen."

In der Bundesrepublik wird Umweltpolitik auf der Grundlage von drei Prinzipien praktiziert: Gemäß des Verursacherprinzips soll derjenige die Kosten der Vermeidung oder Beseitigung einer Umweltbelastung tragen, der für ihre Entstehung verantwortlich ist. Das Kooperationsprinzip will das Know-how des Verursachers in ein einvernehmliches Durchsetzen von umweltpolitischen Zielen einbinden. Und letztlich soll das Vorsorgeprinzip mit integrierten Umweltschutzlösungen immer mehr das Leitprinzip sein.

Für den betrieblichen Umweltschutz ist den Unternehmen ein umfangreicher „Vorschriftenrahmen" vorgegeben. So schätzt z.B. die Siemens AG derzeit 400 Bundes- und Landesgesetze, Verordnungen, Verwaltungsvorschriften und Richtlinien für ihre Arbeit als relevant ein.

Neben bestimmten ordnungspolitischen Maßnahmen (z.B. die Entsorgungspflicht durch die Gemeinden) oder der Veränderung von Entscheidungsparametern (z.B. die aktuelle Diskussion um Ökosteuern) ist hier vor allem an die klassischen direkten Eingriffe zu denken.

Auflagen in Form von Geboten oder Verboten schreiben ein bestimmtes Verhalten vor (z.B. die Einhaltung bestimmter Emissionsgrenzwerte). Als wesentlicher Nachteil dieses allerdings unerläßlichen Instrumentariums der Umweltpolitik ist ihre wirtschaftliche Ineffizienz zu sehen, denn bei Festlegung etwa eines bestimmten Emissionsstandards ist – unabhängig von den beim einzelnen Unternehmen gegebenen Kosten – jeder zur Einhaltung dieser Norm verpflichtet. Damit wird die Verbesserung volkswirtschaftlich nicht mit geringstmöglichem Kostenaufwand erreicht, und sie ist bei veränderten Rahmenbedingungen wenig flexibel. Zudem fehlt bei der Orientierung der Umweltpolitik am sog. Stand der Technik der Anreiz, über die Auflagenerfüllung hinaus weitere innovative Anstrengungen zu unternehmen (das berüchtigte „Schweigekartell" der Anbieter). Der gegenwärtige technische Stand wird damit festgeschrieben und die Entwicklung neuer Technologien gebremst.

Wicke (1988) sieht in diesem defensiven Umweltmanagement ein z.T. durchaus rationales Verhalten: „Der Beitrag für eine Umweltverbesserung durch ein umweltbewußtes Verhalten und insbesondere der (Umweltverbesserungs-) Nutzen für den Betroffenen sind in aller Regel sehr gering. Demgegenüber kann der mögliche Verlust in Form von Gewinnverminderungen durch umweltschutzbedingte Kostenerhöhungen recht beträchtlich sein. Sofern nicht noch ‚teuere' staatliche Sanktionen oder Schadensersatzandrohungen von Dritten oder hohe Versicherungskosten drohen oder Imageschädigungen wirtschaftlich riskant werden oder Umweltschutz nicht auf andere Art und Weise ‚sich rechnet' (z.B. durch Vermeiden einer hohen Abwasserabgabe), besteht unter der Zielsetzung der langfristigen Gewinnmaximierung für den Betrieb kein Grund, sich ‚freiwillig' teuren Umweltschutzanforderungen zu unterwerfen".

Verbote als zweite und schärfste Möglichkeit von Auflagen sind vor allem notwendig bei anerkannt gesundheitsschädlichen Produkten (z. B. Asbest, DDT) oder dann sinnvoll, wenn auf die umweltbelastenden Produkte wegen Substituierbarkeit leicht verzichtet werden kann (z. B. FCKW in Spraydosen). Im amerikanischen Kongreß forderten 1989 führende Demokraten, die Herstellung von Wegwerfwindeln zu verbieten; in der Bundesrepublik werden pro Jahr etwa 2,2 Milliarden solcher Windeln verbraucht.

Nicht als Ersatz, jedoch als Ergänzung von Ge- und Verboten sind deshalb verschiedene marktwirtschaftliche Instrumente zur Gestaltung eines „offensiven" Umweltmanagements dringend erforderlich, da die Grenzen des ordnungsrechtlichen Instrumentariums immer deutlicher werden. Indem sie die Nutzung von Umweltgütern mit Kosten belegen, bieten Abgaben ökonomisch-finanzielle Anreize und geben, aus dem Eigeninteresse der Unternehmen heraus, Anregungen zu Vermeidungsmaßnahmen. Über den Regelungsmechanismus des („künstlichen") Preises der Umweltgüter sollen also innovative Marktprozesse ausgelöst werden. Eine solche gewinnorientierte betriebliche Umweltpolitik müßte „durch positive oder negative Anreize (z. B. Verkauf von überobligationsmäßigen Emissionsminderungen bzw. Erhebung von Umweltabgaben) oder Erhöhung der Haftungsrisiken dafür sorgen, daß es für den Betrieb wirtschaftlicher und damit zugleich ‚rational' ist, sich umweltfreundlich zu verhalten" (Wicke, 1988).

Denkbar sind Schadstoffabgaben (z. B. auf Abgase), Lärmschutzabgaben (z. B. für Lastwagen) oder gezielte Abgaben auf einzelne Stoffe oder Produkte (z. B. Einwegflaschen).

Als neue ökonomische Instrumente finden sich in der aktuellen Diskussion:

- Branchenabkommen oder freiwillige Kooperationsabkommen. Die setzen allerdings voraus, daß sich die Konkurrenten auch an die Vereinbarung halten; insgesamt hat die deutsche Industrie seit 1971 schon über 30 Selbstverpflichtungen beschlossen (oft unter sanftem staatlichen Druck)
- Aufrufe an die Konsumenten zum freiwilligen Verzicht. (Diese erreichen nur einen kleinen Teil der Verbraucher; die mangelnde Wirkung sieht man etwa deutlich daran, daß trotz der in den Medien allgegenwärtigen Mülldiskussion die Einwegverpackungen ständig zunehmen)
- Ausweitung der Umwelthaftung auf alle Schäden durch Produkte. (Verschuldensunabhängige Produzentenhaftung im Verbraucherschutz und durch Produktion bzw. Betriebsunfälle). Über das Bestreben nach Reduzierung der die Umweltrisiken abdeckenden Versicherungsprämien will man eine Aktivierung des Eigeninteresses der Industrie erreichen

- Einführung eines „Umwelt-TÜV" mit besseren automatisierten Meß- und Kontrollverfahren, da die Gewerbeaufsichtsämter eine wirksame Kontrolle moderner Produktionsmethoden nicht gewährleisten können
- „Arbeitsverweigerungsrecht" bei Verstößen gegen Umweltvorschriften
- Einsetzen eines Vorstandsmitgliedes für Umweltschutzaufgaben und Arbeitsicherheit
- steuerliche Förderung umweltfreundlicher Produkte und Herstellungsverfahren
- Abkehr des auf Individualinteressen fixierten Rechtsschutzes und Schaffung der Verbandsklagemöglichkeit in Umweltangelegenheiten
- Restemissionsabgaben für genehmigte, aber unerwünschte Emissionen
- Bekanntgabe der genehmigten Emissionswerte
- Ausgleichs- oder Offset-Politik (Genehmigung einer Anlage – trotz Überschreitens der Immissionswerte – bei Überkompensation durch Minderung einer anderen Anlage)
- flexible Emissionslizenzen/Umweltzertifikate
- Vetorecht des Umweltministers gegen naturzerstörende Gesetze und Vorhaben
- Verbot bestimmter Verpackungsarten mit Hilfe des Abfallgesetzes, bzw. ministerielle Zielvorgaben etwa für flächendeckende Erfassung und Verwertung.

Vor allem mit Hilfe von (Emissions-) Zertifikaten, was dem in den USA entwickelten Konzept des „controlled trading" entspricht (z. B. „Blasen-Politik" oder „Ausgleichs-Glockenpolitik"), wird versucht, ein Preissystem zu entwikkeln, das Umweltressourcen von einem öffentlichen in ein privates Gut mit Marktpreisen verwandelt (Brunowsky/Wicke, 1984).

Ausgangspunkt ist die Überlegung, daß je nach Produktionsprozessen unterschiedliche Vermeidungskosten für Umweltbelastungen auftreten. Eine individuelle „Aufteilung" der Restemissionen würde volkswirtschaftlich Umweltkosten (bei gleichem Ergebnis) reduzieren. In den USA werden handelbare Umweltrechte (Lizenzen) als marktwirtschaftlich konforme Instrumente der Umweltpolitik bereits erprobt. Emissionsguthaben („emission reduction credits", ERC) und ihre Verwendung bzw. Neuentstehung werden bei sog. Umweltbanken, die von der Umweltbehörde EPA genehmigt sein müssen, dokumentiert.

Der entscheidende Vorteil der Abgaben gegenüber den beschriebenen Auflagen liegt also darin, daß das einzelne Unternehmen als „Umweltnutzer" sich individuell an das gesetzte Preissignal anpassen kann. Es ist in diesem Fall für das Unternehmen rational, seine Schadstoffe auch unterhalb der Grenzwerte bis zu dem Punkt zu verringern, an dem die Vermeidung der nächsten Schadstoffeinheit teurer wird als die Zahlung der Abgabe. Das Umweltziel wird zudem volkswirtschaftlich billiger erreicht, da je nach den gegebenen Vermeidungskosten des Umweltnutzers im Fall niedriger Kosten er zu verstärkten, im anderen Fall zu schwächeren Maßnahmen veranlaßt wird.

Weitere „ökonomische“ Anreize bestünden etwa in einem Entsorgungszuschlag auf den Kaufpreis von Produkten, womit bereits bei der Produktplanung in Zukunft eine Vermeidung angestrebt werden würde; dies wurde für Autos bereits diskutiert. Oder in einer erweiterten Rücknahmepflicht für den Hersteller bestimmter Produkte (ähnlich dem bereits existierenden Beispiel bei Altöl).

Über Parteigrenzen hinweg besteht ein überraschend breiter Konsens über die Notwendigkeit des Einsatzes zusätzlicher Regelungsmechanismen. So werden in den Parteien zunehmend Vorschläge für Umweltabgaben in Form von Ökosteuern erarbeitet, um über den stufenweise einzuführenden Preis als marktkonformes Regulativ eine Verringerung der Umweltbelastungen zu erreichen (dazu wurden von den Grünen bereits mehrere Gesetzesvorschläge eingebracht). Durch die Internalisierung externer sozialer Kosten (Pigou-Steuern) mit staatlich festgelegten Abgaben soll über die bewußte Veränderung der relativen Preise beim Verbraucher ein Lenkungseffekt erzielt werden. Zudem wird dieses Knappheitsprinzip „höherer Preis“ in einer Marktwirtschaft den Unternehmen einen Anreiz bieten, durch den Einsatz des technischen Fortschritts ihre Kosten zu senken. Dies ist sicherlich der entscheidende Punkt: im Gegensatz zur bisherigen Situation soll mit Hilfe der Ökonomie (= Streben nach Kostensenkung) der Umwelt geholfen werden (= Verbesserung des umweltschutzorientierten „Standes der Technik“).

Es existieren zahlreiche, im Umfang sich unterscheidende Gedankenspiele: Rohstoff- und Energiesteuern, Verpackungssteuern vor allem für bestimmte Getränkepackungen, Steuern auf Werbematerial, den innerdeutschen Luftverkehr und vieles mehr (das UPI Ökosteuerkonzept sieht beispielsweise 12 Steuern mit diversen Sätzen vor). Vom Bundesumweltminister wird insbesondere eine Abgabe auf Kohlendioxid favorisiert; in Abstimmung mit dem Wirtschaftsminister soll eine konkrete Zielvorgabe für eine anzustrebende Reduzierungsquote festgelegt werden.

Als Prototyp eines marktwirtschaftlichen Instruments im Umweltschutz wird die Abwasserabgabe bezeichnet (z. Z. 40 DM pro Jahr und Einheit; geplant 1991 50 DM, 1993 60 DM; ab 1. Januar 1991 soll zusätzlich für jeweils 3 kg Phosphor und 25 kg Stickstoff eine Schadeneinheit berechnet werden), die als eine solche „Restschmutzvermeidungsabgabe“ konzipiert wurde. Eine Anhörung des Umweltausschusses im Bundestag Ende 1989 verwies diese Vorstellung jedoch ins Reich der Illusion. Nach Meinung der Experten versickern die Einnahmen aus der Abwasserabgabe oft restlos in der Verwaltung. Die Abgabe sei so niedrig angesetzt, daß die oft beschworene ökonomische Anreizwirkung faktisch nicht bestehe, da die Zusatzbelastungen im Pfennigbereich liegen.

Mit Abgaben sollen zum einen gemäß des Verursacherprinzips die bisher nicht erfaßten externen Kosten innerhalb der volkswirtschaftlich entstehenden Gesamtkosten erhoben werden, zum anderen über die bewußte Verteuerung der umweltbelastenden Produkte eine Verbrauchsdrosselung und eine Lenkung der individuellen Kaufentscheidung hin zu den (dann relativ billigeren) umweltfreundlicheren Produkten erreicht werden. Auf die zahlreichen Probleme beim Einsatz solcher Verbrauchssteuern (z. B. Bemessung der Höhe, voraussichtlicher Einfluß auf den Verbrauch, Verwendung der eingehenden Mittel, ihre Sozialverträglichkeit bei privaten Haushalten mit geringem Einkommen usw.) kann im Rahmen dieser Arbeit nur hingewiesen werden.

Das Institut der deutschen Wirtschaft (1989) sieht in Zukunft im Rahmen einer Kombination von ordnungspolitischen mit marktwirtschaftlich wirkenden Instrumenten folgende Arbeitsteilung:

- Ordnungsrechtliche Regelungen sollen immer dort Vorrang haben, wo Schutzansprüche der Bürger und ökologische Erfordernisse einen bestimmten Umweltschutzstandard verlangen.
- Marktwirtschaftliche Anreize müssen dort verstärkt genutzt werden, wo die Suche nach integrierten Vermeidungstechniken vorangebracht werden soll.

Das UPI-Institut (Heidelberg) sieht neben dieser ordnungspolitischen und marktwirtschaftlichen Steuerung noch eine dritte, bisher weitgehend außer Betracht bleibende Handlungsmöglichkeit: den freiwilligen Verzicht.

Aus der Tatsache, daß etwa Politiker, die den Mut haben, wieder den Fußgänger oder den öffentlichen Verkehr im Stadtleben aufzuwerten (wie z. B. in Zürich oder Bologna), vielleicht gehaßt werden, aber trotzdem Stimmenmehrheiten bekommen, sieht Ahrends eine „längst gegebene schizophrene Erwartung, man möge uns doch endlich das ökologisch Notwendige befehlen, weil wir anders nicht bereit sind, auf die gewohnten Bequemlichkeiten zu verzichten? Gibt es nicht längst diese Sehnsucht nach Bestrafung für unsere Umweltsünden, um nicht täglich im schlechten Gewissen leben zu müssen? (. . .) Offenbar hat konsequente Umweltpolitik mit dieser Schizophrenie zu tun, daß alle wollen, was keiner will, daß es ein allgemeines Interesse an Einschränkungen gibt, die jeder einzelne als Zumutung empfindet. Man will ja Opfer bringen, aber bitte nicht freiwillig!". Ohne die Bedeutung dieser Druckmittel abschwächen zu wollen, erscheint mir dieser Ansatz etwas verkürzt, da er die Lernfähigkeit des Menschen leugnet. Warum sollte nicht über pädagogisches Training ein ökologieverträgliches Verhalten bei unseren Kindern möglich sein? Zudem wird dieses „gewünschte" Politikerverhalten oft erst von unten entstehen, d.h. auf Druck umweltbewußter Bürger.

„Trotz der Intensität und Globalität der Umweltprobleme waren bisher weder individuelles noch gruppenhaftes Protestpotential noch politische Führung in der Lage, über erste Ansätze hinausreichende Abhilfe zu schaffen.

Sie bestünde in regierungsseitig gesetzten innovativen Rahmenbedingungen, die die Evolution des kapitalistischen Systems auf *Ressourcenschonung* hinsteuern, und zwar durch Regulierungen, die sich letztlich in *Preisen niederschlagen*. Angesichts krisenhafter Entwicklungen nicht mehr nur regionalen, sondern *globalen Ausmaßes* (CO_2- und O_3-Probleme, Weltmeerverseuchung usw.) *entfällt jeder Ideologieverdacht,* sondern es wäre die Reaktion auf physische Notwendigkeiten."

(Krupp, 1989)

Der Weg zu einer öko-sozialen Marktwirtschaft

In der Diskussion der letzten Jahre hat sich die ökologische Herausforderung zunehmend als ein gesellschaftspolitisches Konfliktfeld ersten Ranges entwikkelt. Die mit dem industriellen Wachstum verbundenen Folgeprobleme, wobei die zunehmend sichtbar werdende Umweltzerstörung sich beim einzelnen immer mehr direkt fühlbar als Verringerung seiner individuellen Lebensqualität äußert, sind inzwischen von allen Parteien der Bundesrepublik erkannt und in ihre Parteiprogramme aufgenommen worden.

Semantisch zwar unterschiedlich formuliert, wird quer durch das politische Spektrum die gleiche Grundtendenz vertreten: Nach einer Entwicklung der freien zu einer sozialen Marktwirtschaft (in der ja inzwischen über ein Drittel des Sozialprodukts für den sozialen Ausgleich „umverteilt" wird!) ist jetzt eine zusätzliche Erweiterung und Anpassung in Richtung zu einer ökologischen Marktwirtschaft gefordert, in der wiederum dem Staat eine entscheidende Verteilungsfunktion bei den knappen Umweltressourcen zukommt. Der soziale Konsens, der soziale Ausgleich als konstitutives Element, hat die Wettbewerbskräfte unserer Marktwirtschaft sogar gestärkt. Der Gestaltungsspielraum dieses Systems erlaubt auch den zur Abwehr akuter Umweltbedrohungen notwendig gewordenen Einbezug der ökologischen Dimension.

Die industrielle Produktion hat sich seit 1900 verfünffacht – vier Fünftel dieses Wachstums fallen dabei auf den Zeitraum 1950 bis heute (Steger, 1990). Seit dem 2. Weltkrieg ist das Welt-Sozialprodukt real von 2 auf 12 Mrd. DM ange-

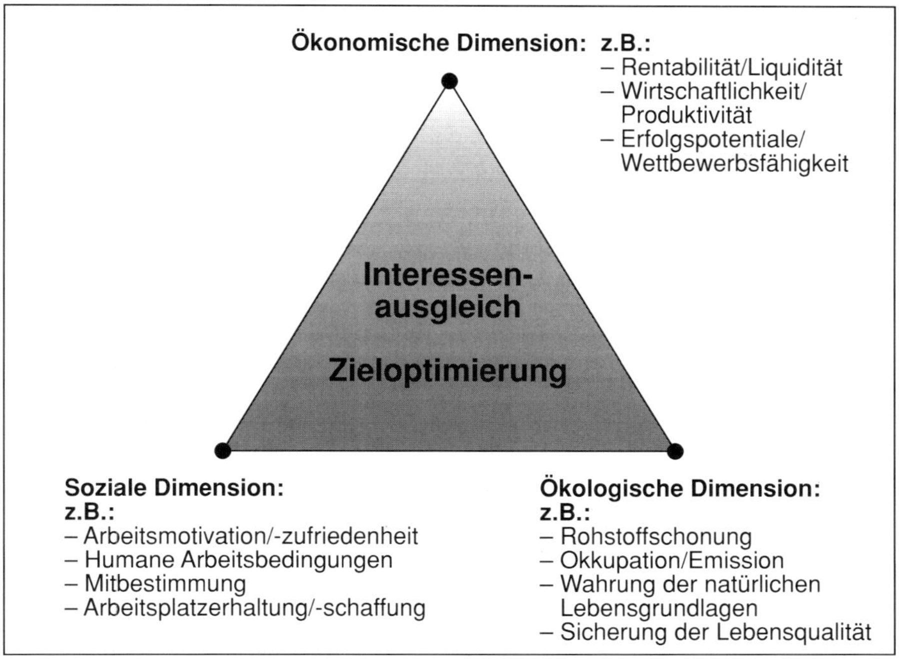

Abb. 2: Das erweiterte Spannungsfeld unternehmerischen Wirkens

stiegen, das entspricht einem durchschnittlichen Wachstum von 5,2 %, der Energieverbrauch hat sich verfünffacht, die Müllmenge verfünfzehnfacht. Die rein quantitative Überforderung wird deutlich, wenn man berücksichtigt, daß bei konstanter Weltbevölkerung ein Anheben des Standards in den Entwicklungsländern in den nächsten Jahrzehnten ein Ansteigen der ökonomischen Aktivitäten um den Faktor fünf, bei der erwarteten Verdoppelung der Bevölkerung um den Faktor 10 bedeuten würde. Nicht nur der Brundtland-Report fordert deshalb das Überleiten von einem quantitativen Wachstum auf einen „Pfad der dauerhaften Entwicklung“ (sustainable development); vgl. Teil 17. Auch von seiten des Marketing (Meffert, 1990) wird gefordert, die Produktion wohlfahrtsstiftender Güter von der Belastung der natürlichen Umwelt (Ressourcenverzehr, Schadstoffemissionen) zu entkoppeln (Konzept des qualitativen Wachstums).

> „Keine Marktwirtschaft wird von dauerhaftem Bestand sein, die die verantwortliche ökologische Rücksichtnahme nicht zum Bestandteil ihres eigenen Mechanismus zu machen weiß. Die Widerstände auf diesem Weg sind groß, doch wir haben keine Alternative.“
>
> (Richard von Weizsäcker, 1990)

„Das kapitalistische System hat in der Geschichte eine außerordentliche Flexibilität bewiesen. Massive Steuerungsfehler von Regierungen, selbst schwere Kriege wurden wegen breiter Mobilisierung und Motivierung der Basis durch individuelle Nutzenerwartungen wirtschaftlich rasch verarbeitet. Neue Rahmenbedingungen für Energieversorgung (insbesondere zugunsten Energiesparens und, langfristig, Sonnenenergienutzung), Umweltschutz, humaneren Verkehr, *energie- und umweltgerechtes Bauen* usw. würden daher bei allen Wirtschaftssubjekten ein gewaltiges Innovationspotential freisetzen, das eine Umsteuerung in wenigen Generationen ermöglichen würde. Das Ergebnis wären *Erfindungen, technische Innovationen, Investitionen, neue Märke, neue Unternehmensstrukturen, neue Wettbewerbschancen und schließlich ein neues Bewußtsein* – unter gleichzeitiger Verdrängung von vielem, das unsere natürlichen Ressourcen zu erschöpfen droht (z. B. *Wegwerfverhalten*)."

(Krupp, 1989)

Besonders Biedenkopf wies als einer der ersten darauf hin, daß, nachdem seit dem 19. Jahrhundert die soziale Frage gelöst werden mußte, nun als ähnliche Jahrhundertaufgabe die ökologische Herausforderung gelöst werden muß. Das Wesen ökologischen Handelns zu begreifen, sieht er durch unsere gegenwärtige Art des – primär quantitativen – Denkens behindert. Innerhalb unserer vorherrschenden Wachstumsgläubigkeit ist es deshalb bezeichnend, „daß wir die Begrenzungen, ohne die unsere Gesellschaft nicht zukunftsfähig ist, in der politischen Sprache als Verzichte bezeichnen".

Dyllick (1989) sieht in diesem neuen Fundamentalkonflikt aber weniger einen Verteilungskonflikt als primär einen Produktionskonflikt. „Kritisiert wird nicht die Gerechtigkeit der Verteilung des erwirtschafteten ‚Kuchens', sondern ganz grundlegend die Art und Weise der Produktion des ‚Kuchens' und der industriellen Lebensweise überhaupt."

Ich sehe zwar auch die Notwendigkeit der Entwicklung in Richtung auf eine ökologische Marktwirtschaft, sehe jedoch die soziale Frage keineswegs als „gelöst", wie dies häufig geschieht. Der andauernde Konflikt um Fragen der betrieblichen Mitbestimmung, der Verteilung des Volkseinkommens auf die beteiligten Produktionsfaktoren oder der Arbeitszeit sind Anzeichen dafür. Auch Modelle der Mitarbeiterbeteiligung haben, entgegen immer wieder geäußerten Prognosen und Hoffnungen, immer noch nicht den großen Durchbruch erzielt. Dazu über 3 Millionen Sozialhilfefälle und rund ein Viertel aller Arbeitsverhältnisse von „minderer Qualität" (befristet und/oder Teilzeitverhältnisse). Abgesehen davon, daß das soziale Sicherungsnetz in Ländern wie Großbritannien oder den USA noch weit weniger gespannt ist, zeigt dies, daß der „alte“ Verteilungskonflikt wohl noch durchaus aktuell ist und sich wirtschaftliche Interessen zwangsläufig im Spannungsfeld zu Arbeits- und Umweltinteressen befinden. Befinden sich nicht die beiden Produktionsfaktoren Arbeit und Kapital in einem gemeinsamen Pakt „gegen“ die Natur?

Ich sehe demnach keinen historischen Themenwechsel, sondern eine Themenerweiterung innerhalb einer lernfähigen Marktwirtschaft. Unsere zukünftigen gesellschaftspolitischen Auseinandersetzungen im Rahmen unserer Marktwirtschaft müssen eine Lösung sowohl für die soziale als auch die ökologische Frage bringen. Auch wenn die Marktwirtschaft ihre Überlegenheit zur Zeit deutlich demonstriert, erfordert eine selbstkritische Betrachtung der Situation einen verstärkten Ausbau sowohl der sozialen als auch ökologischen „Sicherungen“ dieses erfolgreichen Systems.

Eine Marktwirtschaft bedarf der sozialen und ökologischen „Nachkorrektur.“

Teil 2
Der ökologieorientierte Manager als ganzheitlich Denkender

Leitmotiv vernetztes Denken
Ökonomische Systeme als offene Systeme
Ganzheitliches Denken und Handeln
Die Bedrohung des natürlichen Ökosystems
(oder: Der unaufhebbare Konflikt zwischen Ökonomie und Ökologie)

Umwelt als Produktionsfaktor
Die ökonomische Internalisierung
Die ökologische Internalisierung
Die Umweltproblematik aus unternehmerischer Sicht

„. . . niemand kann ein großer Ökonom sein, der nur Ökonom ist, und ich bin sogar versucht hinzufügen, daß der, der ausschließlich Ökonom ist, leicht zum Ärgernis, wenn nicht gar zu einer wirklichen Gefahr wird.“
(von Hayek)

Leitmotiv vernetztes Denken

Ökonomische Systeme als offene Systeme

Die Umweltprobleme haben das Bewußtsein dafür geschärft, daß wirtschaftliche Prozesse grundsätzlich in offenen Systemen stattfinden. Dieses Eingebundensein des Systems „Unternehmung“ als ein Teil eines wesentlich umfassenderen politischen, ökologischen und gesellschaftlichen Systems, mit dem es in enger Wechselbeziehung und dynamischer Anpassung steht, läßt die Perspektive der traditionellen Betriebswirtschaftslehre mit der angestrebten Optimierung des Ressourceneinsatzes innerhalb der Unternehmung als zu eng erscheinen. Einzelphänomene müssen wieder im Kontext des ganzen Systems gesehen werden.

> *„Diejenige Technik, die die bestehenden und die zu erwartenden Probleme bewältigen helfen muß, ist eine Technik, die auf eine mehrgrößenoptimierte und multidisziplinäre Lösung eines Systems zusammenhängender Aufgaben abgestellt ist. Sie berücksichtigt Ökonomie, Ökologie, Ressourcengrenzen und humane Ziele gleichzeitig.* Früher wurde der Zusammenhang von Aufgaben wie beispielsweise Rohstoffgewinnung, Werkstofferzeugung, Bauteilentwicklung und -herstellung, Qualitätskontrolle, Bauteilverwendung und -wartung sowie Abfallbeseitigung aufgelöst. Damit konnten voneinander getrennte, jeweils für sich zu lösende Einzelaufgaben behandelt und deren Lösungen im wesentlichen ökonomisch optimiert werden. Heute sind diese Aufgaben *integriert* zu betrachten und das damit entstandene System ist nach *mehrdimensionalen Gütekriterien zu optimieren.* Diese Aufgabenintegration, gestützt auf alle Systeminformationen und eine ganzheitliche Problemlösungsmethode, ist ein qualitativer Sprung in der Technikentwicklung“.
>
> (Syrbe, 1989)

Die Grenzen unserer traditionellen Kriterien technischer Effizienz, der Kosten-Nutzen-Berechnung und der ökonomischen Rationalität „werden manifest, sobald wir die dynamische Interaktion offener sozialer und ökonomischer Systeme mit spezifischen ökologischen Systemen wahrnehmen“, schrieb Kapp bereits in den fünfziger Jahren.

Lange vor Wissenschaftlern wie Ulrich oder Vester (dessen Wanderausstellung „Unsere Umwelt – ein vernetztes System“ seit vielen Jahren auch bei vielen Unternehmen gezeigt wurde) forderte Kapp das Denken in Systemzusammenhängen.

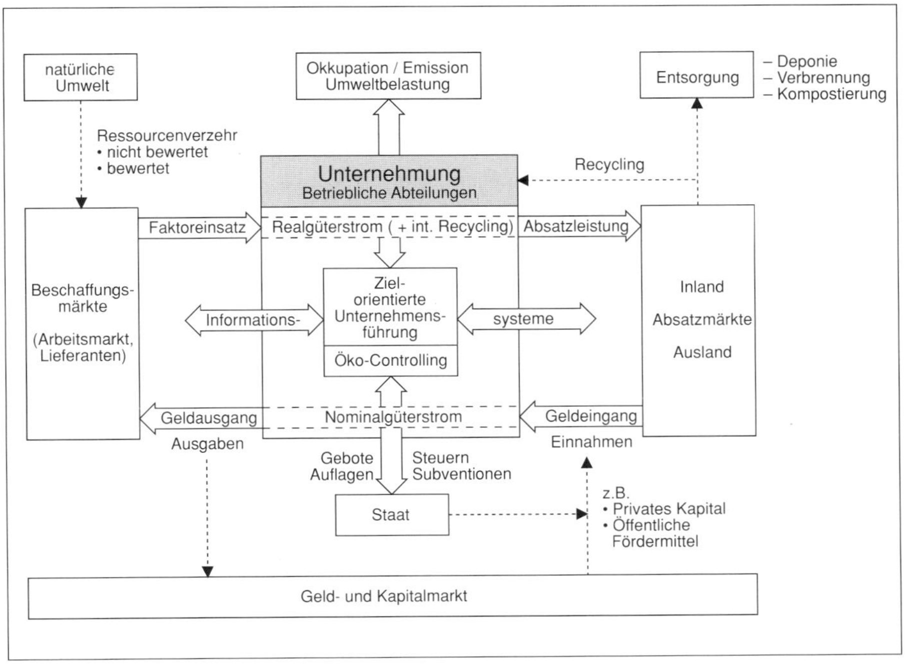

Abb. 3: Ökologisch erweiterter betrieblicher Umsatzprozeß

Dieses Systemdenken

- ist seiner Natur nach mehrdimensional, multidisziplinär geöffnet und integrativ,
- erfordert einen viel umfassenderen Zeithorizont,
- sieht ökonomisches Handeln in einem Netzwerk von Beziehungen und dynamischen Strukturen zwischen ökonomischen, natürlichen und sozialen Systemen, die in einer ständigen und offenen Interaktion miteinander stehen.

Menschliches Handeln einzelner Entscheidungsträger kann also durchaus „rational" erscheinen, durch die Vernachlässigung der Rückwirkungen auf die von der Entscheidungsfindung betroffenen Umweltbereiche und ihrer Gesetzmäßigkeiten kann ein destruktives Ergebnis (z.B. eine Umweltzerstörung) die Folge sein. Diese Phänomene sind von zentraler Zukunftsbedeutung, da ja die ökonomischen Systeme vom Austausch mit dem ökologischen System abhängig sind. Die natürliche Umwelt einer Unternehmung ist damit eine wichtige Determinante der Unternehmenspolitik und erfordert integriertes Denken in der Ziel- und Strategieplanung.

Die Unternehmung ist als ein ökologisches Modell aufzufassen, das mit der Umwelt vernetzt ist. Aus dieser Vernetzung resultiert eine starke Komplexität.

Ganzheitliches Denken und Handeln

Wir werden uns dessen bewußt, daß unsere Art, wirtschaftliche Entscheidungen aus einer limitierten Betrachtungs- und linearen Denkweise heraus zu treffen, ohne dabei vernetzte Zusammenhänge zu berücksichtigen, zunehmend unerwünschte bzw. unbeabsichtigte Auswirkungen zeitigt. Ein Bewußtseinswandel im Managementdenken ist erkennbar, wird unternehmerisches Tun im Sinne eines holistischen (ganzheitlichen) Konzepts als Integration von Unternehmung, Mensch und Umwelt in ihren konkurrierenden und komplementären Beziehungen zueinander dargestellt.

Der Terminus „ganzheitlich" erfreut sich zur Zeit einer solchen Beliebtheit, daß er Gefahr läuft, zum Schlagwort zu verkommen.

Unternehmensführung, verstanden als vieldimensionierte Ganzheit, ist wesentlich beeinflußt vom St. Gallener systemtheoretischen Ansatz. Die Reduktion der Betrachtungsweise ausschließlich auf die Unternehmung stellt demnach einen fundamentalen Fehler in der System-„abgrenzung" dar, da die Unternehmung als System nur als Teil eines viel größeren ökologischen und gesellschaftlichen Gewebes zu begreifen ist.

„Die Wirtschaft", das heißt insbesondere ihre Führungspersonen, Manager, Aufsichtsräte und Finanziers, benötigt ein neues Verständnis der Wirklichkeit: „Die Welt ihrer Entscheidungen besteht zwar aus einer Menge von Einzeldingen, doch diese sind zu Systemen vernetzt. Nur wer in Zusammenhängen denkt, kann sinnvolle Strategien für die Zukunft entwickeln" (Vester 1988).

Auf der Suche nach neuen Entscheidungshilfen fordern Wissenschaftler wie Ulrich oder Vester, verstärkt auf Vorbilder des biologischen Systems zurückzugreifen und die Energiegesetze der Natur und der Evolution als praxisgerechte Lösungsvorschläge zu interpretieren. Deren Strukturen, Funktionen und Organisationsformen können als wichtigste Orientierungshilfe dienen. Für die Überlebensfähigkeit von Systemen leitet Vester (1988) einige allgemeingültige biokybernetische Grundregeln ab (Zusammenfassung im Schaubild).

Strukturen und Prozesse im Unternehmen sind stark von ihrer Umwelt geprägt und nur aus dieser heraus verständlich, deshalb müssen Schlüsse für die Unternehmung aus dem Erkennen der Mechanismen der Evolution von Gesamtsystemen gezogen werden, d. h., es ist der Blick auf die Dynamik des Geschehens und auf die Ordnungsmuster in den Prozessen zu richten. Es werden Fragen gestellt wie: Was sind die Gemeinsamkeiten solcher Ganzheiten, wie verhalten sich solche Systeme und wie können sie überleben?

Dieses auf das Ganze gerichtete, integrierende Denken bedeutet eine Abkehr vom bisher einseitig praktizierten (linear-) analytischen Denken, das zur Problembewältigung in den heutigen komplexen Situationen offensichtlich nicht mehr ausreicht.

Acht Prinzipien der Natur, die das Überleben garantieren

● ***Das Prinzip der negativen Rückkopplung***
Das bedeutet Selbststeuerung durch Aufbau von Regelkreisen statt ungehemmte Selbstverstärkung oder – nach dem Umkippen – Selbstvernichtung. Negative Rückkopplung muß daher über positive Rückkopplung dominieren.

● ***Das Prinzip der Unabhängigkeit von Wachstum***
Die Funktion eines Systems muß auch in einer Gleichgewichtsphase gewährleistet sein, das heißt vom quantitativen Wachstum unabhängig sein. Denn permanentes Wachstum ist für alle Systeme eine Illusion.

● ***Das Prinzip der Unabhängigkeit vom Produkt***
Überlebensfähige Systeme müssen funktions- und nicht produktorientiert arbeiten. Produkte kommen und gehen. Funktionen aber bleiben.

● ***Das Jiu-Jitsu-Prinzip***
Hier geht es um die Nutzung vorhandener, auch störender Kräfte nach dem Prinzip der asiatischen Selbstverteidigung statt ihrer Bekämpfung nach der Boxermethode mit teurer eigener Kraft.

● ***Das Prinzip der Mehrfachnutzung***
Es gilt für Produkte, Funktionen und Organisationsstrukturen. Es führt durch Verbundlösungen zu Multistabilität und bedeutet eine Absage an sogenannte Hundertprozentlösungen.

● ***Das Prinzip des Recycling***
Es bedeutet Nutzung von Kreisprozessen zur Abfall- und Wärmeverwertung. Das vermeidet sowohl Knappheit als auch Überschüsse.

● ***Das Prinzip der Symbiose***
Das heißt gegenseitige Nutzung von Verschiedenartigkeit und Organisationsformen durch Kopplung und Austausch. Das aber verlangt kleinräumigen Verbund. Monostrukturen können daher nicht von den Vorteilen der Symbiose profitieren.

● ***Das Prinzip des biologischen Designs***
Auch diese Regel läßt sich auf Produkte, Verfahren und Organisationsformen gleichermaßen anwenden. Es bedeutet Feedbackplanung mit der Umwelt, Vereinbarkeit und Resonanz mit biologischen Strukturen, insbesondere auch derjenigen des Menschen.

Quelle: Vester, 1988

Abb. 4: Acht Prinzipien der Natur, die das Überleben garantieren

Im Zentrum des Interesses stehen beim ganzheitlichen Denken Fragen der Anpassungsfähigkeit, Flexibilität, Lernfähigkeit, Evolution, Selbstregelung und Selbstorganisation. Einige Bausteine dieses Denkens sollen noch etwas konkretisiert werden:

- Da es bei äußeren Eingriffen in komplexe Systeme immer zu Beeinträchtigungen des Gesamtsystems kommt, ist in Wirkungsnetzen zu denken, die das Phänomen von den verschiedensten Seiten her betrachten – es ist nicht in Wirkungsketten zu denken, sonst führen steuernde Eingriffe der herkömmlichen Art vielleicht genau zum Gegenteil des Beabsichtigten. Das heißt, weg von der sektoralen Betrachtungsweise, hin zum komplexen Denken!

- Die positiven und negativen Rückkoppelungen, die bei Eingriffen wieder für ein stabiles Gleichgewicht sorgen, lassen erkennen, daß Systeme nicht starr, sondern höchst lebendig und dynamisch sind.

- An die Stelle des Kausaldenkens, d. h. des gradlinigen Ursache-Wirkungs-Denkens, tritt ein Wirkungs-Ursache-Wirkungs-Denken, da die Veränderung eines Elementes auf das nächste einwirkt, dieses wiederum auf das folgende usw.

- Eine Ökosystemforschung muß nach Malik/Probst die Entstehung, die Struktur und die Dynamik von Wirkungsgefügen untersuchen.

- Eine kybernetische Strategie besteht im Schaffen von Konstellationen und nicht in Eingriffen. Vorhandene Kräfte sind durch geringfügige Steuerungsimpulse selbstregulierend zu nutzen (Vester spricht vom Jiu-Jitsu-Prinzip).

- Es ist die Selbststeuerung eines Systems zu ermöglichen durch Vermittlung von Sinn und dadurch bewirkter Motivation.

- Es ist eine Maximierung der Lebensfähigkeit als Teilsystem der Gesellschaft anzustreben. Vester sieht als wichtigste Aufgabe eines biokybernetischen Controlling die Überprüfung dieser Überlebensfähigkeit an. Als Instrumentarium wird eine sog. Systemverträglichkeitsprüfung empfohlen, die auch ganz neuartige Fragen enthält wie die, ob eine bestimmte Produktentwicklung sinnvoll ist oder andere qualitative Fragen.

- Als neues Ziel einer systemischen Managementlehre ist die Anpassungsfähigkeit zu optimieren.

- Es ist der Zeithorizont betrieblicher Planungs- und Entscheidungshilfen weiter in die Zukunft zu verlegen. Einem Problem ist in einem vernetzten Zielsystem bereits vorzubeugen, d. h., es soll nicht erst gehandelt werden, nachdem ein Problem bereits aufgetreten ist. Dies führt etwa bei Gomez zu einer neuen Generation von „Frühwarnsystemen aus ganzheitlicher Sicht", die insbesondere die Dynamik des Unternehmensgeschehens miteinbeziehen (hier leistet etwa der Papiercomputer Hilfestellung); in diesem Fall würde die Frühwarnung tatsächlich eine „Verkoppelung" darstellen und nicht nur eine Kontrolle als „Rückkoppelung."

Die Komplexität der heutigen Führungssituation zeigt immer deutlicher die Grenzen traditioneller betriebswirtschaftlicher Planungs- und Kontrollinstrumente. Gomez/Probst (1987) und Ulrich/Probst (1988) sehen beim Management einige „typische Denkfehler" im Umgang des Problemlösens in komple-

Denkfehler im Umgang mit komplexen Problemsituationen im Management	Die Schritte des ganzheitlichen Problemlösens
1. Denkfehler Probleme sind objektiv gegeben und müssen nur noch klar formuliert werden.	**Abgrenzung des Problems** Die Situation ist aus verschiedenen Blickwinkeln zu definieren und eine Integration zu einer ganzheitlichen Abgrenzung anzustreben.
2. Denkfehler Jedes Problem ist eine direkte Konsequenz einer Ursache.	**Ermittlung der Vernetzung** Zwischen den Elementen einer Problemsituation sind die Beziehungen zu erfassen und in ihrer Wirkung zu analysieren.
3. Denkfehler Um eine Situation zu verstehen, genügt eine „Photographie" des Ist-Zustandes	**Erfassung der Dynamik** Die zeitlichen Aspekte der einzelnen Beziehungen und einer Situation als Ganzem sind zu ermitteln. Gleichzeitig ist die Bedeutung der Beziehungen im Netzwerk zu erfassen.
4. Denkfehler Verhalten ist prognostizierbar, notwendig ist nur eine ausreichende Informationsbasis.	**Interpretation der Verhaltensmöglichkeiten** Künftige Entwicklungspfade sind zu erarbeiten und in ihren Möglichkeiten zu simulieren.
5. Denkfehler Problemsituationen lassen sich „beherrschen", es ist lediglich eine Frage des Aufwandes.	**Bestimmung der Lenkungsmöglichkeiten** Die lenkbaren, nichtlenkbaren und zu überwachenden Aspekte einer Situation sind in einem Lenkungsmodell abzubilden.
6. Denkfehler Ein „Macher" kann jede Problemlösung in der Praxis durchsetzen.	**Gestaltung der Lenkungseingriffe** Entsprechend systemischen Regeln sind die Lenkungseingriffe so zu bestimmen, daß situationsgerecht und mit optimalem Wirkungsgrad eingegriffen werden kann.
7. Denkfehler Mit der Einführung einer Lösung kann das Problem ad acta gelegt werden.	**Weiterentwicklung der Problemlösung** Veränderungen in einer Situation sind in Form lernfähiger Lösungen vorwegzunehmen.

Quelle: Gomez/Probst, 1987

Abb. 5: Problemlösungsschritte versus Denkfehler

xen Situationen. Diesen Denkfehlern ist durch eine ganzheitliche Methodik entgegenzusteuern. „Die Antwort liegt im vernetzten Denken für das Management."

Als Bausteine der Methodik dieses Denkens spezifizieren sie folgende Schritte, die nicht im Sinne eines sequentiellen Durchlaufs, sondern iterativ und vor- und zurückschreitend zu durchlaufen sind:

Erster Schritt: Abgrenzung des Problems
Zum Erkennen der wirklichen Probleme ist die Problemsituation (z. B. Funktion und Zweck des Systems) aus verschiedenen Perspektiven mit Hilfe von „Umschreibungen“ abzugrenzen, d. h., ein Modell der Situation zu bilden, ohne dabei vorschnell eine Sichtweise zu akzeptieren oder auszuschließen.

Zweiter Schritt: Ermittlung der Vernetzung
Mit Hilfe der Metaplan-Technik wird ein Bild eines Wirkungsgefüges entwikkelt. Dies geschieht in Form einer graphischen („Netzwerk“) Gestaltung und mit Pfeilen, die die Richtung der Beeinflussung aufzeigen, wobei ein – einen stabilisierenden, ein + einen verstärkenden Kreislauf bezeichnet.

Dritter Schritt: Erfassung der Dynamik
Jede Wirkungsbeziehung ist auf die Art des Einflusses, gleichgerichtete oder entgegengerichtete Wirkungen, und auf die zeitliche Wirkung zu veranschaulichen (z. B. durch unterschiedlich dicke Pfeile je nach Zeithorizont, die kurz-, mittel- oder langfristige Wirkungen signalisieren).

Zudem ist die Wirkungsintensität der gegenwärtigen Einflußnahme der beteiligten Größen zu ermitteln (z. B. mit Hilfe des sog. Papiercomputers – vgl. das Beispiel).

Wirkung auf → / von ↓	Verkaufsauflage	Leserreichweite	Anzeigenvolumen	Redaktionelles Angebot	Verkaufspreis	Aktivsumme AS	Quotient Q (AS : PS x 100)
Verkaufsauflage		3	3	1	2	9	128
Leserreichweite	0		3	2	0	5	56
Anzeigenvolumen	1	1		2	2	6	75
Redaktionelles Angebot	3	3	1		2	9	150
Verkaufspreis	3	2	1	1		7	116
Passivsumme PS	7	9	8	6	6		
Produkt P (AS x PS)	63	45	48	54	42		

Quelle: Gomez/Probst, 1987

Abb. 6: Einfacher Papiercomputer des Zeitschriftenverlages

Zeitverhalten im Grundkreislauf der Publikumszeitschrift

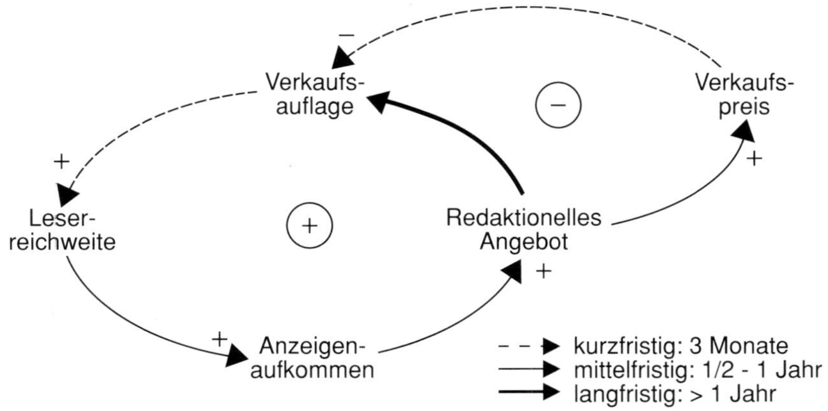

– Index – Werte –

Einflußgröße / Jahr	1	2	3	4	5
Verkaufspreis	100	105	114	121	121
Redaktionelles Angebot	Neukonzept				Neukonzept
Verkaufsauflage	100	97	91	83	79
Leserreichweite	100	94	91	83	76
Anzeigenaufkommen	100	106	109	100	94

Quelle: Gomez/Probst, 1989

Abb. 7: Zeitverhalten im Grundkreislauf der Publikumszeitschrift

In einer zweidimensionalen Matrix werden dazu alle Elemente der Problemsituation aufgelistet und mit jeder anderen in Verbindung gesetzt; die Stärke der Verbindung drückt eine Skala von 0 bis 3 aus. Die Wirkungen (vom linken Element auf die anderen) werden in jeder Zeile festgehalten, die Beeinflussungsintensität des Elements durch die anderen in der Kolonne dargestellt. (Das Beispiel zeigt etwa einen starken Einfluß des Verkaufspreises auf die Verkaufsauflage und einen geringen Einfluß auf das redaktionelle Angebot.) Durch horizontales und vertikales Aufaddieren werden die Aktivsumme (AS) und die Passivsumme (PS) gebildet und für jede Größe ein Quotient (Q) und ein Produkt (P) aus den beiden Summen gebildet. Dies ermöglicht folgende Beurteilung der „relativen Rolle" der einzelnen Elemente:

- aktive Größe (höchster Q):
  beeinflußt die anderen am stärksten, wird selbst am schwächsten beeinflußt
- passive Größe (tiefster Q):
  beeinflußt die anderen am schwächsten, wird selbst am stärksten beeinflußt
- kritische Größe (höchstes P):
  beeinflußt stark, wird aber selber auch stark beeinflußt
- träge Größe (tiefstes P):
  beeinflußt schwach und wird selber schwach beeinflußt.

Die Interpretation des Beispiels zeigt als aktive Größe das redaktionelle Angebot; da es alle anderen Größen stark beeinflußt, hat es die größte Hebelwirkung bei Eingriffen. Passive Größe ist die Leserreichweite, sie ist lediglich ein Indikator für den Erfolg des Verlagsgeschäfts. Kritische Größe, bei der ein Eingriff Kettenreaktionen im ganzen System auslöst, ist die Verkaufsauflage. Als träge Größe zeigt sich der Verkaufspreis. Für die spätere Suche nach erfolgversprechenden Eingriffsmöglichkeiten sind diese Wirkungsbestimmungen sehr wichtig.

Von ebenso großer Bedeutung ist die Ermittlung des Zeitverlaufs einer Wirkungsbeziehung (vgl. Abb. 7, S. 53).

Vierter Schritt: Interpretation der Verhaltensweisen
Über die künftige Entwicklung der einzelnen Größen sind Szenarien für unterschiedliche Zukunftsmöglichkeiten zu erstellen (vgl. das Beispiel), wobei das wahrscheinliche Szenario als die eigentliche Basis für Problemlösungsstrategien, ein pessimistisches als Auslöser für die sog. Eventualplanung dient; zusätzlich kann ein optimistisches Szenario erstellt werden (vgl. Abb. 8).

Fünfter Schritt: Bestimmung der Lenkungsmöglichkeiten
Die möglichen Lenkungseingriffe werden in Form eines Lenkungsmodells erfaßt, dessen fünf Bausteine sich wie folgt charakterisieren lassen:

- Indikatoren
- lenkbare Größen
- nicht lenkbare Größen
- Rückkoppelung
- Vorkoppelung.

Aus dem Lenkungsmodell läßt sich dann ein Maßnahmenkatalog ableiten (vgl. Abb. 9 und 10).

Einflußfaktoren	Wahrscheinliches Szenario	Pessemistisches Szenario
Verkaufsauflage	Dieser Typ Zeitschrift hat weitere Wachstumsaussichten, allerdings nur im Rahmen von 1 bis 2% p.a. Ein weiteres Wachstum über Marktanteilsgewinne ist möglich.	Der Markt für diese Art Zeitschrift ist ausgereizt, es muß mit Rückgängen gerechnet werden. Eine weitere Konkurrenzzeitschrift ist denkbar, mit entsprechenden Marktanteilsverlusten.
Leserreichweite	Das Blatt wird weiterhin von durchschnittlich 3,5 Lesern konsumiert.	Die Leserreichweite nimmt infolge kleinerer Haushalte leicht ab.
Anzeigenaufkommen	Die Zeitschrift gilt weiterhin als Muß für die Anzeigenkunden und hat deshalb noch ein Potential für zusätzliche Anzeigen.	Die Zeitschrift verliert an Bedeutung, da die Anzeigenkunden auf andere Typen setzen. In der Folge sinkt das Anzeigenvolumen.
Redaktionelles Angebot	Die Redaktion hat noch Reserven. Neukonzepte sind vielversprechend.	Die Redaktion hat ihren Zenit erreicht.
Verkaufspreis	Der Verkaufspreis kann mindestens im Gleichschritt mit der Teuerung angehoben werden.	Die Festlegung allgemein verbindlicher Preise durch den Verlag ist nicht mehr möglich.

Quelle: Gomez/Probst, 1987

Abb. 8: Mögliche Szenarien zum Zeitschriftenverlag

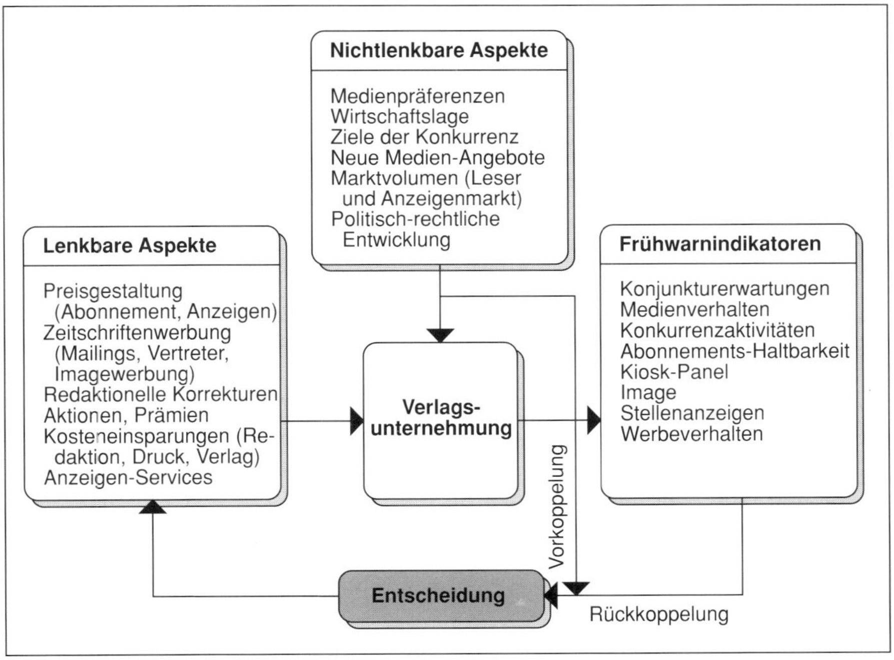

Quelle: Gomez/Porbst, 1987

Abb. 9: Lenkungsmodell des Zeitschriftenverlages

Früwarnindikator	Entscheidungs-regel	Maßnahmen (lenkbare Aspekte)	Prophylaxe (nicht lenkbare Aspekte)
Konjunkturerwartungen (auf Basis von Sammelindikatoren)	Trendwende (nach oben oder unten)	• Preisgestaltung • Anpassung der Werbung • Kostenmanagement	• Intensivere Überwachung der Wirtschaftsentwicklung
Medienverhalten (Konsumdaten pro Medium)	Signifikante Verschiebungen zwischen den Medien	• Redaktionelle Verbesserung • Aktionen, Prämien • Intensivierung der Werbung	• Empirische Untersuchungen über den gesellschaftlichen Hintergrund d. Verschiebungen
Konkurrenzaktivitäten (Strategieänderungen, neue Zeitschriften)	Bedrohung der Marktstellung	• Redaktionelle Verbesserung • Preisgestaltung • Zeitschriftenwerbung • Lancierung einer neuen Zeitschrift	• Werbekampagnen • Sammlung strategisch wichtiger Informationen
Abonnements-Haltbarkeit (langjährige Abonnenten)	Häufung von Abbestellungen	• Redaktionelle Verbesserung • Aktionen (Leserbindung) • Preisgestaltung	• Imagewerbung • Erhebungen über Leserwünsche

Quelle: Gomez/Probst, 1987

Abb. 10: Aus dem Lenkungsmodell abgeleiteter Maßnahmenkatalog für den Zeitschriftenverlag

Sechster Schritt: Gestaltung der Lenkungseingriffe

Nachdem im vorigen Schritt festgestellt wurde, wo überhaupt Eingriffsmöglichkeiten bestehen, wird nun die Wirksamkeit dieser Maßnahme beurteilt (z. B. ergibt sich eine große Hebelwirkung, wenn der Einflußfaktor gleichzeitig aktives Element und lenkbare Größe ist). Diese Wirkungsanalysen als Entscheidungshilfen, für die die Ergebnisse des Papiercomputers zugrunde gelegt werden, lassen sich mit Hilfe entsprechender Computerprogramme schnell erstellen.

Dabei sind die Regeln für das Funktionieren komplexer lebensfähiger Systeme aller Art, die „übersetzt“ werden müssen, zu befolgen (Gomez/Probst, 1987):

- Passe deine Lenkungseingriffe der Komplexität der Problemsituation an.
- Richte deine Maßnahmen auf die aktiven und kritischen Einflußgrößen aus.
- Vermeide unkontrollierte Entwicklungen mit Hilfe stabilisierender Rückkoppelungen.
- Nutze die Eigendynamik und die Synergien der Problemsituation.
- Finde ein harmonisches Gleichgewicht zwischen Bewahrung und Wandel.

- Fördere die Autonomie der kleinsten Einheit.
- Erhöhe mit jeder Problemlösung die Lern- und Entwicklungsfähigkeiten.

Siebter Schritt: Realisierung und Weiterentwicklung der Problemlösung
Die praktische Umsetzung von Problemlösungen soll adaptiv sowie reparatur-, entwicklungs- und frühwarnfähig sein.
(Im Verlagsbeispiel führte dies zur Erhebung der Leserreichweite in Zukunft durch wöchentliche Kiosk-Panels, Entwicklungsfähigkeit ist relativ problemlos, da redaktionelle oder konzeptionelle Änderungen relativ kurzfristig durchführbar sind; schwierig erwies sich die Suche nach Frühwarnindikatoren.)

Die Bedrohung des natürlichen Ökosystems (oder: Der unaufhebbare Konflikt zwischen Ökonomie und Ökologie)

Das auf der Erde gegebene Ökosystem mit der unbelebten und belebten Natur ist in seinen Wechselwirkungen durch eine natürliche Ausgewogenheit charakterisiert. Innerhalb der verschiedenen Lebensräume gibt es, als Folge unterschiedlicher Zusammensetzungen diverser Faktoren (wie Bodenstruktur, Wasserhaushalt, Lichteinfall etc.), spezifische Biotope, in denen sich mehr oder weniger komplexe Lebensgemeinschaften herausbilden. Das Wirkgefüge solcher Ökosysteme befindet sich in einem Gleichgewicht. Da Störfaktoren (z. B. Klimaschwankungen) dieses Gleichgewicht beeinflussen und über Rückkoppelungen zur Anpassung führen, spricht man von einem sog. dynamischen (oder Fließ-) Gleichgewicht.

Entscheidend ist die Erkenntnis, daß bereits die Änderung einer einzigen Komponente eines solchen Ökosystems aufgrund der zahlreichen Wechselwirkungen über die ausgelöste Kettenreaktion zu einer gravierenden Störung des gesamten ökologischen Gleichgewichts führen kann (die Abbildung zeigt am Beispiel einer Nahrungskette den möglichen Weg einer nicht abgebauten chemischen Substanz bis zum Menschen).

> Der Mensch als Teil der Natur wird, wenn er das Ökosystem zerstört, sich selber zerstören.

Die vom Menschen für das Ökosystem als weitere Komponente geschaffene „künstliche Umwelt“ ist – als unvermeidbare Begleiterscheinung – mit Umweltbelastungen verbunden, die eine ernste Bedrohung des Gesamtsystems darstellen bzw. zur Umweltschädigung, d. h. zum Zusammenbruch ökologischer Zyklen führen. Wirtschaftliche Tätigkeit verbraucht zum einen nur begrenzt vorhandene Ressourcen, verändert (oder zerstört) aber auch natürliche Gleichgewichte. Die gegenseitigen Abhängigkeiten der natürlichen und künst-

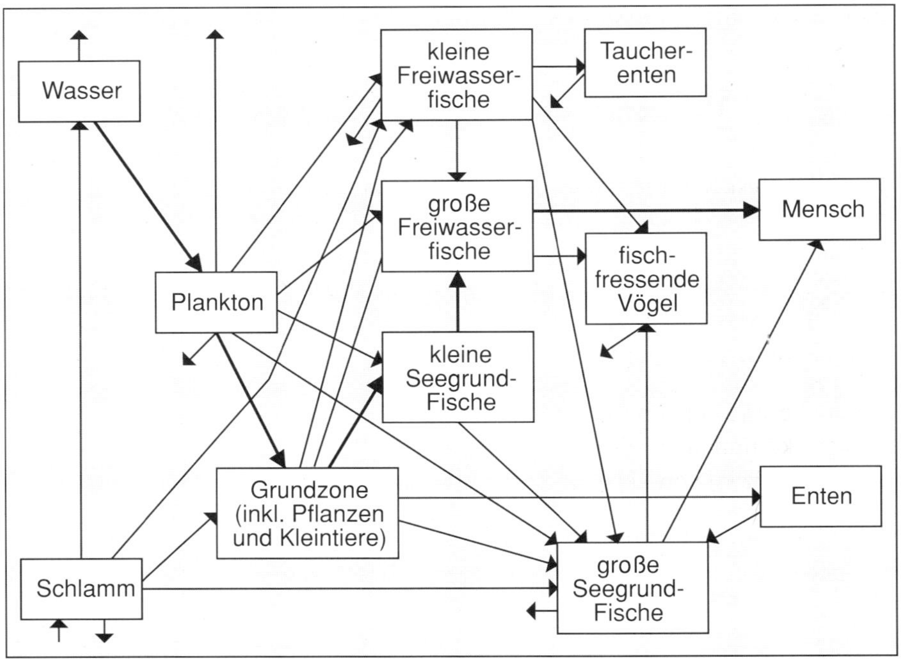

Quelle: Ciba-Geigy Zeitschrift, 3 und 4/1975

Abb. 11: Beziehungen im Ökosystem eines Süßwassersees

lichen Systeme werden immer noch zu wenig im Sinne einer vernetzten Planung berücksichtigt.

Die künstliche Umwelt ist dabei immer sowohl Belastender als auch Belasteter. Die künstliche Umwelt wird belastet durch störende oder schädliche Wirkungen von physikalischen und chemischen Erscheinungen in der natürlichen Umwelt auf die Objekte (z. B. Verkalken einer Waschmaschine), Fehler in der Herstellung und Anwendung von Objekten oder Rückwirkungen von Emissionen auf die künstliche Umwelt selbst.

Künstliche Systeme sind Belastende, da bei jedem Arbeitsprozeß (der Gewinnung, Produktion und Verwendung) auch „Nebenprodukte" entstehen; diese an die Umwelt abgegebenen Emissionen treten auf als Müll, als Schadstoffe oder als Abfallenergien. Bei der Schaffung seiner künstlichen Umwelt braucht der Mensch Platz in der natürlichen Umwelt. Diese „Okkupation" dient den Zwecken des Abbau-, des Bau- und des Lagerplatzes.

Die Umweltbelastung ist demnach als Wirkmechanismus zu sehen: „Während Konsumbedarf, Rohstoffverbrauch, Ressourcenentnahme, Produktion und Konsumbefriedigung einen Kreislauf bilden, in dem sich der Mensch seine zivilisatorischen Wünsche erfüllt, richten sich die ökologischen Auswirkungen einseitig auf die Belastung des Menschen als natürliches Lebewesen" (Siemens, 1986). In Ergänzung dazu resultieren aus den Produktionsprozessen auch direkte Belastungen des Menschen (z. B. Gesundheitsgefährdungen); deren Abwehr dienen Maßnahmen des Arbeitsschutzes.

„Die Auswirkungen Okkupation und Emission treten an unzähligen Orten und ständig auf. In den verschiedensten Transportvorgängen und unter Wettereinflüssen mischen und verteilen sie sich zu den belastenden Einwirkungen auf die natürliche Umwelt. Dadurch entstehen in der natürlichen Umwelt Wirkketten zwischen dem belebten und dem unbelebten Teil (z. B. Wirkungen in der Nahrungskette). Je nach Art und Länge dieser Wirkketten liegen die schädigenden Einwirkungen, die dann letzten Endes das Umweltsubjekt ‚Mensch' erreichen, zeitlich und räumlich verschieden, weit von den Auswirkungen entfernt. Sie sind deshalb auch einmal besser erkennbar, ein andermal verdeckter, okkulter; und so mischen sich dann auch hektische Aktivitäten und dumpfe Angst in oft irrationaler Weise, wenn es um Umweltschutz geht" (ebd.).

Neben diesen kaum überschaubaren Wirkmechanismen und Rückkoppelungseffekten kommt als zweites Problem dazu, daß i. d. R. die Umweltbelastungen auf eine Vielzahl von Verursachern zurückzuführen sind.

Wir stimmen mit Schütze überein, der den Konflikt zwischen Ökologie und Ökonomie für unaufhebbar ansieht, denn wie aufgezeigt

- ist jedes Wirtschaften mit einem Eingriff in natürliche Zusammenhänge verbunden, mit dem Ziel, sie zum Nutzen des Wirtschaftenden umzugestalten und
- bedeutet jedes Wirtschaftswachstum auf Grund der Entropievermehrung bei Veredelungsprozessen deshalb mit naturgesetzlicher Notwendigkeit auch mehr Umweltbelastung.

> „Die Formel aus dem politischen Tagesvokabular ‚Ökonomie und Ökologie sind kein Widerspruch, sie lassen sich versöhnen' mag Ausdruck von Einfalt oder Harmoniebedürfnis sein; oder sie wurde erfunden, um Interessenpolitik zu vernebeln. Sie ist falsch, hat aber Tradition. Schon in der Aufbruchstimmung der Umweltpolitik unter der sozial-liberalen Koalition machte man sich Illusionen über die Verträglichkeit von Wirtschaftswachstum und Umweltschutz. Die Wirtschaft sollte die saubere Umwelt sozusagen unter ihre Produktionsziele aufnehmen."
>
> (Schütze, 1990)

Auch bei Seidel stehen sich Ökonomie und Ökologie auf den ersten Blick völlig unversöhnlich gegenüber. Beim einzelnen Unternehmen sieht er

- Möglichkeiten der Kostenersparnis (z. B. durch Verringerung des Ressourcenverbrauchs),
- kostenneutrale Umweltschutzmaßnahmen (und eine Entschärfung des Gegensatzes durch eine gewisse Entkoppelung von Umfang und Verbrauch)

- und ab einem gewissen Punkt der Entwicklung auch die Möglichkeit, Mehrkosten bzw. Mindereinnahmen zu tragen (diese neuen Einstellungs- und Wertemuster sollten dabei vor allem für die „stärksten“ Unternehmen gelten).

„Allem Reden über die postindustrielle und postmaterielle Dienstleistungsgesellschaft zum Trotz werden sich freilich die meisten Produkte nicht in dem Maße ‚entstofflichen‘ oder ‚vergeistigen‘ lassen, daß für hinreichenden Umweltschutz nicht auch im durchaus Rechenbaren noch ein horrender Preis bleibt. Es ist das die Wahrheit unseres Ausgangsszenarios: Nicht im einzelnen, wohl aber im ganzen ist das Motto ‚Mehr Gewinn durch Umweltschutz‘ eine Lebenslüge.“ (Seidel 1989)

Die Umweltbelastung läßt sich auch mit Hilfe des 1. und 2. Hauptsatzes der Thermodynamik erklären:

1. Hauptsatz: Masse und Energie können weder geschaffen noch vernichtet werden (dies bedeutet auch, daß man entstandene Abfälle im wörtlichen Sinne nicht beseitigen kann).

2. Hauptsatz: Da nach dem „Entropiesatz“ die Entropie in einem geschlossenen System im allgemeinen wächst, nimmt i. d. R. diese auch bei Produktions- und Konsumptionsprozessen zu (es gibt Produktionsvorgänge, welche die Materialentropie senken, „Antientropieprozesse“, z. B. bei den Recyclingvorgängen).

Da eine Produktion immer mit einer Umweltbelastung verbunden ist, bedeutet also betrieblicher Umweltschutz nur eine „relative Umweltschonung“. Trotzdem gilt es natürlich, alle Möglichkeiten in der „Schnittmenge“, wo betriebliche Maßnahmen mit einem relativen Entlastungseffekt verbunden sind (z. B. Energie- oder Ressourceneinsparungen), auszunützen.

Umwelt als Produktionsfaktor

Die ökonomische Internalisierung

Im betrieblichen System der Produktionsfaktoren wird die natürliche Umwelt nur in ihrer Funktion als Rohstofflieferant bzw. in Gestalt des Faktors Werkstoffe berücksichtigt. Da in der Betriebswirtschaftslehre nur die mit Preisen bewerteten „knappen" Güter als Kosten Kalkulationsbestandteile werden, die natürliche Umwelt bisher jedoch als „freies" Gut (mit Marktwert 0) betrachtet wurde, ist das Fehlen dieses Faktors logisch. Auch bei steigender Nachfrage nach freien Gütern wird, da ja kein Knappheitsindikator in Form eines Preises vorhanden ist, damit kein Preisanstieg verbunden sein, der evtl. Anreiz zu einem sparsameren Umgang bieten würde. Die natürliche Umwelt ist dabei, wie bereits dargelegt, nicht nur als Ressourcenquelle, sondern auch als Aufnahmemedium anzusehen (Strebel, 1981).

Das Phänomen der „negativen externen Effekte" oder „sozialen Kosten" ist in der Volkswirtschaftslehre seit langem Gegenstand eingehender Erörterung. So lautet etwa in dem 1950 erschienenen Buch „The Social Costs of Private Enterprise" von Kapp seine zentrale These: „. . ., daß die Maximierung des Nettoeinkommens durch mikroökonomische Einheiten dazu führt, Einkommen (oder Nutzen) anderer Wirtschaftseinheiten sowie der Allgemeinheit zu verringern, und daß die herkömmlichen Ansätze, die Leistungen einer Wirtschaft zu messen, unbefriedigend, wenn nicht irreführend sind."

Sozialkosten sind dabei Nachteile und Schäden, welche die Wirtschaft infolge von privaten Produktionsaktivitäten erleidet. Sie können die Form einer Vielfalt von Nachteilen („diseconomies"), erhöhten Risiken und Ungewißheiten annehmen, die oft weit in die Zukunft reichen. Da sie von Dritten oder von der Gesellschaft getragen werden, sind sie in der Tat „extern".

Die mit dem Produktionsprozeß verbundenen sozialen Kosten werden zunehmend internalisiert, d. h., die als Folge unternehmerischer Tätigkeit verursachten Schäden werden als einzelwirtschaftliche Kosten dem Verursacher zugerechnet.

Strebel (1980) differenziert dabei in

- ökologische Internalisierung
  (= Verhüten der Umweltbelastung durch den bisherigen Verursacher),
- ökonomische Internalisierung
  (= Übernahme der Kosten durch den Verursacher bei Fortsetzen der Umweltbelastung).

Einen Teil dieser externen Effekte müssen die Betriebe inzwischen bereits durch die zunehmend in die betriebswirtschaftliche Kostenrechnung eingehenden gesetzgeberischen Restriktionen für die Umweltbeanspruchung dekken (Auflagen/Abgaben/Versicherungsprämien). Je mehr diese Restriktionselemente beträchtlich zunehmen und damit umweltschädigende Produktionen mit einer Erhöhung betriebswirtschaftlicher Kosten verbunden sind, um so eher kann die Umwelt zu einem „Produktionsfaktor“ werden.

Es ist notwendig, das „ökonomische Interesse“ neu zu definieren. Die Einsicht, daß auch die Umwelt als ein knapper Produktionsfaktor gilt, dessen Einsatz dem ökonomischen Prinzip unterliegt, ist für ein ökologieorientiertes Umdenken in der Betriebswirtschafts- und Führungslehre unerläßlich.

Hat der moderne Produktionsprozeß allerdings auch den Produktionsfaktor „Natur“ zu entlohnen, so sind Verteilungskonflikte vorgegeben, da Teile der Einkommen, Arbeit und Kapital an diesen neuen Faktor abgegeben werden müssen (so Benigsen-Foerder, VEBA).

Damit wird

- der Preis „herkömmlicher“ Produkte so erhöht werden, daß mit dem Differenzbetrag die verursachten Schäden behoben werden können,
- für die Unternehmer ein Anreiz gegeben sein, Produktionsverfahren und Produkte umwelt- und ressourcenschonender zu gestalten,
- auch der Verbraucher bereit sein müssen, den Mehrpreis umweltfreundlicher Produkte (und den damit verbundenen Kaufkraft- bzw. Konsumstandardrückgang) als Preis für die Erhaltung der gesellschaftlichen Lebensqualität zu zahlen,
- die Belastung der Natur, die ja nie ganz auszuschließen sein wird, reduziert,
- der Unternehmer ein ökologisch verantwortungsvolles Handeln als (potentiellen) Wettbewerbsvorteil, d. h. als Erfolgsfaktor, erkennen.

Das Neuland einer (notwendigerweise) normativen Ökonomie besteht für Kapp u. a. darin, gesellschaftliche Zielsetzungen („existentielle Minimalbedürfnisse“ des Menschen) in Form von gesellschaftlichen und ökologischen Indikatoren quantitativ zu erfassen („Konzept der Lebensqualität“). Die Bestimmung solcher, gesellschaftlich wünschenswerter makroökonomischer Ziele (oder Normen), wie etwa obere Toleranzgrenzen von Luft- und Wasserverschmutzung, Mindestnormen für das Gesundheitswesen, Ernährungsnormen etc., wodurch in zunehmendem Maß politisch formulierte Normen in den sozioökonomischen Prozeß eingeführt werden und die interdisziplinärer Forschungsanstrengungen bedarf, umfaßt eine Anzahl einander widersprechender Zielsetzungen, wie z. B.

- gleichmäßigere und gerechtere Verteilung
- wirtschaftliche Stabilität
- Vollbeschäftigung
- effiziente Nutzung knapper Ressourcen
- Partizipation in der Entscheidungsfindung
- Wahrung dynamischer ökologischer und ökonomischer Gleichgewichte (Kapp, 1987).

> „Wer diese Verhältnisse ändern will, muß seine ökologische Positionsbestimmung verknüpfen mit ökonomischer Einsicht. Und die besagt, daß der übermäßige ‚Verbrauch‘ der Umwelt auf einem Strukturfehler der Wirtschaftsordnung beruht. Umwelt ist nicht teilbar, man kann Luft nicht horten, und man kann Grundwasser schlecht monopolisieren. Jeder kann die ‚Elemente‘ unentgeltlich benutzen, ohne daß zunehmende Knappheit über einen höheren Preis zum Sparen zwingt. In dieser Situation ist der Staat in seiner klassischen Rolle gefordert. Er muß die Produzenten in ihrem eigenen Interesse davon abhalten, die Umwelt gänzlich zu ruinieren und damit sich selbst die Grundlage der Produktion zu entziehen. Die Situation ist durchaus mit den Anfängen des Wohlfahrtsstaates zu vergleichen, Kinderarbeit und Waldzerstörung, Arbeiterbewegung und ökologische Bewegung – wer kann die Parellelen übersehen? Umweltpolitik ist Teil des Macht- und Verteilungskampfes in der Gesellschaft. Die Bürger müssen sich die Erhaltung der natürlichen Lebensgrundlagen ebenso erkämpfen wie die Arbeiter den Siebenstundentag.“
>
> (Vahrenholt, 1987)

Gefordert ist insbesondere der Staat. Stoll (1984) sieht eine autonome betriebliche Umweltpolitik als Umweltschutzpolitik als eine Illusion, eine contradictio in adjecto: „Insofern ist Umweltschutzpolitik vor allem eine Politik der Setzung ökologischer Restriktionen für die einzelnen betrieblichen Entscheidungen.“ Er sieht eine grundsätzliche Unvereinbarkeit, eine ökologische Produktion mittels des Verursacherprinzips bzw. der Kosteninternalisierung zu realisieren, und fordert, die reaktive durch eine vorausschauende Umweltpolitik zu ersetzen, „die eine ex ante Koordination der dezentralen Entscheidungen notwendig machen; es müßte also eine systematische Verzahnung des politischen und des privatwirtschaftlichen Entscheidungssystems gegeben sein“.

Da es sich für den Betriebswirtschaftler bei der Belastung der natürlichen Ökosysteme durch das Wirtschaften um externe (d. h. nicht eingehende) Kosten handelt – der Umweltverzehr also keine Kosten verursacht –, ist vor allem

- die Umwelt zu einem knappen und kostbaren Gut zu machen, d. h., die Kosten der Umweltverschmutzung sind (etwa über Abgaberegelungen) zu internalisieren, der „Nulltarif" für den Produktionsfaktor Umwelt abzuschaffen,
- eine Senkung des Energieverbrauchs mit steuerlichen Mitteln,
- ein gezielter Einsatz der staatlichen Beschaffungsstellen,
- eine umfassende ökologische Information durchzusetzen.

Die ökologische Internalisierung

Der gesamtwirtschaftliche und betriebliche Umweltschutz wurde viele Jahre dank der linearen Denkweise der Hintereinanderschaltung als sog. „end-of-the-pipe-Maßnahme" immer erst nach dem Entstehen der Umweltbelastungen quasi als Reparaturmaßnahme angehängt.

Wie bereits kurz angesprochen,

- sind diese nachgeschalteten Reduktions- und Entsorgungsmaßnahmen (Nachsorge)
- durch vorbeugende Maßnahmen abzulösen (Vorsorge).

Der Hersteller muß bereits bei der Entwicklung eines neuen Produktes dessen Wirkungen auf die Umwelt über den gesamten Lebenszyklus prüfen: Beschaffung, Produktion, Ge- und Verbrauch und Entsorgung. Zunehmend wird die unternehmerische Verantwortung von „der Wiege bis zur Bahre" definiert.

Eine konsequente Anwendung dieses Vorsorgeprinzips, mit der ökologische Vorstellungen und Erfordernisse in den ökonomischen Prozeß selbst integriert werden, beinhaltet etwa folgende Ansatzpunkte:

- Rückgriff, soweit möglich, auf regenerierbare Rohstoffe und Energien
- umweltschonende Ressourcengewinnung
- nichtregenerierbare Rohstoffe möglichst sparsam verbrauchen
- recyclingfähige Weiterverarbeitungstoffe herstellen
- Erhöhung des „internen" Recycling
- stärkerer Emissionsschutz
- verstärkte Wiederverwendung bereits benutzter Rohstoffe beim Konsumenten

- umweltfreundliche Produktionsverfahren und Produkte.

Stahlmann (1988) gibt folgende Beispiele, wie durch ein integriertes, ökologisch orientiertes materialwirtschaftliches Denken soziale Kosten gesenkt werden können:

- „Senkung von transport- und verkehrsbedingten Emissionen und Energieverbrauch
- Substitution von nicht regenerativen, schnell erschöpfbaren Rohstoffen durch regenerative, langfristig verfügbare (Berücksichtigung der sozialen Kosten späterer Generationen durch fehlende Rohstoffe), rechtzeitige Umpolung von Forschung und Entwicklungsanstrengungen, Konstruktion recyclingfreundlicher Produkte zur Streckung der Rohstoffvorräte
- Entlastung der Umwelt von Schadstoffen während der Produktion: Unterschreitung der vom Gesetzgeber vorgegebenen Emissionsnormen, freiwillige Prüfungen mit Werbung in der Öffentlichkeit; und im Hinblick auf den späteren Konsum: Verzicht auf gesundheitsgefährdende Stoffe oder schwer abbaubare, persistente Schadstoffe wie PCB, DDT, FCKW, Blei, Cadmium
- Vermeidung von Überbeständen (Bindung unnötiger Ressourcen) und möglichst vollständige Verwertung des Einsatzmaterials (Aufbau von Kuppelproduktions- und Recyclingprozessen)."

Die Umweltproblematik aus unternehmerischer Sicht

Betrachten wir die Umweltproblematik aus unternehmensrelevanter Sicht noch etwas genauer. Die natürliche Umwelt hat für den technischen Arbeitsprozeß demnach zwei Funktionen:

- Deckung des Rohstoffbedarfs
- Aufnahmemedium der Umweltbelastung.

Das aus dieser Umwelteinwirkung resultierende Problem der „Knappheit" tangiert primär den Ressourcenverbrauch an Rohstoffen und Energie. Die „Endlichkeit" vieler Rohstoffe ist durch Berichte wie „Global 2000" bewußt gemacht worden, daran ändern auch vorübergehende Preisrückgänge nichts. Der – auf ganz andere Gründe zurückzuführende – Preisverfall des Erdöls steht im krassen Gegensatz zur langfristigen Knappheit dieses Rohstoffes.

In den letzten 100 Jahren ist der Verbrauch an Rohstoffen im Durchschnitt auf das Achtfache gestiegen; diese in der Menschheitsgeschichte beispiellose „Ausbeutung" der Rohstoffe hat eine oft vergessene Konsequenz: was heute verbraucht wird, ist zugleich der Zukunft entzogen.

Als inputorientierte Konzeptionen zur Ressourcenschonung kommen Einsatzvermeidung, Substitution und Sparen in Betracht.

Das aus der Umwelteinwirkung resultierende Problem der „Belastung“ (neben anderen Verursachern wie die Energiewirtschaft, der Verkehr, die Haushalte etc.) soll in seiner Komplexität nur schlagwortartig angedeutet werden:

Neben der Luftverunreinigung (zunehmende Konzentration von Kohlendioxid und ozonabbauenden Chemikalien, gesundheitliche Auswirkungen oder Waldsterben), der Wasserbelastung (mit der Industrie als einem Hauptverbraucher), der Lärmbelastung, der zunehmenden Chemisierung der Umwelt (derzeit sind ca. 63000 unterschiedliche chemische Stoffe im Umlauf und jährlich kommen 200 – 500 weitere hinzu, bei völliger Autonomie der Herstellerverantwortlichkeit), treten insbesonders die Abfälle ins Problembewußtsein: steigender Trend der Abfallmengen aus Haushalten und Industrie (1975: 120 Mill. t; 1981: 260 Mill. t) mit steigenden Entsorgungskosten und überproportionalem Anstieg des Raumumfangs, Lagerung auf überlasteten Deponien oder Beseitigung in Verbrennungsanlagen bei zunehmendem Widerstand der Bevölkerung gegen neue Anlagen.

Die Ökosphäre wird also durch die Entnahme von Ressourcen, durch die während des Produktionsprozesses entstehenden Schadstoffe und durch die am Schluß des Prozesses anfallenden Abfallprodukte beim Verbraucher auf mehreren Stufen in erheblicher Weise beeinträchtigt. Die Umwelt ist zu überlastet, um sich regenerieren zu können, und diese Faktoren führen an den Rand des Zerstörens ganzer ökologischer Systeme.

Teil 3
Die Forderung nach einem offensiven Öko-Management

Ansätze einer betrieblichen Umweltökonomie

Die Prinzipien des Verminderns von Umweltbelastungen

„Vor zwei Jahren kam mir der gerade neueste Konjunkturbericht eines unserer großen Wirtschaftsforschungsinstitute in die Hand. Ich schlug ihn auf und las: ‚In der Bundesrepublik war die wirtschaftliche Entwicklung in der Grundtendenz bis zuletzt aufwärts gerichtet.' (HWWA-Bericht ‚Konjunktur von morgen' Nr. 686 vom 2. Mai 1985.) Gemeint war dies ‚bis zuletzt' im Sinn von: Bis zum Redaktionsschluß dieses Berichts deutete nichts darauf hin, daß der bisherige konjunkturelle Aufschwung ein Ende nehmen und die wirtschaftliche Konjunktur wieder nachlassen würde. Ich aber dachte: Dieser Satz könnte in nicht allzu ferner Zeit auch in einem Nachruf auf die Industriegesellschaft und deren Wirtschaft stehen. Und als ein künftiger Nachruf ist mir der Satz im Gedächtnis geblieben."

(Meyer-Abich, 1987)

Ansätze einer betrieblichen Umweltökonomie

Das, wie eingangs erwähnt, in Umfragen sich artikulierende hohe Umweltbewußtsein wird sich langfristig auch in einem veränderten Umweltverhalten bei Verbrauchern und Unternehmern niederschlagen. Besonders aus der Umwelt werden zunehmend neue Forderungen an die Unternehmungen herangetragen. Die Übernahme sozialer, kultureller, politischer oder ökologischer Verantwortung kann die Realisierung unternehmerischer Ziele erheblich beeinträchtigen. Diese neuen Beziehungsfelder sind in den „Untersuchungsbereich" eines Öko-Managements zu integrieren.

Winter (1987) sieht sechs gewichtige Gründe, „die jeden verantwortungsbewußten, aber auch das eigene Interesse im Auge behaltenden Unternehmer oder Manager veranlassen sollten, mit dem von ihm geleisteten Unternehmen umweltorientierte Unternehmensführung zu praktizieren:

- Ohne umweltbewußte Unternehmen keine umweltbewußte Wirtschaft – und ohne umweltbewußte Wirtschaft kein menschenwürdiges Überleben.
- Ohne umweltbewußte Unternehmen kein öffentlicher Konsens mit dem Unternehmertum – und ohne öffentlichen Konsens mit dem Unternehmertum keine Marktwirtschaft.
- Ohne umweltbewußte Unternehmensführung Verlust rasch wachsender Marktchancen und Risiko einer Umwelthaftung in Millionenhöhe mit Gefährdung des Unternehmens samt seiner Arbeitsplätze.
- Ohne umweltbewußte Unternehmensführung verschärftes Haftungsrisiko für Vorstände, Direktoren, Abteilungsleiter und weitere Mitarbeiter mit Gefährdung des Arbeitsplatzes und zukünftiger Berufschancen.
- Ohne umweltbewußte Unternehmensführung Verzicht auf zahlreiche Chancen zur Kostenverminderung.
- Ohne umweltbewußte Unternehmensführung kein Bestand vor dem eigenen Gewissen – und ohne Bestand vor dem eigenen Gewissen keine volle Identifikation mit dem Beruf."

Erst in Ansätzen ist eine „betriebliche Umweltökonomie", deren Hauptaufgabe die Darstellung der betrieblichen Umweltbeziehungen, ihrer wirtschaftlichen Folgewirkungen und der Auswirkungen der staatlichen Umweltpolitik ist, erkennbar (so auch Wicke). Umrisse einer solchen umweltorientierten Unternehmensführung, die betriebswirtschaftliches und ökologisches Denken bei allen Entscheidungen zu berücksichtigen sucht, gilt es aufzuzeigen. Betriebliche Entscheidungen sollen so gefällt werden, daß sowohl die Interessen der Gesellschaft in sozialer und ökologischer Hinsicht als auch die des Unternehmens gewahrt bleiben. Der Gedanke eines Umweltmanagements und Marketings ist gezielt als betriebswirtschaftliches Instrument zur Erzielung von Wettbewerbsvorteilen einzusetzen.

Obwohl die Problematik der ökologischen Umwelt in ihrer betriebswirtschaftlichen Konsequenz noch weitgehend unterschätzt wird, ist eine stärkere Reflektion und Sensibilisierung im Rahmen einer deskriptiven Analyse der gesellschaftlichen Eingebundenheit der Unternehmung zur langfristigen Existenzsicherung unumgänglich. Ich sehe den vorausschauenden (strategischen) Umweltschutz als eine der wichtigsten Managementaufgaben der Zukunft – anderenfalls wird die staatlich reglementierte, gesetzgeberische (Zwangs-) Beeinflussung des Umweltverhaltens der Unternehmen immer restriktiver werden.

Eine Anpassung des unternehmerischen Wettbewerbsverhaltens an die durch umweltpolitische Einflüsse veränderten Umfeld-Rahmenbedingungen sollte über Wettbewerbshandlungen erfolgen, also mit Aktivitäten, über die die Unternehmung selbständig entscheidet und die ihre Stellung gegenüber den Konkurrenten verbessern sollen. Ein „offensives" statt passives oder reaktives Öko-Management, das die Unternehmung als „geschlossenen Kreislauf" versteht, wird im Rahmen der operativen und strategischen Planung die Umweltanforderungen integrieren und, über den bestehenden rechtlichen Vorschriftsrahmen hinaus, auf Fragen etwa folgender Art bereits jetzt (freiwillig!) nach Lösungen dieser Herausforderung suchen:

- Reduktion des Energie- und Rohstoffverbrauchs der Produktion
- Erfassung und Verrechnung der betrieblichen Umweltschutzkosten
- „Umweltfreundlichkeit" der Produkte (Strebel spricht von „goods" und „bads")
- Recyclingumfang
- öko-orientierten Marketing-Konzeptionen
- Umweltschutz-Image der Unternehmung
- Organisation des betrieblichen Umweltschutzes
- Auswirkungen betrieblicher Tätigkeit in einem ökologischen Informationssystem zu erfassen und abbilden
- Folgekosten der Entsorgung usw.
- Finanzierung von Umweltschutzmaßnahmen unter Berücksichtigung der staatlichen Finanzierungshilfen.

Nur durch einen Einklang von Ökologieerfordernissen und betriebswirtschaftlichen (Rentabilitäts-)Zielen, nur durch das rechtzeitige Schaffen von – den Umweltschutz berücksichtigenden – Erfolgspotentialen (Image, Kompetenz etc.) ist eine langfristige und dauerhafte Gewinnerzielung auf der Basis einer gesicherten Marktposition innerhalb der gewandelten Umweltproblematik gesichert.

Quelle: Meffert/Detmeier/Kirchgeorg, 1988

Abb. 12: Ansatzpunkte für ein offensives umweltorientiertes Produktmanagement

Ein aktives, umweltgerechtes Management ist langfristig die bessere Unternehmensstrategie. Gefordert ist also nicht das punktuelle Eingriffshandeln, nicht das „technische" Problem Umweltschutz, nicht ein Umweltmarketing als bloßer Ausdruck eines alibimäßigen Aufspringens auf den grünen Zug, sondern ein systematisches Einbeziehen der Umwelt in alle betriebliche Bereiche innerhalb eines umfassenden Umweltmanagements.

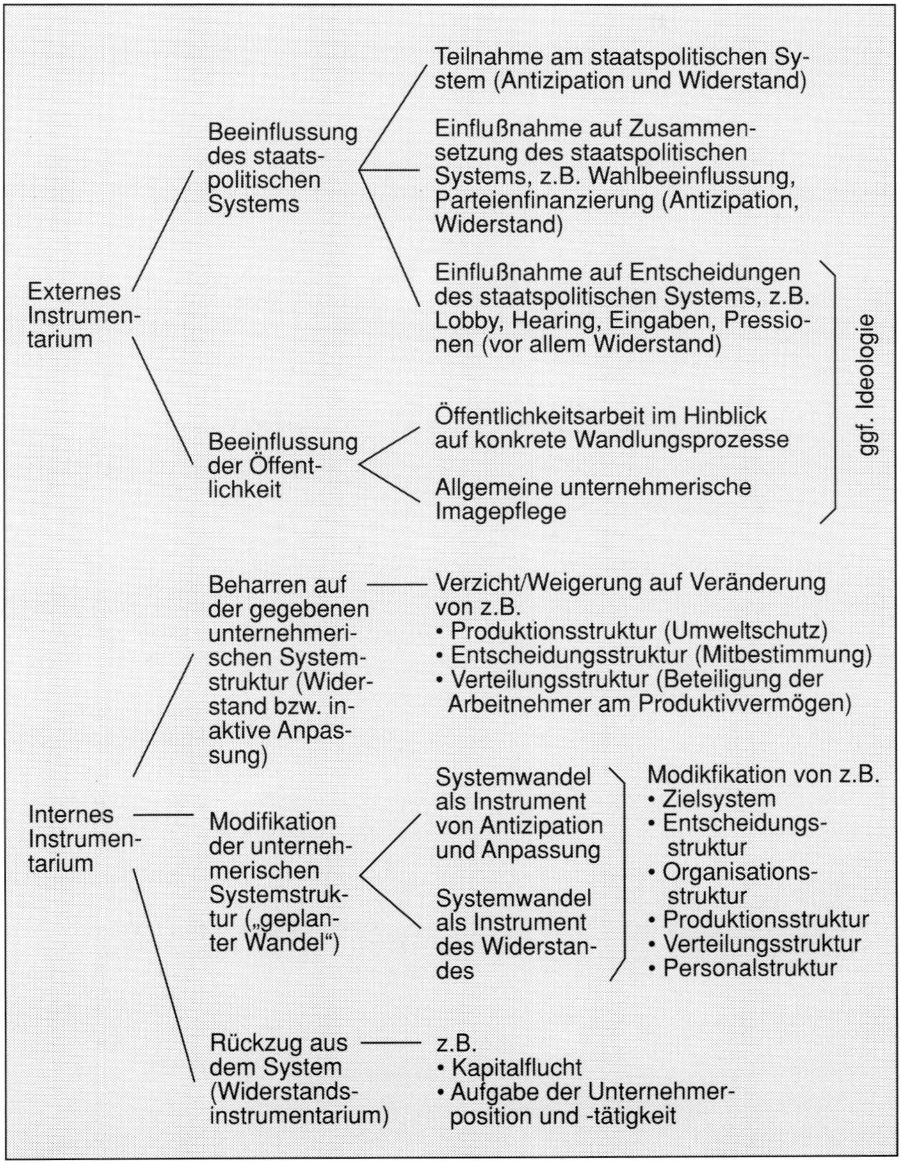

Quelle: Stitzel, 1976

Abb. 13: Synopse der Instrumente unternehmerischen Verhaltens gegenüber gesellschaftspolitischem Wandel

Diese Modifikation der unternehmerischen Systemstruktur („geplanter Wandel“) ist nur eine der möglichen Verhaltensweisen der Unternehmung; einen Überblick über externe und interne Strategien gibt die Abbildung 13, S. 71.

Der Umweltgedanke als integrierte Determinante der Unternehmenspolitik (einer Art „Corporate Ecology“) „zahlt“ sich für die Unternehmen in vielen Fällen betriebswirtschaftlich aus. Der Förderkreis Umwelt future nennt:

- Rohstoff- und Energieeinsparungen
- zusätzliche Recyclingmöglichkeiten
- eine stärkere Identifikation der Mitarbeiter mit dem Unternehmen
- Kostenreduzierung in den Bereichen Ver- und Entsorgung (Reduzierung der Klärkosten für Abwasser und ähnliches)
- Vermeidung der Kosten für spätere Altlastensanierung
- zusätzliche Verkaufserfolge, denn in einer zunehmend umweltorientierten Gesellschaft werden auf lange Sicht nur umweltverträgliche Produkte Marktchancen besitzen.

> „Durch den Verlust des ökologischen Gleichgewichts wird die Wirtschaft ihre Existenz aufs Spiel setzen, Umweltschutz ist keine Wachstumsbarriere, sondern eine Voraussetzung für Wachstum.“
>
> (Necker, BDI-Präsident)

Die Prinzipien des Verminderns von Umweltbelastungen

Es wurde bereits ausführlich dargelegt, daß die technische Produktion zwangsläufig mit Umweltbelastungen (Okkupation und Emission) verbunden ist. Da ein totales Verhindern von Umweltbelastungen ein „Ende“ der künstlichen Umwelt nach sich ziehen würde – und damit wohl ausscheidet –, sind als systematisches Umgehen mit Umweltbelastungen restriktive Entscheidungen zur Verminderung der Umweltbelastungen zu treffen. Die Frage, wie den Umweltbelastungen zu begegnen ist, ist dabei nicht nur ein technologisches Problem, sondern auch ein gesellschaftspolitisches (Wertungs-)Problem. Darauf soll im Teil 7 näher eingegangen werden.

Als Prinzipien, die in den drei umweltkritischen Bereichen eines Unternehmens

- Input (Beschaffung),
- Produktionsprozeß (Okkupation/Emission) und
- Output (Abfall)

verwirklicht werden können, kommen meines Erachtens vier in Betracht:

Erstens: Mit Vermeidungsstrategien sollen die belastenden Auswirkungen verhindert werden.

VERZICHT:

- entweder zwingend als Verbote bei bestimmten Stoffen
- Partiallösung (z. B. Verpackungsvermeidung)
- freiwillig als „gemäßigter“ Verzicht bei der Konsumbefriedigung.

Die immer wieder als Lösung geforderten Vermeidungsstrategien werden meines Erachtens nur auf Teilgebieten realistisch durchsetzbar sein. Die in Presseveröffentlichungen der Wirtschaft oft als „Vermeidung“ bezeichneten Maßnahmen sind in Wirklichkeit eher Verminderungs- bzw. Reduzierungsstrategien.

Zweitens: Mit Verminderungsstrategien sollen die belastenden Auswirkungen reduziert werden.

SPAREN: Ökonomischer Einsatz der Faktoreinsatzmenge durch geringeren Verbrauch an Energie, Rohstoffen oder Okkupation.

SUBSTITUTION: Ersatz einer umweltschädlichen Problemlösung durch eine weniger belastende Lösung.

EMISSIONSVERMINDERUNG: Reduktion von Schadstoff- und Lärmemissionen und des Abfallvolumens.

Drittens: Mit Verwertungsstrategien werden die Outputs wieder in Inputs zurückgeführt, solange dies technisch, ökonomisch und auch ökologisch sinnvoll erscheint.

RECYCLING: Erneute interne oder externe Behandlung von Emission/Müll als Material oder Energie.

Viertens: Mit Beseitigungsstrategien sind die unvermeidbaren Restemissionen geeignet/gefahrlos zu entsorgen.

DEPONIERUNG: (Umwandlung/Diffusion)
VERBRENNUNG: („Energierecycling")

Innerhalb unserer arbeitsteiligen Gesellschaft stellt aber die einzelne Unternehmung nur ein Teilelement vernetzter Output-Input-Verbindungen dar. Die Ableitung umweltpolitischer Strategien darf deshalb nicht auf die Vorgänge des Transformationsprozesses innerhalb der Unternehmung beschränkt bleiben. Die im jeweiligen Arbeitssystem der Unternehmung verwendeten Inputarten (System-, Arbeits-, Materialinput) müssen selbst auch produziert werden und haben dabei Emissionen erzeugt.

Diese „Emissionshypothek des Inputs" ist allerdings nur das anteilige Stück am gesamten „Emissionskuchen", der beim Inputhersteller durch seine Produktion entstanden ist. Man erkennt daran, welche ungeheuren Informationsmengen erforderlich wären, wollte man wirklich zurückverfolgen, welcher Vorgang im System der weltweit vernetzten „Technischen Produktion" tatsächlich welche Emissionen verursacht hat – geschweige denn verursachen würde, wenn man ihn in Anspruch nähme. Eins aber steht fest: „Jeder Produzent hat auch eine gewisse Mitverantwortung für die Emissionen, die bei seinem Inputproduzenten entstehen" (Schober, 1987).

Eine systemorientierte Umweltbetrachtung muß also neben der Betrachtung des Produktionsprozesses auch den Inputlieferanten und den Outputempfänger mit einschließen.

Teil 4
Aufbau eines umweltorientierten Informationswesens

Modell eines Umweltinformationssystems (UIS)
(Inanspruchnahme von Datenbanken)

Betriebliche Umweltberatung
Private Berater
Umweltschutzberater RKW
Umweltschutzpartner IHK
Verbände für umweltbewußte Unternehmensführung
- B.A.U.M.
- future

> *„Es gibt keinen Fortschritt gegen die Natur.“*
> *(Meyer-Abich)*

Jede Unternehmensführung basiert auf Informationen. Ein effizientes umweltorientiertes Informations- und Kommunikationssystem in Verbindung mit einem Beratungswesen schafft erst die Grundlage weiterer Aktionen. Ein in Zukunft aufzubauendes Instrumentarium könnte etwa folgende Bausteine haben:

- Inanspruchnahme von Informations- und Kommunikationstechniken
- Inanspruchnahme von Beratungsleistungen
- Zusammenarbeit mit verschiedensten Institutionen (siehe Teil 11)
- Öko-Assessment (siehe Teil 17).

Ein im Zeitraum 1986 – 89 unter der Federführung der IHK Nürnberg in Zusammenarbeit mit dem BMU, dem UBA und anderen Institutionen im Wirtschaftsraum Nürnberg/Mittelfranken durchgeführter Modellversuch „Umweltschutz und Mittelstand" zeigte insbesondere die Notwendigkeit solcher Systeme für die mittelständischen Unternehmen. Diese stellen zwar die Mehrzahl der insgesamt mehr als 2 Millionen Selbständigen und Unternehmen dar, fühlen sich jedoch durch Umweltgesetze und den daraus resultierenden Anforderungen häufig überfordert und erarbeiten unter Vollzugsdruck vielfach dann auch nicht die umweltpolitisch und betriebswirtschaftlich optimalen Lösungen. Generell wird der Umweltschutzmarkt als für sie wenig transparent angesehen.

Während Großunternehmen intern auf Spezialisten zurückgreifen können, ist der Mittelstand hier insbesondere auf eine unterstützende (allerdings oft teure) externe Beratung angewiesen. Die Möglichkeiten sind äußerst zahlreich; ihre Beratungsdienste bieten etwa an:

- private Beratungsfirmen/Consultants
- örtliche Industrie- und Handelskammern
- örtliche Handwerkskammern
- Selbsthilfeorganisationen der Unternehmer wie B.A.U.M. oder future, die eine umweltorientierte Unternehmensführung auch in den Kreis ihrer Nichtmitglieder hineintragen wollen
- Industrieverbände (ICC, BDI, BJU, ASU)
- Banken und Versicherungen
- Landesgewerbeämter
- Fachverbände
- kommunale Referenten

- das Rationalisierungskuratorium der Deutschen Wirtschaft über ihre Landesgruppen
- Hochschulen/Forschungsinstitute
- das Umweltbundesamt.

Modell eines Umweltinformationssystems (UIS)
(Inanspruchnahme von Datenbanken)

Ein kontrollierter Umweltschutz bedarf als Rückgrat einer effektiven Informations- und Kommunikationstechnik. Mit Hilfe solcher Systeme sollen

- Erkenntnisse über die Wirkzusammenhänge der natürlichen und technischen Systeme gewonnen werden; die Erforschung solcher Wirkgefüge ist Aufgabe einer relativ jungen Wissenschaft, der sog. Ökosystemforschung,
- die Informationen im Sinne eines Regelkreises das Steuerinstrumentarium liefern; dieser kybernetische Regelkreis umfaßt den Soll-Ist-Vergleich, die Abweichungsanalyse und die Einleitung von Korrekturmaßnahmen,
- die Informationen eine verbesserte Zustandsbeschreibung liefern und damit die Möglichkeit zu besseren Vorsorgemaßnahmen eröffnen.

Datenbank- und Expertensysteme als Methoden der Informationstechnik helfen, die „Informationsmengen“ zu bearbeiten. Bei den ca. 250 Gesetzen und Verordnungen zum Umweltschutz mit über 30000 aufgeführten Stoffen ist ein Vollzugsdefizit fast zwangsläufig die Regel.

Während in einigen Teilbereichen des Umweltschutzes das rechnergestützte Arbeiten zur Lösung der komplexen Aufgaben bereits Stand der Technik darstellt, erscheint die Verknüpfung der vorhandenen Insellösungen zu einem integrierten System für die Querschnittsaufgaben Umweltplanung, -kontrolle und -schutz erst in jüngster Zeit möglich. Für eine umfassende Analyse (Sammlung/Interpretation von Daten) und Entscheidungsfindung fällt den Informationstechnologien (Datenbanken/Expertensystemen) eine Schlüsselrolle zu. Zunehmend wichtiger werden auch Simulationsprogramme, mit denen die Folgen von Umwelteingriffen abgeschätzt werden können.

Nach Ansicht des Präsidenten der Fraunhofer-Gesellschaft, Syrbe, verlangt der qualitative Sprung zur ganzheitlichen Systemlösung, optimiert nach mehrdimensionalen Gütekriterien, besonders zugeschnittene Arbeitsmethoden und -mittel wie:

- Modellbildung aus tieferem theoretischem und praktischem Wissen, verbunden mit der Nutzung von Informationsbanken

- Rechnersimulation von Problem und Lösung

- Nutzung von Expertensystemen und anderen Methoden der künstlichen Intelligenz

- Mensch-Maschine-Schnittstellen für komplexe Aufgaben.

Ein integriertes, ganzheitliches Umweltinformationssystem besteht aus

- einem Kernsystem und

- den Komponenten zur Unterstützung von Fachaufgaben und/oder deren Teilaufgaben.

Im Kernsystem werden die (über automatische Meßnetze oder über manuelle Eingabe erfaßten) Daten nach bestimmten Kriterien gespeichert, verwaltet und aufbereitet. Es überprüft alle eingegebenen Daten und dient als Frühwarnsystem und zur Alarmierung bei Überschreitung von Grenzwerten. Zudem stellt es als Benutzerschnittstelle dem Nutzer in aussagefähiger Form Führungs- und Fachbereichsinformationen zur Verfügung und ist eng mit dem Datenaufbereitungssystem gekoppelt.

Das Kernsystem arbeitet über Schnittstellen mit den aufgabenunterstützenden Teilsystemen. Um die in allen Bereichen des Umweltschutzes benötigten Daten zu erhalten, wird auf aufgabenrelevante Daten zurückgegriffen, diese komprimiert, selektiert und verknüpft. Dieses verteilte System mit intelligenten eigenständigen Komponenten und Datenbanken („Single Source Prinzip") am individuellen Arbeitsplatz besteht im wesentlichen aus

- Werkzeugen („tools") zur Ver- und Bearbeitung von Umweltdaten (wie Textverarbeitung, DTP, Electronic Mail, mathematisch/statistische Hilfsmittel, Grafiken, Expertensysteme etc.),

- Informationspools („pools") zur wissensorientierten Datenunterstützung (wie raumbezogene Informationen, fachspezifische Datenbanken wie Stoffdatenbanken oder Umweltgesetze und Verordnungen, Literatur/Umweltdokumente, Forschungsprojekte usw.).

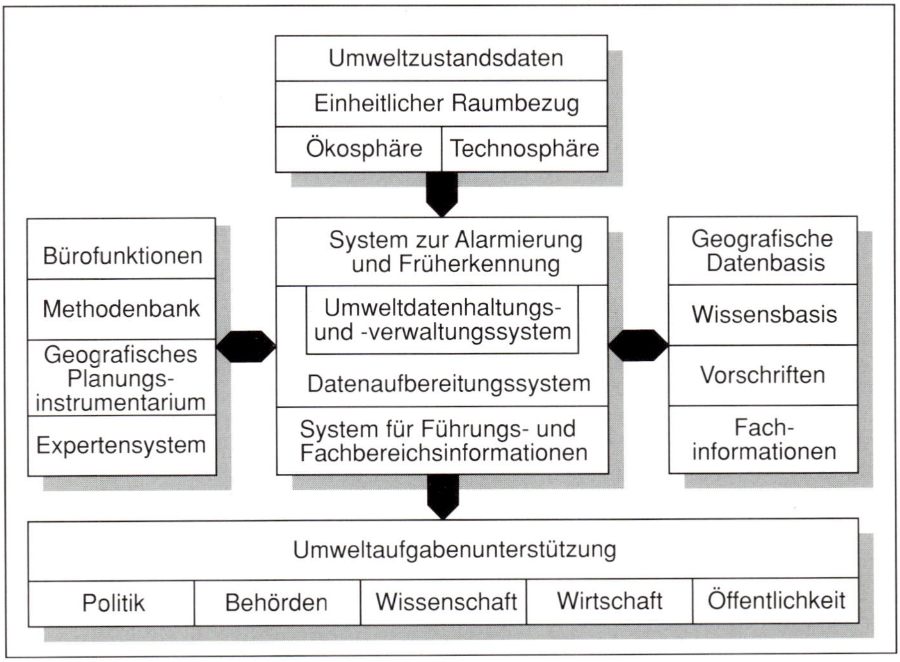

Quelle: Siemens, 1989

Abb. 14: Modell eines Umweltinformationssystems UIS

Siemens

Für den sicheren Umgang mit Gefahrstoffen und für den rechtskonformen Transport von gefährlichen Gütern ist ein schneller und gezielter Zugriff auf eine Vielzahl unterschiedlicher Daten unabdingbar. Mit dem Informationssystem SIGEDA können Forschung und Entwicklung, Konstruktion und Fertigung, Arbeitsschutz und Arbeitsmedizin, Umweltschutz, Brandschutz, Einkauf und Vertrieb, Lager und Transport jederzeit und direkt auf einen gesicherten Datenbestand zurückgreifen. In Stör- und Schadensfällen ist SIGEDA von unschätzbarem Wert, wenn schnell über die richtigen Maßnahmen zur Begrenzung des Schadens und zur Sicherung von Personen und Sachwerten entschieden werden muß. SIGEDA wurde nach einer Piloterprobung seit Anfang 1989 zur internen Nutzung freigegeben und ist nun nach der Präsentation auf der CeBIT 89 auch für externe Interessenten in einer Großrechnerversion auf BS 2000 und in einer PC-Version auf MS-DOS (SINIX folgt) verfügbar.

Aus der Sicht der Siemens AG:

- *zentrales Informationssystem für 800 Stellen aus allen Funktionsbereichen der Siemens AG*
- *350 – 400 gefährliche Stoffe und Zubereitungen als typischer Wert eines Werkes oder Betriebes*
- *insgesamt etwa 5000 Gefahrstoffe in der Siemens AG mit besonderem Schwerpunkt im Bereich Halbleiter*

Block 4: Nationale Kontrollgrenzen		
Bezeichnung	Tetrachlormethan	ID-Nr.: 163
MAK-Wert	10ml/m³ (ppm); 65 mg/m³	
Spitzenbegrenzungs-kategorie	II.1 Kurzzeitwerthöhe: Kurzzeitwertdauer: Häufigkeit pro Schicht:	2xMAK 30 min (Mittelwert) 4
Der Gefahrstoff ist in gefährdendem Maße hautresorptiv.		
Krebsklasse gemäß MAK-Liste	B (Begründeter Verdacht auf krebserzeugendes Potential)	
1. BAT-Wert	Parameter: Tetrachlormethan; Wert 1,6 ml/m³ Untersuchungsmaterial: Alveolarluft Zeitpunkt der Probeentnahme: 1 Std. nach Expositionsende	
Auslöseschwelle	Die Auslöseschwelle ist überschritten: • wenn beim Umgang mit dem Gefahrstoff unmittelbarer Hautkontakt besteht (hautresorptiver Gefahrstoff). • wenn MAK-Wert nicht dauerhaft sicher eingehalten ist, • wenn BAT-Wert nicht eingehalten ist.	
Maßnahmen bei Überschreiten der Auslöseschwelle	• Falls der MAK-Wert nicht dauerhaft sicher eingehalten ist: Arbeitsmedizinische Vorsorgeuntersuchungen (§ 28 und Anh. VGefStoffV und VBG 100) • Falls der MAK oder BAT-Wert überschritten ist: Beschäftigungseinschränkungen (§ 26 GefStoffV) • Mitteilung an die betroffenen Arbeitnehmer und die Betriebs- und Personalräte (§ 21 Abs. 2 GefStoffV)	
BG-Grundsatz für Vorsorgeuntersuchungen: G 13		

Quelle: Siemens

Abb. 15: Block 4, Nationale Kontrollgrenzen

- *bis zu 200 Datenfelder unterschiedlicher Länge pro gefährlichen Stoff oder Zubereitung*
- *Überprüfen aller Gefahrstoffdaten notwendig, da verfügbare Daten von unterschiedlicher Qualität*
- *alle Angaben durch die SIGEDA-Zentrale belegbar für eventuelle Nachweise im Konfliktfall.*

SIGEDA besteht aus 11 Blöcken mit Platz für spätere Erweiterungen:

1. *Basisdaten*
2. *Physikalisch-chemische Daten*
3. *Gefahreinstufungen*
4. *Nationale Kontrollgrenzen (siehe Abb.)*
5. *Internationale Kontrollgrenzen*
6. *Gesundheitsschutz*
7. *Vorbeugende Schutzmaßnahmen*
8. *Gefahrguttransport (siehe Abb.)*
9. *Umweltschutz*
10. *Maßnahmen im Schadensfall*
11. *Gefahrstoffanalytik.*

Block 8: Gefahrguttransport

Proper shipping name:	Carbon tetrachloride		
Richtiger technischer Name:	TETRACHLORMETHAN		
Correct technical name:	CARBON TETRACHLORIDE		
UN-NR.:	1846		
Landtransport (GGVS/GGVE/ADR/RID):			
Nr. zur Kennzeichnung der Gefahr:	60		
Gefahrklasse:	6.1	Ziffer der Gefahrklasse:	15b)
Gefahrzettel:	6.1	Verpackungsgruppe:	II
Unfallmerkblatt-Nr.:			
Straße (ecomed):	184 600		
Eisenbahn:	61.002		
Erlaubnispflicht nach § 7 GGVS:	nein		
Postversand:	nicht zugelassen		
Seetransport (IMDG/GGVSee):			
IMDG-Code Seite:	6090		
Gefahrklasse:	6.1	Gefahrzettel:	6.1 (POISON)
EmS-No.:	61-02	MFAG-No.:	340
Verpackungsgruppe:	II		
Lufttransport (ICAO-IATA/DGR):			
Gefahrklasse:	6.1	Verpackungsgruppe:	II
Packnote (Passagierfl.):	610	Packnote (Frachtfl.):	612

Quelle: Siemens

Abb. 16: Block 8, Gefahrguttransport

Wesentliche Quelle für die Ermittlung der Daten ist das Expertenwissen aus der Praxis (Fachliteratur, Datenblätter der Lieferfirmen usw.). Konzipiert für den Praktiker im Betrieb, arbeitet SIGEDA mit einer weitgehend selbsterklärenden Menütechnik. Eine blockweise Datenausgabe ermöglicht den Zugriff auf beliebige Gefahrstoffarten. Hierzu gehören:

1. *Schnellauskünfte für den Betriebsarzt (siehe Abb. mit dem Beispiel Tetrachlormethan)*
2. *Schnellauskünfte für Sicherheitskräfte*
3. *Gefahrstofflisten*
4. *Betriebsanweisungen*
5. *Erste-Hilfe-Maßnahmen für den Notfall.*

Schnellauskunft für den Betriebsarzt

Bezeichnung:	Tetrachlormethan		ID-Nr.: 163
Synonyme:	Tetrachlorkohlenstoff, Kohlenstoffetrachlorid, Tetra Perchlormethan, Tetrasol, Tetraform.		
Chemische Formel:	CCl_4		
Aggregatzustand:	Flüssig		
Physikalisch-chemische Kurzbeschreibung:	Farblose, sehr flüchtige Flüssigkeit, unlöslich in Wasser, mit organischen Lösemitteln mischbar. Dämpfe schwerer als Luft. Geruch unangenehm süßlich. Reagiert u. a. mit Alkali- und Erdalkalimetallen. Über 100 °C an Luft Bildung und Phosgen.		
Kennzeichnung nach GefStoffV:	T (giftig)		
Hinweise auf die besonderen Gefahren (R-Sätze):	R 26/27	Sehr giftig beim Einatmen und bei Berührung mit der Haut.	
Sicherheits-ratschläge (S-Sätze)	S2	Darf nicht in die Hände von Kindern gelangen.	
	S38	Bei unzureichender Belüftung Atemschutzgerät anlegen.	
	S45	Bei Unfall oder Unwohlsein sofort Arzt zuziehen (wenn möglich, dieses Etikett vorzeigen).	

Erste-Hilfe-Maßnahmen:

- Nach Inhalation den Verunglückten sofort an die frische Luft bringen, ggf. Sauerstoffzufuhr. Bei Atemnot Transport des Verletzten in halbsitzender Haltung. Bei Atemstillstand sofort Atemspende durchführen, Atemwege freihalten.
- Verunreinigte Kleidung sofort entfernen. Verunglückten warm zudecken und ruhig halten.
- Nach Augenkontakt sofort bei weit geöffnetem Lidspalt mehrere Minuten unter fließendem Wasser gründlich spülen. Vorher möglichst 1 – 2 Tropfen Chibro-Kerakeln und anschließend Isogutt-Augentropfen in das betroffene Auge einbringen. Augen mit einem lockerer Verband bedecken. Augenarzt zuziehen.
- Sofort Arzt rufen oder aufsuchen.

Quelle: Siemens

Abb. 17: Schnellauskunft für den Betriebsarzt

Wirkungsweise und Toxikologie:	Wird sehr leicht durch die Haut aufgenommen. Geringe Konzentrationen verursachen allgemeines Unwohlsein, Kopfschmerzen, Brechreiz, Schwindel, geistige und körperliche Erstarrung und Bewußtlosigkeit. Später kommen Leber- und Nierenschäden, wie Lebervergrößerung, Gelbsucht, Verminderung der täglichen Harnausscheidung, Vorkommen von Eiweiß im Harn, Harnvergiftung und Ausbleiben der täglichen Harnausscheidung hinzu. Anzeichen einer leichten Vergiftung sind: Kopfschmerzen, Schwindel, Erbrechen, Magenschmerzen, Appetitlosigkeit und Müdigkeit. Das Verschlucken von Tatrachlorkohlenstoff erzeugt neben Leibschmerzen mit unter Umständen blutigen Durchfällen die gleichen Krankheitsbilder. Alkohol, Fette und Öle fördern die Aufnahme. Alkohol potenziert die Wirkung. Nach Einatmen größerer Mengen rauschartige Erregung. Schäden am zentralen Nervensystem, am Herz sowie Wasseransammlung in der Lunge möglich.
Hinweise: an den Arzt:	Nach Inhalation größerer Mengen Sauerstoffbeatmung. Nierenschutz und Anuriebebehandlung. Nach Verschlucken: Größte Vorsicht bei Erbrechen und Magenspülung (Aspirationsgefahr); reichlich Wasser mit Aktivkohle; als Laxans Natriumsulfat nachgeben. Besondere Möglichkeiten: Forcierte Abatmung durch CO_2-Atmung über mehrere Tage, Haemodialyse. Betablocker günstig. Cave Adrenalin und andere verwandte Kreislaufmittel.

Quelle: Siemens

Abb. 17: Schnellauskunft für den Betriebsarzt (Fortsetzung)

IBM/Du Pont
Als ein Gemeinschaftsprojekt von IBM und Du Pont zur Entwicklung eines europaweiten Anwendungssystems für Chemikaliensicherheit stellt ECDS (European Chemical Data System) das erste europäische Online-Verfahren zur Erfassung von Chemikaliendaten dar. Für die in den Produktionsstätten der IBM eingesetzten über 5000 chemischen Substanzen wurden bisher, meist manuell, Datensicherheitsblätter erstellt, die für jede Substanz weltweit quasi als Personalausweis dienten. Der Kooperationspartner Du Pont, einer der weltgrößten Chemikalienhersteller, stellte seine elfsprachige Satzbibliothek, die die für die Erstellung von Datensicherheitsblättern relevanten Standardausdrücke enthält, zur Verfügung, IBM entwickelte die Software und Logistik für das Online-Verfahren, das einen Informationsabruf in jedem europäischen Land in der jeweiligen Landessprache und den Ausdruck auf einem genormten Formular ermöglicht.

Expertensysteme übernehmen heute weitgehend die Unterstützung der Aufgaben – sie speichern, verwalten und werten Spezialwissen aus. Innerhalb eines eng abgegrenzten Fachwissens verfügen Expertensysteme über eine Schlußfolgerungskomponente, die dem Problemlösungsverhalten des Experten nachgebildet ist. Expertensysteme können für vielerlei Aufgaben eingesetzt werden.

Siemens gibt folgende Beispiele;

- Umweltverträglichkeitsprüfungen
  Welche Umweltaspekte sind bei der Planung von Großanlagen zu beachten?
- Wechselwirkungen innerhalb ökologischer Systeme
  Welchen Einfluß hat die Änderung einer Größe auf die anderen Größen eines Gesamtsystems?
- Behandlung von Abfallstoffen
  Wie sind Abfallstoffe zu entsorgen?
- Gefahrguttransporte
  Welche Schritte sind zu unternehmen, wenn während des Transports von Gefahrgut ein Unfall passiert?
- Altlastenbehandlung
  Was ist zu tun, wenn aus einer Deponie ein unbekannter Stoff aussickert?

IBM
Gemeinsam mit der Deutschen Gesellschaft für Anlagensicherheit und der TU Berlin entwickelte die IBM ein Experten- und Informationssystem (ALEXIS), das dazu beiträgt, den zunehmenden Anforderungen an Luftreinhaltung, Gewässer- und Bodenschutz sowie einer ordnungsgemäßen Entsorgung von Abfällen gerecht zu werden. Die in der Bundesrepublik auf ca. 50 000 geschätzten Altlastenflächen werden immer mehr als potentielle Gefahrenquellen und chemische Zeitbomben erkannt. Mit dem neuen Altlastenexpertensystem von IBM, das auf der CeBIT 89 präsentiert wurde, ist es erstmalig möglich, potentielle Gefahren, die von verschiedenen Mülldeponien und Industriestandorten ausgehen, zu vergleichen. So wurde das Wissen von Wasserschutzexperten in einer „Expert System Environment (ESE)-Schale“ umgesetzt und am Beispiel Grundwasser der Proto-

typ eines Altlastenexpertensystems entwickelt. Nun ist eine Erweiterung auf die Bereiche Boden, Oberflächenwasser und Luft geplant.

Das Expertensystem schätzt ab, ob und welche Gefahren langfristig von Altlasten ausgehen. Sämtliche Daten werden bewertet und mit anderen Altlasten verglichen, das Ergebnis zusätzlich grafisch dargestellt und erläutert. Eine einfache Menüsteuerung erlaubt ein Arbeiten ohne große Vorkenntnisse.

IBM ist auch beim wohl ehrgeizigsten Umweltprojekt beteiligt: das als Auftrag einer UNO-Konferenz entstandene Umweltbeobachtungssystem („Global Environmental Monitoring System", GEMS), das weltweit Umweltdaten sammelt und bewertet. In dieser Aufgabe enthalten ist der Aufbau einer globalen Umweltdatenbank („Global Resource Information Databank", GRID), mit der eine Vergleichbarkeit der Daten erreicht werden soll; zudem ist eine Vernetzungsmöglichkeit mit anderen Umweltdatenbanken angestrebt.

Den Einsatz von Expertensystemen als Frühwarnsysteme untersucht zur Zeit das Forschungsinstitut für anwendungsorientierte Wissensverarbeitung an der Universität Ulm. Im Rahmen der Umweltanalytik soll WANDA (Water Analysis Data Adviser) für die Wasseranalyse geeignete Lösungsangebote aus dem gespeicherten Expertenwissen bereitstellen.

Um sich im Dickicht der selbst für Fachleute immer undurchschaubarer werdenden Umweltschutzvorschriften zurechtzufinden, werden Computer-Informationssysteme eingesetzt, die zum größten Teil auf Expertensystemtechnik basieren.

IUCN-Bonn
Die IUCN (International Union for the Conservation of Nature and Natural Resources), das die Aufgabe hat, international bestehendes Umweltrecht zu sammeln, zu dokumentieren und auszuwerten, hat in ihrem Umweltrechtszentrum in Bonn ein Informationssystem ELIS (Environmental Law Information System) aufgebaut, das Interessenten den riesigen Bestand an Gesetzes- und Vertragstexten wie auch an zugehöriger Rechtsliteratur für Beratung und kompetente Beratung erschließt.

Ein eigens entwickeltes Softwarepaket, ROMULUS (Retrieval Oriented Multilingual and Online Updating System), löst die Probleme des Dokumentierens und Wiederauffindens der vielsprachigen Informationen im Online-Dialogbetrieb. ELIS ist für die Benutzersprachen Englisch, Deutsch und Französisch eingerichtet. Der Benutzer bekommt nicht nur die Erläuterungen und Bedienerführung, sondern auch die Suchbegriffe des Thesaurus in der gewählten Sprache. Über eine Fotosatzanlage können gewünschte Teile auch ausgedruckt werden.

Auch die Umweltrechtsdatenbank ENLEX für die zwölf EG-Mitgliedstaaten wird als spezielle Teildatenbank in diesem Informationssystem ELIS mitverwaltet.

Die Dokumente werden nicht im Volltextsystem abgespeichert, sondern über einige formatierte Daten, die etwa durch Kurzfassung („Abstract") und Deskriptoren ergänzt sind. Auf diese Angaben („Referenzen") kann sich die spätere maschinelle Dokumentenrecherche stützen. Auf dem Datenbankcomputer IBM/38 sind inzwischen die Referenzangaben für 36600 Dokumente nationaler Gesetzgebung, 440 Rechtsdokumente der EG, 960 zwischenstaatliche Verträge und 40150 Literaturtitel gespeichert. Das Umweltbundesamt hat ein umfassendes „Informations- und Dokumentationssystem Umwelt" (UMPLIS) zusammengestellt (vgl. Abb. 18).

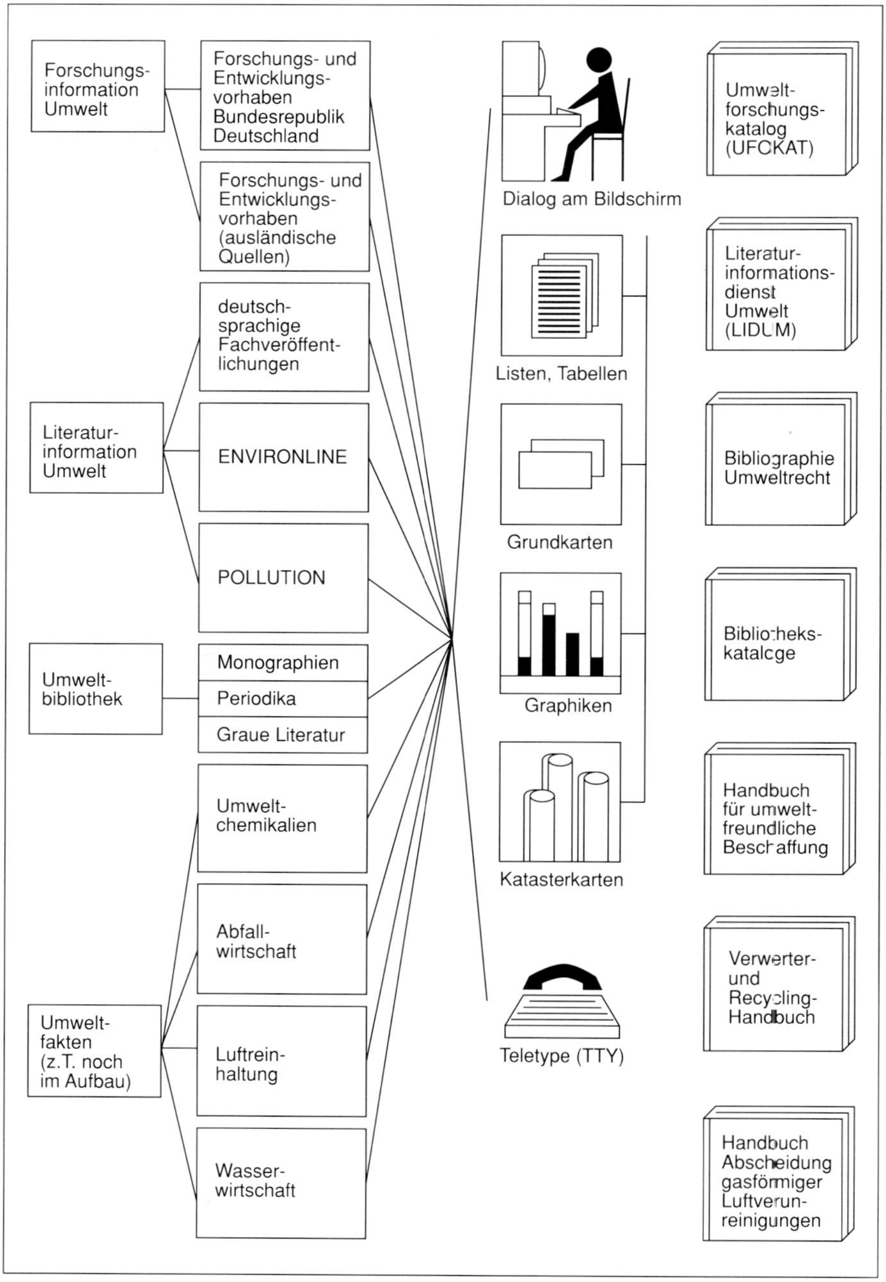

Quelle: Stahlmann, 1988

Abb. 18: Das Informations- und Dokumentationssystem Umwelt (UMPLIS) des Umweltbundesamtes

Nixdorf

Auch Nixdorf bietet moderne Informationstechniken als Problemlösungshelfer an. TRANSEC ist ein Expertensystem zur Unterstützung des Vollzugs der Gefahrguttransportverordnung, IGS ein Informations- und Kommunikationssystem über gefährliche Stoffe. Das IGS ist ein Datenbanksystem, das sich aus Informationen von ungefähr 30 Datenquellen unterschiedlicher Qualität zusammensetzt, die auf verschiedenen Datenträgern gespeichert werden. Die Datenbank gliedert sich in 15 Themenschwerpunkte, die Interaktion dieser Themenbereiche bildet eine Schnittstelle zur Anwendung von Expertensystemen. IGS ist auch integrierbar mit anderen Datenbanken. Als Kommunikationsmittel sollen die Informationen sowohl auf den Arbeitsplätzen beim Bediener als auch im mobilen Einsatz auf tragbaren PC zur Verfügung stehen.

Hewlett Packard

Zur Abdeckung aller Aufgabengebiete eines modernen Umweltinformationssystems i. S. einer ganzheitlichen Lösung entwickelte Hewlett Packard gemeinsam mit der Philips Systeme und Sondertechnik das Systemkonzept „Umweltleit- und Informationssysteme" (ULIS). Es soll den im Umweltbereich Verantwortlichen effektive Entscheidungswerkzeuge an die Hand geben. Die Komplexität des Gesamtsystems verdeutlicht, wie wichtig es angesichts der dargestellten zahlreichen Verflechtungen ist, die riesige Flut erfaßter Informationen sinnvoll zu verdichten. Nur durch eine solche Datenreduktion können Entscheidungen vorbereitet werden. Die gestrichelte Einrahmung beinhaltet alle diejenigen Module, die allein für die Abdeckung der gesamten Querschnittsaufgaben des Umweltschutzes erforderlich sind. Für eine umfassende, ganzheitliche Lösung reicht dieser Ansatz nach Meinung von Hewlett Packard jedoch nicht aus. Vielmehr „müssen Flächennutzungsplan, Finanzierbarkeit, letztlich die vorhandene bzw. geplante Infrastruktur und weitere Randgebiete zusätzlich berücksichtigt werden. Außerdem müssen die ELZ (Einsatzleitzentralen) der Katastrophendienste oder der Feuerwehr in das System integriert werden . . ." (vgl. Abb. 19).

Für die technische Realisierung ist es zwingend, das Gesamtsystem auf der Basis eines Standardbetriebssystems zu entwickeln, hat die Kommunikation von Rechnersystemen untereinander ausschließlich über Standardnetzwerklösungen zu erfolgen, weil nur so eine Offenheit der Lösung und die Integration bestehender Teillösungen möglich ist; darüber hinaus werden moderne relationale Datenbanksysteme eingesetzt. Weit wichtiger als Hardwareaspekte sind jedoch die Anforderungen an die Systemsoftware. Zum einen ist hier das Informationsmanagement zu nennen (Funktionen der Bürokommunikation, die notwendig sind für Berichte, interne Genehmigungsverfahren etc.) und die Möglichkeit, auf Datenbanken zurückzugreifen. Der zweite Bereich des Funktionskatalogs ist der anwendungsnahe Bereich der Meßdatenerfassung (von geographischen Informationssystemen bis zur thematischen Kartographie) und die Anbindung an ein Umweltleitsystem.

Hewlett Packard sieht derzeit eine Vielzahl von z. T. aufwendigen Insellösungen realisiert, die jedoch wegen der mangelnden Offenheit praktisch nicht vernetzt und damit nicht zu leistungsfähigen Informationssystemen ausgebaut werden können. „Deshalb ist es für die Zukunft erforderlich, ganzheitlich zu denken, sei es für kleine oder große Anlagen."

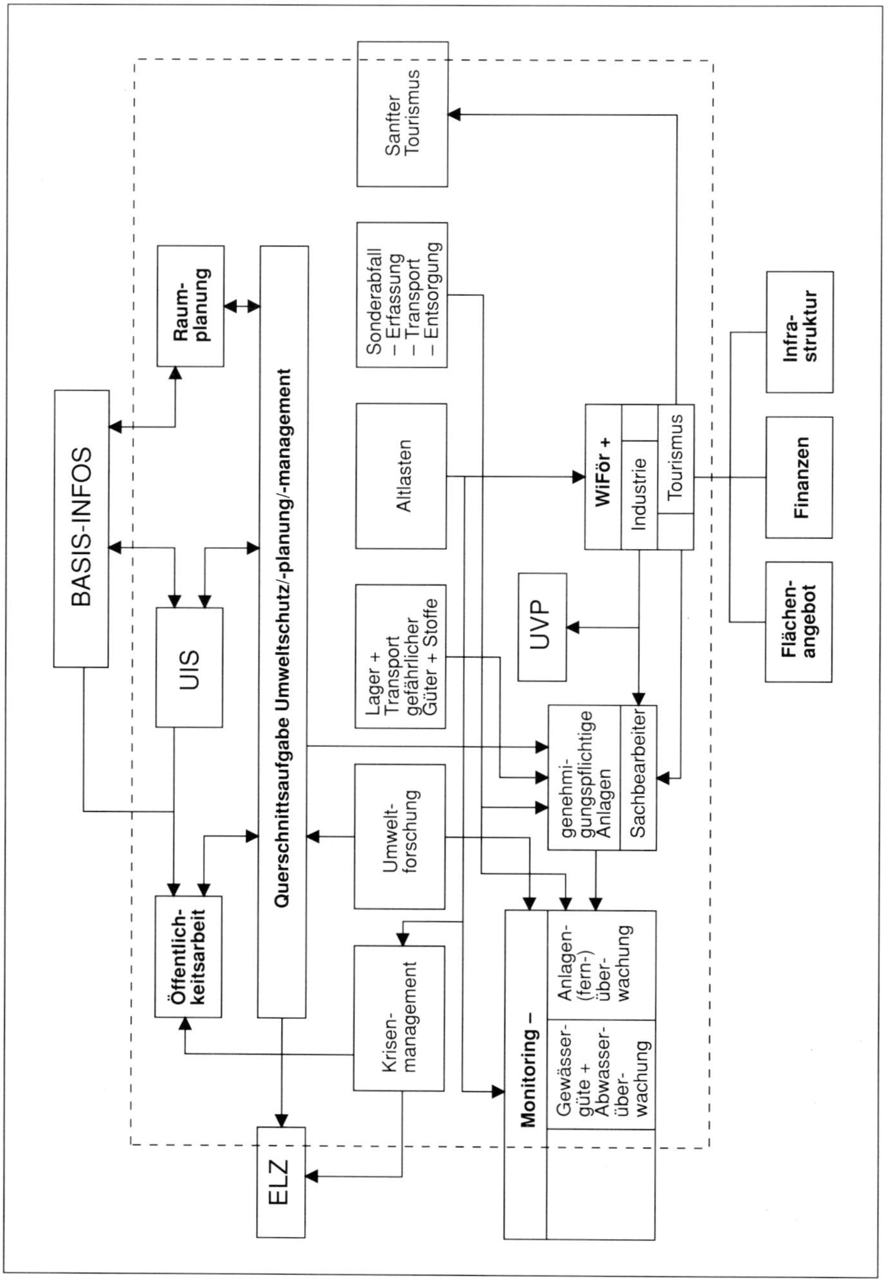

Quelle: Hewlett Packard

Abb. 19: Umweltschutzinformationssystem

Betriebliche Umweltberatung

Private Berater

Um vor allem mittelständischen Unternehmen, die in den seltensten Fällen über ein ausgeprägtes Umweltradar verfügen, zu einer erhöhten Marktransparenz zu verhelfen, ist in vielen Fällen im Vorfeld des Vollzugs von Umweltschutzvorschriften für eine begrenzte Zeit auf externe Beratung zurückzugreifen. Aus dem immer umfangreicheren Angebot an Umweltschutztechnik soll, dem Stand der Technik entsprechend, nicht nur der Schutz von Boden, Wasser und Luft ermöglicht werden, sondern die Lösung betriebsspezifisch zugeschnitten sein. Eine umfassende Umweltschutzberatung ist zudem für den operativen, strategischen und normativen Führungsbereich und unter Einbezug auch organisatorischer, personeller, produktionstechnischer und wirtschaftlicher Fragen erforderlich (zur Risiko-Analyse-Beratung siehe Teil 15). Neben verschärften Auflagen haben Umweltschutzberatungen ihren Anlaß in generellen Informations- und Kow-how-Defiziten dieser Unternehmenskategorie. Etwa Kenntnisse, wie und wo ihr Betrieb Umweltbelastungen hervorrufen kann (Umweltrecht, Förderprogramme. Lösungsmöglichkeiten etc.). Dazu treten mangelnde Erfahrungen im Umfang mit den zuständigen Behörden oder ungenügende personelle Kapazitäten, um diese Umweltaspekte aufzuarbeiten.

Das Hinzuziehen externer Fachleute mit ihrer breiten Branchenerfahrung erlaubt eine Kombination mit dem unternehmensspezifischen Wissen. Das Leistungsspektrum des 1989 auf 350 Unternehmen geschätzten Service im Umweltschutzbereich reicht vom Branchenüberblick, Studien, Umweltanalysen vor Ort bis zu ausgefeilten Marketingstrategien. Nach Angaben des Umweltberaters Kaiser sind 1988 knapp 3,5 Mrd. DM für Engineering, Consulting und Umweltverträglichkeitsprüfungen ausgegeben worden. Die Kosten einer Umweltberatung sind relativ hoch: Die Wirtschaftswoche spricht von einer Schwankungsbreite zwischen 10000 für eine allgemeine Marktanalyse über umweltschutztechnische Geräte oder Anlagen und einer halben Million DM für eine detaillierte Situationsanalyse und Bewertung etwa im Vorfeld einer Altlastensanierung.

Den „richtigen" Berater aus dem umfangreichen Angebot auszuwählen, ist sicherlich nicht einfach. Neben Spezialgesellschaften für spezifische Umweltprobleme (Altlastensanierung etc.) bieten andere Beratungsunternehmen die Umweltschutzberatung als Teilgebiet ihres gesamten Dienstleistungsangebots an. Es drängen auch immer mehr große Anlage- und Maschinenbauunternehmen, die Lösungen „aus einer Hand" anbieten, mit Tochterfirmen in den Dienstleistungsmarkt. Dem Bundesverband Deutscher Unternehmensberater gehören 347 Consultants an, insgesamt sind es ca. 4500 Erwerbstätige, die im Bereich der Unternehmens- und Wirtschaftsberatung tätig sind. Einen Wegweiser durch die Fülle externer Beratungsinstitute gibt das „Adreßbuch Umweltschutz“, herausgegeben von der Deutschen Umweltstiftung.

Bei der Beratung sind auf Grund der Komplexität der Anforderungen aus den unterschiedlichen Teilbereichen des Umweltschutzes mehrere Faktoren zu berücksichtigen. Umweltrelevante Maßnahmen, wie z. B. die Anschaffung oder der Bau einer Abwasserreinigungsanlage, müssen den gesetzlichen Vorschriften und Richtlinien genügen, technisch realisierbar und betriebswirtschaftlich vertretbar sein. Die interdisziplinären Anforderungen an die Beratungstätigkeit setzen umfassende Kenntnisse in allen relevanten Teilgebieten voraus.

Auch von den Banken werden zunehmend Servicepakete angeboten, die neben der Finanzierung eine umfassende Beratung beinhalten. Die Deutsche Bank, das größte Bankinstitut Deutschlands, hat in den letzten beiden Jahren ein entsprechendes Angebot für den Umweltschutzmarkt aufgebaut. Auf der CeBIT’ 89 wurden die Dienstleistungen db-data und db-select unter Umweltschutzgesichtspunkten thematisiert, auf der CeBIT’ 90 der Aufbau eines Umweltinformationssystems für Firmenkunden vorgestellt, dessen Nukleus **eine** Datenbank zu Schadstoffen, Verfahrenslösungen, Umwelttechnikanbietern etc. bilden wird (siehe Fallstudie im Teil 14). Den ratsuchenden Unternehmen aller Größenordnungen sollen maßgeschneidert und technisch dem aktuellen Stand der Technik entsprechende und optimale finanzielle Lösungen vermittelt werden. Zur Information der Kundschaft hat die Deutsche Bank eine Mittelstandsbroschüre „Umweltschutz, Fakten, Prognosen und Strategien“ herausgegeben. In ihr sind auch umfangreiche Checklisten zur Eigendiagnose enthalten.

Umweltschutzberater RKW

Ein breites Beratungsfeld deckt das Rationalisierungskuratorium der Deutschen Wirtschaft mit seinem Umweltschutzprogramm und seinen Umweltberatern ab. Einzelne Landesgruppen offerieren einen speziellen Beratungsservice, wie etwa Baden-Württemberg mit dem Modell „Beratung kleiner und mittlerer Unternehmen bei betrieblichen Umweltschutzmaßnahmen“. Die Möglichkeiten, die sich Unternehmen generell durch den Einsatz von Umweltschutzberatern bieten, erstrecken sich nach Ansicht des RKW auf folgende Aufgabenfelder:

- Lösung von technischen Problemen über eine Bestandsaufnahme und Problemanalyse
- Informationen über Vorschriften, Verordnungen, Zuständigkeiten etc.
- Herstellung von Kontakten zu Behörden, Gutachterstellen, Forschungseinrichtungen, Projektträgern etc.

Das Vorgehen bei der RKW-Umweltschutzberatung entspricht in etwa dem Ablauf bei allgemeinen Unternehmensberatungen:

- Kontaktberatung durch RKW-Mitarbeiter
- Aufbereitung der Informationen zur Einleitung der Beratung
- Grundberatung (Ist-Aufnahme, Analyse/Auswertung, Prioritätsmaßnahmenkatalog)
- Intensivberatung (Durcharbeit der Maßnahmen und Realisierung der Vorschläge)
- Nacharbeit (Nachschau/Erfolgskontrolle, weiterführende Betreuung durch das RKW).

Nach Ansicht des RKW sind die Kosten für Umweltschutzberatungen oftmals beträchtlich geringer, als allgemein angenommen wird. Zum einen gibt es in den Bundesländern die unterschiedlichsten Förderprogramme zur Verringerung der Eigenleistung des Unternehmens; zum anderen erfordern diese Beratungen meist nur einen Aufwand von wenigen Beratungstagen. Zum Beispiel stehen dem RKW Bayern zur Durchführung seiner Umweltschutzberatungen zwei Zuschußprogramme zur Verfügung:

- das spezielle RKW-Programm mit Zuschüssen bis 7500.–/6000.– DM für Unternehmen bis zu einem Vorjahresumsatz von max. 9/30 Mill. DM
- das mittelständische Technologie-Beratungsprogramm mit einer geförderten 2tägigen Kurzberatung jedes Jahr und einer geförderten 10tägigen Intensivberatung alle drei Jahre.

Umweltschutzpartner IHK

Der Vollzug der ständig erweiterten Umweltgesetze stößt bei mittelständischen Betrieben auf große Probleme, da entsprechende personelle, finanzielle, technische und organisatorische Kapazitäten fehlen. Wichtigster (häufig wohl auch einziger) Ansprechpartner für diese Betriebe sind die deutschen gewerblichen und handwerklichen Kammerorganisationen. Beim Deutschen Industrie- und Handelstag (DIHT) ist ein Doppelreferat Umweltschutz eingerichtet. Die organisatorische Zusammenarbeit von Kammern und Unternehmen im Bereich des Umweltschutzes findet über ein vernetztes System verschiedener institutionalisierter Gremien statt; von den 69 Industrie- und Handelskammern verfügen 45 Kammern (= 65 %) über solche Umweltschutzgremien. Im Schnitt beraten zwei Umweltexperten pro Kammer die gewerbliche Wirtschaft (vgl. Abb. 20).

Klassische Kammeraufgabe vor Ort sind die Bereiche Umweltinformation und (zunehmend) -beratung, die in einem vielfältigen Leistungsspektrum angeboten werden. Die Beratung berücksichtigt neben den technischen auch die finanziellen und rechtlichen Aspekte. Bundesweit und auf Länderebene wird in aller Regel die Beratung den Unternehmen kostenlos angeboten. Als wichtigste Aufgaben bzw. Bereiche der Umweltberatung wird die Informationswei-

	Industrie- und Handelskammern		
	absolut	in % aller Kammern	durchschnittliche Tagungen pro Jahr
Umweltausschuß	18	26	2,0
Ständige Arbeitskreise Umweltschutz	28	41	3,4
Ad hoc-Arbeitskreise Umweltschutz	29	42	je nach Bedarf
Erfahrungsaustauschgruppen (Erfa-Gruppe)	18	26	2,6
Umweltschutzgremien insgesamt	45	65	–
Umweltschutz als Schwerpunkt in anderen Gremien	37	54	–
Kammerübergreifende Zusammenarbeit	44	64	–

Quelle: DIHT, Bonn 1989

Abb. 20: Strukturelle Verteilung der institutionalisierten Kammerumweltschutzgremien (Mehrfachnennungen möglich)

tergabe, die Kontaktvermittlung (Unternehmen-Behörden-externe Fachberater), eine Vorberatung, die Organisation und Durchführung spezieller Veranstaltungen oder die Mitarbeit in speziellen Gremien angesehen. Die Kammerberatung wird als „Maklermodell" konzeptioniert: „Da die Kammern eine umweltbezogene ‚Allround-Beratung' mit verbindlichem Aufzeigen von spezifischen Lösungsansätzen nicht durchführt, ist eine Aufschluß- bzw. Vorfeldberatung mit Informationen, Kontaktvermittlung sowie Abgrenzung und weiterer Verfahrensabschätzung der umweltpolitischen Problemlage des Unternehmens machbar und notwendig. Die Kammer ist dabei . . ., Ansprechpartner und Kontaktvermittler für Umweltschutzbelange der gewerblichen Wirtschaft vor Ort und keine Konkurrenz zum privatwirtschaftlichen Umweltberatungsbereich" (DIHT/IHK).

Die organisatorische Regelung und institutionelle Einbindung erfolgt auf vielfältige Weise:

- 61 Kammern (88 %) durch die Vermittlung freiberuflicher Berater
- 60 Kammern (87 %) durch den Umweltreferenten
- 49 Kammern (71 %) durch Kooperation mit externen Institutionen
- 25 Kammern (36 %) durch spezielle Gremienarbeit

- 24 Kammern (35 %) durch den kammereigenen Umweltberater
- 20 Kammern (29 %) durch Inanspruchnahme privatwirtschaftlicher Dienstleistungen
- 17 Kammern (25 %) durch Inanspruchnahme sonstiger Personen/Institutionen.

Aus Anlaß der Ergebnisse eines Modells der IHK Nürnberg („Umweltschutz und Mittelstand"), das einen großen Informations- und Beratungsbedarf vor allem kleiner und mittlerer Betriebe zeigte, wurden bei einem Expertenhearing des Bundesumweltministeriums Anfang 1989 Möglichkeiten der Verbesserungen geklärt. Der DIHT warnte dabei vor einem bundesweiten Netz staatlich subventionierter Umweltberater.

Verbände für umweltbewußte Unternehmensführung

Ende 88 konstatierte das Managermagazin („Auf Grün geschaltet"), daß nun die Ökowelle auch in die großen Konzerne schwappt. War die ökologische Unternehmensführung zuerst als versponnene Idee oft belächelt worden und weitgehend auf einige – fast missionarisch engagierte – Mittelständler beschränkt, zeigt das Engagement für ein umweltorientiertes Management zunehmend breitere Wirkung. Nicht unwesentlich hat dazu sicherlich die Arbeit zweier unternehmerischer Selbsthilfeorganisationen, des „Bundesdeutschen Arbeitskreises für umweltbewußtes Management" B.A.U.M. und des „Förderkreises Umwelt future e. V.", beigetragen.

In diesen Organisationen arbeiten nicht „angegrünte" Spinner, sondern vor allem Manager aus ihrer praktischen Erfahrung heraus mit dem Ziel, die ökonomischen Sachzwänge mit unseren ökologischen Bedürfnissen zu harmonisieren. Diese Arbeit wird als ein Zeichen für die unternehmerische Verantwortung gegenüber der Gesellschaft gesehen. Als Eigeninitiative sollen neue Methoden einer umweltbewußten Unternehmensführung erforscht, entwickelt und umfassend verbreitet werden. Umweltschutz soll nicht mehr als rein technische Reparaturleistung gesehen werden, sondern als integrierte Komponente im operativen, strategischen und normativen Führungskonzept. Verbandsarbeit als Ausdruck eines gewandelten Umweltbewußtseins – und nicht als ein über unterlassene Umweltsünden geworfenes Alibimäntelchen.

B.A.U.M.

Diese überparteiliche unternehmerische Eigeninitiative wurde 1987 als gemeinnütziger Verein eingetragen. Inzwischen umfaßt der sehr erfolgreich expandierende „Bundesdeutsche Arbeitskreis für umweltbewußtes Management" bereits über 200 Unternehmen, Verbände oder sonstige Institutionen aus verschiedensten Branchen und aller Größenordnungen als Mitglieder. Neben zahlreichen Mittelständlern sind auch zunehmend Großunternehmen (wie IBM, AEG, Otto Versand, Elida Gibbs, Philips, Gerling, Hewlett Pakkard und alle privaten Großbanken) dieser „Umweltinitiative der Wirtschaft" beigetreten. B.A.U.M. unterhält eigene Geschäftsstellen in Bonn, Bremen, Duisburg, Hannover, Sennestadt und München; in einigen europäischen Staaten sind bereits Partnerorganisationen entstanden.

Man setzt sich für eine „umweltbewußte Unternehmensführung" im Sinne eines alle Führungsbereiche des Unternehmens umfassenden integrierten Systems ein, da ein menschenwürdiges Überleben unserer Gesellschaft nur auf der Basis einer umweltschonenden Wirtschaft möglich erscheint. Die staatlichen Regelungen im Umweltschutz stoßen zunehmend an die Grenzen des Machbaren (und auch Kontrollierbaren) – deshalb muß Umweltschutz zunehmend als eine unternehmerische Aufgabe erkannt werden. Auch wenn man durchaus realistisch erkennt, daß man in vielen Fällen erst am Anfang steht, erzwingen jedoch die gravierenden Veränderungen im Umfeld der Unternehmen nach B.A.U.M. eine ethische und unternehmerische Verantwortung für die Wirtschaft. Die angestrebte Umweltverträglichkeit des Unternehmens soll unter Wahrung oder sogar Steigerung seines wirtschaftlichen Erfolges erreicht werden.

Das Modell basiert auf dem sog. „Winter-Modell", das auf den Erfahrungen eines der Gründungsmitglieder beruht. Diese Art der Unternehmensführung beinhaltet ein umweltschonendes integrales Handeln von der Beschaffung über die Produktions- und Verfahrenstechnik bis hin zur Entsorgung. Entscheidend ist dabei die Definition des Umweltschutzes als gleichberechtigtes Strategieziel in der Unternehmenspolitik und seine Institutionalisierung in der betrieblichen Organisation (im einzelnen: Winter u. a., 1987).

Durch ein gemeinsam erarbeitetes Erfahrungs- und Gedankengut soll dieses Modell verbreitert und weiterentwickelt werden. Ein weiteres Ziel wird in einer stärkeren Mobilisierung des wirtschaftlichen Eigeninteresses der Unternehmung an einer umweltbewußten Unternehmensführung gesehen:

- Die Entdeckung und Ausschöpfung von Rationalisierungsreserven, besonders im Energie-, Wasser-, Rohstoff- und Abfallbereich: **Vermeidung und Reduzierung von Kosten!**

- Die Entdeckung und Ausschöpfung von Innovationsreserven im Bereich der Produkt- und Verfahrensentwicklung: **Schaffung neuer Marktpotentiale und Arbeitsplätze!**

- Die Entdeckung und Stimulierung von Kreativitätspotentialen unter den Mitarbeitern: **Verbesserung der Motivation und Produktivität!**

- Die Humanisierung des Arbeitslebens, u. a. durch vorbeugenden Umwelt- und Arbeitsschutz: **Verminderung der Ausfallzeiten und Krankheitskosten!**
- Die Fortentwicklung der Unternehmenskultur und die Verbesserung des Unternehmensbildes in der Öffentlichkeit: **Förderung des Betriebsfriedens und des öffentlichen Konsenses mit den Unternehmensaktivitäten!**

AKTIONSPROGRAMM UMWELTBEWUSSTE UNTERNEHMENSFÜHRUNG

DAS TYPISCHE AN B.A.U.M.

DIE WURZELN	
VERANTWORTLICHKEIT	B.A.U.M. sieht in der Verantwortung für die Umwelt einen charakterlichen Imperativ mit klaren Anforderungen an das Verhalten der Mitglieder.
PRAXISVERBUNDENHEIT	B.A.U.M.-Veröffentlichungen, -Beratungen und -Arbeitskreise basieren auf praktischen Erfahrungen mit konkreten Projekten.
WISSENSCHAFTLICHKEIT	B.A.U.M. initiiert interdisziplinäre Forschungsprojekte zu verschiedenen Aktionsfeldern umweltbewußten Managements.
UNABHÄNGIGKEIT	B.A.U.M. ist frei von Partei- oder Branchen-interessen.
DAS WACHSTUM	
INNOVATION	B.A.U.M. ist die erste Organisation für umweltbewußtes Management nach integriertem System.
KONZENTRATION	B.A.U.M. widmet sich mit Ausschließlichkeit dem Thema „Umweltbewußtes Management" und bleibt deshalb unbehelligt von zielfremden Verbandskompromissen.
INTEGRATION	B.A.U.M. erstrebt umweltbewußtes Management als bereichsübergreifende Integrallösung, die allerdings der schrittweisen Verwirklichung bedarf.
KOMMUNIKATION	B.A.U.M. findet im Rahmen seiner Zielsetzung Gesprächs- und Kooperationspartner in den verschiedensten gesellschaftlichen Gruppen.
DIE FRÜCHTE	
FRIEDEN MIT DER NATUR	B.A.U.M. harmonisiert die ökonomischen Sachzwänge mit unseren ökologischen Lebensbedürfnissen.
FRIEDEN MIT DER WIRTSCHAFT	B.A.U.M. vermittelt zwischen dem Gebot der Ressourcenschonung und den konsum- und produktionsseitigen Anforderungen.
FRIEDEN MIT DEM EIGENEN GEWISSEN	B.A.U.M. schafft Übereinstimmung zwischen unseren Alltagstaten und unserem Sonntagsgewissen.
FRIEDEN MIT DER EIGENEN ZUKUNFT	B.A.U.M. trägt dazu bei, uns mit unseren Kindern und Enkeln – deren Lebensgrundlagen wir ohne umweltbewußtes Management gefährden würden – zu versöhnen.

8

Zur raschen Verbreitung des Modells bedient sich B.A.U.M. vor allem verschiedener Arbeitskreise. Zum zwischenbetrieblichen Erfahrungsaustausch sind zur Zeit regional und überregional für folgende Bereiche Arbeitskreise aufgebaut:

1. Vorteile der umweltbewußten Beschaffungspolitik
2. Chancen des Wasser- und Energiemanagements
3. Wege zur Verminderung des Haftungsrisikos
4. Schwachstellenanalyse und Vorsorge für Störfälle
5. Nutzen durch ökologische Wertanalyse
6. Aufgabe und Ausgestaltung umweltschutzorientierter Unternehmensstrategien
7. Unternehmenskultur und Öffentlichkeitsarbeit
8. Öffentliche Finanzierungshilfen für betriebliche Umweltschutzaktivitäten.

Daneben sind folgende Maßnahmen vorgesehen:

- Veranstaltung von Vorträgen und Seminaren
- Durchführung von Umweltforen
- Aufbau eines Informationsdienstes
- Koordination von Forschungsprojekten
- Förderung von Ausbildungsmodellen
- Anfangsberatung von Unternehmen
- Information der Öffentlichkteit.

Einige dieser Maßnahmen werden den Mitgliedern kostenlos bzw. kostengünstig zur Verfügung gestellt, wie die Teilnahme an einem jährlichen Forum, den Arbeitskreisen, den Fachseminaren, dem Bezug des Informationsdienstes, einmal jährliche Umweltberatung der Mitarbeiterhaushalte, Bereitstellung und Auswertung eines computergestützten Fragebogens zum Energie- und Wassersparen, ein Grund-Check und darauf aufbauend eine Einzelberatung in allen Fragen und Problembereichen des umweltbewußten Managements mit Kooperationspartnern.

Der Erfahrungs- und Wissenspool dieses umweltbezogenen Unternehmerverbandes will insbesonders für den Mittelstand die dringend benötigten Informationen für Problemlösungen vermitteln und den Know-how-Transfer fördern.

Der geschäftsführende Vorstand ist zugleich der Gründer und Vorsitzende der „Aktionsgemeinschaft Umwelt, Gesundheit, Ernährung e. V. – A.U.G.E.“, die sich mit Umweltschutzproblemen der Privathaushalte und der Kommunen beschäftigt.

future

In future, einem gemeinnützigen, unabhängigen und privaten Verein, engagieren sich Unternehmer und Führungskräfte der Wirtschaft, Wissenschaft und Politik. Man will zum einen bei den Mitgliedsunternehmen helfen, eine ökologieorientierte Unternehmenspolitik selbst umzusetzen, zum anderen über diesen Kreis hinaus Multiplikatorenwirkung der gesammelten Erfahrung erzielen und Orientierungshilfen geben.

Eine aktive betriebliche Umweltpolitik wird als eine strategisch wichtige Zukunftsentscheidung angesehen. Leitgedanke ist deshalb für future: „Eine Verbesserung der Umweltqualität ist langfristig nur dann zu sichern, wenn in alle Entscheidungsprozesse von Anfang an die ökologischen und sozialen Folgen des beabsichtigten Handelns mit einbezogen werden.“ Eine solche Unternehmenspolitik ist damit sowohl für die Umwelt als auch für die Unternehmung „die“ Überlebensstrategie. Diese Verantwortung für eine lebenswerte Zukunft kommt im Slogan des Vereinslogos zum Vorschein: „Mit der Natur erfolgreich“. In Zukunft kann sich demnach ein Unternehmer nur dann am Markt behaupten, wenn die Produktionsverfahren und die Produkte bzw. Dienstleistungen eine doppelte Funktion aufweisen: ökonomisch sinnvoll sein und sich ökologisch bewähren.

> „Die Zukunft der natürlichen Umwelt ist auch unsere Zukunft. Wir müssen unsere Wirtschaftsweise ändern und die Umweltprobleme als Chance sehen; als Herausforderung zu neuem Denken und Handeln in der Wirtschaft. Wir brauchen neue Konzepte für ein Wirtschaften im Einklang mit der Natur, denn nur das ökologisch Richtige ist langfristig auch ökonomisch richtig.“

Der Geschäftsführer des Förderkreises sieht eine umweltorientierte Unternehmenspolitik auf alle Unternehmensbereiche bezogen:

- Öffnung des strategischen Managements für ökologische Fragestellungen
- Optimierung umweltverträglicher Produkte und Produktionsverfahren

- kontrollierter Einsatz von Rohstoffen und Energieressourcen
- Einsatz umweltverträglicher Materialien
- Förderung des Umweltbewußtseins der Mitarbeiter
- Entwicklung ökologisch orientierter Arbeitszeitregelungen
- Motivation anderer Unternehmen zu mehr Umweltschutz
- Kooperation mit Unternehmen, Behörden und anderen Institutionen im Umweltschutz.

future setzt sich dabei folgende Aufgabenschwerpunkte:

- ökologische Unternehmensberatung (Schwachstellenanalyse) für Mitglieder und im Fremdauftrag
- Entwicklung wirtschaftlicher, ökologischer und praxisnaher Managementkonzepte; Aufzeigen des Nutzens insbesondere von integrierten Umweltschutzmaßnahmen
- Konzepte zur Umweltschulung der Mitarbeiter auf allen Ebenen
- Informationspool für Umweltfragen, interdisziplinäres Zusammenarbeiten
- Ausrichtung von Seminaren, Symposien, Workshops oder sonstigen Informationsveranstaltungen zur ökologischen Know-how-Vermittlung
- Unterstützung und Verbreitung von kooperativ durchgeführten Pilotprojekten.

Eine ökologisch orientierte Unternehmenspolitik, wie sie future definiert, orientiert sich dabei an folgendem Zielkatalog:

- Einbeziehung des Umweltgedankens in die Unternehmensphilosophie
- Vermeidung und Reduzierung von Umweltbelastungen sowohl beim Produkt als auch beim Produktionsprozeß
- Schonung von Energie- und Rohstoffressourcen
- Anwendung von Recyclingprozessen, wo immer möglich und vertretbar
- regelmäßiger Erfahrungsaustausch über neue Umweltschutzaktivitäten
- Förderung des Umweltbewußtseins der eigenen Mitarbeiter
- Beteiligung an der Erarbeitung und Erprobung neuer, vornehmlich marktwirtschaftlicher Instrumente im Umweltschutz.

Seit Juni 1988 gibt der Verein die Zeitschrift „Unternehmen & Umwelt – für eine umweltorientierte Unternehmenspolitik“ heraus.

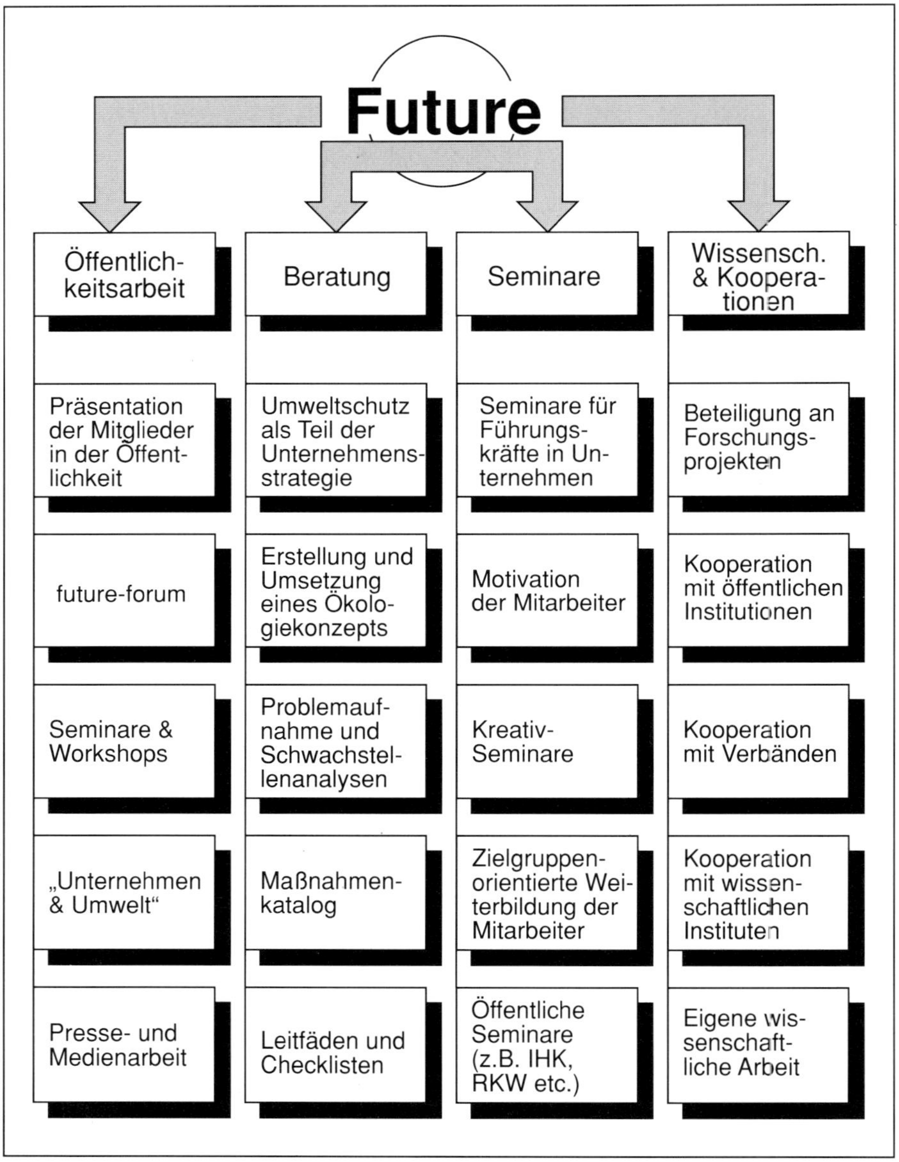

Quelle: future, 1989

Abb. 21: Das future-Angebot

Teil 5
Die ökologische Dimension im konstitutiven Bereich

Umweltorientierte Standortentscheidung

Baubiologischer Industriebau

„In einer zerstörten Umwelt hat auch die Industrie keine Existenzberechtigung."
(Rodenstock)

Ökonomische Gesichtspunkte bestimmen nach wie vor maßgeblich den Bereich der industriellen Bau- und Arbeitsplatzgestaltung. Im Laufe der achtziger Jahre werden jedoch zunehmend ökologische Maßgeblichkeiten berücksichtigt. Im Aufgabendreieck Produkt – Mensch – Umwelt wird nach neuen fortschrittlichen Lösungen gesucht. Dies bedeutet eine stärkere Berücksichtigung von Umweltaspekten bei der Planung von Gewerbeflächen oder Erneuerung alter Gewerbegebiete seitens der Kommunen, eine Erweiterung der Entscheidungsparameter für Standortneuwahl oder -verlagerung seitens des Unternehmens und eine veränderte Arbeitsqualität über neue Formen des Industriebaus und der Arbeitsplatzgestaltung.

Umweltorientierte Standortentscheidung

Standortentscheidungen sind in der Regel Entscheidungen mit langfristiger Wirkung, da sie, mehr noch als die Wahl der Rechtsform, nur schwer revidiert werden können. Die Standortwahl wie auch die Aus- oder Eingliederung von Betriebsstätten bedarf deshalb einer umfassenden Berücksichtigung der verschiedenen Einflußfaktoren auf der Kosten- bzw. Ertragsseite.

Ende der achtziger Jahre wurde in der Presse sehr ausführlich die Existenzgefahr des Industriestandorts Bundesrepublik gezeichnet. Besonders der bevorstehende Europäische Binnenmarkt 1992 biete den Unternehmen die Möglichkeit, eine strategische und kostenbezogene Standortdiversifikation innerhalb der gesamten Gemeinschaft durchzuführen. Die hohen Lohnnebenkosten und Steuerbelastungen wurden als Nachteile herausgehoben, Standortvorteile und die Komplexität einer Standortstrategie andererseits nicht ausreichend berücksichtigt.

Die Standortfrage ist eingebettet in ein Bündel von Einflußfaktoren, die ganzheitlich zu betrachten sind. Das Herausgreifen eines einzelnen Faktors stellt eine unzulässige Verkürzung dar. So ist auch das ökologische Umfeld mit der Umweltschutzgesetzgebung nur ein Element der unternehmerischen Rahmenbedingungen.

Bayer-Vorsitzender Strenger beteuerte anläßlich des 125jährigen Jubiläums, daß in seinem Haus noch niemals Standortentscheidungen aus ökologischen Erwägungen – weil in anderen Ländern vielleicht die gesetzlichen Bestimmungen nicht so streng sind wie hier – getroffen worden seien. „Ein ökologisches Dumping hat es zu keiner Zeit gegeben." Ein verantwortungsbewußtes Unternehmen könne gar nicht anders, als bei der Errichtung von Produktionsstätten in anderen Ländern die gleichen Maßstäbe wie hier anzulegen. Die konstitutive Entscheidung einer Standortwahl wird auch auf der betrieblichen Ebene (bei Neugründung und/oder Verlegung) von den gegebenen Umweltbedingungen beeinflußt. Aufgrund der gesellschaftspolitischen Bedeutung des Umweltschutzes sollten Standorte mit hoher Umweltbelastung nicht mehr ins Entscheidungskalkül einbezogen werden.

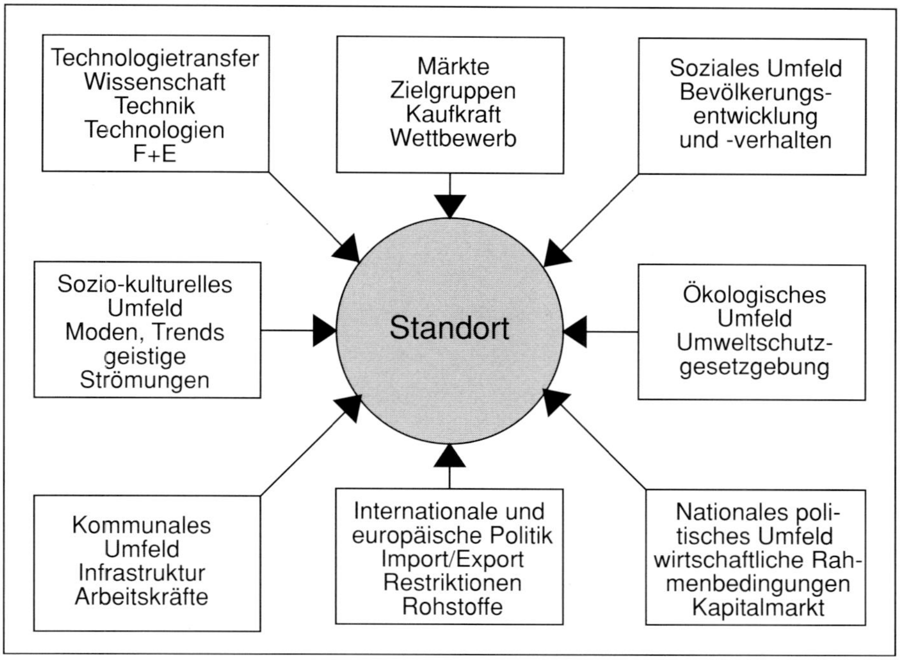

Quelle: Fraser Unternehmensberatung Essen (entn. aus Handelsblatt, 7. 2. 89)

Abb. 22: Standortfaktoren

„Umwelteinwirkungen durch Luftverunreinigungen, Geräusche und Erschütterungen werden von der Bevölkerung schon längst nicht mehr so klaglos hingenommen, daß Unternehmen sich nicht selbst darüber Gedanken machen müssen, wie sie ihre Standorte selbst langfristig sichern können. Die Umweltrahmenbedingungen für einen Industrie- und Gewerbestandort sind von mitentscheidender Bedeutung, die Gewerbeaufsicht nimmt zunehmend Einfluß auf die Standortwahl oder die Standortsicherung. Je sorgfältiger dabei ein Genehmigungsverfahren durchgeführt wird, um so größer ist die ‚Sicherheit' eines Standortes in der Zukunft. Auch auf die Veränderung von Umgebungsbedingungen sollte das Unternehmen achten, wobei es schon frühzeitig auf einen gerechten Interessenausgleich hinwirken sollte" (Dreyhaupt, 1987).

Innerhalb der gezeigten Standortfaktoren werden sicherlich das kommunale Umfeld und die ökologische Infrastruktur zunehmend an Bedeutung gewinnen.

So setzt etwa das Amt für Wirtschaft und Beschäftigung der Landeshauptstadt Wiesbaden verstärkt auf Qualifizierung im Umweltschutz und sieht die Umweltberatung als eine wichtige kommunale Aufgabe. Es werden Unternehmen unterstützt, die sich ein umweltorientiertes Management zum Ziel gesetzt haben. Da insbesondere Unternehmen aus zukunftsträchtigen Branchen vor einem stark belasteten Standort zurückschrecken, werden die Kommunen bei der Ausweisung von neuen Gewerbegebieten sehr sorgfältig die Umweltverträglichkeit prüfen müssen. Für neue Standorte sollen Eingriffe in Natur und Landschaft minimiert werden, eine starke Durchgrünung und gute Baugestaltung werden als vorbeugender Immissionsschutz angesehen.

Häufig werden Unternehmen nicht durch strenge Umweltschutzanforderungen gefährdet, sondern durch unterlassenen Umweltschutz. Betrieben, die im Nutzungskonflikt Wohnen und Wirtschaften zunehmend zur Sicherung des Standorts saniert werden müssen, ist neben finanziellen Hilfen vor allem eine Umweltberatung zu gewähren.

Da Umfang und Qualität des Flächenangebots zu einem immer wichtigeren Faktor für Standortentscheidungen wird, müssen „alte" Industrie- und Gewerbeflächen verstärkt vor einer Neunutzung rekultiviert, d. h. dekontaminiert werden. Ein Neuerwerber wird mit Testbohrungen u. ä. spätere Regreßansprüche bei plötzlichem Schadenseintritt durch „frühere" Abfallprodukte abzuwehren versuchen. Als Ausweg für Altgrundstücke wird ein Ausweichen mit Neubauten auf die „grüne Wiese" von einer umweltbewußten Bevölkerung zunehmend verhindert.

Im Standortwettbewerb stellt sich zunehmend das Infrastrukturdefizit im Abfallbereich als größte Sorge heraus, da umweltfreundliche Entsorgungssysteme fehlen bzw. die bestehenden Anlagen an Auslastungsgrenzen stoßen. Eine nicht ausreichende Abfallbeseitigung (vor allem die als Sonderabfall eingestuften Produktionsrückstände) stellt sicherlich ein Ansiedlungshindernis dar. Eine strenge Abfallgesetzgebung allein nützt wenig, wenn, wie bisher, von Politik und Wirtschaft nur in neuen Deponien oder Verbrennungsanlagen „die Lösung" gesehen wird. Ein weiteres Ausbauen der traditionellen Entsorgungsmethoden wird zunehmend durch Ängste der Bevölkerung verhindert, neue Konzepte, wie konsequente Abfallvermeidungsstrategien, werden zu spät und zu halbherzig initiiert, um einen Ausweg aus dem aktuellen „Müllnotstand" zu bieten.

Baubiologischer Industriebau

Mit jedem Industriebau ist zwangsläufig eine Okkupation und damit eine Umweltbelastung in verschiedenster Weise verbunden: Energie- und Rohstoffverbrauch, Luft- und Wasserverschmutzungen, Abfälle, Lärm, Bodenversiegelung, Flächeninanspruchnahme etc. Um ökologisches Bauen zu umschreiben, ist es sinnvoll, sich die gleichen Ziele aller natürlichen Systeme und deren Ablaufgesetzmäßigkeiten anzuschauen. Nach Krusche (1982) sind dies:

- Anpassung an die Faktoren des Standorts
- Nutzung des Naturpotentials an Energie und Materie
- Kreislaufbildung mit intern ausgeglichenen Bilanzen und harmonischer Wechselbeziehung zur Stabilisierung des Systems
- Eigenständigkeit
- angemessene Dichte; Größe
- Sukzession als Entwicklungsprozeß zum Optimum.

Ein Einsatz dieser Prinzipien bedeutet für ökologisches Bauen für Krusche im einzelnen:

- umwelt- und energiebewußte Standortwahl, Gebäudekonzeption, -form, -stellung, Baustoffe, Raumprogramm und innere Funktionsorganisation, haustechnische Systeme und Einbeziehung von Vegetation mit dem Ziel,
- den Energie- und Ressourcenbedarf für die Gebäudeherstellung und -nutzung zu minimieren,
- natürliche Systeme und regenerierbare Ressourcen intelligent zu nutzen (passive Solarenergienutzung, natürliche Klimatisierung, Pflanzenkleid),
- Menge und Konzentration von Luft- und Wasserverunreinigungen, Abwärme, Abfällen und versiegelter Fläche gering zu halten,
- die Artenvielfalt der Tier- und Pflanzenwelt am Standort zu erhöhen,
- das Gebäude schonend in das Landschaftsbild einzufügen und damit letztlich auch gesundes Wohnen und Arbeiten zu ermöglichen.

Als ein Teilbereich des ökologischen Bauens ist die Baubiologie anzusehen, die eine Ganzheit von geistig-seelischem und materiellem Bereich mit dem Ziel eines menschen- und umweltbewußten Bauens und Wohnens herstellen will. Baubiologie und Bauökologie sind von ihrem Wesen her interdisziplinär mit einer Verschmelzung von biologischen, psychologischen, physikalischen, chemischen, künstlerischen und anderen Denkansätzen und Zielsetzungen.

Wie bei vielen ökologischen Themenbereichen nimmt die Diskussion über ein Pro und Kontra gegenüber „traditionellen“ Handlungsweisen und damit die

Foto: H. Grub

Grüne Dachlandschaft eines Bankenkomplexes in Frankfurt

Beurteilung der jeweils gegebenen Umweltverträglichkeit häufig die Form von Glaubenskriegen an. Wie zahlreiche Praxisbeispiele zeigen, muß eine baubiologisch bessere Lösung keineswegs immer mit Abstrichen an den bautechnischen Anforderungen erkauft werden. Trotzdem dominiert die Zweckbestimmung oft als alleiniger Maßstab, sind umweltfreundliche Industriebauten mit ihren sehr komplexen Anforderungen immer noch eher Ausnahme denn Regel. Zunehmend wird jedoch nach Lösungen gesucht werden müssen, die eine Optimierung verschiedener Komponenten anstreben: Funktion, Baukonstruktion, Haustechnik, Städtebau, Arbeitsplatz usw. Vernetztes, ganzheitliches Denken auch im Industriebau . . .! Das Industriemagazin (2/89) sieht für die Konzeption eines „umweltgerechten Bauens" fünf miteinander verknüpfte Überlegungen im Vordergrund stehen:

- die Bereitschaft zur Aussöhnung mit der Natur und mit den Wünschen der Gesellschaft nach einer neuen Ästhetik
- der Vorsatz, humane wie auch motivierende Arbeitsbedingungen zu schaffen
- eine neue Harmonie zwischen Form und Inhalt; dahinter steckt das Bemühen, die Qualität der eigenen Produkte und das Selbstverständnis des Unternehmens auch nach außen zu dokumentieren (Corporate Identity)

- die Öffnung für unkonventionelle Ideen aus dem Umfeld von Kunst und Hochschulen, mit dem Ziel einer Aussöhnung mit der nachwachsenden Generation, und schließlich
- das Einbinden von Gewerbebauten in städtebauliche Strukturen (Re-Urbanisierung).

War die Firma Winter in Hamburg 1986 noch einer der Pioniere im baubiologischen Industriebau, sind in den letzten Jahren als Ausfluß dieser neuen Sensibilität zahlreiche Beispiele einer neuen Industriebaukultur entstanden. Dabei stehen nicht nur Fragen der Landschaftsgestaltung, d. h. der Anpassung an das örtliche Umfeld oder der (Dach-, Fassaden-) Begrünung im Vordergrund. Andere Gestaltungselemente liegen bei Fassade, Farbgestaltung, Werkstoffen, Energieform . . .

Diese neuen Interdependenzen zwischen Gebäudefunktionalität und Umwelt werden zunehmend auch unter Gesichtspunkten des Personalmarketings gesehen. Bei hochqualifizierten Mitarbeitern sind Faktoren wie Arbeitszufriedenheit und Motivation nicht nur über materielle Anreize zu gewinnen, sondern auch über attraktive Arbeitsumgebung und Arbeitsplatzgestaltung. Das umweltfreundliche Arbeitsumfeld ermöglicht:

- eine gesteigerte Identifikation der Mitarbeiter mit ihrem „umweltbewußten" Betrieb
- ein besseres Betriebsklima
- mehr Verbesserungsvorschläge
- bessere Gesundheit der Mitarbeiter und damit Reduzierung der Krankengelder
- stärkeres Engagement des zufriedenen Mitarbeiters und damit weniger Ausschuß und bessere Produktqualität.

Der Bund Deutscher Architekten bringt dies auf die knappe Aussage: „Angenehme Arbeitswelt gleich produktive Mitarbeiter."

Wie auch bei anderen „neuen" Motivationsinstrumenten, wie etwa den Qualitätszirkeln, besteht die Gefahr einer verkürzten Sicht. Beide Beispiele bleiben nur „Fassade", wenn damit nicht auch eine veränderte, qualitativ angereicherte innere Arbeitswelt (von „Mit"-Arbeitern) verbunden ist.

Im Bestreben nach einer humaneren Arbeitswelt brachte insbesondere die Gestaltung von Verwaltungsgebäuden in den letzten 15 Jahren eine vollkommene Kehrtwendung vom Großraumbüro mit seinen Raumhygieneproblemen („sick building syndrome") zum individuell gestalteten Einzelraum, gepaart mit moderner Kommunikationstechnik und elektronischer Steuerung („Intelligente Gebäude"). Hervorzuheben sind die wiedergefundene Bedeutung der Tageslichtführung, eine neue Luftversorgung und Belüftung (sogar die Fenster lassen sich wieder öffnen) und eine landschaftliche Einbindung der Gebäude.

Ernst Winter & Sohn

Als Teil ihres integrierten Konzeptes umweltbewußter Unternehmensführung hat die Hamburger Firma Ernst Winter & Sohn im Rahmen eines (für Deutschland damals) betriebsökologischen Pilotprojekts bei der Errichtung eines Produktionsgebäudes in Norderstedt 1985/86 versucht, baubiologische Grundsätze im Industriebau anzuwenden.

Foto: Ernst Winter & Sohn

Zu diesem Zweck wurde die Konzeption in enger Zusammenarbeit von einem Industriearchitekten und einer baubiologischen Architektin erstellt. In einer Checkliste wurden der Bauplanung Punkt für Punkt entsprechende baubiologische Alternativen gegenübergestellt, begründet und ein Preisvergleich hinzugefügt. Diese Maßnahmen erstreckten sich auf Gestaltung und Entwurf, Konstruktion, Belichtung und Beleuchtung, technischen Ausbau und Auswahl der Baustoffe. Aus der Fülle der Maßnahmen seien erwähnt:

- *Ziegelstein als Bauwerkshülle*
- *weitgehend Tageslicht durch Einschnitte in die Fassade und Oberlichter in den Fluren*
- *Verwendung von Holzfenstern*
- *Begrünung der Fassaden (allerdings keine Dachbegrünung)*
- *Fenster können geöffnet werden, Verzicht auf Klimaanlage*
- *Verglasung mit UV-strahlendurchlässigem Quarzglas*
- *Teppichböden mit hohem Naturfaseranteil und Bodenbeläge aus Linoleum*
- *Teppichkleber und Lacke arm an Lösungsmitteln*
- *Anstrichfarben mit Umweltzeichen*
- *partielle Grauwassernutzung*
- *umfangreiche Abwasserentsorgungseinrichtungen.*

Ein Haus für den Umweltenge

Dabei ist es durchaus legitim, daß ein Unternehmer neben positiven Effekten für die Umwelt auch ökonomische Vorteile in seine Überlegungen mit einbezieht.

„Die Mitarbeiter, die in dem neuen Bau arbeiten werden, drängen darauf, einziehen zu können. Daß eine solche Umgebung die Arbeitsfreude erhöht und sich zugunsten der Gesundheit auswirkt, liegt auf der Hand. Ein baubiologischer Industriebau ist eine soziale Leistung ersten Ranges. Es stellt eine soziale Leistung dar, die nicht sogleich konsumiert wird, sondern langfristig fortwirkt . . . Auch sind wir der Überzeugung, daß eine hohe Qualität der unmittelbaren Arbeitsumwelt der hohen Qualität unserer Produkte zugute kommt. Wenn wir uns äußerste Mühe geben, für die Mitarbeiter umweltfreundliche Arbeitsplätze zu schaffen, dann werden sie ihre Bemühungen um äußerste Arbeitsqualität noch steigern. Der baubiologische Industriebau ist also nicht nur eine soziale Leistung, sondern gleichzeitig eine Maßnahme zur weiteren Steigerung der Produktqualität und sollte sich allein dadurch bezahlt machen" (Dr. G. Winter in seiner Festansprache bei der Richtfeier).

Busak + Luyden
Nachdem die Firma Busak + Luyden (Stuttgart) bereits 1986 den Stuttgarter Umweltpreis für ihre vorbildliche Gestaltung von Grünflächen um einen Lagerneubau mit Wildblumenwiese, einem Weiher und vielen einheimischen Gehölzen und Stauden erhalten hatte, ist bei dem 1988 fertiggestellten Erweiterungsbau eine auf mehrere Dachebenen verteilte, ca. 1600 qm große Dachbegrünung eingeplant worden. Dabei wurde die Kaltdachschale der obersten Dachebene mit einer Lage Bitumen abgedichtet. Das oberste extensive Dach wurde mit Innengefälle hergestellt, dadurch konnten über eine eingebaute Wasserschwelle Feuchtgebiete und Tümpel sowie auch höhere Pflanzungen integriert werden. Neben weiteren Bepflanzungen im ersten Obergeschoß wurden vorbildliche Gartenanlagen geschaffen, ein Pflanzstreifen mit freiwachsenden Gehölzen und der Innenhof mit Platanen bepflanzt. Zur Begrünung einer Innenhofwand pflanzte man Efeu und Wilden Wein und ersetzte die bisherige Asphaltierung weitgehend durch Rasenpflaster. Durch eine Mischung verschiedener Begrünungsmaßnahmen wird eine ganzjährige Begrünung erreicht.

Schweizer & Söhne
Die ebenfalls mit einem Preis für „Umweltbewußte Unternehmensführung" ausgezeichnete Schramberger Firma Schweizer und Söhne hat das Prinzip Umweltfreundlichkeit entwurfsbestimmend bei einer neuen Produktionsstätte in Dunningen eingesetzt. Die rund 7000 qm große Dachfläche wurde als Ausgleich für bebaute Naturflächen in einem bisher einmaligen Verfahren begrünt. Diese Dachbegrünung dient dabei nicht nur als Isolierungs- und Schutzschicht, sondern auch als Filter und Regenwasserspeicher. Der Teil des Wassers, der verdunstet, belastet Abwasserleitungen und Kläranlagen nicht mehr. Im Brandfall wird das gesamte Überschußwasser der Dachfläche als Löschwasser genutzt.

Haindl
Der Gebäudekomplex der Haindl Papierfabriken (Augsburg) fügt sich harmonisch in die Landschaft ein. Zahlreiche Flächen auf verschiedenen Gebäudeebenen wurden intensiv und extensiv begrünt.

Staatlicher Mineralbrunnen Brückenau
Bei der Errichtung eines neuen Betriebes hat der Staatliche Mineralbrunnen Brückenau innerhalb eines umfassenden integrierten Umweltschutzkonzeptes in exemplarischer Weise ökologische Maßnahmen berücksichtigt:

Foto: r & s, Karlstadt

Das neue Gebäude des staatlichen Mineralbrunnens Bad Brückenau

- *Das Motto für die Inneneinrichtung lautet: Holz statt Plastik (Fronten aus Vollholz, Corpi aus Kostengründen aus E1-Spanplatten)*
- *Holzschutz: Behandlung des Holzes mit Borsalz statt mit einer Chromverbindung*
- *Einbau von Oberlichtern zur maximalen Ausnutzung des Tageslichts*
- *Vielfalt von Topfpflanzen zur Verbesserung des Raumklimas*
- *Dämmplatten aus Mineralwolle in der Wand und Decke als hermetische Lärmdämmung in der Abfüllhalle*
- *Tapeten aus Recyclingmaterial*
- *Verwendung umweltfreundlicher Keimfarben*
- *Böden in Besucher- und Büroräumen aus Naturmaterialien*
- *Holzparkett mit Naturharzen geölt und nicht mit Lack versiegelt*
- *Pflege des Parketts ebenfalls mit Produkten aus Naturharz und Bienenwachs, Kork und Sandstein*
- *Blockheizkraftwerk zur Strom- und Wärmegewinnung, Abwärme aus Abgas und Kühlwasser wird über Wärmetauscher rückgewonnen und dient zur Warm- und Heißwassererzeugung und Erwärmung des Belüftungssystems (Wirkungsgrad des Energiegewinnungssystems von 90 %), Reinigung der Gasmotoren durch Dreiwegekatalysator und Rauchgasverdichter*

- *Zur Beleuchtung Einsatz von speziellen Hochfrequenzvorschaltgeräten und Energiesparlampen (50 % Energieeinsparung)*
- *Regenwassersammelsystem auf dem Betriebsgelände mit einem Ölabscheider*
- *Bis auf einen verschwindend geringen Anteil an Restmüll wird alles recyclet; Abfalllager wird zur Recyclingstation zur getrennten Sammlung von Glas, Verschlüssen, Pappe, Metall und Etiketten*
- *Ausrüstung des Chemikalienlagers mit säure- und laugenfestem Fußbodenbelag, Pumpensumpf und Auffangwannen; Transport der Chemikalien in geschlossenem Dossiersystem*
- *Einheimische Pflanzen zur Gartengestaltung und Handeln nach den Methoden des integrierten Pflanzenschutzes*
- *Fassadenbegrünung zur Verschönerung und weiteren Raumklimaregulierung.*

Teil 6
Rahmenbedingungen einer ökologischen Unternehmenskonzeption

Ansätze eines Umweltmanagement-Instrumentariums

Bestimmung der strategischen Ausgangslage
(Situationsanalyse)

Unternehmensanalyse (Stärken/Schwächen)
Umweltanalyse (Chancen/Risiken)

„Die Gesellschaft wird dem Unternehmer auf Dauer seine Freiheit nur zugestehen, wenn er durch praktizierte Solidarität zeigt, daß sein Erfolg auch der Gemeinschaft zugute kommt.“
(Schmidheim, 1987; Schweizer Unternehmer)

Ansätze eines Umweltmanagement-Instrumentariums

Nachdem Umweltprobleme erst zeitverzögert zum allgemeinen Bewußtseinswandel in der Bevölkerung auch als „betriebswirtschaftliche" Probleme erkannt wurden, wird in der Praxis auf die ökologische Herausforderung nun zunehmend mit neuen Konzepten marktorientierter Unternehmenspolitik geantwortet. Da eine Rückkehr ins Fahrrad- oder Postkutschenzeitalter utopisch ist, müssen die Umweltprobleme auch von der Industriegesellschaft selbst gelöst werden, da sie sonst ihre Lebensbasis zerstört.

Meffert u. a. (1987) sehen vier strategische Anpassungsmöglichkeiten der Unternehmen:

- Passivität
- reaktives Verhalten
- Konfrontation
- kreative Umsetzung

und fordern die offensive Berücksichtigung der neuen strategischen Dimension „Umweltfreundlichkeit" in der Unternehmenspolitik und den betrieblichen Funktionsbereichen. Die Dimensionen einer umweltorientierten Unternehmungspolitik sind z. T. erst in Umrissen erkennbar. Erste bausteinartige Ansätze sollen – dem Schema Mefferts folgend – aufgezeigt werden.

Eine die rentabilitätsorientierte Unternehmenspolitik ergänzende, verstärkte Berücksichtigung ökologischer Belange soll als Chance zur strategischen Profilierung, als ein Erfolgsfaktor zur Schaffung eines strategischen Wettbewerbsvorteils verstanden werden. Den steigenden Umweltschutzanforderungen sollte deshalb vor allem mit einem offensiven Umweltmanagement begegnet werden.

> „Die Firmen sollten die oft geübte Praxis aufgeben, Umweltschutzanforderungen durch Nichtbeachten oder Verzögern zu umgehen oder sie nur bis zum absoluten Minimum zu erfüllen. Außerdem ist ein defensives Umweltschutzmarketing häufig betriebswirtschaftlich schlicht falsch: Das Verschweigen umweltfeindlicher Produkteigenschaften und die Neigung, Umweltprobleme und -gefahren herunterzuspielen und zu verharmlosen, führt oft zum Auslassen von Umweltschutzchancen und zu Imageverlusten und sonstigen Risiken der Firmen." (Wicke, 1987)

Die Anforderungen einer ökologischen Produktion und Konsumption sind für die Unternehmen Ursache wirtschaftlicher Risiken, aber auch Chancen. So sieht Dyllick (1989) ökologisch bedingte Verlierer, aber auch Gewinner.

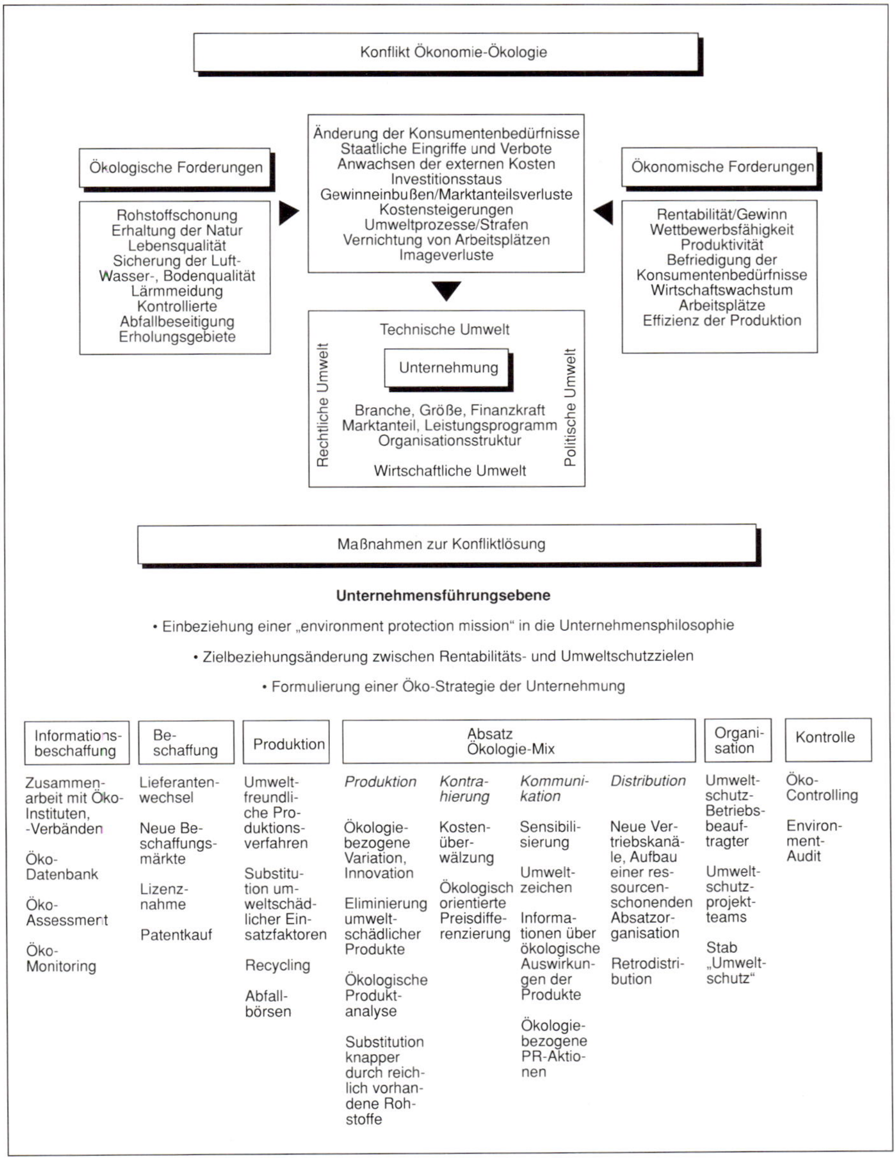

Quelle: Meffert, 1987

Abb. 23: Dimensionen einer umweltorientierten Unternehmenspolitik

Gewinner sind nicht die Anbieter auf dem stark wachsenden Sektor der Umwelttechnik, sondern die Hersteller, die umweltschonende Produktionsverfahren betreiben und umweltfreundliche Produkte zur Profilierung im Wettbewerb einsetzen. Sei es,

- daß die Entsorgung für Produzent und Verwender kostengünstig gelöst wurde,

- daß die Haftungsrisiken durch integrierte Konzepte vermindert wurden,
- daß durch Produktumstellungen und -neueinführungen Absatzchancen auf dem Käufersegment für umweltfreundliche Artikel genützt werden konnten,
- daß das Image eines umweltbewußten Arbeitgebers positive Auswirkungen auf die Akquirierung neuer Mitarbeiter ausübt.

Verlierer sind Hersteller,

- deren Herstellungsverfahren bei zunehmendem gesellschaftlichem und gesetzgeberischem Druck große Kosten der Schadstoffvermeidung verursachen,
- deren Produkte selbst zunehmend kritischer beurteilt werden; dies kann vom Zwang der Substitution bis hin zu einem totalen Verbot reichen (Asbest, PVC, FCKW, PET-Einwegflaschen etc.),
- deren Existenzgrundlage die „geschädigte" Natur ist (die Tourismusindustrie, die Fischerei etc.).

Um eine umweltorientierte Unternehmensführung im Sinne eines integrierten, ganzheitlichen Konzepts zu betreiben, ist in Erweiterung des von Winter vorgeschlagenen Konzeptes folgendes Vorgehen notwendig:

- Es sind mit einer Situationsanalyse die ökologischen Schlüsselprobleme in den Geschäftsfeldern zu identifizieren.
- Es sind ökologische Gedanken in den Wertvorstellungen der Führungskräfte und Mitarbeiter zu verankern („Transformation der Unternehmungskultur").
- Es werden, basierend auf den Ergebnissen der Situationsanalyse, die Unternehmungsgrundsätze überprüft und ggf. erweitert.
- Es wird ein integrierendes Zielsystem entworfen.
- Es werden situationsadäquate Strategien festgelegt.
- Ökologisches Denken muß alle Funktionsbereiche der Unternehmung (von der Materialbeschaffung über die Produktion bis zum Marketing) durchdringen und in betriebliche Entscheidungen integriert werden.
- Ökologisches Denken muß sich auch institutionell niederschlagen (Umweltausschuß, Umweltbeauftragter etc.).
- Zur Planung, Steuerung und Kontrolle umweltorientierter Maßnahmen muß ein Öko-Controlling-System installiert werden.

Der Einsatz umweltorientierter Instrumente bedarf zu seiner Umsetzung im betrieblichen Alltag als Grundvoraussetzung zum Gelingen einer entsprechenden Motivation. Dabei sind nicht nur das Top-Management, die einzelnen Sparten-, Bereichs-, und Abteilungsleiter, sondern alle Mitarbeiter vom Sinn ökologieorientierter Unternehmenspolitik zu überzeugen, da entsprechende Strategien sonst wirkungslos verpuffen müssen.

Quelle: Meffert, 1988

Abb. 24: Gestaltungsprozeß ökologiegerechter Marketingkonzeptionen

Unter dem Anspruch des Marketing als ein universelles Konzept markt- und zukunftsorientierten Denkens entwirft Meffert (1988) einen ähnlichen entscheidungsorientierten Ansatz zur Gestaltung und Durchsetzung ökologiegerechter Marketingkonzeptionen aus einzelwirtschaftlicher Perspektive.

Entsprechend der im novellierten Abfallgesetz gegebenen Prioritätenfolge muß eine ökologische Unternehmenspolitik versuchen,

- Vermeidungskonzepte zu entwickeln, d.h., ökologische Schäden durch integrierte Technologien gar nicht erst entstehen zu lassen,
- Verminderungsstrategien zu entwickeln, d.h., unvermeidbare Schäden durch technische Maßnahmen möglichst zu minimieren,

- Verwertungs- und Verwendungsstrategien zu entwickeln, d. h., Reststoffe möglichst in Recyclingkreisläufe einzubinden,
- Entsorgungskonzepte zu entwickeln, d. h., den nach Durchlauf der vorigen Stufen verbleibenden Rest möglichst sicher zu entsorgen.

Pfriem (1989) führt zehn betriebswirtschaftliche Gründe für eine ökologische Unternehmenspolitik auf:

1. Langfristige Unternehmensstabilisierung
2. Ökologie ist zu einem strategischen Erfolgspotential geworden
3. Überschneidungsmenge zwischen ökologischen und ökonomischen Zielen (z. B. Kostensenkungen durch Einsparungen von Rohstoff- und Energieverbrauch)
4. Wettbewerbsnachteile bei der staatlichen Auftragsvergabe
5. Selbstbestimmung des Umstellungszeitpunktes bei erwarteten gesetzlichen Restriktionen
6. Erschließung neuer Märkte und Kundensegmente
7. Erfüllung der gestiegenen externen Ansprüche der Verbraucher
8. Bildung eines Unternehmensprofils in der Öffentlichkeit
9. Möglichkeit der ökologischen Identifikation der Beschäftigten mit ihrem Betrieb
10. Nachkommende Führungsgeneration wird von neuen Leitbildern geleitet.

Bestimmung der strategischen Ausgangslage
(Situationsanalyse)

Die neuartigen ökologischen Fragestellungen bedürfen der Berücksichtigung innerhalb betrieblicher Planungs- und Entscheidungsprozesse. Bevor jedoch eine operative, strategische und normative ökologische Unternehmenskonzeption erstellt werden kann, muß eine Analyse der internen und externen Einflußfaktoren zur Bestimmung der strategischen Ausgangslage erfolgen. Die zukünftige Gestaltung der Unternehmensführung als Steuerung eines zielorientierten und zweckgerichteten Systems bedarf möglichst frühzeitiger Informationen über Veränderungen im unternehmensinternen Bereich und aus dem externen Bereich, deren Interpretation und geplante Reaktion darauf.

Mit den Ergebnissen einer solchen Situationsanalyse („Unternehmensinventur") sollen ökologische Schlüsselprobleme in den Geschäftsfeldern identifiziert werden. Es gilt festzustellen, inwieweit die Unternehmung in der Lage ist, mit ihrem Stärken-Schwächen-Profil den Chancen bzw. Risiken der neuen ökologischen Dimension entgegenzutreten.

Vor Durchführung der Unternehmens- und Umweltanalyse empfiehlt es sich, jeweils individuelle und ein gemeinsames Wertvorstellungsprofil für die Unternehmung zu erstellen, um festzustellen, ob innerhalb des Führungsgremiums eine „Unité de doctrine" bezüglich sozialökologischer Ziele besteht.

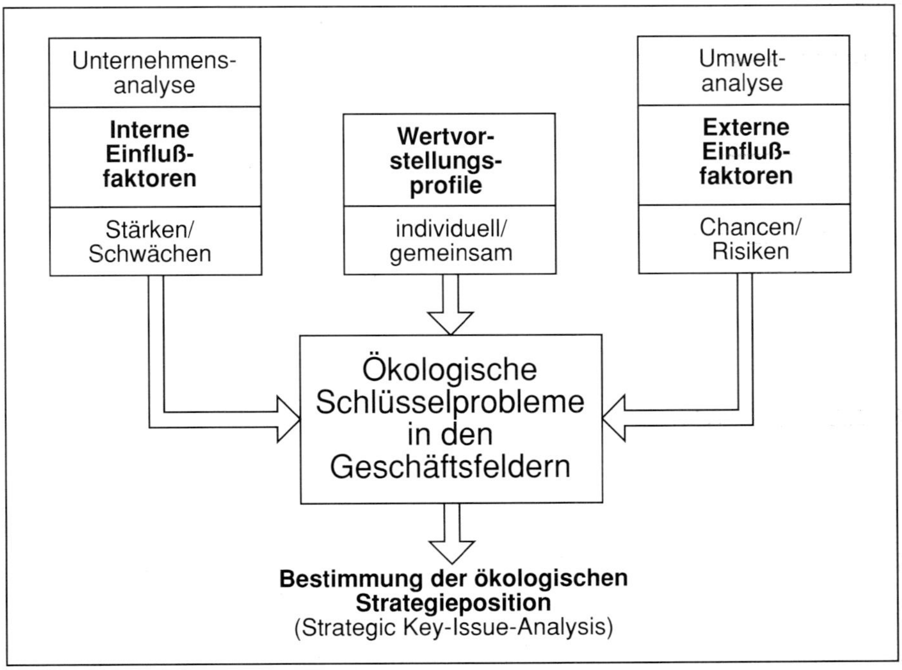

Abb. 25: Ökologische Situationsanalyse

Unternehmensanalyse (Stärken/Schwächen)

Für diese Ebene werden mit Hilfe einer individuell auszuformenden Checkliste die ökologischen Schlüsselprobleme in den Geschäftsfeldern identifiziert und deren Lösung versucht (Strategic-Key-Issue-Analysis). Die Informationen werden zuerst für relevante Beobachtungsbereiche gesammelt, dann (subjektiv) bewertet und ihre Ausprägung relativ zum stärksten Konkurrenten erfaßt.

Zweck der durch diese Analyse gewonnenen Informationen (Pümpin, 1980):

- Erkennen der eigenen Stärken, auf die neue Strategien aufbauen können
- Erkennen der eigenen Schwächen, die im Rahmen der neuen Strategie zu vermeiden sind
- Erkennen der Synergiepotentiale, die von neuen Strategien auszunützen sind
- Erkennen der eigenen Mittel
- Beurteilung der heutigen Situation hinsichtlich der rentabilitätsbestimmenden Faktoren
- Erkennen der strategischen Erfolgspotentiale.

Im Vergleich zur Umweltanalyse sind die Informationen hier aus dem eigenen Datenbestand des Controllingwesens relativ leicht zu beschaffen. Eine Analyse der internen Stärken und Schwächen in der Unternehmung bezieht sich im ökologischen Bereich u. a. auf folgende Faktoren:

- Bestehen im Einkauf Kontakte zu Herstellern umweltfreundlicher Produkte, und wie ist die Versorgungssicherheit?
- Ist ausreichend Finanzierungspotential vorhanden, um zum einen die gesetzlichen Auflagen auch zukünftig zu erfüllen, zum anderen, um in umweltfreundliche Problemlösungen zu investieren?
- Besteht bei der Unternehmensleitung gegenüber ökologischen Problemen eine Aufgeschlossenheit oder nicht?
- Geht die qualitative Leistungsfähigkeit der Mitarbeiter konform?
- Inwieweit sind die Eigenschaften des bestehenden Produkt- und Leistungsprogramms bezüglich einer Ökologieorientierung zu beurteilen (Sortiment, Qualität, Preis, Marktbearbeitung, Distribution etc.)?
- Inwieweit sind die Forschungsaktivitäten und das technische Know-how bereits ökologiebezogen?

Die Antworten auf diese Fragen geben Aufschluß, ob die Unternehmung mit ihren internen Potentialen über die Möglichkeit verfügt, auf die ökologische

Herausforderung mit einer entsprechenden strategischen Reaktion zu antworten.

Die Ergebnisse der Unternehmensanalyse lassen sich gut im Rahmen eines Stärken-Schwächen-Profils visualisieren.

Umweltanalyse (Chancen/Risiken)

Für die Unternehmung als ein offenes, mit der Umwelt und anderen Wirtschaftssubjekten (Konkurrenten, Lieferanten, Kunden, Kapitalgebern, Staat oder Arbeitnehmern) in Austauschbeziehungen stehendes System ist das rechtzeitige laufende Erkennen der Umfeldentwicklung und das Einstellen darauf (überlebens-) notwendig. Die Entwicklungen sind deshalb notwendigerweise systematisch in den Planungs- und Steuerungsprozeß einzubauen, um auf Dauer erfolgreich zu bestehen. Obwohl ein bewährtes Instrumentarium zur Verfügung steht, ist die Umweltanalyse vor allem bei kleinen und mittleren Betrieben vielfach noch ein Stiefkind.

> „Unternehmen sollen nicht trotz Umweltveränderungen leben, sondern von ihnen leben“ (Duch, 1985).

Die Ermittlung dieser unternehmensrelevanten Umweltfaktoren schließt auch eine Prognose über ihre Entwicklung mit ein. „Umweltanalyse ist nicht darauf angelegt, Unvorhersehbares vorhersehbar zu machen. Sie ist aber darauf angelegt, Zeit für Problemlösungen zu schaffen, bevor die Probleme unlösbar werden“ (Grünewald, 1983).

Bei der praktisch niemals in ihrer Gesamtheit erfaßbaren Fülle von möglichen Untersuchungsbereichen und ihrem jeweiligen Datenmaterial ist aus Gründen des Informationsbeschaffungsaufwandes eine Selektion durchzuführen. Dazu stehen zahlreiche Checklisten zur Verfügung.

Diese externen Einflußfaktoren beziehen sich auf folgende Analysefelder:

- Entwicklungen der sozialen Dimension
  (Wandel des öffentlichen Bewußtseins, Wertedynamik, Priorität des Schutzes der Umwelt etc.)
- Entwicklungen der ökonomischen Dimension
  (Branchen-, Marktanalyse: Segment für umweltfreundliche Produkte, Kaufkraft, Konkurrenzaktivitäten als Aktion/Reaktion etc.)
- Entwicklungen der technologischen Dimension
  (Umweltschutztechnik/Umweltsanierungstechnologie etc.)
- Entwicklungen der rechtlichen Dimension
  (Umweltschutzgesetzgebung national und international, Neueinführung/ Verschärfung von Grenzwerten, Veränderung der Haftungsrisiken durch das geplante Umwelthaftungsgesetz u. ä.).

Zusätzlich zu einer allgemeinen Umfeldanalyse ist eine Analyse und Beurteilung der Gesamtbranche und möglicher Teilbranchensegmente durchzuführen. Diese Branchenanalyse ist durch eine Konkurrentenanalyse und -prognose zu vertiefen, da eine Unternehmung ihren eigenen strategischen Wettbewerbsvorteil immer in bezug zur Konkurrenz aufbauen und erhalten muß. Es sind etwa folgende Fragestellungen hinsichtlich ihrer ökologischen Wertigkeit zu untersuchen:

- Welche Strategien verfolgen die Konkurrenten heute mit welchem Erfolg?
- Welche ökologischen Wertvorstellungen und Zielsetzungen sind erkennbar?
- Welche Strategien können in der Zukunft von den Konkurrenten erwartet werden, und welche Möglichkeiten ergeben sich, bzw. welche Gefahren drohen daraus?
- Auf welchen Prämissen beruhen die voraussichtlichen Strategien der Konkurrenten?
- Über welche Stärken und Möglichkeiten verfügen die Konkurrenten?
- Welche Schwächen der Konkurrenten sind Ansatzpunkte für eigene Offensivstrategien?

Externe Faktoren / Interne Faktoren	CHANCEN	RISIKEN
STÄRKEN	Neue Umweltschutzgesetze bieten neue Absatzchancen, Flexibilität der Geschäftsleitung ermöglicht schnellen Eintritt in neue Tätigkeitsbereiche.	Neue wissenschaftliche Erkenntnisse über umweltschädigende Wirkungen des Produktionsprozesses. Technisches Know-how ermöglicht Umstellung auf umweltgerechte Produktion.
SCHWÄCHEN	Nachfragepotentiale aufgrund gestiegenen Umweltbewußtseins können wegen fehlender finanzieller Mittel nicht ausgenutzt werden.	Konkurrenz bietet umweltfreundliche Alternativprodukte an. Dem Unternehmen mangelt es an Know-how, um schnell reagieren zu können.

Quelle: Meffert, 1988

Abb. 26: Mögliche Zusammenhänge zwischen internen und externen Faktoren

Die Analyse muß Aussagen vermitteln über die Wahrscheinlichkeit und das Ausmaß der Reaktion auf unsere ökologische Marketingkonzeption sowie über die Fähigkeiten der Unternehmung, sich gegenüber den Wettbewerbskräften abzuschirmen und Reaktionen der Konkurrenten wirksam zu begegnen.

Die Auswirkungen der Umweltentwicklungen für die eigene Unternehmung werden in einer Chancen-Risiko-Analyse prognostiziert. Eine systematische

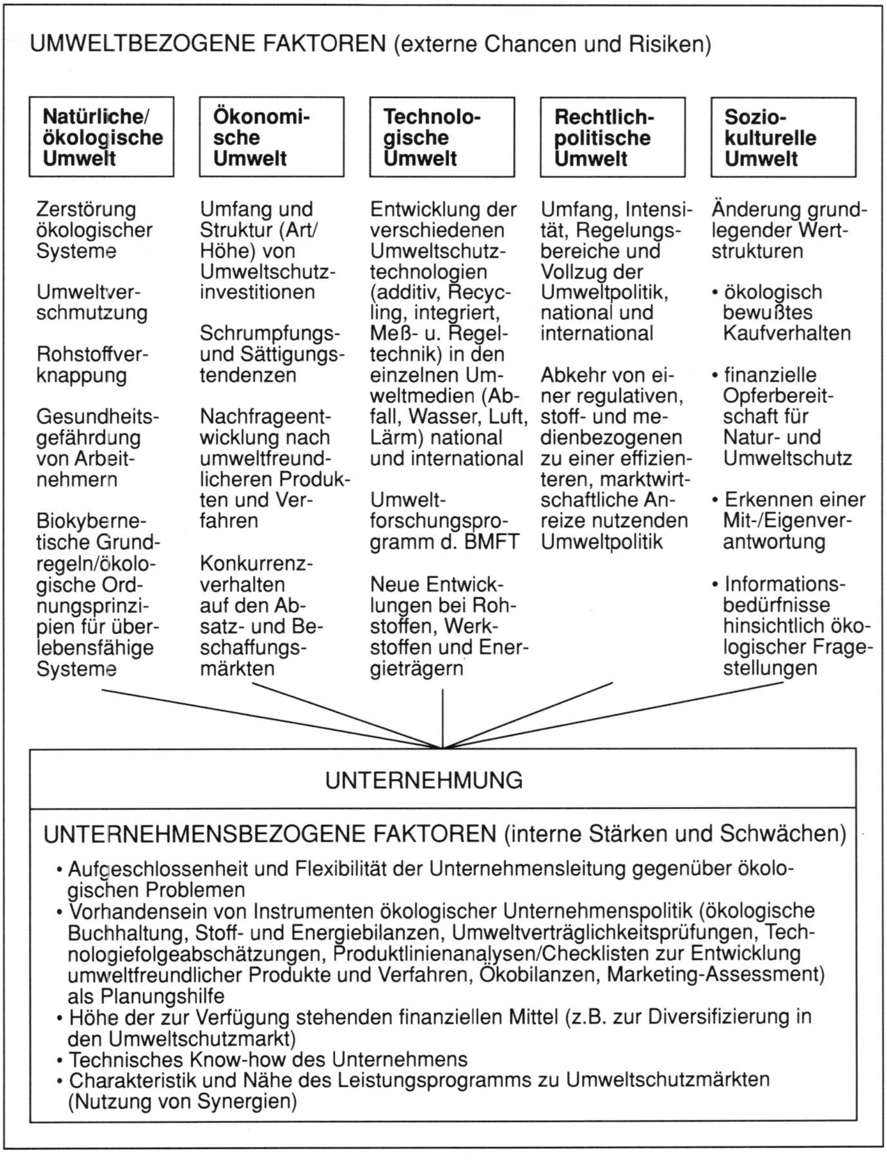

Quelle: Antes, 1988

Abb. 27: Umweltbezogene Faktoren

Gegenüberstellung mit dem bereits erstellten Stärken-Schwächen-Profil als „Ergebnis“ der Unternehmensanalyse erlaubt eine vertiefte Beurteilung. So kann eine bestimmte Entwicklung, trifft sie auf eine Unternehmensstärke, durchaus als Chance angesehen werden; wenn nicht, sind die Gefahren daraus zu prognostizieren. Meffert (1988) schlägt für einen Überblick denkbarer Beziehungszusammenhänge die Form einer Matrix vor (vgl. Abb. 26).

Die beiden Analysen ermöglichen die Bestimmung der ökologischen Strategieposition einer Unternehmung und eine konsequente Ausrichtung der Strategie auf die Lösung der Schlüsselprobleme sowie eine Bestimmung und Bewertung der „kritischen“ Faktoren in der strategischen Ökobilanz (z. B. mangelnde Übertragbarkeit von vorhandenem technologischen Know-how auf Umweltschutzmärkte, fehlende Sensibilität der Führungskräfte, negative Ausstrahlungseffekte eines Ökoproduktes auf das Restsortiment u. ä.).

Teil 7

Die ökologische Dimension im normativen und strategischen Managementbereich

Einflüsse im normativen Bereich
Veränderung der Unternehmenskultur
Erweiterung der Unternehmensphilosophie
Verhaltenskodices

Einflüsse im strategischen Bereich
Veränderungen im Zielsystem
Formulierung von Ökostrategien

„Ökologie ist gleichzeitig die beste Ökonomie“. (Bosste/Nestle)

Einflüsse im normativen Bereich

Veränderung der Unternehmenskultur

Unternehmenskultur wird allgemein definiert als das von innen heraus gewachsene, unverwechselbare Gepräge einer Unternehmung. Die Betriebswirtschaftslehre hat lange verkannt, daß auch das Unternehmen als Ganzes eigene, verhaltensbestimmende und gemeinsam geteilte Wertvorstellungen („shared values"), die das Verhalten ihrer Mitglieder steuern, hervorbringen kann. Der enge Zusammenhang mit den Begriffen Unternehmensphilosophie, -grundsätze oder -leitbild wird offensichtlich. Werden Werte als Orientierungsmaßstab interpretiert, sind alle Tätigkeiten in einer Unternehmung als Ausdruck geteilter Werte anzusehen.

Die Unternehmenskultur drückt sich in verschiedensten Elementen aus oder kann durch sie in gewissem Maße auch beeinflußt werden. Als Faktoren für eine ökologisch orientierte Unternehmenskultur lassen sich anführen:

(1) Ökologiesensible Unternehmensleitung

In seiner Rolle als Vorbildfunktion kommt dem Kreis der Führungskräfte große Bedeutung zu. Umweltschutz wird heute weitgehend als „Chefsache" angesehen. Deshalb müssen in dieser Vorreiterrolle auf allen betrieblichen Hierarchieebenen Lernprozesse angestoßen und von subjektiven Erfolgserlebnissen sowie der Möglichkeit, Erfahrung zu sammeln, begleitet werden. Als „trigger" können ein aktives Engagement der Geschäftsleitung in Verbänden wie B.A.U.M. oder future, Vorträge bei einschlägigen Kongressen, Artikel in der Werkszeitung, Formulierung der eigenen Wertvorstellungen in ökologisch erweiterten Leitbildern usw. gesehen werden.

Dabei ist unbedingt darauf zu achten, daß zwischen „Worten" und „Taten" keine Diskrepanz entsteht. Das tatsächliche, sichtbar vorgelebte Verhalten muß der ökologisch ausgerichteten Werthaltung auch tatsächlich entsprechen.

(2) Zeichen setzen durch Symbole

Dies kann durch kulturelle Artifakte, wie eine baubiologische Architektur der Gebäude und der Arbeitsplätze geschehen oder durch menschliche Handlungen. Symbolcharakter können ökologisch gestaltete Erweiterungen haben, etwa bei

- dem betrieblichen Vorschlagswesen,
- den Themenbereichen von Qualitätszirkeln,
- der Herausgabe eines Umweltbriefes,
- der Anbringung eines „Öko-Brettes",
- einer neuen Form der Öffentlichkeitsarbeit und des Dialogs mit Umweltorganisationen u. a.,

- der Aufstellung von Recyclingbehältern für die Mitarbeiter,
- der Institutionalisierung eines Umweltbeauftragten,
- dem Anlegen von Biotopen auf dem Werksgelände,
- dem Einsatz umweltfreundlicher Firmenwagen.

(3) Verhaltensänderung durch Erfolgserlebnisse

- öffentliche Prämierung von Vorschlägen
- spezielle Besuchsprogramme von Mitarbeitern
- Veranstaltung spezieller Schulungen, Seminare etc.
- Änderung der Ausbildungspläne etc.
- Stolz der Mitarbeiter auf das Image der Firma (gezielte Informationen über Aktivitäten der Geschäftsleitung, Presseberichte usw.).

Erweiterung der Unternehmensphilosophie

In jeder Unternehmung „existiert“ – ob bewußt oder unbewußt – eine bestimmte Unternehmensphilosophie. In ihr drückt sich das allgemeine Wertesystem der Unternehmung bzw. die allgemeinen Ziel- und Wertvorstellungen der betrieblichen Entscheidungsträger aus. Sie erleichtern dem Mitarbeiter (und auch der Außenwelt) quasi als Kompaß die Orientierung und Identitätsfindung. Immer mehr Unternehmen haben inzwischen ihre allgemeinen Wertvorstellungen explizit in schriftlich formulierten und veröffentlichten Unternehmensgrundsätzen oder -leitbildern niedergelegt.

Um umweltgerecht zu wirtschaften, d. h., den Betriebszweck mit weniger Umweltbelastungen und geringerem Ressourcenverbrauch zu erzielen, sind in die Unternehmensphilosophie und den daraus resultierenden -grundsätzen ökologisch relevante Gesichtspunkte mit einzubeziehen. Damit erfährt die Unternehmenspolitik eine Neuausrichtung, indem

- deren Richtgrößen („Ziele“),
- deren grundlegender Handlungsrahmen („Strategien“) und
- die notwendigen operativen Handlungen („Instrumente“)

um eine ökologische Dimension erweitert werden. Diese Neubestimmung der Unternehmungspolitik erscheint aufgrund der Umfeldentwicklung, d.h. der geänderten Umweltansprüche der Öffentlichkeit, zwingend. Ändern sich nämlich die dem Unternehmensverhalten zugrunde gelegten Werte und Verhaltensnormen nicht parallel zu dem Wandel der gesellschaftlichen Wertvorstellungen, entstehen zwischen der Unternehmung und ihrer Umwelt Wertkonflikte. Zudem vergibt die Unternehmung sich die durch eine Neuausrichtung der Unternehmenspolitik möglichen Markt- und Ertragschancen. Die sich wandelnden und verschärfenden umweltökonomischen bzw. umweltrechtlichen Rahmenbedingungen und auch die umweltethischen Erfordernisse sprechen – so Wicke – dafür, vom defensiven Umweltmanagement, das immer noch viele Unternehmen praktizieren, zu einer stärker umweltorientierten, offensiven Unternehmensführung überzugehen – m. a. W. Umweltmanagement als ein betriebswirtschaftliches Instrument zu nutzen, um Wettbewerbsvorteile aufzubauen. Ein Management dieser Art ist im Betrieb auch institutionell zu verankern.

Die zunehmend kritischere Einstellung breiter Bevölkerungskreise gegenüber einer Zunahme des materiellen Wohlstandes bzw. technologischer Entwicklungen bei einer damit verbundenen Verschlechterung der Lebensbedingungen führt zu der Erkenntnis, daß sich „Lebensqualität" nicht allein am ökonomisch meßbaren Lebensstandard (z. B. Wachstumsraten des BSP) orientieren kann. Die Einsicht in die Notwendigkeit eines verstärkten Umweltschutzes ist auch bei vielen Managern gewachsen.

Diese Neuorientierung, die ein gesellschaftsorientiertes Marketing als wichtige Grundlage zur Ausgestaltung einer strategischen Unternehmensführung benötigt, beurteilen Raffée/Wiedmann (1985) nüchtern: „Ist bereits die konkrete Ausformulierung von Unternehmensleitlinien schlechthin ein Engpaß in vielen Unternehmen, so gilt dies in besonderer Weise für die Einbeziehung gesellschaftsorientierter Aspekte. Es sind bisher erst wenige Unternehmen, die in ihren Unternehmensleitlinien der Ökologie oder generell gesellschaftlichen Anforderungen einen höheren Stellenwert einräumen. Dabei ist zu beachten, daß eine Gewinn- und Wachstumsorientierung, die an den vorhandenen Erfolgspotentialen zehrt, anstatt neue aufzubauen, langfristig zum Scheitern verurteilt sein dürfte."

Zu diesen Erfolgspotentialen zählen u. a. ein hohes Vertrauenskapital in der Öffentlichkeit und die Fähigkeit, gesellschaftsbezogene Problemlösungen zu entwickeln.

> „Wie ist die allbekannte immerwährende Diskrepanz zwischen Sonntagsrede (Ethik) und Werktagshandeln (Politik, Ökonomik) zu vermindern? Wie sind die – zwangsläufig abstrakten – ethischen Maximen in der jeweils konkreten Handlungssituation je hinreichend zu operationalisieren? Mit der Formulierung handlungsethischer Maximen kann man sich durchaus auch von der Realität und dem mühevollen pragmatischen Handeln in ihr verabschieden. Werden damit nicht kleine unbedeutende Verbesserungen zur ‚großen Wende' hochstilisiert, so daß das Thema geradezu zur Tarnung, zu Augenwischerei und Ablenkung dient: ‚Reden' als Ersatz für ‚Handeln'".
>
> (Seidel, 1989).

Auf einem Symposium über „Wirtschaft und Ethik – Ethik und Management" im Benediktinerkloster Weltenburg 1989 wurden solche Unternehmensverfassungen sehr skeptisch beurteilt. Diese „papiernen" Führungsgrundsätze „lägen in den Archiven und warteten auf den Tag ihrer Wiederauferstehung", Anspruch und Realität würden weit auseinanderklaffen, Ethik müsse man vorleben (Nahrendorf, 1989).

Bei der Formulierung gesellschaftsorientierter Unternehmensleitlinien wird allerdings nicht selten übersehen, daß damit zumeist ein grundlegender organisatorischer Wandel einzuleiten ist und neue Planungsinstrumente sowie Strategie- und Führungskonzepte erforderlich werden. So kann man von den Mitarbeitern kein gesellschaftsorientiertes Denken erwarten, wenn sie kurzsichtig gewinnbezogenen Beurteilungs- und Entlohnungssystemen unterworfen sind.

Beispiele für in die Unternehmensphilosophie einzuarbeitende Kriterien der sozialen Verantwortung können sein:

- Anerkennung der gesellschaftlichen (und damit auch umweltpolitischen) Verantwortung der Unternehmung
- verantwortungsbewußte Nutzung von Ressourcen
- aktive Problemlösungssuche nach umweltfreundlichen Produkten, Produktions- und Entsorgungsverfahren
- Streben nach integrierten Umweltschutzkonzepten
- kooperativer Informationsaustausch mit den verschiedenen Gruppen der Gesellschaft und den eigenen Mitarbeitern
- gleichrangige Gewichtung wirtschaftlicher, sozialer und ökologischer Ziele.

Bei einer so formulierten, ökologisch orientierten Unternehmensphilosophie wird der Umweltschutz zu einem integralen Bestandteil der Unternehmenspolitik. Die dort niedergelegten Verhaltensgrundsätze enthalten Bewertungskriterien für die auf den nachfolgenden Hierarchieebenen zutreffenden Unternehmensentscheidungen. Die inhaltlichen Bestandteile dieser Rahmenrichtlinien sind für alle Mitarbeiter bindend.

Ciba-Geigy
So hat z. B. die Ciba-Geigy in ihr Leitbild „Umweltschutz und Sicherheit nach dem neuesten Stand der Technik" als gleichrangiges Ziel neben Produktinnovation und Wirtschaftlichkeit gesetzt. In den bereits 1973 von CIBA-GEIGY verfaßten Unternehmensgrundsätzen finden sich folgende Abschnitte:

„Wir sind uns bewußt, daß Wirtschaften kein Selbstzweck ist, sondern dem Menschen und der Gesellschaft zu dienen hat. Wirtschaftlicher Erfolg ermöglicht aber erst, diese dem Unternehmen gestellten Aufgaben zu erfüllen".

„Bei Wahl und Verfolgung seiner wirtschaftlichen Ziele hat das Unternehmen äußere Gegebenheiten, aber auch seine eigene Bedeutung für Mitarbeiter und Umwelt zu berücksichtigen. Um diesen Ansprüchen gerecht zu werden, formuliert es Normen, nach denen es sein Verhalten richten will". „Wir setzen bei unserer Tätigkeit in Rechnung, daß natürliche Rohstoffe sowie Boden, Wasser und Luft uns nur begrenzt zur Verfügung stehen". „Wir leisten einen aktiven Beitrag an den Umweltschutz und treffen die dafür notwendigen Maßnahmen. Insbesondere sorgen wir im Rahmen der verfügbaren neuesten wissenschaftlichen Erkenntnisse dafür, daß unsere Produkte bei der Fabrikation und bei zweckmäßiger Anwendung keine unverantwortbaren Auswirkungen auf die Umwelt haben."

Für den Bereich der Produktion ist eine Weisung von 1984 weltweit für alle Konzerngesellschaften verbindlich. Darin heißt es:

1. Der Schutz der Umwelt ist bei der Fabrikation unserer Produkte ein gewichtiger, mitbestimmender Faktor.

2. Wir trachten danach, potentielle Umweltprobleme an der Quelle zu lösen. Daher wenden wir zur Herstellung unserer Produkte umweltgerechte Verfahren an. Verwertbare Stoffe werden, wann immer möglich, wieder der Fabrikation zugeführt.

3. Wir entsorgen Nebenprodukte und Abfallstoffe unter Anwendung von Technologien, welche die Auswirkungen auf die Umwelt auf ein verantwortbares Minimum beschränken.

4. Jeder Mitarbeiter ist im Rahmen seiner Aufgaben mitverantwortlich für den Schutz der Umwelt. Wir sorgen für seine Ausbildung und Instruktion.

5. Wir informieren unsere Mitarbeiter und Kunden wie auch die Öffentlichkeit über unsere Maßnahmen zum Schutze der Umwelt.

6. Wir suchen und pflegen eine offene Zusammenarbeit mit den zuständigen Behörden.

Hoechst
Ähnlich formulieren die „Leitlinien für Umweltschutz und Sicherheit" bei Hoechst:

. . . „Wir streben danach, unsere Leistungsfähigkeit im internationalen Wettbewerb zu verbessern. Neben dem Ziel höherer Wirtschaftlichkeit stehen gleichrangig die Verantwortung für unsere Mitarbeiter und die soziale Verträglichkeit unserer Maßnahmen, der sparsame Einsatz unserer Ressourcen und der schonende Umgang mit unserer Umwelt.

Unsere Unternehmensziele sind eingebunden in die ethischen Wertvorstellungen unserer Kultur und unserer Gesellschaftsordnung".

. . . „Wirtschaftlichkeit und Sicherheit unserer Anlagen sind gleichrangige Ziele. Produktion und Produktivität dürfen niemals zu Lasten der Sicherheit gehen" . . .

Umweltschutz ist Bestandteil der Unternehmenspolitik. Umweltschutz als ein Gebot eigener Initiative und Verantwortung beinhaltet bei Hoechst folgende Grundsätze:

- *„Durch unsere Produktion und unsere Werke soll die Umwelt möglichst wenig belastet werden.*

- *Wir treffen Vorsorge, indem*

  Forschung, Entwicklung und Produktion die Umweltverträglichkeit bei neuen Verfahren schon in früher Entwicklungsphase berücksichtigen,

  Rohstoffe und Energie möglichst sparsam verwendet werden und Nebenprodukte durch Rückführung in den Produktionsprozeß genutzt werden, der Schadstoffanfall durch Wahl von Produktionsverfahren und Umstellung vorhandender Verfahren so weit wie möglich reduziert wird.

- *Zur Reinigung von Abluft und Abwasser, zur Abfallbeseitigung und zur Lärmminderung setzen wir fortschrittliche Techniken ein und entwickeln Reinigungsverfahren, die auch anderen helfen können, Umweltprobleme zu lösen.*
- *Mit modernen Methoden analysieren und kontrollieren wir ständig unsere Emissionen. Mit diesen Eigenkontrollen schaffen wir die Voraussetzungen für einen effektiven Umweltschutz.*
- *Wir wollen den Wissensstand unserer Mitarbeiter durch sachgerechte Information, ständige Schulung und regelmäßige Unterweisung verbessern und die Erkenntnisse aus den Labors und Produktionsstätten nutzen.*
- *Wir schaffen Anreize für Verbesserungsvorschläge unserer Mitarbeiter auf dem Gebiet des Umweltschutzes.*
- *Wir informieren unsere Kunden, die Verbraucher und Transportunternehmen über die Eigenschaften der Produkte und deren sichere und umweltgerechte Beförderung, Handhabung und Entsorgung. Unsere Produkte sollen sicher und ohne Umweltgefährdung verwendet werden können.*
- *Hoechst arbeitet auf dem Gebiet des Umweltschutzes auf der Basis gegenseitigen Vertrauens mit den Behörden und der Fachwelt zusammen.*
- *Hoechst will gute Beziehungen zu seinen Nachbarn. Neben unseren Maßnahmen zum Schutz der Umwelt sehen wir in der Information der Öffentlichkeit über alle wichtigen Ereignisse im Bereich des Umweltschutzes ein vertrauenbildendes Element".*

IBM

Bei der IBM werden Führungsgrundsätze als ein internes Grundgesetz, eine Verfassung angesehen, an die man sich in der Verfolgung der Ziele zu halten hat. Oberste Leitlinie für alle geschäftlichen Aktivitäten sind die sogenannten „Unternehmensgrundsätze". Neben der Achtung vor dem einzelnen, dem Dienst am Kunden, der Spitzenleistung als Leitmotiv, einer effektiven Führung, der Verpflichtung gegenüber den Aktionären, einem fairen Verhalten gegenüber Lieferanten wird im letzten Punkt eine „Verantwortung gegenüber der Gesellschaft" angesprochen.

Aus diesen Unternehmengrundsätzen leiten sich die sog. „Führungsgrundsätze" ab. Im Rahmen der Führungsaufgabe wird zwischen Personal- und Fachverantwortung unterschieden. Innerhalb der Personalverantwortung wird der Unterpunkt „Umweltschutz" näher spezifiziert:

- *alle Gesetze, Verordnungen und Auflagen der Gesetzgeber einzuhalten sowie strengere interne Maßstäbe zu befolgen;*
- *umweltschonende Produktionsprozesse zu entwicklen und umweltfreundliche Prozeß- und Hilfsmaterialien zu verwenden;*
- *so wenig Rohmaterial wie möglich zu verwenden bzw. entstehende Rohstoffe weitgehend wiederzuverwenden;*
- *energiesparende Prozesse und Technologien anzuwenden;*
- *bei allen Maßnahmen zum Umweltschutz die Möglichkeiten zu nutzen, die der Stand der Technik bietet.*

Elida-Gibbs Germany

Im Rahmen der „Environmental + Health Issues-Policy“ wird bestimmt:

1. *Die Elida-Gibbs will sich die Freiheit sichern und zukünftig erhalten, existierende und neue Rohstoffe, Packstoffe und Herstellungsmethoden zu verwenden,*

   – *die den gesetzlichen und UL-Anforderungen entsprechen*

   – *von uns* **und der Gesellschaft** *als sicher angesehen werden für die Mitarbeiter, Verbraucher und die Umwelt.*

2. *Die Elida-Gibbs stellt sicher, daß ihre E + H I-Policy nicht durch andere Operating Policies außer Kraft gesetzt wird.*

3. *Die Elida-Gibbs arbeitet aktiv zusammen mit den Meinungsbildnern der Umweltsszene, um ihre Sicht zu erhalten, zu bewerten und umzusetzen.*

4. *Die Elida-Gibbs wird ihre Produkte und Herstellungsprozesse durchforschen und Risikoträchtiges verändern.*

5. *Neue Produkte werden durch antizipative Betrachtung von Trends im Umwelt-/Gesundheitsbereich entwickelt.*

6. *Die Elida-Gibbs wird sich gegenüber der Umwelt positiv verhalten, auch wenn das vom Verbraucher nicht wahrgenommen wird (Produktion/Entsorgung/Verpakkung).*

7. *Die Elida-Gibbs stellt sicher, daß alle Mitarbeiter ihre Verantwortung für die Umwelt verstehen und wird Informations-/Trainings- und Motivationsmöglichkeiten schaffen, um die E + H I-Policy-Anforderungen zu erfüllen.*

8. *Die E + H I-Policy wird durch den Chairman implementiert.*

9. *Die Company-Strategy wird ausdrücklich um die Umwelt- und Gesundheitsorientierung erweitert.*

BP

Bei der Deutschen BP gelten folgende Grundsätze für den Umweltschutz:

- *Grundsätzliche Vorschriften und behördliche Auflagen sind als Mindeststandard stets einzuhalten. In angemessenen Abständen ist zu überprüfen, ob unsere Anlagen den Erfordernissen auf dem Gebiet des Umweltschutzes gerecht werden.*

- *An der Weiterentwicklung des Umweltschutzes nimmt das Unternehmen aktiv Anteil und wird mit Behörden, Forschungsinstituten und technischen sowie wissenschaftlichen Anstalten zu diesem Zweck eng zusammenarbeiten.*

- *Der durch die Herstellung und Verwendung neuer Produkte und durch die Anwendung von Verfahren oder sonstigen Aktivitäten auf die Umwelt ausgeübte Einfluß ist sorgfältig abzuschätzen und zu berücksichtigen.*

- *Vorgesetzte und Mitarbeiter müssen über ihre und die Pflichten des Unternehmens auf dem Gebiet des Umweltschutzes ausreichend informiert werden. Es ist sicherzustellen, daß auch das Personal der bei uns beschäftigten Kontraktoren über Erfordernisse und Maßnahmen des Umweltschutzes durch detaillierte Richtlinien informiert wird und sich entsprechend verhält.*

Verhaltenskodices

In den letzten Jahren sind auf nationaler und internationaler Ebene von diversen Verbänden und Institutionen Umweltleitlinien entwickelt worden, die für die jeweiligen Mitglieder bzw. Unterzeichner eine gewisse Verhaltensrichtlinie vorgeben sollen. In einem der ersten Vorläufer, dem 1973 auf dem 3. Europäischen Management-Symposium verfaßten „Davoser Manifest", wird unter Punkt 4 bereits festgehalten:

> „Die Unternehmung muß der Gesellschaft dienen. Die Unternehmensführung muß für die zukünftigen Generationen eine lebenswerte Umwelt sichern. Die Unternehmensführung muß das Wissen und die Mittel, die ihr anvertraut sind, zum besten der Gesellschaft nutzen."

Auch die Internationale Handelskammer (ICC), einzige Weltorganisation der Wirtschaft mit über 7000 Mitgliedern in mehr als 100 Ländern, spielt als Vorreiter bei der Entwicklung von Regeln, die die internationale Wirtschaft auf freiwilliger Basis bei ihren Entscheidungen beachten soll, eine wichtige Rolle. Sie hat bereits 1974 „Umweltschutzleitlinien" veröffentlicht, die 1981 überarbeitet wurden.

In der Chemie, als einer von der Umweltdiskussion besonders tangierten Branche, hat die European Chemical Industry Federation (CEFIC) „Guidelines for the protection of the environment", auf nationaler Basis der Verband der Chemischen Industrie sog. „Umwelt-Leitlinien" herausgegeben.

> **Die Chemische Industrie sieht es als ihre Aufgabe an, ihre Produkte sicher herzustellen und dafür zu sorgen, daß sie sicher zu handhaben, sicher anzuwenden und sicher zu entsorgen sind.**
>
> Sie nutzt die naturwissenschaftlichen Erkenntnisse und technischen Möglichkeiten, um die Belastung der Umwelt beim Betrieb ihrer Produktionsanlagen möglichst gering zu halten. Sie paßt vorhandene Anlagen Zug um Zug der technischen Entwicklung an.
>
> Sie erweitert ständig ihre Kenntnisse über ihre Produkte, um einer möglichen Belastung von Mensch und Umwelt zu begegnen. Diesem Ziel dient insbesondere eine enge Zusammenarbeit mit Wissenschaft und Fachwelt.
>
> Sie minimiert zum Schutz ihrer Mitarbeiter, Nachbarn, Kunden und Verbraucher sowie der Umwelt die Gefahren und Risiken bei Herstellung, Lagerung, Transport, Vertrieb, Anwendung und Entsorgung ihrer Produkte. Schon bei der Entwicklung der Produkte und ihrer Herstellungsverfahren berücksichtigt sie die Anforderungen des Gesundheits-, Arbeits- und Umweltschutzes.

Die Chemische Industrie betreibt Umweltschutz aus eigener Initiative und Verantwortung. Auch ohne gesetzliche und behördliche Auflagen ergreift sie die notwendigen Maßnahmen.

Sie fördert den Schutz von Mensch und Umwelt durch Forschungsprojekte, freiwillige Vereinbarungen und Organisationen der Selbsthilfe und der Selbstverwaltung, wie die Berufsgenossenschaft der Chemischen Industrie.

Sie strebt einen sparsamen Einsatz der Ressourcen und einen schonenden Umgang mit der Natur an.

Die Chemische Industrie sieht im sachlichen Dialog mit der Öffentlichkeit ein wichtiges Instrument, um die Kenntnisse über Umweltschutz und Produktsicherheit zu vermitteln und zu verbessern.

Sie arbeitet mit Behörden und Fachwelt in Fragen des Gesundheits-, Arbeits- und Umweltschutzes zusammen.

Sie führt einen offenen Austausch von Erkenntnissen und Erfahrungen über die Eigenschaften der Produkte, über die Auswirkungen der Emissionen aus den Produktionsanlagen sowie die Anlagensicherheit.

Sie sorgt durch sachliche Information der Öffentlichkeit dafür, daß Eigenschaften und Auswirkungen chemischer Stoffe und Produkte richtig bewertet werden können.

Hieraus folgt:

Rohstoffe	Die Verwendung von **Rohstoffen** wird durch Verfahrensumstellungen, Wiederverwendung und Reststoffverwertung optimiert.
Abwärme	**Abwärme** nutzen die Unternehmen soweit wie möglich, um den Energieverbrauch und damit auch die Umweltbelastungenzu senken.
Abfälle	Nicht vermeidbare und nicht verwertbare Rückstände werden als **Abfälle** schadlos für die Umwelt entsorgt. Dabei wirken die Unternehmen mit den staatlichen Einrichtungen zusammen.
Altlasten	Zur Sanierung der **Altlasten** trägt die Chemische Industrie durch Beratung und aktive Mitwirkung an Lösungskonzeptionen bei.
Wasserbedarf	**Wasserbedarf** und Abwassermengen werden durch verfahrenstechnische Maßnahmen wie zum Beispiel Mehrfachnutzung gesenkt.

Abwasser	Die Belastung des **Abwassers** wird durch aufeinander abgestimmte zentrale und dezentrale Einrichtungen unter Einsatz von modernen Techniken weiter verringert.
Abluft	Die **Abluft** wird nach dem Stand der Technik gereinigt. Vorhandene Anlagen werden Zug um Zug nachgerüstet.
Boden	Zum Schutz des **Bodens** wirkt die Chemische Industrie bei Maßnahmen mit, die sich am Gefährdungspotential und an der Dringlichkeit orientieren.
Lärm	Bei der Minderung des **Lärms** werden für Mitarbeiter und Nachbarschaft unangenehme Lärmquellen bevorzugt beseitigt.
Kontrollen	Die **Kontrollen** von Anlagen und Produkten sowie von Luft, Wasser, Boden, Abfall und Lärm werden nach modernen Meß- und Prüfmethoden von den Unternehmen in eigener Verantwortung durchgeführt.
Produkte	Für ihre **Produkte** trifft die Chemische Industrie in eigener Verantwortung die erforderlichen Maßnahmen zum Schutz von Mensch und Umwelt, wie – Schulung von Mitarbeitern und Anwendern – Beratung und Verbraucheraufklärung – Kennzeichnung und Verpackung – Hinweise für Anwendung und Umgang – Entwicklung besserer Produkte – Mitwirkung bei der Entwicklung von Entsorgungskonzepten.
Altstoffe	Wenn es die Vorsorge für Gesundheit und Umwelt erfordert, wird sie ungeachtet der wirtschaftlichen Interessen auch die Vermarktung von Produkten einschränken oder die Produktion einstellen. Dies gilt auch für die sogenannten **Altstoffe,** wobei die Bewertung in Zusammenarbeit mit Wissenschaft, Behörden und Berufsgenossenschaften erfolgt.
Tierversuche	**Tierversuche** werden, soweit möglich, durch alternative Testmethoden ersetzt.

Export	Für den **Export** bestimmte Produkte werden nach gleichen Kriterien hergestellt und vermarktet wie die für das Inland bestimmten Produkte.
Umwelt und Anlagen-sicherheit	Für **Umweltschutz** und **Anlagensicherheit** gelten für die deutschen Unternehmen und ihre Tochtergesellschaften im In- und Ausland gleiche Grundsätze.
Beratung	Die **Beratung** über Gesundheits-, Arbeits- und Umweltschutz bei Produktion, Vertrieb und Anwendung in den Ländern der Dritten Welt wird ausgebaut.

Daneben gibt es eine Reihe von Bemühungen anderer Stellen, so die Erklärungen des BDI, die „Tutzinger Erklärung" oder die sog. „Valdez Principles" des Social Investment Forum (Boston) im Rahmen des „Coalition for Environmentally Responsible Economies"-Projektes.

Tutzinger Erklärung zur umweltorientierten Unternehmenspolitik

1. Eine umweltorientierte Unternehmenspolitik ist ein Beitrag zur Sicherung der Zukunft von Umwelt und Unternehmen.
2. Umweltschutz ist Teil der Unternehmenspoltik.
3. Umweltschutz ist eine Aufgabe der Unternehmensführung.
4. Umweltorientierte Unternehmenspolitik betrifft alle Unternehmensbereiche.
5. Umweltorientierung im Unternehmen hat zum Ziel, durch intgelligente Lösungen Umweltbelastungen möglichst niedrig zu halten oder ganz zu vermeiden.
6. Umweltorientierte Unternehmenspolitik bezieht die Mitarbeiter(innen) ein.
7. Umweltorientierte Unternehmenspolitik verlangt nach innen und außen Glaubwürdigkeit.
8. Umweltorientierte Unternehmenspolitik nutzt die Marktchancen eines wachsenden Umweltbewußtseins.
9. Umweltorientierte Unternehmenspolitik ist Teil der unternehmerischen Eigenverantwortlichkeit in der sozialen Marktwirtschaft.
10. Umweltorientierte Unternehmenspolitik wird unterstützt durch das Vorantreiben einer internationalen Harmonisierung von Umweltanforderungen und durch eine nationale Politik, die den Spielraum für umweltinnovative Lösungen der Unternehmen erweitert.

In all diesen Erklärungen ist generell eine eher deklaratorische Wirkung zu sehen, da die freiwillige Verpflichtung gegenüber der Umwelt eine rein moralische Basis darstellt. Zudem sind die Umweltziele i. d. R. sehr breit und allgemein formuliert. Zur Zeit fehlt es aber immer noch an einem allgemein akzeptierten und präzis formulierten Verhaltenskodex für ein umweltorientiertes Management, dessen verpflichtende Maßstäbe auch in irgendeiner Form mit den betrieblichen Aktivitäten evaluiert, d.h. überprüfbar sein müßten. Gemeinsame Ziele und Leitlinien gewissermaßen mit einem „moralischen Überbau“ und einer „ethischen Orientierung“ zu versehen, ist begrüßenswert – sie müssen jedoch zu rechtlich verpflichtenden Vorgaben werden, um den Widerspruch zwischen Normen und Fakten wirklich zu ändern.

Einflüsse im strategischen Bereich

Veränderungen im Zielsystem

Über das Verhältnis wirtschaftlicher Interessen und ökologischer Forderungen werden von den betroffenen Personenkreisen (Politiker, Umweltschützer, Unternehmer, Wissenschaftler etc.) konträre Standpunkte vertreten:

- Grundsätzlicher Widerspruch zwischen Ökonomie und Ökologie
- oder
  Spannungsverhältnis zwischen Ökonomie und Ökologie (Gebot der Abwägung)
- oder
  Vorrang ökologischer Erfordernisse vor ökonomischen Interessen (oder umgekehrt!).

Einigkeit besteht darüber, den Umweltschutz als ein (neues) gesellschaftliches Ziel zu integrieren, die Stellung dieses Ziels (Staatsziel oder Grundrecht) ist dabei umstritten. Aufgrund des mangelnden Konsenses sind für diese Integration folgende Schwierigkeiten festzustellen:

„1. Es krankt daran, daß es nicht voll integriert wird. Es wird zwar eingepaßt in die ethischen Ziele, doch die bestehenden politischen und sozialen Ziele benutzen es nur als Vehikel; und in die wirtschaftlichen Ziele wird es eigentlich noch gar nicht integriert.

2. Das Erreichen des Ziels Umweltschutz wird noch nicht konsequent als eine Produktion betrieben, obwohl Umweltschutz ein Input-Output-System ist.

3. Der Output, die geschützte Umwelt, wird nicht konsequent und einheitlich nach dem Regelwerk unserer Gesellschaft bewertet, sondern erhält von Fall zu Fall ‚Extramaßstäbe‘. Dadurch bilden sich erstens keine klaren Mehrheiten, die Abweichungen vom Umweltschutz wirksam ahnden könnten. Und außerdem können beliebige politische, wirtschaftliche, ethische und soziale Interessengruppen diesen Output als Vehikel für ganz andere Zwecke als für das Erreichen des eigentlichen Ziels benutzen: Man kann heute Umweltschutz betreiben, nicht etwa um die Umwelt zu entlasten, sondern zu dem Zweck, eine Wahl zu gewinnen, mit Steuergeldern subventioniert zu werden, Märkte zu erkämpfen und Produktwerbung zu betreiben, politischen Ideologien an die Macht zu verhelfen, freie Marktwirtschaft zu be- oder verhindern und so weiter. Umweltschutz ist somit in unserer Gesellschaft immer noch eine unbestimmte Größe und kein definiertes Ziel, das fest im Konsens der Ziele menschlicher Gesellschaftssysteme auf dieser Welt stünde. Trotzdem muß schon heute etwas in Sachen Umweltschutz getan werden. Und die Verantwortung dafür wird fast aus-

schließlich dem Gesetzgeber aufgebürdet, der sich mit unzähligen Einzelheiten auseinandersetzen muß, noch ehe die Gesellschaftsgruppen ihre gemeinsame Linie gefunden haben“ (Siemens, 1986).

Der Umweltschutz ist als ein Optimierungsproblem zu sehen. Dies gilt für den Menschen selbst als Umweltsubjekt und die Industrieunternehmung als Ort der technischen Produktion.

Die vom einzelnen Menschen durchgeführten Wertungen der Umweltbelastungen zeigen den zwangsläufigen Konflikt zwischen künstlicher und natürlicher Umwelt auf. Der Mensch will zwar einerseits die natürliche Umwelt erhalten, andererseits restriktive Auswirkungen auf die Befriedigung seiner Konsumbedürfnisse möglichst vermeiden.

Der Konfliktausgleich als Optimierungsaufgabe ist in zwei Schritten durchzuführen:

In einem ersten Schritt ist als Ergebnis eines politischen Entscheidungsprozesses ein Konsens über die Grenzen des Erfüllungsgrades der beiden Ziele herbeizuführen. Ähnlich sieht es Steger (1987):

> „Die Frage, wieviel Umweltbelastung wir durch Wirtschafts- und Lebensprozesse akzeptieren, wieviel Beeinträchtigung der Natur wir bereit sind, für andere Ziele hinzunehmen, ist eine normative Frage, die sicherlich von den zuständigen parlamentarischen Gremien in einer Demokratie entschieden werden muß.“

Auf dem Deutschen Ingenieurtag 1989 betonte auch VDI-Präsident Pöppel die Notwendigkeit eines gesamtgesellschaftlichen Konsensus darüber, welchen „Konsum-Standard“ wir uns ökonomisch und ökologisch „leisten“ können.

Die Gewichtung spiegelt Prioritätensysteme der Gesellschaft wider. Linke (1988) fordert dazu:

- Das Vorschriftensystem muß sich am derzeit Machbaren orientieren.
- Einmal festgelegte Gewichtungen müssen in Zeiträumen beibehalten werden, die mit wirtschaftlichen Planungs- und Realisierungszeiträumen übereinstimmen.
- Der internationalen politischen und wirtschaftlichen Verflechtung entsprechend, müssen auch Gesetze und Vorschriften großflächig international einheitlich sein.
- Vorschriften sollten Wirkungen und nicht Ausführungsformen festlegen.

Neben der Berücksichtigung gesellschaftlicher Zusammenhänge durch den Gesetzgeber ergibt die Festlegung der Gewichte durch das jeweilige Unternehmen „seinen besonderen Markencharakter".

In einem zweiten Schritt ist als technologisches Handeln die Gestaltung des künstlichen Systems „Unternehmung" bei minimaler umweltbelastender Auswirkung und besserer Erreichung des ersten Zieles anzustreben. „Für ein Industrieunternehmen bedeutet diese Einsicht, daß umweltwirksames Handeln nicht nur auf technischen Zielen gegen Umweltbelastung, sondern immer auch auf unternehmenspolitischen Zielen der Umweltschonung basieren muß" (Siemens, 1986).

Fragen wir nach der Möglichkeit einer verstärkten Einbeziehung des Umweltschutzes in das betriebswirtschaftliche Zielsystem und damit als Kalkül betrieblicher Entscheidungen, so ist davon auszugehen, daß

- die Rentabilität als primäres Ziel erwerbswirtschaftlichen Handelns anzusehen ist,
- (freiwillige) Umweltschutzmaßnahmen mit Kostenbelastungen (oder z. T. Umsatzeinbußen) verbunden sind

und damit zwischen ökonomischen und ökologischen Zielen ein Konflikt besteht.

Der Umweltschutz wird bei der Optimierungslösung als konkurrierender Faktor bei der Erfüllung der Erfolgsziele oder Marktanteilsziele angesehen, d. h. als „Restriktion" oder „Fessel der Unternehmenspolitik" empfunden. Aus diesen und nicht zuletzt auch aus nationalen und internationalen Wettbewerbsgründen besteht oft in der Praxis die Tendenz, nur das geforderte Minimum zu erfüllen oder in Verhandlungen mit den Umweltbehörden eine Reduktion oder eine zeitliche Verschiebung zu erreichen.

Der Konfliktansatz ist auflösbar, wenn man berücksichtigt, daß die notwendigen neuen Konzepte zur Lösung unserer Zukunftsprobleme eine Umkehr vom linear orientierten Denken zum Denken in Systemzusammenhängen erforderlich machen. Die Vernetztheit aller Lebensbereiche erfordert eine „neue, ökologisch orientierte Forschung mit der Zielsetzung der Erhaltung und Entfaltung eines Gemeinwesens unter Berücksichtigung des Menschen, der Gesellschaft, der Technik und Umwelt." (. .) „Wo immer sich heute schon Lösungen abzeichnen, stellt sich heraus, daß es Systemlösungen sind; Lösungen, die strategisch oder technisch ganzheitlich orientiert sind und sowohl die ökologischen als auch ökonomischen Erfordernisse berücksichtigen" (Schreiber, 1983).

Zu wenig wird erkannt, daß das Streben nach Rentabilität und Umweltschutz sich vor dem Hintergrund einer sich wandelnden Verbrauchereinstellung zu einer Zielkomplementarität verbinden läßt:

- Wettbewerbsvorteile durch Umweltschutzinnovation bei der Produkt- und Verfahrensgestaltung
- (aktive) Vorwegnahme von gesetzlichen Entwicklungen (oder späterer Konsumentenforderungen)
- Möglichkeit zur Diversifikation
- Imageverbesserung, innovatives Kompetenzpotential
- Energie- und Materialkosteneinsparungen.

Die Schnittmenge zwischen ökologischen und einzelwirtschaftlichen Zielen ist größer als vielfach vermutet. Es zeigt sich, daß in den Fällen, in denen Umweltschutz nicht nur als ein lästiger Zwang empfunden wird, sondern als eine (vor allem auch in strategischer Hinsicht vielleicht überlebensnotwendige) unternehmerische (Markt-)Chance gesehen wird, es notwendig erscheint, ein ökologisches Unternehmenskonzept zu entwerfen, in dem

- auf der Basis eines entsprechenden Unternehmensleitbildes als dem „Dokument" der langfristigen Unternehmenspolitik
- das betriebliche Zielsystem um die Komponente Umweltschutz (Umweltverträglichkeit, Umweltschonung etc.) zu erweitern

ist, um sicherzustellen, daß in die unternehmerischen Entscheidungsprozesse zukünftig auch ökologische Bewertungskriterien einfließen werden.

Empirische Untersuchungen von Töpfer (1981/82) und Meffert (1985) bestätigen die bisher geringe Ausprägung des Zieles „Umweltfreundlichkeit der Produkte".

Bei Management-by-Objectives-Systemen etwa sind konkrete ökologische Zielvereinbarungen (z.B. Reduktion des Energie-, Wasserverbrauchs um 15 %) mit einzubeziehen.

Erfolgt keine entsprechende Modifikation im einzelwirtschaftlichen Zielbündel, geht diese kurzfristige (Gewinn-)Orientierung eventuell auf Kosten zukünftiger Erfolgspotentiale, die sich durch die Entwicklung umweltfreundlicher Produkte und Verfahren ergeben.

Es wird keine Schwierigkeiten bei der Umsetzung umweltorientierter Maßnahmen geben, die gewinnsteigernd (oder zumindest -neutral) sind. Entsprechend wird allgemein als zweckmäßige Schrittfolge „pragmatisch" folgende Prioritätenreihenfolge vorgeschlagen:

- Maßnahmen, die gesetzlich vorgeschrieben sind
- Maßnahmen, die dem Unternehmen nützen
- Maßnahmen, die sich kostenneutral auswirken und
- erst zuletzt Maßnahmen, die das Unternehmen belasten.

Besonders Strebel betont die Informationserfordernisse, um Umweltpolitik als Element im betriebswirtschaftlichen Zielsystem zu verankern. Da Ziele ja nichts anderes sind als „angestrebte Zukunftsergebnisse", müssen „die ‚technologischen' Beziehungen zwischen Ziel und den zur Zielerreichung verfügbaren Mitteln (Ziel-Mittel-Relationen) hinreichend bekannt sein. Speziell für das Ziel ‚Umweltschutz' muß es möglich sein, das Maß an ‚Umweltfreundlichkeit' alternativer Einsatzstoffe, -mengen, Verfahren und Erzeugnisse aus den vorliegenden Informationen abzuleiten (. . .) Input und Output eines Produktionsvorganges können zwar mit Hilfe chemischer Analysen, durch Stoff- und Energieflußrechnungen u. ä. qualitativ und quantitativ erfaßt werden. Mit dieser Übersicht ist jedoch noch nicht hinreichend geklärt, welche Inputs einer ‚Umweltbelastung' gleichkommen und welche Outputs Schadstoffe sind, Schadstoffe freisetzen oder ihr Entstehen verursachen, zumal die ökologischen Wirkungen neuer synthetischer Stoffe oft kaum bekannt sind.

Aber auch bei Kenntnis einzelner Schadstoffe und ihrer Emissionsmengen läßt sich das Ausmaß der Schadenswirkungen schon aufgrund von Kumulation, Synergieeffekten und Interaktionen nicht ohne weiteres übersehen. Der Stand des technischen Wissens über Schadstoffe, Schadstoffkombinationen und zulässige Konzentrationen ist noch so lückenhaft, daß es im allgemeinen recht gewagt erscheint, einen Stoff, ein Erzeugnis oder ein Verfahren als ‚umweltfreundlich' zu bezeichnen" (Strebel 1980).

Neben dieser formalen Seite des Problems tritt die Bestimmung des den betriebswirtschaftlichen Abwägungsprozessen zugrunde zu legenden gesellschaftlichen Wertsystems.

Das traditionelle betriebliche Zielsystem ist primär ausgerichtet auf leistungs-, erfolgs- und finanzwirtschaftliche Ziele, die durch soziale Ziele ergänzt werden. Die Elemente eines spezifischen „Umweltschutzzieles" müssen, so Dyllick (1989), die drei Bereiche Ressourcenschutz, Emissionsbegrenzung und Risikobegrenzung betreffen (vgl. Abb. 28). Dies hat zur Folge, daß das wirtschaftliche oder ökonomische Prinzip, auf das als grundlegendes Prinzip zur effizienten Gestaltung des Leistungserstellungsprinzips zurückgegriffen wird, um die zusätzlichen Prinzipien „Humanprinzip" und „Prinzip geringstmöglicher Umweltbelastung" zu erweitern ist. „Wirtschaften", als Optimierungsproblem zwischen den unterschiedlichen Interessenlagen, spielt sich innerhalb dieses Spannungsdreiecks ab (Hopfenbeck, 1989); (vgl. auch Abb. 2).

Das Schützen der Umwelt muß als eine Produktion angesehen werden, deren Erfolg bzw. Mißerfolg wie in jeder Produktion am Verhältnis Aufwand und Ertrag gemessen wird. So sieht Siemens (1986) für dieses Input-Output-System „Umweltschutz" folgende kritische Bereiche gegeben:

- Die Umweltinformationen sind extrem komplex und umfangreich, oft zu relativ (d. h. zu wenig eindeutig für Entscheidungen) und derzeit nicht ausreichend verfügbar.

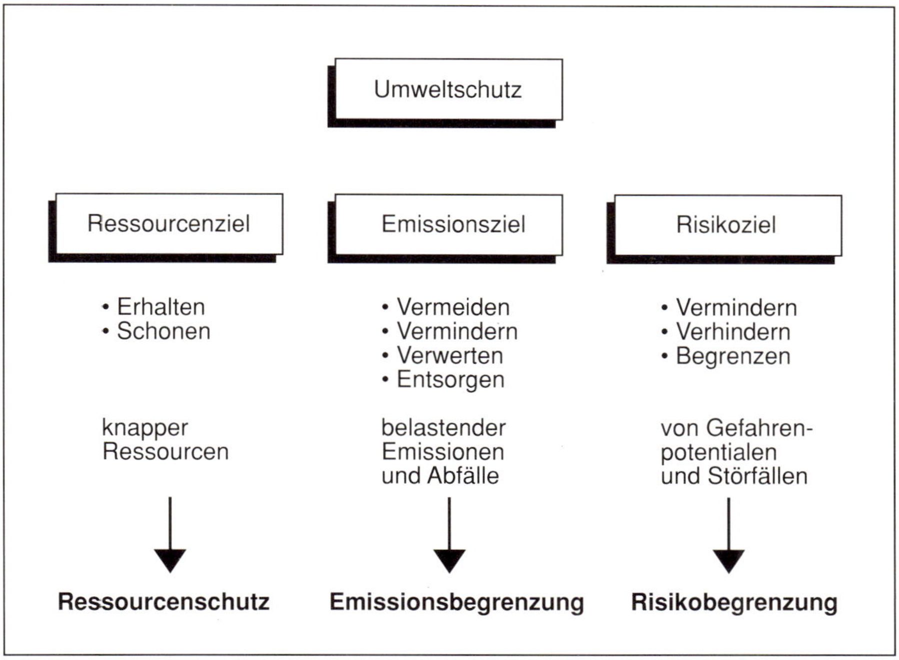

Quelle: Dyllick, 1989

Abb. 28: Die Elemente des Umweltschutzes als Unternehmungsziel

- Der Umweltschutz wird noch nicht mit der gleichen Effizienz betrieben wie die Unternehmungsproduktion selbst.
- Der Umweltschützer muß als Output eine marktmäßige Umweltentlastung (Ertrag/Aufwand) anbieten, d.h. aber auch, daß jeder (d.h. jeder einzelne, jedes Unternehmen etc.) „als Umweltschützer auch für sein Produkt verantwortlich ist" . . . „Für ein Industrieunternehmen, das den Anspruch erhebt, Umweltbewußtsein zu haben oder zu entwickeln, kann es aus dieser Einsicht nur eine Konsequenz geben: Das Vermindern von Umweltbelastungen ist nicht nur ein Thema für seine Produktwerbung, sondern muß auch im Unternehmen selbst zum festen Bestandteil seiner Unternehmensziele werden."

Ziel einer Unternehmung ist es, Gewinn zu erzielen. Ein Unternehmen, „das sich umweltunfreundlich verhält, wird aus dieser Gesellschaft keinen Gewinn mehr ziehen können – langfristig gesehen" (Repenning, 1988, Umweltschutzbeauftragter bei BP).

Formulierung von Ökostrategien

Strategisches Management hat die Aufgabe, die zukünftige Wettbewerbsfähigkeit einer Unternehmung durch den Ausbau bestehender oder den Aufbau neuer „Erfolgspotentiale" (Image, Kompetenz, Marktanteil etc.) sicherzustellen. Für eine erfolgreiche Führungskonzeption wird die Einbeziehung einer – im Gegensatz zu früher – wesentlich erweiterten „Umwelt“ und ihrer relevanten Einflußtatbestände zunehmend wichtig. Hierbei ist eine deutliche Erweiterung der traditionellen wirtschaftlichen und technischen Faktoren um ökologische und gesellschaftspolitische Einflußkomponenten erkennbar.

Diese permanente Veränderung im Unternehmensfeld erzwingt eine ständige Neuausrichtung der „Erfolgspotentiale“ einer Unternehmung zur langfristigen Sicherung der Existenz und Gewinnerzielung. Will die Unternehmung von der gezeichneten Entwicklung nicht unvorbereitet überrascht werden, muß sie

- diese langfristigen Tendenzen möglichst früh identifizieren, um das jeder unternehmerischen Tätigkeit immanente Risiko zu reduzieren (Aufbau eines Früherkennungssystems),
- die Gefahren (oder neuen Chancen) durch aktive Beeinflussung der Märkte zu gestalten versuchen,
- der Unternehmung damit die zum Handeln notwendige Zeitspanne zum/zur Aufbau/Reorganisation von Potentialen verschaffen (Erhöhung der Reaktionsgeschwindigkeit und Anpassungsfähigkeit),
- die kurzfristige Sicht durch ein strategisches Konzept der Unternehmensführung zum Aufbau von Erfolgspotentialen als der Basis der langfristigen Überlebensfähigkeit und Profitabilität ersetzen,
- nicht nur Vergangenheitswerte in die Zukunft extrapolieren, sondern, orientiert an einem zu erfüllenden Kundenbedarf/-problem, eine langfristige Vorteilsposition aufbauen.

Auf die Einflußnahme der Ökologie kann ein Unternehmen prinzipiell auf zweifache Weise reagieren, wobei diese beiden Verhaltensweisen je nach individueller Situation der Unternehmung zu differenzieren sind:

- passive Umweltschutzstrategie (d. h. erst planerische Tätigkeiten aufgrund gesetzgeberischen Zwanges; man beschränkt sich auf die Erfüllung der gesetzlich oder behördlich vorgeschriebenen Mindestanforderungen; reaktives Verhalten in der Kommunikationspolitik)
- aktive Umweltschutzstrategie (d. h. A-priori-Integration in sämtliche Planungsphasen, um dadurch Wettbewerbsvorteile zu erlangen; aktive Kommunikationspolitik).

Für Wicke (1988) ist eine offensive Umweltstrategie der defensiven aus mehreren Gründen vorzuziehen:

- Langfristig werden Chancen zur Kostensenkung und Umsatzsteigerung versäumt.

- Defensives Verhalten provoziert wachsenden Druck von seiten der Umweltpolitik.
- Umweltfreundliche Beschaffung und Produktion können kostengünstiger sein.
- Viele Betriebe verlieren ihr Ansehen aufgrund ungeschickter, defensiver Informationspolitik.

Daraus lassen sich mit Meffert (1986) vier generelle umweltbezogene Anpassungstypen konstruieren:

(1) der Innovations-Typ:
er betreibt eine aktive kundenorientierte Marktbearbeitung in ökologischer Hinsicht

(2) der Sozialverantwortlichkeits-Typ:
sein Marketingverhalten zeichnet sich durch eine fehlende kundenorientierte Marktbearbeitung aus

(3) der Adaptations-Typ:
er betreibt zwar eine Marketingstrategie auf ökologischer Basis, aber nur, soviel gesetzlich vorgeschrieben ist

(4) der Ignoranz-Typ:
er betreibt weder eine ökologische Marketingstrategie noch eine aktive Umweltschutzstrategie.

Ökologisch bewußte Strategien weisen im Unterschied zu herkömmlichen Strategien bei Dyllick (1989) einige spezielle Elemente aus, die sich durch die Begriffe Innovation, Kooperation und Kommunikation bezeichnen lassen. Betriebsbezogene ökologische Innovationen betreffen alle drei Teilbereiche des bereits aufgezeigten Umweltschutzzieles (Ressourcenschutz, Emissionsbegrenzung, Risikobegrenzung). Ökologiebedingte Kooperationen beziehen sich auf Zusammenarbeit mit den anderen Akteuren der ganzen produktbezogenen Kette (Verbraucher, Handel, Kommunen etc.), und der Kommunikation wird eine Bedeutung von unternehmensstrategischer Tragweite zugeordnet (Dialogfäden entwickeln etc.).

Für die jeweiligen strategischen Geschäftseinheiten einer Unternehmung müssen differenzierte umweltorientierte Marketingaktivitäten entworfen werden. Zur Ableitung ökologischer Basisstrategien stehen bewährte betriebswirtschaftliche Planungsinstrumente wie Portfolioanalyse oder Szenariotechnik zur Verfügung.

Zur Ableitung empfehlenswerter Strategien entwickelte Meffert ein Ökologie-Portfolio mit den Dimensionen

- Umweltgefährdung (Ausmaß aller negativen Umwelteinwirkungen eines Unternehmens),

- Vorteile des Unternehmens aus ökologieorientiertem Verhalten (Erlangung von quantitativen Vorteilen, wie z. B. Marktanteilserhöhung oder qualitativen Vorteilen, wie z. B. Imageaufbesserung).

Quelle: Antes, 1988, in Anlehnung an Meffert

Abb. 29: Ökologie-Portfolio

Die Portfolioanalyse verwertet in ihren Matrixdimensionen die bei der Situationsanalyse gewonnenen Daten (Stärken/Schwächen – Chancen/Risiken). Die beiden Matrixdimensionen sind mit einem Bündel bestimmter Indikatoren zu beschreiben. Dies kann bei der Dimension Umweltbelastung die durch Produktion, Verwendung oder Entsorgung verursachte Luft-, Boden-, Wasser- oder Lärmbeeinträchtigung sein. Für die Bestimmung der betriebswirtschaftlichen Vorteile umweltorientierten Verhaltens bieten sich die Marktanteilserhöhung, Imageverbesserung, Gewinn- oder Produktivitätserhöhung, Kostensenkung, Markentreue, verbesserte Kooperation mit Behörden/Umweltorganisationen u. ä. an.

Die einzelnen Produkt-/Marktkombinationen (= die sog. Strategischen Geschäftseinheiten) werden je nach Ausprägung der jeweiligen Dimension (niedrig/hoch) in den vier Matrixfeldern positioniert. Aus der sich ergebenden Matrixlage werden dann bestimmte, für diesen Quadranten charakteristische Normverhaltensweisen abgeleitet, die aber unbedingt einer individuellen Interpretation bedürfen (Hopfenbeck, 1989).

Ein ähnliches Portfolio der Marktchancen-Umweltrisiken-Analyse findet sich bei Steger (1988).

Aus der durch die Positionierung definierten Position wird dann die anzuwendende Marketingstrategie definiert (Meffert u. a., 1986):

Quadrant 1:

- beide Dimensionsausprägungen gering
- da eine Erhöhung ökologischer Marketingaktivitäten keine Vorteile ergibt, gilt es, die weitere Entwicklung abzuwarten.

Quadrant 2:

- geringe Umweltbelastung, hohe Vorteile
- gezielter Einsatz der Instrumente, um sich gegenüber der Öffentlichkeit als umweltbewußtes Unternehmen zu profilieren; Möglichkeiten zur Modifikation oder Differenzierung prüfen.

Quadrant 3:

- Umweltbelastung hoch, keine Vorteile
- Rückzug (aus Imagegründen) oder (obwohl keine betriebswirtschaftlichen Vorteile) umweltgerechte Gestaltung dieses Segmentes.

Quadrant 4:

- beide Dimensionsausprägungen hoch
- Konzentration der ökologischen Maßnahmen, da hier eine umweltbewußte Konzeption honoriert wird; Entwicklung von Innovationen und deren Herausstellen in der Kommunikationspolitik.

Nach dieser Grobpositionierung geht es in einem nächsten Schritt darum, „die Auswirkungen von zusätzlichen Umweltschutzaktivitäten zu überprüfen, in dem die Kompatibilität mit der bisherigen Unternehmensstrategie analysiert und die Auswirkungen auf den Markt erfaßt werden. Hier geht es darum, den Zusammenhang zwischen Leistungszielen (Umweltschutz) und Markt- bzw. Ertragszielen näher zu klären" (Steger, 1988).

Da aber gleiche Auswirkungen von Umweltschutzaktivitäten je nach Wettbewerbsstrategie unterschiedliche Konsequenzen haben, werden in einer Markt-Umwelt-Reaktions-Matrix vier mögliche Konsequenzen auf drei Marktstrukturen im Hinblick auf die Umweltsensibilität projiziert.

> „Die Analyse der Ziele und die gewonnenen Entscheidungskriterien versetzen uns in die Lage, die Chancen und Risiken der einzelnen Strategien konkret zu diskutieren. Deutlich geworden ist aber schon jetzt, daß eine Umweltstrategie dort am erfolgreichsten sein wird, wo sie Innovationen induziert oder Zusatznutzen erbringt." (ebd.)

Auswirkungen Umweltschutz / Wettbewerbsstrategien	Kostenerhöhung	Minderung der Gebrauchseigenschaften	Zusatznutzen	Innovation
Kostenführerschaft	–	0	0	+
Differenzierung	0	–	+	+
Nischenpolitik:				
a) kostenorientiert	–	0	0	+
b) differenzierend	0	–	+	+

– negativer Zusammenhang
0 neutraler Zusammenhang
+ positiver Zusammenhang

Quelle: Steger, 1989

Abb. 30: Umweltschutz-Wettbewerbs-Matrix

Konsequenzen Umweltaktivitäten / Marktsensibilität für Umweltschutz	Kostenerhöhung	Minderung der Gebrauchseigenschaften	Zusatznutzen	Innovation
sensibel	+/0	+	+	+
potentiell sensibel	?	?	+	+
unsensibel	–	–	0	0/+

+ positive Marktreaktion
0 neutrale Marktreaktion
– negative Marktreaktion
? ungewisse Marktreaktion

Quelle: Steger, 1989

Abb. 31: Markt-Umwelt-Reaktions-Matrix

Für eine umweltbewußte Strategieplanung ist, ausgehend von einer ökologiegerichteten Marktwahlentscheidung,

(1) „als Basisentscheidung das Ausmaß der Marktabdeckung und die Differenzierung des Marketingprogramms zu bestimmen,

(2) das grundsätzliche Verhalten gegenüber den Marktteilnehmern festzulegen,

(3) die Produkt- und Programmstrategie zu präzisieren und

(4) der Einsatz der Marketinginstrumente festzulegen." (Meffert u. a., 1986).

Teil 8

Der materialwirtschaftliche Weg zu einer Kreislaufökonomie

Weg von der Cowboy-Ökonomie

Beschaffungsseitige Implikationen

Das Nachfrageverhalten der öffentlichen Hände

> *„Finanzieller Unternehmensertrag kann auch durch umweltschonendes Wirtschaften erzielt werden, wenn wir von der Durchlaufwirtschaft zur Kreislaufwirtschaft gelangen. Klassisches, zu vermeidendes Beispiel der „Einwegwirtschaft" ist das Herstellen kurzlebiger Produkte, für die ein hohes Maß erschöpflicher Rohstoffe und Energien aufgebracht werden muß und die zur Wieder- und Weiterverwendung ungeeignet sind und deshalb die Abfallhalden vergrößern. Kreislaufwirtschaft, wie sie insbesondere heute für die Landwirtschaft postuliert wird, strebt höchstmöglichen Nutzen an durch Produkte, die mit regenerierbaren Ressourcen produziert werden und deren einzelne Bausteine in hohem Maße wieder verwendet werden können. Es ist durchaus denkbar, daß wir in der gesamten Wirtschaft von Nachsorgestrategien sehr viel rascher zu Vorsorgestrategien umschalten können, als wir uns dies gegenwärtig noch vorstellen."*
>
> *(Atteslander, 1989)*

Weg von der Cowboy-Ökonomie

Bei dem z. T. recht hohen Anteil der Materialkosten an den Kosten eines Unternehmens und den Auswirkungen des Materialeinkaufs auf alle Abteilungen erscheint eine „ökologische Materialwirtschaft“ angesichts des weiten Feldes von Ansatzpunkten für eine ökologisch orientierte Unternehmenspolitik geradezu prädestiniert. Blom (1988) fordert deshalb einen zweifachen Wandel: zum einen des magischen Dreiecks der Materialwirtschaft, zum anderen der Durchlaufwirtschaft zu einer Kreislaufwirtschaft.

Dies bedeutet, daß die bisherigen Zielbereiche (wie günstige Einstandspreise, geringe Materialgemeinkosten, hohe Lieferbereitschaft und Produktqualität, geringe Kapitalbindung) „überlagert“ werden müssen von Umweltzielen wie

- ressourcenschonendes Programm,
- hoher Verwertungsgrad des Inputmaterials,
- schadstoffarme Produktion und Produkte.

Statt einer isolierten, unvernetzten, rohstoffvergeudenden „Durchlaufwirtschaft“ (Cowboy-Ökonomie) mit den Kennzeichen energie- und rohstoffintensiv, Unterstellung unbegrenzter Nachschubmöglichkeiten, Herstellung hochentropischer Wegwerfprodukte, Suggestion unbegrenzter materieller Konsumentenbedürfnisse, bedenkenloser Nutzung des Abfallkübels Meer, Boden und Luft, so Blom, wird eine „Kreislaufwirtschaft“ angestrebt:

- Verwendung regenerierbarer Ressourcen
- energieflußarm
- niederentropische Wirtschaftsweise
- Bewußtsein der Grenzen materiellen Wachstums
- Herstellung von umweltverträglichen Langzeitgütern
- weitgehendes Recycling
- ökologisch angepaßte Unternehmensplanung.

Damit erstreckt sich ein ökologischer Maßstab von

- der Lieferantenwahl, -pflege, Produktqualität,
- der Stoffauswahl
- über die Leistungsbeschreibung (Konstruktion und Funktion unter Umweltverträglichkeitsaspekten),
- dem sparsamen Materialumgang
- bis zur Wiederverwendung, Recycling, Transport und Entsorgung.

Ähnlich sieht Stahlmann (1988) die Materialwirtschaft als „Vorreiter einer ökologisch erweiterten Betriebswirtschaftslehre prädestiniert, da hier das Denken in Stoffen und Materieströmen deutlicher hervortritt als anderswo und der „Geldschleier" bei Planung, Analyse und Kontrolle oft durch Rückbesinnung auf Mengen „zwecks klarer Verhältnisse" beiseite geschoben wird."

Die Aufgaben einer im weiteren Sinne ökologisch integrierten Materialwirtschaft richten sich damit auf folgende Problemkreise:

- „Materialbedarfsermittlung: Mitarbeit an der Entwicklung eines umweltverträglichen Primärbedarfs, Abstimmung der Vertriebsprognosen mit materialwirtschaftlichen Zielsetzungen, Ermittlung des Sekundärbedarfs über Stücklisten oder andere Methoden
- Materialbeschaffung: Beschaffungsmarketing in Einbeziehung ökologischer Kriterien, Beschaffungsprinzipien, -organisation, -strategien
- Materialsteuerung: Ermittlung von Ablaufparametern, Arbeitsplänen, Losgrößen, Laufzeiten, Auftragsterminierung, Grobplanung, Feinsteuerung, Werkstattsteuerung
- Materiallagerung: Materialzugang, -abfluß, Lagerarten, Lagerorganisation, Vermeidung von umweltgefährdenden Störfällen
- Materialverteilung und Logistik: Materialflußprinzipien, innerbetrieblicher Transport, Versand, physical distribution
- Bestandsplanung, -analyse und -kontrolle: nach verschiedenen Wertschöpfungsebenen, Stoffgruppen, Fundorten, Maßnahmen der Bestandssenkung zur Vermeidung unnötiger Ressourcenbindung
- Materialrationalisierung: durch Nummerierung, Standardisierung, Materialanalyse und kostenminimierende, umweltfreundliche Materialverwertung" (ebd.).

Wenn die Forderung nach rohstoff- und energiesparenden, schadstoffarmen und umweltbewußten Industrieproduktionsverfahren erhoben wird, kommt sicherlich der Materialwirtschaft eine Schlüsselrolle zu, da die geforderten umweltverträglichen Innovationen nur dann möglich sind, wenn die hierfür erforderlichen Materialien bereitgestellt werden. Stahlmann (1988) sieht das für eine integrierte Materialwirtschaft unabdingbare logistische Denken, den Sachgüterfluß als vernetztes Querschnittsdenken im Sinne einer Produktlinienbetrachtung in allen vor- und nachgelagerten Transformationsstufen, als eine Grundvoraussetzung für die Behandlung ökologischer Fragestellungen (vgl. auch Teil 17).

Beschaffungsseitige Implikationen

Exemplarisch soll der Problemkreis „Materialbeschaffung“ noch etwas näher spezifiziert werden. Bei den Inputfaktoren nennen Corsten/Götzelmann einen umfangreichen Maßnahmenkatalog:

- Erstellung von Beschaffungsrichtlinien für umweltfreundliche Roh-, Hilfs- und Betriebsstoffe sowie für alle weiteren Produktionsfaktoren
- Erstellung von Prüflisten zur Ermittlung der Tauglichkeit recyclierter Produktionsfaktoren für die einzelnen Produktionsstufen
- Erstellen von Übersichten über interne und externe Recyclingbeschaffungsmärkte
- Erstellung von Grundsätzen bei der Lieferantenauswahl (z. B. Berücksichtigung ökologischer Eigenschaften des Leistungsangebots oder Beeinflussung der Lieferanten hinsichtlich ökologischer Belange; siehe dazu auch Teil 16)
- Enge Kooperation und Kooperation mit anderen Funktionsbereichen der Unternehmung (z. B. F & E, Absatz)
- Kooperative Vereinbarungen in horizontaler und vertikaler Hinsicht.

Innerhalb der Materialbeschaffung kann eine Unternehmung versuchen, durch gezielten Einfluß auf seine Lieferanten bestimmte Einkaufspositionen (z. B. Papier, Lacke, Kunststoffe, Reinigungsmittel, Kfz) durch umweltverträgliche Alternativprodukte – im Rahmen wirtschaftlicher Vertretbarkeit bzw. gegebener Alternativen – zu substituieren. Dies setzt eine gezielt ökologisch orientierte Beschaffungsmarktforschung und Lieferantenkooperation voraus. Durch einen gezielten Einkauf können spätere Probleme bereits vermieden werden.

Als Orientierungshilfen bei der Beschaffung können diverse Beschaffungshandbücher über umweltfreundliche Produkte herangezogen werden (z. B. „Das alternative Branchenbuch“ mit mehr als 15000 Bezugsquellen oder „Umweltfreundlich Einkaufen“, die deutsche Ausgabe des „The Green Consumer Guide“). Insbesonders kann auf das Handbuch „Umweltfreundliche Beschaffung“ des Umweltbundesamtes zurückgegriffen werden, in das nahezu alle relevanten Bereiche (von der Beschaffung des Bürobedarfs, über den Fuhrpark, die Gebäudebewirtschaftung oder der Hoch-, Tief- und Gartenbau) einbezogen wurden. Das Handbuch zielt vor allem auf das gewaltige Nachfragepotential der öffentlichen Verwaltung, daneben auf Einkäufer in Industrie, Gewerbe, Handwerk und Handel und auf den Verbraucher. Für die Gestaltung eines umweltfreundlichen Einkaufs dienen zusätzlich der blaue Umweltengel oder die Testergebnisse im Öko-Test Magazin oder der Stiftung Warentest als Hilfe.

Es kann auch empfehlenswert sein, sich die Umweltfreundlichkeit eines Produktes bereits im Kaufvertrag bestätigen zu lassen; die Abfassung solcher Verträge würde die Lieferanten einem starken Druck aussetzen. Bei zahlreichen Unternehmen fordern die Einkaufsleiter vor Bestellungen Datenblätter mit Informationen über die Inhaltsstoffe an.

Studentenwerk München
Mit Beginn des Wintersemesters 88/89 hat das Studentenwerk München für seine Mensen und Erfrischungsräume auf umweltschonendere Reinigungs- und Desinfektionsmittel umgestellt.

Dem Studentenwerk kommt mit seinen zehn Mensen und Erfrischungsräumen in Sachen Umweltschutz eine besondere Rolle zu. Dies nicht nur wegen der Vielzahl und Größe der Verpflegungseinrichtungen, sondern auch wegen der Vorbildfunktion für andere.

Maßnahmen des Studentenwerks zum Schutz der Umwelt bewirken deshalb direkt eine Verringerung der Umweltprobleme, können darüberhinaus aber auch andere Gruppen und Einzelpersonen zu ähnlichen Aktivitäten motivieren. Und: diese Maßnahmen fördern die Konkurrenzfähigkeit umweltfreundlicher Produkte und Verfahren.

Aus diesen Gründen haben die Verpflegungsbetriebe des Studentenwerks München ein Konzept zum Einsatz umweltschonender Reinigungs- und Desinfektionsmittel entwikkelt. Ziel dabei waren:

- ***Die Reduzierung der Gesamtzahl der verwendeten Reinigungsmittel***
- ***der überwiegende Einsatz von umweltschonenderen Produkten***
- ***der Verzicht auf gesundheitsbelastende Stoffe***
- ***der Einsatz von Dosiersystemen zur Arbeitserleichterung und Verringerung des Verbrauchs an Reinigungsmitteln.***

Bei einer Bestandsaufnahme in sämtlichen Betriebsstellen wurden alle Reinigungsmittel aufgelistet. Dann wurde ein Anforderderungskatalog für die verschiedenen Gruppen von Reinigungsmitteln erstellt, der folgende Bedingungen enthielt:

- ***Die Produkte sollten soweit als möglich frei von Stoffen wie Chlor, Phosphat, Formaldehyd, chlorierten Kohlenwasserstoffen, starken Säuren, Laugen oder Flußsäure sein.***
- ***Inhaltsstoffe, Dosieranweisungen und Einsatzbereiche sollten auf der Verpakkung ausreichend kenntlich gemacht sein.***
- ***Leere Verpackungen sollten nach Möglichkeit zur Verringerung des Abfallberges wieder an den Hersteller zurückgegeben werden können.***

Anhand dieses Anforderungskatalogs führte das Studentenwerk eine Ausschreibung durch und holte konkrete Angebote verschiedener Herstellerfirmen ein, die in Zusammenarbeit mit einem Chemiker ausgewertet wurden. Nach Gesprächsterminen mit einzelnen Firmen starteten die Verpflegungsbetriebe im Sommersemester 1989 Testversuche für verschiedene Reinigungsmittel.

Am Ende des dreimonatigen Tests wurden die einzelnen Produkte zusammen mit Küchenbereichsleitern und Wirtschaftsleiterinnen bewertet. Benotet wurden dabei

– Fortsetzung –

- ***chemische Zusammensetzung***
- ***Handhabung***
- ***Sicherheit***
- ***Rückgabemöglichkeit von Leergebinden***
- ***Dosiersysteme***
- ***Reinigungsergebnisse***
- ***Kundenservice***
- ***Kosten.***

Mit Hilfe dieser Kriterien wurden die Reinigungsmittel ausgewählt und seit Beginn des Wintersemesters werden sie einheitlich in allen Betriebsstellen eingesetzt.

Die Verpflegungsbetriebe hoffen, jetzt eine längerfristige Lösung im Bereich der Reinigungsmittel gefunden zu haben, die sowohl Gesundheits- als auch Umweltaspekte berücksichtigt und zu guten Reinigungsergebnissen führt.

Quelle: Informationen des Studentenwerkes München, 6 – 7/89

Bischof & Klein

Neben der Beschaffung umweltverträglicher Substitutionsprodukte erfassen die Aktivitäten des Einkaufs vor allem die Ebene der Produktentwicklung und der technischen Abteilungen. Wie schwer die Beschaffung von Daten ist, zeigt das Beispiel von Bischof & Klein. Beim aus Anlaß des europäischen Umweltjahres ausgezeichneten Verpackungsmittelhersteller Bischof & Klein wird

- *in einem ersten Schritt mit Hilfe einer Stoffliste versucht, die einzelnen Stoffe in der Produktion zu erfassen,*
- *in einem zweiten Schritt werden dann auf der Basis dieser Stoffliste Umweltverträglichkeitskriterien für den Einkauf (speziell für den Bereich Roh- und Hilfsstoffe) entwickelt (vgl. dazu auch das Beispiel der Siemens AG über „Kühlschmierstoffe),*
- *in einem dritten Schritt wird für die über 100 Betriebsstoffe von über 100 Lieferanten auf die umweltfreundlichere Variante zurückgegriffen.*

Als Basis für die Erstellung von Umweltverträglichkeitsprüfungen wird mit Hilfe von Stofflisten versucht, über die Zusammensetzung der von den verschiedenen Lieferanten bezogenen Roh-, Hilfs- und Betriebsstoffe einen Überblick zu gewinnen; nach der Erstaussendung antwortete die Hälfte der Lieferanten gar nicht, nur 15 % der Antworten waren einigermaßen verwertbar. Heute, nach der z. T. schon sechsten Generation von Anschreiben, verfügt B & K über eine gute Übersicht der Inhaltstoffe und ist in der Lage, zum einen seinen Kunden Auskunft über die Zusammensetzung der Produkte zu geben, zum anderen in Zusammenarbeit mit dem eigenen Labor Umweltverträglichkeitskriterien für die Produktentwicklung zu entwickeln. Hier wird die Querschnittsaufgabe des Umweltschutzes deutlich, denn je mehr im Rahmen der Beschaffungspolitik an Schadstoffen, Material etc. eingespart wird, desto positiver wird die Gesamt-Ökobilanz der Unternehmung.

Die Konzipierung eines Fragebogens für eine Stoffliste ist von einer Reihe betriebsspezifischer Faktoren abhängig. Für die Auswahl der Parameter gibt es deshalb kein Patentrezept. Das B & K-Beispiel ist also Ausfluß bestimmter Vorüberlegungen für die firmenspezifische Vorgehensweise.

Bescheinigung über umweltbeeinflussende Materialeigenschaften

Hiermit bestätigen wir die im folgenden aufgeführten Aussagen zur Zusammensetzung und zu den Eigenschaften des oben genannten Materials.

1. Gehalt an Stickstoff, Schwefel und Phosphor

	Bei der Herstellung nicht zugesetzt	<100 ppm	< 1000 ppm	> 1000 ppm (Bitte mit Mengenang.)
Stickstoff				
Schwefel				
Phosphor				

2. Gehalt an Halogenen

	Bei der Herstellung nicht zugesetzt	<100 ppm	> 100 ppm	> 1000 ppm (Bitte mit Mengenang.)
Brom				
Chlor				
Flour				
Jod				

3. Gehalt an freiem Formaldehyd

	Bei der Herstellung nicht zugesetzt	< 100 ppm	> 100 ppm (Bitte mit Mengenang.)

4. Gehalt an Metallen

	Bei der Herstellung nicht zugesetzt	< 100 ppm	> 100 ppm (Bitte mit Mengenang.)
Aluminium			
Arsen			
Beryllium			

	Bei der Herstellung nicht zugesetzt	< 100 ppm	> 100 ppm (Bitte mit Mengenang.)
Blei			
Cadmium			
Chrom			
Cobalt			
Eisen			
Kupfer			
Mangan			
Molybdän			
Nickel			
Quecksilber			
Selen			
Thallium			
Vanadium			
Zink			
Zinn			

5. Entstehen bei der *vollständigen Verbrennung* unter O_2-Überschuß aus dem gelieferten Material umweltbelastende oder giftige Substanzen?

☐ Ja

☐ Nein — Wenn ja, welche? (Bitte entsprechend ankreuzen)

	<100 ppm	< 500 ppm	< 1000 ppm	> 1000 ppm (Bitte mit Mengenang.)
Halogenierte Kohlenwasserstoffe				
Wasserstoffhalogenide				
Oxide des Stickstoffs				
Oxide des Schwefels				
Oxide des Phosphors				

6. Angaben zur Entsorgung des Produktes
Schlüsselnummer nach Abfallartenkatalog:
Angaben zur Entsorgung laut Sicherheitsdatenblatt:

7. Bitte fügen Sie Angaben zu den thermischen Zersetzungsprodukten des Materials bei, entsprechend DIN 53436 (Brandverhalten).
8. Besondere Bemerkungen zur ökologischen Verträglichkeit des Produktes:
a) auf Basis einer eventuell vorhandenen Ökobilanzierung:
b) laut Sicherheitsdatenblatt:
9.

Wir verpflichten uns, Bischof + Klein bei Änderungen der o. g. Angaben sofort zu informieren.

Ort/Datum	Firmenstempel/rechtsverbindliche Unterschrift

IBM
Bei IBM wird die Verantwortung für den Umweltschutz bei Lieferanten in einer eigenen Fachanweisung geregelt. Generelles Ziel ist es, damit sicherzustellen, daß Lieferanten, welche bestimmte Produkte für die IBM herstellen oder besonders umweltrelevante Dienstleistungen erbringen, die einschlägigen Gesetze einhalten. Außerdem muß sichergestellt werden, daß bei der Verlagerung von Prozessen zu Lieferanten keine höheren Umweltbelastungen auftreten, als sie in der abgebenden IBM Lokation waren. In einer Anlage 1 wird Auswahl und Überprüfung von Lieferanten geregelt, in einer Anlage 2 die Inhalte von Environmental Impact Assessments (EIA's) beim Lieferanten:

Auswahl und Überprüfung von Lieferanten bei IBM Deutschland

- *Entscheidung, den Prozeß überhaupt zu verlagern*
- *Umwelteinflüsse aus dem Prozeß aufzeigen*
  Bilanzierung/Bewertung
- *Lieferanten suchen*
- *Erstbeurteilung eines potentiellen Lieferanten*
  - *Besuch des Lieferanten*
  - *Allgemeine UWS-Bewertung des Lieferanten und seines Umfeldes*
  - *Einholung von Auskünften über den Lieferanten*
  - *Gesamtbewertung*
- *IBM muß Lieferant über Umweltrisiken informieren*
- *Lieferant muß IBM jährlich bestätigen:*
  - *hält alle gesetzlichen Umweltbestimmungen ein*
  - *hat alle erforderlichen Genehmigungen für den Umweltschutz*
  - *geeignete Abwasserbehandlung ist vorhanden und genehmigt*
  - *geeignete Abluftbehandlung ist vorhanden und genehmigt*
  - *hat alle erforderlichen Genehmigungen für die Lagerung, Transport und Beseitigung von Sonderabfällen*
  - *hat eine Umweltschutz-Haftpflichtversicherung abgeschlossen*
- *File über umweltrelevante Daten (Vendor-EIA)*

Lieferanten EIA bei IBM Deutschland

Ziel: Über die beim Lieferanten laufenden Prozesse soll sowohl eine umweltrelevante Bewertung, eine ständige Übersicht, als auch eine rasche Auskunftmöglichkeit bei Problemen möglich sein; verlangt werden jedoch nicht Detail-Informationen, wie sie für Inhouse-Prozesse in Form von Einzel-EIA's vorliegen.

Inhalt eines Lieferanten EIA's sind:

1. *Prozeßbeschreibung*
2. *Maschinen-Liste*
   (ehemalige EIA-# als Referenz)
3. *Chemikalien-Liste (Stoffart und -menge), CDS-Nr.*
4. *Lieferanten-Chemikalien-Bilanz (für IBM Prozesse)*
   (Planmenge Chemikalien
   Verbleib: Abwasser, Abfall, Abluft, Recycling)
5. *Blaues Buch (Anforderungen an die Grundver- und Entsorgung beim Lieferanten)*
6. *Umweltschutz-Stellungnahme*
   Einflüsse und Erstbeurteilung des Lieferanten

Nicht Inhalt sind:

- *Bestätigung vom Lieferanten jeglicher Art*
- *Kopien von Genehmigungen, Untersuchungsergebnisse, etc.*
- *Unterschrift WL für Chemikalienbeistellung*
- *Einzel-EIA's*

Ablauf:

Erstmalige Erstellung eines Lieferanten-EIA's vor der Verlagerung zu einem potentiellen Lieferanten, damit die Bewertung rechtzeitig vor der Entscheidung der Verlagerung auch vorliegt.

* *Update bei Änderungen von Chemikalien oder Maschinen oder spätestens jährlich erforderlich*

** *verantwortlicher Mitarbeiter für jeweiligen Lieferanten als Ansprechpartner für UWS*

Siemens

Das Problem der Vielfalt zeigt das nebenstehende Beispiel der Siemens AG: Der geforderte Dialog zwischen Inputlieferant und Inputempfänger, der helfen soll, über eine Darstellung der Anforderungen an den Inputfaktor die Umweltbelastungen (beim Lieferanten!) zu verringern, ist oft nicht mehr möglich.

Die Vielfalt der Beziehungen zwischen einem Unternehmen und seinen Inputlieferanten wird allein schon aus dem Mengengerüst des Einkaufs deutlich.

Bei der Siemens AG ergaben diese Zahlen für das Geschäftsjahr 1983/84 z.B. folgendes Bild:

Gesamtvolumen des Materialaufwands	19,2 Mrd. DM
Anzahl der Lieferanten weltweit	120.000 Lieferanten
Bestellungen der Siemens AG	3 Millionen Bestellvorgänge, etwa 5 Millionen Positionen
in der internen Systematik gegliedert in	1000 Warengruppen
abgewickelt über	216 Einkaufsabteilungen

Quelle: Siemens, 1986

Abb. 32: Einkauf – ein Mengenproblem

Umweltverantwortliches Verhalten beim Input hat in drei Bereichen anzusetzen (Siemens, 1986):

(1) Informieren über die Belastungshypothek des eigenen Inputs und Versuch, die Umweltbelastung des Lieferanten zu minimieren

(2) Umweltschonendes Organisieren des Beschaffungsvorgangs, in dem die beim Transferprozeß notwendigen Lagerungen und der Energieverzehr beim Transport minimiert werden.

(3) Umweltbewußte (also nicht überhöhte) Dimensionierung der Anforderungen, die man als Kunde an den Input stellt.

Fünf Probleme sind typischerweise für ein umweltbewußtes Verhalten eines Unternehmens generell innerhalb der kritischen Bereiche Input, Produktionsprozeß und Output erkennbar; am Beispiel des umweltbelastenden Inputverhaltens werden sie bei Siemens stellvertretend exemplarisch umrissen:

- *man muß sich der Zusammenhänge zwischen Input und Umweltbelastung überhaupt bewußt sein, um entsprechend nach Alternativen auch unter Umweltaspekten zu suchen*

Betriebsinterne Datensammlung von Siemens über „Kühlschmierstoffe“

Zum spanabhebenden Bearbeiten im Kraftwerk- und Anlagenbau, beim Motorenbau sowie in der mechanischen Vorfertigung von Elektrogeräten werden Schmierstoffe angewendet, die man an die Bearbeitungsstelle pumpt, um Werkzeug und Werkstück zu kühlen und den Werkzeugverschleiß zu minimieren. Die Zusammensetzung solcher Schmierstoffe ist Sache jahrelanger Erfahrung.

Aus Qualitätsüberlegungen, also aus technischer Sicht, ergab sich die Notwendigkeit, die unübersichtlich groß gewordene Palette der bei Siemens verwendeten Kühlschmierstoffe zu vereinheitlichen. Aber es war auch klar, daß hier die Chance bestand, Aspekte der Arbeits- und Umwelthygiene mit zu berücksichtigen.

Die etwa 30 in die Recherche von Siemens einbezogenen europäischen Hersteller nannten etwa 300 Produkte, von denen etwa 200 aus technischen Gründen in die engere Wahl gezogen wurden.

Als Ergebnis dieser Bestandsaufnahme liegt jetzt eine firmeninterne Informationssammlung vor, aus der der Fertigungsingenieur nicht nur die Herstellerangaben und die in der Vergangenheit in den eigenen Werken gesammelten Erfahrungen über Eignung, Standzeit, Materialverträglichkeit und restlose Entfernung durch anschließendes Reinigen entnehmen kann. Er erhält auch Aufschluß über die Zusammensetzung, über Sicherheitsdaten, toxische Eigenschaften und mögliche Probleme bei der Entsorgung bzw. Bedenken hinsichtlich Umweltverträglichkeit. Diese Unterlagen erst versetzen den Ingenieur in den Stand, ein Bearbeitungshilfsmittel umweltverantwortlich und nicht nur nach technischen Gesichtspunkten auszuwählen.

Die gewonnenen arbeitsmedizinischen Erkenntnisse werden in Zusammenarbeit mit den Betriebsärzten des Unternehmens aufbereitet und veröffentlicht.

- *es braucht das (weitgehend betriebsfremde) Wissen, solche Alternativen zu finden*
- *die Frage der entstehenden Kosten*
- *umweltrelevante Informationen werden nicht weitergegeben (Preisgabe von Knowhow)*
- *gesellschaftliche Hemmschwelle zur Weitergabe umweltrelevanter Informationen.*

Das Nachfrageverhalten der öffentlichen Hände

Da die Beschaffungsstellen der Behörden und Betriebe jährlich Produkte und Dienstleistungen für ca. 120 Mrd. DM bestellen, könnte ein derartiges Nachfragepotential dem Markt für umweltfreundliche Produkte wesentliche Impulse geben. Dieses Potential wird inzwischen tatsächlich „aktiviert“. Ein solches umweltbewußtes Verhalten der öffentlichen Beschaffungsstellen wurde durch eine Änderung der öffentlichen Beschaffungsrichtlinien ermöglicht. In den Erläuterungen zu § 8 Nr. 3 der VOL/A wird dies deutlich.

VOL/A: „Unter Beachtung des haushaltsrechtlichen Grundsatzes der Wirtschaftlichkeit und Sparsamkeit sind an die gewünschte Leistung nur solche Anforderungen zu stellen, die zur Aufgabenerfüllung unbedingt notwendig sind. In diesem Rahmen können z. B. auch Gesichtspunkte des Umweltschutzes berücksichtigt werden“.

In vielen Erlassen des Bundes, der Länder und der Gemeinden wird die Beschaffungsstelle ausdrücklich auf diese Tatsache hingewiesen. Es braucht dabei auch nicht unbedingt auf das billigste Angebot zurückgegriffen werden. Ein umweltfreundliches gilt auch dann als wirtschaftlicher, „wenn sein Preis in tragbarem, auftragsbezogenem Maße über einem preislich günstigeren Angebot oder mit geringeren umweltfreundlicheren Eigenschaften liegt. Diesem wirtschaftlichen Angebot im Sinne des § 25 Nr. 3 VOL/A ist der Zuschlag zu erteilen. Die Vergabestelle entscheidet nach pflichtgemäßem Ermessen, in welcher Höhe ein Mehrpreis tragbar ist“ (Wicke, 1989).

In fast allen Bundesländern ist als wichtige Orientierungshilfe das „Umweltzeichen“ in den Vergaberichtlinien festgelegt worden.

Teil 9

Die betriebliche Produktionswirtschaft als Rückstandswirtschaft

Umweltgerechtere Produktion
Forschung und Entwicklung
Gestaltung des Produktionsverfahrens

Umweltgerechtere Produkte
Produktgestaltung als umweltpolitisches Instrument
Fallbeispiele aus verschiedenen Branchen
- Nahrungs- und Genußmittel
- Waschmittel, Haushaltschemie
- Kosmetika, Körperpflege
- Chemische Industrie
- Kraftfahrzeuge
- Energieproduzenten
- Sonstige Produktbereiche

Umweltgerechtere Produktion

Obwohl das Vorsorgeprinzip offiziell Vorrang hat, ist in der Realität die heute praktizierte Umweltpolitik weitgehend eine Nachbesserungs- oder Beseitigungspolitik bereits bestehender Schäden. Absolut primäres Ziel muß es jedoch werden, vom „nachsorgenden" Bereich, in dem Schäden und ihre Folgen „technisch" beseitigt werden, zu einer vorgelagerten direkten Beeinflussung des Produktionsprozesses und der Produkte zu gelangen. Statt Reparatur Vermeidung oder zumindest Verwertung.

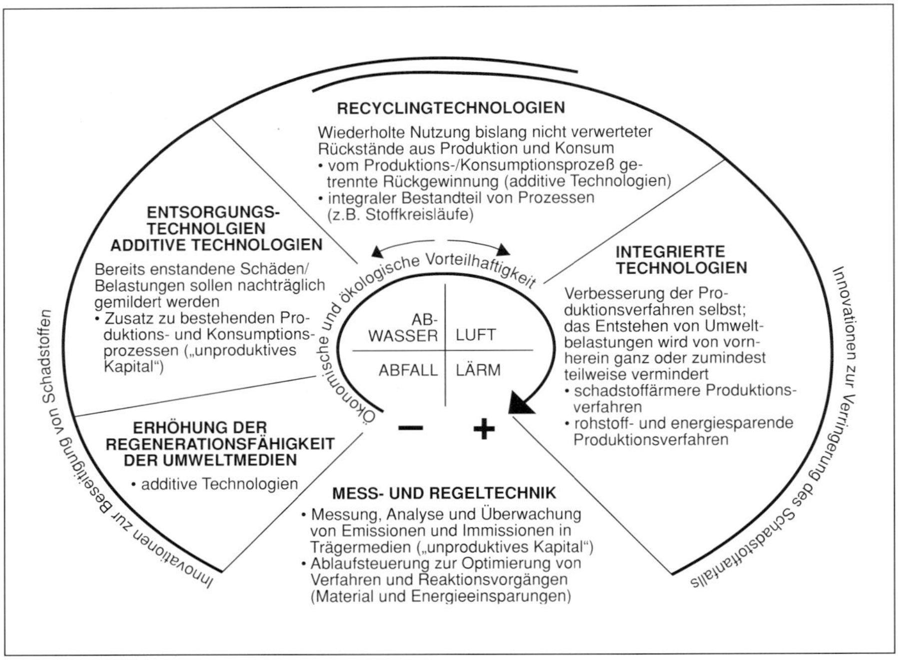

Quelle: Antes, 1988

Abb. 33: Regeln zur Produktionsgestaltung

Das Präventivkonzept verlangt, daß im Rahmen von integrierten Verfahrensentwicklungen der ganze Prozeß von Rohstoffbeschaffung, der Produktion und Entsorgung als ein Ganzes angesehen wird. Optimierungsgedanken müssen nicht nur wirtschaftliche und technische, sondern zunehmend auch ökologische Kriterien umfassen. Zahlen des Statistischen Bundesamtes für 1989 zeigen jedoch, daß der auf integrierte Umweltschutztechnologien entfallende Anteil an Investitionen seit Mitte der 70er Jahre bei 20 % der Gesamtinvestitionssumme stagniert. Der Anteil der Umweltschutzanlagen (63 Mrd. DM) am Bestand (1734 Mrd. DM) hat sich im Produzierenden Gewerbe auf 3,6 % erhöht (von 2,8 % Anfang 1980).

Wie eingangs bereits betont, ist betriebliche Produktion zwangsläufig, d. h. naturgesetzlich mit Rückständen irgendwelcher Art verbunden. Zur Reduktion dieser Rückstandsbelastung muß das ökologische Instrumentarium auf zwei Ebenen ansetzen, nämlich Vermeidungs-, Verminderungs- oder Verwertungsstrategien bei

- den produktionsinduzierten Rückständen und

- den produktinduzierten Rückständen
  (aus Produktentwicklung, -verwendung und -entsorgung).

Bei der Produktion ist Planung und Implementierung von Vermeidungsstrategien vor allem ein technisches Problem. Neben das traditionelle Denken in Materialkreisläufen muß bei der Planung von Produkten und Produktionsprozessen zusätzlich das Denken in Stoffkreisläufen treten. Dabei sind die bereits genannten Elemente des Umweltschutzziels (insbesondere der Ressourcenschutz und die Emissionsbegrenzung) zu berücksichtigen. Vester schlägt kybernetische Technologien vor, damit sind Techniken im Verbund – wie Symbiosen, Recycling, Energieketten oder Mehrfachnutzung – gemeint. Wegen seiner Bedeutung wird der Fall der innerbetrieblichen Rückstandsverwertung in Form des Recycling im Teil 10 separat behandelt. Es sei jedoch bereits an dieser Stelle betont, daß selbst bei weitestgehendem Recycling-Management zumindest die produktinduzierten Schadstoffemissionen bleiben.

Stahel (1990) fordert eine „Strategie der Dauerhaftigkeit" als Kern einer sich in ihrem wirtschaftlichen Denken neu ausrichtenden sog. „nachhaltigen" (sustainable) Gesellschaft. Damit verbunden ist eine Abkehr von der heutigen kurzfristigen Optimierung von Produkten und Verkauf zu einer „Nutzungsoptimierung über längere Zeiträume" ohne Verzicht auf Fortschritt und Komfort oder Modetrends. Das Konzept der Dauerhaftigkeit ist auch Kern eines ganzheitlichen Produktmanagements vom Design bis zur Entsorgung. All den möglichen Konzepten ist gemeinsam, daß sie einen Übergang von einem raschen linearen Produktion-Konsum-Abfall-Ablauf zu einer Strategie von „Nutzungsschleifen" bedeuten.

Stahel (1990) schlägt folgende Konzepte vor:

- Modulbauweise
  Ein darauf basierendes Systemdesign ermöglicht durch standardisierte Funktionsmodule und normierte Anschlußverbindungen die Auswechslung einzelner, kompatibler Komponenten eines Produktes und verlängert damit die Lebensdauer des gesamten Systems.

- Langzeitgüter
  haben als gesamtes Produkt (z. B. Energiesparlampen) eine längere Lebensdauer als herkömmliche Konkurrenzgüter.

- Nutzungsdauerverlängerung
  Auf Produkt- und auf Komponentenebenen kann dies durch verschiedene Maßnahmen erreicht werden:
  - Wiederverwendung (z. B. Mehrwegflaschen)
  - Reparaturen (z. B. Autos nach Unfall)
  - Wiederinstandsetzung (z. B. Nachfärben von Farbbändern bei Drukkern)
  - technologische Hochrüstung (z. B. Ausbau eines PC der Reihe XT zu einem Gerät mit der Leistung eines AT durch den Austausch der Platine)

- Nutzungskaskaden
  Dadurch können ältere Güter für einen etwas weniger anspruchsvollen Zweck weiter verwendet werden (z. B. kann eine Lokomotive von der Schnellzug- über Güterzug- zur Rangiermaschine werden).

- Flottenmanager
  verkaufen nicht ein Gut oder ein System, sondern nur deren Nutzung (z. B. Autovermieter).

Von diesen Formen der Nutzungsdauerverlängerung, die alle auf der Wiederverwendung von Gütern beruhen, kann man das Recycling unterscheiden, das nur die für die Güter verwendeten Rohstoffe erneut einsetzt.

Wird eine Neugestaltung der Produktionsverfahren und der Produkte unter Hinzuziehung des neuen Kriteriums „Umweltverträglichkeit" gefordert, so ist dies in der Regel in beiden Bereichen mit Innovationen verbunden. Einige Praxisbeispiele in diesem Kapitel werden dies verdeutlichen. Das Ifo-Institut stellte bei einer Analyse der Entwicklung der nationalen Anteile an den Erfindungen auf den dynamischen Technologiefeldern des Jahres 1989 fest, daß die deutsche Forschung 88/89 außerordentlich gestiegen ist. Der Anteil der Erfindungen auf diesen Feldern an den gesamten Erfindungen lag bei 10,9 %, nur Japan hatte mit 11,1 % knapp mehr. Deutsche Unternehmen sind insbesondere bei Ökopatenten führend: „Die höchste Aktivität zeigt die deutsche Forschung auf den Technologiefeldern, die auf ökologische Ziele gerichtet sind. Hier haben 43 % der in der Welt insgesamt für mehr als ein Land zum Patent angemeldeten Erfindungen ihren Ursprung in der Bundesrepublik."

Forschung und Entwicklung

Das Instrument einer ökologisch ausgerichteten Forschungs- und Entwicklungsabteilung bietet die besten Voraussetzungen dafür, daß der Zielerreichungsgrad sämtlicher umweltpolitischer Unternehmungsstrategien verbessert werden kann, da die F & E die „wesentlichen Informationen für den künftigen Einsatz neuer, unmittelbar wirksamer Instrumente unternehmerischer Umweltpolitik liefert" (Strebel, 1980).

Aus diesem Grunde kann die F & E auch als „Umweltschutz-Vorleistung" bezeichnet werden, die das technische Know-how für einen unmittelbaren Einsatz zur Zielerreichung der Strategien vorgibt. Als sog. Beeinflussungsinstrument stellt sie die Basis für eine Anwendung der sog. Anpassungsinstrumente, wie z. B. von neuen Produktionsverfahren oder von neuen Verfahren bei der Abfalldiffusion (Müllendorff, 1981).

Diese innovativen, durch die F & E konkretisierten Maßnahmen sind im Verhältnis zu den vorher praktizierten Maßnahmen in der Lage, die Leistungserstellung der Unternehmen immer mehr in einer ökologischen Weise durchzuführen, und zwar auf allen Ebenen, angefangen von der Ressourcenschonung bis hin zur Abfalldiffusion.

Eine Verstärkung der F&E-initiierten Berücksichtigung ökologischer Aspekte ist zusätzlich darin zu sehen, daß

- eine Imageverbesserung eintritt,
- zusätzliche Produktivitätssteigerungen und Kosteneinsparungen auftreten können,
- eine Vorwärtsstrategie optimalere Anpassungsprozesse erlaubt als eine etwa durch Umweltschutzauflagen auferlegte Anpassung,
- innovative Produkte höhere Einführungsgewinne abwerfen,
- sie eine Diversifikation erlauben.

Es muß den Unternehmen klargemacht werden, daß eine ökologieorientierte F & E sich sozusagen im nachhinein auch bezahlt macht, damit sie aus eigenem Interesse heraus gewillt sind, sich der ökologischen F & E intensiv zu widmen. Denn „nur wenn das Eigeninteresse für den Umweltschutz aktiviert wird, können wir die Umwelt sanieren" (Wicke, 1988).

Insbesondere unter Recyclingaspekten ist bereits bei der Entwicklung neuer Produkte daran zu denken, daß sie für die Gebrauchsphase reparaturfreundlich konstruiert werden und daß sie nach dem Gebrauch sich wieder einfach in Teile zerlegen und sich die verwendeten Materialien leicht sortieren lassen.

Gestaltung des Produktionsverfahrens

Im Bereich des produktionsbezogenen Umweltschutzes sieht Wicke (1990) die Anforderungen an alle Unternehmen in den kommenden Jahren deutlich steigen:

- durch Maßnahmen zum Abbau des Vollzugsdefizits
- durch Anwendung des Standes der Technik in der Luft- und der Gewässerbehandlung
- durch zusätzliche Anforderungen im Abfallbereich und im Bodenschutz

- durch erhöhte Sicherung gegen Störfälle und eine verschärfte Umwelthaftung.

Im Sinne einer „neutralen“ Kostenverteilung auf alle Konkurrenten ist bei alten Anlagen eine Anpassung am ehesten über gesetzliche Vorschriften zu erreichen.

Die Umwelteinwirkungen pro produzierte Einheit können durch eine entsprechende Entwicklung der Produktionstechnologie beim Produktionsprozeß wesentlich reduziert werden. Hiermit wird deutlich, daß die bereits angesprochene Forschung und Entwicklung für ein ökologisches Produktionsverfahren im Sinne der Vermeidung/Verminderung produktionsinduzierter Rückstände von großer Bedeutung ist. Derartige Prozeßverbesserungen können beispielsweise Rückhaltetechnologien wie Energiespareinrichtungen, Lärmschutzanlagen, Abluftreinigungsanlagen etc. sein. Die Industrie konzentriert ihre Umweltschutzausgaben auf die Luftreinhaltung, da ein großer Teil der Luftbelastungen aus den Emissionen der industriellen Produktion resultiert; Vermeidungstechniken müssen deshalb in die industrielle Produktionsstruktur integriert werden. Die Beschreibung umweltfreundlicher Technologien ist nicht Gegenstand unserer Betrachtung.

Es besteht i. d. R. ein technologisch vorgegebener Spielraum zur Wahl eines bestimmten Herstellungsverfahrens. Die Entscheidung zwischen verschiedenen Alternativen sollte im Sinne einer Gesamtoptimierung sowohl der ökonomischen (Kosten) als auch der ökologischen Parameter gefällt weren. Dabei ist die Wahl der Einsatzstoffe einzubeziehen, da sie oft eine bestimmte Verfahrenswahl bedingen.

Die ökologische Verfahrensentwicklung konzentriert sich vor allem auf die Durchsatzreduktion, d. h. auf die Verminderung des den Produktionsprozeß begleitenden Einsatzes an Ressourcen (rationelleren Einsatzes von Roh-, Hilfs- und Betriebsstoffen; Energieeinsparungen sind der in der Praxis am häufigsten vorkommende Fall) sowie die Reduktion der anfallenden Abfälle und Schadstoffe durch effizientere nachsorgende Reinigungsverfahren oder Maßnahmen im Sinne von „clean technologies“ zu deren Vermeidung. Dazu treten Fragen der Lärmreduktion u. ä. Es geht also darum, die Produktionsverfahren so abzuändern, daß von vornherein weniger Ressourcen gebraucht werden bzw. weniger Rückstände anfallen, „auch wenn keine menschliche Produktionsform völlig ökoneutral sein kann, so sind doch die ökologiefreundlichsten zu wählen“ (Seyfferth/Pfriem, 1985).

Auch auf dem vom VDI veranstalteten Deutschen Ingenieurtag 1989 wurde die Forderung erhoben, die Leitlinien des Umweltschutzes direkt in die Produktion zu integrieren. Zu den wichtigsten Aufgaben, die sich dem Ingenieur dabei stellen, zählt die Schaffung möglichst „geschlossener Kreisläufe“. Statt Reparatur müssen Hilfs-, Betriebs- und Reststoffe durch ausgefeilte Kreislaufführung ständig wieder in den Produktionsprozeß eingegliedert werden. Der

Fertigungsbereich einer Unternehmung steht damit zunehmend in umwelttechnischer Verantwortung. Die neuen Technologien müssen sich dabei aber nicht nur auf die Rohstoffeinsparung etc. beziehen, sondern auch auf die Entsorgungsprobleme, die zunehmend nicht mehr extern, sondern intern (präventiv) in der Unternehmung selbst zu lösen sind.

Sind neuartige, umweltgerechte Produktionsverfahren entwickelt worden bzw. auf dem Markt erhältlich, so müssen als Parameter für die künftigen Investitionen der Unternehmen nicht nur die Erhöhung der Arbeitsproduktivität, sondern auch die Reduktion des Ressourceneinsatzes bzw. der Abfall-, Schadstoff- und Lärmentstehung berücksichtigt werden.

Einer der zentralen Punkte ist sicherlich der Energiebedarf für industrielle Arbeitsprozesse. Da es sich bei der Energie um eine knappe (und sehr kostbare) Ressource handelt, muß die Erhöhung des Wirkungsgrades der Energie in den technischen Produktionsprozessen eine entscheidende Zukunftsaufgabe sein.

Daneben ist das Umweltbewußtsein im Arbeitsverhalten von essentieller Bedeutung: „Alle Produktionen unserer Zivilisation und eben auch alle Be- und Entlastungen unserer Umwelt aus diesen Produktionen hängen davon ab, wie die einzelnen daran beteiligten Menschen arbeiten. Ein Unternehmen kann eine noch so umweltschonende fertigungstechnische Einrichtung haben – die Effektivität dieser Technik hängt doch letzten Endes davon ab, welches Umweltbewußtsein die in seiner Produktion arbeitenden Menschen haben“ (Siemens, 1986). Ein generelles Unternehmenskonzept muß getragen sein von der Einstellung eines jeden Mitarbeiters zu diesen Fragen des Umweltschutzes – im Teil 13 wird dieser Gedanke vertieft.

Dow Stade

Ein Beispiel für ein gewandeltes Umweltbewußtsein ist Dow Chemical in Stade. Nach negativen Schlagzeilen in den siebziger Jahren wurde in Verbindung mit einem radikalen Gesinnungswandel eine umfassende Umweltkonzeption bis zum Jahre 2000 entwickelt. Ein Auszug aus der Dow Umweltschutzphilosophie verdeutlicht dies:

„Fortschritt im Umweltschutz erfordert Forschung, Innovation und Investition.

Primärer Umweltschutz und Recycling tragen im Werk Stade dazu bei, daß Rückstände, Nebenprodukte und Emissionen erst gar nicht entstehen oder so gering wie möglich gehalten werden. Primärer Umweltschutz bedeutet:

- *optimale Energie- und Rohstoffnutzung durch enge Verknüpfung von Produktionsprozessen*
- *Vermeidung von Reststoffen anstatt Beseitigung des Abfalles*
- *Vermeidung von Umweltbelastungen durch emissionsmindernde Technologien in der Produktion.*

Sind Reststoffe oder Abwässer unvermeidlich, werden sie bei Dow weitestgehend verwertet oder mit moderner Technik behandelt. So werden nicht nur erhebliche Mengen an Rohstoff und Energie zurückgewonnen, sondern auch kostbare Deponieräume für die Zukunft freigehalten, der Umwelt bleiben unnötige Belastungen erspart“. (. . .)

Im Konzept von Dow wurde vor allem der Gedanke der Rohstoffverwertung in Form eines Verbundkonzeptes verwirklicht. Besonders in der Chemie fallen bei nahezu allen Prozessen Reststoffe und Nebenprodukte an. Wurde der „Kreislaufgedanke" bereits früher unter technisch/wirtschaftlichen Gesichtspunkten in der Chemie entwickelt, kommen heute umweltpolitische Aspekte hinzu (geringstmöglicher Rohstoffeinsatz, minimale Umweltbelastung etc.).

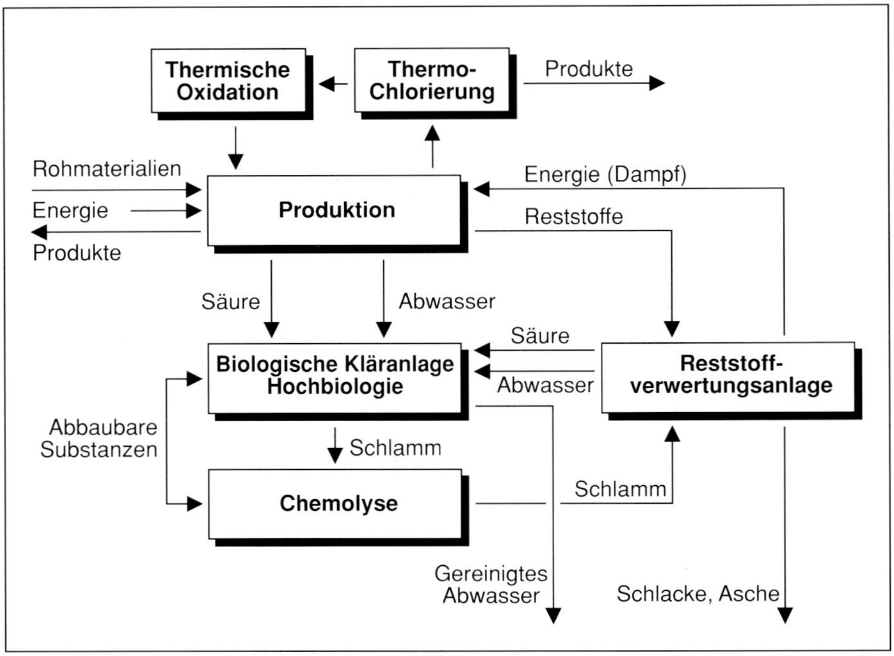

Quelle: Dow Stade

Abb. 34: Verbundkonzept Produktion/Umweltschutz

Mit einem umfassenden Verbundkonzept ist die Unternehmung ab 1990 in der Entsorgung unabhängig, d. h., es können sämtliche im Werk anfallenden Abfälle auf ein Minimum reduziert, umweltfreundlich aufbereitet und problemlos entsorgt werden.

Dieses komplette Abfallbeseitigungs-Verbundsystem umfaßt drei Elemente:

- *eine Chemolyseanlage zur Verringerung der Klärschlämme*
- *eine Anlage zur Verbesserung der biologischen Abwasserkläranlage*
- *eine Verwertungsanlage für feste Reststoffe.*

In der Thermochlorierung oder Chlorolyse werden ansonsten unverwertbare flüssige Rückstände mehrerer Produktionsanlagen zusammengefaßt und zu wertvollen Lösungsmitteln umgesetzt. Die in diesem Prozeß der Rückstandsverwertung wiederum anfallenden Reststoffe werden in thermischen Oxidationsanlagen in Wasser, Kohlendioxid und Salzsäure umgewandelt; die Salzsäure wird zurückgewonnen und in den Produktionsprozeß zurückgeführt. Damit fallen keinerlei zu entsorgende Flüssigkeiten an, obwohl etwa 90 % der Gesamtproduktion als Flüssigkeiten anfallen. Die Schadstoffemssionen zur Luft konnten damit um etwa 80 % verringert, die Arbeiten an dem werksweiten Ver-

bundsystem, in dem alle Abgasströme zentral gesammelt und einer Verbrennung zugeführt werden, abgeschlossen werden.

Foto: Dow Stade

Chemolyse

1. *Durch die Umstellung eines Oxidationsprozesses von Luft auf reinen Sauerstoff entfiel nun als weitere Pionierleistung die Hauptimmissionsquelle des Werkes.*

2. *Zur Reduzierung des in jeder biologischen Kläranlage anfallenden Klärschlammes wird das sogenannte Chemolyse-Verfahren eingesetzt, bei dem der Klärschlamm durch einen chemisch thermischen Aufschluß in biologisch abbaubare Substanzen überführt wird, die dann erneut in die Kläranlage geleitet werden. In Verbindung mit nun möglichen weiteren Verbesserungen konnte die jährlich anfallende Klärschlammmenge von etwa 12000 t um über 90 % reduziert werden.*

3. *Anfallende Salzsäure (25000 t einer 20 %igen Salzsäure) wird wieder in den Produktionskreislauf zurückgeführt. Die weiterhin anfallenden 5000 t ökologisch unbedenklicher Schlacke eignen sich für die Verwendung im Straßenbau, werden jedoch als Versatzstoff zur Stabilisierung einer Salzkaverne verwendet. Die bei dem Betrieb der Anlage (Kapazität ca. 30000 t/Jahr) anfallenden Filterstäube werden wieder in die Verbrennungsanlage zurückgeführt und so ebenfalls in die verglaste Schlacke eingebunden.*

4. *In dieses komplette Verbundsystem wurden in den Jahren 1986 – 1990 120 Mill. DM investiert, weitere Investitionen stehen an.*

5. *Die positiven Auswirkungen der Investitionen auf die Abwasserabgabe lassen sich noch nicht genau beziffern; langfristig werden Einsparungen in Millionenhöhe erwartet.*

Die Prozeßwasserbehandlung findet direkt am Entstehungsort statt. Nach einer Abwasservorbehandlung erfolgt die Endreinigungsstufe in einer vollbiologischen Kläranlage. Mit der Einführung des Hochbiologieverfahrens für eine effiziente biologische Abwasserklärung wurde eine im Vergleich zu herkömmlichen Bauweisen um bis zu zehnmal bessere Sauerstoffausnutzung der Bakterienbelüftung möglich; damit wird die Abluftmenge der Anlage um über 90 % reduziert. Dieses geschlossene System weist bezüglich der Abwasserreinigungsleistung und der Energieausnutzung einen maximalen Wirkungsgrad auf.

Mit dem Bau einer Verwertungsanlage für feste Reststoffe wurde 1989 der Reststoffkreislauf im Werk geschlossen. Die Hochtemperaturverbrennung gewährleistet die vollständige Oxidation der Reststoffe. Bisher nicht verwertete Reststoffe werden genutzt: so die heißen Abgase zur Dampferzeugung (jährlich 100000 Tonnen).

Mit diesem jetzt abgeschlossenen Projekt verfügt das Unternehmen über einen nahezu geschlossenen Stoffkreislauf und wird auch von Deponien unabhängig. „Damit sind alle zur Zeit denkbaren Möglichkeiten, die Umweltbelastung durch gasförmige, flüssige oder feste Reststoffe aus unserem Werk Stade zu minimieren, ausgeschöpft."

Zur Kostenentlastung gibt Dow folgende Beispiele:

- *mit der Chemolyseanlage wurden die jährlich anfallenden 12000 t Klärschlamm auf 2400 t reduziert; dies bedeutet eine jährliche Kosteneinsparung um rd. 2,1 Mill. DM, da die Klärschlämme bisher für 174 DM/t nach Potsdam transportiert werden mußten*
- *aus den bisher nicht verwertbaren Reststoffen, die zu Kosten zwischen 500 und 700 DM/t deponiert werden mußten, werden jetzt jährlich 5000 t Salzsäure und 100000 t Dampf gewonnen.*

Foto: Dow Stade

Teilansicht Biologische Kläranlage

Foto: Dow Stade

Reststoffverwertungsanlage

In der Automobilindustrie, als einem der größten Verursacher von Umweltbelastungen vor allem in der Gebrauchs- und Entsorgungsphase, werden große Anstrengungen in der Erstellungsphase unternommen. Als Beispiel sollen lösungsmittelarme Lacke herangezogen werden.

Jährlich werden in Deutschland ca. 700000 t Flüssiglackmaterialien und Verdünnungen in Industrie und Handwerk verarbeitet, durch den Verarbeitungsprozeß entstehen Geruchsbelästigungen, Emissionen und (weitgehend als Sonderabfälle einzustufende) Abfälle. Besonders unter dem Gesichtspunkt der Emissionsreduzierung muß dem Fertigungsbereich der Lackiererei besondere Aufmerksamkeit geschenkt werden. Bisher wurde i. d. R. der Lack mit lösemittelhaltigen Produkten im Spritzverfahren aufgetragen, in der Prozeßfolge schließt sich eine Abdunstzone an. Die Lösemittelanreicherung in der Umluft kann erst nach diversen Reinigungsprozessen (z. B. Nachverbrennungsanlage oder Aktivkohlefilter) an die Umwelt abgegeben werden.

Der Schichtaufbau des Lackes erfolgt im 3-Schicht-Verfahren (Grundlack, Vorlack und Decklack) mit vorgeschalteter Phosphatierung. Der Decklackauftrag stellt dabei den aufwendigsten Prozeßschritt dar, und hier scheint die technische Entwicklung voll im Fluß zu sein.

BMW

Bei BMW sieht man die Entwicklung an einem Scheideweg: Entweder man versucht die Emissionsreduzierung über Abluftreinigungsanlagen oder über den Einsatz von neuen Lacksystemen, z. B. auf Wasserbasis. Beide Wege werden eine neue Anlagentechnik erfordern, d. h. in der Regel Neubau der Lackiererei. Man sieht nach heutiger Abschätzung als Lösungsweg eine sinnvolle Kombination beider Wege. Es muß dabei sichergestellt sein, daß Fahrzeuge, die auf die eine oder die andere Weise lackiert wurden, später auch mit herkömmlichen Reparaturlacken farbtongleich nachlackiert werden können.

So fährt man zweigleisig: Im Werk München wurde eine neue Abluftreinigungsanlage für Spritzkabinen bei Einsatz herkömmlicher lösemittelhaltiger Lacksysteme aufgebaut, die

Lackiererei des Werkes Regensburg wurde dagegen bereits auf die Verarbeitung von Wasserbasislacken ausgelegt und ist für den Serieneinsatz bereit. Man will die Ende 89 vorliegenden Ergebnisse eines aus Qualitätsgründen auf mindestens 4 Jahre angesetzten Versuchs abwarten: BMW hatte als erster deutscher Hersteller ca. 200 Fahrzeuge mit Metalliclackierung auf Wasserbasis lackiert und im Praxisversuch in Kalifornien eingesetzt.

Daimler-Benz
Seit 1985 setzt Daimler-Benz für die Großserienproduktion seiner 190er Modelle im Werk Bremen ein neuartiges Verfahren zur lösungsmittelarmen Erstlackierung ein – auf der Basis eines von Bayer in Kooperation mit zwei Lackherstellern entwickelten Zweikomponenten-Polyurethanlackes.

Volkswagen
Mit einer Investition von fast 1 Mrd. DM stellt Volkswagen zur Zeit auf wasserlösliche Lacke um. Die derzeit entstehende neue Karrosserielackieranlage soll 1993 in Betrieb gehen. Bei dem neuen Verfahren werden die Lösungsmittel weitgehend durch Wasser ersetzt, lösungsmittelfreie Lacke können voraussichtlich erst Mitte der 90er Jahre eingeführt werden.

Am Stuttgarter Fraunhofer-Institut für Produktionstechnik und Automatisierung laufen zahlreiche Forschungsarbeiten zur Emissionsverminderung bei der industriellen Lackiertechnik (Ondratschek, 1988). Schwerpunkte konzentrieren sich auf:

- Forcierung des Einsatzes umweltfreundlicher Beschichtungsmaterialien (insbesondere Wasserlacke und Pulvermaterialien)
- umweltfreundliche Lackiertechnik in Handwerks- und Kleinbetrieben
- verlustarme Spitzlackiertechnik
- Maßnahmen zur Entsorgung „unvermeidlicher“ Emissionen.

Umweltgerechtere Produkte

Produktgestaltung als umweltpolitisches Instrument

Der (Marketing-) Terminus Produktlebenszyklus ist unter ökologischen Gesichtspunkten irreführend, da die Rückstandsproduktion eines Produktes in der Entsorgungsphase je nach Schadstoff noch viele Jahre oder Jahrzehnte umfassen kann. Strebel/Hildebrandt (1989) sprechen deshalb von einer „Überlagerung" des Produktlebenszyklus durch einen sog. Rückstandszyklus. Erst dann, wenn sich ein Rückstand in eine unschädliche Substanz abgebaut hat, sind Lebenszyklus und Rückstandszyklus identisch.

Der Betrachtungszeitraum ist wesentlich zu erweitern. Der Hauptschadstoff aus einer bestimmten Produktart (wie etwa beim Auto) fällt in einem Zeitraum an, „in dem diese Rückstandsart für Hersteller und Verkäufer bereits Geschichte ist" (Strebel/Hildebrandt, 1989).

Unternehmen betrachten bisher die insgesamt anfallenden Rückstände nur unter partiellen Gesichtspunkten. Auch für den Fall, daß der Rückstand eines Produkts direkt dem Verursacher zugeordnet werden kann, wird der Rückstand größtenteils auf andere „abgewälzt". Da die Entsorgungsträger wie die Kommunen bei der Erfüllung dieser Aufgabe immer mehr vor unlösbaren Problemen stehen (Deponieraum oder Verbrennungskapazitäten), wird dieses Problem zunehmend auf den Hersteller „zurückfallen". Dieser wird durch die Entwicklung einer ökologischen Produktgestaltung gefordert sein, „seinen" Beitrag zur Rückstandsreduktion zu leisten. Dazu ist das Rückstandsproblem nicht mehr, nachdem es bereits angefallen ist, in der Entsorgungsphase zu lösen, sondern es ist im Rahmen eines integrierten Konzepts zu versuchen, bereits die „Ursache" des Rückstands zu beseitigen. Dies heißt vermeiden oder zumindest reduzieren.

Entwurf und Einführen von Erzeugnissen, die in allen drei Phasen – Produktion, Gebrauch und Entsorgung – möglichst geringe ökologische Nachteile verursachen, gilt als langfristig anzustrebendes Ziel. In diesem Sinne bezeichnet auch Wicke dieses Ziel als „Herzstück" des offensiven umweltorientierten Produktmanagements (vgl. Abb. 35).

Innerhalb der Umweltforschung kann der Einsatz der Umweltsimulation wertvolle Dienste leisten. Diese Methodik strebt an, die Wechselwirkungen zwischen Objekt und Umwelt zu verstehen und ein Erzeugnis der Umwelt anzupassen oder etwa den Eintrag eines Schadstoffs in die Umwelt und dessen anschließende Transformations- und Ausbreitungsvorgänge zu simulieren. Mit den Methoden der Umweltsimulation (Environmental Testing) läßt sich etwa ein Werkstoff verbessern, bei labormäßiger Nachbildung des Transportvorgangs der Verpackungsaufwand minimieren oder die Gebrauchseigenschaften von Recyclingkunststoffen bei neuen Anwendungsbereichen (z. B. im Automobilbau) untersuchen.

Erstellungsphase	Verkaufs-, Ge- und Verbrauchsphase	Entsorgungsphase
• Einsatz umweltfreundlicher und wenig energieintensiver Stoffe; • Einsatz reichlich vorhandener Rohstoffe; • möglichst geringe Ressourcenverwendung; • Langlebigkeit der Produkte ermöglichen (s.o.); • produktbezogener Beitrag zur emissions- und energieseitigen Umweltfreundlichkeit der Produktion; • soweit möglich: Verstärkung von Produktion (und Absatz) nicht nur relativ umweltfreundlicher Produkte (z.B. leise Kat-Autos), sondern von per se umweltfreundlichen Produkten (z.B. Fahrräder sowie biologisch erzeugten Agrarprodukten).	• Umwelt- und Gesundheitsschädlichkeit der Verpackung; • Wiederverwend- bzw. Weiterverwertbarkeit der Verpackung; • möglichst geringes Produkt- und Verpackungsvolumen; • Gesundheitsunschädlichkeit bei Ge- und Verbrauch; • keine bzw. umwelt- und gesundheitsverträgliche gasförmigen Emissionen beim Ge- und Verbrauch; • keine, geringe bzw. umweltverträglich zu beseitigende flüssigen Emissionen • energiesparende Ge- und Verbrauchsphase; • lärmarme Ge- und Verbrauchsphase; • Erleichterung des möglichst umweltfreundlichen und sparsamen Gebrauchs (Produkthinweise, Service u. Beratung) • Erhöhung der Reparatur- und Wartungsfreundlichkeit, leichte Austauschfähigkeit von Verschleißteilen; • sonstige Erhöhung der Langlebigkeit (stilistische, funktionale und materialdeterminierte Lebensdauer erhöhen).	• geringes Abfallvolumen; • unproblematische Deponier-, Verbrennungs- oder Kompostierungsmöglichkeit; • Minimalbeseitigungsvolumen durch Wiederverwertbarkeit (auch von Teilen); • Recyclingfähigkeit der Abfallprodukte; • bei gefährlichen (Sonder-)Abfällen: erleichterte Wiederverwertung oder getrennte Sammlung und Beseitigung möglich; • unproblematische energetische Verwendung durch Abfallverbrennung.

Abb. 35: Umweltkriterien (nach Wicke)

Die Forderung einer umweltgerechten Wirtschaft nach Langzeitgütern, Reparaturfreundlichkeit, regenerativem Rohstoffeinsatz, Clean & Recycling-Attributen stellt an Entwicklung und Konstruktion Ansprüche, die allem anderen Folge leisten als simplifizierende Polemiken, etwa mit dem Motto „Zurück zur Steinzeit“! Die obengenannten Umweltprädikate verlangen neben Funktionstüchtigkeit, ansprechendem Design und Materialqualität vom Entwickler oder Konstrukteur, daß er

- über die Forschung von neuen Materialqualitäten und die Umweltverträglichkeit informiert ist, eventuell mit Hilfe des Umweltbundesamtes oder von ökologischen Forschungsinstituten,

- über Beschaffungsmarktdateien ökologische Informationen aktuell in Werkstoff-Stücklistendateien abrufen kann,

- über CAD-Systeme Kenntnisse über bereits bestehende ähnliche Sachnummern und Analogteile erhält, um aufwendige Neukonstruktionen zu vermeiden, auf Normen zurückgreift, um Bestände zu sparen,

- regelmäßig an Wertanalyse-Untersuchungen in Einbeziehung ökologischer Kriterien teilnimmt,

- mit Fertigungsplanung und Materialsteuerung neue Produktions- und Montageverfahren studiert,

- mit der Marketingabteilung über Variantenbegrenzung und Absatzstrategie einig ist,
- ein Produkt aus niederentropischen Bestandteilen aufbaut, die verhältnismäßig einfach zu recyceln sind.

Die Konstruktion verursacht zwar nur 7 bis 8 Prozent aller Kosten eines Produktes, legt aber circa 70 Prozent der Kosten fest" (Stahlmann, 1988).

Es wird deutlich, daß Entsorgung und Verwertung auf allen Ebenen unternehmerischen Handelns zu einer wichtigen Entscheidungsrestriktion werden muß, d. h., es wird bei der Produktentwicklung, bei der Entwicklung und Auswahl von Fertigungsverfahren oder bei der Materialbeschaffung berücksichtigt werden.

Die Produktgestaltung als umweltpolitisches Instrument muß aus verschiedener Sicht betrachtet werden:

– ökonomisch	: absatzpolitisches Instrument der Käuferbeeinflussung
– fertigungspolitisch	: bestimmender, unmittelbarer Faktor des Fertigungsablaufs
– ökologisch	: ökologische Begleiteffekte während der Produktion, des Gebrauchs und bei der Beseitigung (z. B. recyclingorientierte, beseitigungsgerechte Produktgestaltung).

Eine Voraussetzung für den effizienten Einsatz dieses Instrumentes ist jedoch, daß die jeweils zuständigen Entscheidungsträger die ökologischen Wirkungen der alternativen Produktgestaltung kennen bzw. bestimmen können, ob eine Alternative gegenüber der bestehenden Gestalt von ökologischem Vorteil ist oder nicht. Dazu muß aber das ganze Schicksal des individuellen Produktes von der „Wiege bis zum Grab", also von der Entwicklung bis zur Beseitigung als Abfall erfaßt werden, denn „beschränkt man die Analyse auf eine Produktionsstufe, so haben Umdispositionen auf dieser möglicherweise ökologisch nachteilige Konsequenzen in Vorstufen oder Nachstufen, welche die auf der analysierten Produktionsstufe erreichten Vorteile übertreffen" (Strebel, 1981).

Die Phase der Produktgestaltung muß mit ihren Möglichkeiten eines Öko-Managements sehr weit gefaßt werden. Neben den Maßnahmen innerhalb der eigentlichen Produktion sind

- vorgelagerte Maßnahmen bereits bei der Produktentwicklung (Design/ Konstruktion) und
- nachgelagerte Maßnahmen des Recycling und der Elimination

einzubeziehen.

Um ein umweltfreundliches Produkt zu entwicklen, ist die Zusammenarbeit und das Zusammenfügen des Know-how zahlreicher Experten der vor- und nachgelagerten Ebenen unerläßlich. Follmann (1989) sieht für das Beispiel der Herstellung einer umweltgerechten Tapete die Notwendigkeit, folgende Partner zur Beantwortung spezifischer Fragen einzubeziehen:

- den Papierlieferanten: (AOX, Dioxine, Furane im Zellstoff? Verwendung von Chlor als Bleichungsmittel? Abwasserproblematik in den Fabriken?)
- die Druckfarbenhersteller: (Art der Pigmente, Schwermetalle in den Druckfarben? Art/Anteile der Lösungsmittel? Konservierungsmittel in wäßrigen Druckfarben?)
- die Klebstoffhersteller: (Art/Menge der Konservierungsstoffe für die Klebstoffe?)
- die Maschinenhersteller: (energetisch günstige Druckmaschinen? Anlagen mit Minimum an Emissionen?)
- die Tapetenhersteller selbst: (Überprüfung eingesetzter Roh-, Hilfsstoffe, Energie. Entstehen bei Produktion umweltschädliche Umwandlungsprodukte aus den eingesetzten Rohstoffen?)
- die Entsorger: (Vorschläge für Entsorgung betrieblicher Abfälle und der Alttapeten nach Gebrauch?)

Prinzipiell kann die Produktgestaltung in zweifacher Hinsicht die Umweltbelastung im Produktionsprozeß mindern, und zwar entweder mittels einer höheren Wertschöpfung pro Stück (d.h. durch eine quantitative Einsparung der Vorleistungen bzw. durch qualitative funktionelle Aufwertung der Produkte) oder mittels einer Reduktion der Umwelteinwirkungen pro Einheit durch dementsprechende Produktänderungen auf der Stufe der Herstellung, des Gebrauchs oder der Beseitigung (Müller-Wenk, 1980).

Will man ökologische Erfordernisse mittels einer ökologieorientierten Produktgestaltung in die Tat umsetzen, so müssen die Produkte im allgemeinen folgende Eigenschaften aufweisen:

1. Die Umweltverträglichkeitseigenschaften der Produkte sollen verbessert werden.
2. Der Ressourceneinsatz der Produkte soll so schonend wie möglich vor sich gehen (ggf. Substitutionsmaßnahmen).
3. Die Produkte sollen eine möglichst lange Lebens- und Nutzungsdauer besitzen.

4. Die Produkte sollen eine hohe Reparaturfreundlichkeit haben.
5. Die (Wieder-) Verwertungseigenschaften der Produkte sollen verbessert werden, bzw. die Abfallbeseitigung (Entsorgung) soll so gefahrlos wie möglich sein.

Das Problem der Durchführung einer umweltgerechten Produktgestaltung, die immer auch eine Veränderung des Produktionsverfahrens und eventuell einen Rohstoffwechsel bzw. einen anderen Betriebsmitteleinsatz nach sich zieht, liegt u. a. in der Kostenfrage.

Eventuell notwendige „Investitionserfordernisse wirken oft als ökonomisches Hemmnis für den technologischen Wandel“ (Strebel, 1984). Und auch der Marktpreis für ökologisch knappe Rohmaterialien, der manchmal wesentlich unter dem der weniger knappen Materialien liegt, veranlaßt die Unternehmen allein schon aus dem Grund der Konkurrenzfähigkeit nicht, durch produktgestalterische Maßnahmen diesen billigeren, aber knappen Rohstoff zu meiden (Müller – Wenk, 1980). Ein typisches Beispiel ist der Rohölpreis: Obwohl Rohöl als sehr knapper Rohstoff gilt, wird es z. Z. zu einem wahren Schleuderpreis abgesetzt.

Eine Umfrage bei Werbeagenturen und deren Kunden sollte herausfinden, welche Branchen mit ihren Produkten von den Umweltschutzanforderungen besonders tangiert werden (vgl. Abb. 36). Für diese spezifischen Bereiche werden jeweils stellvertretend anschauliche Beispiele jüngeren Datums gegeben: Erfolgreiche Einführungen umweltverträglicher Produkte finden sich in den letzten Jahren in großer Zahl. Das ist ein Indiz dafür, daß Winter (1987) mit seiner Voraussage Recht hatte:

> „War Umweltfreundlichkeit des Produktes gestern noch eine kaum honorierte Nebenleistung, so ist sie heute ein wichtiges Verkaufsargument, und morgen wird sie Voraussetzung für die Verkäuflichkeit des Produktes überhaupt sein“.

Zwei Punkte verdienen besonders betont zu werden:

- Da große Handelsunternehmen ihr Sortiment zunehmend umweltfreundlicher gestalten, wird hierdurch ein großer Druck auf die Hersteller ausgehen (siehe im einzelnen Teil 16).
- Die Verbraucher werden zunehmend umweltbewußter – auch im Kaufverhalten! Der Anstieg ist rasant: Der Anteil von Haushalten mit Bereitschaft zur persönlichen Einschränkung stieg 1988 auf 59 % (Kerngruppe 32 %). Da auch die Beschaffungsstellen der öffentlichen Hände bei Bestellungen und Ausschreibungen gehalten sind, auf „Umweltfreundlichkeit“ zu achten und diese auch bei Mehrkosten zu bevorzugen, wird das Nachfragepotential ebenfalls verstärkt.

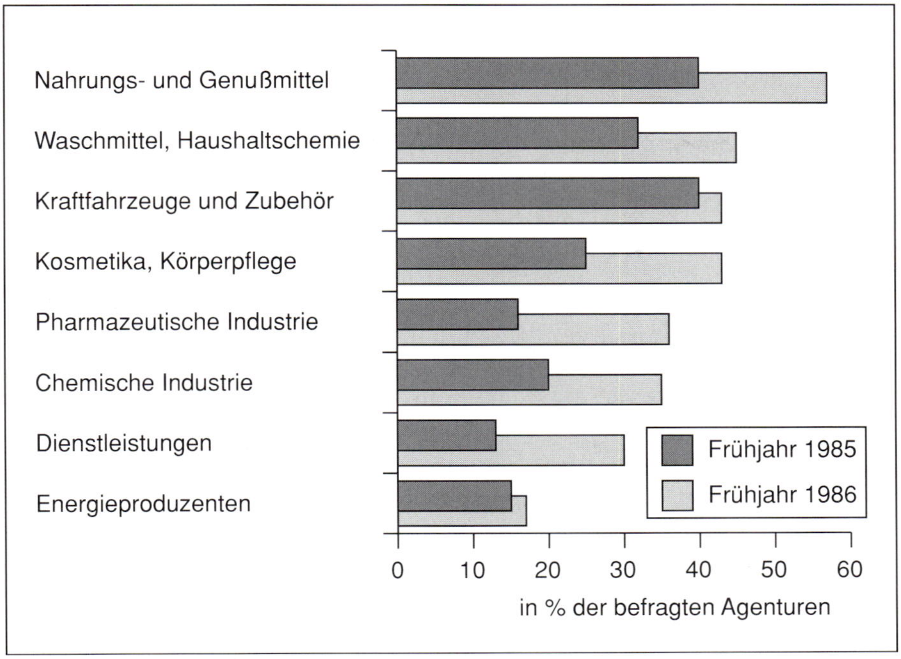

Quelle: Bauer-Verlagsstudie 1986, zitiert in: Meffert/Ostmeier/Kirchgeorg

Abb. 36: Von der Umweltthematik betroffene Produktbereiche

Ist im Marktsegment des jeweiligen Unternehmens bereits eine zunehmende Umweltsensibilisierung festzustellen (und eine entsprechende Reaktion der wichtigsten Wettbewerber darauf), muß, so Wicke (1990), spätestens ein stärker umweltorientiertes Produktmanagement betrieben werden. Dazu sind seiner Meinung nach in der Planungsphase folgende Fragen zu klären:

- umweltrechtliche Anforderungen, Verbraucheranforderungen, sonstige Nachfrageverhalten (z. B. bei Handel/öffentliche Hände)
- Umweltfreundlichkeit der eigenen und der Konkurrenzprodukte (bereits vorhanden? Modifikationen möglich?)
- erforderliche Forschungs-, Entwicklungs-, Produktions- und Einsatzstoffänderungen (und deren Auswirkungen auf Liquidität/Kosten etc.)
- Preis- und Aufnahmebereitschaft des Marktes
- Konkurrenzreaktionen (Verhinderung/Abschwächung?)
- Änderungen im Abnehmerkreis und im Vertriebssystem
- positive/negative Nebeneffekte umweltfreundlicher Produkte (Image/Absatz?)

Erfüllen die Umwelteigenschaften die Kriterien von unabhängigen Testinstituten (wie Öko-Test oder Stiftung Warentest) für umweltfreundlich einzustufende Produkte, kann dies absatzfördernd herausgestellt werden.

Da die Begriffe „Bio", „Natur", „Öko", „umweltfreundlich" oder ähnliches nicht gesetzlich geschützt sind, wird mit dem Gesundheits- und Umweltbewußtsein immer wieder auch Mißbrauch betrieben. Die Medien geben zahlreiche Beispiele dazu. Es sollen hier für die einzelnen Branchen Beispiele bewußter Produktneueinführungen gezeigt werden, die diesem Trend eines Wertewandels und auch deutlichen Verhaltensänderungen Rechnung tragen; der Handel wird gesondert im Teil 16 dargstellt.

Fallbeispiele aus verschiedenen Branchen

Nahrungs- und Genußmittel

Sehr eng gekoppelt an den Umweltgedanken ist eine „naturbezogene" und gesündere Konsum- und Lebensweise. Das Umfeld Natur (Natürlichkeit), Umwelt und Gesundheit ist als Positionierungsgebiet weitgehend identisch. Eine seit Jahren ständig steigende Zahl von Verbrauchern bevorzugt deshalb Produkte, die naturbelassen sind oder aus natürlichen Rohstoffen hergestellt. Laut „Markenprofile" umfaßt die Zielgruppe der natursensibilisierten Personen rund 11,45 Millionen. Erst 2 % der Verbraucher versorgen sich über einen Biokostfachmarkt bei den rund 2000 Naturkost- und Naturwarenfachläden (dazu kommen ca. 2000 Reformhäuser). Das Chaos auf dem nicht geschützten Markt für Erzeugnisse aus dem ökologischen Landbau (man wartet geduldig auf eine EG-einheitliche Regelung) wird deutlich, wenn 1988 der Bayerische Bauernverband bereits ein Angebot an angeblichen Bioprodukten in den Lebensmittelgeschäften meldete, das zehnmal so hoch sei wie die tatsächlich von den Ökolandwirten erzeugte Nahrungsmenge. Die höheren Verkaufspreise für solche Produkte verleiten zu einem „Konventionell erzeugen und biologisch verkaufen" (Bund Naturschutz), Trittbrettfahrerei und Etikettenschwindel sind weit verbreitet. Trotz starkem Anstieg biologisch bewirtschafteter Anbauflächen übersteigt die Nachfrage nach naturbelassenen Produkten seit Jahren das Angebot bei weitem. Waren es Ende 1985 erst 1450 Betriebe und 24700 ha gewesen, nennt das Bundesministerium für Ernährung, Landwirtschaft und Forsten Ende 1988 bereits 2330 Betriebe mit 42000 ha landwirtschaftlicher Fläche; für die 90er Jahre werden jährliche Zuwachsraten von 20 – 30 % erwartet. Der Umsatz der „Bioprodukte" dieser alternativ landwirtschaftlichen Höfe erreicht fast 1 Mrd. DM.

Ludwig Stocker Hofpfisterei
Um Böden und Grundwasser vor zusätzlichen Belastungen durch Überdüngung und Pflanzenschutzmittel zu bewahren und weil das Kaufverhalten der Kunden zunehmend von Umweltbewußtsein geprägt ist, will die Großbäckerei Ludwig Stocker Hofpfisterei

in München bis Mitte der 90er Jahre ihre gesamte Rohstoffversorgung auf kontrollierten ökologischen Getreideanbau umstellen. Zur Deckung ihres Bedarfs von etwa 50000 t Brotgetreide sind rund 2000 (meist neue!) Bauern mit etwa 40000 ha Betriebsfläche notwendig. Die Bauern müssen einem Mitgliedsverband der Arbeitsgemeinschaft ökologischer Landbau (AGÖL) angehören. Obwohl die Zahl dieser alternativen Landbaubetriebe jährlich um 10 – 15 % wächst, ist bei einem Ökoanteil an der landwirtschaftlichen Nutzfläche in Bayern von zur Zeit 0,5 % dieses Vorhaben eine Pioniertat. Das Kilogramm Brot dürfte sich durch diese Umstellung um 40 – 50 Pfennige verteuern.

Neumarkter Lammsbräu

Die Neumarkter Lammsbräu ist bestrebt, einem integrierten Gesamtkonzept umweltbewußter Unternehmensführung sehr nahe zu kommen. Die Brauerei bietet sog. „Ökobiere" an, die inzwischen auch den Bayerischen Landtag beschäftigen und auf massiven Widerstand des Bayerischen Brauerbundes stoßen, der über das Reinheitsgebot hinaus keinen Bedarf sieht (in ähnlicher Argumentation wenden sich etwa die Bauernverbände gegen die Bezeichnung „biologischer Landbau", da dies aus ihrer Sicht zu einer Herabsetzung der herkömmlichen Landwirte führt; man schlägt selbst den Begriff „alternativ erzeugte Agrarprodukte" vor). Eine Entscheidung des Oberlandesgerichts München in zweiter Instanz erlaubt der Neumarkter Lammsbräu weiterhin das Etikett „Öko-Pilsener" mit dem Untertitel „Bierspezialist aus ökologischem Landbau" zu führen (SZ, 20. 3. 1990). Für den Verbraucher wurden „Richtlinien" erarbeitet, in denen die Unternehmensphilosophie einer ganzheitlich orientierten Brauweise dargelegt wird, die eine andere Form der heute üblichen Braumethoden darstellt. Demnach beginnt das Gebot zu ursprünglicher Reinheit auf dem Acker, wird kompromißlos beim Brauen verwirklicht, und auch die Flaschenausstattung ist von dieser Idee eingeschlossen. Die Leitlinien sollen eine Orientierungshilfe für das Brauen von Bieren aus ökologisch angebauten Rohstoffen sein und beziehen sich auf den Rohstoffanbau und die Herstellung. Zusätzlich dienen sie zum Schutz des Verbrauchers, da bisher eindeutige gesetzliche Rahmenbedingungen für Ökolebensmittel fehlen.

Zu den angesprochenen Punkten wird zuerst ein Leitgedanke formuliert, diesem werden dann Richtlinien für das eigene Verhalten zugeordnet. Solche Gebiete umfassen: Gerste und Weizen, Hopfen, Kontrolle der Rohstoffe aus ökologischem Landbau, Wasser, Bierhefe, Mälzung, Brauverfahren, Haltbarmachung, Verpackung.

Die Unternehmensphilosophie umfaßt den gesamten Produktlebenszyklus von der Beschaffung (es wurden in den Einkaufsbedingungen umweltrelevante Voraussetzungen für die zu beschaffenden Güter zur Voraussetzung gemacht), über Energierückgewinnungsanlagen, der Verpackung (ausschließliche Verwendung von Mehrwegglasflaschen in recyclebaren Mehrwegkunststoffkästen, schwermetallfreie oder -arme Farben bei den Etiketten und keine Staniolisierung der Flaschen), bis hin zur Entsorgung (Produktionsabfallprodukte gehen als Viehfutter an die Bauern zurück, Abwasserentsorgung über kommunale Kläranlage, sonstiger Abfall sortiert an kommunale Müllabfuhr).

Da wir hier ein Beispiel aus dem Lebensmittelbereich geben, konzentrieren wir uns auf die Beschaffung der Rohstoffe und das Produktionsverfahren. Die Beschaffung der Braurohstoffe, als wichtigster Teil der Beschaffung, geht über den kontrollierten biologischen Landbau, der diese Produkte umweltfreundlich herstellt. Vertragsbauern sind nur Mitglieder einer von der Arbeitsgemeinschaft ökologischer Landbau (AGÖL) anerkannten Organisationen, die nach bestimmten Rahmenrichtlinien anbauen. Als großes Problem erweist sich dabei die geringe Zahl von Ökobauern, so daß man gezwungen ist, zur Zeit noch in ganz Deutschland zu akquirieren. Aus Transportgründen sollen jedoch die benötigte Braugerste, Brauweizen und -hopfen aus der unmittelbaren Umgebung bezogen werden. Da vermehrt landwirtschaftliche Betriebe umstellen, erscheint dieses mittelfristige Ziel erreichbar. Die Beschaffung der Rohstoffe verursachte bisher überdurchschnittlich hohe Kosten. Es wird auch ein eigener Agraringenieur beschäftigt, der akquiriert und den Ökobauern für den Anbau bzw. die Umstellung beratend zur Seite steht.

Die Lagerung des Getreides aus dem ökologischen Landbau erfolgt ohne Begasungsmittel. Zur Verwendung kommt nur bester (unbehandelter) Natur-Doldenhopfen und keinesfalls Bitterhopfen, Hopfenpellets oder Lösungsmittelextrakte (Hopfenextrakt), der Anbau entsprechender Aromasorten wird den Hopfenbauern vorgeschrieben. Das heute übliche Schwefeln des konventionellen Hopfens zur Konservierung wird abgelehnt.

Da nur eine konsequente Qualitätskontrolle die Einhaltung der selbst aufgestellten „Richtlinien" garantiert, darf Lammsbräu, neben der obligatorischen Eigenkontrolle der Erzeugnisse durch die Verbände der Landwirte, auch zweimal im Jahr unangemeldete Betriebskontrolle durchführen. Vom Agraringenieur werden regelmäßig Bodenuntersuchungen durchgeführt, Getreide und Hopfen von vereidigten Handelschemikern auf Rückstände untersucht. Das Wasser, als weiterer sehr wichtiger Rohstoff, stammt aus eigenen unterirdischen, vor Verunreinigungen verschonten Wasservorkommen. Es ist natriumarm und äußerst nitratarm, Wasseraufbereitungsanlagen werden als unzulässig angesehen. Die Bierhefe wird in eigener Reinzucht erzeugt, als Nahrung dient ausschließlich selbst hergestellte Bierwürze. Das Getreide aus ökologischem Landbau wird in der eigenen Mälzerei vermälzt und das Keimgut ausschließlich durch eine indirekt beheizte und damit schadstoffarme Darre bei niedrigen Temperaturen getrocknet.

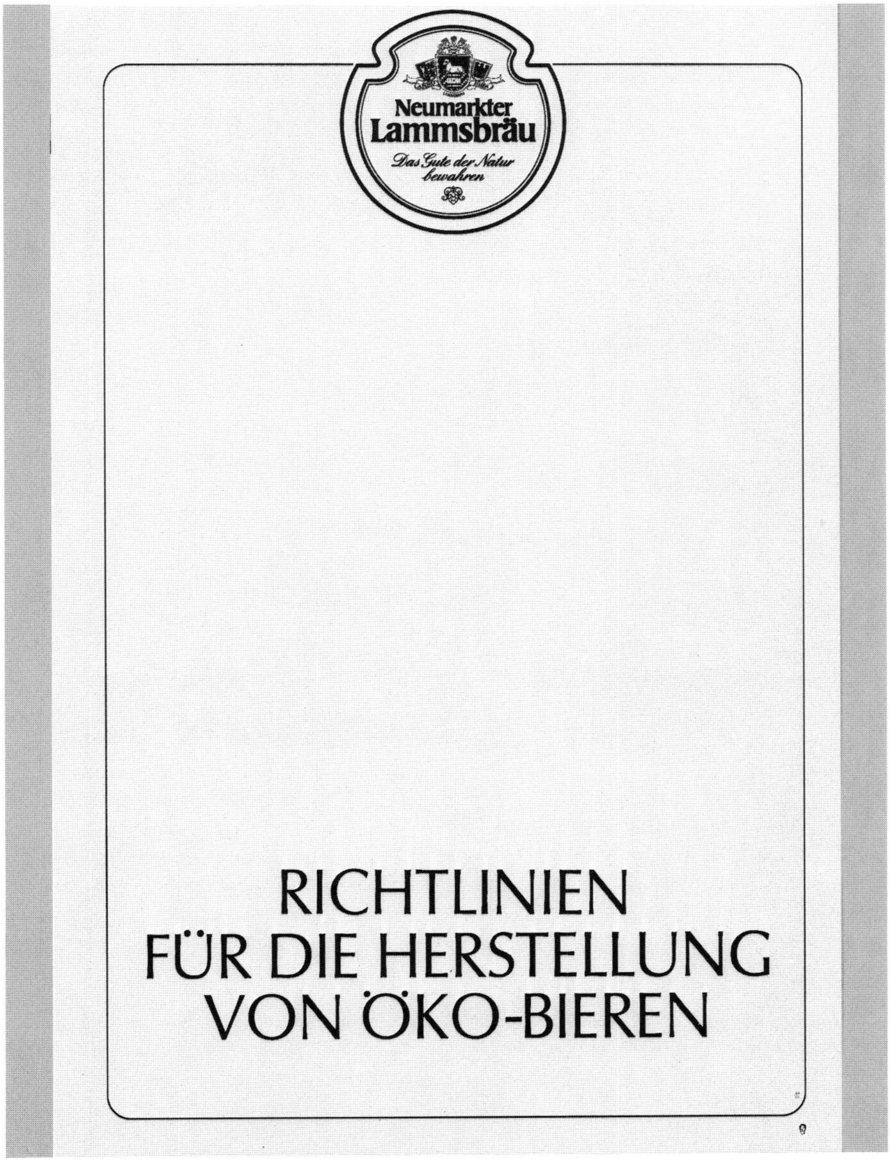
Neumarkter Lammsbräu

Das Gute der Natur bewahren

RICHTLINIEN
FÜR DIE HERSTELLUNG
VON ÖKO-BIEREN

Da es das Ziel der Neumarkter Lammsbräu ist, die Wertstoffe der wertvollen Rohstoffe bis zum fertigen Lebensmittel „Bier" soweit als möglich zu erhalten, wurde das Produktionsverfahren möglichst schonend ausgerichtet, die Ökobiere im traditionellen Gärverfahren gebraut. So werden unnötige Pumpvorgänge, Filtrationen, Zentrifugierungen und Pressungen vermieden, der technisch apparative Aufwand während des Bierbrauens so gering wie möglich gehalten, um die bioenzymatischen Kräfte der Rohstoffe zur Entfaltung kommen zu lassen. Es wird auf Methoden der heute möglichen Schnellverfahren, Schönungen oder Ausbeuteerhöhungen verzichtet. „Wichtig ist für uns nicht nur das biologische Gleichgewicht beim Anbau unserer Rohstoffe, sondern daß diese Gleichgewichtssituation auch bei der Weiterverarbeitung erhalten bleibt. Bier ist ein kolloidales

Öko-
Pilsner
Neumarkter
Lammsbräu
BIERSPEZIALITÄT AUS ÖKOLOGISCHEM LANDBAU
Öko – dieser Name zeichnet unsere Bierspezialitäten aus, die nur mit Rohstoffen aus ökologischem Landbau gebraut werden. Und dazu gehört jetzt auch ein Pilsner für alle, die es herb-frisch mögen.
Öko-
Dunkel
Neumarkter
Lammsbräu
BIERSPEZIALITÄT AUS ÖKOLOGISCHEM LANDBAU
Kenner bevorzugen dieses Bier wegen seiner kräftigen Würze. Seine charakteristische Farbe erhält es auf natürliche Weise durch original dunkles Malz.
Öko-
Leicht
Neumarkter
Lammsbräu
BIERSPEZIALITÄT AUS ÖKOLOGISCHEM LANDBAU
Oder die leichte Alternative: Dieses frische und wohlschmeckende Schankbier hat im Vergleich zu den üblichen Vollbieren 50% weniger Alkohol und 40% weniger Kalorien.

System, das sich im Gleichgewicht befinden muß, um optimalen Geschmack und Genuß und Bekömmlichkeit zu garantieren".

Man will bei Lammsbräu damit erreichen, daß die heute weitverbreiteten Eingriffe in dieses kolloidale Gleichgewichtssystem durch chemische Eiweißstabilisierungsmittel (Polyvinylpolypyrrolidon) oder Kieselsäurepräparate nicht Anwendung finden. Da die Aufbereitung des Rohstoffs Braugerste und Brauweizen zu Malz für das schonende Brauverfahren wichtig ist, wird es in eigener Mälzerei durchgeführt. Es wird auch kein Hopfenextrakt und Hopfenpulver (Pellets) verarbeitet, da dies bereits wieder isolierte Produkte der natürlichen Hopfendolde sind und Lammsbräu das angestrebte biologische Gleichgewicht nur mit echtem Naturhopfen in Doldenform möglich erscheint.

Die häufige Praxis einer künstlichen Verlängerung der Haltbarkeit wird abgelehnt (Verbot von Eiweißstabilisierung, der Keimabtötung und Entkeimung, von Schwefel und Formaldehyd).

Waschmittel, Haushaltschemie

Im Gegensatz zu anderen europäischen Ländern hat die Umweltdiskussion in Deutschland in den letzten Jahren die Marktentwicklung stark beeinflußt und zu einem rückläufigen Gesamtverbrauch an Wasch- und Reinigungsmitteln geführt. Der größte Bereich Universalreiniger (aber auch Weichspüler, Handgeschirrspülmittel, Haushaltsreiniger) war auch 1989 erneut rückläufig. Zugelegt haben flüssige und konzentrierte Waschmittel sowie Geschirrspülmaschinenmittel.

Klassisches Beispiel (und deshalb als bekannt vorausgesetzt) ist wohl die Einführung phosphatfreier Waschmittel. Neuere Beispiele aus diesem Bereich:

- Konzentration des Pulverwaschmittels
- Konzentrate, die mit Wasser aufgefüllt werden müssen, als Nachfüllpakkungen beim Weichspüler.

Wie das Scheitern erster Versuche verdeutlicht, fällt dem Marketing für das umweltfreundliche Produkt eine neuartige Informationsaufgabe zu, da der Verbraucher der wesentlich geringeren Menge eines Konzentrats etwa nicht den gleichen „Gebrauchsnutzen" wie der „gewohnten" Menge beimißt. Abhilfe könnten hier automatische Dosiersysteme schaffen (vgl. das Bosch-Siemens-Beispiel an späterer Stelle).

Werner & Mertz
Eine der erfolgreichsten Neueinführungsstrategien gelang der Firma Werner & Mertz mit der Plazierung ihrer „Frosch"-Artikel, „das kleine grüne Wunder" als Hilfe für den umweltbewußten Haushalt. Die Marke wurde konsequent auf das Öko-Marktsegment abgezielt aufgebaut. Es wird darauf abgestellt,

- *daß ein vernünftiges Verhältnis zwischen gründlicher Reinigung und geringstmöglicher Belastung der Umwelt erreicht ist (wir haben auf die Notwendigkeit der Gebrauchstauglichkeit auch bei umweltfreundlichen Produkten bereits hingewiesen),*
- *daß sie besonders hautschonend sind und*

● *daß weitgehend biologisch abbaubare Substanzen verwendet werden.*

Die mittlerweile auf sechs Produkte angewachsene „Frosch"-Serie wird im Teil 11 ausführlich dargestellt.

NOUVEAU
UNE PROPRETÉ ÉTONNANTE
AVEC SI PEU DE PRODUIT
ARIEL
ULTRA
SANS PHOSPHATES

COMMENT PEUT-IL Y AVOIR AUTANT DE PROPRETÉ DANS UN SI PETIT PAQUET ?
SI PEU DE POUDRE.
La formule d'Ariel Ultra est radicalement différente. Affiné, épuré, Ariel Ultra est tellement efficace que très peu de poudre suffit pour laver beaucoup de linge.
LE PREMIER DIFFUSEUR DE POUDRE.
Voici l'Ultra-Arielette, c'est le premier diffuseur de poudre. Grâce à lui, Ariel Ultra se met directement dans le tambour et agit tout de suite au milieu du linge. Fini les poudres qui encrassent les tiroirs de machines !
DROIT AU BUT CONTRE LES TACHES !
Plus de prélavage ! Avec l'Ultra-Arielette, Ariel Ultra va droit au but contre les taches pour vous offrir un blanc parfait, des couleurs éclatantes, une propreté impeccable !
UN ÉTONNANT PETIT PAQUET.
Toute la propreté que vous exigez tient maintenant dans un paquet bien plus léger, beaucoup moins encombrant et qui dure longtemps.
SANS PHOSPHATES.
SANS PHOSPHATES
Une lessive qui lave autant de linge avec si peu de poudre peut-elle être sans phosphates ? Oui. Tout ce que vous attendez d'une lessive est réuni dans Ariel Ultra.
ARIEL ULTRA
LE MINI PAQUET D'ULTRA PROPRETÉ.

Lever

Kaum ein Produkt symbolisiert den Dauerstreit Ökologie und Ökonomie so wie die Wasch- und Reinigungsmittel. Zunehmend wird jedoch der Umweltverträglichkeit als Produktkriterium größere Bedeutung beigemessen (vgl. auch die Beispiele im Teil 10). Nachdem die phosphatfreien Waschmittel seit ihrer Ersteinführung vor gut vier Jahren inzwischen einen Marktanteil von weit über 80 % erreichen, sieht Lever als weiteren innovativen Schritt innerhalb eines strategischen Dauerprogramms der Optimierung ihrer Produktpalette (1988 phosphatfreie Waschmittel, WC-Reiniger „Domestos" ohne Chlor)

die Einführung eines völlig sulfatfreien Waschmittels Mitte 1989. Für das neue „Sunil“ wirbt die Unilever Tochter bundesweit in 323 TV-Spots. Der Sulfatanteil beträgt bei Waschmitteln je nach Marke bis zu 25 %, der Konkurrent Proctor & Gamble hatte bereits Mitte 1989 mit seinem „Ariel Ultra“ den Anteil auf 5 % gedrückt. Als zusätzlichen Vorteil betont Lever eine mit dieser Produktänderung einhergehende 33 %ige Gewichtsverringerung und eine 20 %ige Einsparung an Verpackungsmaterial.

Oberholz stellte die Frage (Blick durch die Wirtschaft, 9. 8. 89), ob man nicht eventuell eine Art „Nebenkriegsschauplatz“ eröffnet, da das Natriumsulfat nicht gerade zu den be-

DAS NEUE SUNIL

UMWELTBEWUSST, SPARSAM UND KLEIN.

OHNE SULFATZUSATZ:

DIE NEUE PULVERGENERATION VON LEVER: UMWELTBEWUSST, SPARSAM UND KLEIN.

Lever geht weiter konsequent voran: alle Lever-Waschpulver werden jetzt auch ohne Sulfatzusatz angeboten, nachdem Lever bereits 1988 als erster Anbieter alle Pulver nur noch phosphatfrei herstellte. So trägt die Lever-Forschung erneut dazu bei, die Umweltbelastung durch Waschpulver zu verringern.
Sunil und Sunil citrus ohne Sulfatzusatz, OMO micro und Coral intensiv – für ein zeitgemäßes Waschmittel-Angebot.

Nutzen für Umwelt und Verbraucher: ohne Sulfatzusatz

- Entlastung unserer Gewässer durch weniger Chemie im Abwasser
- 1/3 weniger dosieren bei gleicher Waschleistung

Nutzen für Umwelt und Handel: kleinere Packungen

- Rohstoffersparnis durch weniger Packstoffbedarf. Verzicht auf Plastik-Tragegriff und Metallnieten
- höhere Flächenproduktivität, niedrigere Logistikkosten

LEVER

Lever. Handel. Verbraucher.

denklichsten Bestandteilen der Waschmittelrezepturen gehöre (wie etwa anionische und nicht ionische Tenside, Natriumperborat oder die optischen Aufheller). Zudem gibt es umweltfreundliche Waschmittel im strengen Sinne nicht – kann es ja gar nicht geben. Es sind nur Schritte in Richtung auf die Entwicklung umweltverträglicherer Waschmittel.

Elida Gibbs

Für den umwelt- und natursensiblen Verbraucher brachte Elida Gibbs im Juni 1989 eine Alternative zu den herkömmlichen Zahncremes unter dem Markennamen „Mynta“ heraus:

- *Sie ist aus Naturrohstoffen hergestellt.*
- *Es wird zur Verbraucherinformation eine vollständige Deklaration der Inhaltsstoffe gegeben (Bio-Kreide, Glycerin, Pflanzliches Xantham Gum, Natriumpalmitat, Aromaöle, Pflanzenextrakte, Zitronensäure, Chlorophyllin).*

- *Die Verpackung ist, bei dem notwendigen Schutz des Produktes, so wenig umweltschädlich wie möglich.*
- *Die Faltschachtel, die aus Hygiene-, Transport- und Lagerungsgründen beibehalten wird, besteht überwiegend (60 – 70 %) aus Recyclingpapier.*
- *Auf Konservierungsstoffe kann wegen des hohen Anteils an Glycerin verzichtet werden.*

Wella

Ein weiteres Beispiel aus dem Körperpflegebereich ist die Entwicklung der „Sanara"-Serie von Wella, die April 87 eingeführt wurde. Bei den Basisüberlegungen ab 84 wurde der

F & E-Abteilung folgender Auftrag gegeben: „Objektiv muß Sanara in bezug auf Rezepturen, Verpackungen und Aussagen glaubwürdig und insoweit unangreifbar sein, als in jedem einzelnen Element die für die Zielsetzung Gesundheit und Umwelt nach heutigem Stand bestmögliche Lösung realisiert ist". (. . .) „Subjektiv mußten für Sanara alle Einstellungen, Informationen und Assoziationen der Endverbraucher zum Thema Gesundheit und Umwelt berücksichtigt werden. Deshalb kam den Punkten ‚Natur' und ‚natürlichen Rohstoffen' eine besondere Bedeutung zu als Gegensatz zu ‚Chemie', die in der Verbrauchermeinung stark negativ belastet ist" (w & v, 36/88). Begrenzende Bedingung dabei war, daß keine Qualitätsnachteile gegenüber anderen Wella-Produkten auftreten durften.

Als Zielgruppe wurden nach Analysenergebnis alle Frauen und Männer, die psychologisch der Gruppe der progressiven, natursensibilisierten Qualitätskäufer zuzuordnen sind, definiert.

Demographisch umschrieben sind dies Frauen im Alter von 20 bis 49, die in größeren Orten leben und bei Mehrpersonenhaushalten über ein Netto-Haushaltseinkommen von 4000 DM verfügen (das Verwenderpotential insgesamt wurde mit 30 % aller Deutschen zwischen 14 und 49 Jahren definiert).

Dieses Pflege-Shampoo

- *reinigt auf pflanzlicher Basis besonders mild,*
- *hat eine hervorragende Hautverträglichkeit,*
- *hat eine Verpackung, die sich der Umwelt gegenüber neutral verhält und unschädlich verbrennt,*
- *ist biologisch abbaubar gemäß gesetzlichen Bestimmungen,*
- *enthält Konservierungsstoffe, die auch in der Natur vorkommen.*

Das Wella Vorstandsmitglied Zühlsdorff betonte in einem Stern-Interview (Nr. 40/1989) den verbreiteten Einsatz von natürlichen Rohstoffen; diese seien aber nicht immer besser als synthetische und auch nicht immer gesünder; er wurde auch auf die „nichtssagende" Deklaration angesprochen. Laut einer Stern-Untersuchung halten 85 % der Gesamtbevölkerung eine eindeutige Information über Ingredienzen für dringend erforderlich.

Die Kommunikationsüberlegungen standen primär unter dem Gesichtspunkt, Glaubwürdigkeit und Akzeptanz zu schaffen. Dabei galt es, die genannten wichtigsten objektiven Produktnutzen von Sanara zu übermitteln. Die Strategie stellte deshalb auf Punkte ab wie: Rezepturen auf pflanzlicher Basis, biologisch abbaubar, natürliche Parfümöle, keine Farbstoffe, hautfreundlicher pH-Wert, umweltschonende Verpackung.

Bei der Verpackungsgestaltung wurde darauf geachtet, sich nicht in der Vielzahl der Argumente zu verzetteln. Die Natürlichkeit des Produktes wurde nicht durch eine Abbildung gegenständlicher Art, sondern durch ein Symbol dargestellt: In einem Rechteck verlaufen die Farben grün bis blau changierend.

Um möglichst schnell eine hohe Markenbekanntheit aufzubauen, wurden für die Medienleistung bei der breiten Öffentlichkeit Stern und Das Beste, für die zielgruppenaffinen Titel Brigitte, Geo, Cosmopolitan, Style, Vogue, Vital, Bio, Pan, Ambiente ausgewählt. Dazu kamen TV-Spots. Als Maßnahmen zur Unterstützung des Handels wurden am Point of Sales Sachets zum Kennenlernen plaziert; dazu kamen Aufsteller und Hilfen bei der Regalplazierung. Zur Information des Handels diente ein großformatiger Salesfolder, für die Kundenberaterinnen wurde ein Das Beste-Beihefter eingesetzt.

WELLA
you can see the thinking
New Sanara haircare from Wella. As kind to water as it is to your hair.
You'll notice how kind new Sanara is to your hair. See it. Feel it. Sanara's naturally derived formulations bring out the shine and smoothness in your hair, leaving it manageable and healthy. You won't actually see how kind Sanara is to the environment – but it's nice to know that the whole range is biodegradable, so it doesn't pollute water or the soil. And, naturally, the packaging is recyclable. Sanara. Kind to you, kind to nature.
SANARA
SHINE-ENHANCING HAIRSPRAY
SANARA
ENRICHED CONDITIONER
SANARA
ENRICHED SHAMPOO
SANARA

Hildmann, Simon, Rempen & Schmitz/SMS

Eine neue Qualität in der Haarpflege.

Die Natürlichkeit von Sanara.

Für die Haarpflege gibt es immer wieder neue, vielversprechende Produkte. Aber nur wenige bieten wirklich neue Inhalte. So wie Sanara:

Milde Rezepturen auf Basis pflanzlicher Rohstoffe. Mit Waschsubstanzen aus Cocosöl. Mit Pflegestoffen aus der Zuckerrübe, aus Baumwolle und Holz.

Mit natürlichen Parfümölen. Ohne Farbstoffe.

Denn mehr Natur macht mehr aus Ihrem Haar.

WELLA

REZEPTUREN AUF PFLANZLICHER BASIS   BESONDERS HAUTFREUNDLICH   OHNE FARBSTOFFE   MIT NATÜRLICHEN PARFÜMÖLEN

Das Ziel, eine gute Produktqualität im Hochpreissegment zu positionieren, wurde voll erreicht.

Die Einführung dieses Produktes mit einem Natur- und Umweltanliegen ist zunehmend eingebettet in eine entsprechende Gesamthaltung der Unternehmung. Die Berücksichtigung des Umweltschutzes ist ein wichtiger Aspekt der Unternehmenspolitik und drückt sich in vielen Aktivitäten aus:

- *Herausgabe eines speziellen Umwelt-Reports*
- *Bildung von „Öko-Teams" in der Belegschaft*
- *Einladung der „Grünen" zu einem Werksbesuch in Darmstadt*
- *Förderung der öffentlichen Verkehrsmittel durch Erstattung von 50 % der Kosten*
- *Senkung des Energieverbrauchs*
- *Begrünungsaktionen*
- *Kennzeichnung der verwendeten Kunststoffarten*
- *Verzicht auf FCKW in allen Aerosolprodukten seit 1987*
- *und vieles mehr.*

Im Haarpflegebereich weitgehend angesprungen ist bei den deutschen Herstellern die Herausnahme der Fluorchlorkohlenwasserstoffe aus den Sprays. Durch die besonderen Anwendungseigenschaften der Pumpsprays, die noch einer technologischen Verbesserung bedürfen, stießen die ersten Sprays ohne Treibgas auf große Zurückhaltung beim Verbraucher; so mußte Wella seine 1976 eingeführten Pumpsprays 1986 wieder vom Markt nehmen.

Body Shop
Über einen Konzern, dem über 400 Läden in 34 Ländern mit einem Jahresumsatz von 55 Mill. Pfund angehören, regiert Anita Roddick. Ihr Body Shop wurde 1987 vom Britischen Industrieverband zum Unternehmen des Jahres gewählt und bekam 1989 von der UNO die „Global 500"-Auszeichnung. Die unglaubliche, von keinem TV-Spot unterstützte Erfolgsstory der Unternehmerin beruht auf einem konsequenten Konzept: ausschließlich naturkosmetische Produkte (aus Obst, Pflanzen und Südfrüchten), begleitet von einer Öko-Ethik und einem starken sozialen Engagement.

Chemische Industrie

Follmann & Co
Die mittelständische Unternehmung Follmann & Co hat sich auf dem Sektor umweltfreundlicher Druckfarben einen Technologievorsprung verschafft. Man sieht besonders für Unternehmen der chemischen Industrie eine große Verantwortung und will als zentrale Aufgabe deshalb ökonomischen und ökologischen Zielen gleichermaßen gerecht werden. In vielen Bereichen wird systematisch versucht, umweltbelastende durch umweltfreundlichere Produkte auszutauschen. Neben den umweltverträglichen wasserlöslichen Druckfarben, wo man sich als einen der Marktführer sieht, produziert Follmann lösungsmittelfreie Klebstoffe und bauchemische Artikel.

Der Übergang zu lösungsmittelfreien (-armen) Farben bedurfte einer umfangreichen „Überzeugungsarbeit" bei den Kunden (vgl. Argumentationskatalog). Das am Markt gegebene Verhältnis hat sich bei Follmann praktisch umgedreht: 80 % der Druckfarben für

Beispiel einer Kundeninformation

Argumentationskatalog für wäßrige Tapetendruckfarben von Follmann & Co.

Bereits in den 60er Jahren wurden Entwicklungen eingeleitet, lösungsmittelhaltige Tapetendrucksysteme durch wäßrige Produkte zu ersetzen. Allein – die Zeit für die neuen wäßrigen Systeme war noch nicht reif. Schwierigkeiten gab es genug – wie zum Beispiel: Antrocknen der Farben bei Maschinenstillstand, kein Anlösen beim Weiterdruck, Reinigungsprobleme, ungenügende Druckgeschwindigkeiten und viele andere Probleme.
Nach dem letzten Stand der Technik sind viele wäßrige Systeme heute ausgereift und haben keine Nachteile mehr gegenüber den Lösungsmittelprodukten.

Vorurteil 1: zu geringe Laufgeschwindigkeit.
Tatsache ist: Die Druckmaschinen, die heute in der Praxis eingesetzt werden, verfügen im allgemeinen über ausreichende Trockenaggregate. Für wäßrige Systeme benötigen wir Trockentemperaturen bis etwa 80 °C und – das ist besonders wichtig – eine ausreichende Umluft.

Vorurteil 2: Antrocknung der Druckfarbe auf dem Zylinder schon bei kurzen Maschinenstillstandszeiten.
Tatsache ist: Dieses Problem ist heute als vollständig gelöst zu betrachten. Die Druckfarben sind so eingestellt, daß sie nach einem Maschinenstillstand wieder vollständig und ohne Rückstände angelöst werden.

Vorurteil 3: schlechtes Ausdrucken und unruhige Farblage.
Tatsache ist: Mit den heutigen wäßrigen Druckfarben können Sie einen Unterschied zu den Lösungsmittelfarben kaum noch feststellen.

Vorurteil 4: minderwertige Echtheitseigenschaften.
Tatsache ist: Die Chemie hat dieses Problem gelöst. Die Scheuer- und Waschfestigkeiten der wäßrigen Systeme sind den Lösungsmittelsystemen gleichzusetzen.

Vorurteil 5: Auch wäßrige Systeme enthalten Lösungsmittel und sind damit nicht besser als die Lösungsmittelsysteme.
Tatsache ist: Natürlich enthalten sie Lösungsmittel, wie zum Beispiel Alkohole. Aber – wir reden nicht von Wasserfarben, sondern von wäßrigen Systemen. Das bedeutet: Wasserverdünnbarkeit, keine Kennzeichnungspflicht, günstige Lagerhaltung etc.

Vorurteil 6: Die scharfe Prägung und Schlußlackierung ist nur eingeschränkt möglich.
Tatsache ist: Alle Prägeformen und Lackierungen sind mit wäßrigen Systemen durchführbar – und zwar ohne Einschränkungen.

Vergessen wir also die Vorurteile und konzentrieren uns auf die Vorzüge der wäßrigen Systeme!

1. Vorteil:
Die Lagerung der wäßrigen Produkte muß nicht in einem separaten, den Feuerschutzbestimmungen angepaßten Farblager erfolgen. Die Produkte sind nicht kennzeichnungspflichtig zum Beispiel mit einem Flammsymbol.

2. Vorteil:
Das Verdünnen der Druckfarben auf Druckviskosität erfolgt in der Regel nur mit Wasser. Reicht die vorhandene Trocknungszeit nicht aus, kann selbstverständlich auch mit einem Wasser-Alkohol-Gemisch verdünnt werden. Das ist kein notwendiges Kriterium für die Druckfarbe, sondern ausschließlich abhängig von der vorhandenen Maschinenausrüstung – also von der Kapazität der vorhandenen Trockenaggregate.

3. Vorteil:
Das Maschinenpersonal kann, ohne umzulernen, die Handhabung der wäßrigen Produkte, wie von den Lösungsmittelsystemen gewohnt, voll übernehmen. Dies gilt für die Verschneidbarkeit mit Bindemitteln und für die Einstellung der Druckviskositäten.

4. Vorteil:
Wäßrige Systeme drucken matter auf, und das ist im allgemeinen auch erwünscht.

5. Vorteil:
Grundsätzlich sind alle Papiere für die Bedruckung mit wäßrigen Systemen geeignet. Besonders gut eignen sich allerdings stark saugfähige Papiere.

6. Vorteil:
Wäßrige Druckfarbensysteme sind umweltfreundlich.

7. Vorteil:
Die Entsorgung der Restfarben und Waschlösungen erfolgt nicht über eine Sondermülldeponie. Restfarben können über eine normale Vorklärung und Fällung dem Abwasser zugeführt werden.

8. Vorteil:
Ein Ex-Schutz der Maschinen ist nicht notwendig.

9. Vorteil:
Aufgrund der Reduzierung der Brandgefahr fallen geringere Versicherungsprämien an.

10. Vorteil:
Im Vergleich sind die Preise der wäßrigen und die der lösungsmittelhaltigen Druckfarben zwar etwa gleich, bei wäßrigen Systemen wird allerdings ausschließlich Wasser zum Verdünnen und Waschen verwendet – und das ist bekanntlich billiger als Lösungsmittel. Dadurch wird auch das Gesamtsystem erheblich kostengünstiger.

Quelle: Follmann & Co.

Flexo-, Tief- und Siebdruck sind wasserverdünnbar oder wenigstens lösungsmittelarm. Daneben wurden als Alternative zu PVC-Schaumdruckfarben strukturgebende Schäume auf Dispersions- und Plastisolbasis entwickelt. Ein geschlossener Stoffkreislauf wurde damit erreicht, daß ein aus früheren „Abfällen" gewonnenes Granulat inzwischen als neues Produkt erfolgreich vom Markt aufgenommen wurde.

Kraftfahrzeuge

Die volkswirtschaftliche Gesamt-(Schadens-)Bilanz der Automobile wird in den Medien zunehmend „enttabuisiert". Trotz der eminenten wirtschaftspolitischen Bedeutung dieses Schlüsselsektors werden immer mehr die gravierenden Neben- und Folgeeffekte diskutiert. Über die bereits im Teil 1 genannten Punkte hinaus soll dies nicht Gegenstand unserer Betrachtung sein, da ich an dieser Stelle Formen des einzelwirtschaftlichen Produkt-Managements aufzeigen will.

Ohne die zurückliegende Hinhaltetaktik und unglaubwürdigen, z.T. auch unsäglichen Aussagen und Horrorzahlen mancher Verbandssprecher und auch Vorstände bei der Einführung der Katalysatoren und des bleifreien Benzins nochmals aufwärmen zu wollen (wobei diese Periode auch für unklare politische Rahmendatengebung steht), betont zur Zeit fast jeder Automobilhersteller die umweltfreundliche Technik des Katalysators, wird er nun plötzlich Bestandteil der Serienausstattung (in Großbritannien wird die Einführung bleifreien Benzins als eine Tat gefeiert, „to turn the competition green"). Die Öffentlichkeit, vielleicht sich noch der Art und Weise erinnernd, wie gegen die entschlossene Ablehnung der Industrie dieser Fortschritt „erzwungen“ werden mußte, lernt das Staunen . . .

Wie wir später beim blauen Umweltengel noch zeigen werden, ist das Kriterium Umweltfreundlichkeit häufig nur auf einen Teilaspekt bezogen. So wurde die Katalysatortechnik im Zeichen des Waldsterbens eingeführt, andere Ziele (sparsamerer Treibstoffverbrauch oder alternative Formen) dadurch in den Hintergrund gedrängt. So kann die zur Zeit erkannte Gefahr des sog. „Treibhauseffekts“ zu einer neuen Beurteilung des Kriteriums Benzinverbrauch füh-

ren. Einer der Hauptverursacher sind die Kohlendioxidemissionen, deshalb wird auch die Forderung nach einer CO_2-Steuer erhoben. Der Kat führt, als Nachteil, nach einer Faustregel etwa zu einem Liter Mehrverbrauch auf 100 Kilometer.

„So wichtig es ist, alles technisch Mögliche zu unternehmen, um die Reserven besser zu nutzen und neue – regenerative – Energiequellen zu erschließen, so illusorisch ist der Glaube, das Klimaproblem sei allein mit Technik zu lösen. Denn auch ein Katalysatorauto mit einem Verbrauch von drei Litern bleibt ein Auto, das schon bei der Herstellung ungeheure Mengen an Rohstoffen kostet. Es gibt überhaupt keine Möglichkeit, Energie zu erzeugen, ohne dabei die Umwelt zu schädigen. Solar- und Windkraftanlagen sind zwar sauberer als die Kohleheizung, aber auch sie müssen gebaut, gewartet und erneuert werden."

So spricht Opel „vom Plus für die Umwelt", bedauert Renault den Finanzminister, da ihm Steuergroschen flöten gehen (aber zur gleichen Zeit bedankt sich der Umweltminister in Anzeigen für die Umweltfreundlichkeit der Fahrzeuge und präsentiert in einem bildlichen TV-Umweltmagazin ein Modell als „den kleinen Umweltfreund"), bieten Mercedes-Benz die umweltfreundlichen Dauerläufer und Bosch den Diesel als die umweltbewußte Fahrweise an – es grünt wohin man blickt . . .

Unter Hinweis auf die 1992 verbindlich werdenden EG-Gesetze übt Audi sogar leichte Selbstkritik: „Given that the car industry has done the environment few favours over the years, we decided not to wait until we were forced to act."

„Der Schutz der Umwelt ist zum Modethema geworden. Politiker müssen um Wählerstimmen bangen, wenn sie den Eindruck hinterlassen, sich um den Umweltschutz nur nebenbei zu kümmern. Manager entdecken, daß sich auch mit Öko-Argumenten gut verkaufen läßt. Ein

Wettbewerb der Worte ist entbrannt, bei dem jeder die Nummer eins sein möchte: Wer ist der beste Umweltschützer im Land?

Alte Feindbilder stimmen nicht mehr. Regierende stellen heute ihre Erklärungen unter das Motto ‚Die Schöpfung bewahren'. Auch die Industrie hat längst umgedacht. Da plaziert eine Automobilfirma mit stim-

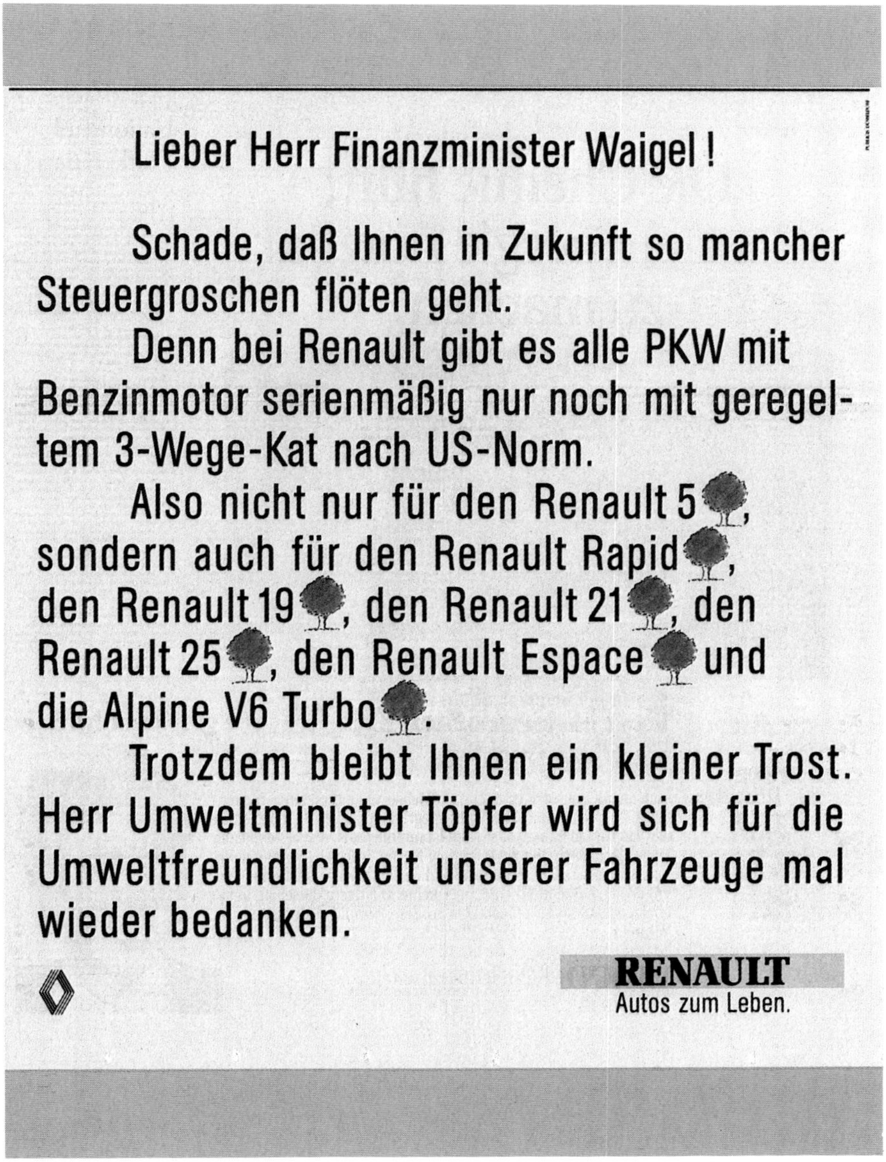

mungsvollen Landschaftsbildern und einem Song von Louis Armstrong ihr Produkt in der Werbung so, daß Opel-Fahren geradezu als aktiver Beitrag zum Naturschutz erscheinen muß. Die Konkurrenz, Audi, versucht in einer britischen Wirtschaftszeitung, die Kundschaft mit Fragen wie dieser zum Kauf eines ‚sauberen Autos' zu bewegen: ‚Offen gesagt, hat das Auto die Umwelt nicht jahrelang genug geschädigt?'" (Vorholz, Die Zeit)

„In Insider-Kreisen nennt man Dich schon den Kleinen Umwelt-Freund.“
Dr. Boris von Pazcewsky
„Vielleicht, weil ich selbst als Kleiner nach der strengen US-Norm lebe.“
Kleiner Freund
TV UMWELT MAGAZIN
PRI MA 5
Der neue Renault 5 Prima. Der Kleine Freund, an dem alles prima ist.
Er zeigt wie man sich mit wenig Geld viel Komfort-und Umweltbewußtsein leisten kann. Zum Beispiel der neue Renault 5 GTR Prima: Mit geregeltem 3-Wege-Kat. Mit elektrischen Fensterhebern vorn, Türzentralverriegelung mit Infrarot-Fernbedienung, grünem Wärmeschutzglas, Nebelscheinwerfern, Velourspolsterung, einzeln umklappbaren Rücksitzen (1/3, 2/3), Scheibenwischern mit Intervall: Alles inklusive und nicht auf Sonderlisten versteckt. Erleben Sie Ihren neuen Freund in Aktion. Als Benziner oder Diesel. Als 3-oder 5-Türer. Von 1,4 l bis 1,8 l (40 kW/54 PS bis 69 kW/94 PS). Ihr Renault-Partner erklärt Ihnen gerne, wie preiswert das neue Umweltprogramm für Sie wird. Entweder mit der flexiblen VARIO-Finanzierung der Renault Bank oder mit dem Alternativ-Preis von 14.990,-DM (unverbindliche Preisempfehlung der Deutschen Renault AG für den Renault 5 Campus, ohne Überführung). Gehen Sie wählen. Bei Ihrem Renault-Partner.
Alle Benziner serienmäßig nur noch mit geregeltem 3-Wege-Kat nach US-Norm.
RENAULT
Autos zum Leben.
Renault empfiehlt elf Motorenöle.

Kraftwerke nehmen in der Diskussion über Umweltbelastungen sicherlich einen Spitzenplatz ein. Ihr „Produkt“ wird selbstverständlich als Basis unseres Komforts geschätzt, die damit verbundene Umweltbilanz weniger. Es ist hier nicht der Ort einer umfassenden energiepolitischen Diskussion, die Standpunkte sind hinlänglich bekannt – auch die Problematik unserer Verschwendung fossiler Stoffe oder die Vorteile regenerierbarer Energien. Viel Kluges ist hierzu geschrieben worden und ermöglicht eine individuelle Meinung. Hier seien einige Reaktionen von Energieproduzenten gezeigt.

In einer Anzeigenkampagne der Informationszentrale der Elektrizitätswirtschaft (IZE) wird über die Maßnahmen zur Reinhaltung der Luft berichtet. Die Ausrüstung der Kohlekraftwerke mit Entschwefelungsanlagen (Kosten: 15 Mrd. DM) führte zu einer Reduktion des Schwefelausstoßes um zwei Drittel, bis 1992 drei Viertel. Die Verringerung der Stickoxide wird „mit aller Macht“ vorangetrieben. Überall werden Kraftwerke mit dem umweltfreundlichen Touch gepriesen . . .!?

Da im Gegensatz zu den fossil befeuerten Kraftwerkstypen bei Kernkraftwerken keine CO_2-Emissionen auftreten, sieht nicht nur die RWE in ihrer Broschüre „Umwelt-Bilanz“ in der Kernenergie die ideale Verbindung von Ökonomie und Ökologie. Da sich die heutige aktuelle Umweltdiskussion zunehmend auf den globalen Treibhauseffekt als größte Bedrohung richtet, sehen die betroffenen Unternehmen in der „relativen“ Umweltfreundlichkeit die

Möglichkeit einer „Renaissance“ bzw. „Neubewertung“ der Kernenergie. Als Hauptverursacher des Greenhouse Effects sind neben den FCKW-Gasen und dem Abbrennen der tropischen Regenwälder als Haupt-Einzel-Verursacher die Kohlendioxide aus fossiler Verbrennung anzusehen. Einerseits wäre die Co_2-Produktion wesentlich höher, wenn nicht die Kernenergie in Deutschland inzwischen 17 Prozent zur Deckung des Strombedarfs beitragen würde, andererseits wird die Gesamtbilanz unzulässig verkürzt, da Fragen der Reaktorsicherheit oder der Entsorgung (die bisher von keinem einzigen Land der Welt

OVER the last couple of years, the Greenhouse Effect has become one of the world's hottest topics.

But actually, it's nothing new.

Since the mid 1800's there have been warnings about how increased levels of carbon dioxide in the atmosphere can affect our climate.

It acts rather like glass in a greenhouse.

The sun's rays pass through it to Earth, but then it traps some of the heat that would otherwise be radiated back into space.

And this is the problem. Too little carbon dioxide in the atmosphere and we freeze. Too much and we get overheated.

Which is exactly what's been happening.

Things are hotting up.

In the last 100 years, the Earth has warmed up by more than half a degree.

That may not seem like a lot. But geologists have observed that changes of minute fractions of a degree can cause glaciers to advance or decline.

The net result could mean rising sea levels all around the globe.

Some scientists believe that a rise of between 20 centimetres and 1½ metres can be predicted by the year 2030.

Certain areas of the world would return to marsh and swampland.

A rise of just a foot would drown the sandy beaches of the US Gulf and Atlantic coasts.

A three foot rise would flood a sixth of Egypt's arable land, making 8 million homeless. Not to mention the 15 million that would lose their homes in Bangladesh.

Venice could even disappear. And parts of London would become a swamp (not unlike the Late Pleistocene period when the hippopotamus was a native of the Thames Valley).

However, this rather dismal scenario is by no means definite.

Must act now.

Just as man has been responsible for polluting the atmosphere, he should be responsible for cleaning it up.

Scientists are beginning to acknowledge that carbon dioxide from fossil fuels is the single largest waste product of modern times.

It is also a major contributor to the Greenhouse Effect.

Others include chlorofluorocarbons

We have the power to help prevent it.

(CFCs) which are found in aerosols and refrigerators. Also, methane which comes from various natural bacteria processes and the burning of tropical rain forests.

So, the simple answer to halting the Greenhouse Effect is to stop producing these gases responsible for it.

What can be done?

Naturally, this is easier said than done, but a start is being made.

Governments are trying to phase out the use of CFCs, so that by the end of the century, no products will contain them.

Further losses of the rainforests must be stemmed and new trees planted.

We must continue with energy conservation. Along with lead free petrol and catalytic converters, how about the 100 miles-a-gallon car? Current prototypes can do 80mpg.

Dams, windmills and tidal barrages are beginning to be taken more seriously, although a wind-farm the size of Greater Manchester would be needed to replace a single power station.

And what of fossil fuels?

As the majority of our power comes from burning them, can we afford to stop? Or even slow down?

The fact is, we're going to have to conserve them anyway. Because our fossil fuels won't last forever. And they're not being replaced.

Nuclear alternative?

Fortunately, we do already have a secure source of clean energy for the future.

Nuclear power.

At BNFL, we believe that it has an important role to play in a balanced energy policy for this country. Not only that, it has an important role to play in the environment.

In France and Belgium, for example, they generate more than two-thirds of their electricity from nuclear power.

This has helped to reduce their output of carbon dioxide faster than in the rest of Europe.

In Britain, we could do the same. And we must.

So sure are we of a nuclear future, that BNFL is currently investing £1½ million a day at Sellafield.

We are equally sure of the role we can play in the environment.

Naturally, we'd expect you to weigh up the arguments for and against.

Then, ask yourself a simple question: Are the others offering really workable alternatives?

BRITISH NUCLEAR FUELS PLC.

Risley, Warrington WA3 6AS.

Just how green are you about nuclear power?
Bamboo Green
Apple Green
Pastel Green
Aqua Green
Jade Green
Parrot Green
Ripe Green
Grass Green
Mineral Green
Ocean Green
Lime Green
Lincoln Green
Baize Green
Olive Green
Tropical Green
Highland Green
Nile Green
Palm Green
Sherwood Green
Lilypad Green
Pine Green
Fern Green
ONCE UPON A TIME, green was just a colour. Now it's a universal movement. And what shade of green you are says more about you than even class or status.
To a lot of people, however, being green presents somewhat of a dilemma:
How best to safeguard the future of mankind, and accept nuclear power as playing an important part in that future.
We at BNFL believe nuclear power has a role to play in both.
By far the biggest threat to our future comes from the Greenhouse Effect.
Since the Industrial Revolution we've been burning fossil fuels like wood, coal and oil in huge quantities.
The carbon dioxide produced by this has been lingering above the earth's surface, trapping the sun's heat and causing global warming.
While the scientists argue as to what the exact consequences could be, certain facts cannot be ignored.
In 1850 there were 280 parts of CO2 to one million parts of air in the atmosphere.
In 1984 that had increased to 340 parts per million.
Unchecked it will reach 600 parts by the year 2050.
That could result in the earth being the warmest since the age of the dinosaur 65 million years ago.
A rather chilling prospect in fact.
Now, whilst the nuclear industry has never claimed to be the sole solution to the Greenhouse Effect, to say it can make no contribution to solving the problem is misleading.
Fossil-fuel power stations produce CO2 which contributes to the Greenhouse Effect. Fact.
Nuclear power stations do not. Fact.
In France and Belgium, for example, they generate more than two-thirds electricity from nuclear power.
This has helped to reduce their output of carbon dioxide faster than the rest of Europe.
In Britain we could also reduce our output of carbon dioxide by increasing our investment in nuclear power.
So sure are we of a nuclear future that BNFL is currently investing £1½ million a day at Sellafield.
Might we suggest that those people who say that you cannot possibly support a nuclear future and be green might be looking a little on the black side?
BRITISH NUCLEAR FUELS PLC.
Risley, Warrington WA3 6AS

WE WON'T ASK YOUR CHILDREN TO PAY THE EARTH FOR TODAY'S ENERGY.

Environmental pressures have forced us to all to think more about the world we leave to our children.

At British Coal we've been thinking particularly hard. And it's had reassuring results. You'd be suprised just how clean coal burning is today.

The world's modern coal-fired power stations aren't just more efficient, they can now eliminate 90% of sulphur emissions. An extensive programme of installing this technology (called flue gas desulphurisation) in British power stations has now started.

Coal-fired power stations generate 40% of the world's electricity, but contribute only 7% to total greenhouse gases (both of these figures come from OECD statistics).

And in Britain, coal produces over three quarters of our electricity.

Modern coal plants are clean and safe to work in and live near.

The current technology is impressive enough. But future advances promise to provide us with 20% more electricity from the same amount of coal, reducing emissions still further.

And long-term contracts offered by British Coal to the power stations will guarantee prices well into the future.

Which all means that British Coal will be capable of generating electricity safely, cheaply and more cleanly during our own lifetimes. And those of generations to come.

Whichever way you look at it, it won't cost your family the earth.

For more information write to British Coal Marketing Department, Hobart House, Grosvenor Place, London SW1X 7AE, or ring 01-235 2020.

WAKE UP TO THE NEW AGE OF

British COAL

BRITISH GAS GETS THE GREEN LIGHT TO FUEL ELECTRICITY FOR THE FUTURE.

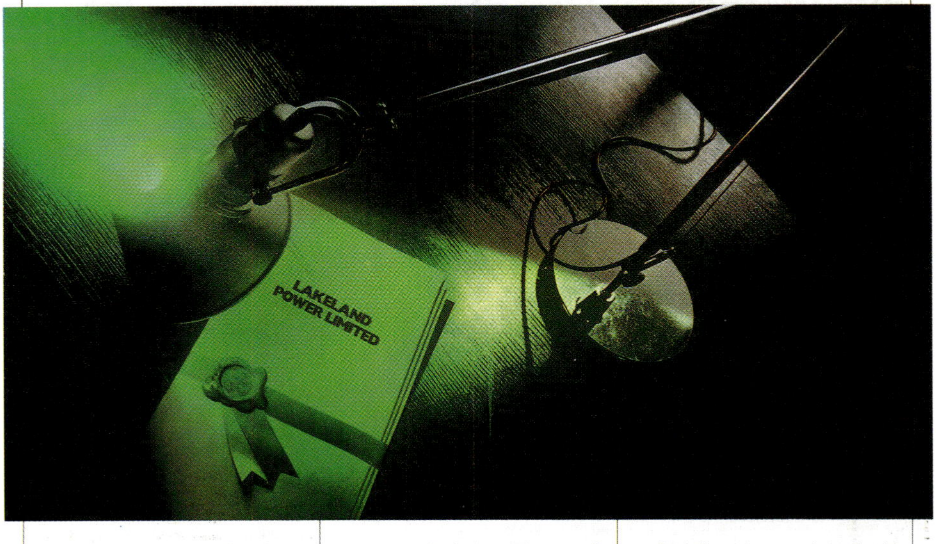

It will come as no surprise that British Gas has been chosen to supply the fuel for Lakeland Power Ltd's combined cycle power generation station in Cumbria, producing electricity for Norweb. It is our first contract of this type to provide natural gas to an independent power generation company.

British Gas, of course, can be counted on to ensure reliable and long-term supplies.

The new combined cycle generating system will produce electricity with remarkable efficiency.

This high efficiency, together witl. the lower carbon content of natural gas, means that considerably less carbon dioxide is emitted than by a conventional power station. Taking into account the low levels of sulphur and other pollutants, natural gas stands out as a fuel most friendly to the environment.

British Gas continues to make a substantial contribution towards achieving an even more efficient and profitable future for Britain's Industry and Commerce.

After all, energy is our business.

British Gas

ENERGY IS OUR BUSINESS

gelöst wurde) unberücksichtigt bleiben – und natürlich auch die Frage nach alternativen, neuen Techniken.

Insbesondere in Großbritannien setzte in jüngster Zeit eine breite Kampagne ein. Die allein im Zeitraum Okt./Nov. 89 aus einer Zeitung herausgegriffenen Beispiele mögen dies verdeutlichen.

British Nuclear Fuels PLC fragt den Leser „Just how green are you about nuclear power?" und gibt auch gleich Hinweise auf die ökologische Bewegung und deren Dilemma: „ONCE UPON A TIME, green was just a colour. Now it's a universal movement. And what shade of green you are says more about you than even class or status. To a lot of people, however, being green presents somewhat of a dilemma: How best to safeguard the future of mankind, and accept nuclear power as playing an important part in that future. We at BNFL believe nuclear power has a role to play in both. By far the biggest threat to our future comes from the Greenhouse Effect."

Auch wenn die „Fakten" klar zu sein scheinen („Fossil-fuel power stations produce CO_2 which contributes to the Greenhouse Effect. Fact. Nuclear power stations do not. Fact."), geben sich die Konkurrenten damit nicht ganz zufrieden und betonen „ihre" Vorteile.

Ohne in den Expertenstreit über die Ursachen des Treibhauseffektes und die besten Ansätze zum Handeln in irgendeiner Weise einzugreifen (wir haben auch schon auf die beschränkte Wirkung des Auto-Kats zum CO_2-Ausstoß hingewiesen), zeigt sich ein Problem recht deutlich, auf das zahlreiche Wissenschaftler immer wieder hinweisen:

- Unser ökologischer Kenntnisstand ändert sich ständig und macht Neubewertungen notwendig (so wurden FCKW oder Asbest vor nicht allzu langer Zeit fast als „ideal" angesehen).

- Der veränderte Wissensstand läßt umweltpolitische Prioritäten immer nur als „zur Zeit" mit heutigem Wissen gesetzt (und wissenschaftlich „abgesichert") erscheinen – abrupte und überraschende Wechsel sind möglich.

> „Eigentlich weiß man nur, wenn man wenig weiß; mit dem Wissen wächst der Zweifel" (Goethe, 1826).

Sonstige Produktbereiche

Auf dem Sektor der Haushaltswaren wird in der Regel eine Energie- und/oder Wassereinsparung angestrebt. Mit großem Werbeaufwand, unterstützt von einer starken Gemeinschaftswerbung, wird im Sektor Waschmaschine auf um-

Die deutschen Hausgeräte-Hersteller informieren:

Umweltschutz steht außer Konkurrenz.

50 % FCKW reduziert
Restgehalt max. 2,5 g FCKW pro Liter Wärmedämmung

Große Aufgaben löst man, indem man nicht eigene, sondern gemeinsame Wege geht. So haben wir uns zusammengetan, um ein Problem zu bewältigen, das immer bedeutender wird: Fluor-Chlor-Kohlenwasserstoff.

FCKW ist bisher unverzichtbar in Kühl- und Gefriergeräten: Als Kältemittel für den Kältekreislauf und Isoliermittel für die Wärmedämmung. Nicht zuletzt durch FCKW konnte der Stromverbrauch deutlich gesenkt werden.

Einerseits also ein großer Fortschritt, andererseits eine Gefahr: Wenn ausgediente Kältegeräte auf Halde oder in herkömmliche Verschrottungsprozesse kommen, entweicht FCKW in die Atmosphäre. Dadurch wird die Ozonschicht belastet. Ein Zustand, der rasch geändert werden muß. Wir deutschen Hausgeräte-Hersteller leisten unseren Beitrag, auch wenn für die Kältegeräte nicht einmal 4% der gesamten FCKW-Produktion verwendet werden:

☐ So finanzieren wir maßgeblich ein Programm, das neue Kälte- und Isoliermittel als Alternative zu FCKW erforscht.

☐ Ab sofort verzichten wir bei der Wärmedämmung auf 50% FCKW. Auch wenn das neue Verfahren zu höheren Produktionskosten führt, zahlt sich der Mehraufwand aus: jährlich 800 Tonnen weniger FCKW! Entscheiden Sie sich für diese Geräte der neuen Generation – und Sie tragen zur weiteren Entlastung unserer Umwelt bei.

Unser Anfang soll Schule machen – in ganz Europa; Umweltfragen machen an Grenzen nicht halt. Wir werden weiter investieren: in immer umweltfreundlichere Technologien.

AEG Bauknecht BOSCH
LIEBHERR Miele SIEMENS

Ersatzstoff für FCKW gefunden.

Fluorchlorkohlenwasserstoffe schädigen die Ozonschicht. Deshalb haben wir bereits vor zwei Jahren zusammen mit der chemischen Industrie ein Verfahren entwickelt, das den FCKW-Anteil in den Isolierschäumen bei Kühl- und Gefriergeräten reduziert. Und das um 50%.

Jetzt ist es der Forschung der Bosch-Siemens Hausgeräte GmbH gelungen, einen Polyurethan-Isolierschaum zu entwickeln, der ohne FCKW hergestellt werden kann. Der kein zerstörerisches Potential für unsere Ozonschicht hat, weil er kein ozonschädigendes Chlor enthält. Dabei ist seine Isolierwirkung sogar besser als bei FCKW-haltigen Schäumen. Denn die extrem kleine Porengröße garantiert beste Isolierwirkung. Und das über lange Zeit.

Dadurch wird der Energieverbrauch der Kühl- und Gefriergeräte um runde 10% gesenkt. Durch seine hohe mechanische Festigkeit und die Verträglichkeit mit Kunststoffen läßt sich dieser Isolierschaum auch besonders gut verarbeiten. Das Isoliergas ist weder giftig noch brennbar.

Eine gemeinsame Leistung zweier großer Marken, die wir im Interesse des Umweltschutzes selbstverständlich allen interessierten Herstellern zur Verfügung stellen.

Bosch-Siemens Hausgeräte GmbH

weltschonende Gebrauchseigenschaften hingewiesen, reitet man zur Zeit kräftig auf einer Ökowelle.

In einer gemeinsamen Aktion der deutschen Hausgerätehersteller „Umweltschutz steht außer Konkurrenz“ wird der Verbraucher über die Anstrengungen informiert, das in der Entsorgungsphase von Kältegeräten auftretende FCKW-Problem zu bewältigen. Es werden neue Kälte- und Isoliermittel als Alternative erforscht und ab sofort bei der Wärmedämmung auf 50 % FCKW verzichtet. Fazit: „Entscheiden Sie sich für diese Geräte der neuen Generation – und Sie tragen zur weiteren Entlastung der Umwelt bei.“

AEG

Pionier ist sicherlich AEG mit seinem „Öko-Lavamat". Mit seinem erfolgreichen Appell an das Ökobewußtsein des Verbrauchers und einem Ökozusatznutzen durch eine strom- und wassersparende Technik ihrer Geräte konnte AEG seit 1985 seinen Marktanteil von 11 % auf 13,4 % steigern. Zur Zeit wird bei AEG von „Öko-Systemen" gesprochen. Sparen ist ein Kinderspiel, da Wasser und Strom weniger verbraucht werden („Was Ihrer Haushaltskasse ebenso hilft wie der Umwelt").

Miele

Einen Prototyp einer neuen Waschmaschine stellte 1990 Miele vor: Er kommt für die 5-kg-Trommel mit 38 Litern Wasser aus (üblich sind 80 – 100 Liter).

Siemens

Bei gleich gutem Gebrauchsergebnis wird mit den neuen Ökogeräten vor allem auf die Einspareffekte abgestellt. So propagiert Siemens mit seinem „Öko-Plus"-Programm („Unter diesem Begriff verstehen wir die Summe unserer Ideen für die Umwelt")

- *bei Waschmaschinen gegenüber alten Maschinen fast die Hälfte weniger Wasser, Strom und Zeit,*
- *bei Geschirrspülern neben Einsparungen an Wasser, Strom und Reiniger auch geringere Laufgeräusche,*
- *bei Kühl- und Kältegeräten die FCKW-Reduzierung und 50 % Ersparnis an Energie,*
- *bei Herden eine pyrolytische oder katalytische Selbstreinigung, die umweltschädliche Sprays oder Putzmittel überflüssig macht,*
- *bei der Mikrowelle Energieersparnis von bis zu 50 %.*

Bosch-Siemens/Lever

Eine interessante innovative Gemeinschaftsentwicklung zwischen einem Waschmittelproduzenten und einem Gerätehersteller wurde anfangs 1990 von Bosch-Siemens/Lever mit einem neuen vollelektronischen Waschautomaten mit Ober-Wassersystem vorgestellt. Die Neuigkeit besteht vor allem in einer Dosiereinheit aus vier Vorratsbehältern für ein aufeinander abgestimmtes Baukasten-Flüssigwaschmittelsystem, das von Lever stammt. Die Prozeßsteuerung per Mikrochip verhindert in diesem selbstdosierenden Waschsystem (A.D.S. „Automatisches Dosier System") eine Überdosierung – neben 50 % weniger Chemikalien werden auch 50 % weniger Wasser und 40 % weniger Strom angekündigt. Die Baukasten-Wasch- und Pflegemittel der vier Tanks (Bleich-, Enthärter-, Wasch- und Weichspülkomponente) mit dem Markennamen „Skip" reichen für ca. 4 – 6 Monate, die Nachfüllung erfolgt in der Einführungsphase auf Abruf direkt durch Lever.

Im Sommer 1990 kommen die ersten Kühl- und Gefrierschränke auf den Markt, deren Isolierschaum ohne FCKW hergestellt wurde. Die generelle Umstellung auf den neuen Polyurethan-Isolierschaum wird 2 – 4 Jahre dauern. Der Preis für diese Geräte wird um ca. 10 % steigen. Ein entsprechendes Patent wurde von der Bosch-Siemens Hausgeräte GmbH angemeldet.

Philips

Als weiteres Beispiel für energiesparende Produkte ist die Entwicklung energiesparender Kompaktleuchtstofflampen anzusehen; so stellte Philips bereits vor nahezu zehn Jahren die erste Lampe dieser Art vor. Diese verbrauchen bei gleicher Beleuchtungsstärke bis zu 80 % weniger Strom als konventionelle Glühlampen. So gibt eine neue 20-W- genauso viel Licht wie eine 100-W-Glühbirne. Bei einer achtmal so langen Lebensdauer ergibt sich auch ein ökonomisch positiver Spareffekt. Die „elektronischen Glühlampen" bringen gegenüber der konventionellen Glühlampe nicht nur eine Lebensdauerverlängerung, sondern weitere Fortschritte der Umweltverträglichkeit: Da die „dicken" weitgehend durch die „dünnen" Leuchtstofflampen verdrängt werden, hat man mehr als 30 % Glas- und Leuchtstoffersparnis und durchschnittlich über 50 % Verringerung der Quecksilbermenge.

Der Umweltschutzgedanke hat nicht nur viele Firmen, sondern auch viele staatliche Stellen (z. B. das Land Schleswig-Holstein für alle Gebäude der öffentlichen Hand) zu einem Ersatz herkömmlicher Glühbirnen durch Energiesparlampen bzw. zu einem Einsatz bei Neubauten veranlaßt.

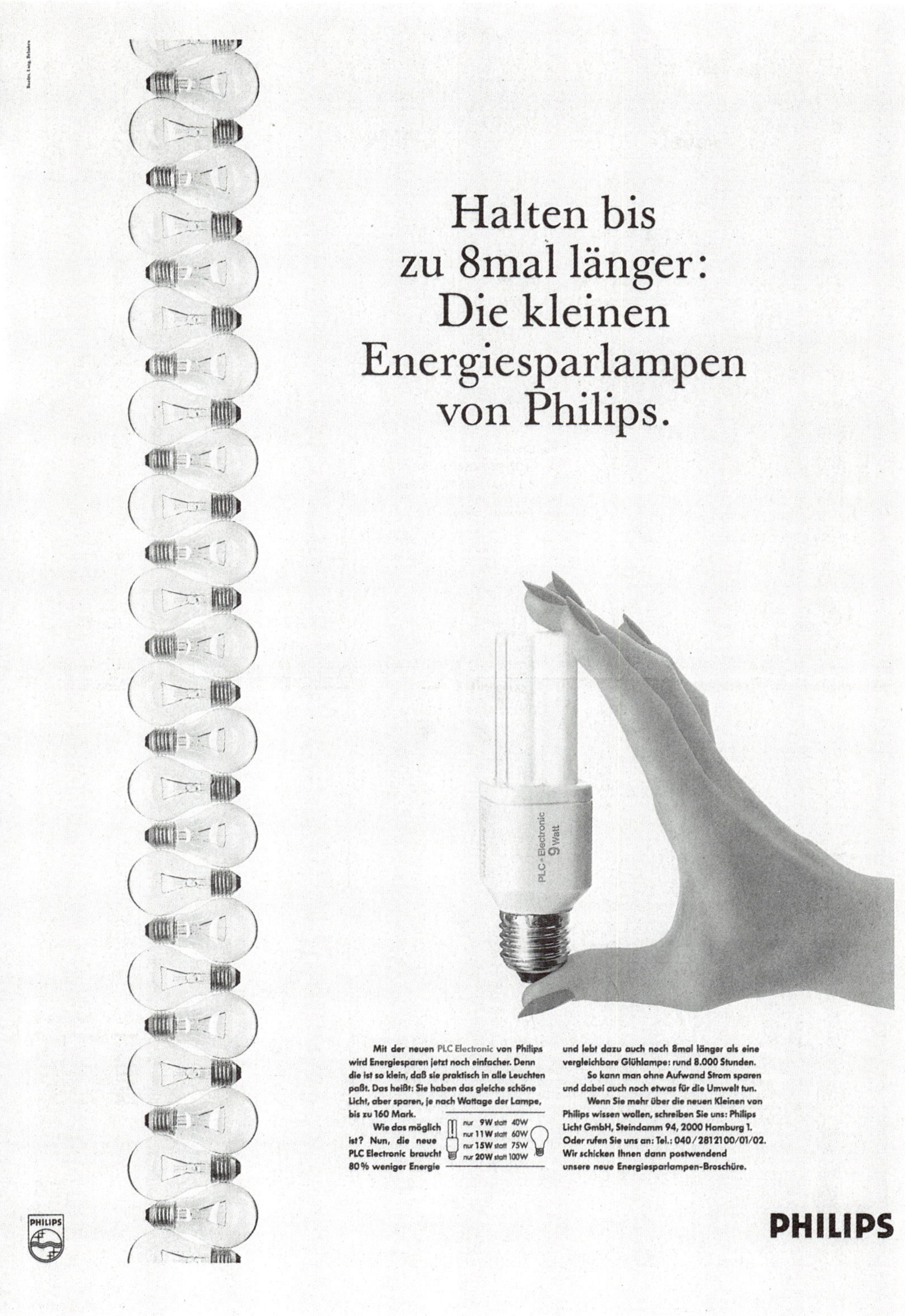
Halten bis zu 8mal länger: Die kleinen Energiesparlampen von Philips.
PLC+Electronic
9 Watt
Mit der neuen PLC Electronic von Philips wird Energiesparen jetzt noch einfacher. Denn die ist so klein, daß sie praktisch in alle Leuchten paßt. Das heißt: Sie haben das gleiche schöne Licht, aber sparen, je nach Wattage der Lampe, bis zu 160 Mark.
Wie das möglich ist? Nun, die neue PLC Electronic braucht 80% weniger Energie
nur 9W statt 40W
nur 11W statt 60W
nur 15W statt 75W
nur 20W statt 100W
und lebt dazu auch noch 8mal länger als eine vergleichbare Glühlampe: rund 8.000 Stunden.
So kann man ohne Aufwand Strom sparen und dabei auch noch etwas für die Umwelt tun.
Wenn Sie mehr über die neuen Kleinen von Philips wissen wollen, schreiben Sie uns: Philips Licht GmbH, Steindamm 94, 2000 Hamburg 1. Oder rufen Sie uns an: Tel.: 040/2812100/01/02. Wir schicken Ihnen dann postwendend unsere neue Energiesparlampen-Broschüre.
PHILIPS
PHILIPS

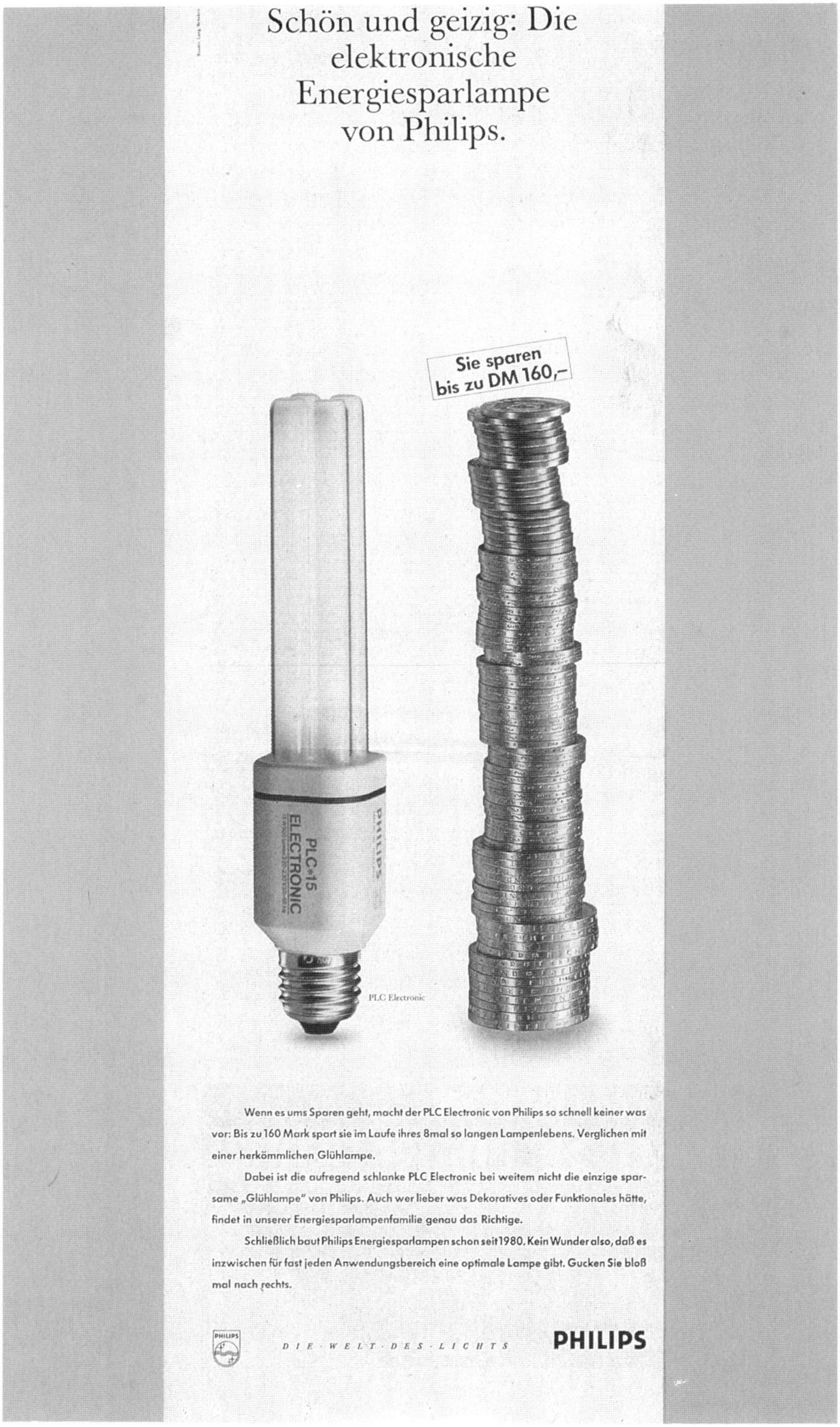

Schön und geizig: Die elektronische Energiesparlampe von Philips.
Sie sparen bis zu DM 160,–
PLC*15
ELECTRONIC
PHILIPS
PLC Electronic
Wenn es ums Sparen geht, macht der PLC Electronic von Philips so schnell keiner was vor: Bis zu 160 Mark spart sie im Laufe ihres 8mal so langen Lampenlebens. Verglichen mit einer herkömmlichen Glühlampe.
Dabei ist die aufregend schlanke PLC Electronic bei weitem nicht die einzige sparsame „Glühlampe" von Philips. Auch wer lieber was Dekoratives oder Funktionales hätte, findet in unserer Energiesparlampenfamilie genau das Richtige.
Schließlich baut Philips Energiesparlampen schon seit 1980. Kein Wunder also, daß es inzwischen für fast jeden Anwendungsbereich eine optimale Lampe gibt. Gucken Sie bloß mal nach rechts.
DIE · WELT · DES · LICHTS
PHILIPS

Romika
Im Mittelpunkt ihrer vier Kollektionen 1990 steht bei Romika, dem viertgrößten deutschen Schuhhersteller, die „Spirit of Nature"-Line, „Der Schuh aus umweltfreundlichen Stoffen". Da man die Umweltfreundlichkeit von Produkten als Thema Nr. 1 für die Verbraucher ansieht, als den „größten aller Trends", wird mit dieser Submarke die Verbraucherakzeptanz getestet – „Aus der Natur, für die Natur": Romikas „Spirit of Nature". Ein „Höchstmaß an Natürlichkeit" wird versprochen und auf eine besonders umweltschonende Herstellung und die Verwendung von weitgehend naturbelassenem Leder, Kork, Gummi, textilem Recyclingmaterial und Naturfasern verwiesen. Die Pursoftsohle ist umweltfreundlich durch geringsten Materialverbrauch und durch die Esterbasis problemlos bei der Entsorgung. In Aufbau und Formgebung sind sie anatomiegerecht für natürliches, entspanntes Gehen.

Die Preise liegen im Schnitt ca. 10,– DM über dem Konkurrenzpreis. Um sich abzusetzen, wird ausschließlich Fernsehwerbung betrieben (120 Spots von März bis Mai 1990 in RTLplus und SAT 1).

Philips
In den letzten Jahren war nicht nur das Volumen des Hausmülls für steigende Umweltsorgen verantwortlich, sondern insbesondere auch seine Zusammensetzung. Im Blickpunkt standen u. a. die Batterien aufgrund ihres Quecksilberanteils. Ende 1989 stellte Philips die sog. „Green Line"-Batterie als Ergebnis der Forschungsarbeiten zur Schadstoffreduzierung vor. Diese Zink/Braunstein-Batterien

- *sind völlig ohne Quecksilber,*
- *können deshalb auch über den Hausmüll entsorgt werden,*
- *haben einen äußeren Stahlmantel für maximale Auslaufsicherheit*
- *und ein deutlich lesbares Frischedatum auf der Bodenplatte.*

Modemesse
Auf der „Collection Premiere" in Düsseldorf präsentierten Hersteller ihre Sommermode 1990 zum ersten Mal unter dem modisch interpretierten Thema „Ökologie". Ökologie stellte sich dabei primär als Materialthema (Verwendung von Naturmaterialien), aber auch als Farbthema (Naturtöne) vor.

Das Deko-Paket.

Für den Verkauf per Schaufenster. Für alle 4 Kollektionen, mit Schwerpunkt auf "Spirit of Nature". Einzelheiten in Absprache mit dem Romika-Außendienst und dem Romika-Deko-Service.

Telefon - Service
0130 / 33 83
RUND UM DIE UHR

Philips Batterien:
Mehr Energie, mehr Umweltschutz.
"Philips Green Line"
Entsorgungsfreundlich
Philips hat die Green Line entwickelt. Eine neue Batterie, die ganz ohne Quecksilber auskommt und damit die hohen Anforderungen des Bundesumweltministeriums voll erfüllt. Eine besondere Entsorgung ist deshalb nicht erforderlich. Auch sonst ist die Green Line von Philips vorbildlich: Sie hat einen Stahlmantel für extreme Auslaufsicherheit, sie ist stark im Dauerbetrieb, ein deutlich lesbares Datum gibt Ihnen Frischegarantie. Und das Beste: Die Green Line hat bei aller Umweltfreundlichkeit auch noch 10 % mehr Energie als die Philips Super Serie.
* in Vorbereitung
Philips Batterien. Wenn's drauf ankommt.
PHILIPS

Teil 10
Aufbau eines integrierten Logistik-Managements

(oder: Am Anfang ans Ende denken)

Prinzipien eines integrierten Konzepts
Vermeidung – Verwertung/Verwendung – Entsorgung
Verwendungs- und verwertungsorientierte Erzeugnisgestaltung
Der Hersteller in Entsorgungsverantwortung

Aufbau eines Recycling-Managements
Recycling-Kreislaufarten
Produktionsabfallrecycling
– Intern
– Abfallbörsen
Produktrecycling (Rebuilding)
Altstoffrecycling
– Problem Kunststoffe

Ökologieorientierte Verpackungspolitik
Funktionen – Umweltverträglichkeit
Wiederverwertung des Verpackungsrohstoffes
In Zukunft abbaubare Kunststoffe?
Recycling allein ist nicht die Lösung

Formen der Müllbehandlung

Prinzipien eines integrierten Konzepts

„Noch nie in der Geschichte der Menschheit ist in so kurzer Zeit so viel wertvoller Rohstoff in so viel wertlosen Abfall verwandelt worden" (Bay. Umweltminister Dick, 1988).

„Das industrielle Wirtschaften besteht darin, aus wertvollen Rohstoffen wertlosen Abfall mit hoher Entropie zu produzieren" (Roeser).

Durch das novellierte Abfallgesetz (1986) gewinnt das Recycling an Bedeutung, da der Vermeidung und Wiederverwertung klar Vorrang vor der Beseitigung eingeräumt wird. Die Drei-V-Philosophie ist auf alle Unternehmensbereiche umzusetzen. Diese letzte Novelle stellt quasi eine Prioritätenhierarchie auf:

Vermeidung – Verwertung / Verwendung – Entsorgung

Da das Recyclingprinzip im natürlichen Ökosystem als „Grundprinzip des ökologischen Gleichgewichts" uns die Funktionsweise eindrucksvoll dokumentiert, ist dieses Prinzip auch für das technische Industriesystem unumgänglich. Meines Erachtens ist Recycling aber nur im Rahmen eines integrierten (Abfall-)Logistik-Managements zu sehen. Eine Optimierung der Wiederverwertung, ja durchaus, aber der beste Abfall ist der, der gar nicht entsteht. Mit anderen Worten: Entsorgung als ultima ratio, dazu vorgelagert Ausschöpfung aller Möglichkeiten der Wiederverwertung und vor allem der Wiederverwendung – diesen Schritten müssen aber unbedingt alle denkbaren Maßnahmen einer Abfallvermeidung vorgeschaltet sein. Recycling ist eine äußerst vernünftige Partiallösung, sie darf aber nicht den integrierten, ganzheitlichen Aspekt eines logistischen Managements von Materialströmen verdecken. Integrierter Umweltschutz bedeutet, die Entsorgung als letzte Phase bereits in die (die Abfälle ja erzeugende!) Produktion mit einzuplanen. Gefordert ist eine Umdrehung des vorherrschenden Gedankens des Sammelns und Deponierens zu Aufarbeitung und Vermeidung. Am Ende bereits an den Anfang denken!

„Nach den Gütern dieser Erde greifen alle um die Wette. Und das ist ein ewiges Raufen. Und ein jeder stiehlt für sich!"
(Heinrich Heine, „Atta Troll").

Vermeidung

Wirkungsvollste Bekämpfung von Umweltbelastungen ist also, sie von vornherein zu verhindern. Statt erst nachgeschaltet außerhalb der Unternehmung etwa in einer Kläranlage anzusetzen, wird direkt in systematischer Vorgehensweise am Produktions- und Verfahrensprozeß eingegriffen und alle Möglichkeiten eines Prozeßverbundes genutzt. So vermeiden z. B. die bei vielen Galvanik-Unternehmen inzwischen eingesetzten RMA-Anlagen („Rückgewinnung von Metallen aus Abwässern") tonnenweise Schwermetalle, oder kann etwa bei der Produktion von Titandioxid durch die Umstellung von Sulfat- auf den Chloridprozeß die dabei anfallende Dünnsäure zu Schwefelsäure aufgearbeitet werden. Bei Bayer ist im Werk Leverkusen in einem Betrieb für Naphthalindisulfonsäure die Produktion auf ein wasserfreies Verfahren umgestellt worden, bei dem sowohl die Schwefelsäure als auch das eingesetzte Lösungsmittel wiedergewonnen werden und der Rohstoff besser genutzt wird (bis dahin war ein salzhaltiges, saures Abwasser mit hoher CSB-Belastung angefallen, das der Kläranlage zugeführt wurde).

Nach Schätzungen des UBA lassen sich industrielle Sonderabfälle dank neuer Techniken bis zum Jahr 2000 um 50 – 60 % reduzieren, in einigen Branchen sogar wesentlich mehr. Zahlreiche Beispiele aus unterschiedlichen Branchen (z. B. für Aluminium-Salzschlacken, Farben- und Lösungsmittel im Automobilbau oder die Dünnsäure-Rückgewinnung) belegen das beträchtliche Potential an innovativen Technologien zur Abfall- und Emissionsvermeidung, um über integrierte Rückgewinnungsanlagen und innerbetriebliche Kreislaufführungen solche Vermeidungsstrategien umzusetzen. Des weiteren besteht die Möglichkeit, bestimmte Einsatzstoffe durch umweltverträglichere zu ersetzen (z. B. kohlenwasserstoffhaltige Farben durch lösungsmittelfreie Pulverlacke oder Vermeidung der Emission durch Ersatz organischer Lösungsmittel durch lösungsmittelfreie Klebstoffe); ein Vergleich substituierbarer Stoffe setzt allerdings entsprechende Kenntnisse über Art und Zusammensetzung voraus.

Eine in den Produktionsablauf integrierte Abfallvermeidung ist allerdings ein langwieriges Geschäft. Verglichen mit Fortschritten etwa in der Fertigung ist die betriebliche Entsorgungslogistik sicherlich noch unterentwickelt. Für die Einführung integrierter Maßnahmen wird ein Zeitbedarf von 6 – 10 Jahren geschätzt. Das Dortmunder Fraunhofer-Institut diagnostiziert mangelnde Beschäftigung mit dem Materialfluß, den Transport-, Handhabungs- und Lagerungstechniken oder mit der informationstechnischen Verknüpfung der Entsorgung.

Verwertung / Verwendung

Recycling kann in zwei Formen ablaufen:

- innerhalb innerbetrieblicher Stoffkreisläufe als integraler Bestandteil von Produktionsprozessen
- dem Produktions- und Konsumptionsprozeß nachgelagert als getrennte Rückgewinnung und Verwertung von Rückständen.

Recycling (= wieder in den Kreislauf bringen) wird i.d.R. als Maßnahme der Wiederverwertung angesehen, etwa im Sinne der Recyclingfibel (Bonn 1975): „Alle Maßnahmen, die darauf abzielen, aus Abfällen Stoffe zu gewinnen, die erneut einem Produktionsprozeß zugeführt werden können und der Herstellung volkswirtschaftlich nützlicher Güter dienen, sind Recycling."

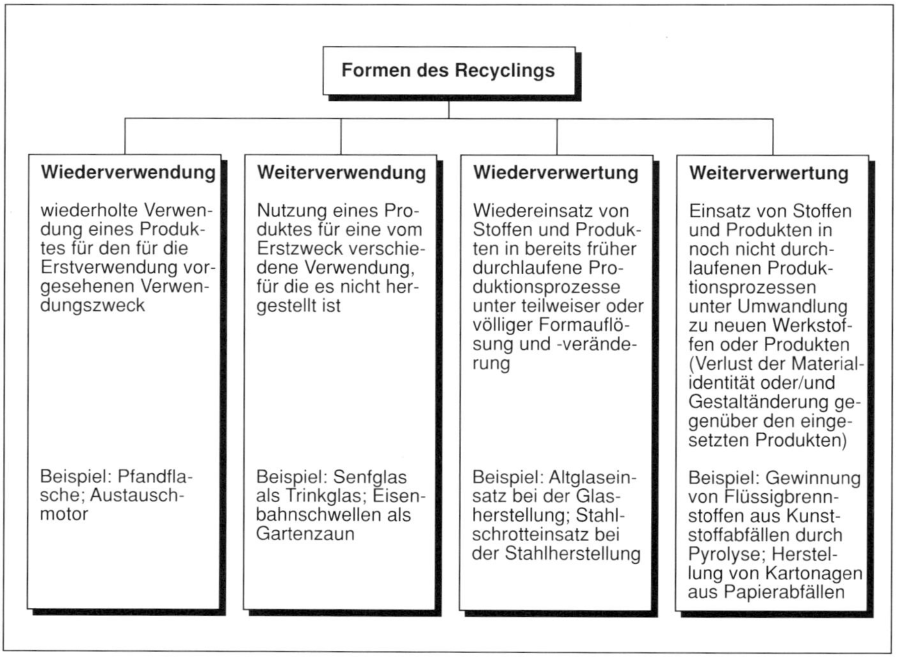

Quelle: Heeg, 1984

Abb. 37: Formen des Recyclings

Je nachdem, ob eine Verwertung oder Verwendung bzw. eine Form der Weiter- oder Wiederbearbeitung vorliegt, lassen sich vier prinzipielle Formen des Recyclings ableiten. Die Einordnung dieser Formen in den Kreislauf der Produkte von der Rohstoffgewinnung über die eigentliche Produktion bis zur Abfallbeseitigung läßt sich – vereinfacht – als Modell darstellen:

Rohstoffe werden gewonnen und fließen in die Produktion ein. Der erste Recyclingkreislauf erfaßt die Produktionsabfälle und führt sie mit oder möglichst ohne Aufbereitung in eine gleichartige Produktion zurück oder einer anderen Verwendung zu. Ist dies innerbetrieblich nicht möglich, ist nach interindustriellen Verwendungen zu suchen (z. B. über eine Abfallbörse). Das hergestellte Produkt kommt nun in Gebrauch. Oberstes Ziel aller Maßnahmen muß sein, zu verhindern, daß das Erzeugnis nach dem Gebrauch auf die Mülldeponie wandert. Man wird daher zunächst versuchen, die Gebrauchsdauer zu verlängern (diese Maßnahmen gehören nicht zum Recycling, sondern zum übli-

VEBA. Faszinierende Kapitel deutscher Wirtschaftsgeschichte.

Rohstoff statt Schadstoff.

Über Reststoffverwertung.

Die Luftreinhaltung wurde zu Beginn der 50er Jahre als eine wichtige Zukunftsaufgabe für die Kraftwerksindustrie erkannt. So begannen 1954 Untersuchungen der Kohlenstoffbiologischen Forschungsstation bei der Bergwerksgesellschaft Hibernia über die Belastung der Luft durch Schwefeldioxid (SO_2).

Später folgten praktische Versuche im Labormaßstab zur Abscheidung von SO_2 aus dem Rauchgas. Seit Anfang der 70er Jahre befaßt sich die VEBA Kraftwerke Ruhr (VKR), Nachfolgerin der Hibernia, mit der konstruktiven Bearbeitung der Rauchgasentschwefelung (REA). Bereits 1975 begann der Bau einer ersten Großanlage.

Bei dem heute von VKR für die Entschwefelung eingesetzten System der Kalkwäsche werden die Rauchgase mit Wasser benetzt, dem feingemahlener Kalkstein zugesetzt ist. Das im Rauchgas enthaltene SO_2 reagiert mit dem Kalkmehl zu Kalziumsulfat, das anschließend zu Gips auskristallisiert. Dieses Produkt ist von hoher Reinheit und dem Naturgips gleichwertig.

Rd. 250.000 t REA-Gips werden am VKR-Standort Gelsenkirchen-Scholven von einem führenden Hersteller von Gipsprodukten überwiegend zu Kartonplatten weiterverarbeitet.

Daneben baute VKR mit einem anderen bedeutenden Gipsunternehmen ein Werk zur Produktion von Alpha-Halbhydrat, das als Bindemittel bei der Herstellung von Putz, Estrich und Bergbau-Mörtel dient.

Weitere Gipsmengen werden in einer Brikettieranlage verarbeitet. Der gesamte bei der Rauchgasentschwefelung in den Kraftwerken von VKR anfallende Gips in einem Volumen von rund 500.000 t / Jahr wird verwertet. Eine Deponierung ist nicht notwendig.

VEBA heute.

STROM	CHEMIE	ÖL	HANDEL & VERKEHR
PreussenElektra AG Hannover	Hüls AG Marl	Veba Oel AG Gelsenkirchen	Stinnes AG Mülheim/Ruhr
Braunschweigische Kohlen-Bergwerke Helmstedt	Hüls Troisdorf AG Troisdorf	Deminex-Dt. Erdölversorgungsges. mbH Essen	Stinnes-Trefz AG&Co. Stuttgart
Hann.-Braunschw. Stromversorgungs-AG Hannover	Röhm GmbH Chemische Fabrik Darmstadt	Veba Oil Nederland B.V. Den Haag	Brenntag AG&Co. Mülheim/Ruhr
Schleswag Aktiengesellschaft Rendsburg	Bunawerke Hüls GmbH Marl	Ruhr Oel GmbH Gelsenkirchen	Rhenus AG Dortmund
Thüga AG München	Phenolchemie GmbH Gladbeck	Raab Karcher AG Essen	Midgard Dt. Seeverkehrs-AG Nordenham
Veba Kraftwerke Ruhr AG Gelsenkirchen	Hüls America Inc. Piscataway	Aral AG Bochum	Frank & Schulte Rohstoff GmbH & Co. Essen

WEITERE WICHTIGE BETEILIGUNGEN

Veba Wohnen Bochum	Ruhrkohle AG Essen

Die VEBA hat mit ihren 94.000 Mitarbeitern im Jahre 1989 einen Konzernumsatz von rd. 50 Mrd. DM erzielt. Das Kapital der Gesellschaft wird von rund 600.000 Aktionären gehalten. Durch die Größe und die gesamtwirtschaftliche Bedeutung ihrer Aktivitäten ist die VEBA ein Kernstück deutscher Volkswirtschaft.

Wenn Sie mehr über Reststoffverwertung bei VKR und andere Leistungen der VEBA wissen wollen, schreiben Sie uns: VEBA AG, Karl-Arnold-Platz 3, 4000 Düsseldorf 30.

VEBA

Die Serie wird fortgesetzt.

chen Produktgebrauch, allerdings ist der Übergang zwischen diesen Gebieten fließend) oder das Produkt in Form des Recycling nach dem Gebrauch mit gezielten Maßnahmen aufzuarbeiten und zu einem gleichartigen Verwendungszweck rückzuführen (z. B. Austauschmotor eines Kraftwagens oder ein runderneuerter Reifen). In der letzten Phase des Produktlebenszyklus ist nach Produktgebrauch ein Altstoffrecycling anzuschließen, und die Reststoffe, die keiner Verwertung zugeführt werden können, sind zu entsorgen (vgl. Abb. 38).

Im eng gefaßten Recyclingsystem geht es darum, einen möglichst großen Bestandteil der Emissionen des technischen Systems wieder „outputfähig" zu machen und in den Absatzmarkt zu bringen, um im eigenen oder irgendeinem anderen Arbeitssystem als Input verwendet zu werden (Siemens, 1986); dies bedeutet:

- Der Abfall muß nach möglichen Outputeignungen sortiert werden.
- Der Abfall muß aufbereitet, d. h. mit (z. T. noch fehlenden) Technologien in Arbeitsprozessen outputfähig gemacht werden.
- Die Recyclingproduktion erfordert eine enge Beziehung zwischen Lieferanten, Hersteller und Kunden.

„Wir müssen die bei unserer arbeitsteiligen Produktion und extremer Warendistribution zerstörten Stoff-, Energie- und Nutzungskreisläufe wiederherstellen oder neu formen. Es ist wichtig zu erkennen, daß die Recyclingbemühungen ihren wesentlichen Impuls daher erhalten, daß sie die einzige gangbare Alternative zur Abfallbeseitigung darstellen. Es ist in der Zwischenzeit belegt, daß Recyclingmaßnahmen allein, ohne Einschränkung des Verbraucherzuwachses von Rohstoffen, nur unbedeutende Beiträge zur Ressourcenschonung liefern. Erst die Verlängerung von Nutzungsdauer und die Zuwachsminderung, verbunden mit Recyclingmaßnahmen, erbringen die gewünschte Entlastung bei der Rohstoffbeschaffung" (Schenkel, 1981).

Recycling ist ökologisch gesehen nur eine Maßnahme zum zeitlichen „Strekken" der Rohstoffvorkommen, eine totale Kreislaufökonomie ist sowieso nicht möglich. Zum Teil besteht auch die Gefahr, daß es (wie wir etwas später aufzeigen) eine Alibifunktion für schmerzhaftere Vorsorgestrategien erfüllt, die bei der Produktion bzw. beim Konsum ansetzen müssen. Zudem erscheint das Problem der Rohstoffversorgung zur Zeit wesentlich weniger ein Engpaß zu sein als die Entsorgung. Vermeidungsstrategien sind im Prinzip richtig, nur benötigt ihre Planung und Implementierung längere Zeithorizonte, sie lösen nicht den zur Zeit gegebenen Müllentsorgungsnotstand. Obwohl seit Jahren klar prognostiziert, sind politische Entscheidungen verzögert worden oder wurde der (vorm Wähler) leichtere Weg gegangen, z. B. in Form der höchst unmoralischen Müllexporte.

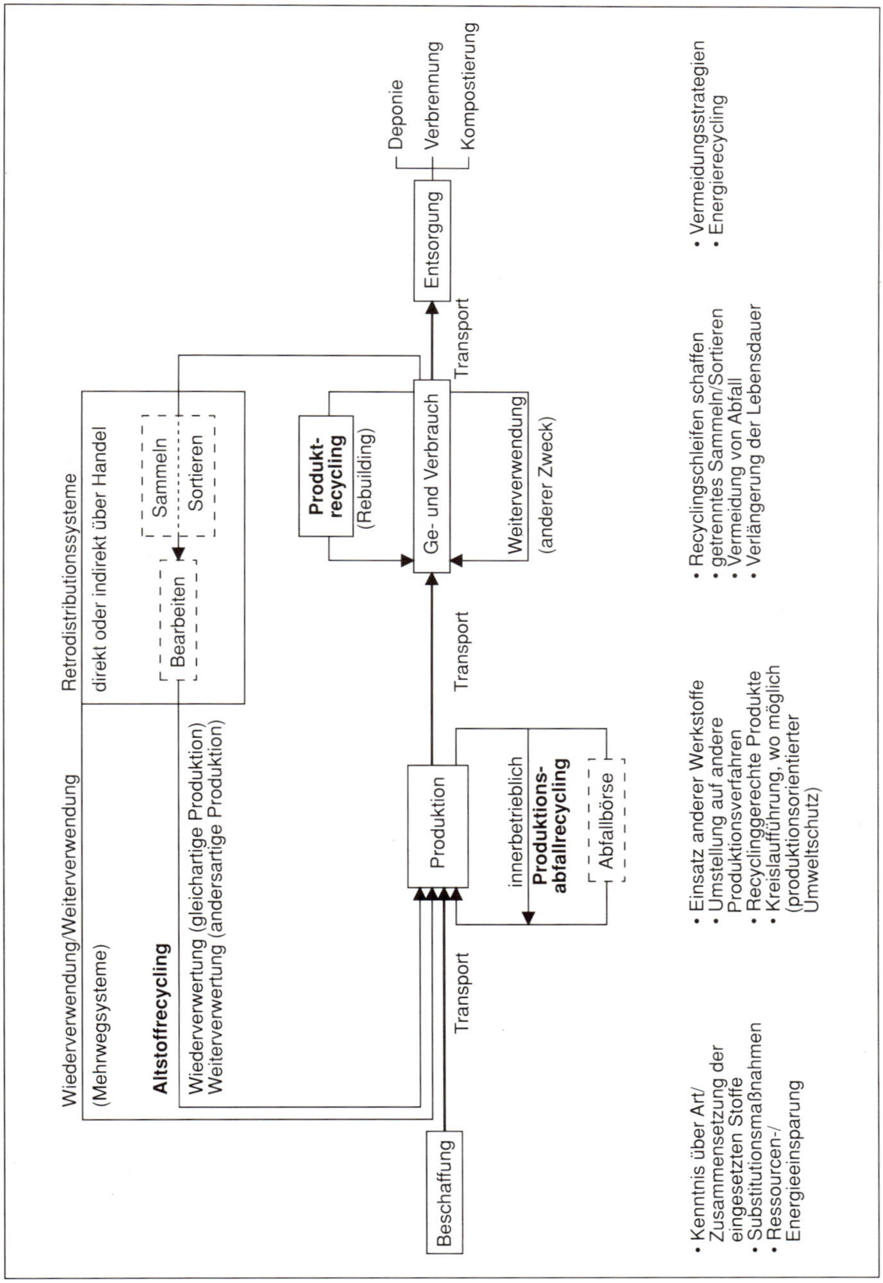

Abb. 38: Integrierte Logistikkonzepte innerhalb des ökologischen Produktlebenszyklusses

Je höher die Beseitigungskosten in Zukunft sein werden, um so schneller wird daraus ein Antrieb der Vermeidung und Verwertung erwachsen (Knoch schätzte 1989 die Deponierungskosten von jeweils einer Tonne Hausmüll auf 40 bis 80 DM, von Sondermüll 250 – 500 DM, die Verbrennung von Hausmüll 100 – 150 DM, Sondermüllverbrennung ca. 1000 DM und für PCB-haltige Stoffe bis zu 3000 DM.) Umweltschutz wurde bisher in erster Linie als Verwaltungsaufgabe praktiziert.
Nötig ist eine kosteneffiziente Neuorientierung, wobei die Betroffenen selbst ihre Anpassungswege innerhalb eines vorgegebenen Rahmens möglichst flexibel gestalten können.

BASF
Bei der BASF sind grundlegende Entsorgungsaufgaben in einer zentralen Einheit zusammengefaßt. Sämtliche Produktionsrückstände sind mit ihren Stammdaten (Herkunft, chemisch-physikalische Eigenschaften, Art der Entsorgung, Vorschriften etc.) in der EDV gespeichert. Die Kosten sind zu Kalkulationspreisen nach dem Verursacherprinzip auf die einzelnen Abteilungen verteilt und sollen so einen Anreiz für Wiederverwendungsmaßnahmen bieten.

Verwendungs- und verwertungsorientierte Erzeugnisgestaltung

Das Verlangen, „recyclingbewußt“ oder „recyclinggerecht“ zu konstruieren, schlägt sich bei Jorden (1983) in zwei Forderungen nieder:

- in der Aufgabenstellung (Anforderungsliste)

- in der konstruktiven Ausarbeitung (Gestaltung).

„Der Konstrukteur entscheidet nicht allein über den größten Teil der Herstellkosten, sondern auch über die Gebrauchseigenschaften und damit über die Auswirkungen seines Produkts auf die Umwelt.“

Bisher sieht sich der Konstrukteur oft lediglich als Glied einer linearen Informationskette. Ein „optimiertes“ Produkt verlangt als Lösungsansatz auch eine recyclinggerechte Konstruktion. Zum Schließen des Informationskreises, d. h. der Analyse des Recyclingsystems und der Ableitung neuer Ziele/Aufgaben, muß der Konstrukteur aus dem Stoffkreislauf (dem auch das Recyclingsystem angehört) die von ihm benötigten Informationen erhalten (vgl. Abb. 39).

Damit sich Produkte nicht ihrer späteren „Verwertbarkeit“ durch die Mißachtung recyclingfreundlicher Gestaltungsregeln entziehen, stellt Heeg (1984) in Form einer Checkliste wesentliche Regeln für eine entsprechende Produktgestaltung auf und unterscheidet zwischen verwendungsorientierter und verwertungsorientierter Erzeugnisgestaltung (vgl. Abb. 40).

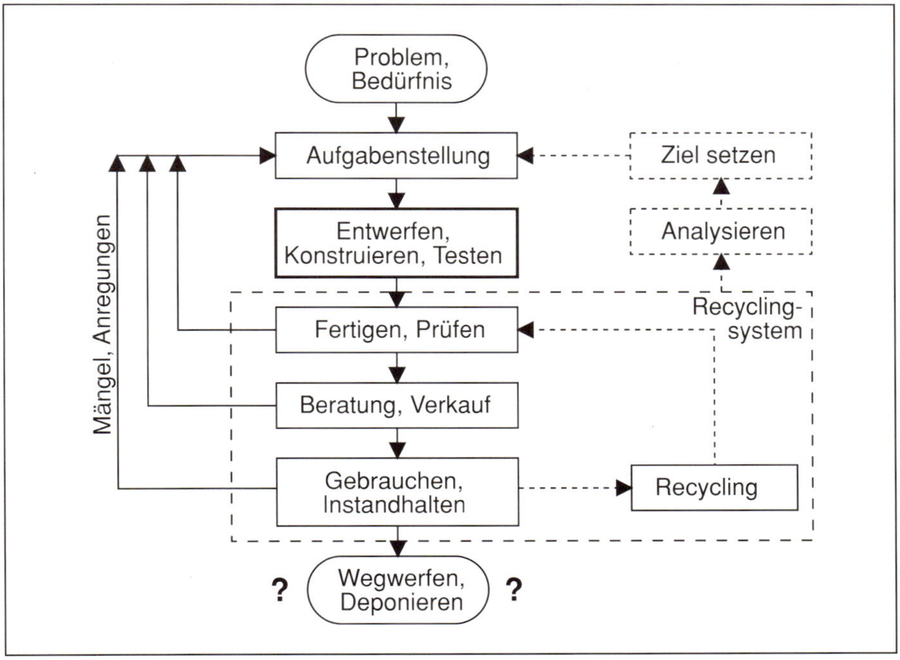

Quelle: Jorden, 1983

Abb. 39: Entstehung und Phasen eines Produkts, Recycling- und Informationskreise

Für das Materialmanagement erwachsen damit nach Stahlmann (1988) zusätzliche Anforderungen:

- „Auswahl der Inputstoffe nach Recyclingfähigkeit
- Aktivitäten des Einkaufs zur Anbahnung interindustrieller Kooperationen und der Abnahme von Abfallstoffen (unter anderem Anbieten von Abfallstoffen an der Abfallbörse)
- Zusammenarbeit mit der Konstruktion zur Vermeidung von Materialvermischungen wegen der damit verbundenen schlechten Trennbarkeit bei Recyclingprozessen
- in Absprache mit dem Vertrieb: Organisation von Werkstoff-Redistribution durch originäres Recycling, Modifizierung des Absatzprogrammes zugunsten wieder verwertbarer Langzeitprodukte
- Auflistung der Stoff- und Abfallströme durch das Unternehmen mit Hilfe von Input-Output-Analysen
- Verfahrensauswahl zusammen mit der Fertigungswirtschaft unter der Zielsetzung einer abfallarmen wirtschaftlichen Kuppelproduktion
- Vermeidung von Abfällen in Berücksichtigung der gesamten Produktlinie von der Gewinnung über die Herstellung bis zum Konsum."

Produkte nach Möglichkeit wiederverwendbar gestalten!
- Nichtverschleißteile für lange Lebensdauer auslegen und vor Umgebungseinflüssen schützen
- Verschleißteile demontagefreundlich plazieren
- Demontagefreundliche Verbindungstechnik verwenden.

Die Möglichkeit einer Anpassung an den Stand der Technik vorsehen!
- Raum für Erweiterungen vorsehen, integrierte Bauweise vermeiden
- Technische Vorkehrungen für Erweiterungen (Leistungsreserven, Zusatzanschlüsse) vorsehen.

Die Möglichkeit eines weiteren Verwendungszwecks bei irreparabler technischer Veralterung vorsehen!
- Äußere Gestaltung dem weiteren Verwendungszweck anpassen
- Vorgaben für Umwandlung vorsehen.

Bei Nichtverwendungsfähigkeit der Erzeugnise den erneuten Einsatz von Baugruppen und Bauteilen gewährleisten!
- Zusammenfassung von Bauteilen zu demontage- und verwendungsfähigen Funktionseinheiten
- Standardisierung von Bauteilen
- Demontageerleichterung verwendbarer Bauteile
- Kennzeichnung verwendbarer Bauteile.

Zusatznutzen berücksichtigen!

Verwertung der Produktrohstoffe berücksichtigen!

Entweder nur einen Werkstoff verwenden oder eine geringe Anzahl an Werkstoffen!

Eine einfache Wiederverwertung der Werkstoffe planen!
- Ausschließliche Verwendung untereinander verträglicher Werkstoffe
- Herabsetzung der Fremdanteile unverträglicher Werkstoffe unter die Grenzen der zulässigen Anteile
- Hohe Anteile unverträglicher Werkstoffe demontagefreundlich gestalten
- Zuverlässige Kennzeichnung der im Produkt befindlichen Werkstoffarten.

Die Verwendung nur beschränkt oder gar nicht wiederverwertbarer Werkstoffe planen!
- Substitution durch häufig wiederverwertbare Stoffe
- Einsatz nach Möglichkeit nur in langlebigen Gütern
- Erhöhung der Verwendungszyklenzahl beschränkt wiederverwertbarer Stoffe durch Qualitätsverbesserung.

Quelle: Heeg, 1984

Abb. 40: Regeln zur recyclinggerechten Produktgestaltgung

Bekanntestes Beispiel für eine verwendungsorientierte Erzeugnisgestaltung ist die Mehrweg- oder Pfandflasche. Mit dem „Gesetz über die Vermeidung und Entsorgung von Abfällen“ (1986) wurde ein Instrument zur Entschärfung dieses „Dauerstreitpunktes“ geschaffen. Der Kampf gegen Einwegflaschen wird durch folgende Zahlen des Umweltbundesamtes verdeutlicht:

- Eine Einwegverpackung verursacht das 31fache Abfallvolumen und das 12fache Abfallgewicht einer Pfandflasche.

- Von 1970 – 1985 stieg der Anteil der Einwegverpackungen an allen Getränkeverpackungen von 11,8 auf 25,6 Prozent.

Es liegen zwar mit der VDI-Richtlinie 2243 E („Recyclingorientierte Gestaltung technischer Produkte“) bereits Grundregeln für die entsorgungsgerechte Konstruktion vor, sie werden jedoch bisher in der Produktion kaum umgesetzt.

Wichtige Gesichtspunkte für eine verwendungsorientierte Erzeugnisgestaltung sind die Verringerung der altersbedingten Abnutzung, die Austausch- und Montagefreundlichkeit, eine Anpassung an Modernisierungsmaßnahmen zu ermöglichen, die Standardisierung von Bauteilen und Baugruppen und die Auslegung auf zusätzliche Verwendungszwecke. Zahlreiche Erzeugnisse können nicht einer Wiederverwendung, sondern nur mehr einer Verwertung zugeführt werden; sehr aufwendig gestaltet sich dabei die oft notwendige Trennung der verschiedenen Werkstoffarten.

Heeg schlägt folgende Maßnahmen vor:

- verstärkte Verwendung von Einstoffprodukten
- prozentuale Höchstmengen für mehrere Werkstoffe
- Berücksichtigung der sog. Werkstoffverträglichkeit
- Qualitätsverringerung einzelner Materialien.

Erforderlich wird eine engere Zusammenarbeit zwischen den Produktionsstufen. Das Beispiel des Altpapierrecyclings verdeutlicht, wie z. B. Farbenhersteller und Papierfabrikanten sich zusammen um Lösungen bemühen müssen. Zielkonflikte sind dabei normal: so sollen die neuen Farben im Offsetdruck gut haften, andererseits im De-inking-Prozeß leicht zu entfernen sein – bezieht der Techniker dies bei der Entwicklung von Druckfarben nicht bereits mit ein, treten die Schwierigkeiten später bei den Altpapiermärkten auf.

Die auf uns folgenden Generationen werden mit blanker Wut und Verachtung auf den Egoismus der Menschen des 20. Jahrhunderts zurückblicken, die sich in ihrer unübertrefflichen Selbstgefälligkeit vornahmen, den Erdball in 100 Jahren auszuplündern. Denn was wir heute von den Vorräten aus zurückliegenden Zeiten verbrauchen, nehmen wir den Zeiten nach uns weg. Spätere Generationen werden von den Resten leben müssen, die wir übrig lassen. Sie werden versuchen müssen, das zu verwerten, was uns zu geringwertig und zu kostspielig schien. Sie werden sich mit dem Schlechteren begnügen müssen und es viel schwerer haben. Mitmenschen auszubeuten gilt heute als verpönt. Aber den Enkeln die Existenzgrundlage zu entziehen, indem man heute ausbeutet, was sie bitter nötig haben werden, gilt als eine verdienstvolle Tat. Das bringt Geld und Ehren – und absolute Wahlsiege ein. (Kuba, 1986)

Der Hersteller in Entsorgungsverantwortung

Als ein zentrales Problem der Industriegesellschaft werden zunehmend die steigenden Müllberge, als sichtbares Zeichen einer ungebrochenen Wegwerfmentalität, erkannt. Die Beseitigung von Abfällen, die Errichtung von Mülldeponien oder Verbrennungsanlagen erweisen sich für die Gemeinden als ein immer größeres politisches Debakel.

Eine entscheidende Rolle fällt in diesem Zusammenhang dem Handel, als Mittler zwischen den Distributionskanälen, zu. Für Schenkel (1981) muß es in einer sozialen Marktwirtschaft auch auf diesem Gebiet Symmetrie geben:

„Warum sollte nicht der Grundsatz gelten: ‚Wer Stoffe und Produkte herstellt und vertreibt, ist verpflichtet, sich um ihren Verbleib zu kümmern.'" ... „Es ist einfach unerträglich, wenn z. B. die Elektrizitätserzeuger zwar Strom produzieren und verkaufen wollen, im Falle der Stein- und Braunkohleverstromung aber die Nebenprodukte Gips, Flugasche und Abwärme der Gesellschaft als ‚Abfall' überlassen wird. Gleiches gilt, wenn eine Handelsgesellschaft ihre Produkte in Einwegverpackungen anbietet und sich nur in den ausländischen Filialen bereit erklärt, Mehrwegverpackungen alternativ anzubieten."

Schenkel (1987) betont die Verantwortung der Produzierenden für die Entsorgung:

> „Diese Erkenntnis führt dazu, daß man die richtige Produktgestaltung nicht ohne die Beantwortung der Frage nach dem Verbleib nach ordnungsgemäßem Gebrauch finden kann. Die zukünftige Entwicklungsstrategie muß es sein, eine Symmetrie zwischen Produktion und Entsorgung zu entwickeln. Derzeit produziert eine höchst wirksame Volkswirtschaft mit aller Intelligenz, allem Wissen, Marktmacht und wirtschaftlichem Interesse. Und diesem Koloß stehen ein paar Personen gegenüber, die diesen Berg an Waren und Gütern als Abfall möglichst billig beiseite schaffen sollen. Dies wird nicht gutgehen.
>
> Eine Symmetrie wird nur möglich werden, wenn der Produzierende nicht aus der Verantwortung entlassen wird, auch sie finanziell nicht abgelten kann, sondern verstärkt durch Rücknahmegebote dazu gezwungen wird, sich mit seinen Produkten nach deren Gebrauch zu befassen. Was machen wir aber mit den Produkten, die dafür vorgesehen sind, in der Umwelt verteilt zu werden? Wasch- und Reinigungsmittel, Enthärtungssalze, Nährsalze, Pestizide, Pinkelsteine und was es da an Produkten mehr gibt."

Dem Marketing fällt dabei zunehmend die Aufgabe zu, neben den traditionellen Absatzwegen einen „gegenläufigen" Materialrücklaufweg zu gestalten.

Fragen der umweltfreundlichen Verpackung oder der Recyclingfähigkeit entwickeln sich immer stärker zu Marketing- (Verkaufs-)Argumenten. Der Aufbau eines solchen rückwärtsgewandten (Re-)Distributionssystems („Reverse-Channel-Concept") erfordert i.d.R. den Einbezug des Handels (siehe dazu Teil 16).

Neben dieser umweltpolitischen Frage einer Entsorgung ist hier primär der Beitrag von Vermeidungs- und Verwertungsstrategien durch eine entsprechende zielorientierte (Um-)Gestaltung des betrieblichen Produktionsbereiches in Richtung auf ein umfassendes Recycling-Management zu untersuchen. Die erzeugende Industrie muß bei ihren Produkten mehr Wert auf die spätere Entsorgung legen und geordnete Rückführung in ihre Anwendungsbereiche ermöglichen.

Deutsche Castrol
Die Deutsche Castrol, Hersteller von Ölen und Schmierstoffen, bietet seit 1989 ihren Kunden ein sog. „Umwelt-Care-System" an, in dem neben der Wiederaufbereitung und kontrollierten Entsorgung auch ein sachgerechter Umgang enthalten ist. Neben dem optimalen Einsatz der Stoffe sind die Anlagenwartung, Laborüberwachung und Mitarbeiterschulungen Bestandteile des Care-Systems.

Ein großes Problem wird in den nächsten Jahren die Entsorgung der Computer sein. Der unglaubliche Siegeszug der PCs wird neue Lösungen der Verwertung und Entsorgung nach sich ziehen müssen. Zur Zeit fallen mindestens 25 000 t Elektronikschrott und 7 500 t Computerschrott an, bei erwarteten Steigerungsraten von 10 – 15 % pro Jahr. In 1 t Computerschrott steckt Edelmetall im Wert von rund 600 DM. In Deutschland haben sich in den letzten Jahren rund ein Dutzend Unternehmen auf die Verwertung von Computerschrott spezialisiert (Norddeutsche Affinerie, Aquila, Paderborner Recycling etc.). Die Aufbereitung ist insbesondere durch die Verwendung unterschiedlicher Werkstoffe sehr schwierig. Neben zahlreichen Kunststoffen sind verschiedene Bunt- und Edelmetalle enthalten (die Platinen enthalten bis zu 23 verschiedene Metalle). Als Recyclingverfahren wird zur Zeit vor allem mit Kaltverfahren und der Pyrolyse gearbeitet, die Umweltverträglichkeit aller Verfahren wird jedoch generell sehr kritisch bewertet.

IBM
IBM hat bereits in der Schweiz eine Herstellerrücknahme der alten Geräte ausprobiert (die alten Geräte werden von Hand auseinandergenommen, die Einzelteile nach Werkstoffgruppen sortiert und je nach Verwertungsmöglichkeit geeigneten Entsorgungsfirmen zugeteilt) und arbeitet zur Zeit an neuen Konzepten. Man rechnet für 1989 mit bis zu 300 t zu entsorgender Menge. Die Schweizer Firma Interrecycling hat eine vollautomatische Pilotanlage gebaut, für die die vorgeschriebene UVP läuft, mit der die elektronischen Leiterplatten durch ein mechanisches Trennverfahren ohne Verbrennung und Chemie entsorgt werden können.

Nokia-Data

Die schwedisch-finnische Nokia-Data hat auf der CeBIT 1990 ein mit führenden Entsorgungsunternehmen entwickeltes Konzept zur umweltschonenden Verwertung ausgemusterter Computer, Terminals, Drucker und Elektronikbauteile vorgestellt. Derzeit wurden die Geräte noch „zwischengelagert". Nach der (angebotenen) Rücknahme der Geräte werden die Computer mechanisch demontiert, die Teile sieben Gruppen zugeordnet: Eisen- und Metallschrott, Bildschirme und Tastaturen, Leiterplatten, Stecker und Steckverbindungen, Kabel, Batterien und Glas. Über 90 % der Materialien werden wiederverwendet, der Rest (z. B. Glas der Bildschirme, Trockenbatterien, Kunststoff der Leiterplatten) geht auf Deponien.

Freiwillige Entsorgungskonzepte entwickelte die Lampenindustrie seit 1985 für das Recycling von Leuchtstoffröhren, die aus entladungsphysikalischen Gründen die Verwendung von Quecksilber notwendig machen. Das bisherige Deponievolumen von rund 12000 t Leuchtstofflampen soll um etwa 90 % verringert werden. Ziel des Verfahrens ist die Wiederverwendung des Glases des Entladungsrohres, des Quecksilbers und der Leuchtstoffe. Damit wird die Forderung des neuen Abfallgesetzes erfüllt. Die Kosten der Aufarbeitung von 0,23 bis 0,60 DM je Lampe sind bereits mit den Kosten der Deponierung vergleichbar.

Andere freiwillige Konzepte entwickelten u. a. die Batterienindustrie für alte Batterien und die Elektroindustrie für ausrangierte Kühlschränke. Quelle nimmt beim Neukauf eines Elektrogroßgerätes das Altgerät (gleich welcher Marke) mit und garantiert ein umweltschonendes Recycling des FCKW.

Aufbau eines Recycling-Managements

Recycling – Kreislaufarten

In ökologischer Dimension bedeutet Recycling die Rückführung der stofflichen und energetischen Rückstände in den Produktionsprozeß zur Nutzung (Verwertung oder Verwendung). Damit verbunden ist eine Ressourcenschonung, eine geringere Umweltbelastung bei den Recyclingabläufen, Energieersparnis sowie Entlastung des knappen Deponieraums. In unserer Konsumgesellschaft wird Abfall mit dem Begriff Müll gleichgesetzt. Abfall ist jedoch Rohmaterial am falschen Ort! Die Rückgewinnung bekommt damit einen völlig falschen Stellenwert – was wir in der Industrie, im Handwerk, beim Handel und beim Verbraucher brauchen, ist eine Art „Recycling-Kultur". Der Recyclinggedanke ist aber nicht nur ökologisch zu bewerten – inzwischen „rechnet" sich Recycling immer mehr auch rein ökonomisch gesehen. Häufig wird beim Recycling – je nachdem wo der Rückstand anfällt – differenziert zwischen Produktions- und Konsumptionsrecycling und einem unternehmensinternen bzw. zwischenbetrieblichen (interindustriellen) Recycling.

Wir wollen den Recyclinggedanken i. S. eines ganzheitlichen Denkens in (ökologischen) Lebenszyklen über alle drei Phasen angewendet sehen und sprechen deshalb

- bei der Produktion von einem Produktionsabfallrecycling,
- beim Gebrauch von einem Produktrecycling (Rebuilding),
- bei der Entsorgung vom Altstoffrecycling.

Recycling ist als ein interdisziplinär zwischen unterschiedlichen Naturwissenschaften, Ingenieur- und Wirtschaftswissenschaften angesiedeltes Wissensgebiet zu verstehen. Das Know-how für solche Recyclingkonzepte findet sich bisher weitgehend nur bei Großunternehmen. Ein logistisches Instrumentarium muß neben der Materialbeschaffung, der Fabriksteuerung und Warendistribution auch die Entsorgung i.w.S. planerisch verknüpfen. Recycling hat sich zu einer ausgesprochenen Wachstumsbranche entwickelt.

Produktionsabfallrecycling

Intern

Das betriebswirtschaftliche Instrument „Recycling" ist aus Gründen, die primär ökonomisch motiviert waren, in Teilen der Industrie (z. B. in Gießereien oder Glashütten) eine bereits seit langem praktizierte Selbstverständlichkeit und hat einen hohen Entwicklungsstand erreicht. In der gegenwärtigen Diskussion wird dieses umweltpolitische Instrument besonders für die Verwertungsstrategie und damit auch für die Ressourcenschonung hervorgehoben. Nebenprodukte und Produktionsrückstände werden dabei, solange technisch

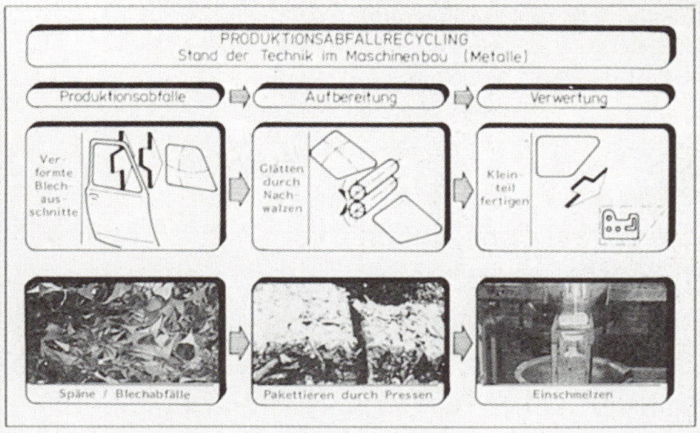

Produktionsabfallrecycling, Stand der Technik im Maschinenbau (Metalle)

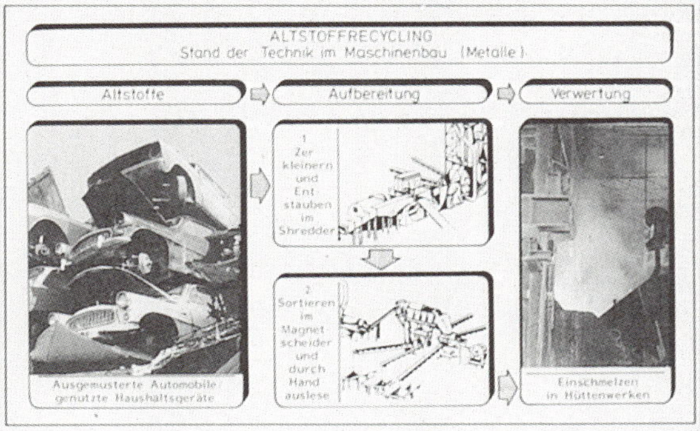

Altstoffrecycling, Stand der Technik im Maschinenbau (Metalle)

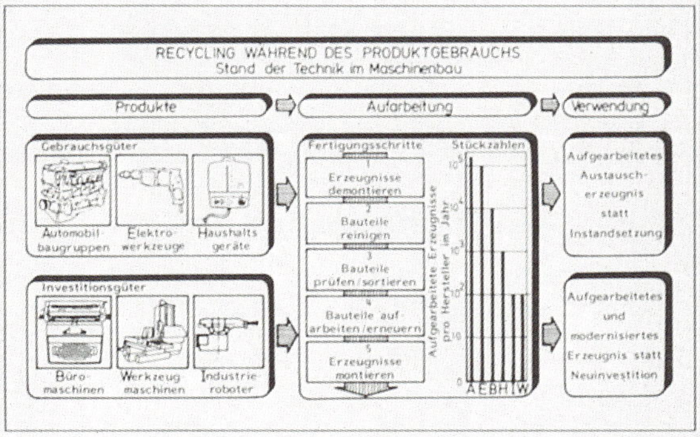

Recyling während des Produktgebrauchs, Stand der Technik im Maschinenbau

Quelle: Steinhilper, 1988

Bayer: Kompetenz und Verantwortung.

Dünnsäure ist ein unerwünschtes Nebenprodukt. Unsere Verantwortung ist, daraus wieder einen Rohstoff zu gewinnen.

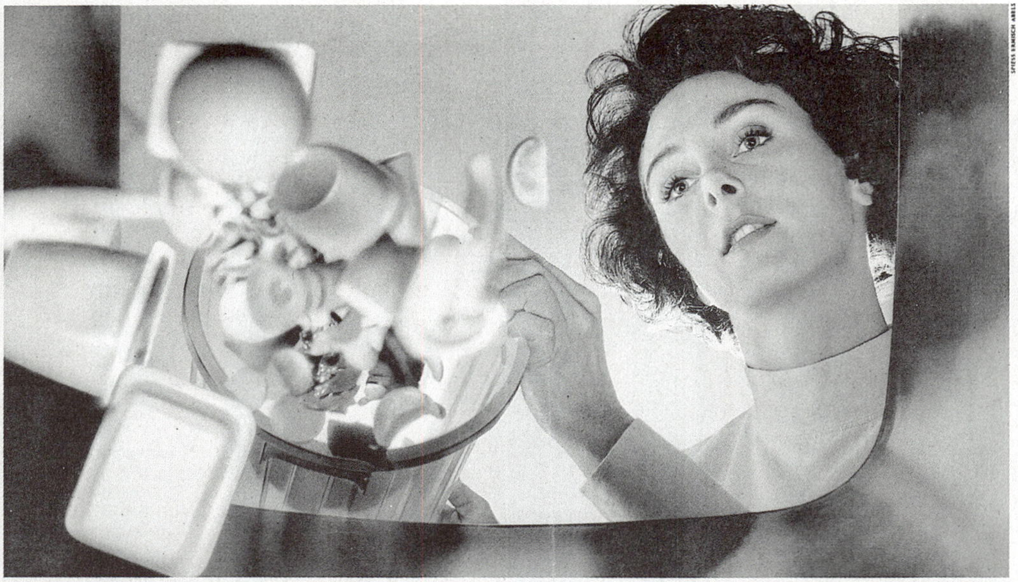

Auf der Suche nach Rohstoffen sind wir bei Ihnen zu Hause fündig geworden.

Im Hausmüll stecken wertvolle Rohstoffe, die wir zurückgewinnen, um natürliche Ressourcen zu schonen.

Abfall hat zwei Seiten: Einerseits weiß bald niemand mehr, wohin damit – denn der Deponieraum wird immer knapper. Und andererseits besteht Hausmüll zu einem hohen Anteil aus wertvollen Rohstoffen, die man zu Recyclingprodukten weiterverarbeiten kann. Die Voraussetzung dafür ist ein Entsorgungskonzept, das alle ökologischen und ökonomischen Aspekte einbezieht.

Ein solches Konzept hat unser Konzernunternehmen RWE Entsorgung AG entwickelt und dabei klare Ziele definiert. Erste Priorität hat das Vermeiden von Abfällen. Zweite Priorität hat die Rohstoffrückgewinnung. Und die erproben wir bereits erfolgreich.
Seit Oktober 1987 arbeitet in Kerpen-Manheim im Erftkreis eine Rohstoff-Rückgewinnungs-Anlage, die den Hausmüll von über 200.000 Bürgern verarbeitet.
Mit einem technologisch weit entwickelten Abfalltrenn- und -sortiersystem, in das auch die einzelnen Haushalte maßgeblich mit einbezogen sind, wird bereits eine sehr hohe Rückgewinnungsquote erreicht.
Die Restabfallmenge, die keine Wertstoffe mehr enthält, wird thermisch verwertet – also verbrannt.
So kann der ursprüngliche Müllberg auf nur noch 1 % der Ausgangsmenge reduziert werden.
Die aussortierten nutzbaren Bestandteile des Mülls werden von uns in den Materialkreislauf zurückgeführt: In der Bundesrepublik Deutschland können immer mehr Unternehmen diese Rohstoffe weiterverarbeiten.
Bei Altpapier, Glas, Eisen und Schrott z. B. ist das Recycling weit fortgeschritten. Für viele andere Materialgruppen wie etwa Kunststoffe sind Verfahren in der Entwicklung oder werden schon getestet.

Rohstoffrückgewinnung ist nur eine der Aktivitäten der RWE Entsorgung AG. In diesem neu gebildeten Unternehmensteil haben wir die jahrzehntelangen Erfahrungen des RWE-Konzerns mit Umwelttechnik und Entsorgung gebündelt. So entstand ein kompetenter Partner, der Gemeinden, Industrieunternehmen und Gewerbebetrieben bei der Lösung ihrer Entsorgungsprobleme hilft. Das Leistungsangebot umfaßt auch Abfall- und Sonderabfallentsorgung, Abwasserreinigung, Klärschlammentsorgung und Altlastensanierung.
Zukunftssichere Verwertungs- und Entsorgungstechnologien werden mehr und mehr zu Merkmalen wettbewerbsfähiger Industriegesellschaften. Schon heute hängt die Genehmigung für neue Industriebetriebe von einer gesicherten Entsorgung der entstehenden Abfälle ab.
Unser Engagement in der RWE Entsorgung AG wollen wir als unternehmerische, aber auch als gesellschaftliche Weitsicht verstanden wissen.
Es ist ein weiterer Beweis dafür, daß wir im Ganzen denken.

High-Tech. Versorgung. Entsorgung. Wir denken im Ganzen. RWE

und ökonomisch möglich, innerhalb der innerbetrieblichen Infrastruktur verwertet.

Das während der industriellen Produktion ansetzende Produktionsabfallrecycling wird in der rohstofferzeugenden als auch verarbeitenden Industrie bereits konsequent verfolgt. Im ersten Bereich seit jeher als „Kreislaufschrott" bekannt, wird z. B. auch im Bereich der metallverarbeitenden Industrie seit langem durch Zerkleinern, Verdichten und Wiedereinschmelzen von Spänen, Stanzabfällen, Brennmatten etc. oder durch Nachwalzen und nochmaliges Ausstanzen von Kleinteilen aus Blechabfällen bereits eine Materialverbrauchseinsparung von bis zu 10 % erreicht (Steinhilper, 1988).

Die Denkweise, (ungeliebte) Reste nach einer Aufbereitung als Ausgangskomponenten für weitere Produktionen zu verwenden, führte zum Beispiel schon frühzeitig in der chemischen Industrie zur sog. Koppelproduktion. So werden etwa bei Bayer bereits seit langer Zeit aus Eisenoxiden, die bei der Reduktion von Nitrobenzol zu Anilin durch Eisen entstehen, Farbpigmente gemacht, oder es wird das Koppelprodukt Anhydrit aus der Flußsäureherstellung als Material im neuen Einsatzgebiet Bauwesen im Putzmörtel und Fußbodenanstrich verwendet. „Wenn man so will, ist die ganze Chlorchemie eine Recyclingtechnologie für Cl aus der Deckung des Natronlaugenbedarfes u. a. für die Sodaherstellung und Zellstoffproduktion durch die Spaltung von NaCl. Einzelne Zweige, z. B. die VC-Herstellung, ergaben Abfälle, die lange Zeit nur auf Spezialverbrennungsschiffen auf Hoher See verbrannt werden konnten. Heute ist die Chlorolyse oder Verbrennung zu Chlorwasserstoff Stand der Technik" (Schenkel, UBA, 1987).

Volkswagen/Daimler Benz
Nicht zuletzt durch ständig steigende Frisch- und Abwasserkosten gezwungen, nimmt die Wasserrecyclingquote quer durch alle Branchen jährlich zu, d. h., der spezifische Wasserverbrauch pro produzierte Tonne sinkt. Dieser, mit geschlossenen Kreisläufen erreichte Entkopplungseffekt zeigt sich etwa

- *bei Volkswagen in Wolfsburg, das mit rd. 32 Mill. Kubikmetern Wasser einen Kreislauf gewährleistet, der den Gesamtbedarf des Werkes von 355 Mill. deckt. Das Werksgelände verfügt über drei getrennte Leitungssysteme, die mit dem Wasserrecycling erreichten Qualitäten erlauben eine bis zu zwanzigmalige Wiederverwertung;*

- *bei der mengenmäßig immer noch dominierenden Verwendung von Wasser als Kühlwasser in Kraftwerken bringt die Umstellung auf Trockenkühltürme große Entlastung;*

- *in der Eisengießerei im Werksteil Esslingen-Mettlingen konnte Daimler Benz ein Wasserrecycling mit einer Wassereinsparung um ca. 400 m^3/h erreichen; diese Naßwäschekreislaufanlage vermeidet den Abwasseranfall einer Stadt wie Baden Baden und entlastet die Kläranlage entsprechend (eine installierte Wärmerückgewinnung aus der Kupolofenabluft des Werkes bedeutet eine Einsparung an Primärenergie von ca. 1700 t Kohle/Jahr oder 900 000 Litern Heizöl; als weitere Maßnahme des integrierten Umweltschutzes in den Gießereien sei das Cold-Box-Verfahren (Kernherstellungsverfahren) erwähnt – durch die Inbetriebnahme einer Kernsandregenerierungsanlage konnten seitdem weit mehr als 110 000 t Altsand vermieden werden).*

Finden sich für Produktionsrückstände (Reststoffe) keine Möglichkeiten zu einem innerbetrieblichen Recycling, so können diese einer überbetrieblichen (bundesweiten) Vermittlungsstelle, wie z. B. der sog. Abfallbörse (besser wäre wohl der Terminus „Wertstoffbörse") der jeweils zuständigen Industrie- und Handelskammer oder des Verbandes der Chemischen Industrie, angeboten werden, die nach anderen Verwendungsmöglichkeiten sucht (umgekehrt kann man natürlich auch selbst als Nachfrager auftreten). Die Kammern und der DIHT beschränken sich dabei darauf, die Kontakte zwischen Anbietern und Nachfragern lokal, landes- oder bundesweit herzustellen, den beteiligten Unternehmen bleibt die Ausarbeitung der jeweiligen Kontraktbedingungen überlassen. Dieser Vermittlungsservice ist kostenlos.

Zur Zeit werden gut tausend Posten Industrieabfall jährlich über die Abfallbörsen in der BRD angeboten, und etwa 700 Unternehmen fragen nach einem ganz bestimmten Abfallstoff nach, wobei sich im Schnitt auf die jeweiligen Angebote 3,6 Firmen und auf die Nachfragen 4 Anbieter melden. Haben sich Anbieter und Nachfrager einmal durch die Börse gefunden, so besteht für diese in Zukunft kein Zwang mehr, den Vermittlungsdienst der Börse in Anspruch zu nehmen, so daß die o.g. Zahlen nicht das gesamte an und für sich durch die Börse vermittelte Potential widerspiegeln. Die Möglichkeit der überbetrieblichen Fremdentsorgung von Produktionsrückständen kann dazu beitragen, die gesamten Recyclingmöglichkeiten und -quoten wesentlich zu erhöhen, wodurch deutlich wird, daß es durchaus wert ist, eine derartige Unternehmenskooperation zu intensivieren.

Seit 1980 ist der DIHT auch die Koordinationsstelle für Produktionsrückstände aus allen europäischen Ländern (in Zusammenarbeit mit den jeweils regionalen/nationalen Abfallbörsen), 1989 wurde die Euro-Liste EDV-gerecht ausgebaut.

Produktrecycling (Rebuilding)

Recycling ist nichts anderes als ein Denken in Kreisläufen. Bisher wurde dabei vor allem bei der Produktions- bzw. der Entsorgungsphase angesetzt und aus den Produkten über verschiedene Arbeitsvorgänge und Energieeinsatz wieder ein Rohstoff erzeugt. Zunehmend wichtiger wird jedoch die dazwischenliegende Gebrauchsphase, wobei jetzt das Produkt als solches erhalten bleibt – ein Auto wird also z. B. nicht verschrottet, sondern für eine neue Nutzung aufgearbeitet. Dies hat den großen Vorteil, daß ein großer Teil des Produktionswertes erhalten bleibt.

Bisher sind solche Arbeiten weitgehend im Rahmen der Instandhaltungsarbeiten als lohnintensive Reparaturdienste durch eigene Betriebsabteilungen durchgeführt worden. Besonders in den USA ist inzwischen jedoch das rationelle Fertigen von aufgearbeiteten Produkten „in Serie" weiterentwickelt worden; das Stuttgarter Fraunhofer-Institut spricht von über 2000 Unternehmen mit mehr als 150000 Beschäftigten, die ausschließlich ein solches „Rebuilding“ oder „Remanufacturing“ betreiben. Ein industrielles Aufarbeiten von Produkten dürfte bei zunehmenden Entsorgungsengpässen vor allem als ein wichtiges Instrument der Marktpflege zu sehen sein.

Ein in diesem Serienstil betriebenes Recycling ist in Deutschland als Austauscherzeugnisfertigung im Kfz-Bereich fest etabliert, es sollen diese Produkte (Getriebe, Lichtmaschine, Anlasser etc.) bei einzelnen Unternehmen bereits 10 Prozent der Neuproduktion erreichen. In großen Stückzahlen wird das klassische Beispiel, der Austauschmotor, aufgearbeitet; dies sind zur Zeit etwa 200000 Motoren (= Materialersparnis von rd. 40000 t pro Jahr). Inzwischen sind Beispiele für zahlreiche andere Produkte bekannt (Elektrorasierer, Elektrowerkzeuge, Büromaschinen, Industrieroboter, Zigarettenautomaten etc.).

Ein qualifiziertes Produktrecycling kann von industrieeigenen Betrieben oder nach außen verlagert und von freien Unternehmen (auch Handwerksbetrieben) im „After-Sales-Market“ durchgeführt werden – hier ist eine wachsende Aufgabe für mittelständische Betriebe zu sehen. Nach Steinhilper (1988) fungieren für die US-Firmen weltumspannende Einkaufsorganisationen als Zulieferer des „Rohmaterials“.

Das Produktrecycling in Serie umfaßt die fünf Fertigungsstufen Demontage, Reinigung, Prüfung, Bauteileaufarbeitung bzw. -ersatz und Wiedermontage. Hohe Kostenbelastungen wurden bei Demontage und Bauteileaufarbeitung ermittelt. Das Fraunhofer-Institut für Produktionstechnik und Automatisierung entwickelte als technologische Verbesserung solcher Fertigungen eine flexibel automatisierte Demontagezelle und ein Rechenprogramm (RECOVERY) zur optimierten Verwendung recyclierter Bauteile.

Altstoffrecycling

Nach der Ge- und Verbrauchsphase eines Produktes darf ein Produkt nicht als „Abfall“ betrachtet werden, sondern das Material ist als ein (gebrauchter, nicht verbrauchter) „Rohstoff“ einer Mehrfachverwendung zuzuführen. Dies ist nicht nur ein technisches Problem, sondern vor allem ein Marketingproblem, da funktionsfähige „Märkte“ für die recyclierten Produkte vorhanden sein müssen. Das Warmer Bulletin (22/89) bezeichnet dies als die „Goldene Regel“ des Recycling:

> “The Golden Rule of recycling is that growth in the volumes handled is limited by demand for the reclaimed product rather than its availability. Until a market is found, the recovered material can only be considered as waste.”

Die Kreislaufführung von Rohstoffen hat bei Einstoffprodukten (oder bei relativ einfacher Stofftrennung) einen großen Umfang angenommen und einen „wirtschaftlichen“ Recyclingstand erreicht:

- Eisen/Stahl 90 %
- Altreifen 80 %
- Altpapier 40 – 50 %
- Weißblech 40 %
- Altglas 45 %
- Kunststoffe 33 %

In einzelnen Produktbereichen sind Raten bis zu 95 % möglich, wie z. B. bei Bleiakkumulatoren und Aluminium-, Kupfer- und Zinkschrotten aus Altwagen oder Aluminiumflaschenverschlüssen im Getränkemehrwegbereich (bei Nickel-Cadmium-Batterien sind es nur 60 %, bei Primärbatterien sah man keine Wirtschaftlichkeit für eine Rückgewinnung und setzte auf die Entwicklung neuer Batteriesysteme). In einer freiwilligen Vereinbarung über die Entsorgung von Batterien (Sept. 1988), in der sich die Hersteller zu einer drastischen Reduzierung des Quecksilbergehalts verpflichteten, wurde auch eine

neue Kennzeichnungs- und Rücknahmepflicht für den Handel aufgenommen. Mit einem Recyclingsymbol (drei Pfeile, die einen Kreis bilden) müssen alle Batterien gekennzeichnet werden, deren Quecksilbergehalt mehr als 0,1 % des Gesamtgewichts beträgt. Die in getrennten Rückgabekartons gesammelten, sortierten Batterien werden von verschiedenen Firmen wieder aufgearbeitet.

Einige Zahlen verdeutlichen die positive Entwicklung auf den Recyclingmärkten:

1989 wanderten nach Schätzungen des Bundesverbandes Papierrohstoffe (bvp) 5,3 Mill. t Altpapier zur Verwertung in die Container (weltweit ca. 75 Mill. t). Von den über 10 Mill. t in Deutschland jährlich hergestellten Papier und Pappe entfielen zwar nur ca. 160000 t auf Recyclingpapier aus 100 % Altpapier (= geschlossener Recyclingkreislauf), jedoch enthalten nahezu alle Papierarten einen großen Anteil Altpapier; bei diesem offenen Kreislauf, der – je nach der geforderten Papierqualität – nur begrenzt wiederholbar ist, werden im bestimmten Verhältnis „frische" Zellulose und Altpapier gemischt. Da die Fasern bei jedem Durchgang kürzer werden, ist das Anreicherungsverhältnis neu zu bestimmen.

Entsprechend hat die Papierindustrie ihre Kapazitäten für das Recycling stark erweitert, und mit 1,2 Mill. t Ausfuhrvolumen ist die Bundesrepublik größter europäischer Altpapierexporteur. Die Altpapierrecyclingquote beträgt weltweit durchschnittlich 32 %, in der EG 47 %. 1988 wurden für Hygienepapier 37,8 %, für Zeitungspapier etwa 60 %, bei Verpackungsmitteln sogar 91 %, für die Herstellung von brauner und grauer Wellpappe sogar 100 % Altpapier verwendet. Aber: jeder Bundesbürger verbraucht pro Jahr 191 kg Papier und Pappe, wobei der größte Teil auf Verpackungsmaterial entfällt. Zudem liegt bei den besonders nachgefragten Papieren der „sonstigen graphischen Papiere" (z. B. für Kataloge und Zeitschriften) die Altpapiereinsatzquote bei nur 5,1 %.

Die Verwendung von Recyclingpapier im betrieblichen Büroalltag ist inzwischen schon fast eine Selbstverständlichkeit geworden. Von den 1988 für den Bürobereich verkauften eine Million Tonnen Papier soll bereits ein Fünftel vollständig aus Altpapier hergestellt sein. Dominanter Marktführer für hochwertiges Recyclingpapier ist die Steinbeis-Temming Papier GmbH & Co. Von zahlreichen kleinen Herstellern wird „Umweltschutzpapier" angeboten, das bei der Verarbeitung sehr strengen Umweltschutzkriterien genügen muß (z. B. keine chemische Entfärbung, geschlossene Wasserkreisläufe).

Deutsche Bundespost/Bay. Genossenschaftsbanken

Beim größten Kunden für Recyclingpapier, der Deutschen Bundespost, werden jährlich 630 Millionen Blatt eingesetzt (15000 t Vordrucke, 3200 t DIN-A4-Blätter). Nachdem die Deutsche Bundespost bereits Kontoauszüge, Kuverts und Telefonrechnungen aus 100 %

Altpapier verwendete, wurden ab Februar 1989 die Kontoauszüge der bayerischen Genossenschaftsbanken auf umweltschonendem Recyclingpapier gedruckt. Allein im Genossenschaftssektor Bayern werden jährlich über 250 Millionen Kontoauszüge ausgegeben. Damit war man im Kreditgewerbe der Bundesrepublik Deutschland der erste, inzwischen sind andere Institute gefolgt.

Europa Carton

Die Firma Europa Carton, die in der gerade anlaufenden neuen Papierfabrik in Hoya Wellpappenrohpapiere ausschließlich aus Altpapier herstellt, will 1990 in Hamburg die Bereitschaft der Kunden testen, auch Kartons zum Altpapiercontainer zu tragen. Eine entsprechende Kennzeichnung von Verpackungen nach ihrer Recyclingfähigkeit wird zur Zeit von der Industrie geplant.

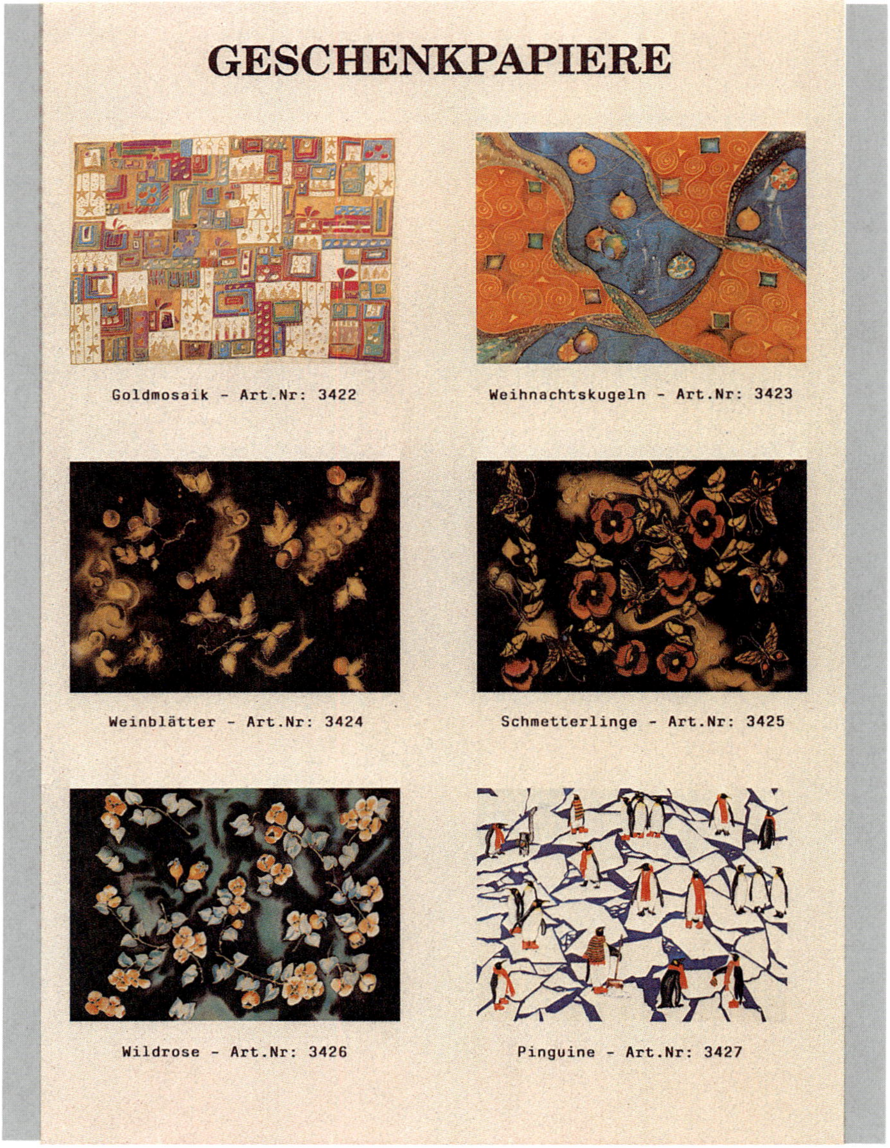

Das Konzept des Windmühlen Verlags – ökologisch anspruchsvolle Produkte mit „ausgezeichnetem" Design – erweist sich als sehr erfolgreich.

1989 wurden vier Fünftel der rund 325 000 t Altreifen pro Jahr weiterverarbeitet, wanderte jedes zweite Glas vom Verbraucher zurück zur Glasindustrie (1,56 t Glasscherben). Damit wurde die für Glasverpackungen festgelegte Recyclingquote bereits erreicht, lediglich bei Weinflaschen wurden die ministeriellen Vorgaben noch nicht erfüllt.

Ein generelles Problem für die Rückführung der Altstoffe ist die Sortenreinheit, Fremdstoffe bringen den Produktionsprozeß durcheinander. Eine wesentliche Aufgabe des Recyclingprozesses liegt darin, durch gezielte Kontrolle des Materials die erforderliche Stoffreinheit garantieren zu können. Eine saubere Trennung und die Einführung differenzierter Sammelsysteme könnte die Recyclingquote erheblich steigern. In vielen Kommunen laufen derzeit entsprechende Versuche.

Wir sind Mitglied in der bundesweiten Arbeitsgemeinschaft Umweltschutzpapier (ARGUS) und verarbeiten nur Papierqualitäten, die den ökologischen Forderungen der ARGUS genügen:

Umweltschutzpapier

- **zu 100 % aus Altpapier hergestellt**
- **ohne De-Inking (Entfernung der Druckfarben mit hohem Chemieaufwand)**
- **mit quantitativ und qualitativ geringstmöglichem Chemikalieneinsatz**
- **ohne Bleichung**
- **ohne Färbung oder Nachfärbung; die Papierfarbe ergibt sich aus der Zusammensetzung des Altpapiers**
- **weitestgehende Wasserkreislaufschließung mit einem maximalen Wasserverbrauch von 10 l/kg Papier**
- **kontrollierte Abwasserklärung durch biologische Kläranlagen**

im Gegensatz zu Recyclingpapier, das lediglich zu 100 % aus Altpapier hergestellt sein muß, ohne weitere ökologisch notwendige Definitionen. Als Warenzeichen zur ökologischen Erkennung nach außen dienen:

papierTIGER®

ÖKOPA

ap

Der Windmühlen Verlag ist Mitglied von ARGUS. Diese Arbeitsgemeinschaft hat für „Umweltschutzpapier" verschärfte Anforderungen erlassen.

Nach Angaben des Weltverbandes der Wiedergewinnungs- und Wiederverwertungsindustrie, Bureau International de la Recuperation (BIR), wurden von seinen Gesellschaften letztes Jahr rund 200 Millionen t Wiederverwertbares im Gesamtwert von 16 Mrd. Dollar gesammelt.

Die Wiedergewinnung (Sammeln, Aufbereiten und Sortieren) ist der erste Schritt zur Wiederverwertung. So werden bereits etwa 44 % der Weltstahlproduktion, 36 % des Kupfers, knapp die Hälfte des Bleis und ein Fünftel des Papiers aus wiedergewonnenem Material erzeugt.

Recycling – eine neue Erfindung? Nicht für Kupfer.

Jedes zweite Kupferprodukt war schon mal da.

Wer hätte unseren Vorfahren das zugetraut: Recycling, das als relativ »junges Verfahren« gilt, ist in Wirklichkeit eine uralte Idee. Was Kupfer anbetrifft.

Hersteller und Verarbeiter haben schon seit Jahrhunderten Altkupfer gesammelt und wiederverwendet. Jedes zweite Kupferprodukt von heute war schon einmal da. Über 40% ihres gesamten Kupferverbrauchs deckt die Bundesrepublik aus Recycling-Material. Das Installationsrohr war vielleicht vorher ein Braukessel und der Fenstergriff ein »grünes Dach«. Mit dieser umweltfreundlichen Mehrfachnutzung liegen wir in Europa an der Spitze. Weil das Recycling im Kupferbereich Tradition hat, ist auch der Altmetallhandel gut organisiert.

Altkupfer spart Energie.

Kupfer trägt nicht zum »Müllberg« bei. Und Kupfer-Recycling schont nicht nur die Umwelt und unsere knappen Rohstoffvorräte. Es hilft zugleich, Energie zu sparen. Die Herstellung einer Tonne Kupfer aus Altstoffen erspart 80% der Energie, die zur Gewinnung des »Urkupfers« benötigt wird. Bei der umweltfreundlichen Energiegewinnung leistet Kupfer seinen Beitrag z. B. in Sonnenkollektoren und Wärmepumpen. Die Verwendung von Kupfer ist praktizierter Umweltschutz.

Weitere Auskünfte zum Thema Kupfer und Kupfer-Legierungen erteilt das Deutsche Kupfer-Institut (DKI), Knesebeckstr. 96, 1000 Berlin 12.

Waren Waldemar Grzimeks lebensgroße Bronzeskulpturen rund um den Brunnen am Berliner Wittenbergplatz vorher ein Braukessel oder ein »grünes Dach«? Wer weiß. Schließlich war jedes zweite Kupferprodukt schon einmal da. Über 40% ihres gesamten Kupferverbrauches deckt die Bundesrepublik Deutschland aus Recycling-Material.

Die Anzahl privater Recyclingbetriebe ist in den letzten Jahren sprunghaft gestiegen. Etwa 160 Unternehmen betreiben in Deutschland ein Materialrecycling, insgesamt sind ca. 500 private Betriebe im Müllgeschäft engagiert, der Branchenumsatz wird auf 5 Mrd. DM geschätzt.

Bauindustrie

Die in der Bauindustrie anfallenden gigantischen Mengen von Altbaustoff unterliegen auch dem novellierten Abfallgesetz. Die Bestrebungen zur Wiederverwertung lassen in Baustoff-Recyclinganlagen zunehmend aus altem Schutt neue Baustoffe mit RAL-Gütezeichen entstehen (z. B. verarbeitet die Baustoff-Handel und Recycling Köln, ein Verbund von zehn mittelständischen Unternehmen, täglich bis zu 2000 t Bauaushub, Bauschutt und Straßenaufbruch). Ein interessantes Beispiel stellt der von Gronholz entwikkelte Brecherzug dar, der als vollmobiler, auf Caterpillar-Unterwagen montierter Recyclingzug sanierungsreife gebrochene Straßendecken an der Stirnseite aufnimmt und sie auf der Rückseite als ungebundene Tragschichten wieder abgibt. Die Recyclinganlage kommt also direkt zum Produktionsstandort. Ein derartiges REMIX-Verfahren verwendet z. B. die Bayerische Straßen- und Teerbau GmbH.

Besonders bei metallischen Altstoffen hat das Recycling als „Schrottrecycling“ eine lange Tradition. Es ist ein eigener Wirtschaftszweig mit erheblicher Bedeutung entstanden (ca. 3500 Unternehmen mit ca. 4 Mrd. DM Jahresumsatz), der Sekundärrohstoff Schrott ist heute ein Exportschlager. Die jährlich ca. 2 Millionen Altautos werden in (rund 30) Shredderanlagen zerkleinert und jährlich 1,4 Mill. t Stahl aus Pkw-Schrott gewonnen.

Autokats

Auch das Recycling der Autokatalysatoren, in denen Platin im Wert von 200 Millionen Mark steckt, läuft jetzt an. Nachdem der Einbau von Katalysatoren in Deutschland erst 1975 richtig begann, entfielen 1988 nur einige Tonnen Katalysatormaterial an; 1992 werden es bereits einige hundert Tonnen pro Jahr sein. In den Kats steckt Wertvolles (Platin, Rhodium, z. T. Palladium etc.), das ein Recycling lohnt. Die bisher tätigen Unternehmen (Thyssen Sonnenberg/Walter Trupp Rohstoffe, Deutsche Autokat Recycling u. a.) sind eine Zwischenstufe im Recyclingprozeß. Sie zerlegen die Kats, vermarkten die Hüllen aus Edelstahl selbst als Schrott und reichen das keramische Teil an Scheideanstalten (wie z. B. die Degussa AG) zur Wiederverwertung weiter. 1988 waren von den 41 Tonnen Platin, die in den Katalysatoren weltweit flossen, erst 5 t recycliertes Metall, der Boom ist jedoch vorprogrammiert. Hauptproblem ist zur Zeit noch der flächendeckende Aufbau eines Sammelnetztes. Ein logistisches Konzept zwischen Autohersteller, Zuliefererindustrie, Altstoffhandel und Scheideanstalten für den Rücklauf ist noch zu erarbeiten.

Problem Kunststoffe

Nachdem für Schrott, Papier oder Glas inzwischen funktionierende Altstoffmärkte entstanden sind und damit die Entsorgungskreisläufe weitgehend geschlossen werden konnten, bleiben Kunststoffe zur Zeit das Sorgenkind der Umweltpolitik. Ein besonderes Problem sind die vernetzten Kunststoffe. Am wenigsten sind bisher Polymere von Recyclingstrategien erfaßt. In der Gesellschaft werden zwar durchaus die Vorteile der Kunststoffe als moderne, unverzichtbare Werkstoffe gesehen, zunehmend jedoch auch deren Entsorgungsnachteile betont. Eine ganzheitliche Betrachtung seitens der Hersteller muß umweltgerechtere Wiederverwertungsverfahren berücksichtigen. Als Entsorgungswege sollten m. E. neben dem „Energierecycling" (d. h. der Nutzung des Energieinhaltes) als Notlösung insbesondere das Materialrecycling angestrebt werden. Eine sortenreine Trennung, die als der „Schlüssel" für ein erfolgreiches Rückführungssystem zu sehen ist, würde durch eine entsprechende Codierung der verwendeten Materialien wesentlich erleichtert werden. Wie für alle Recyclingprodukte muß auch beim Kunststoff Materialrecycling zum einen eine entsprechende Verarbeitungstechnologie entwickelt sein und zum anderen für die hergestellten Regenerate ein entsprechender Markt vorhanden sein bzw. erst aufgebaut werden. Das Marketing von Recyclingprodukten erweist sich häufig als der eigentliche „Hemmschuh". Andererseits sind auch etwa gesetzliche Bestimmungen und Hygienevorschriften zu beachten, in Italien spielen die Kinder bereits mit Autos aus recycletem Kunststoff.

Nach einer Studie des Berliner Umweltbundesamtes landen derzeit etwa 1,8 Mill. t Kunststoffe in der Deponie, im Jahr 2000 voraussichtlich sogar 3 Mill. t. In den USA, mit über 60 Mill. t Plastikabfällen, werden z. Z. nur 0,2 % recyclet. Da sie über ein Viertel der verfügbaren Deponiekapazitäten beanspruchen, führte dies 1989 zu zahlreichen Debatten für Gesetzesvorlagen, die Anreize zur Erhöhung der Quote schaffen sollten.

Verwertungsmöglichkeiten von Kunststoffabfällen

	ca. jato	Zielsetzung der Verwertung
Gesamtmenge von sortenreinen und gemischten Kunststoffabfällen	ca. 2.500.000	
von dieser Menge werden derzeit verwertet:		
a) Aufbereitung der eigenen Produktionsabfälle	ca. 500.000	Rohstoffrückgewinnung
b) Materialrecycling	ca. 400.000	Rohstoffrückgewinnung
c) Energierecycling, hierfür stehen in der BRD 5 Müllverbrennungsanlagen mit Drehrohröfen zur Verfügung, die geeignet sind, reine unverwertbare thermoplastische Mischabfälle zu verbrennen. Darüberhinaus wird der Kunststoffmischabfall mit ca. 6% im Hausmüll in den anderen Müllverbrennungsanlagen verbrannt.	ca. 500.000	Energieerzeugung
d) Pyroloyseverfahren	ca. ...	Energie und Rohstoffgewinnung
Summe	ca. 1.400.000	Jahrestonnen
Derzeit nicht verwertbare Kunststoffmischabfälle	ca. 1.100.000	Jahrestonnen

Quelle: Unternehmen & Umwelt, März 1989

Abb. 41: Verwertungsmöglichkeiten von Kunststoffabfällen

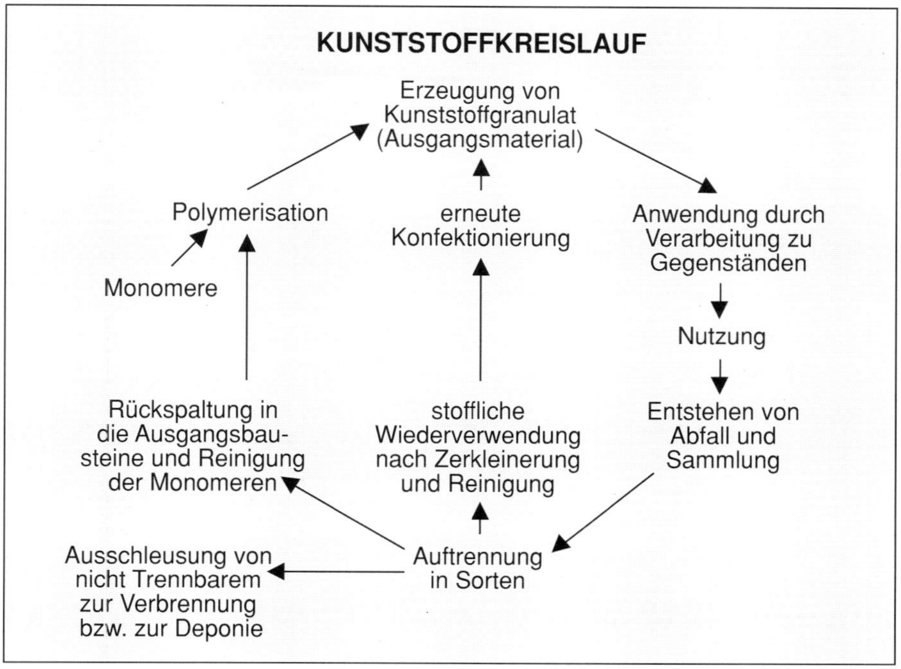

Quelle: Dehnert, 1989

Abb. 42: Der Kunststoffkreislauf

Einen mengenmäßigen Überblick über die heutigen Verwertungsmöglichkeiten von Kunststoffabfällen zeigt eine von der Werra Plastic verfaßte Aufstellung (vgl. Abb. 41). Um Kunststoffe wieder in den Wirtschaftskreislauf zurückzuführen, schlägt Delmert die Entwicklung entsprechender Strategien vor. Die Rückführung (Rückspaltung in die Ausgangsbausteine und Reinigung der Monomeren oder stoffliche Wiederverwertung nach Zerkleinern und Reinigung) setzt leicht zu handhabende Abtrennungstechniken voraus. Die Frage der Abtrennbarkeit muß bereits bei der Herstellung der Materialien überlegt werden (vgl. Abb. 42).

Mit einer Erhöhung der Recyclingquote kann vermutlich erst in der 2. Hälfte der 90er Jahre gerechnet werden, auch wenn bereits mehr als 200 Unternehmen in diesem Bereich tätig sind. Der Verband Kunststofferzeugende Industrie nennt eine stoffliche Recyclingquote von 20 % (500000 t von 2,5 Mill. t), wobei die Verwertung sortenreiner und sauberer Kunststoffabfälle im Vordergrund steht. Das Recycling von Kunststoffen stößt noch auf große technische Schwierigkeiten, zahlreiche Verfahren werden zur Zeit erprobt (Pyrolyse, Hydrolyse, Hydrozyklon, Preßverfahren u. a.). Sauber und sortenrein wieder eingesammelt werden zu können, trifft für das Gros der gemischten Hausmüllabfälle jedoch nicht zu. Vermischte und verschmutzte Abfälle ergeben Granulat-Sekundärrecylingprodukte von minderwertiger Qualität (Lärmschutzwände, Gartenmöbel, Pfosten, Palisaden, Tische, Isoliermaterial, Parkbänke, Blumentöpfe, Paletten etc.) und können zudem kein zweites Mal rückgeführt werden. Während aus Glas wieder Flaschen gefertigt werden können, eignet sich z. B. der PET-Abfall nur als sog. Bodentasse neuer Flaschen.

Lüft
Als ein technisch relativ anspruchsvolles Produkt, das aus Kunststoffmüll hergestellt wurde, feierte kürzlich die LÜFT-Pflanzenwand „Modell Reycling" ihre Premiere. Der mit dem blauen Umweltengel ausgezeichnete Lärmschutzwall verfügt über eine praktisch unbegrenzt haltbare Stützkonstruktion aus wiederverwerteten Kunststoffabfällen. Das Plastikgerippe wird mit Mutterboden und kompostierten Grünabfällen gefüllt und bietet eine gute Bepflanzbarkeit mit standortgerechten Gewächsen. Damit wird eine hervorragende Lärmdämmung und Absorption erzielt.

Lupenreine Granulate sind relativ problemlos in Wiederverwertungskreisläufe einzubinden, vermischte Sorten bereiten große Schwierigkeiten. Bei diesen gemischten Kunststoffabfällen zeigen alle z. Z. laufenden Pilotprojekte „enge Grenzen" der direkten Wiederverwertung. Auch wenn z. T. bereits hochwertiges Granulat hergestellt werden kann, bleibt als „Wermutstropfen" ein hoher Wasser- und Energieaufwand dieser Recyclinganlagen.

Der Bundesumweltminister hat Hersteller und Handel aufgefordert, bis zum 1. 6. 1990 nur noch Kunststoffverpackungen in den Handel zu bringen, die aufgearbeitet werden könnern. Anderenfalls würden mit den Möglichkeiten des § 14 Abfallgesetz Verordnungen erlassen werden. Ausdrücklich genannt werden Becher, Beutel, Blister, Dosen, Eimer, Flaschen, Kanister und ähnliche Behältnisse aus Kunststoff. Diese „Lex Plastic" wird von Vertretern der Indu-

Foto: Lüft
Weltpremiere in Köln: Die erste Recycling-Pflanzenwand als Lärmschutz an einer Autostraße. Die Montage der Bauteile aus wiederverwerteten Kunststoffabfällen ist denkbar einfach.

strie und des Handels, der nicht die Sortierarbeit auf sich verlagert sehen will, als ordnungspolitisch bedenklicher Eingriff kritisiert. Umweltschutzverbände dagegen sehen den noch besseren Weg in Verboten bestimmter Verpackungsmaterialien bzw. einer Verpackungssteuer.

Storopack
Für Styropor und Loose Fill Verpackungschips gibt es inzwischen die erste bundesweite Recyclingaktivität bei Kunststoff. Der Grund für diese Herstellermaßnahmen liegt nicht in der chemischen Zusammensetzung des Stoffes, sondern in ihrem Volumen, das zusammen mit der weißen Farbe als „eye-catcher" auf jeder Deponie wirkt. Storopack, Europas führender Hersteller von Verpackungen aus Polystyrolhartschaum, will die Recyclingquote der jährlich 35 000 t Formteile erhöhen. Die großvolumigen Verpackungen können den Verkaufsfahrern wieder mitgegeben oder in Säcken entweder in allen Storopack-Werken, direkt bei ca. 100 Industriebetrieben, beim Händler oder bei zentralen Sammelstellen (Bauhöfe/Recyclingcenter) gesammelt werden und werden von Storopack dann als komplette LKW-Ladung zurückgenommen. Das gesammelte Material wird entweder gemahlen (und bei der Herstellung neuer Formteile zugesetzt) oder regranuliert. Von den 30 000 t Verpackungsstyropor werden z. Z. 1200 t recycelt; dies sind 4 % vom Gesamtmarkt. Der Bundesumweltminister fordert eine Rücklaufquote von 25 – 30 %, was nur über eine höhere Anbindung erreichbar ist; zu diesem Zweck wurde im Industrieverband Verpackung und Folien aus Kunststoff ein eigener Ausschuß gegründet.

Münster

Zu den Produktgruppen, deren steigender Kunststoffanteil Entsorgungsprobleme bereitet, gehören neben Fernsehern auch Kühlschränke, die heute nur mehr ein mit Pappdekkel und hauchdünnem Blech verkleidete Kunststoffgebilde sind. Die Firma Münster errichtete die erste Total-Recyclinganlage für Kühlschränke in Europa; die Geräte können zu fast 100 % wiederverwendet werden.

Zur Problemgruppe entwickeln sich in jüngerer Zeit jedoch insbesondere die Kraftfahrzeuge. Während sich das Verschrotten von Autos bisher in den Shredderanlagen relativ problemlos vollzog, tauchen jetzt Schwierigkeiten beim Re-

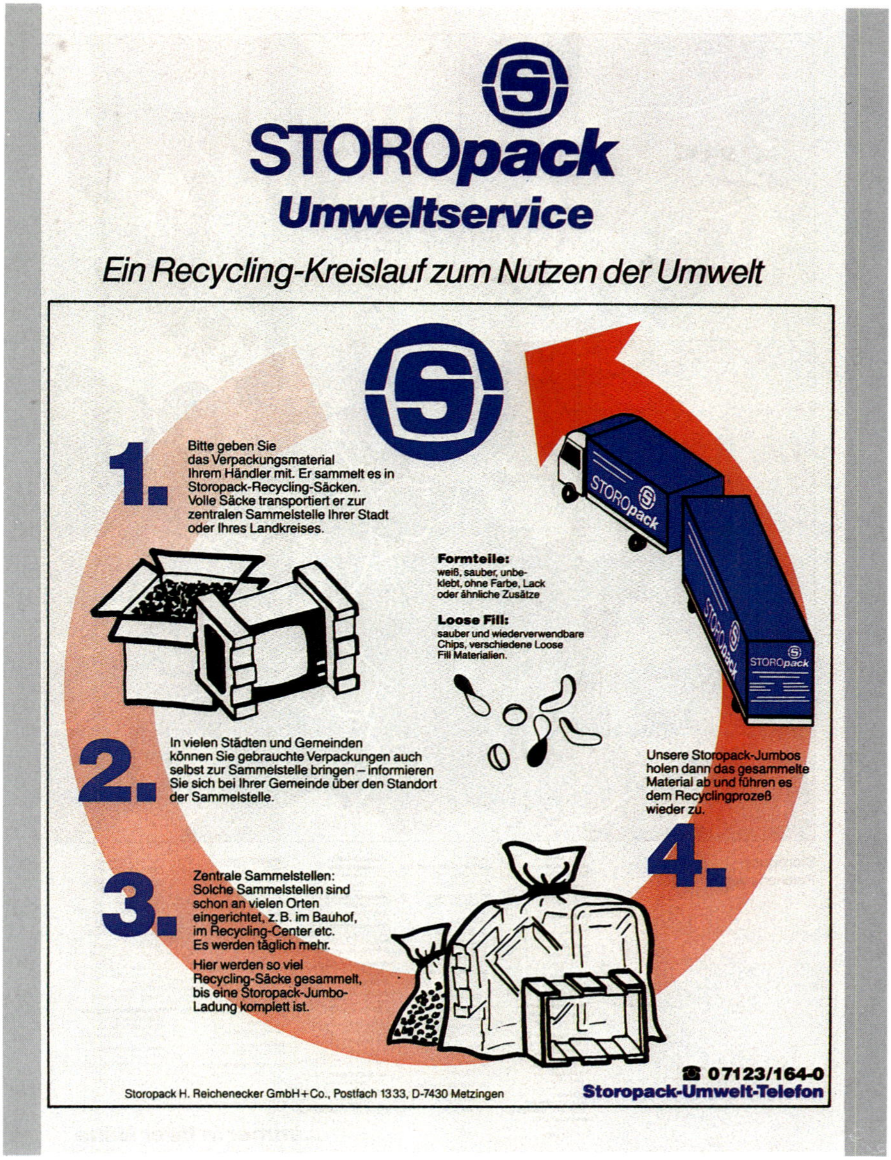

cycling auf, da Kunststoffe den traditionellen Werkstoff Stahl im Fahrzeugbau zunehmend ablösen. Zusätzlich bereitet die Verwendung von Aluminium im Motorbereich Probleme bei der Verwertung. Der Anteil der Kunststoffe im Auto hat sich in den vergangenen Jahren von 2 % 1970 auf jetzt 11 % erhöht (ca. 80 bis 150 Kilogramm), eine Grenze wird bei etwa 15 % des Gesamtgewichts gesehen.

GM/Du Pont

Ein „Einzelfall" bleibt wohl der Cadillac von GM, dessen Kotflügel, die einige Zeit aus Kunststoff bestanden, jetzt wieder aus Stahl hergestellt werden. Als Gegenpol gewisser-

maßen stellte Du Pont, einer der weltgrößten Kunststoffhersteller und Kfz-Zulieferer, 1989 als Fahrzeugstudie eine fünftürige Großraumlimousine vor: Von den 1100 kg Gesamtgewicht entfielen rund 30 % auf Kunststoffteile. Man rechnet damit, daß zukünftig die meisten Außenteile des Autos aus Polymeren bestehen.

Insbesondere die glasfaserverstärkten Kunststoffe (GFK) haben zugenommen. Der vermehrte Einsatz von Kunststoffen hat auch durchaus positive Aspekte, er verlängert die Produktlebensdauer, verringert das Gesamtgewicht des Autos und damit den Benzinverbrauch, er zeichnet sich durch hohe Sicherheit und Beständigkeit und geringe Wartung aus. Der negative Aspekt liegt darin, daß das Gemisch aus verschiedenen Sorten wie PVC, Polyethylen oder Polystyrol nicht zu verwerten ist. Der Recyclingvorgang muß zukünftig so konzipiert werden, daß die Sorten getrennt gewonnen werden können, dazu sollten sie gekennzeichnet sein. Generell ist bereits bei der Konstruktion eines Autos die Demontagefreundlichkeit für das zukünftige Recyceln zu berücksichtigen.

Während in Bonn schon mal laut über eine Verschrottungsabgabe beim Kauf des Autos oder eine Rücknahmepflicht für Altautos nachgedacht wurde, um dadurch eine entsorgungsfreundliche Produktgestaltung zu initiieren, forderte der Bundesverband der Deutschen Schrottwirtschaft (BDS) Ende 1988 eine „Entsorgungsgebühr" von denjenigen Industriezweigen, deren Material im Shredder übrigbleibt (bei 2 Mill. Autos sind dies zur Zeit 520000 t Müll, für deren Deponierung und Transport 50 bis 100 DM pro Tonne gezahlt werden muß, obwohl man nicht der Verursacher ist). Man bemüht sich in Zusammenarbeit mit der Automobilindustrie auf freiwilliger Basis um eine Reduktion der bisher 20 und mehr Kunststoffarten auf nur noch wenige. Recyclinggerechte Autos sieht man aber angesichts der langen Entwicklungszeiten und der durchschnittlichen Lebensdauer der Autos frühestens in 10 bis 15 Jahren. Auch mit der Hausgeräteindustrie und anderen stahlverarbeitenden Industrien führt man Gespräche über recyclinggerechte Konstruktionen.

Opel
Für das Recycling der Kühlflüssigkeit werden inzwischen auch Lösungen angeboten. Opel rüstet z. Z. europaweit seine Vertragshändler mit einer Recyclinganlage für die Kühlflüssigkeit Frigen (das auch FCKW enthält) aus. Ein Austausch ist dadurch ohne ein Entweichen in die Atmosphäre möglich.

Volkswagen/BMW/Alba
Bei der Volkswagen AG soll 1990 eine Versuchsanlage im ostfriesischen Leer zur Verwertung von Autoschrott in Betrieb gehen. Man hofft, bei vorausschauender Materialauswahl 85 – 90 % aller eingesetzten Materialien aus Schrottautos bei effektivem Separieren/Demontieren einer Wiederverwertung zuführen zu können und hält dabei theoretisch 30 % der Kunststoffe für rückgewinnbar. Auf dem neuen BMW-Gelände in Wackersdorf soll ebenfalls ein Recycling von Schrottautos erprobt werden (Demontageband). In Berlin plant die Firma Alba die Errichtung einer vom UBA geförderten Autodemontage-Pilotanlage zur umweltgerechten Verwertung und Entsorgung von Autowracks; man will den Anteil der nicht mehr verwertbaren Reststoffe auf 4 – 5 % senken. Das Verfahren sieht folgende Schritte vor:

- *getrennte Erfassung und Zwischenlagerung der als Sonderabfälle einzustufenden Teile*
- *Ausbau, Prüfung und Instandsetzung und Wiederverkauf verschiedener Aggregate (Second-Hand-Ersatzteile) wie Motoren, Lichtmaschinen, Reifen, Felgen etc.*
- *Reinigung, Mahlen, Extrudieren und Granulieren der Kunststoffteile des Autos*
- *separate Erfassung, Aufbereitung und Wiederverwertung der NE-Metalle und Schrotte.*

Die Zeitschrift Management (4/90) berichtet von einer Recyclingidee, bei der im Do-it-yourself-Verfahren der Verbraucher selbst Gelegenheit erhält, verwertbare und funktionsfähige Teile aus Altautos auszubauen und in andere Kfz einzubauen.

Ökologieorientierte Verpackungspolitik

Funktionen – Umweltverträglichkeit

Die unaufhaltsam ansteigenden Müllberge (30 Mill. t Hausmüllaufkommen jährlich) als Ausfluß unserer „Ex-und-Hopp-Mentalität“ mit steigenden Zuwächsen beim Verpackungsverbrauch (1988: 8 %) und die Diskussion um eine Verpackungssteuer haben die Verpackung ins ökologische Blickfeld gerückt. Fast 500 DM jährlich geben wir pro Person für Verpackung aus (natur, 12/89), bei 100 DM Nahrungsmittel bezahlt der Konsument 6 DM für die Verpackung.

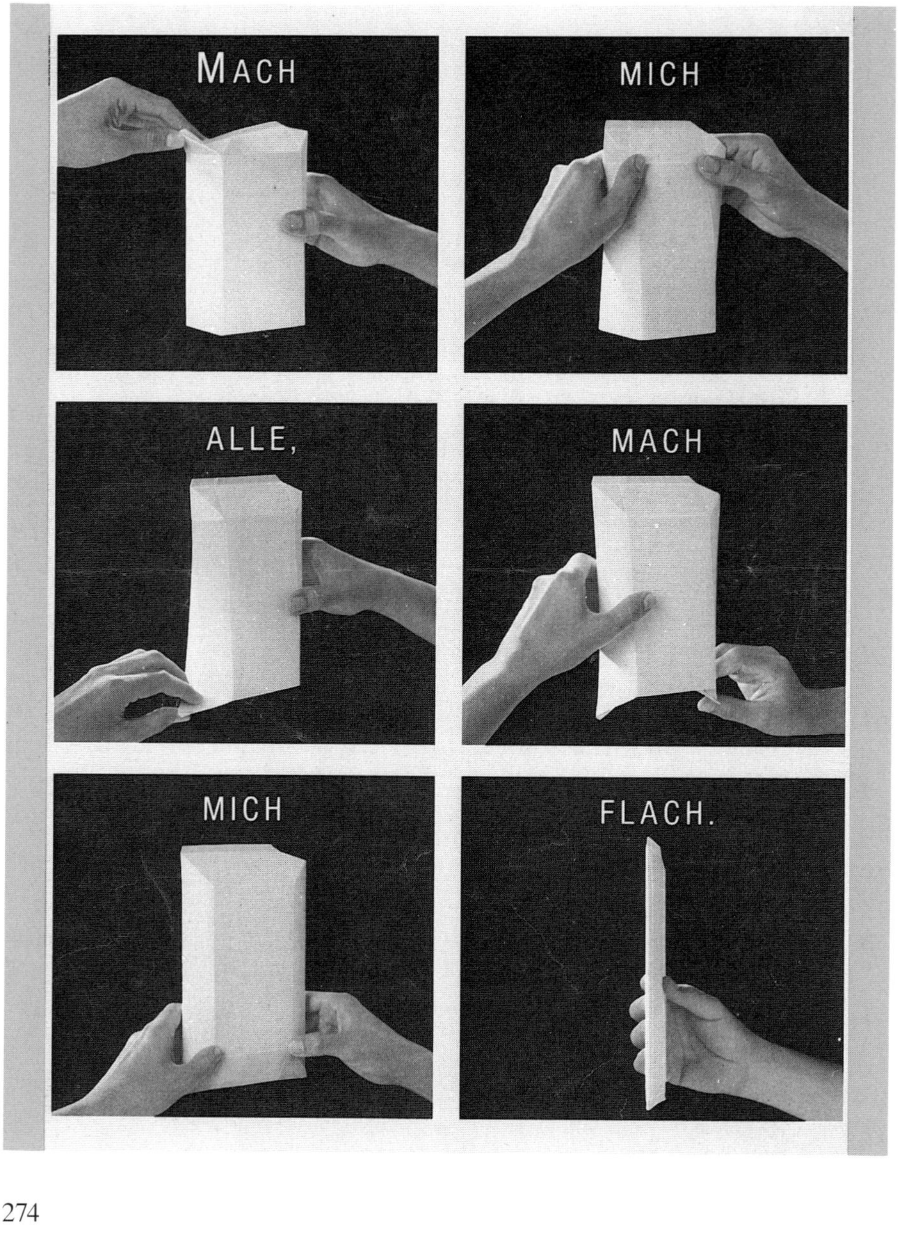

Nach Zahlen des Ifo-Instituts gehören zu den wichtigsten Verwendern von Verpackungsmaterial das Ernährungsgewerbe (47,2 %), die chemische Industrie (22,4 %) und das sonstige Verarbeitende Gewerbe (18,7 %). Die Verpackungswirtschaft setzt jährlich 31 Mrd. DM um und beschäftigt 500 000 Mitarbeiter.

Die Verpackung, die bei Produktgebrauch zum „Abfall" wird, wird als Hauptverursacher des Müllnotstandes gesehen; dies gilt insbesondere für Formen des Overpacking. Da der Großteil der Verpackungen, nachdem sie ihre vielfäl-

Heute möchten wir einmal allen umweltinteressierten Hausfrauen und Hausmännern eine kleine Alltagshilfe geben. Thema: Wie kriegt man diesen Getränkekarton noch kleiner, als er sowieso schon ist?

Ein Kinderspiel. Den Karton vollständig ausleeren, die vier Zipfel an den Ecken nach außen ziehen und dann einfach zusammendrücken.

Ergebnis: Was eben noch einen Liter Milch oder Fruchtsaft geschützt hat, ist jetzt platt wie eine Briefmarke und ein Winzling in der Mülltonne.

Von da geht's dann entweder auf dem Weg des Energie-Recyclings in die Müllverbrennungsanlage, wo sich unser „Flachmann" dann nochmal als Strom- oder Wärmelieferant nützlich macht. Oder auf die Deponie, wo der Getränkekarton mit der Zeit verrottet, ohne die Umwelt zu belasten.

Am besten, die Seite links einfach rausreißen und an den Kühlschrank kleben.
Als Gebrauchsanweisung und kleine Erinnerung zum Thema: Wir basteln uns viel Platz in der Mülltonne.

TETRA PAK

Mehr Verpackung muß nicht sein.

tigen Funktionen erfüllt haben, in den Mülltonnen der Verbraucher (er stellt dort 50 % des Volumens und ein Drittel des Gewichts) und dann in Mülldeponien oder Verbrennungsanlagen landet, wird eine Reduzierung der Verpackung auf das Notwendigste gefordert (vor allem dort, wo das Volumen der Verpackung mancher Produkte im krassen Gegensatz zum Produkt selbst steht) und ein verstärktes Recycling. Die Wiederverwertungsmöglichkeit darf aber nicht überschätzt werden. Selbst mit den besten Recyclingmöglichkeiten wird die Maximalgrenze bei 35 % des Hausmülls gesehen.

Zur Relativierung und Versachlichung der Diskussion muß man auf einige Merkmale hinweisen:

- Ohne Verpackung gäbe es keine Selbstbedienung (95 % aller Waren werden über solche Systeme vertrieben).
- Die Verpackung ist wesentlicher Bestandteil des Markenartikels.
- Die Verpackung erfüllt verschiedene unverzichtbare Funktionen (Schutz beim Transport, Stapelung, Lagerung, Konservierung, Verkaufs- und Informationsfunktion, Portionierungsfunktion, lebensmittelrechtliche Vorschriften etc.).
- Die Verpackung soll kostengünstig sein.
- Sie soll in den größtenteils automatisierten Produktionsablauf passen.
- Die Ware soll besonders im Nahrungsmittelbereich in relativ kleinen Portionen angeboten werden (Trend zum Einpersonenhaushalt etc.).

Da die Kosten der Abfallbeseitigung in den 90er Jahren deutlich steigen werden, ist nach Vermeidungs- bzw. Verminderungsstrategien zu suchen. Auf dem „Ikofa"-Kongreß „Verpackung und Umwelt" 1988 wurde deutlich, daß die Unternehmen der Ernährungsindustrie die Umweltverträglichkeit der Verpackungen zunehmend in ihre Produkt- und Marketingstrategien mit einbeziehen müssen. Eine ökologieorientierte Verpackungspolitik hat folgende Konsequenzen zu berücksichtigen:

- neue Technologien für Lagerung und Transport einsetzen
- Materialeinsparungen durch Einschränken der Ausstattung
- Rohstoffeinsparungen durch Gewichtsreduzierung
- wiederverwendbare Verpackungen verstärkt einsetzen (statt Einweg-Mehrwegsysteme, Mehrfachverwendung)
- wiederverwendbare Materialien forciert einsetzen (Verbesserung der Recyclierfähigkeit)
- eine recyclierfähige Verpackungsgestaltung zur Erleichterung der Rückführung

- Vermeidung von kleinen Portionspackungen.

Das Angebot umweltfreundlicher Verpackungen ist auf die Akzeptanz beim Handel (etwa für die Aufstellung von Redistributionssystemen) und des Verbrauchers (etwa für die Mitarbeit bei Recyclingsystemen, Verwendung eines Einkaufskorbes statt Einwegtasche) angewiesen. So mußte der erste Versuch bei Tengelmann, frische Vollmilch in Pfandflaschen einzuführen, wieder abgebrochen werden und erlebte erst 1987 ein erfolgreiches Comeback. Ebenso brauchte die Einführung der Toni Zirkulationsgläser zwei Anläufe.

Dr. Stewner & Co.
Im April 1988 startete die Firma Dr. Stewner & Co. mit dem Aufbau eines Vertriebssystems für umweltschonende Wasch- und Reinigungsmittel im Mehrwegsystem. Die Mehrwegflaschen im Pfandsystem werden vom Händler gesäubert zurückgenommen. Heute werden die Produkte (deren Inhaltsstoffe voll deklariert werden) in ca. 300 Bioläden angeboten. Der Name der Produktmarke verdeutlicht bereits die dahinterstehende Idee: „Klar zum Nachfüllen". Die Mehrwegverpackungen sind aus den unbedenklichen Kunststoffen Polyethylen und Polypropylen. Die Firma bietet auch Abfüllstationen mit vier Hähnen an, aus den Zapfstellen kommt in über 50 Läden allerdings kein Bier, sondern biologisches Waschmittel.

Annen Chemie
In ähnlicher Weise startete die Annen Chemie, mittelständischer Hersteller umweltschonender Wasch-, Putz- und Scheuermittel, Ende 1989 eine neue Vertriebsform für „unverpackte" Voll- und Feinwaschmittel. Ihr „Waschmittel vom Faß", das gegenüber Waschmitteln in konventioneller Verpackung ca. 1 DM preisgünstiger ist, wird einem Selbstbedienungsfaß mittels einer Zapfeinrichtung entnommen.

McDonald's
Auf jährlich umgerechnet 30 Millionen Kilo an Plastikverpackung kann Mc Donald's verzichten, indem der Cola-Sirup zur Herstellung von Cola-Getränken, vom Lieferwagen mit Schläuchen direkt in die Getränkemischanlagen der einzelnen Lokale gepumpt wird. Dieser Sirup wurde bisher in sperrigen Plastikflaschen angeliefert. Zusätzlich will man etwa 50 % der biologisch nicht abbaubaren Polystyrolabfälle wiederverarbeiten. An dem Recyclingprogramm werden 450 Filialen in den USA beteiligt. Die Kunden (Mc Donald's hat davon täglich 18 Millionen, allein in Deutschland 715 000!) müssen die Papierabfälle von den Polystyrol enthaltenden Hamburgerverpackungen trennen.

Neben diesen organisatorischen Fragen der Wieder- und Weiterverwertung ist zwischen Verpackungsherstellern und ihren Kunden nach neuen Lösungsmöglichkeiten zu suchen. Besonders beim Verbraucher muß man auch die Diskrepanz zwischen Interesse und tatsächlichem Verhalten mit berücksichtigen. Zweifel an der Ehrlichkeit mancher Absichtserklärungen zeigt z. B. das natur-Umweltbarometer (12/89) zum Abfallproblem: Man ist zwar für Abfallvermeidung, will aber trotzdem daran festhalten, Geschenke glanzvoll einzupacken. Oder man glaubt, es sei Sache des Verbrauchers, den Müllberg einzudämmen, bevorzugt aber gleichzeitig Maßnahmen, die einen nicht selbst unmittelbar treffen. Trotzdem zeigt die Umfrage des Allensbacher Instituts für Demoskopie auch, daß vom Verbraucher ein wachsender Druck auf Handel und Industrie ausgeht, Alternativen mit weniger Verpackung anzubieten. Auch bei diesem Themenbereich wäre eine Müllvermeidung (= Verzicht), zumindest aber ein sparsamerer Umgang, angebracht.

Bischof & Klein/Werra Plastic

Bischof & Klein, einer der führenden europäischen Verpackungshersteller, sieht seine Aufgabe darin, dabei zu helfen, ein Produkt vom Produzenten zum Verbraucher zu bringen. Die Philosophie des Hauses entspricht dem ökologischen Grundsatz „Produkte kommen und gehen, Funktionen aber bleiben". Dies bedeutet, daß die von einer Verpakkung zu erfüllenden Funktionen auch unter Berücksichtigung ökologischer Prinzipien (z. B. herzustellen aus einem Material, das möglichst recyclierbar ist) zu sehen sind. Viele Markenartikler haben diese Notwendigkeit inzwischen erkannt und fordern von B & K die entsprechenden umweltfreundlichen Problemlösungen für ihre Produkte. Die Umsetzung des ökologischen Konzepts seit Mitte 1986 erbrachte eine Reduzierung des Rohstoffeinsatzes bei einigen Produkten um bis zu 50 %, der Anteil der Sekundärrohstoffe konnte fast verdoppelt werden, ohne daß die Gebrauchsfähigkeit der Folien eingeschränkt wurde.

62,5 % der Produktionsabfälle werden im innerbetrieblichen Recycling zu verkaufsfähigen Produkten verarbeitet, zusammen mit der externen Abfallnutzung fließen knapp 90 % der Abfälle in den Produktionskreislauf wieder ein. Neben dieser Abfallnutzung durch stoffliches Recycling wird für Verbundfolien das energetische Recycling favorisiert.

Eine Tochter von B & K, die Werra Plastic, hat 1987 mit einem dänischen Betrieb einen innovativen Materialkreislauf aufgebaut. Die Werra Plastic liefert Silage-Folien, die durchweg aus recycleten Kunststoffabfällen hergestellt werden, nach Dänemark. Dort wird das Folienmaterial nach Gebrauch dezentral eingesammelt, und die Kunststoffabfälle werden vom dänischen Partner zu Regenerat umgearbeitet. Dieses wird an die Werra Plastic versandt, die daraus wieder Silage-Folien herstellt – der Materialkreislauf ist geschlossen.

Henkel

Da eine moderne Betriebshygiene neben der Wirtschaftlichkeit immer mehr von der Forderung nach Umweltverträglichkeit geprägt wird, hat Henkel innerhalb des sog. Systemgeschäfts das Maßnahmenpaket ökologisch erweitert. Neben der Prämisse natürliche Rohstoffe und sparsame Verwendung ist auch die Verpackungsentsorgung berücksichtigt. Das Gebinde mit dem Namen „bag in box" für eine Reihe von Produkten der Objekthygiene besteht aus einer Faltschachtel aus Wellpappe (die wie Altpapier entsorgt werden kann) und einem doppelwendigen Polyethylenbeutel. Auch diese Kunststoffolie kann im normalen Hausmüll entsorgt werden, wobei das Volumen im Vergleich zum herkömmlichen Kanister nur ca. 20 % beträgt. Ein Dosierhahn garantiert einen sparsamen Verbrauch. Lagerplatzsparend sind auch die als Hochkonzentrate angebotenen 5fach-Konzentrate mit integrierter Dosierautomatik. Für die schmutzlösenden Wirkstoffe hat man Tenside, die auf Basis nachwachsender pflanzlicher Rohstoffe hergestellt werden, entwikkelt. Basis des Seifenreinigers ist Kokosöl, die Seife aus natürlicher Fettsäure. Die Tenside sind vollständig biologisch abbaubar.

Als ökologische Aussage des Herstellers für seine Verwender hatte Henkel bereits 1985 das Umweltsignet „Dem Schutz der Umwelt verpflichtet" eingeführt. Kurz danach wurde das „Ökozertifikat" vorgestellt, das nach einem umfangreichen Prüfungsprozeß durch Wissenschaftler des Henkel-eigenen ökologischen Instituts für jedes ökologisch und toxikologisch geprüfte Produkt ausgestellt wird, das mehr als die gesetzlichen Auflagen erfüllt. Gewerbliche Abnehmer von Hygieneprodukten erhalten mit dem Ökozertifikat ver-

ständliche Informationen über die sehr unterschiedlichen Umwelteigenschaften der Produkte sowie ihrer Inhaltsstoffe.

Auf das Problem der Beurteilung einer Umweltverträglichkeit haben wir bereits an mehreren Stellen hingewiesen. Eine solche Prüfung alternativer Verpackungsarten muß sich in einem ganzheitlichen Ansatz auf die Auswirkungen während der Rohstoffgewinnung, der Produktion und Entsorgung beziehen. Der Rohstoff- und Energieverbrauch ist also bei allen Prozessen (Herstellung der Verpackung, Abfüllung, Lagerung, Transport, Kühlung, Reinigung usw.) einzubeziehen, ebenso die damit einhergehende Belastung von Luft, Wasser und Boden. Ist in einem ersten Schritt das größte Problem, die Gewinnung dieser Informationen, gelöst, treten im zweiten Schritt, wenn es um die Bewertung der jeweiligen Belastung anhand einheitlicher Parameter geht, fast unüberwindbare Schwierigkeiten auf. Wer bestimmt das Wertsystem, mit dem entschieden werden könnte, ob eine „bestimmte" Menge eines Schadstoffes umweltfreundlicher ist als eine „bestimmte" Menge eines anderen Stoffes? Bei einzelnen Schadstoffarten gibt es insofern Hilfestellung, als gesetzliche Regelungen (etwa im AbwAG) existieren. Weitgehend verwendet werden heute die vom BUS eingeführten „kritisch werdenden Mengen".

Solche Untersuchungen wurden etwa 1984 vom Bundesamt für Umweltschutz der Schweiz (BUS), vom Migros Genossenschaftsverband mit einem Computerprogramm zur ökologischen Bewertung unterschiedlicher Verpackungsformen im eigenen Haus oder dem IÖW (Berlin) durchgeführt („Ökobilanzen"). Eine umfassende Aufstellung solcher Material- und Energiebilanzen stößt noch auf große Schwierigkeiten, die Ergebnisse sind oft widersprüchlich (so wird in den letzten Jahren in der Schweiz die Umweltverträglichkeit der Joghurtpackungen bei Mehrwegglas bzw. Einweg-Kunststoffbehältern sehr kontrovers diskutiert). Typisch ist, daß nicht alle Parameter des „Lebensweges" einer Verpackung in die Bewertung einbezogen werden oder unterschiedliche Erfassungsmethoden verwendet werden – die divergierenden Endergebnisse verwundern deshalb nicht.

Zur Gestaltung einer umweltökonomischen Gesamtanalyse arbeitet das Münchner Fraunhofer-Institut für Lebensmitteltechnologie und Verpackung an einheitlichen Kriterien für Umweltverträglichkeitsprüfungen.

Bauer/Möller (1988) verdeutlichen diese Probleme an einem Beispiel. Die Abbildung zeigt einen typischen Vergleich der Auswirkungen eines bestimmten Packmittels auf vier Umweltbereiche gemäß verschiedener Ansätze. Die Stoff- und Energieströme sind dann in einem zweiten Schritt hinsichtlich ihres ökologischen Stellenwertes zu „bewerten". Selbst bei Heranziehung nur quantitativer Bewertungen zeigen die Ergebnisse der verschiedenen Vorschläge große Unsicherheiten (A nach TA Luft, B nach BUS, C nach Müller-Wenk).

Die Forderung nach Ökosteuern für bestimmte Verpackungsprodukte (z. B. Getränkedosen, Kunststoffflaschen, Tetra-Paks oder Alufolien) führt zu kon-

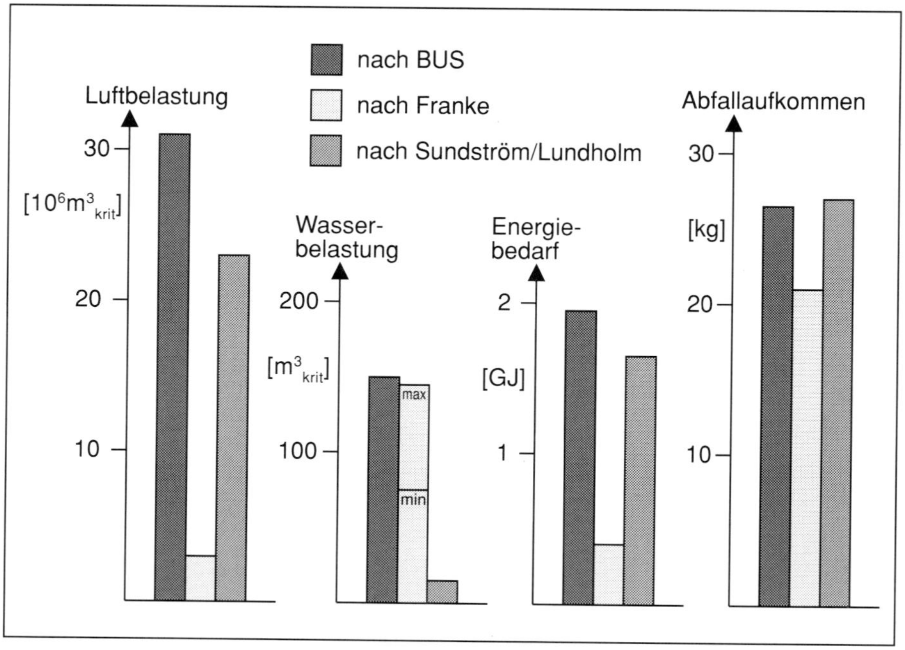

Abb. 43: Material- und Energiebilanzen
Beispiel: verschiedene Studien für ein bestimmtes Packmittel

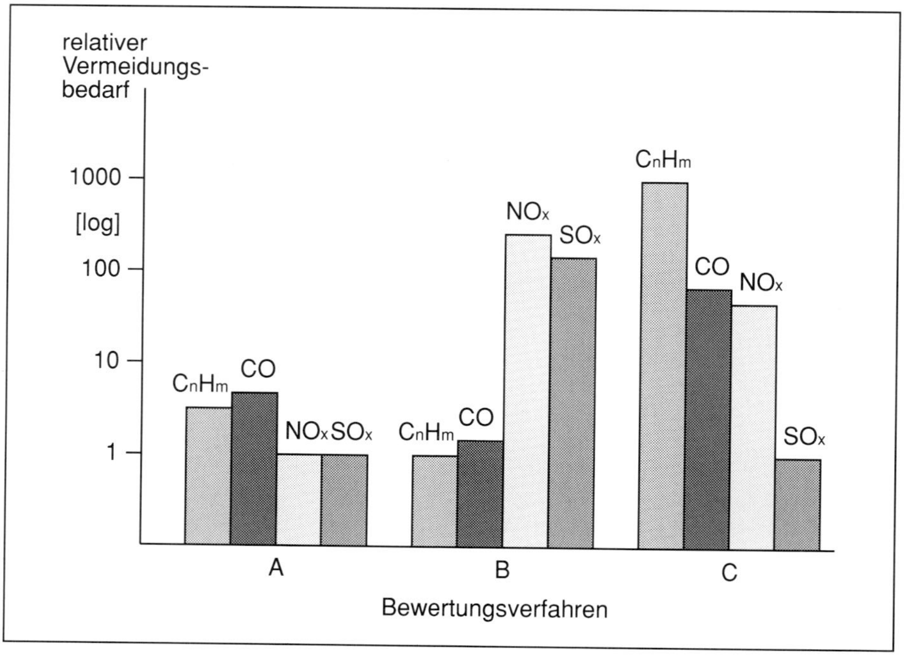

Quelle: Bauer/Möller, 1988

Abb. 44: Ökologische Bewertung
Beispiel: Bewertung von Luftfremdstoffen

troversen Diskussionen. Mit viel publizistischem Aufwand wird von den beteiligten Interessengruppen die Umweltverträglichkeit bestimmter Verpackungssysteme propagiert. Auch der Verband der Aluminium verarbeitenden Industrie (VAV) wendet sich energisch gegen die Disqualifizierung des Verpakkungswerkstoffs Aluminium. Die Alufolie hält man vor allem bei Nahrungsmitteln für unverzichtbar, verwiesen wird zudem auf eine weltweite 50%ige Recyclingquote für Aluminiumgetränkedosen, die damit die am meisten wiederverwendete Getränkeverpackung sei. Aluminium sei auch ohne Qualitätseinbuße beliebig oft recyclierbar. Allerdings werden zur Verarbeitung des Rohmaterials Aluminiums sehr große Mengen Energie benötigt.

Auf die Studie des UBA für das Beispiel Tragetaschen wurde bereits hingewiesen. Die Mitte 1988 veröffentlichten Ergebnisse ließen einen Wechsel von Polyethylen- zu Papiertaschen aus ökologischen Gründen nicht sinnvoll erscheinen (als wirklich umweltfreundlich wird der Einkaufskorb gepriesen).

Hertie
Als Alternative zur Plastiktüte, die auch durch eine dünnere Folie „verbessert" wurde, offeriert Hertie seit Mitte 1989 seinen Kunden zunächst in den Lebensmittelabteilungen Mehrweg-Tragetaschen aus Baumwolle zum Selbstkostenpreis – Anfang 1990 waren bereits mehr als 100000 Stück verkauft, 30 Pfennig pro Tasche gingen an BUND.

Es zeigt sich deutlich, daß es praktisch unmöglich ist, mit einer einzigen Note die Umweltverträglichkeit verschiedener Systeme wie Glas oder Karton zu beurteilen. Eine unterschiedliche, subjektive Gewichtung der untersuchten Parameter oder unterschiedlich angesetzte Umlaufquoten lassen mehr als „ein"

Ergebnis zu. Schriften des „Fachverbandes Kartonverpackung für flüssige Nahrungsmittel" oder der Firma Tetra Pak (EMPA Studie „Milchverpackungen im Öko-Vergleich" Dezember 1987 oder die schwedische Studie „Umweltprofil" aus dem Jahr 1986) wollen die politisch geförderte Überlegenheit der Mehrweg-Glasflasche relativieren. Das Institut für ökologisches Recycling stellte eine Ökobilanz Mehrweg-Glas kontra Einweg-PET auf (natur, 7/88).

Ende 1988 wurde vom Landgericht Köln die co op-Produktwerbung „Pfandflaschen sind umweltfreundlich" untersagt, da wettbewerbswidrig. Der Slogan wurde als „irreführend" angesehen und in der Urteilsbegründung angeführt: „Die Aussage ist in dieser allgemeinen Form unrichtig, da es eine generelle Überlegenheit gegenüber Einwegpackungen in bezug auf die Umweltverträglichkeit nicht gibt." Zur Beurteilung dieser Frage müßten verschiedene Aspekte herangezogen werden. Im Hinblick auf die Abfallmenge, Einsparung von Rohstoffen und Energie hat die Mehrwegflasche „möglicherweise" Vorteile. Deren hohes Gewicht, Transport- und Reinigungsprobleme belasten aber Wasser und Abwasser, Straßen und Treibstoffverbrauch stärker als Einwegverpackungen. „Umweltfreundlich seien generell weder Mehrwegsysteme noch irgend eine andere Verpackungsform".

Wiederverwertung des Verpackungsrohstoffes

Ein Recycling der Verpackung wird durch den zunehmenden Marktanteil von Kunststoffen erschwert. Zwar ist Papier und Pappe immer noch das am meisten verwendete Packmittel, doch der Anteil geht zurück: Der wertmäßige Anteil fiel von 46,3 % 1970 auf knapp unter 40 %. Kunststoff stieg auf 30 %, Metall blieb mit 21,5 % konstant, und Glas ging auf 7,8 % zurück.

Pro Jahr fallen etwa 1,5 – 2 Mill. t an Kunststoffverpackungen an, vom Joghurtbecher über Wasserflaschen bis zur Tragetasche. Davon werden nur wenige Tausende Tonnen recyclet. Besonders die Verwertung von Verbundstoffen ist weitgehend Niemandsland.

Der Bundesumweltminister erwartet bis zum 30. 6. 1990 von den Herstellern solcher Verpackungen, „Vorschläge für den Aufbau von Rücknahmesystemen, die außerhalb der öffentlichen Abfallentsorgung eine Rückführung gebrauchter Verkaufspackungen aus Kunststoff in eine Verwertung gewährleisten", zu unterbreiten.

Die Probleme liegen vor allem beim „Wie" und „Wo" des Sammelns, da eine immer noch fehlende unerläßliche Deklarierungspflicht der verschiedenen Kunststoffarten (bereits deren 50 finden sich heute in den Mülltonnen) eine gesonderte Erfassung erschwert und der Handel sich dagegen wehrt, „zur Deponie" zu werden.

Als Retrodistributionssysteme haben wir bereits zwei Beispiele genannt, die Firma Storopack für Styropor und die Firma Müller für ihre Joghurtbecher.

Neff

Bei der Firma Neff sind auf dem Verpackungssektor zahlreiche Maßnahmen getroffen worden:

- *Rücknahme und Weiterverwendung des Verpackungsmaterials vom Kunden (Styropor, Folien)*
- *Umstellung der Verpackung bei bestimmten Geräten von Folien auf Karton*
- *Erprobung von Mehrwegpackungen im Versand*
- *Ersatz der Holzkisten durch spezielle, besonders stabile Kartonverpackungen*
- *bei sämtlichen im Verpackungsbereich eingesetzten Kunststoffen Einsatz reinen Polyethylens (Schreiben an alle Lieferanten mit der Aufforderung, an Neff nur noch in PE verpackte Waren zu senden).*

Migros

Bei Migros wurde auf die Karton-Außenverpackung bei Zahnpasten verzichtet, man sparte damit 40 t Karton jährlich ein. Nach anfangs starken Umsatzeinbußen wurde diese Maßnahme inzwischen von den Verbrauchern akzeptiert. Dem ersten Beispiel der Zahnpasta sind in der Zwischenzeit viele Kosmetikprodukte gefolgt.

Die Flasche für den Orangennektar wurde als Mehrwegsystem mit Depot so konstruiert, daß sie im Normgetränkeharass der Migros Platz findet. Gegenüber einem Einwegsystem werden pro Jahr ca. 2300 t Abfall eingespart. Getränkedosen wurden bei Migros aus ökologischen Überlegungen nie eingeführt. Die Nachfüllbeutel sind mit einem Drehverschluß versehen, so können sie auch die Originalflasche ersetzen.

MIGROS
NECTAR D'ORANGE
ORANGEN NEKTAR

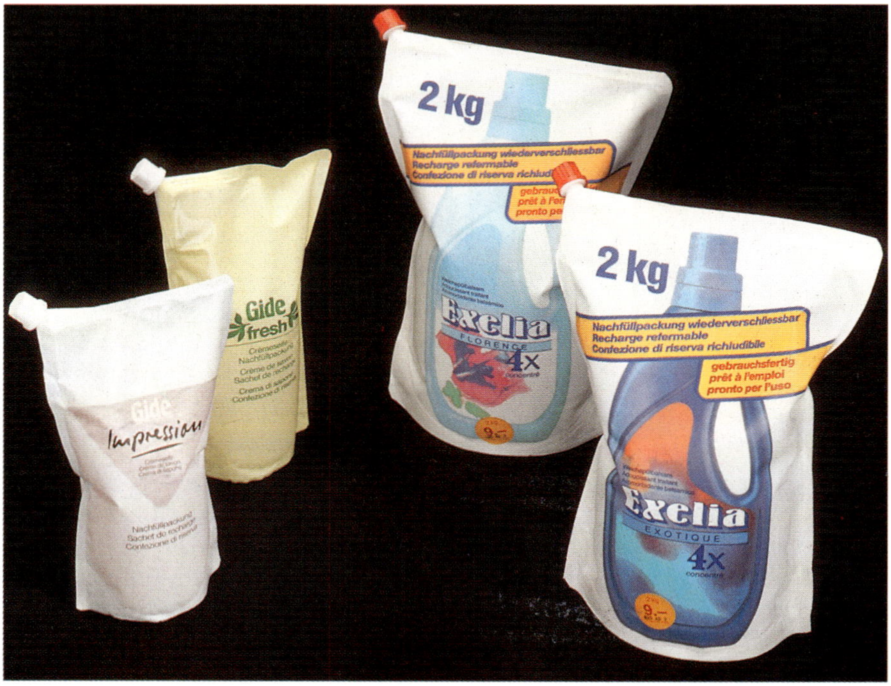
2 kg
Nachfüllpackung wiederverschliessbar
Recharge refermable
Confezione di riserva richiudibile
gebrauchsfertig
prêt à l'emploi
pronto per l'uso
Exelia
FLORENCE
EXOTIQUE
4x
Gide
fresh
Gide
Impression

Karstadt/Kaufhof

Beim Karstadt-Konzern, dem größten Warenhauskonzern Europas, ist man bestrebt, beim Warentransport zwischen den Regionalzentren und den Kaufhäusern den Verpackungsaufwand zu reduzieren. Es laufen Versuche, beim Hängeversand der Kleidung (bis auf helle Kleidungsstücke mit ca. 10 % Anteil) auf Tüten zu verzichten. Mit einigen Lieferanten wurde zudem ein verpackungsloser Versand vereinbart. Im Liegewarenbereich (wo man für Schuhe etwa die Verpackung zum Stapeln braucht) wird zumindest für den Weitertransport in die Filialen weitgehend auf Kartonagen etc. verzichtet; man hat dazu bereits vor Jahren wiederverwendbare Transportbehälter entwickeln lassen. Diese leichten Kunststoff-Faltboxen, deren Seitenwände klappbar sind, können bei Lagerung und Rücktransport (ebenfalls auf stapelfähigen Kunststoffgestellen) platzsparend zusammengelegt werden. Alle anfallenden Verpackungsmaterialien werden gesammelt und, soweit möglich, an Recyclingfirmen weitergegeben. Auch die Kaufhof AG ist zur Zeit damit beschäftigt, die 13 000 Artikel im Sortiment unter dem Gesichtspunkt „Verpackung und Umwelt" zu durchforsten; 800 Lieferanten wurden für Vorschläge bereits angeschrieben.

In Zukunft abbaubare Kunststoffe?

In mehreren Projekten (z. B. am Battelle Institut) wird zur Zeit an biologisch und physikalisch-chemisch abbaubaren Kunststoffen gearbeitet:

- der Biopol-Kunststoff, ein thermoplastisches Produkt auf der Basis von Zuckerrüben und Getreide, ist durch Bakterien bei genügender Sauerstoffzufuhr wieder abbaubar zu CO_2 und H_2O. Kosmetikproduzent Wella stellte diesen, zusammen mit der britischen ICI Biological Product als Weltneuheit entwickelten Kunststoff in diesen Tagen vor. Aus dem zu den Polymeren gehörenden Kunststoff können Folien oder Flaschen (allerdings zu achtmal höheren Kosten) hergestellt werden.
- der wasserlösliche Belland-Kunststoff
- die Ausrüstung von PE-Folien mit Additiven zum fotochemischen Abbau
- die Zugabe von modifizierter Stärke zur Folie.

In Italien wurde 1989 ein neuartiges Zwitterprodukt (teils Kunststoff – teils Naturstoff) auf den Markt gebracht. Der Kinderzeitschrift Topolino wurde eine Armbanduhr zum Selbstmontieren beigelegt, deren Rohmaterial aus einem abbaubaren (aus Maisstärke gewonnenen) Kunststoff unter Zusatz weiterer naturnaher Weichmacher bestand. Diese biologisch abbaubaren Kunststoffe sind allerdings 2- bis 3mal so teuer wie herkömmliche.

Wissoll

Weltpremiere feierte auf der letzten Internationalen Süßwarenmesse (ISM) die eßbare Verpackungsvariante der zur Tengelmann-Gruppe gehörenden Schokoladen- und Süßwarenfabrik Wissoll. Statt Kunststoff wird in Zusammenarbeit mit einem Waffelhersteller der Einsatz für zunächst vier Pralinensorten aus Waffelteig mit Vanillegeschmack sein. Die (nicht teureren) Pralinen sollen Ende Mai in den Handel kommen. Obwohl damit „nur" 180 t Kunststoff im Jahr gespart werden, wird darin eine Initialzündung für revolutionierende Veränderungen auf dem Verpackungsmarkt gesehen. In diesem Jahr will Wissoll auch auf alle künstlichen Farbstoffe verzichten und die restlichen PVC-Verpackungen durch das umweltfreundlichere Polypropylen ersetzen.

Bei anderen Herstellern laufen zur Zeit ebenfalls Experimente, damit überhaupt kein Abfall mehr entsteht; so hört man etwa von eßbaren Joghurtverpackungen aus Waffeln und Hartweizenbiskuit. Und die Zeitschrift P.M.Perspektive (89/013) berichtet von einem anderen Null-Verpackungs-Projekt des „Forum der Zukunft“. Eine radikale Veränderung des gesamten Systems, sowohl der Handelsstrukturen als auch der vertrauten Einkaufsgewohnheiten des Verbrauchers wären damit verbunden. Bestimmte Waren würden in Großgebinden (Spezialcontainern) direkt vom Produzenten zum Supermarkt gelangen und dort vollautomatisch und computerisiert in Kundenkoffer (Ku-Ko's) abgefüllt werden.

Recycling allein ist nicht die Lösung

Unter ökologischen Gesichtspunkten ist Recycling zuerst durchaus positiv zu beurteilen. Die Umweltentlastung durch Recycling ist bedeutend: Jedes Recycling vermindert die Ressourcenentnahme, denn vorhandene Inputs müssen nicht gewonnen werden, und der Input ist mit weniger „Emissionshypothek“ belastet (nach Schenkel benötigt z. B. jede Tonne Altaluminium nur 5 % der Energie zur Umschmelzung, die Neualuminium aus Bauxit benötigt, oder lassen sich beim Einsatz von jedem % Altglas 0,2 % Energieeinsparung bei der Glasschmelze erzielen), zudem wird eine Entsorgung vermieden. Ähnlich die Ökobilanz beim Papierrecycling: Die Herstellung von Recyclingpapier erfordert nicht einmal halb so viel Strom wie weißes, holzfreies Papier, nur ein Fünftel des Wassers und schont zusätzlich die Deponie, da für eine Tonne Recyclingpapier als Rohstoff rund 1,12 t Altpapier vearbeitet werden.

Zu beachten ist aber, daß auch die Emissionsbehandlung einen Arbeitsinput benötigt (z. B. einen Energie- und Wasserverbrauch), denn nach dem zweiten Hauptsatz der Thermodynamik ist ein Erreichen höherer Ordnung (identisch mit niedriger Entropie) in einem System nur unter Energieeinsatz möglich, zudem werden Emissionen verursacht (so fallen als Beispiel auch beim Altglasrecycling Staub-, Schwefel-, Kohlendioxid- und Stickoxidemissionen an, wird das Wasser durch den Reinigungsprozeß mit Natronlauge, Salzen und Tensiden belastet). Oft wird der Rohstoff beim Recycling auch denaturiert (Becher – Einschmelzen – Baumaterial), allerdings benötigt nicht jedes Produkt eine Spitzenqualität an Rohstoffen. Typisches Beispiel für diesen Qualitätsverlust ist das Altpapierrecycling, wo die Faser nach einer bestimmten Anzahl von Aufarbeitungsprozessen zu kurz wird und der Anreicherung mit Primärmaterial bedarf.

Rechnet man die Entlastungsfaktoren gegen die Belastungen auf, dann ergibt sich trotzdem per Saldo in fast allen Recyclingprozessen eine positive Umweltbilanz, denn man erreicht eine relative Umweltentlastung, eine Streckung der Ressourcenvorräte und einen Zeitgewinn, um neue Vermeidungsstrategien zu entwerfen.

Aber es wird deutlich: man gewinnt durch diesen technologischen Verzögerungseffekt allein nur ein Hinausschieben der Probleme Ressourcenerschöpfung und Umweltbelastung. Recycling ist eben auch nur eine „nachsorgende" Technik. Letztlich kann „nur eine Reduzierung von Material und Energieströmen mit einer qualitativen Veränderung der Programmstruktur dauerhafte Entlastungseffekte für die Umwelt bringen" (Stahlmann, 1988). Recycling ist eine Alternative zur Entsorgung, darin (und in der kurzfristigen Ressourceneinsparung) besteht sein primärer ökologischer Bezug. Aber ein echter Beitrag auf der Beschaffungsseite kann nur über eine Verbrauchseinschränkung erzielt werden. Mit anderen Worten: Recycling ist immer nur der zweitbeste Weg, der beste ist Sparen.

Recycling allein bringt also weder auf der Beschaffungs- noch auf der Entsorgungsseite mittel- und langfristig eine Lösung. Ein zu starkes (i. S. von einseitiges) Forcieren der Recyclingtechnik statt der Vermeidungsstrategie ist meines Erachtens noch aus zwei anderen Gedanken heraus problematisch:

Zum einen schätzt der Konsument „seinen Beitrag" zum Umweltschutz falsch ein. Er sieht keine Veranlassung, sein Konsumverhalten zu ändern, denn er handelt doch seiner Meinung nach bereits „umweltbewußt", indem er seine Abfälle brav in die Recycling-Sammelcontainer wirft (abgesehen davon wandern ja trotz aller inzwischen erreichten Erfolge in der Erhöhung der Rücklaufquote immer noch die Hälfte aller Glas-Einwegflaschen in den Müll).

Zum anderen wird damit die „Verwertung" gegenüber einer Wiederverwendung bevorzugt. Deutlich tritt das bei dem Streit um Einweg- oder Mehrwegflaschen zu Tage, wo das Recycling von der prinzipiellen Diskussion ablenkt. In einer ökologischen Gesamtbilanz ist die Mehrwegflasche der Einwegflasche deutlich überlegen. Dies gilt auch in der Gesamtbelastung für Kunststoffflaschen (PET-Flaschen); die Kunststoffflasche ist zwar wesentlich leichter als die Glasflasche (und ökonomisch gesehen weit billiger), ist aber in den anderen Kriterien der Ökobilanz (z. B. Energie, Wasser) einer Glas-Mehrwegflasche unterlegen. Alle politisch gesetzten Anreize müßten also versuchen, den Anteil von Mehrwegsystemen zu erhöhen. Auch hier übt das Recycling (sprich: das Einwerfen der Einwegflasche in den Container) eine Alibifunktion oder Gewissensberuhigung aus. Daran ändert auch die seit 1. 12. 1989 geltende Pflichtpfandverordnung von 50 Pfennig für alle Kunststoffflaschen zwischen 0,2 und 3 Litern (ausgenommen sind Milch, Essig, Öl) nichts, mit der der Gesetzgeber zum ersten Mal vom § 14 Abs. 2 des Abfallgesetzes mit seinen Möglichkeiten zur Kennzeichnung, Getrennthaltung und Rückgabe über den Handel Gebrauch macht. Im Gegenteil, denn das Pfand „erhebt" die Einwegflasche in den Augen des Verbrauchers fälschlicherweise quasi in den Status einer Mehrwegflasche. Die Kunststoffflasche kann bisher jedoch nicht wiederbefüllt werden, sondern wird (hoffentlich) recyclet, d. h. zu minderwertigen Produkten umgewandelt – aus der ehemaligen Kunststoffflasche kann nie wieder eine Flasche werden. Die Einführung von (bis zu 20mal) wiederbefüllbaren Kunststoffflaschen steht nach Meldungen für 1990 jedoch unmittelbar bevor. Dann dürfte die PET-Flasche sich sicherlich zu einer großen Konkurrenz zur Glasflasche entwickeln, da sie dann auch nicht mehr unter die Pfandverordnung fällt.

Gegenwärtig werden nach Angaben der Klöckner Werke, weltweit größter Anbieter von Abfüllanlagen, von den weltweit 4 Mrd. hl abgepackten Getränken noch 43 % in Glasflaschen, 15 % in Metalldosen, je 15 % in Fässern, Tanks und Kartonverpackungen und 12 % in Kunststoffflaschen abgefüllt – in den

USA werden schon bald 80 % aller Getränke in (vor allem Aluminium-)Dosen abgesetzt.

Die EG-Kommission sieht in der mit der Pfandregelung eingeführten Rücknahmepflicht (zur anschließenden Wiederbefüllung oder Verwertung) für ausländische Anbieter mit jährlich über 200 Millionen Flaschen zusätzlich eine Handelsdiskriminierung. Ein flächendeckendes System von Rücknahmeautomaten und der Rücktransport der leeren Flaschen (vor allem nach Frankreich) zur Aufbereitung würde Millionen kosten. Inzwischen ist der Markt für franzö-

Glasklare Fakten
Zur Verminderung von Abfällen aus Getränkeverpackungen hat die Bundesregierung Zielvorgaben für Mehrweg- und Recyclingquoten festgelegt.
Diese für 1991 befristeten Zielvorgaben hat die Glasindustrie schon 1989 erfüllt.
Fakt 1: Bezogen auf Glasverpackungen sind die Mehrwegquoten bei 4 der 5 relevanten Getränkegruppen schon übertroffen.
Mehrweganteile Glasverpackung 1988
Teilmarkt
MW-Zielsetzungen der Bundesregierung für 1991
Glas-MW-Anteil
Bier
90%
93,3%
Mineralwasser
90%
93,7%
Alkoholfreie Getränke mit CO_2
80%
90,6%
Alkoholfreie Getränke ohne CO_2
35%
55,9%
Wein
50%
44,4%
Nach GVM-Studie
Fakt 2: Auch die für Glasverpackungen festgelegte Recyclingmenge von 1,55 Mio t hat die Glasindustrie 1989 mit 1,558 Mio t bereits erreicht. Damit kamen allein in 1989 750.000 t Glas weniger auf die Deponien als im Jahre 1974.
Altglasverwertung (in t) der Behälterglas-Industrie
2.000.000 t = 62%* 1995
1.558.055 t = 53,5%* 1989
150.000 t = 6,5%* 1974
*% vom Behälterglas-Inlandabsatz
Dennoch erwägt die Bundesregierung eine Rücknahmepflicht des Handels mit Pfand auch für Glaseinwegflaschen. Eine solche Maßnahme wird nicht zur Abfallverminderung führen.
Fakt 3: Ein Pfand auf Glaseinwegflaschen (s. 1. Grafik *) wird dem Altglasrecycling, das alle Glasverpackungen erfaßt, einen erheblichen Teil des Altglases entziehen und es weitgehend unwirtschaftlich machen.
Folge: Bis zu 700.000 t Recyclingglas werden wieder auf Deponien gelagert, gegen nur 170.000 t möglicher Einsparungen aus den Mehrwegquoten.
Abfalleffekt durch Zwangsbepfandung auf Glas-Einweggetränkeflaschen
Bis zu 700.000 t mehr Abfall
170.000 t weniger Abfall
Fakt 4: Ein Pfand auf Einwegverpackungen ist für den Verbraucher kein Anreiz für eine Kaufentscheidung zugunsten von Mehrwegflaschen, wie sich in Schweden und den USA gezeigt hat.
Entwicklung der Mehrweganteile in Schweden
91% 1976
64% 1986*
50% 1976
37% 1986*
Erfrischungsgetränke
Bier
*ab 15.3.84 Pfand auf Getränkedosen
Die Glasindustrie hat die Mehrwegflasche als attraktive Verpackung erhalten und weiterentwickelt. Die Mehrwegabfüllungen stiegen von 9,73 Mrd. l (1970) auf 14,63 Mrd. l (1988).
Im Milchmarkt hat die Mehrwegflasche wieder Boden gutgemacht, 1989 wurden mehr als 10% der Milch in Glasmehrwegflaschen abgesetzt. Tendenz weiter steigend!
Zur Steigerung der Altglassammlung auf 2 Mio. t in 1995 wird ein umfassendes Abfallwirtschaftsprogramm „Glas“ durchgeführt.
Eine Rücknahmepflicht mit Pfand auf Glaseinwegflaschen gefährdet das Glasrecycling und das Mehrwegsystem.
Bundesverband Glasindustrie und Mineralfaserindustrie e.V. Stresemannstraße 26 4000 Düsseldorf 1 Telefon 02 11/1 68 94-12
Hermann Heye 3063 Obernkirchen
Nienburger GLAS Himly, Holscher GmbH & Co. 3070 Nienburg
PLM Glashütte Münder GmbH 3252 Bad Münder 1
Gebrüder Stoevesandt Aktiengesellschaft 3260 Rinteln 1
Glashüttenwerke Holzminden GmbH & Co. 3450 Holzminden
Noelle & von Cempe Glashütte GmbH 3474 Boffzen/Weser
Gerresheimer Glas Aktiengesellschaft 4000 Düsseldorf
Ruhrglas GmbH 4300 Essen 12
Wisthoff GmbH & Co. 4300 Essen 14
Lüner Glashüttenwerke GmbH 4670 Lünen
WECK Glaswerke GmbH 5300 Bonn Duisdorf
Westerwald AG für Silikatindustrie 5432 Wirges
Glashütte Budenheim GmbH 6501 Budenheim
Oberland Glas AG 7954 Bad Wurzach/Allgäu
S.G.D. Glashütte Kipfenberg GmbH 8079 Kipfenberg
Bayerische Flaschen-Glashüttenwerke Wiegand & Söhne GmbH & Co. KG. 8641 Steinbach am Wald
Tettauer Glashüttenwerke Aktiengesellschaft 8641 Tettau/Obfr.
Spessart Glas GmbH 8770 Lohr/Main

sische Importe „eingebrochen". Die rund 200 deutschen Betriebe haben sich zum Verband Deutscher Mineralbrunnen zusammengeschlossen; ihre Mitglieder nützen für die deutsche Einheitsflasche den Leergutpool, der inzwischen einen 93,5 % Mehrweganteil bei Mineralwasserflaschen erreichen ließ; man weigert sich, die ausländischen Hersteller in das Mehrwegsystem aufzunehmen. Erste Wirkungen sind bereits erkennbar: der Anbieter des belgischen Mineralwassers „Spa" teilte für 1990 die Umstellung auf 1-Liter-Glas-Mehrwegflaschen an.

Die EG-Kommission fordert in einem neuen Richtlinienentwurf für Getränkeverpackungen eine drastische Erhöhung des Rücknahmeanteils. Rücknahme wird als Wiederbefüllung, Recycling und auch Verbrennung verstanden. Zwangspfand im Anschluß an freiwillige Aktionen müßte „alle" Verpackungen für flüssige Lebensmittel umfassen.

Alles dreht sich um das Handling.
Jetzt gibt es eine neue Flasche, die Ihnen das Handling leichter macht: Sie ist aus dem bewährten Kunststoff PET, wiegt leer nur 107 g, ist nahezu unzerbrechlich und erleichtert so das Voll- und Leerguthandling. ■ Sie ist wiederbefüllbar wie eine Glasflasche und erhielt als echte Mehrweg-Packung das Umweltzeichen, den „Blauen Engel". ■ In einem dreijährigen Markttest im Großraum Köln hat die neue Flasche alle Erwartungen mit Leichtigkeit erfüllt: Sie funktioniert technisch einwandfrei, ist beim Verbraucher wegen ihrer Bequemlichkeit und beim Handel wegen der erzielten Zusatzverkäufe sehr beliebt. ■ 10 x 1,5 L faßt die neue Kombi-Leichtkiste. Sie ist natürlich modul- und logistikgerecht. ■ Die leichte Mehrweg gibt es für COCA-COLA, COKE light, FANTA und SPRITE. ■
Der neue 10er-Kasten.
NEU! DIE LEICHTE MEHRWEG
1,5 L
Coca-Cola
Coke
SCHUTZMARKEN
NEU: DIE LEICHTE MEHRWEG.
Die 1,5 L PET Mehrweg-Flasche von Coca-Cola.
Koffeinhaltig

Formen der Müllbehandlung

Steht uns ein Entsorgungsnotstand ins Haus – oder haben wir ihn schon? Ein täglicher Blick in die Zeitung scheint diese Vermutung zu bestätigen. Die Wohlstandsgesellschaft sucht nach neuen Wegen, und obwohl die Entwicklung seit einigen Jahren abzusehen war, entwickelt sich die Entsorgung, die heute von rund 600 Betrieben durchgeführt wird, zunehmend zu einem gesellschaftlichen Problem. Die Probleme sollen hier nur aus Sicht des Managements kurz angerissen werden. Der Löwenanteil an den 230 Mill. t jährlich entfällt auf die

Industrie. Die weitere Entwicklung wird zu stark steigenden Industriemüllentsorgungskosten führen. Zum einen werden die Deponiekapazitäten immer knapper und die technischen Verfahren teurer, zum anderen bedingt die verschärfte Gesetzgebung einen ständig steigenden Anteil von Stoffen, die zukünftig als Sondermüll zu entsorgen sind.

„Abfallwirtschaft kann nicht funktionieren, wenn es nicht gelingt, in wesentlichen Bereichen von Volkswirtschaft und Produktion eine Symmetrie zwischen Produktion und Entsorgung zu finden. Derzeitiger Stand in der Bundesrepublik: Einer effizienten Produktionsmaschinerie stehen ein paar Hanseln gegenüber, die einen Berg an ausgedienten und z. T. sogar gefährlichen Gütern möglichst billig beiseite schaffen sollen. Das kann nicht gutgehen“ (Schenkel, Umweltbundesamt, 1987).

Zur Müllbehandlung bieten sich folgende Möglichkeiten:

- Recyclierung
- Deponierung (mit/ohne Biogas)
- Verbrennung (mit/ohne Wärmegewinnung)
- Kompostierung.

Eine TA Sondermüll liegt zur Zeit zur Beratung dem Bundesrat vor, eine TA Abfall ist noch Zukunftsmusik. Wird Müll nicht als wertloser Abfall, sondern als ein Rohstoff gesehen, muß eine möglichst hohe Recyclingquote angestrebt werden. Damit der „Müll“ einer neuerlichen Verwertung erfolgreich zugeführt werden kann, setzt dies eine Sortentrennung, bestimmte Mindestmengen und eine ausgereifte Logistik der Wertstofferfassungssysteme voraus. Beim Abfallrecycling ist jedoch, wie bei jedem Recycling, eine ökologische Gesamtbetrachtung wichtig. So kann etwa zur Reinigung viel Wasser notwendig sein oder beim eigentlichen Recyceln ein hoher Energieaufwand. Neuartige Probleme entstehen z. Z. durch einen steigenden Anteil von Kunststoffen am Müllaufkommen. Recyclingverfahren sind noch nicht ausgereift, und die Sortentrennung ist noch problematisch, auf Deponien fallen sie „optisch“ ins Auge und sind voluminös. In Verbrennungsöfen schätzt man sie, da die gespeicherte Energie aktiviert wird und kaum ein zu deponierender Rückstand bleibt, doch fürchtet man ungeklärte ökotoxikologische Emissionsauswirkungen.

Nicht vermeidbare Abfälle und irgendwann auch mal die nicht mehr recyclierbaren Rohstoffreste landen auf einer Deponie. Biologisch abbaubare Produkte sind problemlos abladbar, Kunststoffe sind nicht biologisch abbaubar, ihre Umweltschädlichkeit/-neutralität wird kontrovers beurteilt. Den „Abbau“ durch Mikroorganismen in Biogas oder Kompost kann man durch spezielle Verfahren auch beschleunigen. Sind Deponien voll, setzt der Mülltourismus ein (so ist zur Zeit Berlin auf der verzweifelten Suche). Das einzige Bundesland, das seinen Müll auch ganz allein bewältigt, ist Bayern.

„Mit behördlicher Genehmigung mißbrauchte die auf Konsum programmierte Westgesellschaft den anderen deutschen Staat jahrelang als Kippe für ihren Wohlstandsmüll. Selbst erste Adressen der Westindustrie luden ihren Dreck einfach drüben ab. Und den DDR-Regenten war bei ihrer Jagd nach Devisen kein Geschäft zu schmutzig“ (Vorholz, 1990).

Die Newsweek (27. 11. 1989) berichtet, daß sich in den USA täglich 28000 t Müll auf den Nationalstraßen „auf Reise“ befinden. Das zunehmend populärer werdende Recycling wird als ein „outlet for a wide range of environmental angst“ gesehen.

“And still the volume of garbage keeps growing-up by 80 percent since 1960, expected to mount an additional 20 percent by 2000. Not including sludge and construction wastes, Americans collectively toss out 160 million tons each year – enough to spread 30 stories high over 1000 football fields, enough to fill a bumper-to-bumper convoy of garbage trucks halfway to the moon” (Newsweek, 27. 11. 1989).

Isar-Amperwerke

Erste Schritte werden zu einer Verwertung in Form der Gasgewinnung getan. Als Energiequelle dient der Müll auf ca. 50 der insgesamt 550 Deponien der Bundesrepublik. Eine kommerzielle Nutzung des Deponiegases wird z. B. durch die Depogas auf Europas größter Mülldeponie in Wannsee/Berlin betrieben. Im März 1990 weihten die Isar-Amperwerke ein kleines Kraftwerk ein, das Energie für 600 Vier-Personen-Haushalte in Markt Indersdorf liefert. Gespeist wird das Kraftwerk mit den Abgasen (einem Gemisch aus Methan und Kohlendioxid) einer nahegelegenen Hausmülldeponie, das über einen Verdichterbrunnen aus dem Müllberg abgesaugt wird und einen Gasmotor speist, der wiederum einen Generator zur Stromerzeugung antreibt.

Bei zunehmendem Müllnotstand wird immer lauter das Verbrennen als einziger Ausweg propagiert. Einige Länder, wie etwa die Schweiz, bevorzugen diesen Weg der thermischen Verwertung; zunehmend auch die USA (mit 155 Anlagen in Betrieb, 29 im Bau und 64 „blockierten“), nachdem die Deponien, in die bisher 80 % ging, in absehbarer Zeit dicht sein werden. In der Bundesrepublik wird das Pro und Kontra zwischen den Parteien heftigst diskutiert, wissenschaftliche Gutachten belegen die jeweiligen Standpunkte. Manche befürchten, daß, wenn einmal die Kapazitäten (eine solche Anlage kostet zwischen 250 – 400 Mill. DM) stehen, die Nachfrage dann auch das Angebot (= den Müll) braucht – mit anderen Worten, die Vermeidungsstrategien damit unterlaufen würden. Dazu kommen die Ängste der Bevölkerung (Dioxin, das beim Verbrennen entsteht) und öffentlicher Widerstand. Die Amerikaner, mit ihrer Vorliebe für begrifflich griffige Abkürzungen, bezeichnen diese, durchaus bei uns nicht unbekannten St. Florians-Politik-Syndrome als:

- NIMBY (Not in My Backyard)
- GOOMBY (Get of My Backyard)
- LULU (Locally Undesirable Land Use)
- NIMEY (Not in My Election Year).

Diese Syndrome können genausogut auch auf die Errichtung einer neuen Deponie übertragen werden.

Bei der Kompostierung wird unter Nutzung mikrobieller Umsetzungsprozesse aus (möglichst wenig mit Schadstoffen belasteten) organischen Abfällen ein Produkt mit hohem Humusgehalt gewonnen. Im Rahmen des Konzeptes des Abfall-Zweckverbands Nordwest-Oberfranken werden neben der „grünen Tonne" für wiederverwertbare Abfallstoffe in den Wohngebieten ohne Gärten Sammelcontainer für pflanzliche Abfälle bereitgehalten, die zentral kompostiert werden.

Die SOTEC schafft Wachstum:
aus Abfall
Ideen bringen uns voran: 30.000.000 Tonnen Hausmüll, die in einem Jahr in der Bundesrepublik anfallen, beinhalten große Mengen organischer Bestandteile. Aus solchen Abfallteilen schafft die SOTEC ökologisch sinnvolles Wachstum.
In Kompostieranlagen stellt die SOTEC SAARBERG-OEKOTECHNIK Duco-Humus her. Als Bodenverbesserer und Dünger läßt er Pflanzen, wie zum Beispiel Reben, sprießen und wachsen.
Ein gutes Beispiel. So schafft die SOTEC aus Abfall neuen Wert.
SOTEC
Saarberg-Oekotechnik GmbH
Sulzbachstraße 26 · 6600 Saarbrücken
Tel. 0681/3099-444 · Fax: 3099-340

Teil 11
Ökologisches Marketing – Strategie und nicht grünes Etikett

Ein Marketing in sozialer Verantwortung

Das ökologische Bewußtsein des Verbrauchers

Gestaltungsmöglichkeiten eines ökologischen Marketing-Mix

Produktpolitik

Distributionspolitik

Kontrahierungspolitik (Preispolitik)

Kommunikationspolitik

- Werbung
- Umweltgütezeichen – Ökologos
- Verkaufsförderung
- Öffentlichkeitsarbeit in neuen Dialogformen
- Krisen – PR
- Zusammenarbeit mit verschiedenen Institutionen
  - Der Einfluß von Greenpeace
  - Organisierte Verbraucherpolitik
- Öko-Sponsoring
- Kommunikationspolitische Gesamtkonzeptionen

Ein Marketing in sozialer Verantwortung

Den betont wachstumsfördernden Marketingkonzeptionen werden verschiedene Negativwirkungen auf die ökologische Umwelt angelastet; z. B.:

- Ausbeutung der Rohstoffressourcen (insbesondere infolge von Obsoleszenzstrategien)
- zu wenig Berücksichtigung der eigentlichen Bedürfnisse und Wünsche der Verbraucher – Angebotumwelt- sowie gesundheitsgefährdender Produkte
- Ausweitung des Anspruchsniveaus und des Bedarfs, Förderung bedenklicher Konsummuster
- Hang zur Verschwendung (z. B. durch Werbeanreize, Produktdifferenzierung, Verkürzung der Lebensdauer der Produkte).

Durch die Umweltschutzdiskussion und nicht zuletzt auch durch das zunehmende Umweltbewußtsein der Konsumenten bzw. der Öffentlichkeit wird die Forderung an das kommerzielle Marketing der Unternehmen erhoben, bei den absatzwirtschaftlichen Aktivitäten neben dem ökonomischen Aspekt verstärkt auch den Sozialaspekt zu berücksichtigen, der das Interesse der Allgemeinheit in ökologischer Sicht vertritt (Meffert u. a., 1986, Raffée, 1985).

> "We call it the Green Bubble. Is it going to burst?"
> (Porritt, Friends of the Earth, 1989)

Auch Meffert sieht dem kommerziellen Marketing eine Mitschuld an den Umweltschäden zugerechnet, „weil die auf eine Konsumsteigerung ausgerichteten Marketingaktivitäten die Umweltverschmutzung und den Rohstoffverbrauch erhöhen". Daraus wird die Forderung abgeleitet, neben den ökonomischen Interessen auch die der Allgemeinheit stärker zu berücksichtigen. Es wird von den Unternehmen „die Wahrnehmung ihrer sozialen Verantwortung" gefordert, indem sie

- die Produktion ungesunder bzw. schädlicher Stoffe/Produkte einstellen,
- umweltfreundliche Verpackungen verwenden,
- umweltschädliche Rohstoffe nicht verarbeiten und
- die gesellschaftlichen Kosten, die durch die Produktion entstehen, übernehmen.

Die Berücksichtigung der sozialen Dimension bei der Entwicklung und Durchsetzung von Marketingkonzeptionen ist notwendig, da eine marktorientierte Unternehmensführung die Unternehmensziele durch eine dauerhafte Befriedigung der Konsumentenwünsche errreichen will. „Der Sozialaspekt des Marketing fordert die Betrachtung der Marketingentscheidungen im Zusammenhang mit größeren sozialen Systemen" (Meffert u. a., 1986).

Das Marketing der Zukunft darf nicht mehr als Denk- und Operationsstil „ausschließlich an einer absatzorientierten Unternehmenspolitik ausgerichtet sein, sondern muß um die Entscheidungsfaktoren der Ökologie erweitert werden, ... d. h.:

- Öko-Marketing muß sich an der Begrenztheit der Rohstoffe orientieren und nicht an der Bedürfnisweckung.
- Öko-Marketing muß die Stabilisierung des Ökosystems und des Energieverbrauchs für wichtiger halten als die Produktion von Wegwerfprodukten.
- Öko-Marketing muß Alternativen suchen, die den Raubbau an der Natur verhindern und die Folgeschäden des Industriezeitalters beseitigen.
- Öko-Marketing muß ökologisch orientierte Produktentwicklung forcieren, Verpackungsaufwand minimieren, Recyclingkonzepte entwickeln.
- Öko-Marketing muß zur Sicherheit des Systems die Dezentralisierung anstreben. In der ersten Stufe durch die Umstellung der Industrie, in der zweiten Stufe durch die Entwicklung lokaler Industrieformen und Förderung des Kleingewerbes" (Schreiber, 1983).

Die damit verbundene zunehmende Komplexitität der Marketingentscheidungen erfordert eine Erweiterung des betrieblichen Informationssystems. „Da der Unternehmung Instrumente zur Analyse der gesellschaftlichen Auswirkungen der Marketingaktivitäten bislang kaum vorliegen und die eigenen unternehmensspezifischen Interessen und Ziele weitaus operationaler formuliert sind als das weite Spektrum allgemeiner gesellschaftlicher bzw. ökologischer Interessen, ist für die Unternehmung die Erfüllung ihrer sozialen Funktion überaus schwierig. Das soziale Engagement der Unternehmen ist durch die Forderungen der Kapitalgeber und durch Wettbewerbsnachteile gegenüber der Konkurrenz begrenzt. Somit erweist sich eine Orientierung an Umweltproblemen durch die Ausrichtung des Gewinnziels an einem für die Unternehmung notwendigen Gewinn, wie sie beim Human-Concept of Marketing vorgeschlagen wird, als wenig praktikabel" (Meffert u. a., 1986).

Das ökologische Bewußtsein des Verbrauchers

Marketing heißt Kommunikation zwischen Marktpartnern. Relativ unstrittig ist, daß in den letzten Jahren das Wissen und die Einstellung zu ökologischen Fragen zugenommen haben. Daraus ist jedoch, so Gierl (1987), nicht zwingend zu folgern, daß diese Größen auch auf der Konsumebene wirksam werden; er skizziert den Konflikt anhand folgender Fragen:

(1) Nimmt ein ökologisch eingestellter Konsument auch den Mehraufwand in Kauf?

(2) Glauben Konsumenten, die generelle ökologische Einstellungen vertreten, auch an die Umweltfreundlichkeit oder gesundheitliche Vorteilhaftigkeit ökologischer Produkte? Oder werden diese Einstellungen von produktspezifischen Zweifeln überlagert?

(3) Sind ökologisch eingestellte Personen bereit, gewisse Einbußen in der subjektiv wahrgenommenen Qualität ökologischer Produkte hinzunehmen?

(4) Steht der Konsumanteil ökologischer Alternativen mit der gesamten Konsumhäufigkeit eines Produkts in einem Zusammenhang? Oder steuern ökologische Einstellungen ungeachtet der Konsumhäufigkeit eines Produkts das ökologische Kaufverhalten?

Bei einer empirischen Überprüfung der Erklärungsmuster ergab sich als zentrales Resultat der Befund, „daß ökologische Einstellungen oder Wissen um ökologische Zusammenhänge den Konsumanteil ökologischer Produkte nur zu einem geringen Teil erklären. Erst unter Berücksichtigung produktspezifischer Variablen wird das ökologische Konsumverhalten verständlich: erst wenn z. B. auch die Bereitschaft, einen höheren Aufwand zur Beschaffung ökologischer Alternativen in Kauf zu nehmen (Informationsbeschaffung, Einkaufswege, Preis), vorliegt, kaufen Personen ökologisch bewußt; diese Bereitschaft ist von Produkt zu Produkt unterschiedlich hoch“ (ebd.).

Als Konsequenzen für das Marketing leiten sich ab: es genügt nicht, allein den quantitativen Umfang des (Ziel-)Segments ökologisch eingestellter Personen zu bestimmen, sondern es sind Maßnahmen in die absatzpolitischen Konzepte einzubinden, die geeignet sind, die produktspezifisch unterschiedlich gewichtigen Barrieren zu beseitigen (z. B. Informationsmaßnahmen zum Verständnis des höheren Preises, zur Anpassung des Distributionsnetzes oder der Qualität). Da eine Unternehmung die langfristigen Konsumentenbedürfnisse erfüllen will, kommt dem ökologischen Bewußtsein der Verbraucher eine zentrale Stellung zu (m.a.W.: eine geänderte Konsumentenstruktur erfordert eine entsprechende unternehmerische Anpassung).

Ein „ökologisches Bewußtsein" des Verbrauchers setzt voraus:

- ein Informiertsein (d. h. Markttransparenz)
  (= subjektives Wissen des Konsumenten über die ökologischen Konsequenzen seines Konsumverhaltens)
- die Einsicht in die Konsequenzen seines Verhaltens
  (= Einstellung des Konsumenten gegenüber den mit ökologischen Aspekten und Produkten zusammenhängenden Problemen und Streitfragen)
- die Bereitschaft zu einer geänderten Verhaltensweise
  (= aus ökologischem Bewußtsein resultierendes Verhalten, das einen Beitrag zur Lösung der Umweltprobleme leisten soll).

Alle Formen des Umweltschutzes, einschließlich des Verbraucherschutzes, greifen ohne ein entsprechendes Bewußtsein der Verbraucher zu kurz. Ein ökologisch orientiertes Marketing hat demnach auch die wesentliche Aufgabe, das Bewußtsein des Verbrauchers für Umweltzusammenhänge zu „öffnen". In Anlehnung an die genannte verhaltenswissenschaftliche Dreikomponententheorie (kognitive/affektive/konative Dimension) untersuchten verschiedene empirische Studien den Bewußtseinswandel. So zeigt etwa die Studie von Bruhn im Zeitablauf (1977 und 1985) einen deutlichen Anstieg (Verdoppelung!) des ökologiebewußten Konsumentensegments auf 37,6 %.

Ein größer werdendes Marktsegment umfaßt demnach Verbraucher, die bei der Auswahl ihrer Produkte von einem ökologischen Bewußtsein („bewußt") geleitet werden (Meffert spricht hier vom „Phänomen der demonstrativen Vernunft"), d. h., ein anhaltender Trend würde eine gewisse Verlagerung auf umweltfreundlichere Produkte bewirken.

Diese geänderte Nachfrage bedingt eine Veränderung bestimmter Verhaltensmuster beim Verbraucher: er muß auch bereit sein, etwa zur Unterstützung des Recyclinggedankens an Retrodistributionssystemen aktiv mitzuarbeiten bzw. seinen Müll vorzusortieren oder zur Unterstützung der sanften Chemie auch seinen Außenanstrich mit biologisch abbaubaren Farben und Leimen statt alle 20 Jahre vielleicht alle 5 oder 10 Jahre zu erneuern.

Unter Heranziehung der empirischen Untersuchungsergebnisse sind die Unternehmen damit in der Lage, „ökologisch relevante Konsumentengruppen als eigenständige Marktsegmente zu identifizieren, und verfügen somit über die Basis, dieser neuen Herausforderung durch ein differenziertes Marketing gerecht zu werden" (Meffert u. a., 1986). Eine Abgrenzung des umweltbewußten Marktsegments muß aber auch die Divergenz zwischen vorhandenem Umweltbewußtsein und tatsächlichem Kaufverhalten berücksichtigen.

Die Umsetzung der bekundeten Eigenverantwortung in die Tat wird bei höherem Preis, dem Umweltschutz gegenläufigen Motivationen (wie Bequemlichkeit, Genuß) oder bei geringerer Nutzenstiftung (z. B. geringerer Reinigungswirkung) behindert.

„Die Mehrzahl der Verbraucher ist, entgegen allen Behauptungen, ökologisch noch nicht ausreichend sensibilisiert. Zwar hat der Umweltschutz inzwischen in der Werteskala einen hohen Aufmerksamkeitsgrad erreicht, zwischen allgemeiner Einstellung und persönlichem Verhalten klafft jedoch immer noch eine erhebliche Lücke. Es ist nach wie vor nur eine – allerdings meinungsbildende – Minderheit, die so konsequent ist, ihr Interesse an der Umwelt auch im tatsächlichen Kaufverhalten auszudrücken“ (Bremme, Tengelmann).

Neuere Untersuchungen scheinen aber einen konstanten Trend zu mehr Umweltbewußtsein und entsprechendem Kaufverhalten zu belegen. Nach den Befragungen der G&I Marktforschung ist die Kerngruppe (= sehr umweltbewußt) inzwischen bereits auf 32% angestiegen (diese Gruppe ist nach sozioökonomischen Merkmalen gekennzeichnet durch: größere Kaufkraft, höheren Bildungstand und meist jüngere Altersschichten). Interessant in bezug auf das Kaufverhalten sind dabei die Erkenntnisse, daß umweltschädliche Produkte von diesen Haushalten unterdurchschnittlich gekauft bzw. umweltfreundliche Produkte überdurchschnittlich oft gekauft werden.

Obwohl der Konsument mit Auswirkungen seines Konsumierens zeitweilig in Kontakt kommt (wachsende Müllberge, die Zerstörungen des Alpenraums für die Bedürfnisse der Touristen, sinkende Rohölreserven), sind direkte Konsequenzen für sein persönliches Verhalten (z. B. Benutzung eines Einkaufskorbes, reduzierte Sportaktivitäten, zurückhaltendes Fahren) daraus nicht zwangsweise ableitbar.

Raffée skizziert einen „circulus vitiosus“ wechselseitiger Verstärkung und Verfestigung, in dem z. B. die (egozentrisch-)hedonistischen Bestrebungen vieler Konsumenten (mit ihrer ausgeprägten Konsumorientierung) wiederum intensivere Marketingbemühungen mit sich bringen. „Von daher gerät ein gesellschaftsbewußtes und speziell umweltfreundliches Verhalten häufig ins Hintertreffen, und Konsumaskese zugunsten der Umwelt, das freiwillige Einhalten eines Tempolimits etc. stellen äußerst selten anzutreffende Verhaltensmuster dar. Das in Meinungsumfragen immer wieder signalisierte hohe Ökologiebewußtsein und insbesondere die dabei geäußerte Bereitschaft zu Opfern (bis hin zu finanziellen Opfern) haben also ganz offensichtlich noch nicht auf breiter Front ihren Niederschlag im Handeln gefunden. Dies trägt mit dazu bei, daß viele Unternehmen immer dann, wenn der Umweltschutz für das Unternehmen und/oder die Verbraucher mit höheren Kosten verbunden ist, ökologiefreundliches Handeln als Profilierungsfeld nicht anvisieren (können). Der weitgehende Verzicht auf ökologiefreundliche Marketingkonzepte findet seinen Ursprung wesentlich darin, daß die hierfür erforderlichen Anreize nicht ausreichend vorhanden sind. Dies ist auch in den Rahmenbedingungen begründet, die durch Gewerkschaften und Staat gesetzt werden" (Raffée, 1985).

Die äußerst komplexen Sachverhalte lassen aus der Sicht des Konsumenten eine Beurteilung der tatsächlichen Umweltverträglichkeit angebotener Problemlösungen kaum zu. Daraus resultiert eine große Verunsicherung des Verbrauchers. Neben den Aktivitäten verschiedener Umweltorganisationen und Verbraucherorganisationen (z. B. zur Durchführung neutraler Umweltverträglichkeitsprüfungen von Produkten) kommt dem Hersteller eine große Be-

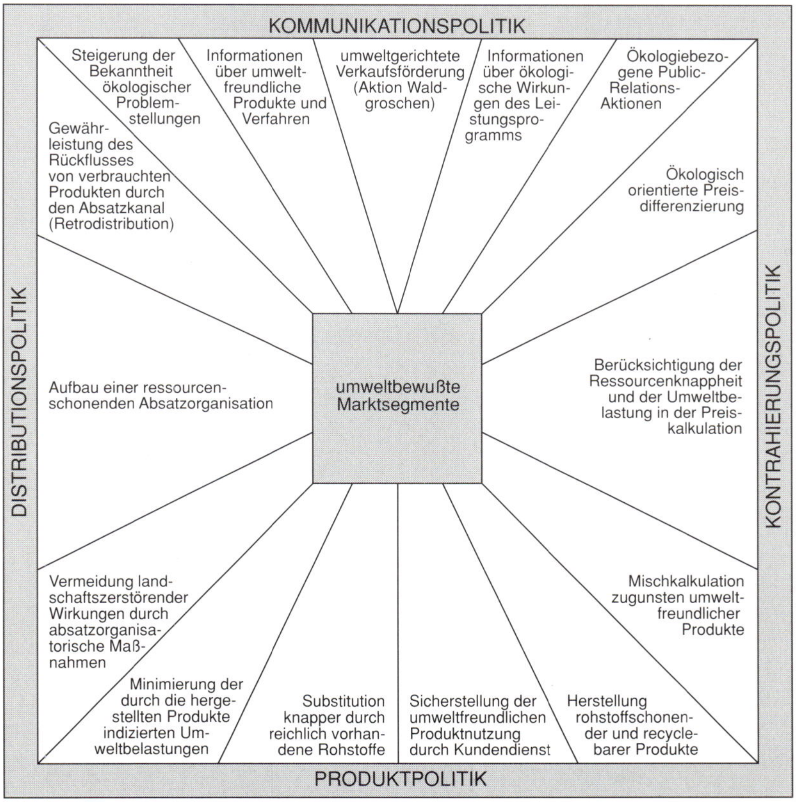

Quelle: Meffert, u. a. 1986

Abb. 45: Ökologie-orientiertes Marketing-Mix

ratungs- und Informationsverpflichtung zu. In ein ökologieorientiertes Marketingkonzept ist dabei auch der Handel einzubeziehen.

Den durch die verstärkte Forderung der Konsumenten (oder des Handels) bewirkten Nachfragesog nach Belieferung mit umweltgerechten Problemlösungen bezeichnet Meffert als „Ökologie-Pull-Wirkung". Einer weiteren externen Einflußgröße, die etwa vom Gesetzgeber u. a. einen Internalisierungsdruck von Umweltschutzkosten auf die Unternehmung ausübt, wird eine „Ökologie-Push-Wirkung" zugesprochen.

Die durch den ökologischen Aspekt induzierten Marktverhaltenshandlungen sollen an den Instrumenten des Marketing-Mix, der Produktpolitik, Kontrahierungspolitik, Kommunikationspolitik und Distributionspolitik skizziert werden.

Gestaltungsmöglichkeiten eines ökologischen Marketing-Mix

Produktpolitik

Eine Befragung der Marketingleiter führender Unternehmen nach den 1990 wichtigsten Themen und Investitionsentscheidungen, die von der Zeitschrift „absatzwirtschaft“ durchgeführt wurde, zeigt als das bemerkenswerteste Ergebnis den offen geäußerten Vorrang für die Herstellung umweltfreundlicher Produkte und Verpackungen. Die Marketingstrategien gehen generell von ökologischen Veränderungen als Antwort auf die anhaltende Sensibilisierung der Verbraucher für diese Umwelt- und Gesundheitsfragen aus.

Die Produktpolitik umfaßt die Aufgabe, neue Produkte auf den Markt zu bringen (ökologische Problemstellung als Auslöser für Innovationen) und/oder bereits bestehende marktgängige Produkte durch konstruktive Änderungen oder Ergänzungen, Verfahrensumstellungen zur Erfüllung der einzuhaltenden Produktnormen und/oder Änderungen der Produktverpackung zu modifizieren oder zu eliminieren.

Meffert (1986) empfiehlt bei ökologischen Produktverbesserungen folgende Faktoren zu beachten:

- Sie müssen der Beurteilung neutraler Gutachter (z. B. Öko-Test, Stiftung Warentest) standhalten.
- Sie sollten evtl. einer Umweltverträglichkeitsprüfung unterzogen werden.
- Es könnten alle umweltfreundlichen Produkte im Sinne einer „Öko-Marken-Strategie“ unter einer „Umweltdachmarke“ zusammengefaßt werden.
- Es sollten recyclinggerechte Produkte in den Vordergrund gestellt werden.
- Es sind die Beratungen für Handel und Kundendienst zu verstärken, um die umweltfreundliche Produktnutzung sicherzustellen.
- Es muß die Verpackungsgestaltung neu modifiziert werden (Reduzierung, Mehrfachverwendung, recyclingfähig etc.).

Auf die Bedeutung der Produktentwicklung wurde bereits im Teil 9 ausführlich eingegangen. Die Entwicklung eines umweltfreundlichen Produktes muß die stofflichen und energetischen Folgen über den gesamten ökologischen Produktlebenszyklus berücksichtigen; auch auf die damit verbundenen Bewertungs- und Informationsprobleme haben wir an mehreren Stellen hingewiesen. Allgemein gesagt, erfüllt ein „umweltfreundliches“ Produkt den gleichen Produktnutzen wie ein schädlicheres Produkt, es ist jedoch, über die Gesamtphasen des Zyklus betrachtet, mit einer geringen Umweltbelastung verbunden.

Produktpolitische Maßnahmen innerhalb der Programmgestaltung können sein:

- Die Verbesserung gegenwärtiger Produkte durch Modifikation und Differenzierung:
  Kann ein umweltschädliches Produkt umweltfreundlicher gestaltet werden?
  Soll zusätzlich eine umweltfreundlichere Variante angeboten werden?

- Die Eliminierung gegenwärtiger Produkte:
  Gefährdet ein umweltschädliches Produkt mein Image?

- Die Neuprodukteinführung:
  Können mit Innovationen neue Märkte erschlossen werden?
  Können im Rahmen einer Diversifikation für mein Produkt ökologische Anwendungsbereiche gefunden werden?
  Kann unser internes Know-how am Umweltschutzmarkt verwertet werden?

Neben der bereits angesprochenen verstärkten Informations- und Beratungspflicht des Herstellers gegenüber Verbraucher und Handel wird die Bedeutung eines „Entsorgungsservice" ein in Zukunft immer wichtigeres Verkaufsargument. Je mehr die letzte Phase im Produktlebenszyklus sich zum Engpaß entwickelt, würde eine entsprechende Serviceleistung Chancen zur Profilierung bieten. Dies wird bereits erfolgreich von einigen Kühlschrankherstellern praktiziert. Mit ihrer „Babcock Umwelt Service GmbH" kann die deutsche Babcock AG neben dem Einbau von Rauchgasentschwefelungsanlagen auch gleich die dazugehörige Entsorgungsleistung für anfallende Reststoffe (Gipsentsorgung) anbieten.

„Aus den Augen, aus dem Sinn" – diese Devise nach dem Verkauf eines Produktes könnte bald der Vergangenheit angehören. Es mehren sich Stimmen, die eine Rücknahmepflicht fordern. Statt wie bisher Altautos durch Shreddern zu „entsorgen", sondern einer konsequenten Wiederverwertung beim Hersteller zuzuführen, forderten anfangs 1990 die IG Metall und der Gesamtbetriebsratsvorsitzende des Volkswagenkonzerns eine entsprechende Rücknahmepflicht für die Industrie.

Distributionspolitik

Ökologische Kriterien bei der Distributionspolitik erfordern neue Wege in der Warendistribution.

So zeichnet sich in einigen Branchen eine Erweiterung des Verteilungssystems um Rückführungssysteme ab. Der bisher weitgehend eingleisige Warenstrom wird zunehmend zweigleisig. Je mehr der Verbraucher die ihm von der Kommune aufgelasteten, steigenden Entsorgungskosten nicht mehr zu tragen bereit ist und die Kommune wegen fehlender Deponien oder Verbrennungsanlagen auf Müllbergen „sitzen" bleibt, um so mehr muß der Hersteller selbst nach Lösungen suchen. Nach der Ge- und Verbrauchsphase wird eine Rückführung der Produkte oder Verpackungen im Rahmen sog. Re(tro)distributionssysteme erforderlich. Der Verbraucher wird den Anbieter bevorzugen, der ihm die Sorge der Beseitigung abnimmt, und ein neues Produkt nur gegen Rücknahme des alten kaufen (z. B. Kühlschrank, Computer, Batterien).

Sind indirekte Vertriebswege gegeben, ist die Kooperation des Handels erforderlich. Das Problem der Einweg-/Mehrwegverpackung, die z. T. mangelnde oder nicht vorhandene Bereitschaft des Handels zur Mitarbeit wurde bereits angesprochen (Symbolcharakter haben wohl Aldi und Coca Cola mit der PET-Flasche bekommen). Für den Handel sind mit der Übernahme dieser Aufgabe sicherlich mehrere Probleme verbunden, etwa höhere Personalkosten oder die Flächenbeanspruchung; positiv wirkt sich eine höhere Kundenfrequenz aus.

Der zweite Baustein in der Distributionspolitik umfaßt eine umweltpolitische Gestaltung der Logistik durch Einbeziehung ressourcenbezogener (Energie, Rohstoffe) oder umweltbezogener (Emmissionen, Abfall) Entscheidungsfaktoren. Dies kann etwa durch eine Reduktion des Verpackungsmaterials oder bei der Wahl/Bewertung alternativer Transportmittel Berücksichtigung finden. Umweltbewußte Unternehmen haben ihren Fuhrpark mit Katalysatorautos oder Flüsterbrummis um- bzw. ausgerüstet und verlagern den Vertrieb von der Straße auf die umweltfreundlichere Bahn. Gerade im Vertrieb müssen aber neben ökologischen Kriterien auch die Kriterien Schnelligkeit und Flächendeckung erfüllt werden.

Der erfolgreiche Aufbau eines Retrodistributionssystems setzt die kooperative Zusammenarbeit mehrerer Marktteilnehmer voraus. In einem solchen Modell müssen Konsumenten, Handel, Hersteller, Presse, Mitarbeiter und Umweltorganisationen zusammenarbeiten, damit daraus ein Erfolg wird.

Toni Milchverband

Ein typisches Beispiel für die Einführung eines solchen Modells ist das Toni-Zirkulationsglas für Joghurt und Rahm vor nun gut 15 Jahren durch den Toni Milchverband Winterthur – zu einer Zeit also, als die Kunststoffverpackungen groß im Kommen waren. Nach einem zufriedenstellenden sechsmonatigen Markttest hatte sich Toni zur Anschaffung einer industriellen Glaswaschanlage verpflichtet. Nachdem in der, auch von der Verbraucherorganisation „Konsumentinnenforum" unterstützten, Testphase (ohne Flaschenpfand!) eine für alle Seiten unerwartet hohe Rücklaufquote von 40,3 % erreicht wurde, stieg sie in der Folge bis auf 51 % (1976), um dann kontinuierlich zu sinken. Mit 32 % war 1981 der absolute Tiefstand (bei zusätzlich stagnierender bis rückläufiger Umsatzentwicklung) gegeben. Obwohl einiges für die These des ökologischen und marketingmäßigen Scheiterns der Idee sprach, entschloß man sich zu einem Relaunchment.

Es wurde für den bisherigen Aluminiumverschluß ein neuer Kunststoffdeckel, dessen Material wiederverwertet werden kann, entwickelt und (auf Druck des Lebensmittelhandels) das spezielle Glassammelgestell. Die Wiedereinführung im „neuen" Glas im März 1982 wurde ein riesiger Erfolg: die Rücknahmequote stieg wieder und erreichte 1983 56 % und steht seit Mitte der 80er Jahre bei 68 – 70 %; bei besonderen Aktionen werden bis zu 92 % erreicht. Unterstützt wurde das Relaunchment durch eine völlig neuartige Werbekampagne und auf darauf gestützte Promotionen (siehe unsere Beispiele im Kapitel Kommunikationspolitik.) 1985 wurde das Toni-Leichtglas mit 15 – 20 % weniger Gewicht geboren (damit werden pro Jahr rund 700 000 kg Glas eingespart). Im gleichen Jahr wurde eine Stiftung („Händ Sorg zur Umwelt") gegründet, die schnell einen hohen Bekanntheitsgrad erwarb und die in jährlichen speziellen Rückgabeaktionen für jedes Glas Toni 1 Rp. in den Preisfonds der Stiftung abführt.

Welche Gläser werden von Toni gewaschen?

Zurückgenommen und gewaschen werden
- die Toni-Joghurtgläser
- die Toni-Kefir-, Spezialquark- und Diätquarkgläser
- Die Toni-Vollrahmgläser
- die Toni-Belfino-Streichkäse-Gläser
- die Kaffeerahmflaschen (2 dl, 5 dl, 1 l)

Bei den Kaffeerahmflaschen nimmt Toni auch die Gläser aller anderen Hersteller von Kaffeerahm zurück. Diese Flaschen kann man also ebenso im Toni-Glasgestell deponieren.

Das Toni-Zirkulationsglas wurde zum Schutz der Umwelt geschaffen. Alle in die Molkerei zurückkehrenden Gläser werden gründlich und unter strengen Kontrollen gereinigt. *Es ist also eine zusätzliche Belastung der Umwelt, Toni-Gläser vor der Rückgabe gründlich mit Reinigungsmittel auszuwaschen oder sie gar im Geschirrspüler zu reinigen.*

Dagegen ist es angezeigt, das Glas kurz mit kaltem Wasser auszuspülen. Wie das gemacht wird, zeigt das nebenstehende Bild.

Müssen Toni-Gläser vor dem Zurückbringen ausgewaschen werden?

Ausspülen des Glases leicht gemacht. Das Glas zur Hälfte mit Wasser füllen, Deckel drauf und kurz schütteln, schmutziges Wasser ausleeren, Deckel wieder drauf und fertig. Damit ist das Glas bereit für seine Reise zum Toni-Zirkulationsgestell.

23

Wohin gehört der Deckel?

Sie wissen es nun. Der Deckel wird von uns wiederverwertet. Das heisst, er wird zur Herstellung anderer Kunststoffgegenstände wieder eingeschmolzen. Er gehört bei der Rückgabe also auf jeden Fall zum Glas. *Keinesfalls* gehört er aber ins Glas gesteckt. Solche Deckel müssen wir in mühevoller Kleinarbeit von Hand wieder herausnehmen. Stülpen Sie vor der Rückgabe den Deckel einfach aufs Glas (so wie Sie es gekauft haben). Das hat zudem den Vorteil, dass die empfindliche Glasmündung gut geschützt und damit die Lebensdauer des Glases verlängert wird.

Bauern
Handel
Konsumenten
Lieferanten
Behörden
Presse
Organisation: Umweltschutz/Konsumenten
Mitarbeiter

Jedes einzelne Glied zählt. Das Toni-Zirkulationsglas-Team.

Wohin gehören die leeren Gläser?

Um Ihnen die Rückgabe der Gläser möglichst leicht zu machen, haben wir das praktische Zirkulationsglas-Gestell geschaffen. Bitte stellen Sie die leeren Gläser aufrecht in die Harasse des Toni-Gestells Ihres Lebensmittelgeschäfts oder Milchladens. Und noch eine Bitte: Deponieren Sie *nur* Toni-Joghurt-, Kefir-, Quark-, Vollrahm- und Belfino-Gläser sowie die Kaffeerahm-Flaschen aller Hersteller im Toni-Gestell. Sie vereinfachen damit unsere Arbeit wesentlich.

Weitere Fragen im Zusammenhang mit dem Toni-Zirkulationsglas beantworten wir Ihnen gern. Wenden Sie sich an:
Herrn Walter Senn
Toni Milchverband Winterthur
Archstrasse 2-6
8401 Winterthur

Tel: 052 86 61 61

24

25

Verbraucherinformation zum Toni-Zirkulationsglas

Müller

Im März 1990 begann die Großmolkerei Müller in München mit einem Pilotprojekt für das Recycling von Joghurtbechern, also eine Wiederverwertung der Becher und nicht eine Form der Wiederverwendung wie bei Toni. Bei einem positiven Verlauf des Tests sollen über die ersten zwei Großmärkte hinaus im Laufe des Jahres 30 bis 40 Sammelstellen im ganzen Stadtgebiet entstehen. Allein in München fallen rund 150 Millionen Joghurt-, Milch- und Kefirbecher aus Kunststoff (2500 Tonnen) als „Entsorgungsproblem" an. Die Molkerei Müller, eines der marktführenden Unternehmen, will nun ihre Becher aus Polystrol und Polypropylen mit den Recyclingsymbolen PS und PP kennzeichnen, nach der Sammlung reinigen, nach Material trennen und wieder einschmelzen; aus dem entstehenden Granulat können unter anderem auch wieder Milch- und Joghurtbecher gefertigt werden.

Kontrahierungspolitik
(Preispolitik)

In der Regel werden verstärkte Investitionen im Umweltschutzbereich mit höheren Kosten verbunden sein. Nach einer Umfrage der Bayerischen Jungunternehmer führte der Umweltschutz 1984 bei 70 % der Unternehmen zu Kostenerhöhungen. Mehrkosten werden vor allem bei neuentwickelten umweltfreundlichen Produkten u. a. durch intensive F&E-Arbeit, Umstellung der Produktionsverfahren oder Erweiterung der Kommunikationspolitik entstehen. Auch werden, zumindest zu Beginn der Einführung, nur niedrige Absatz- und Produktionszahlen gegeben sein. Wobei sich auf Teilgebieten, wie etwa bei den Energiekosten, auch durchaus Reduktionen ergeben. Die höheren Kosten wird das Unternehmen über eine Preiserhöhung auf den Verbraucher abzuwälzen versuchen. Dies erfordert eine entsprechende Informationspolitik und Aufklärungsarbeit für die umweltfreundlichen Produkte. Nach einer Emnid-Umfrage würden 3/4 der Befragten umweltfreundliche Produkte auch dann bevorzugen, wenn sie etwas bzw. wesentlich teurer wären. Eine Positionierung im Hochpreissegment (wie unsere Praxisbeispiele zeigen, ist dies sehr häufig der Fall) nutzt die Zahlungsbereitschaft dieses Marktsegments. Ist eine preispolitische Anpassung nur teilweise oder gar nicht möglich, sollte die Möglichkeit einer Preisdifferenzierung, einer Mischkalkulation innerhalb der gesamten Produktpalette, untersucht werden.

Wicke (1990) weist aber darauf hin, daß häufig diese Produkte im Vergleich zu herkömmlichen Produkten für den Konsumenten wegen sonstiger ökonomischer Vorteile (Energie-, Wasser/Abwasser-, Material- und Ersatzteilkostenreduzierungen) auch rein wirtschaftlich attraktiver sind. Dies dürfte seiner Ansicht nach bei den folgenden 23 von insgesamt 47 Produktgruppen der Fall sein, die zur Zeit den Umweltengel tragen:

- runderneuerte Reifen
- Mehrwegflaschen
- Spraydosen ohne FCKW
- schadstoffarme Lacke
- Pulverlacke
- Recyclingpapier
- Pflanzentöpfe und ähnliche Formteile aus Altstoffen
- lärmarme und langlebige Schalldämpferanlagen für Pkw
- abwasserarme Autowaschanlagen
- umweltfreundliche Rohrreiniger
- Mehrwegkapseln für Schlagsahnebereiter und Sodasiphons
- Mehrwegsteigen für Lebensmittel
- Mehrwegtransportverpackungen
- Mehrwegtabletts und ähnliche Industrieverpackungen
- Produkte aus Recyclingkunststoffen

- wassersparende Spülkästen
- elektronische Einzelsteuerungen für Duschanlagen
- Tapeten und Rauhfaser aus Recyclingpapier
- Baustoffe aus Papierrecycling
- formaldehydarme Produkte aus Holz/Holzwerkstoffen
- wassersparende Durchflußbegrenzer
- wassersparende Druckspüler
- Baustoffe überwiegend aus Altglas.

Kommunikationspolitik

Eine ökologische Kommunikationspolitik versucht, über den Einsatz ihrer Elemente Werbung, Sales Promotion, Public Relations und andere neue Instrumente eine umweltbewußte Identität zu schaffen und Botschaften über das Produkt und seine Merkmale (Preis, Nutzen etc.) an potentielle Kunden weiterzugeben. Es umfaßt zudem die Kommunikation mit externen und internen Interessengruppen. Insbesondere PR-Aktionen dienen – allerdings innerhalb enger Grenzen – dazu, das Ökologiebewußtsein in der Gesellschaft zu stärken und gleichzeitig ein umweltgerechtes Öko-Image mit ökologischer Kompetenz bei den Zielgruppen aufzubauen. Ziel der Kommunikationspolitik ist es, eine eindeutige Unternehmensidentität (Corporate Identiy) zu schaffen, ein einheitliches Bild der Unternehmung, das dem Kunden eine schnelle Identifikation ermöglicht. Diese Vertrauensbasis setzt einen Einklang der Kommunikationspolitik mit den anderen Marketinginstrumenten voraus. Es wird deutlich, das das gesamte Öko-Marketing-Mix dem angestrebten Umwelt-Image entsprechen muß – eine vordergründige, rein kurzfristig orientierte Kommunikationspolitik etwa, die nicht von einer entsprechenden Produktpolitik begleitet wird, ist unglaubwürdig. Mit anderen Worten: Ein glaubwürdiger Umweltgedanke muß ganzheitlich und strategisch im Unternehmen umgesetzt werden.

Dieses ganzheitliche Denken und Handeln in Verbindung mit einer wahren, objektiv nachprüfbaren Kommunikationspolitik ist auch deshalb so wichtig, da der Begriff Umwelt durch die um sich greifenden Schäden auch negative Assoziationen hervorruft. Die Kommunikationspolitik hat dieses Mißtrauenspotential zu berücksichtigen. Die Angst, mit den eigenen Umweltaktivitäten falsch verstanden oder in die falsche Ecke gedrängt zu werden, erklärt vielleicht die Tatsache, daß Unternehmen z. T. sehr zurückhaltend darüber berichten bzw. die Eigenschaften nicht zu stark hervorgehoben werden.

Die Information der Marktparameter kann einen zweifachen Charakter haben:

- Eine defensive Kommunikationspolitik, mit der einem Imageverlust oder einer kritischen Einstellung entgegengewirkt werden soll. Besonders die stark ökologisch betroffenen Branchen (Chemie, Energieträger etc.) informieren in PR-Aktionen über ihre Leistungen zum Umweltschutz und betonen ihre gesellschaftliche Verantwortung.

- Eine offensive Kommunikationspolitik begreift die ökologische Herausforderung als eine Chance, um langfristig am Markt Erfolgspotentiale aufzubauen. Man versucht, das Ökologiebewußtsein zu stärken und das geänderte Verbraucherverhalten mit einer entsprechenden langfristigen Konzeption zu nutzen.

Werbung

Stellte das Kriterium „Umweltfreundlichkeit" früher eine kaum beachtete Nebenleistung dar, gewinnt es heute als Verkaufsargument mehr und mehr an Bedeutung. Wird es künftig sogar zur „Voraussetzung" für die Verkäuflichkeit von Produkten überhaupt?

Ein Werbekonzept für umweltfreundliche Produkte darf nicht vordergründig eine vermeintliche „Umweltverträglichkeit" als Verkaufsargument vorschieben – die inflationäre plakative Verwendung von in Deutschland gesetzlich nicht geschützten Begriffen wie „Öko", „Bio", „Natur" o. ä. läßt die Vermutung zu, daß man schnell auf der „grünen Welle" mitschwimmen will („bandwagon-jumping"). Man glaubt, nur einer vermeintlichen „Mode" folgen zu müssen, ohne jedoch eine klare, umweltorientierte Strategiebasis zu haben. Kurzfristige Aktionen sind beim Öko-Marketing aber selten umsetzbar, denn die Komplexität des Themas erfordert i.d.R. eine umfassende Vorbereitung.

Da sich eine „Umweltverpackung", ein grüner Touch, aufgrund des Nachfragepotentials zur Zeit gut verkaufen läßt, wird z. T. mit „ökologischem Marketing" auf kurzfristige Geschäfte geschielt. Wie sehr sich die Verbraucher von der Umweltwerbung irreführen lassen, zeigt eine Umfrage im Auftrag des Umweltbundesamtes: 75,2 % der Verbraucher glauben fälschlicherweise, daß die Ökobegriffe als Werbeaussagen nur nach einer besonderen Zulassung verwendet werden dürfen. Sich plötzlich mit einem Ökokonzept einfach ein anderes Etikett „draufzukleben", kann jedoch leicht zu umgekehrten Reaktionen der Verbraucher führen, da die Glaubwürdigkeit fehlt. Dies wird sehr deutlich bei der „grünen Welle", die zur Zeit Großbritannien überspült.

Die britische Advertising Standards Authority (ASA) äußerte kürzlich die Befürchtung, daß einige überzogene Anzeigen beim Verbraucher das Ganze als einen „grünen Schwindel" erscheinen lassen. „The cynicism of the majority is in danger of undermining the good work of a growing number of companies." Auch die Incorporated Society of British Advertisers (ISBA) warnte vor solchen Praktiken. Zu ihrer Unterbindung sind sogar gesetzliche Schritte im Rahmen des „Trade Description Act" geplant. An die Advertisers ging die Empfehlung „not to make unwarranted environmental claims about products in an attempt to cash in on a ‚green‘ consumer boom“ (Times, 10. 1. 1990). Die Umweltorganisation Friends of the Earth verteilte Anfang dieses Jahres „Con of the Year“ Awards, also Preise für den Schwindel des Jahres. Den Hauptpreis bekam British Nuclear Fuels („Just how Green are you about Nuclear Power?“), gefolgt von Higgs Furs („Environmental Friendly Furs by Higgs“).

Auch aus den USA wird ein verblüffender Gesinnungswandel gemeldet. Immer mehr Unternehmen (Du Pont, Union Carbide, 3M, McDonald's u. a.) vermarkten ihr neu entdecktes Umweltbewußtsein.

Eine ökologische Werbekonzeption wird die glaubwürdigen Umweltargumente in ein abgestimmtes Verhältnis zu anderen Argumenten, insbesondere zum konkreten Produktnutzen, setzen. Das Umweltkriterium tritt zum Teil in Konflikt mit anderen Verbraucherinteressen wie Bequemlichkeit, Produktnutzen u. ä. In der Regel wird die Umweltverträglichkeit nur eine Zusatzkomponente darstellen. Abgestimmt auf die anzusprechende Zielgruppe werden sachliche und informative Botschaften über produktbezogene Grundlagen Voraussetzung einer ökologischen Werbung sein. Eine Schwierigkeit kann dabei die verständliche Aufbereitung der sehr komplexen Umweltinformationen sein. Der positive Umweltbeitrag, den sowohl die Unternehmung als auch der Käufer durch dieses Produkt leisten, sollte erkennbar sein.

Gerade in Zeiten zunehmender Vergleichbarkeit der Produkte (bei Qualität, Preis, Konditionen etc.) kann eine erfolgreiche Positionierung und Differenzierung durch einen Zusatznutzen „Umweltfreundlichkeit“ (in Verbindung mit anderen Vorteilen wie soziale Anerkennung oder Prestige) durchgeführt werden. Die Berücksichtigung ökologischer Aspekte, etwa eine umweltverträgliche Verpackung oder Produktgestaltung, bestimmen zunehmend den Verkaufserfolg. Zur Erhöhung der Erfolgschancen kann ein zusätzlicher Nutzen zur Umweltfreundlichkeit hinzutreten: Convenience (z. B. Konzentrate), Gesundheitsaspekte (z. B. biologischer Anbau) oder finanzielle Vorteile (z. B. billigere Nachfüllwaschmittel). Zur Verbreitung umweltfreundlicher Produkte ist ein derartiger Zusatznutzenaspekt im Rahmen ökologieorientierter Marketingkonzeptionen zu fördern. Für Meffert (1990) ist eine Strategie der psychischen Obsoleszenzen im so verstandenen Sinne daher unter ökologischen Gesichtspunkten sogar durchaus zu begrüßen. Bedeutende Innovationen im Bereich der Abgasreinigung (Kat-Autos) und des Energieverbrauchs hätten sich sonst sehr viel langsamer durchgesetzt.

Eine Umorientierung der Industrie auf die Herstellung von Produkten mit ökologischen Vorteilen sollte insbesondere für den Markenartikel eine Chance sein. Die durch den Wildwucher an Ökoetiketten verbreitete Unsicherheit des Verbrauchers auf diesem Sektor läßt ihn eher zum Markenartikel greifen, der damit als Orientierungshilfe dienen kann. Mögliche Akzeptanzprobleme erscheinen bei einer Markenartikelstrategie geringer, da den Aussagen der Marke vertraut wird. Aufgabe einer „Marke“ ist ja, Kontinuität, Qualität und

Sicherheit zu vermitteln, dies umso mehr, je mehr die Tendenz zu Mißbräuchen gegeben ist. Das Zögern der Hersteller ist wohl in der Angst zu sehen, sich plötzlich in eine „grüne Ecke“ gedrängt zu sehen. Deshalb sind auch (bis auf wenige Ausnahmen wie „Frosch“) bisher Markenartikler mit umweltfreundlichen Produkten nicht mit Anzeigen in den Special-Interest-Titeln wie natur und Öko-Test mit ihrer problembewußten Leserschaft zu finden. Aus Angst vor Markenerosion sperren sich die Unternehmen ebenfalls gegen eine umfassendere Warenkennzeichnung (z. B. detaillierte Angabe der Inhaltsstoffe).

Für die Anbieter erlaubt das verfügbare Angebot an Fachzeitschriften eine direkte Zielgruppenansprache in Betrieben (für Produkte des Umweltschutzes) oder Haushalten (für umweltfreundliche Produkte). Bei Investitionsgütern wären zu nennen: Impulse, Produktion, Umwelt und Technik, Wasser, Luft und Betrieb, Umwelt, Umweltmarkt von A – Z (Sonderhefte). Umweltbewußte Verbraucher sind anzusprechen etwa über natur, Natur und Umwelt, Öko-Test, Chancen, P.M. Perspektive, Umweltmagazin u. a.

In den letzten Jahren finden sich zahlreiche erfolgreiche Werbestrategien aus den unterschiedlichsten Branchen, in denen die Argumente Umwelt oder Natur verwendet wurden. Zahlreiche Beispiele haben wir im Teil 9 bereits vorgestellt. Weitere Beispiele für äußerst erfolgreiche Werbekonzeptionen finden Sie am Ende dieses Teils. Im Rahmen ökologisch erweiterter Werbeaktivitäten sollen an dieser Stelle noch einige etwas ungewöhnlichere Beispiele angeführt werden.

Opel
Die Opel AG bekam für ihre vorbildliche „Kommunikationsleistung für Umwelt und Ökonomie“ im November 1989 den erstmals verliehenen Preis des Deutschen Kommunikationsverbandes. In dem prämierten Fernsehspot wurde zum unterlegten Louis-Armstrong-Song „What a wonderful world“ und den Aufnahmen einer unberührten Natur für ein umweltfreundliches Produkt geworben, das selbst unsichtbar blieb. Als Opel sich entschloß, nur mehr Fahrzeuge mit Dreiwege-Katalysator-Technik anzubieten, wurde diese Neuerung dem Verbraucher mit einem abstuften Kommunikationskonzept bekanntgemacht. Zur Umstellung wurde in Bonn (um die Verbindung Umweltschutz und Politik zu zeigen) eine Pressekonferenz abgehalten und eine Werbekampagne mit dem Thema Umwelt gestartet. Der durch den TV-Spot erfolgreiche Relaunch des alten Hits wurde mit einer Sonderausgabe der Opel-Händler zusätzlich gesteigert.

AEG Hausgeräte
Die AEG Hausgeräte schrieb 1988 einen „Kunstpreis Ökologie“ aus, an dem sich 100 Kunststudenten mit 150 Werken beteiligten. Der guten Resonanz wegen, wird der Wettbewerb auf absehbarer Zeit fortgeführt.

„Kunst, Ökologie und Industrie: drei disparate Begriffe. Aber auch ein Spannungsfeld, aus dem Gedankenanregungen und Motivationen geboren werden. Für AEG Hausgeräte, ein Unternehmen, das sich mit dem Thema Ökologie auseinandersetzt, eine neue Dimension. Über die nicht nur der Geist, sondern auch das Gefühl angesprochen werden kann. Und die einen Prozeß der auch internen Veränderung unterstützt.

Der Kunstpreis Ökologie, 1988 erstmals ausgeschrieben, bietet die Chance zum Dialog mit einer hoffnungsvollen neuen Generation, mit jungen Künstlern. Er verändert auch Bewußtsein: bei den Mitarbeitern der AEG ebenso wie in der Öffentlichkeit, der die Ergebnisse dieses Wettbewerbs bei einer Wanderausstellung gezeigt werden" (Auszug, Text zur Ausstellung 12. 10. – 11. 11. 1989).

Der erste Preis ging an das Aktionskunstwerk „Mohnrot und Eidechse". Die Künstlerin säte wilde Mohnblumen in Form einer mehr als 100 Meter großen Eidechse zurück in ein Weizenfeld. „Dorthin, wo massiver Einsatz von Herbiziden das Wachstum dieses ‚Unkrauts' verhindern sollen, aber auch andere Pflanzen- und Tierarten stark in Mitleidenschaft ziehen."

Bischof & Klein

Bischof & Klein, das als eines der ersten Unternehmen in der Bundesrepublik ein ganzheitliches Ökologiekonzept (Slogan: „Wir sind umweltaktiv") entwickelte, schrieb 1987 einen Wettbewerb „Verpackung und Umwelt" aus. Aufgabe des Designwettbewerbs war die graphische oder malerische Gestaltung einer Kunststofftragetasche aus dem umweltfreundlichen Material Polyethylen. Der Entwurf sollte gleichzeitig für die Umweltfreundlichkeit und für die Herstellerfirma werben.

„In der öffentlichen Diskussion um die Verpackung setzen wir nicht auf Konfrontation, sondern auf Coevolution. Wir machen unsere Gedanken transparent und besprechen sie – gerade mit kritischen Gruppen, wie jungen Studenten. Das bringt auch uns weiter. So entstand die Idee zum Wettbewerb ..." (Katalogauszug).

Eine überzeugende Darstellung umweltbezogener Informationen kann wesentlich durch den Einbezug neutraler Testergebnisse und Untersuchungen an Glaubwürdigkeit gewinnen. Einen überragenden Platz nimmt hierbei der „Blaue Umweltengel“ aus dem Umweltemblem der Vereinten Nationen ein, der vom Deutschen Institut für Gütesicherung und Kennzeichnung in Zusammenarbeit mit dem Umweltbundesamt verliehen wird. Mit diesem Umweltzeichen will man Verbraucher und Handel eine Hilfestellung beim Einkauf ge-

Erster Preis, der eine Verbindung zwischen einer bestimmten Art von natürlicher und einer synthetischen Verpackung herzustellen versuchte.

ben; daneben soll der Hersteller motiviert werden, umweltfreundliche Produkte anzubieten. Den mit dem Umweltzeichen ausgezeichneten Waren schenken die Konsumenten besondere Aufmerksamkeit. Nach einer Untersuchung der „Aktionsgemeinschaft Umwelt, Gesundheit, Ernährung" (A.U.G.E.) im Jahre 1989, ziehen rd. 75 % der Befragten „meistens, wenn möglich" den Kauf eines umweltfreundlichen Produktes vor. Da objektive Kriterien fehlen, ist für den Käufer schwer nachprüfbar, welche Produkte tatsächlich weniger umweltbelastend sind. Nach zögerndem Beginn stehen die Unternehmen inzwischen „Schlange", um die Auszeichnung zu bekommen und sie bewußt in ihre Kommunikationspolitik einzubauen. Wie Untersuchungen zeigen, weist der Engel bei der Bevölkerung inzwischen einen sehr hohen Bekanntheitsgrad von fast 80% auf. Zur Zeit sind bereits 3273 Waren und Geräte (davon 10% ausländischer Herkunft) von rund 630 Herstellern mit dem Umweltzeichen ausgezeichnet und verhalfen vielen Herstellern zu Umsatzsprüngen von bis zu 40%. Die Brüsseler Kommission überprüft zur Zeit die Möglichkeit einer europaweiten Einführung („eco-labelling-scheme"). Einige Firmen haben eigene Umweltsymbole eingeführt, dies ist jedoch wegen der mangelnden Neutralität nicht ratsam.

Zur Erlangung des Zeichens, das für 3 Jahre gewährt wird, muß der Hersteller in einem Prüfungsverfahren nachweisen, daß das Produkt im Vergleich zu anderen Produkten mit demselben Gebrauchswert – also relativ gesehen – umweltfreundlicher ist (z. B. besonders lärm- oder emissionsarm, Abfall vermindern, Abwasser entlasten, schädliche Inhaltsstoffe reduzieren oder ganz ver-

meiden, das Recycling fördern). Die Prüfung geschieht an Hand von Anforderungen, die als Vergabegrundlagen für jede Produktgruppe festgelegt sind. Da diese entsprechend der technischen Entwicklung verändert werden, wirken sie damit innovativ. Vom Verbraucher kann das Zeichen aber auch mißgedeutet werden: das Produkt ist nicht an sich umweltfreundlich, sondern nur im Vergleich zum herkömmlichen Produkt. D. h., zur schlechteren Alternative wird ein größtmöglicher Entlastungseffekt erzielt (Umweltschutzpapier etwa schützt die Umwelt nicht, ihre Herstellung ist nur „weniger" belastend als die von Neupapier). Als Ergänzung zum Umweltzeichen erscheint deshalb ein Warentest notwendig.

Das Umweltzeichen trägt das Adjektiv „umweltfreundlich" und wird ergänzt durch eine untere Umschrift („weil ..."), in der die besonderen Umweltargumente erläutert werden, die für das Produkt sprechen. Seit Mai 1988 wurde das Zeichen modifiziert und das Adjektiv durch das Substantiv „Umweltzeichen" ersetzt; beide Zeichen sind noch im Markt.

Da der Umweltengel immer nur einen relativen Vergleichsmaßstab anlegt, d. h. ein Fahrrad etwa gar keinen Engel bekommen könnte, sind die Vergabekriterien immer häufiger Zielscheibe der Kritik. Dabei wird jedoch m. E. übersehen, daß ja gerade für die ausgewählten Marktsegmente Produkte mit „guten" und „schlechten" Produkteigenschaften vorhanden sind und durch das Umweltzeichen und das Konkurrenzverhalten der Zwang zu umweltorientierten Verbesserungen angeregt werden soll.

1989 hat die „Aktionsgemeinschaft Nordsee“ ein weiteres Umweltgütezeichen, das „Grüne Herzblatt“ eingeführt, das die Umweltfreundlichkeit des Produktes und der Verpackung in der Herstellung, im Verbrauch und in der Entsorgung durch ein neutrales Institut prüft. Das erste Umweltgütesiegel wurde Ende 1989 einem „Waschmittel vom Faß“ der Annen Chemie verliehen. Nach erfolgreicher Testphase in zwei regionalen Verbrauchermärkten soll die neue Vertriebsform nun bundesweit aufgebaut werden.

Der „Verkehrsclub der Bundesrepublik Deutschland“ (VCD) stellte Ende 1989 in Bonn eine in Zukunft jährlich erscheinende „Auto-Hitliste“ vor, bei der die Umweltverträglichkeit von fast 100 Autos getestet wurde. In die Bewertung einbezogen wurden Kriterien wie Verbrauch, Leistung, Höchstgeschwindigkeit, Schadstoffemissionen, Lärm sowie Herstellungs- und Ausstattungsmerkmale (asbestfreie Bremsbeläge, Verwendung lösungsmittelfreier Lacke, vollverzinkte Karosserien etc.).

Durch die bereits erwähnte nur relative Umweltverträglichkeit eines ausgezeichneten Produktes hat die Rechtsprechung strenge Maßstäbe für die Verwendung in Werbeaussagen gesetzt. Nach § 3 des Gesetzes gegen den unlauteren Wettbewerb (UWG) darf die Verwendung des Zeichens nicht irreführend wirken. Generelle Richtlinien für die Umweltwerbung gibt es nicht. Wichtig ist insbesondere eine Beurteilung der Wirkung der Werbeaussage beim Verbraucher. Es werden hohe Anforderungen an die Aufklärungspflicht der Werbung gestellt (Würtenberger, 1989).

So wurde etwa die Bezeichnung des WC-Reinigers „bio-Fix“ als „biologisch abbaubar und umweltfreundlich“ als irreführend angesehen, da der Verbraucher annehme, das Produkt enthalte ausschließlich natürliche Stoffe; der Unterschied zu herkömmlichen Produkten bestand jedoch weitgehend im Ersatz von Ameisensäure durch Zitronensäure. Für Werbeaussagen i. S. einer „Umweltverträglichkeit“ ist also zu beachten, daß die Beschaffenheit eines Produktes einer Überprüfung standhält, Waren- oder Aufklärungshinweise neben dem Umweltzeichen nicht übersehen werden können und bei Wortzusammen-

setzungen dieser Tatbestand auch objektiv gegeben ist. Auch das Beispiel bei Tengelmann belegt diese enge Rechtsauslegung, die entsprechende Umweltaktion mußte auf Landgerichtsbeschluß eingestellt werden.

„Die Werbung der Beklagten erweckt in ihrer gesamten Aufmachung zumindest bei einem nicht unerheblichen Teil der angesprochenen Verbraucher den unzutreffenden Eindruck, das erworbene Toilettenpapier sei ohne Einschränkung und in jeder Hinsicht als umweltfreundlich zu bewerten." Dieser Eindruck entsteht vor allem aus dem Zusammenwirken der Aussage „Hygienekrepp aus Altpapier ist umweltfreundlich" mit der Abbildung des Toilettenhäuschens in freier Natur, das die Unbedenklichkeit der Benutzung für die Natur verdeutlichen soll, sowie aus der Abbildung des keine Einschränkung enthaltenden Umweltzeichens und der Aussage „Der Umwelt zuliebe". Es sei schließlich Tatsache, fügt das Gericht hinzu, daß in der Bundesrepublik kein Baum gefällt würde, um zu Papier verarbeitet zu werden. Die Abbildung des Herz-Häuschens suggeriere auch eine umweltfreundliche Entsorgung des Toilettenpapiers (Bremme, Tengelmann, 1988).

Gerichtlich wurde ebenso untersagt, mit sog. „Regalstoppern" auf Produkte mit dem blauen Engel aufmerksam zu machen (z. B. 1986 bei Tengelmann), mit der Begründung, der Artikel sei nur aufgrund einer bestimmten Eigenschaft und nicht in seiner Gesamtheit umweltfreundlich; außerdem würde mit den Regalstoppern der Anschein erweckt, als ob alle Waren in der Nähe des Hinweisschildes umweltfreundlich seien.

In einem kürzlich rechtskräftig gewordenen Urteil des Landgerichts Düsseldorf wurde ein ähnlich enger Rahmen gezogen. Danach darf das Rheinisch-Westfälische-Elektrizitätswerk nicht länger damit werben, daß Elektrospeicherheizungen umweltfreundlich seien.

Verkaufsförderung

Mit Verkaufsförderungsaktionen werden durch spezielle kurzfristige Anreize am Verkaufsort (Point of sale) wirksame Verkaufshilfen geboten (z. B. Promotion- bzw. Merchandisingmaßnahmen) oder sonstige Maßnahmen wie Incentiveaktionen oder Preisausschreiben, die sich an den Außendienst, die Absatzmittler oder den Endverbraucher richten.

Hertie

Eine umfangreiche Promotion für umweltfreundliche Produkte führt 1990 bereits zum zweiten Mal der Kaufhauskonzern Hertie unter dem Motto „Bewußt leben, bewußt kaufen. So schonen wir gemeinsam unsere Umwelt" in seinen über 60 Verkaufshäusern durch; eingebunden ist ein Gewinnspiel, in dem Tickets der Deutschen Bundesbahn verlost werden. Umweltfreundliche Produkte aus den verschiedenen Produktbereichen, die besonders herausgestellt werden sollen, werden jeweils unter einem „Thema", das zuerst in Frageform angesprochen wird, um dann mit einigen kurzen Informationen beantwortet zu werden, präsentiert und zusammengefaßt:

- *Was hat der Dschungel mit der Nordsee zu tun?*
- *Was hat der Jogginganzug mit dem Wels im Rhein zu tun?*
- *Was hat das WC mit dem Tannenwald zu tun?*
- *Was hat die Jeans mit dem Weiher im Park zu tun?*
- *Was hat der Tapetenwechsel mit unserer Gesundheit zu tun?*
- *Was hat Fürst-Pückler-Eis mit dem blauen Himmel zu tun?*

- *Was hat die Buntwäsche mit dem Kastanienbaum zu tun?*
- *Was hat der Hausputz mit Ihrem Urlaub am Meer zu tun?*

Der auf Recyclingpapier gedruckte, 16-seitige Prospekt wurde in Millionenauflage verschickt. Man erstrebt mit diesen Aktivitäten eine Bewußtseinsänderung bei Lieferanten, Kunden und Mitarbeitern und sieht als Handelsunternehmen die Aufgabe, über entsprechende Informationen, bessere Präsentation und ein entsprechendes Angebot dem Verbraucher seine Entscheidung zugunsten umweltverträglicher Produkte zu erleichtern. Pro zurückgeschicktem Coupon floß eine „grüne Mark" an den BUND.

A.U.G.E.

1989 wurde unter der Schirmherrschaft von Umweltminister Töpfer die Aktion „Umweltfreundliche Haushalte 1989“ gestartet. Dazu wurden rund 35 Millionen Fragebogen und Broschüren verschickt. Den umweltfreundlichsten Haushalten winken Gewinne aus einer Verlosung. Die Aktion wird realisiert von der Aktionsgemeinschaft Umwelt, Gesundheit, Ernährung (A.U.G.E.) und von verschiedenen Firmen (AEG, Commerzbank, co op, Opel, Otto Versand, Proctor & Gamble, Tetra Pak, Neuform) gefördert. Die Sensibilität eines Öko-Engagements zeigt sich auch darin, daß die Hamburger Verbraucherzentrale die Aktion als „unlautere Werbung mit Umweltgesichtspunkten“ (miß-)interpretierte.

Was hat das WC mit den

1)
2)
3)

1) Kiddi Fasermaler, 10 Stück im Etui, Lebensmittelfarben, biologisch abbaubar **5.95**

2) UHU Flinke Flasche, ohne Lösungsmittel, 95 g **4.95**

3) UHU Flinke Flasche, ohne Lösungsmittel, 37 g **2.95**

4) Melitta Filtertüten, 1 x 2, Naturbraun **2.75**

5) Melitta Filtertüten, 101, Naturbraun **2.45**

6) Melitta Filtertüten, 102, Naturbraun **2.75**

7) Melitta Filtertüten, 1 x 4, Naturbraun **2.95**

Alle Filtertüten aus ungebleichtem Filterpapier.

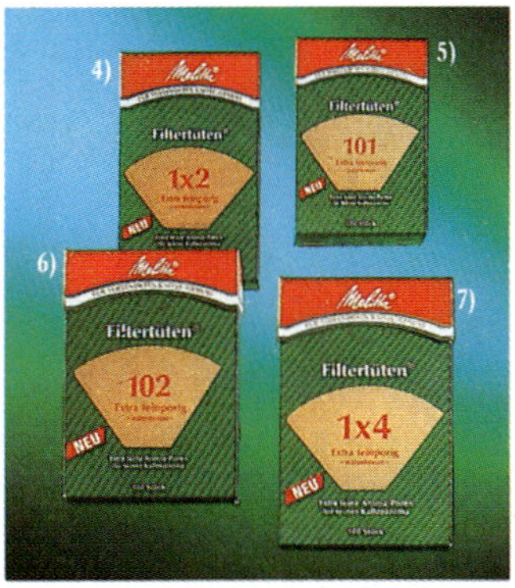

8) Haushaltsrollen, 2x 64 Blatt, saugstark und wasserfest, 100 % Altpapier **2.95**

9) Toilettenpapier, 8x 248 Blatt, 2lagig, 100 % Altpapier **5.95**

10) Taschentücher, 15x 10 Stück, 4lagig, Wiederverschluß, 100 % Altpapier **3.95**

11) Recycling-Geschenkpapier, Rolle 70 x 200 cm, 100 % Altpapier je **2.95**

Auf immer mehr „stillen Örtchen" hängt jetzt Recycling-Toilettenpapier. Das tut nicht nur dem Wald gut, sondern reduziert auch den Müll um den Altpapierberg. Wenn auch Sie Recycling-Toilettenpapier verwenden, leisten Sie einen aktiven Beitrag zur Erhaltung der Wälder.

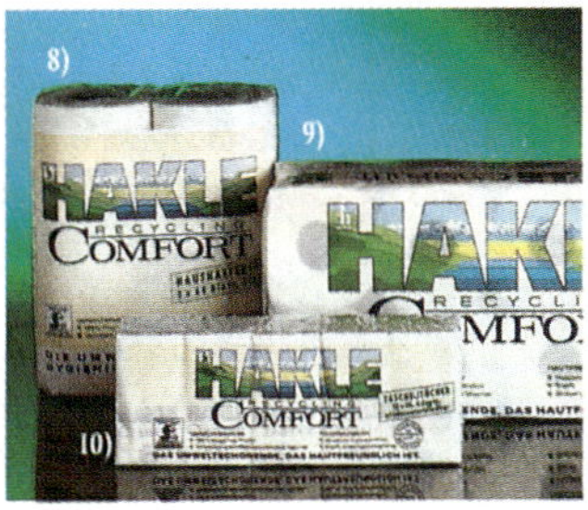

12) Toilettenpapier, 8x 250 Blatt, 100 % Altpapier **3.45**

13) Toilettenpapier, 4x 400 Blatt, 100 % Altpapier **1.95**

14) Briefpapier mit Motiv, 10 Bögen, 5 Umschläge, 100 % Altpapier **1.95**

15) Briefumschläge mit Motiv, 20 Stück, DIN C6, 100 % Altpapier **1.95**

16) Notizblock, 200 Blatt, 10 x 14 cm, 100 % Altpapier **2.95**

17) Briefumschläge, 50 Stück, DIN C6, 100 % Altpapier **1.95**

18) Ringbucheinlagen, 100 Blatt, DIN A4, 100 % Altpapier **2.95**

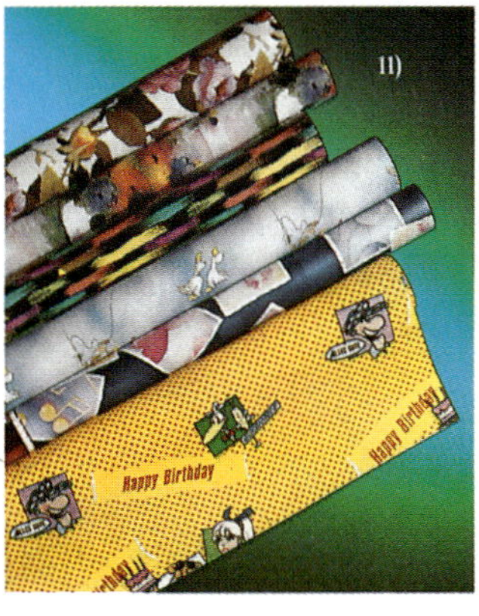

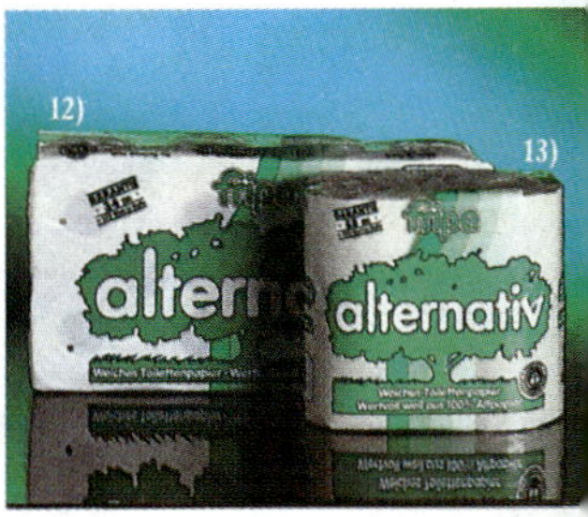

19) Ringbuchblock mit Spirale, DIN A4, 160 Blatt 100 % Altpapier **5.95**

20) Ringbuchblock, 140 Blatt, DIN A4, perforiert 100 % Altpapier **3.95**

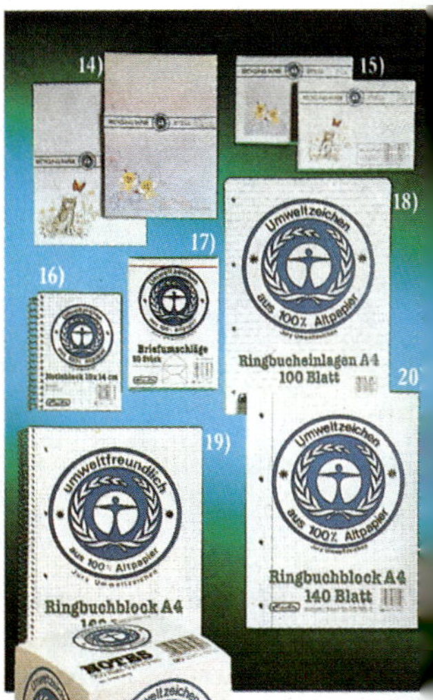

21) Notizklotz, Blatt, 9 x 9 x 9 cm, 10 Altpapier **3.**

Tannenwald zu tun?

Bücher zum Thema Umwelt

22) Myers, Gaia, Der Öko-Atlas unserer Erde **39.80**
23) Thelen, Umweltschutz im Alltag **7.80**
24) Brockert, 1000 ganz konkrete Umwelt-Tips **8.80**

29) Beisel, Das Ökohaus **14.80**
30) Wingert, Der Haushalts-Knigge **9.80**
31) Stern, Rettet den Wald **54.–**
32) Biologisch und giftfrei gärtnern **9.95**

Ohne Abbildung:
Schäfer, Unser kläglich Brot **9.80**
Schäfer, Endlagerstätte Mensch **7.80**
Renken, Umweltfreundliche Produkte **8.80**
Abfall vermeiden **10.80**
Gruhl, Ein Planet wird geplündert **15.80**
Calatin, Zeitkrankheit Nahrungsmittelallergie **9.80**
Steinbach, Biologisches Gartenbuch **15.–**
Öko-Atlas Bundesrepublik Deutschland **24.80**

33) Hoplitschek, Aktion Garten ohne Gift **36.–**
34) Öko-Test: Ratgeber Diät, Ratgeber Heimwerken, Ratgeber Kleinkinder, Ratgeber Kosmetik, Ratgeber Waschen und Putzen je **9.80**

25) Das große Umweltbuch für Kinder **14.80**
26) Das kleine Ökobuch „Mach mit!" **3.–**
27) Ökohelp, Öko-Adressen **8.–**
28) Grießhammer, Der Öko-Knigge **9.80**

Preisänderungen durch die Verlage vorbehalten!

Deckblatt der Informationsschrift zur bundesweiten Aktion „Umweltfreundliche Haushalte 1989"

Toni Milchverband

Im Marketingkonzept des Toni Milchverbandes war die neue Werbung durch laufende Verkaufsförderungsmaßnahmen begleitet. So gingen an den Handel entsprechende Produktinformationen in ungewöhnlicher Form, und für den Verbraucher werden spezielle Promotions durchgeführt. Im Rahmen der Promotion 87 bekam jeder Kunde gegen Einsendung von 30 Toni-Joghurt-Glas-Etiketten und Fr. 15,– ein Toni-Joghurt-Badetuch (unter Selbstkosten). Als Medien dienten doppelseitige Inserate in Zeitungen und Zeitschriften, zusätzlich war der ganze Promotionsablauf auf der Glas-Etikette beschrieben. Als Resultat der äußerst erfolgreichen Promotion wurden 38000 Badetücher verkauft.

Als weiteres Erfolgsbeispiel aus dem Hause Toni sind die speziellen Promotionsaktionen zur Unterstützung der eigenen Umweltstiftung anzusehen. Für die Stiftung „Händ Sorg zur Umwelt", die 1986 den ersten „Prix Toni" verlieh, wird jährlich eine dreiwöchige spezielle Glasrückgabeaktion von Toni propagiert: für jedes zurückgebrachte Zirkulationsglas bezahlt Toni 1 Rp. in den Preisfonds der Stiftung.

In den 70er Jahren waren „Waldgroschenaktionen" in Mode, so etwa von der Alpirsbacher Klosterbrauerei oder der Brauerei Iserlohn. Eine ähnliche Verkaufsförderungsaktion führte Dralle für das Birkin-Produktsortiment mit der Aktion „Grüner Groschen" durch. Im Rahmen dieser Aktion wurden für sechs Monate von jedem verkauften Birkin-Produkt 10 Pfennige an die Stif-

tung „Wald in Not, Gemeinschaftsaktion zur Rettung des Waldes“ abgeführt, um einen Beitrag zur Wiederaufforstung zerstörter Waldflächen zu leisten. Viele dieser Aktionen konnten durch ein Gerichtsurteil, das Naturhilfe mit dem Verkauf eines Produktes für unvereinbar hielt, nicht abgeschlossen werden.

Océ

Eine gelungene Verkaufsförderung führte der Bürokopiererhersteller Océ Deutschland durch: Im Rahmen einer Luft-&-Duft-Show konnten die Besucher Düfte identifizieren und wurden so für das Problem Büroluft sensibilisiert; zusätzlich wurde auf unkonventionelle Weise die Bedeutung des menschlichen Tastsinns beim Kopieren vermittelt. Dies führte auf sehr direktem Weg zu den Océ Vervielfältigungssystemen, bei denen der Hersteller neben den Kriterien Wirtschaftlichkeit und Ergonomie insbesondere die Umweltfreundlichkeit als Investitionskriterium betonen will. Océ hatte in den letzten Jahren bei seinen Partnern ein steigendes Interesse an ökologischen Argumenten festgestellt. Im Rahmen einer Studie ließ Océ durch einen Arbeitsmediziner und -wissenschaftler die eigenen Produkte unter ergonomischen, arbeitsmedizinischen und umwelthygienischen Gesichtspunkten untersuchen und die Untersuchungsergebnisse auf Veranstaltungen rund 1000 Organisatoren und Einkäufern vorstellen.

Woolworth

Mit einer Schmetterlingsfigur („Mäxchen“) will der Kaufhauskonzern Woolworth, dessen Hauptzielgruppe Familien mit Kindern sind, seit Mitte 1989 Umweltschutzideen bei Kindern besser umsetzen und sie mit umweltorientierten Verhaltensweisen vertraut machen; zusätzlich wurde auch ein Kinderumweltclub mit eigener Clubzeitschrift und Umwelttelefon ins Leben gerufen.

Öffentlichkeitsarbeit in neuen Dialogformen

Eine zentrale Stellung im Kommunikations-Mix der Unternehmung wird die Öffentlichkeitsarbeit durch das eigene Unternehmen oder durch Unternehmerverbände innehaben. Im Mittelpunkt der PR-Arbeit steht die gesamte Unternehmung mit ihren auf die Umwelt ausgehenden Handlungen. Die Unternehmung muß ihrer enorm gestiegenen gesellschaftspolitischen Bedeutung Rechnung tragen. Es ist jedoch ungeheuer wichtig, die PR-Arbeit nicht als Ersatz bzw. Ablenkungsmanöver für unterlassene Umweltschutzmaßnahmen zu begreifen. Bei einigen brisanten Themen der letzten Jahre (Katalysator, Verklappung, FCKW u. ä.) gelang, nach anfänglicher Ablehnung bzw. Verharmlosung, einigen Industriebranchen ein geradezu abenteuerlich anmutender Bogen zu einer Haltung, die sie in PR-Aktionen fast als die Spitze der Bewegung erscheinen läßt ... Wenn man dem Verbraucher nicht eine umfassende Vergeßlichkeit unterstellt, können solche Hochglanzwerbestrategien leicht als bloße Kosmetik verstanden werden und negative Reaktionen bewirken sowie das Mißtrauen in die Ernsthaftigkeit des Umweltschutzanliegens bestärken. Es muß doch bedenklich stimmen, daß trotz der, rein wirtschaftlich gesehen, sehr erfreulichen Entwicklung der deutschen Wirtschaft in den letzten Jahren das Vertrauensverhältnis zwischen Unternehmen und Bevölkerung als nicht befriedigend bezeichnet werden muß.

Nur wenn die Öffentlichkeitsarbeit eingebettet ist in eine schlüssige Umweltgesamtkonzeption und eine entsprechende ökologisch geprägte Unternehmenskultur, wird sie die Glaubwürdigkeit beanspruchen dürfen, die notwendig ist, um eine Vertrauensbasis in der Öffentlichkeit zu schaffen. Gute PR-Arbeit dient aber nicht nur zur Schaffung eines positiven Firmen-Umwelt-Images, sondern auch der Bewußtseinsschaffung, Sensibilisierung und Information der Konsumenten.

Winter (1988) nennt die „Maximen der Wahrheit, Klarheit und Einheit von Wort und Tat" als Regeln und gibt folgende Beispiele:

- Public-Relations-Aussagen über umweltorientiertes Handeln nur zulassen, soweit der Inhalt jeder Prüfung standhält, die Aussagen belegbar sind.

- Nicht allgemein über die „Umweltfreundlichkeit" des Unternehmens berichten, sondern über konkrete Aktvitäten – nicht über Pläne, sondern über Taten.

- Bei den Medien beachten, ob die Taten der Unternehmung in geplante Themen passen; nutzen, daß gerne über innovatives Verhalten berichtet wird.

- Die Öffentlichkeit in Umweltmaßnahmen einbeziehen, z. B. die Umweltberatung für Mitarbeiter oder die betriebliche Abfallsammelstellen auch auf Anwohner ausdehnen.

- In den PR-Aussagen Fortschritte darlegen (bei der Entsorgung, dem Recycling, den Arbeitsbedingungen, in Forschung und Entwicklung oder der Übererfüllung von gesetzlichen Anforderungen oder ähnlichem).

- Unterschiedlichste Zielgruppen ansprechen, also Mitarbeiter, Außenstehende, Kunden und interessierte Laien, alle Gesellschafts- und Altersschichten, positiv oder kritisch eingestellte Gruppen.

Gute Multiplikatoren und Imagebildner sind die eigenen Mitarbeiter und ihre Familien. Als Betroffene sind auch die unmittelbaren Anwohner eine wichtige (und oft unbequeme) Zielgruppe. Einer besonderen Ansprache bedürfen sicherlich die Personenkreise, die sich mit Umweltfragen beschäftigen und in Umwelt- und Naturschutzorganisationen, Bürgerinitiativen, Instituten, Verbänden, Ämtern oder sonstigen Behörden arbeiten. Zum einen kann der Dialog mit ihnen leichter sein, da es sich um Experten handelt, wobei unterschied-

liche wissenschaftliche Anschauungen aber zu Unstimmigkeiten führen können. Zum anderen kann natürlich, und dies dürfte nicht selten der Fall sein, eine skeptische, kritische oder ablehnende Haltung den Dialog sehr konfliktträchtig gestalten. Auf Hauptversammlungen mehren sich die Angriffe von Umweltschützern auf das Management. So stand etwa die HV der Bayer AG 1988 ganz im Zeichen scharfer Auseinandersetzungen über Fragen des Umweltschutzes seitens kritischer Aktionäre. Hier gilt es die unterschiedlichen Interessenlagen in einem „offenen" Dialog zu berücksichtigen. Es muß auch bei den Führungskräften ein Klima der Konfliktbejahung geschaffen werden, in dem Sinne, daß die durch das Unternehmen ausgehenden Umweltbelastungen erkannt und in den Dialog eingebracht werden.

Um langfristig das Vertrauen der sozialen Umwelt zu genießen, muß die Unternehmung in einen aktiven Dialog mit der Öffentlichkeit treten. In den USA wird der Teil, der sich auf politische und gesellschaftliche Problemlösungen bezieht, als „Public Affairs" bezeichnet. Für unser Anliegen erscheint dieser Terminus als zu eng, da er sich primär auf verstärkte Einflußnahme (Lobbyismus) in Gremien der Politik und Verwaltung bezieht.

Für Nickel (1990) muß sich eine verantwortungsvolle Öffentlichkeitsarbeit ihrem Auftrag so stellen:

- Rede über das, was du tust.
- Frage die anderen, ob sie mit deinen Handlungen einverstanden sind.
- Erkläre ihnen deine Beweggründe, so gehandelt zu haben oder so handeln zu wollen.
- Beziehe die Interessen der anderen in deine Entscheidungsprozesse ein.

Die Unternehmung muß ein klares Konzept entwickeln, in dem die anzustrebenden Ziele formuliert werden. Für eine systematische Öffentlichkeitsarbeit sind „Dialogfäden" zu knüpfen. Als allgemeine Grundsätze für den Dialograhmen mit der Belegschaft und den externen Gruppen setzt Nickel (1990) fest:

Sozialpflicht	(Erkennen von Gegensätzen: Unernehmensinteressen und die der Bürger)
Informationspflicht	(Aufgabe des Kommunikationssystems)
Begründungspflicht	(über das Tun und Lassen des Unternehmens)
Anhörpflicht	(andere Meinungen einholen)
Korrekturpflicht	(Kritik in Entscheidungsprozesse einfließen lassen).

Im Bereich des Umweltschutzes muß die Unternehmung durch ihre PR-Arbeit klarmachen, daß

- sie einen Ausgleich zwischen ökonomischen und ökologischen Interessen nach bestem Wissen und Gewissen anstrebt,

- die Öffentlichkeit in diesem Bereich oft ein gespaltenes Denken hat (Eigenverantwortung des einzelnen; Denken und Taten, die nicht übereinstimmen),
- jede wirtschaftliche Tätigkeit mit einem Risiko behaftet ist.

Über die Schwierigkeit adäquater Einschätzung von Umweltgefahren berichtet Schuh (1990). Übertreibungen und Überreaktionen sind gerade hier normal: Sprechen die einen von einer wahren „Chemophobie", geht's den anderen nicht schnell genug. Einordnung und (Über-)Reaktion der Medien, Politiker und Wissenschaftler sind oft gegensätzlich, z. T. stehen die Wissenschaftler in eklatantem Widerspruch zu den beiden anderen Gruppen. Auffällig auch die unterschiedliche Bewertung gleicher Risiken in verschiedenen Ländern; so findet etwa das Radon, ein radioaktives Gas, in den USA hohe Aufmerksamkeit, aber nicht bei uns. Schuh fordert eine vergleichende Bewertung von Risiken und führt Fachleute an, die zweifeln, ob der Aufwand für manche Sanierungsarbeiten immer gerechtfertigt ist.

Besonders Dyllick betont die Sanierung der gesellschaftlichen Akzeptanz als zentrale Aufgabe der unternehmerischen Zukunftsicherung, denn Unternehmen unterliegen nicht nur dem Markt als externem Lenkungssystem.

„Dies wird deutlich, wenn heute in zunehmendem Maße Unternehmungen in öffentliche Auseinandersetzungen geraten, die für ihren weiteren Erfolg von existentieller Bedeutung sind, in denen es gar nicht um ihre wirtschaftliche Leistung, sondern um die Auswirkungen ihrer Tätigkeit auf gesellschaftlich sensible Bereiche wie Ökologie, Sicherheit oder Gesundheit geht. Solche Auseinandersetzungen machen die verstärkte Politisierung und Moralisierung unternehmerischen Handelns deutlich und zwar nicht nur außerhalb der Unternehmung, in der Gesellschaft, sondern auch in der Unternehmung selber. Das Bild, das sich hieraus ergibt, ist das eines „Hineinwachsens" der Gesellschaft und ihrer Konflikte in die Unternehmung, im gleichen Maße, wie die Unternehmung durch ihre Tätigkeit und deren Auswirkungen in die Gesellschaft hineinreicht" (Dyllick, 1989).

Bei dieser Sicherung gesellschaftlicher Akzeptanz geht es im Gegensatz zur Sicherung von strategischen Erfolgspotentialen eher um die Stärkung von Vertrauens- und Verständigungspotentialen zwischen der Unternehmung und seinen gesellschaftlichen Anspruchsgruppen. Dyllick zeigt anhand einiger Fallbeispiele auf, welche gesellschaftlichen Interessen als Ansprüche an die Unternehmung erhoben werden, welche zentrale Rolle dabei die Medien einnehmen und zeigt die Quelle der Macht, die daraus entsteht, daß es sich um

moralisch begründete Positionen handelt. Wie auch das Beispiel der Deutschen Genossenschaftsbank anfangs 1990 mit den Frankreichgeschäften zeigt, entwickelt die öffentliche Mediendarstellung eine gewisse „Eigendynamik", die sehr schnell Vertrauenskapital verspielen läßt. Diese Eigendynamik trifft insbesondere auf den sensiblen Umweltschutzbereich zu. Ab einem gewissen Punkt der öffentlichen Diskussion ist es dabei fast unerheblich, ob der „Angegriffene" tatsächlich Schuld auf sich geladen hat, ob Vorwürfe gerechtfertigt sind oder nicht.

Gondelstau am Hamburger Gänsemarkt.

Den Enten in Hamburg stehen möglicherweise goldene Zeiten bevor. Allerdings dürften sie auch die einzigen Hamburger sein, die sich über einen Anstieg des Meeresspiegels freuen würden, der große Teile der Stadt im Hochwasser versinken ließe. Ebenso wie in Amsterdam, New Orleans oder Kalkutta. Dies könnte schon in wenigen Jahrzehnten der Fall sein. Eine fortschreitende Erwärmung der Atmosphäre würde nicht nur die Eiskappen der Pole ins Schwitzen, sondern das gesamte Weltklima ins Wanken bringen.

Um den drohenden Temperaturanstieg auf ein vertretbares Maß zu beschränken, muß der Verbrauch fossiler Energien weltweit reduziert werden. Wir, die deutschen Stromversorger, tragen seit langem konsequent zum Energiesparen bei, indem wir z. B. die Energieausbeute bei der Verstromung von Steinkohle seit 1950 verdoppelt und die Belastung der Atmosphäre mit Kohlendioxid pro Kilowattstunde halbiert haben. Aber auch durch zielbewußte Entwicklung und Förderung regenerativer Energietechniken und verantwortungsvolle Nutzung der Kernenergie, die keine Treibhausgase produziert und damit unseren Planeten nicht aufheizt.

So tun wir alles, was uns möglich ist, damit einige der faszinierendsten Städte der Erde nicht bald nur noch mit Gondeln zu besichtigen sind. Tut uns leid, liebe Enten. Aber der Mensch geht vor.

Wenn Sie mehr wissen wollen, fordern Sie bitte unsere Broschüre über Klimagefahren und Treibhauseffekt an.
Informationszentrale der Elektrizitätswirtschaft, Abteilung 305, Stresemannallee 23, 6000 Frankfurt 70, Telefon 069/6304372.

IZE

Für Löwisch ist Glaubwürdigkeit eine ethische Kategorie. Die Privatwirtschaft habe deshalb Glaubwürdigkeitsprobleme, weil ihre Führungsträger dem ethischen Orientierungsbedürfnis der Mitarbeiter wie der Öffentlichkeit nicht gerecht werden. „Dem Öffentlichkeitsprotest allein mit einer auf Information setzenden PR-Arbeit zu begegnen, reicht aber ebensowenig aus, wie das neuerlich starke Betonen von Unternehmensphilosophie und Unternehmenskultur bei innerbetrieblichen Problemen“. Gefragt ist die individuelle unternehmerische „Generalverantwortung“ als Conditio per quam und Conditio sine qua non für Führungsqualität in schwierigen Zeiten, die ein breites Spektrum gesonderter Verantwortungen (für Belegschaft, Unternehmensziele etc.) aufnimmt. Die personalpolitische Konsequenz liegt für Löwisch in der Stärkung des Generalisten als Führungskraft, denn dieser kann seine Unternehmerhaltung auch außerökonomisch begründen, und er denkt gemeinwohl-, wert-, kultur- und verantwortungsbezogen.

Als Mittel für eine umweltorientierte Öffentlichkeitsarbeit kann auf die klassischen Instrumente zurückgegriffen werden:

- Pressekonferenzen, Presseveröffentlichungen
- Vorträge/Umweltseminare
- Geschäftsbericht, Sozialbilanz, Erweiterter Sozialbericht
- Eigene Umweltberichte/Umweltmitteilungen
- Firmen- und Werkszeitung
- Betriebsbesichtigung, Tag der offenen Tür
- Umwelttelefon
- Öko-Sponsoring
- Umwelt-, Naturstiftungen
- Verbandsarbeit (B.A.U.M., future etc.)
- Umweltorientierte Unternehmensführung (Mitarbeiterschulung, Umweltbeauftragter, -referent, Vorschlagswesen etc.).

Wichtigste Zielgruppe für die öffentliche Meinungsbildung sind sicherlich aufgrund ihrer multiplikatorischen Wirkung die Medien.

Stellvertretend für breite Public-Relations-Aktionen der letzten Jahre sollen die Bestrebungen der chemischen Industrie und der Energiewirtschaft (vgl. Vorseite) mit Beispielen gezeigt werden. Besonders die Chemie versucht mit massiven Kampagnen ihrem schlechten Image entgegenzuwirken. Durch eine „Personifizierung" wird der mehr abstrakten Vorstellung der Bürger von „der Chemie" eine mehr menschliche Seite gegenübergestellt, mit der Darstellung und Information über die von der Unternehmung unternommenen Schritte wird die eigene Verantwortung betont. Die Rheinaffäre hat ihre Spuren hinterlassen – aus einer reagierenden, passiven Verteidigerrolle ist man zu einer agierenden, offensiven Selbstdarstellung übergegangen.

Bayer
Bei Bayer wird auf die beiden Komponenten Kompetenz und Verantwortung abgestellt. Ein Problem wird angerissen, Informationen dazu gegeben und die eigenen Taten aufgezeigt:

- *Pflanzen müssen geschützt werden. Unsere Verantwortung ist, daß dabei die Umwelt nicht zu Schaden kommt.*
- *Bei jeder Produktion gibt es ein Restrisiko. Unsere Verantwortung ist, daß es beherrschbar bleibt.*
- *Dünnsäure ist ein unerwünschtes Nebenprodukt. Unsere Verantwortung ist, daraus wieder einen Rohstoff zu gewinnen.*
- *Unternehmen müssen Gewinn machen. Wir haben die Verantwortung, dabei nicht nur an uns zu denken.*

BASF
Bei BASF werden Mitarbeiter des Unternehmens („Menschen mit Verantwortung") sowie ihr Tätigkeitsbereich, der im Umweltschutzbereich liegt, vorgestellt und Interessierte eingeladen, sich entweder persönlich den Arbeitsplatz dieses/dieser Mitarbeiters/in anzusehen (der Besuchstermin kann zum Ortstarif vereinbart werden) oder sich Informationsmaterial zu besorgen: So möchten ein Heinz Zimmermann, eine Marion Zilch, eine Astrid Herrmann oder ein Gerhard Menz zeigen,

- *wie meine Bakterien täglich 220 Tonnen Schmutz fressen,*
- *warum ich mehr als 3 Millionen Daten über unser Wasser zusammengetragen habe,*
- *wie wir jährlich 35 000 Wasserproben untersuchen, um den Rhein besser zu schützen,*
- *wie ich jährlich 100 000 Tonnen Abfall verbrenne.*

Die Argumentation mit offengelegten Informationen kann natürlich durchaus ambivalent gesehen werden; zum einen erleichtert es den Einblick, da etwa Investitionskosten genannt werden, andererseits wird die Beurteilung durch das Fehlen von Vergleichsdaten erschwert (etwa: Abwasserreinigung gut – aber wieviel und was wird eingeleitet?) oder einseitig dargelegt (so dürfte das Verbrennen von 100 000 Tonnen Abfällen bei den Teilen der Bevölkerung, die Angst vor nicht bekannten Reststoffen haben, ganz anders aufgenommen werden).

Unterstützt und begleitet werden diese Bemühungen von einer umfassenden Arbeit des „Verbandes der chemischen Industrie", in der zu bestimmten Themen, wie etwa die Verklappung der Dünnsäure in der Nordsee, die Suche nach Ersatzstoffen für die FCKW, das Bild zu vermitteln versucht wird, daß die Chemie „handelt". („Die chemische Industrie hat aus ihren Fehlern gelernt.") Erstmalig für den Zeitraum 1988/89 wurde zusätzlich ein eigener „Umweltbericht" herausgegeben, in dem eine Gesamtübersicht über Leistungen zur Entlastung der Umwelt vorgelegt wird und auch noch zukünftig zu lösende Aufgaben angesprochen werden. Damit soll sich der einzelne ein „faires Urteil" über die Anstrengungen der Chemie machen können. Zusätzlich können auch die Umweltleitlinien angefordert werden.

„Ich möchte Ihnen zeigen, wie meine Bakterien täglich 220 Tonnen Schmutz fressen. Deshalb lade ich Sie ein."

Ich bin Heinz Zimmermann. Einer von 50.000 BASF-Mitarbeitern im Werk Ludwigshafen. Als technischer Laborleiter unserer Kläranlage trage ich eine entscheidende Verantwortung für unsere Umwelt. Eine Verantwortung, über die viel geredet wird. Oft auf Basis überholter Fakten.

Denn Tatsache ist, daß wir jährlich mehr als 320 Millionen Mark für die Abwasserreinigung ausgeben. Unter anderem auch für die gefräßigen Bakterien, an die wir täglich ca. 220 Tonnen Schmutz verfüttern. So kann sich das Wasser, das wir heute in den Rhein abgeben, sehen lassen. Daß man dort wieder 22 Fischarten wie Hecht, Zander und Karpfen findet, ist gut. Aber sicher noch nicht gut genug. Wir arbeiten weiter daran, dieses Ergebnis zu verbessern.

Das Umweltbewußtsein ist bei jedem von uns gewachsen. Aber nur wenige Menschen wissen, wie wir bei der BASF heute Umweltprobleme praktisch lösen.

Darum lade ich Sie ein. Schauen Sie ruhig mal rein in unsere Kläranlage. Ein Besuch bei uns ist einfacher als Sie denken.

Rufen Sie an: 0130/3035 – zum Ortstarif! Lassen Sie sich Ihre persönlichen Besuchsunterlagen schicken. Und wenn Sie nicht kommen können, schreiben Sie uns Ihre Fragen.* Wir werden sie so schnell wie möglich beantworten. Meine Kollegen und ich freuen uns auf Ihr Interesse!

* BASF Aktiengesellschaft, Abteilung ZOA/MU
6700 Ludwigshafen

Menschen mit Verantwortung.

BASF

Luftbelastung bis minus 70%, Abwässerbelastung bis minus 90%. Ausstiegsplan für FCKW. Ende der Verklappung noch 1989.

Lesen Sie im Detail, welche Erfolge die deutsche chemische Industrie beim Schutz der Umwelt hat und was sie noch alles tun wird. Im Umweltbericht 1988/89. Fordern Sie ihn an. 01 30 / 55 99. Zum Ortstarif.

Die deutsche chemische Industrie hat große Anstrengungen zur Entlastung unserer Umwelt unternommen.

Jetzt haben wir zum ersten Mal eine Gesamtübersicht dieser Leistungen vorgelegt. Und gleichzeitig die noch vor uns liegenden Aufgaben beim Umweltschutz erläutert.

Im Umweltbericht 1988/89 wird deutlich: Wichtige Aufgaben müssen noch gelöst werden. Aber unsere Erfolge sind sehr ermutigend. Der Höhepunkt der Umweltbelastung liegt hinter uns. Beispiel: Die Wasserqualität unserer Flüsse. Der Rhein hat, gemessen auf einer siebenstufigen Qualitätsskala, heute, bis auf zwei kleine Teilstrecken, wieder die Klasse II bis III erreicht (II heißt z.B. „ertragreiche Fischgewässer"). Der Sauerstoffgehalt ist wieder so hoch wie vor 30 Jahren.

Der Rhein ist kein Einzelfall. Selbst im größten Industrieland der Bundesrepublik – Nordrhein-Westfalen – werden von 70.000 km Fließgewässer von den Behörden heute bereits 67.000 km in die Güteklasse II eingeordnet. Die Chemie hat dazu wesentlich beigetragen. Die organischen Stoffe in ihren Abwässern wurden z.B. seit 1970 um 90% reduziert, der Anteil der Schwermetalle sank zwischen 60 und 90%. Und das, obwohl im selben Zeitraum die Chemieproduktion verdoppelt wurde.

An der Schwermetallbelastung des Rheins beispielsweise ist die Chemie heute nicht einmal mehr mit einem Zehntel beteiligt. Aber auch diesen Anteil werden wir weiter senken. Mit neuen Sicherheitskonzepten werden wir Gewässerbelastungen als Folge von Betriebsstörungen deutlich reduzieren.

Die deutsche chemische Industrie unterstützt die internationalen Aktionsprogramme zum Schutz des Rheins und der Nordsee, mit denen Schad- und Nährstoffeinträge bis 1995 halbiert werden sollen. Freiwillig werden wir die Ammoniumeinleitung bis 1990 um wenigstens 30% gegenüber der Menge von 1986 vermindern. Allein für diese Maßnahme investieren wir mehr als 3 Mrd. Mark.

Phosphate aus Wasch- und Reinigungsmitteln machen heute nur noch 10% der gesamten Phosphatbelastung aus. Vor wenigen Jahren waren es noch mehr als 40%. Die Verklappung von Dünnsäure wird noch in diesem Jahr beendet. Die Abfallverbrennung auf See wollen wir vor dem vereinbarten Termin 1994 stoppen. Voraussetzung dafür ist jedoch, daß dann die benötigten Sondermüllverbrennungs-Kapazitäten an Land genehmigt werden.

Das sind nur einige Beispiele zum Thema Gewässerschutz aus dem Umweltbericht 1988/89, die zeigen, daß wir unsere Verantwortung für die Umwelt ernst nehmen.

Wir haben schon viel erreicht. Doch wir wissen, es kann und muß noch mehr getan werden.

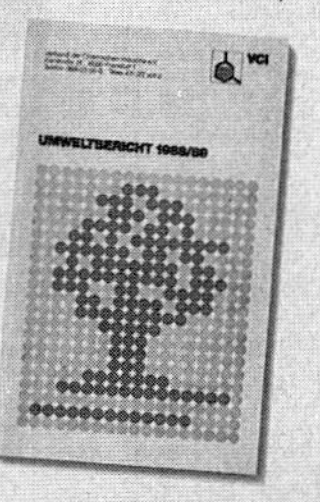

Mit dem aktuellen Umweltbericht der deutschen chemischen Industrie können Sie sich ein faires Urteil über unsere Anstrengungen zur Umweltentlastung bilden. Und er zeigt Ihnen, daß wir weitere Fortschritte erwarten können.

Den Umweltbericht und unsere Umwelt-Leitlinien schicken wir Ihnen gerne zu. Rufen Sie an.

Oder schreiben Sie uns. Verband der Chemischen Industrie e.V., Karlstraße 21, 6000 Frankfurt/Main 1, Telefon 01 30/55 99. Zum Ortstarif.

Die Deutsche Chemische Industrie.

Wir werden in Zukunft die Information über uns nicht nur anderen überlassen.

Das RWE wurde wegen einer Störung in Biblis heftig kritisiert. Berechtigt daran ist die Kritik an Fehlern bei der Bedienung. Wir haben aus den Fehlern gelernt und sofort nach dem Ereignis praktische Konsequenzen gezogen, um solche oder ähnliche Störungen in Zukunft zu vermeiden.

Unberechtigt aber ist der Vorwurf, daß das RWE den Vorfall verharmlost, falsch beschrieben habe oder gar vertuschen wollte: Wir haben der gesetzlich vorgeschriebenen Meldepflicht entsprochen und alle zuständigen Behörden, Gremien und Institutionen informiert. Die Reaktionen auf den Vorfall haben uns aber klar gemacht, daß auch die breite Öffentlichkeit an einer schnelleren und umfassenderen Information interessiert ist.

Völlig unberechtigt und technisch durch nichts zu begründen ist die Behauptung, daß bei dem Vorfall die drohende Gefahr eines GAU oder gar einer Kernschmelze vorgelegen habe. Vorwürfe, die eindeutig widerlegt wurden: Durch die Studie der Elektrowatt Ingenieurunternehmung (EWI) in Mannheim, der Tochter des renommierten Schweizer Ingenieur- und Beratungsunternehmens EWI in Zürich, die der Bundesumweltminister über mögliche Folgen des Ereignisses in Biblis erstellen ließ.

Das RWE hat eine über 25jährige verantwortliche Betriebserfahrung mit Kernkraftwerken. Wir haben in dieser Zeit ständig – auch zusammen mit den Genehmigungsbehörden – an der weiteren Steigerung der Sicherheit gearbeitet. Die jetzt für Biblis zusätzlich vereinbarten Maßnahmen beispielsweise stehen nur in einem sehr geringen Umfang im Zusammenhang mit dem Störfall vom Dezember 1987.

Die Berichterstattung und die Reaktionen der Öffentlichkeit haben uns gezeigt, daß die Aktivitäten des RWE nicht ausreichend bekannt sind. Deshalb wollen wir Sie in einer Reihe von Anzeigen ausführlich über uns informieren. Über unsere unternehmerischen Ziele ebenso wie über unser unternehmerisches Selbstverständnis.

Wir werden Ihnen an Beispielen deutlich machen, daß das RWE längst mehr ist als nur ein Stromversorgungsunternehmen. Daß wir uns zu einem Technologiekonzern entwickelt haben, der zu den größten deutschen Unternehmungen gehört. Wir werden aufzeigen, wie das RWE hilft, dringende Aufgaben unserer Industriegesellschaft zu lösen.

Wir werden Ihnen darlegen, daß bei uns neben dem Willen zu wirtschaftlichem Erfolg die Vorsorge für Mensch und Umwelt einen besonders hohen Stellenwert hat. Und wie wir unsere wirtschaftliche Leistungsfähigkeit bewußt auch zur positiven Entwicklung in unserem Land einsetzen.

RWE

High-Tech. Versorgung. Entsorgung. Wir denken im Ganzen.

Krisen – PR

Aufgabe der Öffentlichkeitsarbeit ist vor allem das Schaffen einer Vertrauensbasis in der Bevölkerung. Um diese Glaubwürdigkeit nicht zu gefährden, ist ein „Krisenplan“ für Reaktionen bei Störfällen oder Krisenereignissen aufzustellen, damit sich daraus kein Mediendesaster entwickelt. Neben Unfällen oder Skandalen können auch sonstige Firmenkrisen (Flops, illegale Geschäfte etc.), die mit Vermutungen beginnen, durch unprofessionelle PR-Arbeit

schnell die Unternehmung schädigen. Hier wird es vor allem darauf ankommen, schnell und informativ zu handeln, da durch Fehlreaktionen Ereignisse schnell eskalieren können.

Betriebsinterne Handlungsrichtlinien können hilfreich sein, eine Ablaufplanung für die innerbetriebliche Organisation ist zu schaffen. Ein Patentrezept für eine Krisenbewältigung gibt es jedoch nicht. Tortella (PR-Agentur Burson-Marsteller) schlägt als Planung für den Ernstfall vor, die Erkenntnisse einer Risiko- und Schwachstellenanalyse zusammen mit den Kommunikationszuständigkeiten in einem Krisenhandbuch festzuhalten und Krisenübungen abzuhalten. Die beste Absicherung muß aber in einem umfassenden Risikomanagement liegen, das alle denkbaren Risikoquellen in den betrieblichen Funktionsbereichen (vgl. auch Teil 15) in einer präventiven Schadensverhütungspolitik verringern will.

Schulz (1988) sieht bei Störfällen folgende zu erwartende Fragen:

- Was ist passiert?
- Gab es Personen- oder Sachschäden?
- Sind giftige Stoffe frei geworden?

- Besteht Gefahr für Bevölkerung und Natur?
- Wie kann man sich schützen?
- Ist der Störfall vorüber bzw. unter Kontrolle?

Ein Vertuschen, ein ständiges „Nachkorrigieren" verspielt in kurzer Zeit mühsam aufgebautes Vertrauenskapital. Dem Informationsbedürfnis der sensibilierten Öffentlichkeit und der Medien ist so früh und so umfassend wie möglich entgegenzukommen, eine defensive Informationspolitik im „Salami-Stil" (sprich Scheibchen für Scheibchen je nach wachsendem Druck) zu vermeiden. Das eigentliche Dilemma liegt darin, daß einerseits die Öffentlichkeit schnell informiert werden will, andererseits am Anfang nur ungesicherte Informationen über das wahre Ausmaß der Schäden vorliegen und ständige „Nachkorrekturen" oder „Berichtigungen" verfrühter Meldungen äußerst negativ wirken. Manchmal kann Schweigen tatsächlich der beste Weg sein.

Sandoz/Exxon
Klassische Beispiele lieferten – im negativen Sinne – die Rheinkatastrophe 1986 und das Tankerunglück vor der Alaskaküste 1989. Sandoz mußte seine Äußerungen mehrmals korrigieren bzw. widerrufen, zudem wurde eine PR-Aktion („Lieber Fluß ...") sehr unglücklich positioniert. Das Exxon Management war nach der Havarie der Exxon Valdez für einige Tage „untergetaucht", eine Information vor Ort durch die Geschäftsleitung erfolgte erst nach Tagen. Der drittgrößte Industriegigant der Welt wurde in den Medien als hilfloser und inkompetenter Koloß gezeichnet. Als die problematische Situation erkennbar wurde, wurde auf offensives Handeln umgeschaltet. Neben einer umfassenden Pressearbeit wurde mit großem Nachdruck und Kosten von 2 Mrd. DM eine Reinigungsaktion für verschmutzte Küstenabschnitte durchgeführt, die in diesem Jahr fortgesetzt wird (Schwelien betitelte sein Zeit-Dossier vom 2. 2. 1990 über den Fall mit „Big Oil reinigt sein Gewissen"). Die negative Öffentlichkeitsarbeit war insbesondere unerklärlich, da gerade in den USA das sog. „news management", eine professionelle Form der feingesteuerten Nachrichtenberichterstattung, betrieben wird.

Besonders Großunternehmen mit ihrem arbeitsteiligen Unternehmensaufbau ist durch eine Krisenplanung unkoordiniertes Handeln oder Panikreaktionen zu verhindern, d. h. sicherzustellen, daß die Organisation „funktionsfähig" bleibt. Es ist gerade der Umweltschutz, der einzele Unternehmen (oder ganze Branchen) immer wieder öffentlicher Kritik aussetzt. Nickel spricht vom „Pranger der öffentlichen Meinung". Notwendig sind neue Formen des Dialoges mit einem wesentlich erweiterten Beteiligungskreis, den wir anschließend skizzieren. Haller (1989) forderte auf der zweiten Umweltkonferenz in St. Gallen eine „Risikokommunikation" zur Bewältigung des ökonomischen und ökologischen Risikos, da die Öffentlichkeit allein mit „naturwissenschaftlich-ökonomischer Rationalität" nicht wesentlich beeinflußt werden könne. Haller schlägt dazu folgenden Maßnahmenkatalog vor:

- bei riskanten Unternehmungen erforschen, wie jenes Risiko von der Bevölkerung wahrgenommen wird, und dies im Dialog mit der Öffentlichkeit berücksichtigen;
- die Wahrnehmung und die Bewältigung des Risikos konzeptionell miteinander verknüpfen;
- auf neutraler Basis die Konflikte herausarbeiten, die sich aus den aktuellen Entscheidungen ergeben;
- die Gesprächsbereitschaft aller fördern;
- im eigenen Betrieb Abteilungen gründen, die den Risikodialog weiterentwickeln;
- in Gremien mitwirken, die auf gesellschaftlicher Ebene ähnliche Zwecke verfolgen;
- Forschungs- und Entwicklungsvorhaben auch hinsichtlich der Risikokommunikation selbst verwirklichen.

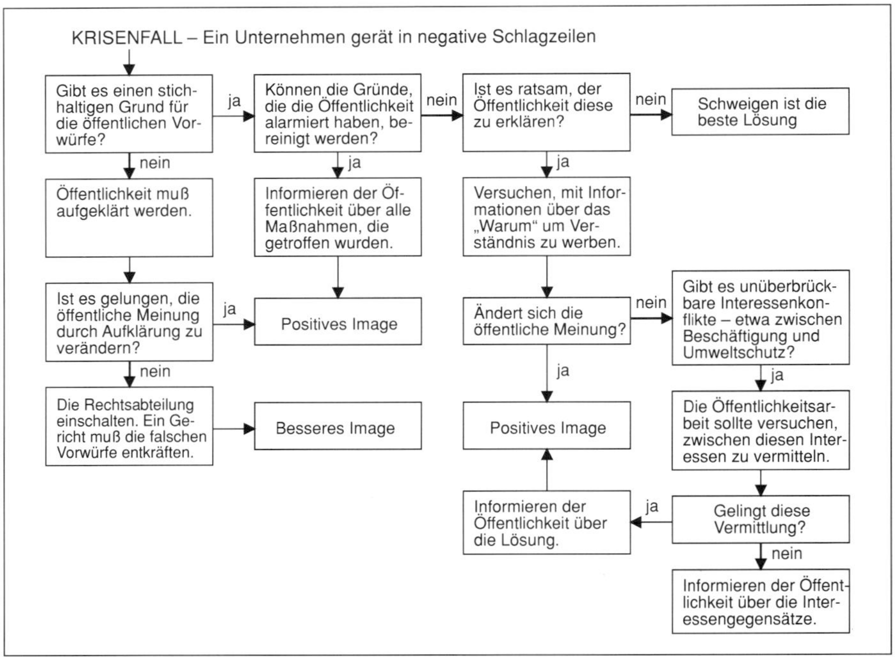

Quelle: Schulz, 1988

Abb. 46: Offensive Umweltinformationspolitik im Krisenfall

Perrier/Milupa

Wie wichtig ein effektives Krisenmanagement ist, zeigt auch die weltweite Rückrufaktion, mit der Perrier Anfang 1990 sein Image zu retten versuchte. Auch wenn die ersten Erklärungsversuche für das im Mineralwasser gefundene Benzol verwirrend waren, hat das Management schnell die Flucht nach vorne angetreten und 160 Millionen Flaschen aus dem Markt genommen. Besonders im Gesundheitsbereich reagiert der Verbraucher äußerst sensibel, verspielen kurzfristige Kostengesichtspunkte leicht langfristig wichtiges

Vertrauenskapital. Vor einigen Jahren lief bereits eine ähnliche Rückrufaktion für 500 000 Milupa Kindernahrungsdosen. Der anonymen Androhung einer Vergiftung von Dosen wurde offensiv geantwortet, da eine Vertuschung eine schwere Imageschädigung hätte anrichten können. Neben der Rücknahme des Produktes aus dem Markt wurde in den Medien eine Informationskampagne für die Öffentlichkeit gestartet und auch die Mütter mit hunderttausenden von Informationsschreiben aufgeklärt.

McDonald's
Als McDonald's Ende 1989 vor der Eröffnung eines neuen Restaurants in Ravensburg sich mit einem Boykottaufruf konfrontiert sah, der von 6000 Leuten unterschrieben war, wurde dieser Kritik sofort offensiv begegnet, da Umweltschutz als Imagefaktor angesehen wird. Jedem Unterzeichner des Boykottaufrufs wurde ein Brief geschrieben und die „heißen Eisen" (Regenwaldabholzung für Fleisch? Müllberge durch Verpackung?) darin offen angesprochen. Bereits in der ersten Woche nach Eröffnung wurden Rekordumsätze verzeichnet.

Zusammenarbeit mit verschiedenen Institutionen

Zahlreiche Institutionen haben den Schutz der Umwelt zu einer ihrer Hauptaufgaben gemacht und werden mit ihren Aktionen und deren Wirkungen damit zwangsläufig zu Faktoren der Unternehmensführung. Dyllick spricht von einem „Management der Umweltbeziehungen" und fordert zur Sicherung der sozialen Akzeptanz unternehmerischer Tätigkeit neue Formen des Dialogs mit diesen Gruppen.

Auch wenn einige dieser Organisationen ihre Aktionen für mehr politische Zwecke mißbrauchen, ist der Einfluß dieser Organisationen auf wirtschaftliches Handeln unbestreitbar. So mußten zahlreiche betriebliche Entscheidungen und Planungen unter dem Einfluß des von diesen privaten Umweltorganisationen erzeugten öffentlichen Drucks revidiert werden. Selbst Großkonzerne wurden zum „Nachdenken" gezwungen, so der Druck von Greenpeace auf Bayer zur Einstellung der Verklappung, von Robin Wood auf den ADAC gegen das Wallberg-Autorennen oder von Bundschuh gegen die Teststrecke von Daimler-Benz. Während einige Gruppierungen mit Hilfe von effektvollen Aktionen operieren (wie Greenpeace, Robin Wood oder David gegen Goliath), agieren andere mehr mit Aufklärung der Bevölkereung über Umweltprobleme (wie der Bund für Umwelt und Naturschutz Deutschland).

Mit dieser notwendigen neuen Form der Zusammenarbeit oder Kontakte gewinnt das Unternehmen an Bürgernähe – die Unternehmung als „good corporate citizen", die Bürgerinitiative an Sachkompetenz.

Ein großer Teil der in den letzten Jahren aufgrund der gestiegenen Umweltsensibilisierung entstandenen Umweltschutzorganisationen, die z. T. in enger Verbindung zu sonstigen Bürgerinitiativen oder politischen Parteien („Die Grünen") stehen, wendet sich nicht generell gegen die Industrie- und Konsumgesellschaft: Gefordert wird vielmehr eine verstärkte Umorientierung an ökologischen Gegebenheiten und ein stärkerer Bezug auf Lebensqualität, die nicht nur materiell gemessen wird.

Schwer zu beantworten bleibt die Frage, inwieweit diese Aktionen tatsächlich bei Managern, Politikern und Konsumenten eine konkrete Verhaltensänderung bzw. einen kritischeren Konsum bewirken. Unzweifelhaft ist das Wirken dieser Organisationen nicht ohne Einfluß auf die politische Landschaft geblieben und dadurch die Sensibilisierung der breiten Bevölkerung für Umweltfragen gefördert worden. Ohne Einbettung der Umweltfrage in übergeordnete ethische und erzieherische Rahmenbedingungen, auf die ich noch zu sprechen komme, kann m. E. nach jedoch keine umfassende und verhaltenslenkende Langzeitwirkung entstehen. Der Charakter dieser Aktionen ist eher in der Entzündung eines Strohfeuers zu sehen, das der ständigen Neuanfachung durch neue, am besten noch spektakulärere Aktionen bedarf. Um aufzurütteln und unbequeme Fragen zu stellen, erscheinen sie zur Zeit gleichwohl noch unersetzlich.

Ähnliche Vorbehalte treffen sicherlich auch auf die Wirkung der Medien zu. Ständig neue Strohfeuer (sprich Umweltskandale), unterlegt von reißerischer Aufmachung, bewirken eher eine Desensibilisierung der Bevölkerung. Sie können aber durchaus, vor allem kurzfristig, enorme wirtschaftliche Konsequenzen haben, man denke nur an die Fernsehmagazine Monitor – Sendung über den Befall von Seefischen mit Würmern oder den „Eiernudel-Skandal". Wie die Bevölkerung durch Medienberichte verunsichert werden kann, zeigt insbesondere das NDR Panorama-Magazin mit Schwerpunkt Recyclingprobleme.

Mehr in Richtung auf einen stabilen Wertewandel zielt die von bestimmten Organisationen geleistete Aufklärungs- und Erziehungsarbeit. Ein ständig größer werdender Teil der Bevölkerung richtet sein Kaufverhalten etwa verstärkt an den Ergebnissen der Stiftung Warentest oder von Öko-Test aus. Auch die Arbeit der Verbraucherzentralen wird verstärkt in Anspruch genommen; so verzeichnet zum Beispiel der Umweltladen der Stadt München jährlich circa 160000 Besucher, 30000 Beratungen und Nachfragen und 22000 Anrufe. Eine steigende „Nachfrage" nach den Diensten von Umweltorganisationen erscheint auch in Zukunft wahrscheinlich.

Eine fast unübersehbare Vielzahl von Institutionen ist aktiv im Umweltschutz tätig. Ein „subjektiver", nur fragmentarischer Überblick über einige Institutionen soll dies verdeutlichen:

(1) Bundes-, Länder- und Kommunalbehörden, z. B.:

- Bundesministerium für Umwelt, Naturschutz und Reaktorsicherheit
- Umweltbundesamt
- Rat von Sachverständigen für Umweltfragen

- Senatoren/Minister auf Länderebene
- Landsratsämter bei den Landkreisen
- Umweltschutzreferate der Gemeinden

(2) Die Kirchen

- Katholische Kirche:
  Diözesan-Umweltbeauftragter bzw. zuständige Referenten in Ordinariaten (seit Mitte 76)
- Evangelische Kirche:
  Arbeitsgemeinschaft der Umweltbeauftragten der Gliedkirchen der Evangelischen Kirche in Deutschland (seit 1982)
- Umweltreferenten im Landeskirchenamt jeder Gliedkirche (z. Z. 16) und mehrere auf Gemeindeebene; 1988 wurde eine ökologische Verpflichtungserklärung verfaßt.

In den von der Arbeitsgemeinschaft der Umweltbeauftragten in den Landeskirchen im Bereich der Evangelischen Kirchen in Deutschland (EKD) in Auftrag gegebenen Heften werden neben Informationen zum jeweiligen Themenbereich auch Verhaltensvorschläge gegeben.

(3) Private Umweltschutzorganisationen

- Greenpeace
- Robin Wood
- David gegen Goliath
- Bund für Umwelt und Naturschutz Deutschland
- Bundesverband Bürgerinitiativen Umweltschutz
- World Wildlife Fund Deutschland (WWF)

- Arbeitsgemeinschaft für Umweltfragen (AGU)
- Gesellschaft für Umweltschutz
- Schutzgemeinschaft Alpen
- Mutter gegen Atomkraft
- Allgemeiner Deutscher Fahrrad-Club (ADFC)
- Aktionskonferenz Nordsee
- Verein gegen tierquälerische Massentierhaltung

(4) Medien-Fachzeitschriften

- Öko-Test Magazin
- natur
- Mensch und Umwelt

(5) Wissenschaft/Bildung/Beratung

- Öko-Institut – Institut für angewandte Ökologie
- Institut für ökologische Wirtschaftsforschung (IÖW)
- Naturschutzzentrum Hessen
- Arbeitsgemeinschaft ökologischer Forschungsinstitute (AGÖF) mit 45 Instituten und etwa 500 Wissenschaftlern
- Institut für Ökologie und Unternehmensförderung an der ebs
- Institut für Umweltschutz der Universität Dortmund
- Bundesdeutscher Arbeitskreis für umweltbewußtes Management (B.A.U.M.)
- Arbeitsgemeinschaft Umwelt – Gesundheit – Ernährung (A.U.G.E.)
- Förderkreis Umwelt future
- Verbraucherzentrale Bayern
- Stiftung Warentest
- Ökobörse
- Öko-Zentrum Bonn
- Die Verbraucher-Initiative
- Stiftung – Verbraucher-Institut

Der geforderte Dialog mit diesen Gruppen ist in vielen Fällen dadurch erschwert, daß beide Seiten unter Berührungsängsten leiden bzw. einige Gruppen zur Erhaltung ihrer Unabhängigkeit diesen Dialog auch gar nicht wollen.

Der überregional wirkende Bundesverband Bürgerinitiativen Umweltschutz, mit über 300 selbständigen Mitgliedsverbänden, sucht – im Gegensatz zu vielen anderen Instituten – in bestimmten Fällen die Zusammenarbeit mit der Wirtschaft. So sprach auch (neben Joschka Fischer von den Grünen) eine Vertreterin von Greenpeace auf dem future Umweltforum Ende 89 in Wiesbaden vor zahlreichen Unternehmern.

Der Einfluß von Greenpeace

Wie auch die bereits erwähnte Untersuchung der Zeitschrift natur eindrucksvoll bestätigte, führt Greenpeace die „Hitliste" der Umweltorganisationen mit weitem Abstand an. Neben der in Relation zu ihrer aktiven Mitgliederzahl sehr breiten Sensibilisierungsarbeit leistet Greenpeace nicht zuletzt eine enorme Informationsarbeit. Mit dem durch ihre Aktionen auf Politiker und Unternehmer erzeugten Öffentlichkeitsdruck wurde durchaus erfolgreich gearbeitet, d. h. „meßbare" Ergebnisse erzielt (oberirdische Atomversuche, Dünnsäureverklappung, kommerzieller Walfang u. a.).

Medienwirksam werden bestimmte Fälle durch gezielte, oft spektakuläre Aktionen „bewußt" gemacht. Mit diesen prinzipiell gewaltlosen Aktionen sollen Mißstände „phantasievoll" dargestellt werden, sollen nicht nur die öffentliche Diskussionen in Gang gesetzt werden, sondern auch Hilfen zur Bewußtmachung gegeben werden. Neben den Schwerpunkten „gegen Atomtests und für das Überleben der Wale" konzentriert man sich, um effektiv bleiben zu können, immer nur auf wenige brennende Themen, wie z. B. Aktionen gegen WAA, Versenkung von Atommüll im Meer, Verwendung von chlorgebleichtem Zellstoff bei der Papiererzeugung, Verbrennung und Verklappen giftiger Abfälle in der Nordsee, Errichtung eines Weltparks Antarktis.

1970 hervorgegangen aus einer kleinen Gruppe kanadischer Friedenskämpfer, deren Losungswort „let's make it a green peace" für die Geburt des Namens sorgte, versuchte die erste Aktion mit einem gecharterten Schiff in ein Atomtestgebiet einzudringen. Heute stellt Greenpeace mit 2,5 Millionen Fördermitgliedern und Büros in 20 Ländern wohl eine der größten internationalen Organisationen dar, allein in Deutschland betrugen die Spenden 1987 über 32 Millionen DM.

Die organisierte Verbraucherpolitik, die ihren Beginn zu Anfang dieses Jahrhunderts hat, findet in der Bundesrepublik Deutschland vorwiegend in Form der „Kollektiven Fremdorganisation" stellvertretend für den einzelnen aktiven Konsumenten statt. Die „Konsumerismusbewegung" steht in enger Verbindung mit der Umweltschutzbewegung. Als Institutionen sind zu erwähnen:

- die Arbeitsgemeinschaft der Verbraucher e. V. (AgV) (mit heute 33 Mitgliedsverbänden)
- die Verbraucherzentralen und -beratungsstellen der Bundesländer
- die Arbeitsgemeinschaft Hauswirtschaft e. V. (AGH)
- die Deutsche Gesellschaft für Ernährung e. V. (DGE)
- der Verbraucherschutzverein (Verein zum Schutz der Verbraucher gegen unlauteren Wettbewerb e. V. – VSV)
- der Verbraucherbeirat beim Bundesminister für Wirtschaft.
- die Arbeitsgemeinschaft Umwelt – Gesundheit – Ernährung e. V. (A.U.G.E.)

Zur Stärkung der Position des Verbrauchers wollen diese Selbsthilfeeinrichtungen sowohl Verbraucherpolitik als auch Verbraucheraufklärung betreiben. Ziel des Konsumierens ist es, Druck auf die öffentliche Meinung, die Parteien, Parlamente („legal approach") usw. auszuüben, um damit ein „verbraucherfreundliches Marktverhalten", die „soziale Verantwortung" der Unternehmen („marketing-approach") zu verstärken. Es überrascht nicht, daß zahlreiche Organisationen ihren Sitz in Bonn haben.

Stiftung Warentest
Eine Sonderstellung nimmt sicherlich die Stiftung Warentest ein, die inzwischen bei Produkten innerhalb der vergleichenden Warentests eine Umweltverträglichkeit mit einbezieht. So gab es eine aufwendige Untersuchung von sog. alternativen Waschmitteln, Berichte über die Qualität des bleifreien Benzins, zu Spraydosen etc. Mit diesen Veröffentlichungen zum Thema Umweltschutz will man den entsprechend aufgeklärten Verbraucher zu einem umweltbewußten Kaufverhalten befähigen. Bei Vorlage des Tätigkeitsberichts 1988 wurde vom Vorstand angeregt, neben dem Umweltengel einen Umweltteufel für Erzeugnisse einzuführen, die auf den Sondermüll gehören.

Öko-Test Magazin
In den letzten Jahren hat das Öko-Test Magazin für seine relativ homogene und im Vergleich zur Stiftung Warentest genauer abgrenzbarere Zielgruppe eine wichtige Informations- und Beratungsfunktion übernommen. Einige Hersteller von umweltfreundlichen Produkten gehen bewußt in dieses Medium (wie etwa Werner & Mertz mit seinem „Frosch"-Sortiment), in das sich andere nicht „trauen".

Arbeitsgemeinschaft Verbraucherverbände

Die Arbeitsgemeinschaft der Verbraucherverbände etwa, die überwiegend vom Bund finanziert wird, sieht ihre Interessenvertretung darauf ausgerichtet, den Grad der Einflußnahme der Konsumenten auf den Produktions- und Distributionsprozeß zu steigern, die Verbraucher vor Übervorteilungen und Täuschungen zu schützen und Fehlentwicklungen am Markt entgegenzusteuern. Dieses Ziel verfolgt der AgV auf drei Ebenen:

- *Bemühungen, Anbieter zu einem an den Verbraucherinteressen orientierten Verhalten zu veranlassen.*

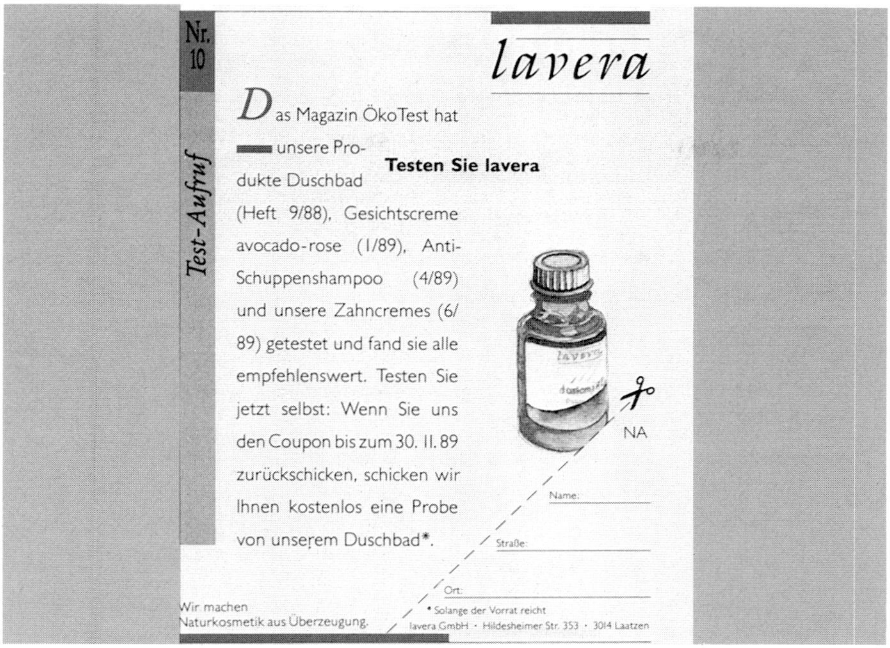

- *Einwirkungen auf den Gesetzgeber, um die Rahmenbedingungen für einen funktionierenden Wettbewerb zu schaffen und den Verbraucherschutz entsprechend auszugestalten.*

- *Einflußnahme auf Verwaltungen, um Gesetze und Verordnungen zum Nutzen der Konsumenten wirkungsvoll in die Praxis umzusetzen und für deren Einhaltung zu sorgen.*

Um an der „Quelle" der Entscheidungen zu sitzen, ist die AgV in zahlreichen Institutionen vertreten, so als Beirat im Bundesministerium für Wirtschaft, im Bundesaufsichtsamt für das Versicherungswesen, in der Jury Umweltzeichen, in der Automobil-Treuhand und weiteren 49 Institutionen. Der zweite Schwerpunkt der Agv, die Verbraucheraufklärung, wird mit Hilfe der Monatszeitschrift „Verbraucher-Rundschau" betrieben, dazu kommt eine große Anzahl von Ausstellungen und Aktionen.

Migros

Die enge Verbindung des Verbraucher- und Umweltschutzgedankens und seine notwendige Verankerung in der Unternehmensphilosophie zeigt das Beispiel der Migros-Genossenschaft. Für diese Unternehmung, die immer darum bemüht war, soziale Verantwortung zu übernehmen, lassen sich als Maßnahmen anführen:

- *eigene Abteilung für Konsumentenfragen*

- *Angabe der Preise pro Gewichtseinheit*

- *keine Alkohol- oder Tabakwaren im Sortiment*

- *umfangreiches Sortiment gesunder und diabetischer Lebensmittel, Nährwertangaben auf Nahrungs- und Genußmitteln*

- *strenge Qualitätsnormen (i.d.R. keine künstlichen Farbstoffe)*
- *weitgehender Verzicht auf umweltschädliche Stoffe (z. B. Eigenproduktion phosphatfreier Waschmittel)*
- *Wiederverwendung von Verpackungsmaterialien (eigene Recyclingsammelstellen für Glas, Kartonagen, Altbatterien)*
- *informatives Produktkennzeichnungssystem*
- *verbesserte Gebrauchsanweisungen*
- *ausgedehnte Gewährleistungsfristen*
- *spezielles Rückrufkonzept*
- *Lagerung von Ersatzteilen während der Lebensdauer des Gegenstandes (vgl. dazu die Sozialberichte der MGB).*

Da umweltorientiertes Handeln später von den Trägern allen betrieblichen Geschehens, den Mitarbeitern, getätigt werden muß, ist deren Umweltbewußtsein durch entsprechende Ausbildungs- und Informationsmaßnahmen zu fördern, wobei sich diese Beratung nicht nur auf den Betrieb, sondern auch auf den Privathaushalt zu erstrecken hat.

Öko-Sponsoring

Während sich in den achtziger Jahren zuerst das Sport- und später zunehmend auch das Kultursponsoring als neues Instrument der betrieblichen Kommunikationsarbeit einen festen Platz erobert hat (Roth, 1989), ist das Öko-Sponsoring in Deutschland noch recht jungen Datums. Neben einer Integration im Kommunikations-Mix einer Unternehmung ist eine Verankerung in der Unternehmenskultur und -philosophie unabdingbar, da diese Art des „sensiblen" Sponsorings nur auf der Grundlage einer glaubwürdigen gesellschaftlichen Verantwortung der Unternehmung basieren kann. Die damit dokumentierte Orientierung am Gemeinwohl bedarf einer umweltorientierten Unternehmensidentität, einer dokumentierten Übereinstimmung von Handeln und Taten. Ein gesellschaftsorientiertes Marketing bedarf der Einbettung in eine gesellschaftsorientierte Unternehmensführung.

Die rasch wachsende Bedeutung dieses innovativen Kommunikationsinstruments verdeutlichen allerdings folgende Zahlen, die Bruhns (European Business School) als Ergebnis einer Befragung von 100 Unternehmen, die Öko-Sponsoring betreiben, für diesen Markt schätzt: 1988 zwischen 30 und 70 Millionen, für 1992 bis zu 100 Millionen, bis 95 sogar 200 Millionen Mark. Das WWF schätzt, daß vom Gesamtsponsoringvolumen von 1,3 Mrd. DM bestenfalls 10 % auf das Öko-Sponsoring entfallen.

Beispiele für ein Öko-Sponsoring finden sich allen Branchen. Einige Beispiele verdeutlichen die Vielfalt:

- Daimler-Benz fördert das Naturschutzprojekt „Nestos" der Stiftung Europäisches Naturerbe.

- Der Brillen-Gigant Fielmann spendet für Greenpeace.
- UHU fördert die Wiederansiedlung von Uhus.
- Die Brauerei Diebels unterstützt eine Baumpflanzaktion.
- Ringfoto finanzierte ein Forschungsprojekt über den Schweinswal.
- American Express engagiert sich für die Erhaltung bedeutsamer Denkmäler (Mystisches Lamm in Gent).
- Die Künstlervereinigung Artists United for Nature (AUN) setzt sich für den Schutz der Regenwälder ein.
- IBM kümmert sich über die Wildbiologische Gesellschaft um die letzten Auerhühner.
- GEO initiiert eine Stiftung Regenwald.
- Die Lufthansa unterstützt ein Kranich-Schutzprojekt des Deutschen Bundes für Vogelschutz.
- Ford sponsert den Europäischen Umweltpreis.
- Wella unterstützt eine Vogelschutzkampagne.
- Die Weinkellerei Walthari führt pro verkaufter Flasche 50 Pfennig für den Naturschutz ab.
- Der Hamburger Feinkosthersteller Beeck arbeitet mit dem Bundesverband Bürgerinitiativen Umweltschutz in der „Aktion Sauberes Meer" zusammen und verteilt die gesponserten Aufklärungsbroschüren im Fischfeinkosthandel.

World Wildlife Fund

Auf ein umfangreiches Spendenspektrum kann vor allem der World Wildlife Fund verweisen, der mit den Sponsorships für seine Sektion Deutschland fast 10 % seiner Gesamteinnahmen erreicht (der Anteil soll auf 20 % angehoben werden): Freimann, IBM, Artists United for Nature, Ringfoto, Holsten Brauerei, Opel, Otto Versand, Deutsche Bank, Commerzbank u. a. Die Umweltstiftung ist die größte private Naturschutzorganisation der Welt und hat seit ihrer Gründung 1961 fast 4000 Projekte in ca. 140 Ländern durchgeführt oder unterstützt. Der WWF, als politisch und wissenschaftlich neutral angesehen, verfolgt eine offensive Vertriebsstrategie und bietet den Sponsoren maßgeschneiderte Projekte an.

Die Umweltstiftungen müssen zur Wahrung ihres Rufes und ihrer Glaubwürdigkeit klare Vorstellungen über die Auswahl von Sponsoren (und deren „reiner Weste") haben – damit keinesfalls die finanzielle Unterstützung solcher Umweltprojekte nur eine Alibifunktion in der PR-Arbeit des Sponsors darstellt. Ein gewisses Dilemma ist zu erkennen: Das positive Image der Umweltschutzorganisation verleiht dem Sponsor Glaubwürdigkeit. Da auch der Umkehrschluß gilt, muß die geförderte Organisation klare Auswahlkriterien befolgen, um nicht über bekannt werdende Umweltsünden des Sponsors selbst in Mißkredit zu geraten (ihr „Gesicht zu verlieren"). Man muß verhindern, daß die Gelder an der Unabhängigkeit der Organisationen „knabbern". So zeigen sich einige Organisationen (wie etwa Greenpeace) gegenüber industriellen Großspenden verschlossen.

Bei der Verwendung dieses Instruments sind die Besonderheiten eines solchen Engagements auch auf Seiten des Sponsors zu berücksichtigen. Als Gegenleistung für die unternehmerische Verpflichtung, auch soziale Verantwortung zu tragen, erwartet die Unternehmung öffentliche Anerkennung, Sympathie, Vertrauen und Profilierung. In den USA gibt es bereits ein Nachschlagewerk („Rating American Corporate Conscience") mit einer Analyse und „Rangliste" bezüglich der ethischen Grundeinstellung und des sozialen Engagements von 131 Unternehmen. Ohne ein umweltgerechtes Verhalten „im eigenen Haus" wird der Sponsor jedoch unglaubwürdig. Der Sponsor wird entweder bei den Projekten, in Informationsschriften, Presseberichten etc. direkt als Förderer genannt, oder er integriert das Sponsorship im Rahmen seiner Kommunikationspolitik und erwähnt das Engagement etwa in der Werbung („Tue Gutes und rede darüber"). In der von Pro Natur ins Leben gerufenen Vogelschutzaktion „Save the Birds", das Finanzmittel primär über ein in vielen Sprachen veröffentlichtes Buch erbringt, wurden den Sponsoren bereits Anzeigenvorlagen zur Verfügung gestellt, in die nur mehr die Firmenlogos eingearbeitet werden mußten. So warb die Würzburger Hofbräu in einer Anzeige mit dem Slogan „Warum ist Vogelschutz unser Bier?" und belegte zugleich eine zweite Seite, natürlich mit integriertem Hofbräu-Logo, mit einer Bestellanzeige für das Buch (Hermanns/Püttmann, 1990).

Holsten Brauerei

Als eines der ersten Unternehmen hat die Holsten Brauerei ein umfangreiches Öko-Sponsoring eingeführt. Umwelt- und Naturschutz wird als eine Aufgabe gesehen, die auch von der Wirtschaft getragen werden muß. Ein entsprechendes aktives Engagement, das sich auf den regionalen Bereich des Stammhauses konzentriert, ist Bestandteil der Holsten Unternehmensphilosophie. Der Umweltschutz wird in enger Zusammenarbeit mit dem WWF durchgeführt. Es werden

- *im Rahmen des Holsten-Naturschutzfonds seit 1984 (Schirmherrschaft Heinz Sielmann) Projekte durchgeführt, z. B. Schutzgebiete aufgekauft,*

- *von der Brauerei Feldschlößchen, die zur Unternehmensgruppe gehört, einzelne Projekte von aktiven Mitbürgern mit einem Preis gefördert.*

JOHANNIS QUELL
JOHANNIS QUELL
JOHANNIS QUELL
LEICHT MINERALISCH
Johannis Quell. Leicht mineralisch.
Weniger ist manchmal eben mehr.
Johannis Quell. Das richtige Mineralwasser für alle, die es leicht mineralisch mögen. Denn Johannis Quell entspringt einer Quelle, die von Natur aus weniger Mineralien hat.
Und das macht es so angenehm mild im Geschmack.
Johannis Quell. Von Natur aus leicht mineralisch.
WWF
Johannis Quell ist ein leicht mineralisches, natürliches Mineralwasser.
1 kg Johannis Quell enthält als Hauptbestandteile: 0,47 g Hydrogencarbonat, 0,09 g Natrium, 0,07 g Sulfat, 0,07 g Chlorid, 0,06 g Calcium, 0,05 g Magnesium, 0,01 g Kalium, 0,86 g gelöste feste Bestandteile.
Zusammensetzung entsprechend den Ergebnissen der amtlich anerkannten Analyse vom 25. 6. 1985 des Instituts Fresenius, Taunusstein.
Johannis Quell möchte als natürliches Mineralwasser auch alles dafür tun, um die Natur zu schützen.
Deshalb unterstützt Johannis Quell die Umweltstiftung WWF Deutschland.

HOLSTEN HILFT DER NATUR.

Wir alle lieben die Schönheit unserer Natur. Wir alle müssen helfen, unsere Natur zu erhalten und zu schützen. Die Holsten-Brauerei hat deshalb im Jahre 1984 den Holsten-Naturschutzfonds gegründet und arbeitet mit der Umweltstiftung WWF Deutschland zusammen. Ein Beispiel: An der Wattenmeerküste wurden Salzwiesen gekauft, um seltenen Vogelarten ein ungestörtes Brutgebiet zu schaffen. So leistet Holsten einen wichtigen Beitrag zum Naturschutz.

Holsten-Edel. Der Norden kennt seinen guten Geschmack.

Feldschlößchen

Naturschutz-Preis

Bericht im Holsten „Ritter Magazin" über Umweltschutzaktionen

IBM

Seit langem ist IBM in soziale und ökologische Projekte engagiert. Neben der finanziellen Förderung des WWF seit 1985 und diversen Gerätespenden (z. B. an die Ökologiestation Bremen, das Aueninstitut Rastatt und an viele Zoos) ist vor allem der Know-how-Transfer durch das sog. Secondment-Programm eine interessante Variante. Bei dieser Form einer gesellschaftlichen Verantwortung werden von IBM Mitarbeiter („Secondes“) seit 1984 für ein gemeinnütziges Projekt über einen Zeitraum von zwei bis drei Jahren (bei weiterlaufendem Gehalt) „ausgeliehen“. So sind im Bereich Umweltschutz zur Zeit Projektförderungen über umweltverträgliches Wirtschaftswachstum, Umweltinformationssysteme, Sanierung der Elbe und eine Datenbank zur Sanierung der Elbe in Bearbeitung.

„Gerade weil die IBM mit ihren 30500 Mitarbeitern Teil der Gesellschaft ist, möchte sie sich in ihr gesellschaftliches Umfeld integrieren und dazu beitragen, daß langfristig Unternehmen und Gesellschaft ein neues Verhältnis zueinander finden. Gesellschaftliche Verantwortung zu übernehmen, heißt für uns mehr, als in der Ausbildung, auf sozialem und kulturellem Gebiet, beim Umweltschutz, in der Medizin und der Behindertenförderung finanziell zu helfen. Es bedeutet, mit unserem besonderen Know-how inhaltliches und persönliches Engagement einzubringen“ (Henkel).

Zahlreiche Unternehmen haben eigene Umweltstiftungen ins Leben gerufen oder verleihen Umweltpreise.

Der von Océ Deutschland seit 1975 für außergewöhnliche wissenschaftliche Leistungen auf dem Gebiet des Umweltschutzes verliehene Océ-van-der-Grinten-Preis gilt als der älteste und höchstdotierte Umweltschutzwettbewerb Europas. Von Familienmitgliedern der Unternehmensgruppe Tengelmann wurden 1968 der Karl-Schmitz-Scholl-Fonds und 1982 auf internationaler Ebene die Elisabeth-Haub-Foundation gegründet, die zahlreiche Projekte in Umweltschutzbereichen unterstützen.

Alpirsbacher Klosterbräu

Ein ausgefeiltes Kommunikationskonzept, in dem das gesellschaftliche Engagement des Unternehmens eine zentrale Bedeutung hat, bestimmt den Erfolg der Alpirsbacher Klosterbräu. Aus einer ökologischen und sozialen Verantwortung heraus, um die natürliche Umwelt oder die kulturelle Vielfalt als wichtige Säulen der Lebensqualität im Schwarzwald zu sichern und zu erhalten, entwickelte die Brauerei im Laufe der Zeit einige Initiativen in den Aktionsfeldern Kultur (Galerie, Glasbläserei, Sponsorship) und Natur (Naturhilfe, Wandertag). Der enge Zusammenhang zwischen Marke, Werbung und Öffentlichkeitsarbeit wird auch dadurch deutlich, daß für jede dieser Aktivitäten ein eigenes Markenzeichen, das dem Brauerei-Logo sehr ähnlich ist, entworfen wurde. Die Marketingkonzeption ist stimmig:

- *Es ist das Ziel der Qualitätspolitik, ein psychologisch glaubwürdiges Markenbild mit einer klaren Marken- und Produktpositionierung („Alpirsbacher Klosterbräu ... mit dem berühmten Brauwasser aus dem Schwarzwald“) zu schaffen. Die Preispolitik positioniert die Brauerei im Hochpreissegment.*
- *Das Kommunikationsmix muß diese Ziele absichern.*
  Für das Aktionsfeld Kultur gelten die Ziele „Hochpreispolitik sichern“ und „Soziale Bindungen an die Umwelt aufbauen“. Die dahinter stehende Philosophie nimmt an,

daß mit dem Kulturengagement die Philosophie solider Gediegenheit assoziiert wird. Dies unterstützt den Markenanspruch für ein qualitativ hochstehendes Produkt. Das kulturelle Angebot ist eine Bereicherung für das Gebiet mit Rückkoppelung auf das Ansehen des Unternehmens in der Öffentlichkeit.

- *Das Aktionsfeld Natur unterstützt zwei Ziele: Absicherung der natürlichen Ressourcen der Brauerei (Slogan ist ja „. . . mit dem berühmten Brauwasser aus dem Schwarzwald") und „Natur" erleben zu lassen. Als Unternehmen, das von der Lage und der Positionierung her unmittelbar an die Natur gebunden ist, dienen alle Naturengagements diesen Zielen.*

Von jedem verkauften Hektoliter zweigt das Unternehmen 10 Pfennige für Naturschutzmaßnahmen ab. Die „Alpirsbacher Naturhilfe" finanziert seit 1980 konkrete Naturschutzmaßnahmen: Es wurden Bildbände (z. B. „Rettet die Tiere" von Horst Stern) oder Studien (z. B. „Skilanglauf und Wildtiere") gesponsert, eine Kiesgrube angekauft und in ein Naturschutzgebiet umgewandelt und ein Projekt „12-Stufen-Plan zur Schwarzwaldsanierung" mit initiiert.

Hypo-Bank
Die Hypo-Bank hat mit großem Erfolg in den letzten Jahren einige Ausstellungen zum Thema Umwelt gesponsert:

- *Die Wanderausstellung "Grün zwischen Häusern" ist seit Ende 1984 in insgesamt 47 Städten mit großem Erfolg gezeigt worden (knapp 1 Million Besucher); das Bayerische Fernsehen sendete darübe eine 12teilige Serie.*

- *Die Ausstellung „Ein Park braucht grüne Nachbarschaft – 200 Jahre Englischer Garten" war 1989 in der Schalterhalle der Bankzentrale zu sehen.*

- *Die Wanderausstellung „Umwelt- und Naturschutz in der Bundesrepublik" und „Ein grünes Netz für München" des Bundesumweltministeriums war in der Hauptniederlassung zu sehen.*

- *Das Projekt „Unternehmen Grün – Ideen, Konzepte, Beispiele für mehr Grün in der Arbeitswelt" besteht aus einer Ausstellung in der Münchner Hauptniederlassung (ab 19. 3. 1990) und einer Buchveröffentlichung.*

Genossenschaftsbanken

Der von 25000 Genossenschaftsbanken in Europa und Kanada jährlich veranstaltete Internationale Jugendwettbewerb ist weltweit der größte seiner Art. Mit seinen Themen greift er wichtige Probleme der Zeit auf, mit denen man nicht nur die Jugend, sondern über die Jugend auch die Gesellschaft konfrontieren will. Es wurden bereits mehrmals Themen aus dem Natur- und Umweltschutzbereich aufgestellt, zum letztjährigen Wettbewerb „Tiere lieben – Tiere schützen" gingen 1994000 (!) Arbeiten ein. Der Wettbewerb 1990 steht unter dem Motto „Luft ist Leben". Die Themen werden methodisch hervorragend durch Begleitmaterial unterstützt. In einer Stückzahl von jeweils 50000 gibt es für die Schüler ein Buch mit 127 Seiten Informationen zum Thema Luft, und an die Lehrer wird eine 70seitige Schrift verteilt.

Eine erfolgreich durchgeführte Veränderung der Marktverhältnisse durch eine konsequente eigenständige Marktleistung und Marktbearbeitung mit einem unter ökologischen Aspekten konzipierten Produkt soll anhand zweier Fallstudien anschaulich dargestellt werden.

(1) Die Marketingkonzeption des Toni Milchverbandes Winterthur (Schweiz)

Ausgangssituation

Der Joghurtmarkt trug in der Schweiz seit langem die typischen Kennzeichen der üblichen Angebotsnivellierung in relativ gesättigten Märkten: hohes Qualitätsniveau, kaum mehr ein echter Absatz zu Angebotsdifferenzierung, kein offensives Marketingverhalten; dazu traten schweizerische Spezifika (z. B. gesetzliche Regionalisierung der Milchverbände). In dieser Situation hatte Toni auch keine hochgesteckten Zielsetzungen, als er 1974 als innovative Produktänderung für seine Joghurts ein echtes Zirkulationsglas, das ausgekocht und wieder eingesetzt wird, einführte. Auch dieses bis dahin einzige Rückführungssystem hatte keinen Einfluß auf die stabilen Marktverhältnisse. In Bewegung kam der Markt mit einer neuen Werbeagentur.

Intention und Ziele

Stichwortartig verkürzt wurde folgender Absichtsrahmen gesetzt:

Steigerung der Markenbekanntheit (im Toni-Verbandsgebiet auf 90 % Bekanntheitsgrad)	Werbeziel quantitativ
und der Markenprofilierung (Absetzung durch eindeutige Imagekomponente)	Werbeziel qualitativ
als Basis eines größeren Markenbewußtseins (Joghurt ≠ Joghurt) und eines Markenwechsels zugunsten Toni	Verhaltensziel kommerziell
mit dem Effekt einer Umsatzsteigerung (von mind. 10 % jährlich) und einer Marktanteilssteigerung	Absatzziel
mit ermöglicht durch erhöhte Distributionsquote (dies wiederum – Rückkoppelung – durch Erreichen der Kommunikationsziele mit ermöglicht)	Handelsziel
und zusätzlich Stimulation von Konsument und Handel zu erhöhter Rücklaufquote der Toni-Zirkulationsgläser (= zusätzlicher Indikator für Markenprofilierung)	Verhaltensziel ökologisch

Strategie und Konzeption

Wie bei allen Lebensmitteln ist auch bei Joghurts der Glaube an eine bessere Qualität (wie frisch, gesund, natürlich) oder den besseren Geschmack die entscheidungsrelevante Imagekomponente; diese Argumente bleiben aber immer austauschbar. Die Toni-Qualitätssuggestion ist dagegen eine indirekte, die über den direkt erfaßbaren Unterschied, nämlich die Glasverpackung geht – „höherwertige Verpackung = höherwertiger Inhalt“.

Der ökologische Aspekt des neuartigen Zirkulationsglases wird dabei auf den ersten Blick nur untergeordnet mitkommuniziert. Er ist aber als freiwillige Beitragsforderung an den Verbraucher sehr zwingend. Aus dem äußerlichen

optischen Unterschied wird also ein innerlicher qualitativer gemacht, das Glas als Beweis für Qualität.

Positioning Statement: Toni Joghurt ist anders und wertvoller, man sieht das ja schon an der Verpackung
Slogan: „Für bessere Qualität ist keine Verpackung zu gut"
Claim: „Toni Joghurt. Das im Glas"

Diese Strategie wurde und wird kompromißlos umgesetzt. In völligem Gegensatz zur üblichen Lebensmittelwerbung wird weder mit „Appetite Appeal" geworben, noch die Qualität des Produktes direkt dargestellt, sondern der „Rückschluß" über die wertvollere Verpackung gezogen.

Einsatz und Unterstützung

Das vorgegebene Absatzgebiet (= Ostschweiz) warf zunächst ein Medienproblem auf, da nationale Bewerbung nicht möglich war. Zuerst beschränkte man sich deshalb konsequent im Mitteleinsatz auf eine Deckung mit der Absatzstruktur (im „Tages-Anzeiger-Magazin“ und „Züri Woche-Magazin“) und erweiterte erst bei Ausweitung der Handelskanäle auf überregionale Pressemedien und das Fernsehen. Ganz entscheidend ist, daß von Anfang an der gesamte Marketing-Mix aktiviert und konzentriert wurde:

Werbung:	Die Anzeigen variieren das Thema „Für bessere Qualität ist keine Verpackung zu gut“, das Spiel mit der eigenständigen Erscheinung und wofür sie steht, wird zunehmend immer freier.
Verkaufsförderung:	Gezielte standardisierte und gleichzeitig individualisierbare lokale Händlerunterstützung und spezielle Promotionsaktionen (Badetuch, Prix Toni).
Preispolitik:	Positionierung im Hochpreissegment.
Distributionspolitik:	Retrodistributionssystem durch Aufstellung eines Gläserrücknahmegestells am Verkaufspunkt; damit auch ein ständiger zweiter Präsenzpunkt gegeben.
Produktpolitik:	Neue Packungsgestaltung und Design (Glas statt Wegwerfpackung, Gewichtsverminderung, exklusiver Auf-und-zu-Deckel aus Kunststoff).
PR-Arbeit:	Eine für Konsumgüter des täglichen Bedarfs sehr hohe Intensität unter Einbezug professioneller Spezialisten; die Überlegenheit des Zirkulationsglases in Energie- und Ökologiebilanz steht dabei im Vordergrund.

Resultate und Folgen

Die Umsätze wurden im ersten Jahr nach dem Relaunch praktisch verdoppelt, im zweiten Jahr nochmals 50 % Plus. Verbunden damit ein Markanteilsausbau national von 3,9 % im ersten Jahr auf 7,2 % und im zweiten auf 10 % (von Position 3 ein Wechsel auf Position 1) und ein Anwachsen im für Toni am relevantesten Ostmittelland von 9,8 % über 17,9 % auf 22,2 %. An der 10 %igen Steigerung des Marktvolumens partizipierte Toni mit 80 % (also Marktausdehnung und gleichzeitig Verdrängungswettbewerb). Die Distribution konnte überregional ausgedehnt, die Rücklaufquote über die praktisch in allen führenden Läden aufgestellten Zirkulationsgestelle signifikant auf 63 % erhöht werden. Über die rein statistischen Zahlen hinaus zeigen eine Reihe von Indizien die erfolgreiche Profilierung: Gegenkampagnen der Konkurrenten i. S. reaktiven Marketings, Me-too-Launches, große Medienreaktion, direkte Konsumentenreaktionen.

„Die Kommunikation ist Teil des Lebens der Marke geworden. Die Werbung hat das erreicht, wovon ihre Macher träumen: konkrete Dialogwirkung. Das Publikum vollzieht die Pointe jeder Anzeige, wartet auf die nächste, macht dafür eigene Vorschläge."

(2) Die „Frosch"-Produktlinie von Werner & Mertz

Daß man auch in stark umkämpften (und dazu noch schrumpfenden!) Märkten als relativ kleines Unternehmen mit dem Thema „Umwelt" Furore machen kann, zeigt die Geschwindigkeit, mit der der umweltfreundliche Frosch die Erfolgsleiter hinaufhüpft. In nur drei Jahren konnte er auf dem Reinigungsmittelmarkt die Nummer zwei werden, und das bei Großkonkurrenten wie Henkel (General/Dor), Colgate-Palmolive (Ajax) und Marktführer Proctor & Gamble (Meister Proper).

Die Idee

Die chemische Industrie befindet sich in einem gewissen Dilemma: einerseits erwartet der Verbraucher von einem Produkt eine bestimmte Leistung (z. B. Reinigungswirkung), andererseits sollen die (chemischen) Produkte die Umwelt möglichst wenig belasten. Dies erfordert von der Chemie ein Umdenken. 1984 begann das Familienunternehmen Werner & Mertz, ein Putz- und Pflegemittelhersteller, in der Produktentwicklung neue Wege zu gehen, denn Ergebnisse verschiedener Untersuchungen ließen einen Trend zu einem neuen Verbraucher erkennen:

- Sein Bewußtsein, einen eigenen Beitrag zum Umweltschutz leisten zu müssen, verstärkt sich (das bedeutet: sparsamere Dosierung und kritischere Auswahl von Haushaltspflegemitteln).
- Er möchte aus ökologischen Gründen weniger Putz- und Reinigungsmittel verwenden bei gleichen Reinigungsergebnissen.
- Insbesondere jüngere, besser gebildete Hausfrauen, die Hausputz eher als notwendiges Übel sehen, haben ein ausgeprägtes Umweltbewußtsein.
- Der Gesamtbedarf an Putz- und Reinigungsmitteln in diesem Segment ist relativ gering. Marktchancen eröffnen sich dort, wo das Produktkonzept in Einklang mit der Erwartung der Verbraucher gebracht wird.

Man entwickelte in der Werner-&-Mertz-Forschung alternative Rezepturen, die speziell dem Umweltbewußtsein der Verbraucher Rechnung tragen. Es sind universell einsetzbare Produkte, die vor allem den Putzunwütigen entgegenkommen. Bei den Produkten wird bewußt auf alles Unwesentliche verzichtet, wie z. B. aufwendige Gestaltung. Sie sind umweltbewußt in bezug auf Inhaltsstoffe und Verpackung, die Verpackungsdeklaration ist informativ. Es gelang mit den Innovationen, die ab 1987 als Produkte der „Frosch-Serie" eingeführt wurden, auf einem rückläufigen Markt Wachstum zu erzielen; sie tragen heute mit einem Anteil von ca. 8 % wesentlich zum Umsatz und Erfolg der Gruppe bei. Diese Produkte greifen auf Rezepturen zurück, die seit altersher bewährt sind und nach modernen Erkenntnissen überarbeitet wurden. Zu einem Neutralreiniger und Essigreiniger kamen im Frühjahr 1988 ein Spiritus-Glasreiniger, ein Handspülmittel und ein WC-Essigreiniger neu dazu.

Die besondere Produktleistung der „Frosch-Serie" besteht darin, eine gesunde Balance zwischen Umweltverträglichkeit und Reinigungswirkung zu bieten. Das Froschkönig-Signet, das früher ausschließlich den Erdal-Schuhpflegemittel als Markenzeichen vorbehalten war, ist heute eines der bekanntesten Markenzeichen in der Bundesrepublik. Aufgrund seines hohen Bekannt-

heitsgrades (98 % !) und seines Aufmerksamkeitswertes wird der Froschkönig künftig verstärkt auf das gesamte Sortiment ausgedehnt.

Erfolgreiche Umweltpositionierung

Das Erfolgsgeheimnis der „Frosch"-Produkte liegt in der hohen Umweltsensibilisierung der Bevölkerung und der konsequenten Integration dieser veränderten Werthaltung in die Unternehmens- und Produktpolitik.

Die Produkte

Die enthaltenen Waschrohstoffe übertreffen nicht nur die Anforderungen der Tensidverordnung des Wasch- und Reinigungsmittelgesetzes bezüglich der Primärabbaubarkeit deutlich, sie sind darüber hinaus auch hervorragend total abbaubar. Die internationalen Richtlinien der OECD zur Einstufung von Stoffen als readily biodegradable werden mit 98 % erheblich übertroffen. Weitere Inhaltsstoffe, wie Spiritus oder Essig, werden mit modernen, umweltverträglichen Waschrohstoffen kombiniert. Soweit Farb- und Duftstoffe zum Einsatz gelangen, sind diese für den Einsatz in Kosmetika zugelassen. Alle Produkte sind phosphatfrei und enthalten auch keine anderen Komplexbildner. Die Verwendung von Hilfsstoffen ist auf ein Minimum beschränkt. Alle Verpackungen bestehen aus Polyethylen. Dieses transparente Verpackungsmaterial unterliegt auf Mülldeponien keinen Abbauprozessen, grundwasserbelastende Abbauprodukte entstehen nicht, ebenso nicht im Fall einer Müllverbrennung Stoffe, die geeignet wären, zu einer pH-Wertverschiebung des Grundwassers beizutragen.

Die Werbung

Alle „Frosch"-Produkte werden mit Absicht nicht stark beworben, d. h., im Vergleich zu anderen Herstellern sind die Werbeaufwendungen gering. Das Ziel der Werbestrategie ist es, ehrliches Auftreten, Information und Sympathie dem Verbraucher gegenüber unter Beweis zu stellen. Es wird auf teure TV- und Rundfunkwerbung verzichtet und statt dessen zielgruppengerecht in ausgewählten Printmedien geworben (z. T. auch dort, wo sich die Konkurrenz nicht hintraut, wie natur, Öko-Test, Kraut & Rüben; daneben u. a. in Die Zeit, Für Sie, Tina, Bella, Hör Zu, Funk-Uhr, Gong). Konkret heißt dies: Ein Drittel der Anzeigen findet sich in den selektierten Printmedien. Die Anzeigen beinhalten den sympathischen grünen Frosch als „hero" („Der Frosch als Umweltkenner", „Die Umwelt liebt den Frosch" u. ä.), der sich selbst nicht allzu ernst nimmt (Overheads: Der Frosch zeigt Muckis; so macht das Putzen wieder Spaß). Parallel dazu laufen Sampling-Aktionen. Neben den Anzeigen werden Broschüren verteilt, die den Verbraucher für die Produkte und für die Umwelt allgemein sensibilisieren sollen.

Die Public Relations

Es finden regelmäßig Veranstaltungen mit dem Deutschen Hausfrauenbund (DHB) und den Meisterinnen der Hauswirtschaft statt, auf denen die Produkte vorgestellt werden und die Umweltproblematik von Reinigungsmitteln diskutiert wird. Daneben werden workshops mit Meinungsbildnern organisiert, auf denen ganz konkrete Tips zum umweltbewußten Reinigen gegeben werden. In diese Veranstaltungen werden die „Frosch"-Produkte als Lösung des Problems „umweltbewußte Reinigung" mit eingebunden.

Die Distribution

Die Distribution der „Frosch“-Produkte findet in den klassischen Werner & Mertz-Vertriebsschienen statt, d.h. im Lebensmitteleinzelhandel (incl. Verbrauchermärkte und C & C-Märkte) und in Drogeriemärkten.

Der Preis

Die Preisstrategie ist so ausgerichtet, daß marktgerechte, nicht aber zu hohe Preise verlangt werden. Die Preise etablierten sich ca. 5 – 10 % unter denen der jeweiligen Marktführer in den entsprechenden Teilmärkten.

Die Resultate

Das„Frosch“-Konzept ist extrem erfolgreich. Nach der Nielsen-Studie über Markendifferenzierung nimmt die Marke „Frosch“ gleichrangig mit Mercedes und BMW den 6. Platz ein, noch vor Maggi, Nivea, Gilette und VW. Bedenkt man die Tatsache, daß der grüne Frosch erst mit der Einführung des Neutralreinigers 1986 konsequent marketingstrategisch aufgebaut wurde, kann man von einem überdurchschnittlich erfolgreichen Konzept sprechen. Ehrlichkeit, Umweltbewußtsein und eine zielgruppenorientierte Marketingstrategie sind die Grundlage des Erfolges. Die „Frosch“-Produkte hatten ein Umsatzvolumen von ca. 62 Mill. DM zu Endverbraucherpreisen im Jahr 1989. Den wertmäßig größten Anteil erzielten dabei der „Frosch“ Neutralreiniger und der Essigreiniger. Sie binden rund 16 % des gesamten Haushaltsreinigermarktes und sind in diesem Marktsegment die Nummer zwei. In der Umsatzbetrachtung

folgen der Bedeutung nach die „Frosch“-Produkte Handgeschirrspülmittel, WC-Essigreiniger, Spiritusglasreiniger und die Scheuermilch. Bei einem Gesamtumsatz der Werner & Mertz von ca. 260 Mill. DM beläuft sich der „Frosch“-Anteil somit inzwischen auf über 23 %.

Erschließen neuer Märkte durch die Dachmarke „Frosch“

Traditionell produziert und vertreibt die Firma Erdal-Rex Reinigungs- und Pflegeprodukte für die Schuh-, Boden-, Auto-, Bad- und WC-Pflege und für Haushaltspflege. Durch die starke Dachmarke „Frosch“ war es möglich, neue Märkte zu kreieren bzw. auf bestehende, bisher noch nicht bearbeitete Märkte vorzudringen. Der „Frosch“ Neutralreiniger und Essigreiniger schufen einen Markt, der bisher eine lediglich untergeordnete Rolle spielte – den Markt der Neutralseifen bzw. Essigreiniger. Seit 1986, gleichzeitig das Einführungsjahr des „Frosch“ Neutralreinigers, wächst dieser Markt stetig. Er ist heute so bedeutend, daß kein maßgeblicher Wettbewerber im Putz- und Reinigungsmittelsektor es sich leisten kann, in diesem Markt nicht mit eigenen Produkten vertreten zu sein.

Die Dachmarke „Frosch“ erwies sich als so tragfähig, daß neue Märkte betreten werden konnten. Es wurden die Produkte „Frosch“ Spiritusglasreiniger, Spülmittel und Scheuermilch eingeführt. Bemerkenswert ist, daß man sich nun auf wesentlich größeren Märkten (EVP-Umsatz) bewegt, als dies bis vor 5 Jahren der Fall war. Die vorerst letzte Stufe der Produktneueinführungen unter dem Markennamen „Frosch“ ist das Eindringen in den Waschmittelmarkt. Dieser Markt wird auf ca. 1,6 Mrd. DM EVP-Umsatz geschätzt und ist damit der bedeutendste aller Putz- und Pflegemittelmärkte. Getreu dem „Frosch“-Konzept wird auch dieses Produkt den hohen Ansprüchen der Marke gerecht. Es ist umweltbewußt und wird dem Verbraucher ehrlich und informativ präsentiert. Inhalt, Verpackung und Promotion bilden auch hier ein schlüssiges „Frosch“-Konzept.

Die konsequente Umsetzung von Umweltbelangen im gesamten Unternehmen

Die besondere Sorge der Werner & Mertz gegenüber der Umwelt ist in den Unternehmensgrundsätzen festgeschrieben, diese Grundhaltung in alle Tätigkeitsbereiche umgesetzt. Bei jeder Maßnahme, die im Unternehmen geplant wird und einen Bezug zur Umwelt hat, wird eine Art Ökobilanz aufgestellt, die Produkte werden auf ihre Umweltverträglichkeit untersucht und gegebenenfalls an die neuen Erfordernisse anpaßt. Einer umfassenden, informativen Verbraucherberatung wird ein hoher Stellenwert beigemessen.

Neues vom Frosch.
5 Liter Vorratsbox mit praktischem Zapfhahn
Frosch
Waschmittel
Für die Maschinenwäsche bis 60°C
Frosch Waschmittel setzt die fröhliche grüne Erfolgsserie fort:
● ideal für die schonende Maschinenwäsche bis 60°C
● hohe Waschleistung bei geringer Umweltbelastung
● umweltgerechte, unschädlich vernichtbare Verpackung
● Frosch ist Garant für hohe Wertschöpfung
Frosch Waschmittel. Das kleine grüne Wunder für die Waschmaschine.
MARKE
Frosch®
WIR TUN UNSER BESTES FÜR UMWELT UND RENDITE
ERDAL REX
EIN UNTERNEHMEN DER WERNER & MERTZ GMBH

Teil 12
Institutionelle Verankerung des ökologischen Denkens

Organisation des Umweltschutzes

Bei der innerbetrieblichen Organisation des Umweltschutzes ist neben den normalen Kriterien zur Gestaltung der Aufbau- und Ablauforganisation insbesondere der in Deutschland in bestimmten Fällen geforderte „Betriebsbeauftragte für Umweltschutz“ zu berücksichtigen. Da wir Umweltschutz als eine integrale Managementaufgabe verstehen, die ein ganzheitliches strategisches Denken erfordert, sind in einem zweiten Schritt notwendige Änderungen der Organisationskonzepte aufzuzeigen.

Wird die Funktion „Umweltschutz“ von einer selbständigen Stelle wahrgenommen, kann dies

- durch eine Stabsstelle oder
- durch eine zentrale Abteilung mit Leitungscharakter

vollzogen werden. Die individuell verschieden getroffene Gestaltungsform wird von der jeweiligen betrieblichen Organisationsumwelt geprägt.

Die erste Möglichkeit wird vor allem für den mittelständischen Bereich in Betracht kommen; in vielen Fällen wird diese Aufgabe verlagert auf externe Berater (siehe dazu Teil 4). In Großunternehmen wird eine zentrale Instanz für den Umweltschutz in Verbindung mit benachbarten Funktionen wie Technische Sicherheit (Siemens), Arbeitssicherheit (BASF) und Energie (Philips) vorhanden sein.

Während Stabsstellen generell mit einem Akzeptanzproblem zu kämpfen haben, können Zentralstellen der Gefahr einer Schwerfälligkeit oder des Formalismus erliegen. Thomas (1988) sieht ihren Vorteil jedoch in der bereichübergreifenden Aufgabenstellung und der Bündelung von Fachwissen, das für folgende Ziele dienstbar gemacht werden soll:

- Koordination der Umweltschutzaufgaben über alle Bereiche des Unternehmens hinweg
- Definition der Umweltpolitik des Unternehmens
- Innovationsförderung auf betriebswirtschaftlichem und technischem Gebiet
- Vorfeldaktivitäten i. S. der Wahrnehmung schwacher Signale
- Verbindung des offenen Systems Unternehmung mit der Umwelt durch Know-how-Transfer vom Unternehmen nach außen und in umgekehrter Richtung.

Nach Thomas sprechen als weitere Gründe für eine Zentralisation:

- Eine Zentralstelle bietet die Möglichkeit der direkten Ansprache, die Vorteile der kurzen Wege und die Chance gerade der unbürokratischen Vorgehensweisen.
- Das Unternehmen dokumentiert, daß es dem Umweltschutz hohe Priorität einräumt.
- Die unterstützenden und beratenden Funktionen gegenüber der Unternehmensleistung können von einem entfernt angesiedelten Referat schwer wahrgenommen werden.
- Betrieblicher Umweltschutz ist eine Aufgabe, die von den Unternehmen in ständigem Dialog mit Genehmigungs- und Aufsichtsbehörden wahrgenommen werden muß. Diese Behörden sind bei ihrer Arbeit darauf angewiesen, einen Gesprächspartner zu haben, der kraft seiner zentraler Position lange Abstimmungswege und betriebliche Zuständigkeitsprobleme vermeiden hilft.
- Bei Störfällen können geeignete Maßnahmen und Anordnungen schnell auf der Leitungsebene getroffen werden.

Wie wir bei den Fallbeispielen sehen werden, ist bei Großunternehmen eine Ergänzung der Zentralabteilung durch dezentrale Organisationsstrukturen zwingend.

Der Betriebsbeauftragte für Umweltschutz

Bisher ist die institutionelle Wahrnehmung der ökologischen Interessen in der Organisationsstruktur der Unternehmung in der Bundesrebulik Deutschland nur auf bestimmte, gesetzlich gebotene Sonderfälle beschränkt, z. B.

- Imissionsschutzbeauftragter (nach BIMSchG §§ 53 ff.)
- Gewässerschutzbeauftragter (nach WHG § 21 a ff.)
- Betriebsbeauftragter für Abfall (nach AFG § 11 ff).

In enger Verbindung dazu existiert bereits seit vielen Jahren der Sicherheitsbeauftragte für den Bereich der betrieblichen Arbeitssicherheit.

In der Praxis wird die personelle Bestellung von Betriebsbeauftragten unterschiedlich gehandhabt. Entweder werden die Aufgaben von mehreren Personen getrennt durchgeführt, oder, der häufigere Fall, es wird ein Mitarbeiter mit der Wahrnehmung aller drei Aufgabenbereiche beauftragt (vor allem in der chemischen Industrie hat sich für diese Zusammensetzung in einer Person die Bezeichnung Umweltschutzbeauftragter durchgesetzt). Über die Einstellung des Betriebsbeauftragten entscheidet allein die Unternehmensleitung, er ist auch nur ihr gegenüber verantwortlich und damit „sozusagen als deren ständiges schlechtes Gewissen“ (Pfriem) fungierend.

Da vom Gesetzgeber keine operative Zuständigkeit vorgeschrieben ist, läßt die innerbetriebliche Organisation eine Zuordnung des Betriebsbeauftragten an verschiedenen hierarchischen Ebenen zu:

- entweder eine unmittelbare Unterstellung unter die Geschäftsleitung
- eine direkte Unterstellung unter eine Betriebsleitung (mit unmittelbarem Zugang zur 1. Ebene)
- oder an anderer Stelle mit Zugang zur Betriebs- oder Geschäftsleitung.

Mit Zustimmung der Behörde kann diese Aufgabe auch an externe Stellen übertragen werden. Die Union der Leitenden Angestellten (ULA) hält eine angemessene Stellung des Beauftragten in der Unternehmenshierarchie für erforderlich – dies bedeutet i.d.R. eine direkte Unterstellung unter die Unternehmens- bzw. Werksleitung.

Die Aufgaben des Betriebsbeauftragten bestehen vor allem darin,

- die Entscheidungsträger zu beraten und zu informieren (insbesondere auch bei neuen Investitionsvorhaben),
- die Einhaltung der Vorschriften zu überwachen (und Mängel mitzuteilen),
- die Unternehmensleitung vor Haftungsrisiken zu bewahren,
- die Mitarbeiter aufzuklären und zu motivieren,
- Verbesserungsvorschläge zu unterbreiten,
- über Maßnahmen zu berichten.

Der Betriebsbeauftragte für den Umweltschutz hat nur Beratungskompetenz; die Verantwortung und die Entscheidungsbefugnisse der Unternehmensleitung beschneidet er nicht. Sein Anforderungsprofil muß deshalb in hohem Maße von der Fähigkeit zur Teamarbeit, der Überzeugung und der Konsensfindung gekennzeichnet sein, sowohl intern als auch extern im Kontakt mit den Behörden. Diener zweier Herren? Haftet dem Betriebsbeauftragten in kleinen und mittleren Betrieben z. T. noch das Image eines Betriebspolizisten an, der nach Umweltvergehen schnüffelt (Repenning)? Nach Erkennntnissen des Vereins Deutscher Ingenieure wird der Beauftragte jedoch nicht mehr länger als „Notbremser“, der ökologische Fehlentscheidungen verhindern soll, gesehen, sondern als Motor für Managementstrategien zur Erschließung neuer Markt- und Wettbewerbschancen. Damit käme der Betriebsbeauftragte für Umweltschutz dem von uns anschließend skizzierten „Umweltschutzbeauftragten“ inhaltlich bereits sehr nahe.

In der Organisation der Unternehmen nimmt der Beauftragte eine Sonderstellung ein. „Die Aufgabe zwischen Berater, Controller und Macher ergibt sich aus der zunehmenden Technisierung unserer Arbeits- und Umwelt. Ähnliche Funktionen sind im Entstehen oder bereits vorhanden, zum Beispiel der Datenschutzbeauftragte, der Sicherheitsbeauftragte. Noch sind diese Funktionen Fremdkörper in allen Organisationsstrukturen der Unternehmen, noch ringen die Funktionsträger um das Selbstverständnis ihrer Tätigkeiten" (Karriere, 02/1988).

Die Betriebsbeauftragten selbst beurteilen die Wirkung ihrer eigenen Aktivitäten vorerst noch überwiegend als korrigierend (61,3 Prozent) und nur zu 19,0 Prozent als prägend. Als „unerheblich" stufen allerdings nur 14,8 Prozent ihre Wirkung ein (BP-Enquete).

In dieser Beratungs- und Kontrollfunktion kommt der Beauftragte der Stellung eines „Controllers" sehr nahe. Der Umweltschutzbeauftragte der Deutschen Shell, Repenning, sieht den beratenden environmental officer zum einen als Helfer der Unternehmensleitung, zum anderen, beim Abwägen zwischen den Interessen der Umwelt und denen des jeweiligen Unternehmens, als „gleichsam staatlich installiertes Gewissen". Der Bundesumweltminister spricht vom „ökologischen Gewissen" und von „einer laut vernehmbaren Stimme für die Umwelt im Betrieb". Als essentiell für eine erfolgreiche Arbeit des Betriebsbeauftragten ist seine ausreichende Versorgung mit Informationen anzusehen.

Wie eine Umfrage der Deutschen BP unter 300 Beauftragten ergab,

- hatte ein Drittel am internen Informationsfluß etwas auszusetzen,
- konnten 86,3 % rechtzeitig zu umweltschutzrelevanten Entscheidungen Stellung nehmen,
- wurden bei 56 % (34,2 %) ihre Empfehlungen fast immer (häufig) berücksichtigt,
- halten allerdings 42,7 % ihren Einfluß für verbesserungswürdig.

Die Risiken der Belastung für die Bevölkerung der Bundesrepublik schätzen drei Viertel der Beauftragten als „groß" bzw. „mittel" ein. Fast 83 % der befragten Experten glauben, daß die Umwelt weltweit gefährdet ist, und jeder zweite beurteilt die Zukunftsaussichten zumindest skeptisch. Mehr Aktivität zur Verbesserung der Umwelt müßten nach Ansicht der Betriebsbeauftragten in erster Linie die Verbraucher (63 %) sowie die Industrie (51,8 %) entwickeln; der Gesetzgeber wird erst an dritter Stelle (28,5 %) genannt. Als beste Instrumente zur Verbesserung des Umweltschutzes werden von den Betriebsbeauftragten steuerliche Anreize (32,7 %) und gesetzliche Vorschriften (30,3 %) angesehen. Generell wird dabei der Erfüllung der Umweltschutzerfordernisse nach dem Verursacherprinzip die höchste Priorität (61,6 %) eingeräumt.

Als Fazit der gesamten Umfrage ist festzuhalten: Der Betriebsbeauftragte sieht sich weder als betrieblicher „Ökoschnüffler" oder Nestbeschmutzer, noch als V-Mann der Behörde, sondern als kundiger Berater des eigenen Unternehmens, quasi als ein „innerbetriebliches, institutionalisiertes Umweltgewissen".

Im Mai 1988 wurde ein Verband der Betriebsbeauftragten für Umweltschutz e.V. (VBU) gegründet. Als Interessenvertretung will er den Erfahrungsaustausch fördern und die Tätigkeit unterstützen durch Beratung, Unterrichtung und Weiterbildung sowie Aufklärung der Öffentlichkeit. Es gibt keine offiziellen Zahlen über diesen Berufsstand, Schätzungen sprechen von 3500 Betriebsbeauftragten in Deutschland.

Zur Verbesserung der Funktion des Betriebsbeauftragten werden in jüngster Zeit folgende Vorschläge unterbreitet bzw. als politische Forderung erhoben:

- Einsetzung durch eine außenstehende, unabhängige Behörde
- genaue Beschreibung seiner Funktionen, Rechte und Pflichten
- Aufzeichnung und Dokumentation der durchgeführten Arbeit
- angemessene hierarchische Eingliederung innerhalb der Organisation (z.B. unmittelbar der Geschäftsführung unterstellt, um damit die Durchsetzungskraft zu stärken)
- Ausstattung mit einem Vetorecht gegenüber der Unternehmensleitung (zusätzlich zum Informations- und Vorschlagsrecht)
- Entscheidungsbefugnisse in besonders gelagerten Fällen
- Hörung vor Entwicklung und Einführung von Erzeugnissen
- Schriftliche Begründung von abgelehnten Vorschlägen des Beauftragten durch den Betreiber
- volles Informationsrecht gegenüber den Arbeitnehmervertretern, Auskunftspflicht gegenüber dem Betriebsrat
- Erweiterung des Aufgabenfeldes auf den gesamten umweltrelevanten Aktionsbereich der Unternehmung
- Ergänzung der internen Kontrolle durch einen externen Öko-TÜV
- verbesserte Kündigungsschutzrechte (ähnlich dem Betriebsrat).

Bei größeren Unternehmen sind verschiedene organisatorische Alternativen zur Erfüllung der gesetzlichen Vorschriften möglich. Es sind in der Regel auf Werks- oder Betriebsebene mehrere (haupt- oder nebenamtliche) Betriebsbeauftragte tätig; in der überwiegenden Anzahl der Fälle wird der Umweltschutz nur eine Nebentätigkeit zusätzlich zu einem bestehenden Aufgabenbereich sein. Auf der nächsten Ebene operieren und koordinieren die Konzernbeauftragten auf der geschäftsführenden Ebene. So hat die Siemens AG zum Beispiel ca. 250 Betriebsbeauftragte für den Umweltschutz und seine Teilgebiete, gehören bei BASF dem Bereich „Umweltschutz und Arbeitssicherheit", der in zweiter Ebene unmittelbar unterhalb des Vorstands eingeordnet ist, fast 850 Mitarbeiter an.

Führungskräfte sind kraft ihrer Stellung „automatisch" auch für den Umweltschutz zuständig und für die Gewährleistung der gesetzlichen Bestimmungen verantwortlich. Dazu nominiert und bestellt der die unmittelbare Verantwortung für den Umweltschutz tragende jeweilige Fabrik- oder Werksleiter vor Ort den Betriebsbeauftragten und zeigt dies der zuständigen Behörde an. Bestellt werden darf nur, wer die erforderliche Fachkunde und Zuverlässigkeit besitzt (bestimmte Hochschulstudien und praktische Tätigkeit). Ein Schwerpunktheft „Organisation des betrieblichen Umweltschutzes" der Zeitschrift zfo (2/89) gibt ausführliche Beispiele zu einigen Großunternehmen (Siemens, BASF, Deutsche BP, Philips).

Siemens
Als typisches Beispiel für die vorherrschende dezentrale Verantwortungsstruktur sei die Siemens AG gezeigt. Bei über 100 Werken und Betrieben im Inland ergeben sich im Hinblick auf den Umweltschutz über 100 Verantwortliche vom Vorstand über den Werksleiter bis hinunter zum Betriebsleiter. Der örtliche Werksleiter ist als unmittelbarer Umweltschutzverantwortlicher für die Bestellung der Betriebsbeauftragten zuständig. Zur Beratung und zum Erfahrungsaustausch stehen ihnen auf der Ebene der geschäftsführenden Bereiche (i.d.R. hauptamtliche) Bereichsbeauftragte vor. Als weitere Ebene findet sich auf Ebene der Gesamtunternehmung das sog. „Zentrale Referat für Umweltschutz und Technische Sicherheit." Zu seinen Aufgaben gehört:

- *Beratung des Vorstandes und der anderen Verantwortlichen*
- *Hilfe bei akuten Anlässen, besonders bei Störungen*
- *Sicherheitsberatung, Betriebsbegehungen, Revisionen*
- *Erfahrungsaustausch zwischen den Bereichsbeauftragten*
- *Fachkreise (für Umweltschutz, chemische Sicherheit, Strahlenschutz, Brandschutz)*
- *Seminare (für Immissionsschutz, Gewässerschutz, Abfallentsorgung, Strahlenschutz, Brandschutz)*
- *Datenbank-Gefahrstoff-Informationssystem SIGEDA; STS*
- *Beratung der Inlandsgesellschaften*
- *Beratung der Auslandswerke und Landesgesellschaften*
- *Kontakte zu Behörden, Politik und Verbänden*
- *Öffentlichkeitsarbeit, Vorträge*
- *Veröffentlichungen (vierteljährliche „Umwelt-Informationen").*

Mannesmann
Beim Mannesmann Konzern ist der Beauftragte mit seiner Stab-Hauptabteilung „Technik und Umweltschutz“ direkt dem Technikvorstand unterstellt. Im Stab befindet sich jeweils ein Spezialist für die Bereiche Abfallrecycling, Abwasser, Lärmbekämpfung, Luftfremdstoffe und Filtertechnologie, Altlasten, Stoffeinsatz und Umweltstatistik. In den einzelnen Werken des Konzerns arbeiten insgesamt 65 Betriebsbeauftragte.

Neue Organisationsformen

Der Umweltschutzbeauftragte

Der Betriebsbeauftragte für den Umweltschutz ist durch seine Fixierung auf den technischen Bereich (sprich: den nachsorgenden Reparaturbetrieb) für das von uns propagierte offensive, integrierte Umweltschutzmanagement nur sehr bedingt als organisatorische Lösung zu betrachten. Es bedarf verschiedener, organisatorisch neuartiger Organisationsformen, die ressortübergreifend optimale ökonomische und ökologische Lösungen zulassen. Die Verwirklichung einer umweltorientierten Unternehmensführung kann auf freiwilliger Basis entweder durch eine inhaltlich-qualitative Erweiterung bereits bestehender Aufbaustrukturen des Beauftragten oder eine zu schaffende zusätzliche Institution umgesetzt werden. Dies können z. B. sein:

- Umwelt(schutz-)beauftragter
- Energiebeauftragter
- interdisziplinärer Umweltausschuß.

Umweltorientiertes Denken und Handeln braucht zur bereichsübergreifenden Koordination eine „institutionelle“ Verankerung. Aufgabe dieser fachlich kompetenten Stelle „Umweltschutzbeauftragter“, die ein professionelles präventives Umweltmanagement zu betreiben hat, ist es, betriebliche Entscheidungsprozesse ökologieorientiert zu unterstützen und in allen Funktionsbereichen methodische und instrumentelle Hilfestellung zu geben. Dazu bedarf es aber auch einer verstärkten interdisziplinären Aus- und Fortbildung dieses Beauftragten. Ein Beauftragter dieser geforderten Art sieht Umweltschutz nicht in isolierter Betrachtung mit einer technischen Brille, sondern als eine innovative Querschnittsaufgabe. Davon sind wir – bei realistischer Betrachtung – noch sehr weit entfernt. Viele Voraussetzungen, wie vor allem die Gewinnung der notwendigen Informationen, fehlen noch. Beispiele für erste Schritte einer Umorientierung können wir jedoch bereits aufzeigen.

Dieser Berater, Stratege und Öko-Controller hat u. a.

- den Umweltschutzgedanken als Querschnittsfunktion im Unternehmen zu fördern,

Quelle: Stahlmann, 1988, S. 55

Abb. 47: Betätigungsfelder des Umweltbeauftragten in Unternehmen

- bei der Konzeption und Entwicklung umweltfreundlicher Produkte und Verfahren zu beraten bzw. Innovationen im Hinblick auf Umweltschutzbelange anzustreben,
- die (technischen) Maßnahmen zur Verbesserung des betrieblichen Umweltschutzes zu planen und zu überwachen,
- bei Entwicklungs- und Investitionsprojekten mitzuwirken,

- Regelmäßigen Sitzungsrhythmus festlegen und Protokoll anfertigen lassen.
- Erfolgskontrolle durch Ausschußvorsitzenden durchführen lassen.
- die Kosten des Umweltschutzes zu erfassen und zu beurteilen,
- Umweltvorschriften zu beurteilen und die Verwirklichung externer Auflagen sicherzustellen,
- Fragen der Produkthaftung in den Griff zu bekommen,
- ein ökologisches Controlling- und Informationsinstrumentarium aufzubauen und zu handhaben,
- ökologische PR-Arbeit zu leisten,
- Umwelt-Audits zu planen und zu begleiten,
- im Sinne eines „change agent" zu wirken,
- an der strategischen Planung beteiligt zu sein,
- die Aus- und Weiterbildung ökologisch anzureichern.

Die Aufgaben eines solchen Umweltschutzbeauftragten sind im Vergleich zum gesetzlich vorgesehenen Betriebsbeauftragten wesentlich erweitert. Dieses vor allem kommunikativ stark angereicherte Aufgabenfeld bedarf m. E. dringend der ökonomischen Kompetenz zusätzlich zur bisher doch traditionell naturwissenschaftlich-technischen Ausrichtung und Vorbildung dieser Personengruppe.

Einen umfangreichen Katalog an Betätigungsfeldern des Umweltbeauftragten stellt Stahlmann (1988) auf (vgl. Abb. 47); wie stark sich das Profil eines solchermaßen definierten Umweltbeauftragten (-referenten oder ähnliches) auch in der Praxis bereits gewandelt hat, zeigen unsere Beispiele von Follmann, IBM oder Elida Gibbs. Auch bei Philips umfassen die Aufgaben des Umweltschutzbeauftragen Beratung, Kontrolle, Dokumentation, Initiativen, Einflußnahme auf Entwicklung von Prozessen und Produkten, Überprüfung der Konsequenzen für den Umweltschutz von Investitionen, Budgets, Freigaben und Änderungen, Vorantreibung des Umweltschutzgedankens innerhalb der Belegschaft.

Als organisatorische Form der Eingliederung empfiehlt sich eine Stabsstelle bei der Unternehmensleitung. Stahlmann (1989) befürwortet eine starke organistorische Anlehnung an ein Vorstandsressort Materialwirtschaft, da in diesem Bereich die Stoffbezogenheit größer als in anderen Funktionsbereichen ist und der Einkauf relativ kurzfristig innovatorische Impulse auslösen kann. Ökologisches Management, das den gesamten Logistikbereich abdeckt von der Beschaffung, über Lagerhaltung, den Transport bis hin zur Entsorgung, kann hier zahlreiche Einsparungs- oder Recyclingkonzepte entwerfen.

Als institutionelle Verankerung eines Energiegewissens hat ein sog. Energiebeauftragter als weitere neue Organisationsform folgende Aufgaben:

- Sicherung der kurz- und langfristigen Energieversorgung
- Durchführung von Energiesparmaßnahmen (z. B. mit Hilfe eines interdisziplinären Teams)
- Entwurf von Notprogrammen für Versorgungskrisen.

Follmann
Die Aufgaben des Umweltschutzingenieurs bei Follmann & Co. umfassen:

- *Erstellung, Aktualisierung und Verwaltung der Betriebsgenehmigungen*
- *Mitarbeit an Investitionsprojekten unter besonderer Berücksichtigung umweltrelevanter Faktoren*
- *Erarbeitung von Umweltverträglichkeitskriterien für den Einkauf auf Basis von Stofflisten*
- *Aufbau von Entsorgungssystemen für Problemabfälle*
- *Beratung von Entwicklungsabteilungen im Hinblick auf die Entwicklung umweltfreundlicher Produkte*
- *Beratung der Produktionsabteilungen im Hinblick auf umweltfreundliche Produktionsverfahren*
- *Beratung von Kunden in umweltrelevanten Fragen in Zusammenhang mit Follmann-Produkten*
- *Erarbeitung und Durchführung von Schulungsprogrammen zur gezielten Mitarbeiterschulung im Umweltschutz*
- *Erarbeitung von Leitfäden für Umweltschutzaktivitäten im Unternehmen*
- *Koordination von Umweltschutzaktivitäten mit anderen Unternehmen und Organisationen*

IBM
Bei der IBM Deutschland wird in der Stellenbeschreibung „Beauftragter für Umweltschutz- und Chemiekoordination" der Zweck der Position und die damit verbundene Fachverantwortung ausführlich festgelegt:

1. Zweck der Position

a) Stellt als Umweltschutzbeauftragter der IBM Deutschland sicher, daß in allen Unternehmensbereichen die einschlägigen gesetzlichen und IBM-internen Vorschriften eingehalten werden.

b) Stellt als Chemiekoordinator (Country Chemical Authority – CCA) der IBM Deutschland sicher, daß bezüglich Zulassung, Beschaffung, Lagerung, Transport, Verteilung, Verwendung und Wiederaufbereitung von Chemiekalien die einschlägigen gesetzlichen und IBM-internen Vorschriften eingehalten werden.

2. Fachverantwortung

- *Fachliche Weisungsbefugnis gegenüber den dezentralen Umweltschutzbeauftragten und Chemiekoordinatoren.*
- *Koordination und Überwachung der Tätigkeiten aller dezentral verantwortlichen Umweltschutzbeauftragten und Chemiekoordinatoren mit dem Ziel, einheitliche Verfahrensweisen im Unternehmen sicherzustellen.*
- *Überwachung der Einhaltung der Vorschriften und Auflagen in bezug auf den Immissionsschutz, den Gewässerschutz und die Abfallwirtschaft. Erstellung der entsprechenden Ergebnisberichte für die Geschäftsleitung.*
- *„Powers Reserved" für organisatorische Eingliederung und Ernennung der dezentralen Umweltschutzbeauftragten und Chemiekoordinatoren.*
- *Jährliche Review des Umweltschutzprogramms der Werke, des WVZ's und des Entwicklungslabors auf der Basis der Self-Audit-Ergebnisse.*
- *Überprüfung aller Behördengenehmigungen und Auflagen, welche den Umweltschutz betreffen.*
- *Überwachung der Einhaltung der Vorschriften und Auflagen in bezug auf Zulassung, Beschaffung, Lagerung, Transport, Verteilung, Verwendung und Wiederaufbereitung von Chemikalien.*
- *Prüfung und Kommentierung aller international prüf- bzw. abstimmungspflichtigen Investitionsentscheidungen, die für den Umweltschutz von Bedeutung sein können (Abstimmung mit dem dezentral zuständigen Umweltschutzbeauftragten ist erforderlich).*
- *Hinwirkung auf die Entwicklung und Herstellung umweltfreundlicher Produktionsverfahren und Produkte der IBM.*
- *Hinwirkung auf Entwicklung und Anwendung geeigneter Techniken zur Abwasserbehandlung, Abluftreinigung und der Abfallwirtschaft unter besonderer Berücksichtigung der Rohstofferhaltung (Recycling).*
- *Erfassung, Interpretation und Auswertung der einschlägigen Gesetze, Verordnungen und Richtlinien. Beratung und Unterstützung der dezentralen Umweltschutzbeauftragten, Chemiekoordinatoren und anderer interessierter Fachfunktionen.*
- *Beratung und Unterstützung der Geschäftsleitung der IBM Deutschland in allen Fragen des Umweltschutzes in der Chemiekoordination.*
- *Steuerung und Überwachung des EIA – (Environmental Impact Assessment) Programms der IBM Deutschland.*
- *Prüfung und Freigabe aller EIAs für:*
  - *International prüf- bzw. abstimmungspflichtige Projekte (FILS 117/118)*
  - *IBM-Produkte*
  - *Prozeßtransfers*
- *Wahrnehmung aller Umweltschutzbelange bei den Projekten, die von LG Liegenschaften abgewickelt werden.*
- *Ständiges Mitglied im „Arbeitsschutz-Koordinierungsausschuß" (ASK) der IBM Deutschland für die Fachgebiete Umweltschutz und Chemiekoordination.*

- *Richtlinienkompetenz (nicht Vollzug) für den Abschnitt 4 „Chemotechnik" der „Richtlinien für Arbeitsschutz" der IBM Deutschland.*
- *Schulung und Beratung von IBM-Mitarbeitern auf den Gebieten Umweltschutz und Chemiekoordination.*
- *Organisation und Durchführung der Arbeitstreffen der Umweltschutzbeauftragten und Chemiekoordinatoren.*
- *Enge Zusammenarbeit mit den nationalen und internationalen Fachstäben zur Konkretisierung und Durchsetzung der IBM-Umweltschutzzielsetzung (Fachunterstützung und Erfahrungsaustausch).*
- *Mitwirkung bei der Erstellung von internationalen Richtlinien für Umweltschutz und Chemiekoordination.*
- *Erstellung und Herausgabe der internen, unternehmensweit gültigen Fach- und Durchführungsanweisungen.*
- *Mitarbeit in externen Fachgremien zur Einflußnahme auf zukünftige Entwicklung von Gesetzen und Richtlinien, soweit für die IBM von Interesse.*
- *Fachliche Zuständigkeit für das IBM-Chemiekaliendatenblatt-System.*
- *Formelle Anmeldung von „Neuen Stoffen" nach den Bestimmungen des Chemikaliengesetzes.*

Umwelt-Organisation bei Elida-Gibbs

Name	Zusammensetzung	Aufgabe
Senior-Umwelt-Management-Team	Chairman Technischer Direktor Marketing Direktor Umweltreferent	– entwickelt die Umweltstrategie – entscheidet über Vorschläge des Umwelt-Management-Teams (s.u.) – entscheidet über umweltrelevante Struktur- und Produktveränderungen der Firma (z. B. Verzicht auf bestimmte Roh- und Packstoffe, Einhalten intern gegebener Grenzwerte, Verfahrensumstellung)

Umwelt-Management-Team	Besteht aus den Bereichsleitern der Sparten
	Einkauf
	Verkauf
	Technik/Produktion
	Forschung und Entwicklung
	Marketing
	Umweltreferent
		– Aufnahme von Kontakten zu Kritikern der Industrie in
		  – Verbraucherschaft
		  – Wissenschaft
		  – Handel
		  – Medien
		– Informationssammlung von außen und innen (incl. Ideen-Börse)
		– Bewertung dieser Information auf umweltrelevante Aktivitäten hin
		– Umsetzung in konkrete Aktivitäten

Produktüberwachungsteam	Forschung und Entwicklung Marketing Einkauf Umweltreferent Qualitätssicherung	Kritische Überprüfung aller Roh- und Packstoffe sowie Fertigprodukte unter Umwelt- und Gesundheitsgesichtspunkten, insbesondere unter Berücksichtigung der ernstgenommenen Kommentare der Kritiker. Entscheidung über Einsatz oder Umstellung
Immissionsschutzbeauftragter	Als freiwillige Maßnahme, da von der Größe der Firma her nicht gesetzlich gezwungen.	Beratung bei Entwicklung und Einführung umweltschonender Verfahren bei Herstellung und Entsorgung im Betrieb.

Name	Zusammensetzung	Aufgabe
Redaktionsteam „Grüner Report“	Dieses Team besteht aus jungen Mitarbeitern aller Bereiche der Elida-Gibbs unter der Leitung des Umweltreferenten.	Kommunikation aller umwelt-/gesundheitsrelevanter Entscheidungen und Maßnahmen und der wichtigen Entwicklungen in diesem Bereich
Kommunikationsmittel: „Grüner Report“ erscheint mindestens 4mal im Jahr und ist an alle Elida-Mitarbeiter gerichtet.	Ein weiterer Aspekt ist die Organisation eines Ideenpools und die Bewertung der Ideen.	Darüber hinaus werden in die bestehenden Organisations- und Kommunikationssysteme Umwelt- und Gesundheitsaspekte in Form einer ständigen Diskussion eingebracht (z. B. technische Werksbesprechungen, Verkaufstagungen, Besprechungen zwischen Entwicklung und Marketing).
Umweltreferent:	Initiiert, koordiniert und kontrolliert alle mit der Elida-Gibbs in Zusammenhang stehenden Maßnahmen, organisiert und leitet das Senior Umwelt-Management-Team, das Umwelt-Management-Team, das Produktüberwachungsteam und „Grüner Report“-Team. Ist in dieser Funktion Schaltstelle zwischen den einzelnen Organisationen. Hat ein Vetorecht bei Produktion mit brisanten Roh- und Packstoffen, kann die Produktion stoppen. Bei Veto muß er die Geschäftsleitung einschalten.	Konzipiert die Umwelt-/Gesundheitsstrategie der Firma und initiiert Maßnahmen zu ihrer Implementierung. – Koordiniert die einzelnen umweltgerichteten Maßnahmen der Firma, um gegenläufige Effekte auszuschließen – Initiiert den Aufbau eines Informationsnetzes – Initiiert und überwacht die dauernde Aktualisierung des UMP und Weißbuch – Entscheidet über umweltbezogene Auslobungen in Werbung und auf Packungen

Der Umweltausschuß

Ähnlich dem im BVG verankerten „Wirtschaftsausschuß" ist auch die Einrichtung eines speziellen „Umweltausschusses" als Informations- und Beratungsgremium für Umweltfragen überlegenswert (und z. T. von einigen Firmen bereits realisiert). Ein Beispiel gibt die Checkliste bei Winter (1987):

„Umweltausschuß Technik gründen

- Im Umweltausschuß Technik alle betriebsspezifischen Umweltprobleme/-fragen, wie z. B.
  - Materialfragen,
  - Energieversorgung,
  - Wasserversorgung,
  - Abfallentsorgung,
  - Sondermüllentsorgung,
  - Recyclingmöglichkeiten,
  - Umweltprobleme im Produktionsprozeß,
  - Einhaltung gesetzlich vorgeschriebener Grenzwerte für Umweltbelastungen, Lärm, Stäube usw. behandeln.

- Dafür sorgen, daß der Umweltbeauftragte in diesem Ausschuß vertreten ist.

- Aufgabenstellung exakt definieren.

- Regelmäßigen Sitzungsrhytmus festlegen und Protokoll anfertigen lassen. Erfolgskontrolle durch Ausschußvorsitzenden durchführen lassen.

- Erfolgskontrolle durch Ausschußvorsitzenden durchführen lassen.

Interdisziplinären Umweltausschuß einsetzen

- Neben dem Umweltausschuß Technik einen Umweltausschuß gründen, in dem alle Unternehmensbereiche sowie der Umweltbeauftragte vertreten sind. Dieser Ausschuß sollte sich primär mit übergreifenden und nichttechnischen Umweltfragen beschäftigen, wobei Mitglieder dieses Gremiums den Umweltbeauftragten paritell unterstützen sollten.

- Ebenfalls Aufgabenstellung bestimmen, Sitzungsrhytmus festlegen, Protokoll erstellen lassen und Ausschußvorsitzenden mit der Erfolgskontrolle betrauen.

Teil 13
Personalpolitische Maßnahmen

Einbezug der Mitarbeiter

Betriebliches Umwelt-Vorschlagswesen

Umweltschutz in der Berufsausbildung

Berufliche Fortbildung

Akademische Qualifizierungsmöglichkeiten

Hilfen für den privaten Bereich

Ernährungsbewußtes Kantinenessen

"This is a story about four people named Everybody, Somebody, Anybody and Nobody. There was an important job to be done and Everybody was asked to do it. Everybody was sure Somebody would do it. Anybody could have done it, but Nobody did it. Somebody got angry about that, because it was Everybody's job.
Everybody thought Anybody could do it but Nobody realized that Everybody wouldn't do it. It ended up that Everybody blamed Somebody when Nobody did what Anybody could have done".

(Pfriem, 1989)

Einbezug der Mitarbeiter

Ökologisch orientiertes Management zielt letztendlich ins Leere, wenn es keinen Niederschlag im Verhalten der Menschen findet. Ohne aktive Mitarbeit möglichst vieler Mitarbeiter ist ein Ausrichten auf Umwelterfordernisse nicht möglich. Man braucht kein Pessimist zu sein, um festzustellen, daß wir noch weit davon entfernt sind, alle Führungskräfte oder alle Mitarbeiter für diese Aufgabe motiviert und qualifiziert zu haben. Zudem kommt dem Unternehmen mit seinen Instrumenten nur eine beschränkte Beeinflussungsmöglichkeit zu. Es kann zwar durch Schulung, Fortbildung und ähnliches eine umweltorientierte Grundeinstellung fördern, diese wird aber bereits in der Schule und der nachfolgenden Berufsausbildung vorgeprägt und durch Einflüsse des privaten und gesellschaftlichen Bereichs zusätzlich determiniert. Nach dem Motto „Was Hänschen nicht lernt, lernt Hans nimmermehr" kann nicht früh genug mit der Umwelterziehung begonnen werden.

Auch sollte man menschliches Verhalten generell nicht zu idealistisch sehen. Der gleiche Mitarbeiter, von dem man umweltgerechtes Verhalten am Arbeitsplatz erwartet, findet es vielleicht normal, seinen persönlichen Beitrag zum jährlichen Konsum von 130 Mrd. Zigaretten zu leisten. Besonders bei Umweltschäden ist zu berücksichtigen, daß 95 % aller Betriebsunfälle auf menschliches Versagen zurückzuführen sind.

Das Arbeitsverhalten des Mitarbeiters kann auf mehreren Ebenen ökologisch beeinflußt werden:

- Schaffung einer umweltgerechten Arbeitsumwelt und eines entsprechenden Arbeitsplatzes (dies ist wichtig, da die Qualität der Arbeitsleistung stark von der Qualität des Arbeitsplatzes abhängt)
- Integration des Umweltgedankens in betriebliche Aus- und Weiterbildungsveranstaltungen (= Lernort Betrieb)
- Integration des Umweltgedankens in betriebliche Beurteilungs- und Anreizsysteme (so könnten meßbare ökologische Zielvorgaben wie z. B. Energieeinsparungsprozentsätze Bestandteil von Management-by-Objectives-Systemen sein)
- Ausdehnung der Themenbereiche von Qualitätszirkeln auf ökologische Verbesserungen
- Mitwirkung der Unternehmen bei der entsprechenden Erweiterung der Berufsausbildung in ihrer Branche.

Steigendes Engagement bei betrieblichen Umweltaktionen, die Beteiligung an Seminaren und Fortbildungsveranstaltungen, die Mitarbeit im betrieblichen Vorschlagswesen oder bei „Ökotips"-Aktionen und vieles mehr zeigen ein wachsendes Interesse, das es für eine umweltgerechte Einstellung zu verstärken gilt. Gerade im Umweltschutzbereich ist ein schrittweises Vorgehen einem „zu viel“ und einem „zu schnell“ als realistischer Weg vorzuziehen. So lassen sich die – auf die Tatsache der extremen Komplexität des Themas, einer enormen Halbwertzeit des Wissens, einer mit dem Wissenszuwachs oft verbundenen „Neu-Interpretation“ vorher gesicherter Erkenntnisse u. a. zurückzuführenden – zwangsläufigen Frustrationen vieler Öko-Engagierter etwas mildern.

Wann immer die Parole „Umweltschutz ist Chefsache“ zu hören ist, dann meines Erachtens in der Bedeutung, daß die „Sonne immer von oben scheint“, im Sinne einer von oben nach unten laufenden Motivation der Menschen zum umweltgerechten Verhalten. Umweltschutz darf nicht auf die Führungskräfte beschränkt bleiben, es ist Aufgabe eines jeden einzelnen. Allerdings: Das (Vorbild-)Verhalten der Führungskräfte, ihre sichtbaren symbolischen Taten und Worte prägen die Unternehmenskultur dieser Firma und damit auch die Grundhaltung eines jeden Mitarbeiters. Diese zu leistende Motivation umfaßt auch das Einwirken auf eine entsprechende Aus- und Fortbildung.

Personal-Leitlinie bei Bischof & Klein

Nur die konsequente Einbeziehung der Mitarbeiter kann optimale Effekte der Umweltarbeit des Hauses Bischof & Klein sicherstellen.

Deshalb hat die Mitarbeitermotivation und -aufklärung in der Umweltarbeit unseres Unternehmens einen hohen Stellenwert.

Regelmäßige Informationen über die eingeleiteten Maßnahmen und Aktivitäten der Firma, eine Umweltschulung und Projektgruppenarbeiten für Auszubildende, verbunden mit einer Motivationsarbeit, die nicht an der Werksgrenze halt macht, sollen sicherstellen, daß die Mitarbeiter das Anliegen des Hauses mittragen.

Dabei werden konkrete Angebote, vor Ort gemacht, sicher eher angenommen als allgemeine Appelle.

Im Umweltausschuß erarbeiten Betriebsrat und Geschäftsführung gemeinsam mit Vertretern der einzelnen Werksbereiche und der umweltrelevanten Abteilungen Problemlösungsstrategien und Vorschläge, die die Umweltpolitik des Hauses maßgeblich mit beeinflussen.

Betriebliches Umwelt-Vorschlagswesen

In Analogie zum betrieblichen Vorschlagswesen könnte ein „Umwelt-Vorschlagswesen“ installiert werden, etwa in Form eines Vorschlagskastens neben einem „Schwarzen Brett“ für Umweltinformationen. Damit soll der Mitarbeiter zu einem umweltschonenden Verhalten am Arbeitsplatz angeregt werden und gegebenenfalls, insbesondere für kostensparende Verbesserungsvorschläge, auch prämiert werden.

Ernst Winter & Sohn
Bei der Firma Ernst Winter & Sohn (Hamburg) werden betriebliche Verbesserungsvorschläge seit Jahren erfolgreich zum Nutzen der Firma und des Einreichers eingesetzt. Von den mit dem Ziel eingesandten Vorschlägen, Produkte kostengünstiger herzustellen und qualitativ zu verbessern, die Durchlaufzeiten zu verkürzen oder die Arbeitsläufe zu vereinfachen, werden jährlich zahlreiche prämiert. Für Vorschläge zur „Energieeinsparung und zum Umweltschutz“ gilt dabei eine finanzielle Vorzugsregelung. Für lediglich allgemeine Umweltschutzanregungen sind extra Briefkästen mit der Aufschrift „Umwelttips ... für ein besseres Leben“ angelegt.

Wella
Mit einem vom WWF gesponserten Buch und einem Notizzettelquader mit Dino-Aufdruck (dem 1988 eingeführten Ökomaskottchen) belohnt die Wella AG jeden Mitarbeiter für eingereichte Ökotips. Um die Abgabe von Vorschlägen zu erleichtern, hat der Wella-Arbeitskreis Ökologie in einzelnen Betrieben sog. Umwelttelefone eingerichtet.

Siemens
Auch bei Siemens werden betriebliche Verbesserungsvorschläge zum Umweltschutz prämiert. So wurde 1989 etwa ein Mitarbeiter im Gladbecker Werk für Fernsprechgeräte mit 25 860 DM ausgezeichnet. Mit dem Vorschlag konnten erhebliche Wassereinsparungen erzielt werden: Durch Erhöhung der Pumpenleistung soll mehr Kühlwasser in die Kühlwasser-Rückgewinnungsanlage gepumpt und damit der Neubezug von Stadtwasser erheblich reduziert werden. Bisher flossen rd. 200 Kubikmeter Kühlwasser pro Tag in den Überlauf und wurden dem Abwasser zugeführt; für diese Mengen mußte frisches Wasser bezogen werden.

Bayer
Im Rahmen des Bayer-Vorschlagswesens wird seit 1988 als Ergänzung eine „Umweltprämie“ für verwertbare Hinweise auf dem Gebiet des Umweltschutzes vergeben. Hinter den Anregungen zur Produktionsverbesserung und der Energieeinsparung steht der Umweltschutz auf dem dritten Platz, mit klarem Trend nach oben. Von den zahlreichen Ideen seien stellvertretend herausgepickt: Nickelausgekleidete Hochdruckrohre, die nicht mehr benötigt werden, werden wieder verwendet und wandern nicht mehr zum Schrott, wertvolle Stoffe im Abwasser konnten wieder direkt in die Kautschukproduktion zurückgeführt werden, oder die Abluftverbrennung funktionierte durch einen Vorschlag wesentlich störungsfreier.

Umweltschutz in der Berufsausbildung

Besonders in den von der Umweltdiskussion tangierten Branchen, wie der chemischen Industrie und der Elektro- und Metallindustrie, ist der Umweltschutz in den letzten Jahren in die Berufsausbildung integriert worden. Damit sollen nicht nur spezifische Kenntnisse und Wissen über ökologische Zusammenhänge vermittelt werden (z. B. über den Umgang mit Arbeitsstoffen), sondern auch umweltgerechtes Verhalten erprobt werden.

Eine Befragung des Kuratoriums der Deutschen Wirtschaft für Berufsbildung von 1988 bei 1000 gewerblich-technischen und kaufmännischen Ausbildungsleitern ergab: Umweltschutz wird in mehr als der Hälfte der Betriebe bereits in der gewerblich-technischen Ausbildung und bei einem Drittel der Unternehmen in der kaufmännischen Ausbildung behandelt, bei stark steigender Tendenz für die absehbare Zeit. Die Ausbilder streben folgende pädagogische Ziele an:

- Thematisierung des Spannungsverhältnisses zwischen Ökonomie und Ökologie sowie die Entwicklung von Lösungsmöglichkeiten
- Kennenlernen von umweltschonenden Techniken (u. a. Recycling, Energiesparen, Abfallbehandlung und Vermittlung von Lösungsqualifikationen)
- Umsetzbarkeit der Umweltbildung in der betrieblichen Realität (Erfahren – Lernen – Handeln)
- Informierung über das Verursacherprinzip.

Das Bundesinstitut für Berufsbildung (BIBB) ist seit 1987 bestrebt, die Umweltbildung in die Ausbildungsverordnungen für anerkannte Ausbildungsberufe „integrativ“ als Lerninhalte unmittelbar in die Ausbildung einzubeziehen; bei einigen Berufsfeldern ist dies bereits geschehen (so in der Metallindustrie oder im Einzelhandel). In den meisten Ausbildungsverordnungen wurde eine Standard-Berufsbildposition eingeführt („Arbeitssicherheit, Unfallverhütung, Umweltschutz und rationelle Energieverwendung“), unter der ein oder mehrere Lernziele zum Umweltschutz formuliert werden (z. B. „berufsbezogene Regelungen des Umweltschutzrechts nennen“).

Auch eine vom BIBB 1987 abgeschlossene Betriebserhebung ergab noch – nach Bereichen unterschiedlich ausgeprägte – Defizite für eine handlungsorientierte Umweltqualifizierung. Man sieht in einem verstärkten Umweltbewußtsein nicht nur moralische Gründe, sondern auch ökonomische, da man damit nur auf geänderte Kundenwünsche oder gesetzliche Auflagen reagiert. Auch der Deutsche Gewerkschaftsbund kritisierte in der Anhörung der Enquete-Kommission des Deutschen Bundestages „Zukünftige Bildungspolitik – Bildung 2000“ Ende 1988 die eindeutige „Außenseiterrolle“ der Umwelt in der Ausbildung. Umweltfragen sollten integraler Bestandteil der Berufsausbildung sein und alle Lehrpläne, Ausbildungs- und Prüfungsordnungen mit dem Ziel überarbeitet werden, die berufsbildenden Fachinhalte nach den Erfordernissen des Umweltschutzes zu gestalten.

Zusätzlich wird auch eine Integration des Umweltschutzes in die berufliche Weiterbildung des Berufsbildungspersonals in den Betrieben, in überbetrieblichen Berufsbildungsstätten und der Lehrer an beruflichen Schulen wichtig sein. Erfreulich, daß in allen, bundeseinheitlich geregelten Industriemeisterverordnungen seit 1980 umweltrelevantes Umweltwissen geprüft wird.

Henkel
Die Henkel KGaA hat 1987 ein Umweltplanspiel entwickelt, das inzwischen in über 20 Durchläufen mit ca. 500 Auszubildenden praktiziert wurde.

Hoechst
Vom BIBB wurden im Rahmen des Forschungsprojektes „Umweltschutz in der beruflichen Bildung" zunächst mit der Hoechst AG Materialien für die naturwisschenschaftlich-technische Aus- und Weiterbildung im „praktischen" Umweltschutz entwickelt. Diese Materialien stehen inzwischen über den Bundesarbeitgeberverband Chemie der chemischen Industrie bundesweit zur Verfügung.

Ernst Winter & Sohn
Bei Ernst Winter & Sohn wird den Auszubildenden ausreichend Gelegenheit gegeben, sich über Umweltprobleme auch vor Ort zu informieren. Beispiele aus dem Programm der letzten Jahre mögen dies verdeutlichen:

- *Hamburger Grundwasserwerke: Vortrag über Wassergewinnung und Gewässerschutz*
- *Einrichtungen der Berliner Umweltbehörde: Informationen über Abfallbeseitigung und Luftreinhaltung*
- *Fachvorträge auf der „Grünen Woche" über Stadtbegrünung und gesunde Ernährung*
- *Tagungsstätte des Deutschen Bundes für Vogelschutz e. V.: Fortbildung über Biotop- und Artenschutz in Feuchtgebieten*
- *Besuch des Hamburger Planetariums*
- *Lichtbildervortrag über Igel (Verpflichtung gegenüber der Natur) und ein Vortrag über das Leben im Wattenmeer*
- *Besuch des Wildparks Eekholt: Einblicke in ökologische Kreislauf- und Systemzusammenhänge.*

Carl Nolte
Bei der Firma Carl Nolte wird das Thema „Umweltschutz im eigenen Unternehmen" den Auszubildenden in der Firma nahegebracht, indem sie während der Ausbildung selbständig in eigener Verantwortung Umweltprojekte initiieren, organisieren und umsetzen. Die Auszubildenden als „Umweltmanager" riefen 1989 als erstes eine Aktion „Mülltrennung" für die anfallenden Kunststoffabfälle ins Leben. Als nächstes ist eine Begrünungsaktion geplant. Zur Verzahnung mit dem Gesamtumweltkonzept der Firma sitzt auch ein Vertreter der Auszubildenden im betrieblichen Umweltausschuß.

Berufliche Fortbildung

Umweltschutz ist in zahlreichen Unternehmen in Weiterbildungsprogrammen für Führungskräfte aller Entscheidungsebenen ein fester Bestandteil geworden. Umweltschutz benötigt eine breite, interdisziplinäre Ausbildung der Führungskräfte, die bisher nicht gegeben ist.

Nachdem der Umweltschutz in vielen Branchen inzwischen ein fester integraler Bestandteil des Lehrplans der Auszubildenden wurde, ist deshalb nach der Ausbildungsphase im Rahmen der betrieblichen Fortbildung eine zusätzliche fachliche Ausbildung für möglichst viele Mitarbeiter anzuschließen, da eine umweltbewußte Unternehmensführung als Umsetzung des Umweltleitbildes ohne entsprechende Motivation nicht möglich ist. Umweltschutzbestrebungen des Unternehmens müssen aber von allen getragen werden.

Mannesmann
So muß der Umweltschutzbeauftragte beim Mannesmann Konzern neben der Erfüllung seiner einschlägigen Aufgaben auch in der Lage sein, betriebsspezifische Umweltprobleme pädagogisch aufzubereiten und die Mitarbeiter über Umwelteinwirkungen aufzuklären. So führt Mannesmann für alle Mitarbeiter im Rahmen seines „Schulungsmodells Umweltschutz" Seminare vom Auszubildenden über den Facharbeiter, Kolonnenführer, Vorarbeiter, Meister und Gruppenleiter bis hin zum Werksleiter durch.

Diese Schulungsmaßnahmen sind durch andere Maßnahmen zu ergänzen. Als traditionelle Methoden dienen etwa Informationsbroschüren, Plakate, periodische Beiträge in der Firmenzeitung oder spezielle Umweltinformationsveranstaltungen (z. B. durch den betrieblichen Umweltbeauftragten zu Themen wie „Umgang mit Gefahrstoffen", „Energieeinsparmöglichkeiten in einem Betrieb"). Zur Umweltsensibilisierung geben einige Unternehmen eigene Umweltbroschüren heraus.

Die betriebliche Aus- und Fortbildung wird dabei in zahlreichen Industriebereichen in engem Zusammenhang mit dem Bereich Arbeitsschutz/Arbeitssicherheit stehen. Im Rahmen einer umwelt- und sicherheitsbewußten Grundeinstellung müssen die Mitarbeiter

- die Rückwirkungen ihrer Tätigkeiten kennen (hier hat die Industrialisierung eine große Lücke geschaffen),
- die Fähigkeit zu konstruktivem Vorausdenken haben, um Folgen des Handelns abschätzen und Schäden abwenden zu können,
- eine permanente Aufklärung über die mit der Arbeit verbundenen Risiken erhalten,
- ständig vorbeugende Maßnahmen wiederholen, um durch Schulungen und praktische Übungen der Gewöhnung entgegenzuwirken, denn die Eintrittswahrscheinlichkeit eines Unfalls hängt mit der Beschäftigungsdauer zusammen,

- die gesetzlichen Umweltschutzanforderungen kennen und erfüllen,
- Fakten und Kenntnisse über Wirkungszusammenhänge und die Gestaltung einer umweltgerechten betrieblichen Umwelt erwerben,
- über Anreizsysteme angesprochen werden (Wettbewerbe, Preisausschreiben u. ä.),
- ständig neu informiert werden (Broschüren, Plakate u. ä.),
- über das betriebliche Vorschlagswesen aktiviert werden.

Eine entsprechende Qualifizierung wird besonders bei Klein- und Mittelbetrieben nicht ohne öffentliche Hilfe zur Organisation und Finanzierung möglich sein.

Bayer
Verpflichtend für bestimmte Mitarbeitergruppen (z. B. Betriebsleiter, Meister) finden bei Bayer regelmäßig Fortbildungsveranstaltungen während des Arbeitslebens statt. Da jeder einzelne Mitarbeiter für seine jeweilige Aufgabe (Arbeitsablauf, -ergebnisse, Mitarbeiter) Verantwortung trägt, werden im Rahmen eines neuen Fortbildungskonzeptes ab 1988 obligatorisch für alle Mitarbeiter

- *ca. 40 zielgruppenorientierte, mehrstufig programmierte Seminare verschiedenster Art angeboten,*
- *findet eine jährliche Schulung von ca. 7500 Teilnehmern an insgesamt 20 000 Teilnehmertagen statt,*
- *erfolgt in jedem Betrieb jährlich ein Erfahrungsaustausch unter allen dort Beschäftigten.*

Man sieht es als Aufgabe an, die Produktion derart zu gestalten und zu beherrschen, „daß damit weder in der Arbeitswelt noch in der Umwelt unvertretbar hohe Belastungen auftreten. Erstrebenswert ist ein Handlungsspielraum, in dem sicherheitsbewußtes Verhalten und umweltorientiertes Handeln aufgebaut und aufrechterhalten werden kann" (Wiese, Arbeitsdirektor).

Die Informations- und Schulungsveranstaltungen werden nach dem Stufenkonzept „Wissen – Verstehen – Überzeugtsein – Handeln" ausgerichtet. Zur Schaffung einer breiten Basis sind die Betriebsräte mit einbezogen und ist eine Gesamtbetriebsvereinbarung „Umweltschutz" getroffen worden. Für Umweltfragen ist zur Sicherung des Informationsaustausches zudem eine besondere Arbeitsgruppe im Wirtschaftsausschuß gebildet worden.

Ciba-Geigy
Bei Ciba-Geigy sind die Themenbereiche Umweltschutz und Sicherheit in sämtliche Ausbildungsprogramme für Betriebsmitarbeiter, Lehrlinge und die Beförderungskurse für Vorarbeiter, Meister und Cheflaboranten sowie für Nachwuchsführungskräfte integriert. Für die Ausbildung in Kursen und im normalen Arbeitsprozeß sind die Mitarbeiter etwa 5 – 10 % ihrer gesamten Einarbeitungszeit eingesetzt. Zur Motivation der Mitarbeiter wird auch das betriebliche Vorschlagswesen eingesetzt. Prämierte Vorschläge zum Umweltschutz haben in den letzten Jahren deutlich zugenommen und erreichen rd. 20 % der gesamten anerkannten Vorschläge.

Kursprogramm Umweltschutz bei Ciba-Geigy

Zielgruppe	Thema	Dauer
Betriebsmitarbeiter	Theorie Umweltschutz Besichtigungen Praxis	zweimal 1½ Tage ½ Tag ½ Tag
	Anwendung Umweltschutz (Aufbaukurs)	1 Tag
	Sicherheit/Hygiene/Umweltschutz am Arbeitsplatz (Weiterbildung) Verfahrensbezogene Instruktionen bei Produktewechsel	1 Tag 1 bis 2 Tage pro Jahr
	Umweltschutz in der Praxis (Ökotage)	dreimal ½ Tag
Handwerker	Grundlagen Umweltschutz (Weiterbildung)	½ Tag
Lehrlinge Lehren 2, 3, 4 Jahre	Umweltschutz	im Unterricht eingebaut (Werk- und Berufsschule)
Technische Angestellte	Grundsätze Umweltschutz (Einführung)	¼ Tag
Laboranten	Umweltschutz (Weiterbildung)	dreimal ½ Tag
Cheflaboranten-Anwärter	Umweltschutz, Besichtigungen	zweimal ½ Tag
Vorarbeiter-Anwärter	Grundlagen Umweltschutz	1½
Meister-Anwärter	Ökologie, Zusammenhänge, gesetzliche Haftung	1 Tag
Akademiker, Techniker	Umweltschutz (Einführung)	¼ Tag
Chemiker und Biologen	Sicherheit und Umweltschutz	1½ Tage
Entwicklungschemiker und Projektingenieure	Ökomanual: Prozeßorientierter Umweltschutz	2½ Tage

Quelle: Ciba-Geigy Zeitung, Beilage, 21. 11. 1989

Migros

Migros sieht Umweltschutz als Linienaufgabe, d. h., jeder der entscheidet, muß auch die ökologischen Aspekte berücksichtigen. Deshalb gibt es keine großen Umweltstäbe. Eine Arbeitsgruppe Umweltschutz, die sich aus Vertretern aller wichtigen Konzernbereiche zusammensetzt, wacht über die Zielerreichung. Wenn Ökologie Aufgabe der Linie ist, spielt die Ausbildung zwangsläufig eine wichtige Rolle:

- *Information des ganzen oberen Kaders an speziellen Tagungen*
- *Sensibilisierung aller Ausbildungsverantwortlichen*
- *Bereitstellen von Ausbildungsunterlagen (Vorträge, Folien, Tonbildschauen, Video)*
- *Durchführen von speziellen Kursen, Seminaren und Einbau der Ökologie in bereits bestehende Kurse.*

Akademische Qualifizierungsmöglichkeiten

Innerhalb der Betriebswirtschaftslehre wird der Wechselwirkung zwischen Unternehmung und gesellschaftlicher Umwelt seit einigen Jahren verstärkt Aufmerksamkeit geschenkt. Während eine umfangreiche Spezialliteratur zum Umweltschutz entstand, sind umfassende Ansätze zu einer Betriebsökologie, zu einem Öko-Management, noch selten (Winter, 1987; Steger, 1988; Schreiner, 1988; Hopfenbeck, 1989). Eine „betriebliche Umweltökonomie" (so Wicke 1982), deren Hauptaufgabe die Darstellung

- der betrieblichen Umweltbeziehungen,
- ihrer wirtschaftlichen Folgewirkungen und
- der Auswirkungen der staatlichen Umweltpolitik

ist, müßte in ihren Untersuchungsbereich

- die Organisation des betrieblichen Umweltschutzes,
- die Auswirkungen betrieblicher Umweltschutzmaßnahmen auf die betriebliche Berichterstattung und Rechenschaftslegung,
- die Minimierung negativer Effekte des betrieblichen Umweltschutzes auf das Betriebsergebnis,
- die Erfassung und Verrechnung der betrieblichen Umweltschutzkosten,
- die Finanzierung von Umweltschutzmaßnahmen unter Berücksichtigung der staatlichen Finanzierungshilfen sowie
- die Möglichkeiten des Marketings bei umweltfreundlichen Produkten bzw. des „Umweltschutzimages" der Unternehmung

mit einbeziehen. Eine solche betriebliche Umweltökonomie „als eine geschlossene Teildisziplin der Betriebswirtschaftslehre befindet sich im deutschsprachigen Raum noch immer mehr oder weniger im status nascendi ..."

Umrisse einer solchen umweltorientierten Unternehmensführung, die betriebswirtschaftliches und ökologisches Denken bei allen Entscheidungen zu vereinbaren sucht, und bereits praktizierte Beispiele wollen wir aufzeigen. Obwohl die Problematik der ökologischen Umwelt in ihrer betriebswirtschaftlichen Konsequenz noch weitgehend unterschätzt wird, ist eine stärkere Reflektion und Sensibilisierung im Rahmen einer deskriptiven Analyse der gesellschaftlichen Eingebundenheit der Unternehmung zur langfristigen Existenzsicherung unumgänglich.

Das der betrieblichen Ebene vorgelagerte wissenschaftliche Ausbildungsangebot für eine „betriebliche" Umweltökonomie ist – nach unseren obigen Ausführungen nicht überraschend – noch im Entstehen begriffen, erste Pilotprojekte sind gerade abgeschlossen. Technisch-naturwissenschaftliche Bereiche, für die es zahlreiche Nachschlagewerke gibt, wie etwa „Arbeitsfeld Umwelt" von Weichler oder „Berufe im Umweltschutz" und „Studienführer Umweltschutz", die über das Bundesumweltamt zu beziehen sind, werden hier nicht angesprochen. Für Naturwissenschaftler und Techniker wird im Rahmen eines Umschulungsprogramms an der Bfi Nürnberg eine ausschließlich industrieorientierte einjährige Zusatzqualifikation als „Betrieblicher Umweltberater" angeboten, dessen Aufgaben als Generalist für betriebliche Problemlösungen innerhalb des Umweltschutzmanagements deutlich über die eines Sicherheits- und Umweltbeauftragten hinausgehen. Entsprechende Qualifizierungsangebote für Betriebswirtschaftsstudenten seien kurz angesprochen.

- An der European Business School wird ab SS 88 ein Wahlfach „Strategisches Controlling und Umweltmanagement" am Institut für Ökologie und Unternehmensführung angeboten.
- An der Fachhochschule Fulda ist im Fachbereich Wirtschaft ab SS 90 ein Studienschwerpunkt „Umweltwirtschaft" möglich.
- Ähnlich das Angebot einer „Umweltökonomie" an der FH Nürnberg im Fachbereich Wirtschaft.
- Ein Forschungsschwerpunkt „Unternehmung und Umwelt" findet sich an der Universität Essen.

Hilfen für den privaten Bereich

Die Verantwortung der Unternehmung bezieht sich in einem weiten Rahmen nicht nur auf die Verantwortung im betrieblichen Geschehen, sondern auch auf eine Sensibilisierung zum umweltbewußten Verhalten der Mitarbeiter außerhalb der Werkstore.

In den Jahren 1985/86 wurde ein von der Firma Ernst Winter & Sohn finanziertes Pilotprojekt „Umweltberater für Haushalte" durchgeführt, das Vorbild sein sollte für von den öffentlichen Händen zu schaffende Beratungsstellen. Einem umweltfreundlichen Verhalten der Haushalte und der dadurch initiierten massiven Nachfrage nach entsprechend umweltfreundlichen Produkten und Dienstleistungen müßten sich die Hersteller und Handwerksbetriebe anpassen – so der Gedanke. Für die Projektlaufzeit stellte die Firma Winter selbst auch einige Mitarbeiter zur Verfügung und übernahm für deren Anstellung beim Bund für Umwelt und Naturschutz einen Großteil der Gehälter.

Von zahlreichen Firmen werden inzwischen auch eigene Seminare zum „Umweltschutz im Haushalt" angeboten. Referenten sind dabei häufig externe Umweltberater/innen. So kann etwa mit Hilfe von computergestützten Checklisten (wie sie z. B. die A.U.G.E. entwickelt hat) der Mitarbeiterhaushalt nach Umweltverträglichkeit durchforstet und Einsparungsmöglichkeiten aufgezeigt werden.

Follmann & Co
Bei Follmann & Co hat man gemeinsam mit future eine Computer-Haushaltsberatung (verbunden mit einer individuellen Investitions- und Rentabilitätsrechnung) organisiert, um Möglichkeiten des umweltfreundlichen Verhaltens im Privatbereich aufzuzeigen. Die Erfahrung der inzwischen in mehreren Unternehmen durchgeführten Beratung zeigt ein durchschnittliches Einsparungspotential pro Haushalt von 800 DM im Jahr.

Ernährungsbewußtes Kantinenessen

Zur Unterstützung einer Umweltphilosophie wird zunehmend auch auf das Gesundheitsbewußtsein der Mitarbeiter Rücksicht genommen und in der Kantine ein entsprechendes, ernährungswissenschaftlich vernünftiges Angebot gemacht.

Christof Stoll
Bei der Christof Stoll GmbH & Co.KG wurde von Anfang an Vollwertkost angeboten. Da für die täglich über 200 Essen die käuflich zu erwerbenden Lebensmittelrohstoffe immer schwerer zu beschaffen waren, ging Frau Stoll schon früh dazu über, auf gepachtetem Gelände biologisch unverdorbenes Gemüse unter Vermeidung von Kunstdünger, Herbiziden oder Fungiziden selbst anzubauen. Jetzt sind auf industriellem Vorratsgelände ca. zwei Hektar Gemüsefelder angelegt mit vollem landwirtschaftlichem Recycling, das von der Tierhaltung mit dem Ziel der Humusbereitung bis zur Resteverwertung durch zwei Schweine reicht. Müssen Rohstoffe zugekauft werden, erfolgt dies unter strengen Auflagen. Inzwischen ist die betriebliche Kantinenküche so bekannt geworden, daß sie laufend von Küchenleitern für einwöchige Mithilfe und Weiterbildung besucht wird. Über die Stoll VITA Stiftung wird ein Kochbuch über Vollwertkost mit Rezepten aus der eigenen Firmenkantine vertrieben. Es wird keine Cola oder Limonade mehr angeboten (auch nicht in Automaten), dafür unentgeltlich in der Frühstückspause eine Gemüsebrühe.

Teil 14
Finanzierung und Förderung von Umweltschutzinvestitionen

Staatliche Finanzierungshilfen

Kredite der Geschäftsbanken

Finanzierung und Beratung aus einer Hand

Die zunehmende Dichte staatlicher Verordnungen übt einen erheblichen Investitionsdruck auf Unternehmen aus. Die Erfüllung dieser Gesetze, d. h. die Investitionen selbst und die Betriebkosten, trägt gemäß dem Verursachungsprinzip immer das Unternehmen. Es liegt jedoch im allgemeinen gesellschaftlichen Interesse, den Vollzug durch flankierende finanzielle Unterstützungen oder Anreize zu fördern. Da sich die mittelständische Wirtschaft nicht so leicht refinanzieren kann, ist die Hilfe stark auf diese Gruppe bezogen. Die Vielfalt der Programme (mehrere Hundert), unterschiedliche Voraussetzungen und Kombinationsmöglichkeiten erschweren zunehmend eine Orientierung im „Förderdschungel". Die starke Werbung der Kreditinstitute für Umweltschutzfinanzierungsprogramme zeigt, daß der zunehmende Beratungsbedarf erkannt wurde. Es gilt, unter Einbezug der Eigenmittel, Mittel der Geschäftsbanken und der öffentlichen Förderprogramme, ein optimales „Gesamtfinanzierungskonzept" zu erarbeiten. Man erkennt, daß die Leistungsfähigkeit eines Kreditinstituts nicht nur an den traditionellen Bankdienstleistungen gemessen wird, sondern auch am Grad der Informationsvermittlung und Beratung.

Staatliche Finanzierungshilfen

Die öffentlichen Finanzierungshilfen beziehen sich immer nur auf eine anteilige Finanzierung eines Umweltschutzinvestitionsvorhabens, d. h., es müssen in einem bestimmten Verhältnis auch Eigen- und/oder Fremdmittel eingesetzt werden. Zur Mitfinanzierung eines Vorhabens stehen zur Zeit rund 50 unterschiedliche Förderprogramme zur Verfügung. Die Fördermittel belaufen sich auf ca. 700 Mill. DM pro Jahr, einen guten Überblick über das Angebot gibt die Broschüre „Investitionshilfen im Umweltschutz", herausgegeben vom Bundesumweltminister (daneben leisten noch zahlreiche Broschüren der Banken oder der Länderministerien gute Dienste). Diese Hilfen, und darin liegt ihr „Konstruktionsfehler" i. S. einer präventiven Umweltpolitik, beziehen sich überwiegend auf Investitionen im additiven, nachsorgenden Bereich der Umweltschutztechnik – der Vollzug staatlicher Verordnungen im Umweltschutz sollte damit erleichtert werden. Eine Abkehr von dieser ursprünglichen Zielsetzung und die Notwendigkeit zu innovativen, integrierten Verfahren wird jedoch zunehmend gefordert. Es darf betriebswirtschaftlich jedoch nicht verkannt werden, daß Anreize zu freiwilligen Umweltinvestitionen nur dann „greifen", wenn damit zugleich betriebliche Vorteile realisiert werden können (z. B. Energieeinsparung, Wiederverwertung).

Da der Einzelfall immer einer umfassenden Prüfung bzw. individuellen Beratung bedarf und Modalitäten sich ständig ändern, soll hier nur ein Überblick der Möglichkeiten gegeben werden. Das Instrumentarium an Finanzierungshilfen umfaßt:

- zinversbilligte Darlehen
- Investitionszuschüsse bzw. -zulagen
- Bürgschaften
- steuerliche Finanzierungserleichterungen.

Wichtigstes Element im Anreizsystem sind zinsverbilligte Investitionskredite des Bundes, der Länder und der EG. Darlehen werden im sog. Bankenverfahren i.d.R. unter eigenem Obligo der Hausbanken (Primärhaftung) der investierenden Unternehmung bereitgestellt; bei der Hausbank ist auch der Antrag einzureichen, die ihn prüft und dann weiterleitet. Die Zinssätze liegen deutlich unter dem allgemeinen Zinsniveau für normale Investitionsdarlehen, die Auszahlungsquoten zwischen 96 und 100 %. Die Kredite werden langfristig vergeben (meist 10 Jahre) und sind in den ersten zwei drei Jahren tilgungsfrei. Diese Merkmale wirken risikomindernd.

Die jeweiligen Merkmale der Förderhilfen (Höhe der Zinsverbilligung, Höhe des Förderanteils, Höchstlaufzeit, Zinssicherheit, zins- und/oder tilgungsfreie Jahre, Kombinationsmöglichkeit) sind innerhalb der Programme unterschiedlich und bedürfen deshalb ausführlicher Recherchen.

Problem	Art der Investition	Förderprogramme	Konditionen			
			Förderung in % der Investition max.	Höchstbetrag TDM	Laufzeit in Jahren max.	Tilgungsfreie Jahre max.
Abfall	Abfallbeseitigungs- und -verwertungsanlagen (z.B. Verbrennungs-, Kompostierungsanlagen, Recycling, Deponien) Verfahren und Produkte zur Abfallvermeidung	Abfallvermeidungs- und -verwertungsprogramm Land NRW	75	1500	12	2
		ERP-Abfallbeseitigungsprogamm der DA-Bank	variabel	–	15	2
		Ergänzungsprogramm III der DA-Bank	50	–	12	3
		Umweltprogramm der KfW	66-75	10000	10	2
Abwasser	Errichtung/Erweiterung von Anlagen zur Verbesserung der Wasserqualität (z.B. Kläranlagen, Pumpwerke)	Gewässergüteprogramm Land NRW (auch Zuschüsse)[1]	40-80	–	25	2
		ERP-Abwasserreinigungsprogramm der KfW	50	–	15	2
		Umweltprogramm der KfW	66-75	10000	10	2
Lärm und Erschütterungen	Investitionen zur Beseitigung von Lärm und Erschütterungen (auch im Zusammenhang mit einer Betriebsverlagerung aus Immissionsschutzgründen)	Immissionsschutzförderungsprgramm Land NRW[3]	30-75	900	12	2
		ERP-Standortprogramm der DA-Bank	50	300	15	2
		Ergänzungsprogramm III der DA-Bank[2]	50	–	12	3
		Umweltprogramm der KfW	66-75	10000	10	2
		Beschäftigungsorientiertes Förderungsprogramm – Nr. 3 – Land NRW (nur bei Betriebsverlagerungen)	25	1800	15	2
Luftverschmutzung/ Geruchsemissionen	Investitionen zur Reinhaltung der Luft und zur Beseitigung von Geruchsemissionen (auch im Zusammenhang mit einer Betriebsverlagerung aus Immissionsschutzgründen)	Immissionsschutzförderungsprogramm Land NRW[3]	30-75	900	12	2
		ERP-Luftreinhaltungsprogramm der KfW	50	–	15	2
		Umweltprogramm der KfW	66-75	10000	10	2
		ERP-Standortprogramm der DA-Bank (nur bei Erweiterungs- oder Verlagerungsinvestitionen)	50	300	15	2
		Ergänzungsprogramm III der DA-Bank[2]	50	–	12	3
		Beschäftigungsorientiertes Förderungsprogramm – Nr. 3 – Land NRW (nur bei Betriebsverlagerung)	25	1800	15	2

[1] Anträge sind beim zuständigen Staatlichen Amt für Wasser- und Abfallwirtschaft zu stellen.
[2] Bei nicht ausreichenden Sicherheiten kann ergänzend das „Umweltschutz Bürgschaftsprogramm" in Anspruch genommen werden.
[3] Gewerbliche Unternehmen, die der Bergaufsicht unterliegen, können auch Zuschüsse bis zu 15% der förderbaren Investition erhalten.
Quelle: Westdeutsche Landesbank

Quelle: Handelsblatt 10. 8. 1989

Abb. 48: Öffentliche Kreditprogramme für den Umweltschutz (Beispiel: Land Nordrhein-Westfalen)

Subsidiäre öffentliche Förderdarlehen des Bundes werden (nach einheitlichen Richtlinien im Gegensatz zu den recht unterschiedlichen Länderprogrammen) etwa von

- der Kreditanstalt für Wiederaufbau (KfW) mit den Umweltschutz-Kreditprogrammen aus dem ERP-Sondervermögen (Luftreinhaltungs-/Abwasserreinigungsprogramm) und zusätzlichen Eigenmittelprogrammen mit Schwerpunkt der Förderung von Klein- und Mittelbetrieben und

- der Deutschen Ausgleichsbank (ERP-Abfallkredite; und die 1988 neu eingeführten „Bürgschaftsprogramme für mittelständische Hersteller umweltschonender, innovativer Produktionsanlagen und Produkte" – interessant vor allem bei nicht ausreichenden erstrangigen Sicherheiten) vergeben.

Auf europäischer Ebene ist vor allem das Finanzierungsangebot der Europäischen Investitionsbank (EIB) zu prüfen. Fast 15 % des Betrages der Finanzierungen der EIB (1,2 Mrd. ECU) betreffen Investitionen, die speziell auf den Schutz und die Verbesserung der Umwelt ausgerichtet sind.

Investitionszuschüsse oder -zulagen als direkte Finanzhilfen werden überwiegend von den Bundesländern gewährt (Ausnahme: das Umweltbundesamt mit dem Investitionsprogramm zur Verminderung von Umweltbelastungen, um den Stand der Technik weiter zu entwickeln; dieses Programm befindet sich zur Zeit in der Umstrukturierung). Sie spielen in Deutschland keine große Rolle. Beim Zuschuß werden (nicht rückzahlbare) Barmittel gewährt, wobei nach EG-Recht dieser Wert für Wirtschaftsgüter, die dem Umweltschutz dienen, auf maximal 15 % der Investition begrenzt ist. Zuschüsse werden häufig für Forschungs- und Entwicklungs- oder Pilotvorhaben eingesetzt. Der Unterschied bei der Zulage besteht im Rechtsanspruch auf die Gewährung, wenn die im Investitionszulagengesetz (wird ab 1990 nicht mehr weitergeführt) genannten Voraussetzungen bestehen. Die Zulage ist ein „steuerfreier Zuschuß".

Für die Aufnahme von Investitionskrediten sind bankübliche Sicherheiten erforderlich; das technische Risiko von Umweltschutzinvestitionen engt die Beleihungsmöglichkeiten oft ein. Stehen Sicherheiten nicht oder nicht in ausreichendem Maße zur Verfügung, können mittelständische Unternehmen Bürgschaften beantragen, die im Rahmen besonderer Programme übernommen werden: etwa über die Deutsche Ausgleichsbank oder in Bayern die Kreditgemeinschaft des Handwerks bzw. der Bayerischen Landesanstalt für Aufbaufinanzierung. In der Regel wird eine 80 %ige Haftungsfreistellung des Kreditbetrages gewährt.

Eines der effektivsten und bekanntesten Instrumente ist die Sonderabschreibung nach § 7 d EStG. Danach können Wirtschaftgüter, die zu mindestens 70 % dem Umweltschutz dienen, in fünf Jahren abgeschrieben werden, dabei 60 % im ersten Jahr (mit einem damit verbundenen hohen Liquiditätseffekt) und jeweils 10 % in den folgenden Jahren. Der Nachteil dieser sehr intensiv von der Wirtschaft genutzten Möglichkeit ist darin zu sehen, daß nur nachsorgende, also Reparaturinvestitionen (wie Filter, Kläranlagen) begünstigt wurden. Diese Förderung konnte auch kumulativ mit den anderen Programmen in Anspruch genommen werden. Die sonderabschreibungsfähigen Umweltschutzinvestitionen summieren sich seit Einführung des § 7 d (1975) auf über 32 Mrd. DM, davon allein 22,6 Mrd. DM im Zeitraum 1983 bis 1987. Viele Unternehmen haben ihre Investitionen vorgezogen, da der § 7 d zum 31. 12. 1990 befristet und eine Verlängerung noch nicht beschlossen ist. Bayern hat 1987 einen entsprechenden Gesetzentwurf zur Novellierung im Bundesrat eingebracht, mit der Erweiterung, daß zukünftig auch Umweltschutzanlagen, die als präventive Vermeidungsmaßnahme in Produktionsprozesse integriert werden, einbezogen werden. Da ein umweltrelevanter Teil der Gesamtkosten nicht mehr abgrenzbar wäre, müßte das gesamte Wirtschaftsgut gefördert werden, wenn es den jeweiligen Stand der Technik wesentlich übertrifft.

Kredite der Geschäftsbanken

Da die staatliche Finanzierungshilfe immer nur eine anteilige ist, wird neben dem Einsatz von Eigenmitteln in vielen Fällen auch auf Kreditmittel der privaten Geschäftsbanken zurückzugreifen sein. Das richtige Finanzierungspaket zu finden, stellt in jedem Fall ein sehr komplexes „maßgeschneidertes" Modell dar.

Insbesondere von den Großbanken wird in jüngster Zeit für computergestützte Beratungen über hauseigene Datenbanken geworben, um die richtige Finanzierung im Sinne eines auf den individuellen Fall abgestimmten „Mix" zu finden: die Deutsche Bank mit ihrem „db-select" oder die Dresdner Bank mit ihrem „drefin". Dieser Finanzierungsservice wird i.d.R. verknüpft mit einer umfassenden Umweltschutzberatung. Eine von der IHK Nürnberg bei mittelständischen Betrieben durchgeführte Befragung zeigte ein deutliches Informationsdefizit über öffentliche Umweltschutzförderprogramme. Die Geschäftsbanken bieten inzwischen ein umfassendes Angebot an speziellen Krediten zur kostengünstigen Finanzierung von Umweltschutzinvestitionen an, entweder als eigenständige Programme oder zum Teil auch in kooperativer Form mit öffentlichen Instituten.

Commerzbank
So bietet die Commerzbank seit 1987 eine Kombination von Fördermitteln der öffentlichen Hand und einem eigenen speziellen Kreditprogramm „Mittelstandsdarlehen Umwelt" (CBM-Umwelt) an. Diese zweckgebundenen Kredite können wahlweise als Annuitäten-, Ratentilgungs- oder endfälliges Darlehen mit Laufzeiten bis zu 18 Jahren bei ma-

Für die Existenzgründung. Für die Minderung von Struktur- und Wettbewerbsnachteilen. Für die Bewältigung von Risikosituationen, wie Einführung eines innovativen Produktes oder Einsatz einer neuen Technik. Und natürlich auch für Maßnahmen, die die Umwelt entlasten.

„drefin" prüft anhand der individuellen Angaben des Interessenten, ob spezielle Förderungsprogramme in Frage kommen.

Wenn ja, stellt es verschiedene Alternativen zusammen.

Unser Betreuer gibt gezielte Kurzinformationen über die Voraussetzungen, hilft bei der Auswahl der günstigsten unter den erarbeiteten Kombinationen und bei der Beantragung der Fördeungsmittel. Gleichzeitig stellt „drefin" einen langfristigen Finanzierungsplan auf sowie einen Tilgungsplan, aus dem die finanzielle Belastung der Folgejahre hervorgeht. Und das Schönste: „drefin" ist kostenlos.

Der Weg zu verbilligten Krediten, Zulagen und Zuschüssen.

Fragen kostet nichts. Auch dann nicht, wenn man kompetente Antworten erhält.

Dresdner Bank

FK 03 A/K9
Kreditvergabe jetzt vereinfacht

ximal zwei Freijahren und Zinsbindungsfristen bis zu 10 Jahren gegeben werden. Die Differenz zwischen den öffentlichen Krediten und dem Gesamtinvestitionsbedarf wird zu Sonderkonditionen finanziert; der Abschlag vom Marktzinssatz (als teilweiser Verzicht auf die eigene Marge) liegt weitgehend in der Entscheidungsbefugnis der örtlichen Kundenberater/Geschäftsstelle.

Bank für Gemeinwirtschaft
Ein ähnliches Beispiel der Zusammenarbeit bietet die Bank für Gemeinwirtschaft, die gemeinsam mit der Deutschen Ausgleichsbank und der Europäischen Investitionsbank ein Finanzierungsprogramm entwickelt hat, in dem je nach Vorhaben die verschiedensten Mittel ausgeschöpft werden.

Sie stellen sich als
Unternehmer bewußt der Herausforderung Umweltschutz.
Suchen Sie einen kreativen Finanzpartner?
Schutz und Erhaltung einer intakten Umwelt geht alle an.
Der Erhalt unserer natürlichen Lebensgrundlagen ist unabdingbare Voraussetzung für die Sicherung unserer Zukunft. Die Rohstoffe sind nicht unerschöpflich, die ökologischen Kreisläufe gefährdet. Schadstoffe in der Luft, im Wasser und Boden belasten Menschen, Tiere und Pflanzen.
Immer mehr Menschen setzen sich für ein neues Verhalten gegenüber der Umwelt ein und bewerten ihren Schutz höher als technischen Fortschritt und Wirtschaftswachstum.
Die deutsche Wirtschaft übernimmt bewußt Verantwortung für die Umwelt. Unternehmen sehen Umweltschutz nicht nur unter Kostenaspekten, sondern als reelle Chance. Sie investieren langfristig in die Verminderung der Umweltbelastung durch Senkung der Emissionen, Einführung umweltschonender Produkte und Produktionsverfahren, Entwicklung neuer Technologien zur Einsparung von Rohstoffen und Energie, durch die Wiederverwendung von Rohstoffen aus Abfällen.
Die BfG engagiert sich langfristig in den Bereichen Umwelt und Energie.
Aktives Handeln für den Umweltschutz ist ein wesentlicher Bestandteil unserer Unternehmensphilosophie.
Als Partner von gewerblichen Unternehmen und Kommunen unterstützen wir Investitionen und Innovationen durch gezielte Beratung und die Bereitstellung optimal auf die jeweiligen Bedürfnisse zugeschnittener Finanzpakete.
Das BfG:Umwelt-Sonderprogramm – drei leistungsstarke Partner im Verbund.
Umweltschutz muß finanzierbar sein. Deshalb haben wir gemeinsam mit der Deutschen Ausgleichsbank und der Europäischen Investitionsbank ein Finanzierungsprogramm für Investitionen entwickelt, die der Verminderung von Umweltbelastungen oder der Einführung neuer technischer Verfahren und Produkte dienen.
Je nach Vorhaben kombinieren wir zinsgünstige, langfristige Sonderkredite aus Mitteln der Deutschen Ausgleichsbank, der Europäischen Investitionsbank, der Kreditanstalt für Wiederaufbau, des ERP-Sondervermögens, der Bundesländer sowie des BfG:Umwelt-/Energie-Darlehens und der BfG:Investitions-Optimierung mit Zuschüssen und Zulagen aus EG-, Bundes- und Ländermitteln, Beteiligungskapital und öffentlichen Bürgschaften.
Die Vorteile für die Investoren liegen
– in langen Laufzeiten und festen Zinssätzen,
– in einer Verstärkung der Eigenkapitalbasis
– und in einer deutlichen Risikominderung.
So sichern Sie langfristig die Rentabilität und Wettbewerbsfähigkeit Ihres Unternehmens.
Die Umwelt hat viele Chancen.
Fast jede Investition beinhaltet Umweltschutzaspekte. Für die Inanspruchnahme öffentlicher Förderprogramme ist nicht unbedingt Voraussetzung, daß die Investition/Innovation ausschließlich dem Umweltschutz dient. Das BfG:Umwelt-/Energie-Darlehen kann sowohl als eigenständiges Programm als auch in Kombination mit öffentlichen Förderprogrammen genutzt werden.
Reden Sie mit uns. Wir sind Ihre Bank.
Öffentliche Fördermittel sind grundsätzlich vor Beginn der Investitionsmaßnahmen zu beantragen. Deshalb sollten Sie uns schon im Planungsstadium in Ihre Investitionsüberlegungen einbeziehen. Gegebenenfalls können Sie dann Ihre Kosten durch Zuschüsse, Beteiligungskapital und zinsgünstige, langfristige Kredite deutlich senken. Unsere Firmenkundenbetreuer beraten Sie umfassend.
Als Mitglied der Aachener und Münchener Gruppe haben wir unsere klassischen Bankdienstleistungen um eine breite Palette von Bank- und Versicherungsangeboten erweitert, z. B. die BfG:Investitions-Optimierung. Der Bereich Umwelt/Energie ist ein Beispiel für zukunftsorientiertes Denken und Handeln. Mit unserem umfassenden Service decken wir mehr ab als nur Teilaspekte Ihrer Finanzplanung.
BfG:Ihre Bank
Aachener und Münchener Gruppe

Finanzierung und Beratung aus einer Hand

Durch die Umweltproblematik kommt auf die Banken eine große Finanzierungsaufgabe mit einem veränderten Kreditmanagement, einem Umdenken in den Risikobeurteilungen und Phantasie bei der Suche nach innovativen Finanzierungslösungen zu. Neben die Investitionsfinanzierung als traditionelle Bankdienstleistung tritt als interessantes neues Betätigungsfeld speziell für mittelständische Firmenkunden vor allem die Informationsvermittlung und -beratung (Juncker, Deutsche Bank 1990).

Deutsche Bank
Als eine Initiative für den Umweltschutz stellt die Deutsche Bank auf der CeBit '90 eine Umweltdatenbank vor. Bisher ist das zur Lösung von Umweltschutzproblemen notwendige Wissen auf viele einzelne Quellen (wie Handbücher etc.) verstreut – Ziel dieses neuen Service ist nun, einen „Informationspool" insbesondere für kleine und mittlere Unternehmen anzubieten, der „aus einer Hand" Informationen über Anbieter umweltorientierter Technologien und Dienstleistungen bietet. Ein solches datenbankgeschütztes Umweltinformationssystem zur Verwirklichung eigener Umweltschutzmaßnahmen bzw. zum Erschließen neuer Märkte verschafft dem Interessenten einen Informations- und Innovationsvorsprung und mehr Effizienz und Zielgerichtetheit bei der Planung und Realisierung.

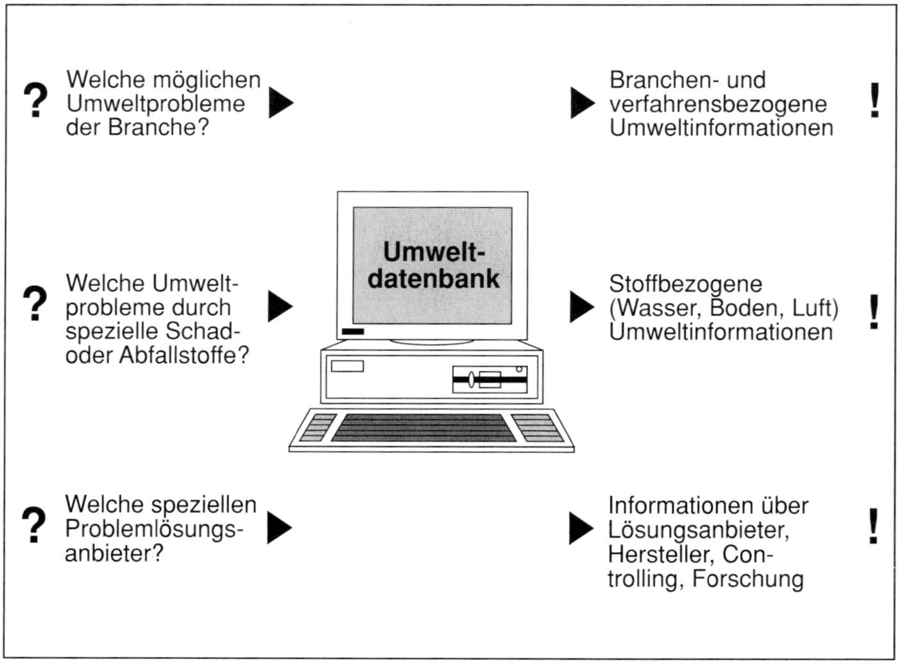

Quelle: Deutsche Bank

Abb. 49: Umweltdatenbank der Deutschen Bank

Wie die Abbildung verdeutlicht, umfaßt die schnelle und kostengünstige Recherche mehrere Felder:

- *Es können zu einem definierten Umweltproblem gezielt Lösungsanbieter abgefragt werden.*
- *Es können kompetente Berater, Kooperationspartner und Hersteller gesucht werden.*
- *Es eignet sich für die zielgruppennahe Darstellung umweltorientierter Produkte und Dienstleistungen.*

Dieser Datenbankservice wird ergänzt und verknüpft mit zwei bereits auf der CeBit '89 vorgestellten Dienstleistungen:

- *db-data:* *Zur Vermittlung von Technologie-, Markt-, Branchen- Kunden- sowie Unternehmensinformationen und Gesprächspartnern.*
- *db-select:* *Zur Suche nach geeigneten öffentlichen Fördermitteln und zur optimalen Kombination von Bank- und Fördermitteln. „db-select" enthält über 590 Förderprogramme des Bundes, der Länder und der EG mit allen erforderlichen Informationen wie Förderziel, Konditionen, Antragsvoraussetzungen, Ansprechpartner etc. Da i.d.R. mit den verschiedenen Förderprogrammen keine Vollfinanzierung möglich ist, sind neben dem Einsatz von eigenen Mitteln meist ergänzende Bankkredite erforderlich. Für ein maßgeschneidertes und invididuelles Finanzierungskonzept werden über einen EDV-Suchlauf die für das Vorhaben passenden Förderprogramme ausgesucht und darüber hinaus Zins- und Tilgungspläne erstellt und ein Finanzierungsplan gestaltet. Diese Datenbank wird zur Zeit zu „euroselect" ausgebaut, einer Datenbank, die auch die nationalen Förderprogramme der EG-Partnerländer enthält.*

Wie mit Hilfe eines solchen datenbankgestützten Umweltinformationssystems Probleme gelöst oder auch neue Märkte ausgelotet werden können, soll anhand eines Fallbeispiels, nämlich der Recherche eines von Umweltschutzauflagen Betroffenen, exemplarisch verdeutlich werden:

Ein Berliner Betrieb zur Textilfärbung wird von den Berliner Fachbehörden aufgefordert, eine verbesserte Abwasserreinigung zur Behandlung der Schwermetalle und chlorierten Kohlenwasserstoffe (CKWs), eine Bodenuntersuchung zur Prüfung seines Standortes und eine Abluftbehandlung seiner chloroformhaltigen Abluft aus der Bleicherei vorzunehmen.

In umwelt-data recherchiert der Betroffene (a) nach Verfahrenstechniken und Anbietern zur Lösung seiner Abwasser- und Abluftprobleme, (b) nach einem geeigneten Berliner Ingenieurbüro zur Bodenuntersuchung. Diese Recherchen kann er über db-data mit den dort erhaltenen Marktinformationen abstützen.

Nach Kontaktaufnahme mit dem Ingenieurbüro für Bodenuntersuchungen und Durchsicht der technischen Möglichkeiten der Behandlung der Emissionen beschließt der Betroffene, ein geeignetes Ingenieurbüro in Berlin mit der Auswahl und Installation der gewünschten und geeigneten Abluft- und Abwasserbehandlungsanlagen zu beauftragen und sucht (c) in umwelt-data nach einer entsprechenden Ingenieurfirma.

Anhand der vielfältigen Lösungsangebote kann der Betrieb sich an die geeignetsten Anbieter wenden, weitere Informationen einholen und sich umfangreich vorinformieren. Daraufhin kann er sich mit verschiedenen Ingenieurbüros, die auf dem Gebiet der Abwassertechnik arbeiten, aus dem Recherche-Angebot beraten und das am besten geeignete Ingenieurbüro mit der Planung beauftragen. Durch die zahlreichen Vorinformationen ist er für das Ingenieurbüro ein kompetenter Ansprechpartner geworden. Mittler-

weile ist das Ingenieurbüro, das der Betrieb zur Bodenuntersuchung seines Firmengeländes herausgesucht und beauftragt hat, mit den Bodenuntersuchungen bereits beschäftigt.

---

zu a):

```
DBUF/Deutsche Bank umwelt-data/Firmen       SESSION    12
(C) Deutsche Bank AG, Frankfurt             TEST 01.03.1990 TEST

      1
DB DBUM, FIZ Technik Frankfurt: umwelt-data, (C) Deutsche Bank.
AN DE00102.
ED 11.01.1990.
IN AQUAPURA Wasserreinigungsbau Peter Franke KG.
PS Pestalozzistr. 79.
RE D-1000 Berlin 12.
PL 1000.
TL Telefon: ++49-30-310776.
YR 1934.
SO GUT RKW TVA.
IC B420 Anlagenbau.
PN
   ANGEBOT 1 VON 1.
   Neutralisations-    und    Entgiftungsanlagen.    Vollautomatische
   Arbeitsweise  mit  pH-Ueberwachung und -Regulierung nach dem Chargen-
   oder Durchlaufprinzip. Kapazitaet: 1-50 m3/h. Geeignet fuer Chromate,
   Leichtmetallverbindungen,  Schwermetallverbindungen, Saeuren, Laugen,
   Cyanide,    Hydroxide,    Ammoniak.   Zielbranchen:    Beizereien,
   Galvanikbetriebe,  Haertereien  und  Eloxalbetriebe, pharmazeutische-
   und   chemische   Industrie,   Laboratorien    von   wissenschaftlichen
   Instituten.
   U207 Abwasser (Industrie & Gewerbe)
   U252 Abwasserbehandlung
   S43 Saeuren (anorganisch)
   S44 Basen, Laugen (anorganisch)
   S44-02 Ammoniak, Ammoniumhydroxid
   S45-02 Leichtmetallverbindungen & Leichtmetalle
   S45-03 Schwermetallverbindungen & Schwermetalle
   S46-03 Cyanide, Cyansalze
   S47 Komplexbildner, Komplexone
   N25 Chemische Industrie
   N3 Metallverarbeitung, Feinmechanik & Optik
   L252-50 Abwasserbehandlung (chemisch)
   L252-51 Entgiftungsanlagen
   Quellen: GUT RKW TVA (Stand: 11.01.1990).

              END OF DOCUMENT
```

---

zu b):

```
DBUF/Deutsche Bank umwelt-data/Firmen      SESSION    14
(C) Deutsche Bank AG, Frankfurt            TEST 07.03.1990 TEST


      1
DB DBUM, FIZ Technik Frankfurt: umwelt-data, (C) Deutsche Bank.
AN DE00148.
ED 31.08.1989.
IN Adam  +  Schaefer,  Ingenieurbuero  fuer  Verfahrenstechnik  und
   Umweltschutz in Berlin
   Berliner Innovationszentrum
   Berliner Gruenderzentrum.
PS Ackerstr. 71-76.
RE D-1000 Berlin 65.
PL 1000.
TL Telefon: ++49-30-4694674
   Telefax: ++49-30-4694646.
SO GUT TVA.
IC B613 Ingenieurbuero.
PN
   ANGEBOT 1 VON 1.
   Methoden  zur  Beurteilung  der  Umweltqualitaet  mit der Zielsetzung
   einer  Reduzierung  erforderlicher  Messprogramme.  Konzepte  zur
   Darstellung  und  Auswertung  von  Datenmaterial.  Durchfuehrung  von
   Untersuchungen  und  Analysen  im  Bereich Wasser-, Boden-, Luft-  und
   Abfallchemie.
   U11 Analyse & Messtechnik (Boden)
   U21 Analyse & Messtechnik (Wasser)
   U31 Analyse & Messtechnik (Luft)
   U41 Analyse & Messtechnik (Abfall)
   U703 Verfahren
   L05-13 Konzeptentwicklung
   L11 Bodenuntersuchung
   L21 Wasseranalytik & Messung
   L31 Luftanalytik
   L41 Abfallanalytik & Abfalluntersuchung
   Quellen: GUT TVA (Stand: 31.08.1989).

              END OF DOCUMENT
```

zu c):

```
DBUF/Deutsche Bank umwelt-data/Firmen      SESSION    15
(C) Deutsche Bank AG, Frankfurt            TEST 07.03.1990 TEST

      1
DB DBUM, FIZ Technik Frankfurt: umwelt-data, (C) Deutsche Bank.
AN DE00204.
ED 31.08.1989.
IN Energieconsulting Heidelberg, Niederlassung Berlin.
PS Bismarckstr. 107.
RE D-1000 Berlin 12.
PL 1000.
TL Telefon: ++49-30-317001.
SO GUT TVA.
IC B613 Ingenieurbuero.
PN
   ANGEBOT 1 VON 1.
   Anlagen zur Wasserbehandlung und Abwasserbehandlung.
   U20 Wasserarten
   U233 Wasseraufbereitung
   U252 Abwasserbehandlung
   L05-02 Sachverstaendigengutachten
   L05-03 Planung & Projektierung
   L233 Wasseraufbereitung
   L252 Abwasserbehandlung & Abwasserreinigung
   Quellen: GUT TVA (Stand: 31.08.1989).
```

Zur Finanzierung der Investitionen zur technischen Abwasserbehandlung erkundigt er sich anschließend in db-select nach zutreffenden öffentlichen Fördermitteln.

Die db-select Recherche ergab: Kein Berliner Förderprogramm für diese Selektion, jedoch 6 Bundesprogramme.

```
                 * SUCHE OEFFENTL. FOERDERPROGRAMME * *E* 26.04.90 12:40:12
LEGITIMATION :                     SPARTE : OFP  GVO : SEL
***************************************************************************
EG/Bund/Land Programm :  BU ........  6 Programm(e) selektiert
o d e r  Titel(anfang):  ......................................

Antragsberechtigte(r) :  Industrie / Produktion..................
                         ........................................
                         ........................................
                         ........................................
Verwendungszweck(e)   :  Abwasserbeseitigungsanlagen.............
                         Abwasserreinigungsanlagen...............
                         Gewässergüte Verbesserung...............
                         Grundwasserschutz.......................
Anzahl Beschäftigte   :  .....
Jahresumsatz(in MioDM):  ......        ( 0,1 - 9999,9 )
Zuschüsse             :  .
Darlehen              :  .
Bürgschaften          :  .
Beteiligungen         :  .
Ausschreibungen       :  .
Programme des BMFT    :  .


               *** SELEKTIERTE FOERDERPROGRAMME *** *E* 26.04.90 12:41:11 ENDE
LEGITIMATION :                     SPARTE : OFP  GVO : SEL
***************************************************************************
1    Bürgschaft des Bundes
       BUD0301    BÜRG
2    Förderung von Investitionen zur Verminderung von Umweltbelastungen
       BUE0101                    ZUSS                      ab 01.79
3    ERP-Abwasserreinigungsprogramm
       BUE0202          DARL
4    ERP-Abwasserreinigungsprogramm DDR
       BUE0202  1       DARL                                ab 02.90
5    KfW-Umweltprogramm
       BUE0204          DARL
6    Erprobungs-/ Entwicklungsvorhaben Naturschutz und Landschaftspflege
       BUH0108                    ZUSS                      ab 01.88



LFD.NR.:  1..  TEXTBEREICHSEITE:  1. ( 0 = AUSWAHL )  PLZ:  ...
```

Stellvertretend soll die Nummer 5 (KfW-Umweltprogramme) näher dargelegt werden.
Die db-select-Recherche informiert über:

- Förderziel/Verwendungszweck
- Antragsberechtigte
- Förderart/Konditionen und Gebühren
- Förderhöhe
- Fundstelle
- Antragstellung/-weg
- Antragsschriften/Geltungsdauer
- Kombinierbarkeit
- Besondere Hinweise zur Antragstellung
- Programmänderungen
- Vergabegrundsätze

```
              *** TEXTBEREICH FOERDERPROGRAMME *** *E* 11:43:55 27.04.90 S 1
KfW-Umweltprogramm      -
    BUE0204            DARL
Förderziel/Verwendungszweck

      Verbesserung der Umweltsituation.

      Finanziert werden:
      ------------------
      Investitionen zur Verbesserung der Umweltsituation; dazu zählen
      Investitionen zur
      -  Beseitigung oder Vermeidung von Luftverschmutzungen,
      -  Verminderung von Geruchsemissionen, Lärm und Erschütterungen,
      -  Verbesserung der Abwasserreinigung, Abfallbeseitigung und
         Abfallbehandlung,
      -  Rohstoff- und Energieeinsparung.

      Anm.:  Als Investitionen zur Verbesserung der Umweltsituation
      ----   gelten auch
             -  integrierte Maßnahmen, wie z.B. Erwerb neuer Produk-
                tionsanlagen mit  w e s e n t l i c h e m  Umwelt-
                effekt,
             -  Betriebsverlagerung, wenn der Betrieb am bisherigen
                Standort die unmittelbare Nachbarschaft durch Emissionen
                gravierend belastet oder wenn die Verlagerung des Be-
                triebes aufgrund nachgewiesener behördlicher Anordnung
                erfolgt,
             -  Investitionen, die den Bereich des Arbeitsschutzes be-
                rühren, sofern sie eine umweltrelevante Außenwirkung
                zeigen,
             -  Herstellung umweltfreundlicher Produkte sowie Bereit-
                stellung von Umweltschutzdiensten, wenn die Produkte
                bzw. Dienstleistungen einen innovativen Charakter be-
                sitzen.

 Antragsberechtigte

      1) Unternehmen der gewerblichen Wirtschaft (produzierendes Gewer-
         be, Handwerk, Handel, sonstiges Dienstleistungsgewerbe und
         Unternehmen der Land- und Forstwirtschaft),
      2) freiberuflich Tätige
      in der Bundesrepublik Deutschland einschl. des Landes Berlin.

      Anm.:  Ferner antragsberechtigt auch ausländische Unternehmen im
      -----  grenznahen Bereich - 50 bis 100 km - bei deutscher Betei-
             ligung.
```

*** TEXTBEREICH FOERDERPROGRAMME *** *E* 11:41:49 27.04.90 S 1

KfW-Umweltprogramm
BUE0204 DARL

Förderart/Konditionen und Gebühren

K r e d i t

Zinssatz:	* 7,75%/Jahr; - s. auch Kreditoption unter 12.
Auszahlung:	* 95%.
Laufzeit:	* bis zu 10 Jahre.
Zinsfestschreibung:	* für gesamte Laufzeit.
Tilgungsfreijahre:	* max. 2 Jahre.
Höchstbetrag:	* in der Regel DM 10 Mio.
Bereitstellungs-provision:	* 0,25%/Monat, beginnend 1 Monat nach Zusagedatum für nicht ausgezahlte Kreditbeträge. Zur Möglichkeit einer Kreditoption s. unten 12.
Besicherung:	* grundsätzlich dinglich, innerhalb bestimmter Grenzen auch andere bankübliche Sicherheiten, einschl. Bürgschaften von Kreditgarantiegemeinschaften.

Förderhöhe

bis zu 2/3 des Investitionsbetrages; bei Vorhaben von Unternehmen mit weniger als DM 100 Mio Jahresumsatz (einschl. Umsatz verbundener Unternehmen) bis zu 3/4 des Investitionsbetrages.

Programmtitel/Rechtsgrundlage/Fundstelle

KfW-Umweltprogramm

Fundstelle:

1) KfW-Umweltprogramm - Investitionskredite für Umweltschutzmaßnahmen der gewerblichen Wirtschaft -, KfW-Merkblatt,
2) Allgemeine Bestimmungen für Investitionskredite - Kreditinstitute -, KfW-Merkblatt 167a-12/85,
3) Allgemeine Bestimmungen für Investitionskredite - Endkreditnehmer -, KfW-Merkblatt 167b-12/85.

*** TEXTBEREICH FOERDERPROGRAMME *** *E* 12:08:09 27.04.90 S 1

KfW-Umweltprogramm
BUE0204 DARL
Antragstellung/-weg

Kreditanstalt für Wiederaufbau (KfW),
Palmengartenstraße 5 - 9, 6000 Frankfurt/Main.
Tel.: 069/ 7431 - 0.

Für den Antrag ist neben den normalen KfW-Formularen "KfW 166- und 166a-" das ergänzende statistische Beiblatt "KfW 166c" zu verwenden.
Im Antrag ist der angestrebte Umwelteffekt detailliert darzustellen. Daher sind nicht nur die einzelnen Bereiche (Luft, Abwasser, Abfall, Lärm, Geruch, Erschütterung, Rohstoff-/Energieeinsparung) zu nennen, in denen die Umwelt positiv beeinflußt wird, sondern die Umweltverbesserung ist möglichst auch zu quantifizieren, z.B. durch Angabe der prozentualen Verringerung der Abwassermenge, der Höhe des Lärmpegels vor und nach Durchführung der Investition. Bei integrierten Maßnahmen, bei denen der Umweltschutz nur eines der Investitionsmotive darstellt - z.B. Erwerb einer neuen umweltschonenden Produktionsanlage -, ist der mit der Maßnahme verbundene Umwelteffekt exakt zu beschreiben.

Beim Ausfüllen des KfW-Antragsformulars "KfW 166" ist folgendes zu beachten:

- auch bei Neugründungen sind unter Ziffer 4 (wirtschaftliche Verhältnisse) Angaben zur Vermögenslage und zu den Einkommensverhältnissen erforderlich, die auf einer entsprechenden Einnahmen- und Ausgabenvorschau oder Vorkalkulation beruhen sollten;
- auch wenn dem Antrag eine ausführliche Darstellung als Anlage beigefügt wird, ist unter Ziffer 6 grundsätzlich eine Kurzfassung des Verwendungszwecks zu geben;
- die erste Tilgungsrate ist, sofern keine tilgungsfreien Anlaufjahre gewünscht sind, grundsätzlich nach Ablauf der Abruffrist (endet in der Regel 1 Jahr nach Zusagedatum) fällig. Falls früherer Tilgungsbeginn erwünscht und tatsächlich frühzeitiger Abruf der Kreditmittel absehbar, sollte dies im Antragsvordruck (Ziffer 1) angegeben werden.

Achtung: Anträge per Telefax sind innerhalb von 8 Bankarbeitstagen mit Zusatz "Original zum Telefaxantrag vom ..." als Originalantrag bei der KfW nachzureichen.

Antragsfristen/Geltungsdauer d.Programms

Förderprogramm nicht befristet.

*** TEXTBEREICH FOERDERPROGRAMME *** *E* 12:09:28 27.04.90 S 1

KfW-Umweltprogramm
BUE0204 DARL
Kombinierbarkeit

Keine Einschränkungen.

Gleichzeitig kann z.B. beantragt werden:
ERP-Abwasserreinigungsprogramm = BUE0202
ERP-Luftreinhaltungsprogramm = BUE0203.

Besondere Hinweise zur Antragstellung

Für den Kreditantrag eines Unternehmens, dessen Umsatz DM 500 Mio übersteigt, übernimmt das Kreditinstitut, über welches der beantragte Kredit gewährt wird, nur in Höhe von 50% die Haftung. In diesem Fall richtet die KfW ihre Kreditentscheidung verstärkt an der Bonität und den Gesamtverhältnissen des Antragstellers sowie der Werthaltigkeit der angebotenen Sicherheiten aus. Sämtliche hereingenommenen Sicherheiten dienen der KfW und dem Kreditinstitut quotal.

Beantragt werden kann eine Kreditoption. Der beantragte Kredit wird mit der Maßgabe zugesagt, daß der Antragsberechtigte die Auszahlung spätestens am Ende des 24. Monats ab Zusagedatum zu den bei Abruf geltenden Zins- und Auszahlungskonditionen abrufen kann. Die KfW berechnet ab dem Zeitpunkt der Zusage bis zur Kreditauszahlung eine Zusagegebühr von 0,05%/Monat. Wird die Kreditoption innerhalb von 6 Monaten ab Zusagedatum ausgeübt (nur insgesamt möglich), berechnet die KfW eine Gebühr von 0,3% des Kreditbetrages. Für ein Vorhaben kann gleichzeitig ein Kredit und eine Kreditoption beantragt werden (Mischfinanzierung).

Nicht finanziert werden Umschuldungen, Nachfinanzierungen sowie Betriebsmittel.

Programmänderungen

(08.02.90) * Zinssatz ab 09.02.90 angehoben von 7,00 auf 7,25%.
(14.02.90) * Zinssatz ab 14.02.90 angehoben von 7,25 auf 7,50%, Zusagegebühr für Kreditoption halbiert auf 0,025% bzw. 0,3%.
(17.02.90) * Zinssatz ab 17.02.90 angehoben von 7,50 auf 7,75%.

**** AKTUELLE EINZELINFORMATION **** *E* 27.04.90 12:13:53
LEGITIMATION : SPARTE : OFP GVO : INF
****
16.3.90 : KfW, Umweltprogramm Vergabegrundsätze

Da in der neueren Entwicklung bei jeder Investition zwangsläufig ein best. Mindeststandard an umweltschützenden Wirkungen erreicht wird, hat die KfW für ihr Umweltprogramm die Vergabegrundsätze verschärft:
- Die vorsorgliche Vermeidung von Umweltbelastungen ist wichtiger und sinnvoller als eine nachträgliche Beseitigung
- Reine Verlagerungen von Umweltbelastungen von einem Bereich in den anderen sind grs. von der Förderung ausgenommen
- Die Umwelteffekte eines Vorhabens müssen deutlich über die Standardwirkungen hinausgehen, die der normale techn. Fortschritt beinhaltet Aufwendungen, die zu einer ordnungsgemäßen Betriebsführung und zu etablierten, branchenüblichen Umwelttechnologien gehören (z.B. Auffangwannen für Löschwasser), werden nicht mehr gefördert
- Die Förderung von Standortverlagerungen ist nur noch dann möglich, wenn sie wit überwiegend aus umweltpolitischen Gründen erfolgt (nicht bei räumlicher Verlagerung der Belastung, "diffusen" Effekten wie Verkehrsentlastung). Förderung hier nur noch in begründeten Ausnahmefällen
- Wie bisher gelten für Vorhaben größerer Untern. strengere Maßstäbe

Teil 15
Risikomanagement als Antwort auf die neue Umwelthaftung

Ordnungsrecht

Haftungsrecht (Zivilrecht)

Strafrecht

Vom anthropozentrischen zum ökozentrischen Rechtsdenken

Umweltbezogenes Risk-Management

„Geschäfte sind wichtig, Mensch und Natur sind wichtiger.“
(Altner)

Die Bundesrepublik wie auch die anderen westlichen Industriestaaten versuchen, mit zunehmender Dichte des ordnungspolitischen Netzes die Umweltzerstörung zu bremsen. Umweltschutz durch Gesetze ist dabei kein Kind unserer Zeit, entsprechende Verordnungen sind bereits im Mittelalter erlassen worden und begleiteten den gesamten Industrialisierungsprozeß.

Jedoch erst mit Beginn der siebziger Jahre begann als Ausfluß des ersten Umweltprogramms einer Bundesregierung eine umfassende Gesetzgebung in größerem Umfang, die allerdings nicht Eingang in ein „Umweltgesetzbuch" gefunden hat:

- Gesetz über die Errichtung eines Umweltbundesamtes (1974)
- Gesetz zum Schutz vor gefährlichen Stoffen (1980)
- Bundesimmissionsschutzgesetz (letzte Änderung 1986)
- Abfallgesetz (1986)
- Wasserhaushaltsgesetz (Neufassung 1986)
- Gefahrstoffverordnung (1986)
- Abwasserabgabengesetz (Neufassung 1987)
- Wasch- und Reinigungsmittelgesetz (Neufassung 1987)
- TA Luft/TA Lärm/TA Sonderabfall (in Kürze)
- und ...

Heute gibt es zum Umweltschutz mehr als 250 Gesetze und Verordnungen – ein kaum mehr zu durchschauendes Dickicht (vgl. dazu auch Teil 4) zielt überwiegend auf die Unternehmung als einen Hauptschädiger ab.

Die meisten grundlegenden Gesetze wurden auf Bundesebene formuliert und konkretisiert, die praktische Umsetzung vollzieht sich über Vollzugsvorschriften auf Länderebene. Bei Verstößen gegen Umweltvorschriften liegt entweder eine Ordnungswidrigkeit (die Bußgeldvorschriften finden sich in den jeweiligen Gesetzen; für die Behörde gilt das Opportunitätsprinzip) oder ein Straftatbestand vor (seit 1980; §§ 324 – 330 STGB).

Trotz dieser Flut an Umweltauflagen muß man als kritische Bestandsaufnahme ein negatives Urteil treffen. Auf einigen Teilgebieten sind Erfolge zu erkennen, doch das Gesamturteil ist ohne Zweifel negativ, wachsende Zerstörungsmechanismen bedrohen uns. Die Umweltzerstörung konnte nicht aufgehalten werden – im Gegenteil, es zeichnen sich globale Probleme ungeahnten Ausmaßes ab. Die bedrohliche Tendenz der Umweltschäden steht außer Zweifel – in Wissenschaft und auch Politik. Es wird zu fragen sein, wo die Ursachen dafür liegen, daß das Umweltrecht nicht „greift". Dazu wird im ersten Schritt eine kurze Bestandsaufnahme versucht, in einem zweiten Schritt werden die anstehenden Reformen aufgezeigt. Da diese, wie ich glaube, den Umweltschutzgedanken prinzipiell gar nicht effizient lösen „können", sind im dritten Schritt neue Wege aufzuzeigen.

Ordnungsrecht

Mit verschiedenen Instrumenten versuchen die Industriestaaten, die durch das Wirtschaften entstehenden Schäden beim Verursacher selbst zu begrenzen bzw. zu minimieren: Vorschriften zu den Herstellungsverfahren aus Genehmigungsverfahren, Verschmutzungsgenehmigungen oder -bewilligungen und aus Grenzwerten.

Zum Verständnis unserer heutigen Problemlage ist ein kurzer Blick auf die Konstruktion unserer Umweltschutzgesetze notwendig. Im ordnungsrechtlichen Bereich bezieht sich der Schutz immer auf „ein" Medium, z. B. Wasser, Luft (ein eigenes Bodenschutzgesetz fehlt!), bestehende Rechtsgebiete sind entsprechend erweitert worden. Wir haben also eine Zersplitterung in weitgehend unverbunden nebeneinander stehende Spezialgesetze. Obwohl der Umweltschutz eine typische Querschnittsfunktion darstellt und ohne ein solches Denken auch gar keiner effizienten Lösung zuzuführen ist, gibt es kein einheitliches Umweltschutzgesetzbuch. Erste Ansätze zu Querschnittsgesetzen (wie in der Umweltverträglichkeitsprüfung) wurden stark verwässert. Diese Regelung führt dazu, daß sehr häufig Umweltprobleme nur von einem Medium in ein anderes verlagert werden. Beim Kraftwerk gelangen zwar kaum Abgase in die Luft, dafür landet der zum „Schutz" eingebaute Entschwefelungsfilter als Sondermüll im Boden – ähnlich der bei Kläranlagen anfallende Klärschlamm und ... Mit technischen Maßnahmen wird ein Problem verlagert, konzentriert oder verdünnt. Temporär werden Löcher gestopft, kurzfristig wird eine Zeitoption gewonnen, aber keine langfristig befriedigende Lösung erreicht.

Ein zweites Merkmal ist im Verwaltungsrechtscharakter der meisten umweltschutzrechtlichen Bestimmungen zu sehen. Hier ist wohl die Ursache der immer wieder beklagten „Vollzugsdefizite" der zuständigen Überwachungsbehörden zu sehen. Die ständige Ausweitung und Verschärfung der Gesetze läßt zunehmend die Grenzen einer Überwachung offenbar werden.

„Der technische Umweltschutz ist nicht die Lösung der Umweltprobleme. Es liegt nahe, darauf zu hoffen, aber diese Hoffnung darf nicht blenden. Er ist geeignet, lokale oder regionale Probleme durch Konzentration oder Verdünnung zu entschärfen, aber das Grundproblem der Naturausbeutung schafft er nicht aus der Welt.

Vielleicht erklärt diese nicht so selten ausgesprochene und fast nie beherzigte Einsicht auch, warum in allen Industriestaaten die Transformierung der medienspezifischen („Säulen"-)Schutzgesetze in Querschnittsvorschriften so geringe Fortschritte macht. Der Wassertechniker bleibt auf seinem Klärschlamm sitzen, den er weiterreicht an die Verbrennungsanlage. Dort muß der Lufttechniker seine Stäube, Gipse und Schlacken loswerden. Der Bodentechniker wehrt sich gegen die Deponierung, erhält unter Umständen Schützenhilfe vom Wassertechniker, der die ins Grundwasser einsickernden Schadstoffe fürchtet. Bildlich gesprochen und bewußt übertrieben: Die heiße Kartoffel wird eiligst weitergereicht, und wer auf seiner Säule hockt, mag glauben, sich seines Problems damit entledigt zu haben. Ständen sie alle qua Querschnitts-Schutzgesetzgebung unter dem Gebot, die Natur als Ganzes schützen zu sollen, würde die Sinnlosigkeit ihres Tuns offenkundig" (Bieber).

Haftungsrecht (Zivilrecht)

Ein besonderer Konstruktionsfehler des Umweltrechts zeigt sich vor allem beim Klagerecht. Eine Person für Umweltschäden haftbar zu machen, kann u. a. mit Hilfe zweier Paragraphen geschehen.

§ 823 (1) BGB
Wer vorsätzlich oder fahrlässig das Leben, den Körper, die Gesundheit, die Freiheit, das Eigentum oder ein sonstiges Recht eines anderen widerrechtlich verletzt, ist dem anderen zum Ersatze des daraus entstandenen Schadens verpflichtet.

Diese Regelung des Bürgerlichen Gesetzbuches begründet also eine Verschuldenshaftung, d. h., ein Schädiger haftet nur dann, wenn die Schäden bei Einhaltung der allgemein anerkannten Regeln der Sorgfalt hätten vermieden werden können. Es muß eine Sorgfaltspflicht verletzt worden sein, und diese Fahrlässigkeit ist zu beweisen. Am Fehlen des Verschuldens der Schadensverursachung und den unüberwindbaren Beweisschwierigkeiten für den Geschädigten scheitert in der Praxis regelmäßig der Schadensersatzanspruch.

Verwaltungsgerichtlich klagen kann der Bürger nur, wenn er unmittelbar Betroffener und in seinen Rechten verletzt ist (Individualgüterschutz). Selbst wenn es einen solchen Betroffenen geben sollte, ist er in einer aussichtslosen

Lage, wie die Prozesse einzelner Bauern beim Schnellen Brüter gezeigt haben. „Angesichts solcher gigantischer Projekte ist unser verwaltungsgerichtlicher Nachbarschaftsschutz völlig veraltet, die Übermacht der Betreiber strukturell garantiert, Umweltschutz eine juristische Farce. Viele Klagen von Bürgerinitiativen und Umweltschutzverbänden sind genau aus diesem Grund gescheitert“ (Wessel, 1988).

Auch ist der Nachweis der Schädigung eines geschützten Rechts für den einzelnen kaum möglich, der Verursachungsbeweis i.d.R. (vor allem bei Verursachungsketten) wissenschaftlich gar nicht zu erbringen.

Neben diesem allgemeinen Gesetz, das die Pflicht zur Wiedergutmachung oder Entschädigung begründet (und das in ähnlicher Form in den meisten Staaten existiert), ist besonders unter aktuellen Gesichtspunkten eine spezielle Haftungsregel interessant:

> § 22 (1) WHG
> Wer in ein Gewässer Stoffe einbringt oder einleitet oder wer auf ein Gewässer derart einwirkt, daß die physikalische, chemische oder biologische Beschaffenheit des Wassers verändert wird, ist zum Ersatz des daraus einem anderen entstandenen Schadens verpflichtet. Haben mehrere die Einwirkung vorgenommen, so haften sie als Gesamtschuldner.

Diese Regelung im Wasserhaushaltsgesetz ist deswegen so interessant, weil zur Zeit ihre Ausdehnung auch auf die Medien Luft und Boden diskutiert wird. Der Entwurf der Bundesregierung für das geplante Umwelthaftungsgesetz ist im Mai 1989 vorgelegt worden und soll noch vor der Bundestagswahl das Parlament passieren. Was ist der entscheidende Unterschied zum BGB?

Im WHG wird eine sog. Gefährdungshaftung für Umweltschäden begründet und zwar im Gegensatz zu vorhin jetzt auch dann,

- wenn eine Erlaubnis für die Emission erteilt wurde,
- wenn der Schädiger seine Sorgfaltspflicht erfüllt hat.

„Die Gefährdungshaftung dagegen begründet die Haftung nicht auf unrechtmäßigem Verhalten, sondern auf dem Einstehenmüssen für ein erlaubtes Risiko, das trotz Anwendung der erforderlichen Sorgfalt nicht vollständig beherrscht werden kann, so daß es zur Schädigung Dritter kommt“ (Merkisch, 1990). Schafft ein Unternehmer mit einer Anlage eine Quelle mit erhöhtem Risiko, dann muß er und nicht der unbeteiligte Bürger haften, wenn sich diese im eigenen Interesse geschaffene Gefahr auch ohne Pflichtverletzung in einem Schaden konkretisiert. Für Esser ist die Gefährdungshaftung Ausdruck der „verteilenden Gerechtigkeit“. Es muß daher im Interesse eines Anlagenbetreibers liegen (Anreizwirkung des Gesetzes), nachteilige Veränderungen der Umwelt zu verhindern, um damit die Umweltrisiken zu minimieren (Vorsorgegrundsatz). Man kann die Gefährdungshaftung also als ein Äquivalent für das erlaubte Risiko ansehen.

Man erkennt, welche enormen Konsequenzen die beabsichtigte allgemeine Einführung der Gefährdungshaftung für die im Anhang der 4. BImSchV genannten Anlagen haben würde. Betroffen sind schätzungsweise etwa 100000 Unternehmen. Die Aufgabe des Haftungsrechts, nämlich präventiv zu wirken i. S. einer Abschreckung von Fehlverhalten, würde sicherlich effektiver erfüllt. Die Haftung würde sich demnach nicht nur auf den Störfall beziehen, sondern auch auf den Normalbetrieb einer Anlage. Fahrlässigkeit und Vorsatz ist im § 823 BGB nicht erwähnt. Eine „Entlastung" bei dieser Vermutungshaftung ist für den Betreiber letztlich nur über den „Nichtverursachungsbeweis" möglich. Zum Nachweis der Erfüllung ihrer Betriebspflichten werden die Unternehmen zukünftig lückenlose Nachweise zu erbringen haben, z. B. Dokumentationen über Fertigungsprozesse, Stoffe etc. Ein umfassendes Risk-Management muß die Einhaltung aller Grenzwerte, interner Kontrollvorschriften usw. sicherstellen. Zudem sieht der Gesetzentwurf eine Reihe von Beweiserleichterungen vor (Ursachenvermutung für die Annahme der Kausalität). Besonders umstritten sind die erweiterten Auskunftsansprüche des Geschädigten gegen den Betreiber. Man befürchtet, Einblicke in Betriebsabläufe geben zu müssen (Datenschutz contra Umweltschutz!?). Für Anlagen mit besonders hohem Gefahrenpotential wird eine zwingende Einrichtung einer Dekkungsvorsorge/Pflichtversicherung vorgesehen.

Altlasten bleiben ausgeklammert, ebenso nicht erfaßt sind normalerweise sog. Ökoschäden (wie etwa das Waldsterben). Der Umfang erstreckt sich auf Ersatzleistungen bei Körper- und Gesundheitsschäden oder bei Sachschäden und daraus folgenden Vermögensschäden.

Strafrecht

Die Verwaltungsakzessorietät des Umweltstrafrechts, also die Abhängigkeit des Nebenrechts vom zugehörigen Hauptrecht, bedingt, daß das Strafrecht nicht fordern darf, was die Verwaltung duldet oder erlaubt hat. Dieser prinzipielle Vorrang des Verwaltungsrechts ist sicherlich einer der Hauptgründe der gegebenen Effektivitätskrise.

Erst am 1. 7. 1980 in Kraft getreten, wird das Umweltstrafrecht – die „ultima ratio der Umweltpolitik" (Krusche) – in jüngster Zeit heftig kritisiert. Begründet wird die Kritik überwiegend mit den empirischen Freispruchs- bzw. Einstellungsquoten und nur geringen Geldstrafen, die ein offensichtliches Vollzugsdefizit belegen würden. Ist das Umweltstrafrecht eine stumpfe Waffe, haben wir eine Unanwendbarkeit der Umweltstrafvorschriften? Schünemann spricht von einer Verwandlung der „Organisation der Verantwortlichkeit" in die „Organisierte Unverantwortlichkeit".

Wie schwer die Beweisführung ist, zeigen auch die „Ölüberwachungsflüge" über der Nord- und Ostsee, die vor vier Jahren ins Leben gerufen wurden; kein einziger der identifizierten Sünder konnte bisher rechtskräftig verurteilt werden.

Eine Studie des Umweltbundesamtes (1986) zeigt, daß in 75 % der Deliktsfälle keine Klage erhoben wird (im allgemeinen Kriminalitätsbereich sind es nur 30 %). Helgerth berichtet: 1987 wurden in der Bundesrepublik etwa 14800 Verfahren wegen Umweltstraftaten gegen die Umwelt eingeleitet. Gerichtlich abgeurteilt wurden 3025 Fälle, verurteilt nur 1536 Straftäter; Freiheitsstrafen erhielten 59 Straftäter, 53mal zur Bewährung. Auch hier zeigt sich die erwähnte Verwaltungsakzessorietät des Strafrechts: Die meisten Umweltbelastungen, die Bürger bei steigender Sensibilität registrieren, sind verwaltungsrechtlich erlaubt. Es ist u. a. auch auf den allgemeinen Wertewandel zurückzuführen, daß heute eine verschärfte Strafzumessung gefordert wird. Im Gespräch sind im Bereich des Strafrechts zur Zeit:

- eine Gewinnabschöpfung (d. h. die Abschöpfung der geldlichen Vorteile aus unterlassenen Umweltinvestitionen),
- eine Anzeige-„pflicht" der Umweltverwaltungsbehörden bei Verdacht, um einer möglichen Kooperation von Betrieb und Überwachungsbehörde zu begegnen, und
- Änderungen im Strafrecht (ein entsprechender Entwurf „Zweites Gesetz zur Bekämpfung der Umweltkriminalität" liegt bereits vor; er sieht Ausweitung der strafrechtlichen Haftung in Betrieben, also der strafrechtlichen Durchgriffsmöglichkeit bei Organ- und Vertreterhaftung, vor, um den Nachweis der Verantwortlichkeit bei „Unternehmenskriminalität" zu erleichtern – Straftaten können nur von natürlichen Personen verwirklicht werden!);
- zusätzlich sieht man Erweiterungen beim Tatbestand der Luftverunreinigung, beim Umgang mit und der Beförderung von gefährlichen Stoffen und bei Umweltstraftaten von Amtsträgern in Überwachungs- und Genehmigungsbehörden vor.

Krusche (1988) sieht die Frage der Erforderlichkeit strafrechtlichen Umweltschutzes in seiner daraus resultierenden Präventivwirkung: „Der Praktiker stellt zunehmend fest, daß die wachsende Empfindlichkeit gegen die Prangerwirkung eines Umweltstrafverfahrens in der Leitungsebene von Unternehmen zum stärksten Element einer strafverfahrensrechtlichen Generalprävention wird. Zu beobachten ist, daß zur Abwendung solcher Nachteile finanzielle Mittel, organisatorische Fähigkeiten und technisches Know-how vorrangig eingesetzt werden, um der Firma ein Umweltstrafverfahren zu ersparen." Es ist zunehmend erkennbar, daß man die „Öffentlichkeitseffekte" eines von den Medien aufgegriffenen Verfahrens vermeiden will.

Da das Strafrecht m. E. nicht zum Vorreiter umweltpolitischer Strategien taugt, liegt die Lösung wohl eher in vorsorgenden Technologien, die Umweltschäden erst gar nicht entstehen lassen.

„Wie immer man die Strafzwecke ‚modernisiert'! Keine Tat wird durch die nachträgliche Strafe ungeschehen gemacht. Die Umwelt und das kollektive berechtigte Bedürfnis an der Erhaltung der Lebensvielfalt auf der Erde verlangen aber, daß möglichst lückenlos künftige schädliche Einwirkungen ungeschehen bleiben. Dafür dürfen wir uns nicht zu sehr mit der notwendigerweise lückenhaft bleibenden Suche nach Schuldigen für vergangene Sünden aufhalten; wir sollten die staatlichen ‚Ressourcen' besser in präventive Daseinsvorsorge lenken, wo man jedenfalls primär auf Kriminalisierung verzichtet und sich deshalb persönliche Schuldzuweisungen ersparen kann."

Vom anthropozentrischen zum ökozentrischen Rechtsdenken

Der Individalgüterschutz greift im Umweltschutzbereich zu kurz, da es nicht um die Rechte einzelner, sondern um die allgemeinen Rechte der Natur geht. Flüsse, Wälder oder (um ein simples Beispiel zu nehmen) die Robben können aber nicht klagen, da sie keine eigenen Rechte haben.

Die Natur, die Mitwelt des Menschen, „besitzt keinen Wert aus sich heraus, sondern nur einen Wert als Lieferant von Rohstoffen, als Betätigungsfeld für unsere Freiheit und als Gegenstand seelischer Erbauung. So ist es in der Praxis, und so entspricht es dem politischen und rechtlichen Denken". Es geht, fährt Bosselmann (1987) an anderer Stelle fort, darum, aus ethischen und Überlebensgründen das Verhältnis von Mensch und Natur neu zu definieren im Sinne einer Abkehr vom rein anthropozentrischen Weltbild hin zu einer ganzheitlichen oder ökologischen Sichtweise.

Umweltschutz schützt heute lediglich die natürlichen Lebensgrundlagen des Menschen. „Schutz der Natur" durch Gesetze und technische Maßnahmen demnach nicht um der Natur willen, sondern allein zur Sicherung ihrer Nutzung durch den Menschen. Der Nutzen des Menschen bestimmt auch das „Maß" der zulässigen Eingriffe bzw. Schäden.

„Die beschränkenden Vorschriften gegen Lärm oder unerträglichen Gestank oder gefährliche Abfälle kamen zwar auch der Umwelt ‚zugute' (teilweise wenigstens), aber sie waren zum Schutz des Menschen und/oder des Eigentums erlassen. Dieser anthropozentrische Ansatz der Schutzgesetzgebung hat sich bis heute erhalten, ja, schon das Wort ‚Umwelt' verrät ihn, meint die Welt um den Menschen herum, nicht die Gesamtheit der Natur" (Bieber, 1989).

Das „Maß", etwa ein explizit formulierter Emissionswert, wird in den Normen des Verwaltungsrechts festgelegt. Damit bestimmt der von Experten definierte sog. Stand der Technik den inhaltlichen Gehalt. In allen empfindlichen

Bereichen des gesetzlichen Umweltschutzes ist, so sieht es Bieber sehr kritisch, inzwischen höchstrichterlich bestätigt, daß die Technik dem Recht vorschreibt, welche Grenzen das Recht der Technik vorschreiben darf – also die Subordination des Rechts unter sein Kontrollobjekt.

„Und hier, auf der Ebene der Festsetzung und Begrenzung rechtlichen Umweltschutzes durch außerrechtliche Erwägungen, beginnt dessen eigentliches Elend. Man muß kein Experte sein, um die oft haarsträubende Willkür zu erkennen, mit der ‚wissenschaftlich hinnehmbaren Risiken' behauptet, konfisziert und wieder behauptet werden. Welche toxikologischen Umweltbelastungen noch ‚unbedenklich' sind, darüber schwankt der ‚Stand der Wissenschaft' nicht nur von Zeit zu Zeit, sondern auch von Land zu Land; bei Schwefeldioxid zum Beispiel um bis zu 300 Prozent – so daß in der Literatur bereits die naheliegende Frage gestellt wird, ob es ‚schadstoff-resistentere Nationen' gebe. Die Litanei der Fiktionen, Zumutungen und Absurditäten, die hier anzuschließen wäre, ist endlos. Klar ist dies: Was den unbestimmten Rechtsbegriffen ‚Grenzwert', ‚Risiko', ‚Stand der Technik' oder ‚Interessensabwägung' ihren Inhalt gibt, das sind keine ‚objektiven wissenschaftlichen Erkenntnisse'. Es ist die rechtlich gesicherte Dezisionsmacht einer technokratischen Elite. Dabei spiegelt, sagt das ‚Umweltgutachten 1987' mit einem herzigen Augenaufschlag, ‚die jeweilige Höhe der Grenzwerte die Ernsthaftigkeit wider, mit der eine Gesellschaft die Ziele der Gefahrenabwehr und der Risikominderung verfolgt'. Sehr wahr. 600000 Kubikmeter Abwässer – zum winzigen, lächerlichen Beispiel – fließen stündlich legal, gewissermaßen durch nichts als die begrifflichen Schleusen der gesetzlichen Leerformeln geklärt, in den Rhein: sechzehn Millionen Tonnen Chemikalien pro Jahr. Die Experten für einen pseudonymen ‚Stand der Technik' bestimmen rechtsverbindlich, daß dieser Schutz für die Umwelt ausreicht. Sie werden, falls der Schützling dabei zugrunde geht, zwar unrecht, aber Recht gehabt haben.

Dies alles darf nicht als Vorwurf an die Adresse des Gesetzgebers, der Jurisprudenz oder der Wissenschaftler mißverstanden werden. Im Horizont einer Lebensform der technisierten sozialadäquaten Raffgier sind durchschlagende rechtliche Alternativen schlechterdings nicht zu erkennen. Auf die Frage, wer denn die gesetzlichen Blankoformeln für die Folgen der Technik ausfüllen könnte, wenn nicht die Technik, lautet die Antwort: niemand. Nur der legalistische Optimismus, der von Herrn Töpfer bis zu den Grünen reicht, sollte langsam als ehrenwerte, aber antiquierte Illusion begriffen werden" (Merkel, 1989).

Längst, so etwa von Stone in den USA seit den frühen siebziger Jahren, wird die Frage diskutiert, ob der Natur eigene Rechte zuerkannt werden sollen. Der Gesetzgeber könnte den genannten Konstruktionsfehler (Umweltrecht = Verwaltungsrecht) leicht beseitigen, indem er, ähnlich wie für Leben und körperliche Unversehrtheit, ein „Grundrecht" auf Naturschutz einführen würde. In Deutschland sind von den einzelnen Parteien dazu Vorschläge erarbeitet worden. Ursprüngliche Ideen im Rahmen des GG Art. 20 sind inzwischen aber ersetzt worden von der Absicht, nur mehr ein „Staatsziel" zu formulieren, etwa mit dem Inhalt „Die natürlichen Lebensgrundlagen des Menschen stehen unter dem besonderen Schutz des Staates".

In einigen Verfassungen der Bundesländer ist dies bereits geschehen, 1976 bereits in Baden-Württemberg. Ein solcher Artikel im Grundgesetz wäre wesentlich unverbindlicher als ein Grundrecht. „So ein Staatsziel ist von minderer Normdichte und das heißt: von minderer rechtlicher Verbindlichkeit. Auf deutsch: Es ist unverbindlich. Der Konstruktionsfehler des Umweltschutzes wird dadurch nicht beseitigt. Es ist, mit anderen Worten, ein Ablenkungsmanöver. Es hat den großen Vorteil, daß man sagen kann, wir tun ja was im Grundgesetz. Vielleicht könnten Umweltschützer damit den einen oder anderen Prozeß gewinnen, den sie heute verlören. Denn so ganz ohne Wirkung ist auch so ein Staatsziel vor den Gerichten nicht. Aber im Grund ist es Augenwischerei" (Wesel, 1988).

Eine andere Möglichkeit, den Konstruktionsfehler des Umweltrechts zu beseitigen, die Verbandsklage etwa durch Umweltschutzorganisationen oder Naturschutzverbände, wie sie bereits seit vielen Jahren in den USA praktiziert wird, ist inzwischen von einigen Bundesländern eingeführt worden; allerdings nicht allgemein, sondern auf Naturschutzgebiete beschränkt. Selbst Befürworter dieses Instruments sähen bei einer allgemeinen Popularklage die Verwaltungsjustiz schlagartig zusammenbrechen.

Andere außerrechtliche Lösungswege, die vom technischen Umweltschutz wegführen, haben wir bereits an anderer Stelle angesprochen. Diese, in der Diskussion gern als „marktwirtschaftliche" Lösung tituliert, beziehen sich vor allem auf die Einführung sog. Ökosteuern. Im Bereich des (fossilen) Energieverbrauchs oder des Abfalls besteht ein dringender Handlungsbedarf – das „Wie" wird nach den Bundestagswahlen klarer erkennbar werden. Im Gespräch ist auch eine obligatorische Umwelthaftpflichtversicherung. Das vom HUK-Verband im August 1987 vorgelegte Modell zeigt wenig Möglichkeiten einer praktikablen Anwendung dieses Instruments.

Die Grenzen des gegenwärtigen Rechtsdenkens und der darauf entwickelten Handlungsinstrumente zeigen sich deutlich. Bisher, so sagt Bosselmann (1987), hat das Umweltrecht den Grundwiderspruch zwischen Ökonomie und Ökologie völlig unangetastet gelassen und sich statt dessen pragmatisch auf die Seite der Ökonomie geschlagen.

Ähnlich kritisch sieht Stock (1990) das Ergebnis der drei Nordseekonferenzen; sein Fazit: „Nichts hat sich daran geändert, daß sich der Umweltschutz nach wie vor an den Vorgaben der Industrie orientiert und eben nicht an der Belastbarkeitsgrenze der Natur."

„Dennoch setzt der Versuch, über ‚Eigenrechte' der Natur unserer anthropozentrischen Rechtsordnung eine ‚ökozentrische' ihrer Opfer aufzuzwingen, auf eine Illusion. Sie soll gar nicht der Kitschvorstellung von einer ‚an sich harmonischen Natur' verdächtigt werden, vor der schon Spinoza mit der lakonischen Bemerkung abgewinkt hatte, es sei das Eigenrecht der kleinen Fische zu schwimmen, und das der großen, die kleinen aufzufressen. Aber logisch unvermeidlich ist eine letzte anthropozentrische Definitionsmacht darüber, was denn der genaue Inhalt solcher Naturrechte sei und wie im Falle ihrer Kollision mit menschlichen Rechten entschieden werden solle – ob und wieweit also das Eigenrecht nicht nur der Robben, sondern, sagen wir, auch des Aids-Virus in Frage käme. Immer müßte die ‚Rechtsordnung' der Opfer von Umweltzerstörungen im Täterkreis fingiert werden. ‚Verantwortung vor der Natur', das hat schon Kant gesehen, ist unumgänglich unsere Verantwortung ‚in bezug auf die Natur' – und damit letztlich gegenüber uns selbst (....) Eine Gesellschaft, die die Folgen ihrer Umweltzerstörung beklagt und deren tiefste Ursachen, den Fortschrittswahn und die Habgier, in allen sonstigen Belangen prämiert, wird in ihren Umweltschutzbemühungen immer wieder an die Grenzmauern ihrer eigenen Wertungen stoßen: die technokratischen Gesetze eines unvermeidlich faulen Kompromisses.

Wer ändert die Grundlage? Das Recht wird es nicht tun. Es müßte selbst das andere Recht einer anderen Lebensform sein. Seine Prinzipien, die ‚Verantwortlichkeit' über die Kategorien Kausalität und Schuld immer nur einzelnen zuschreiben zu können, werden hilflos vor der vielfach verschlungenen, anonymen Gesamtbeteiligung aller. Die klassische rechtliche Analyse, schreibt Niklas Luhmann, wird am Ende ‚nur zu der Feststellung führen, daß die Gesellschaft selbst schuld ist. Und das wissen wir sowieso'." (Merkel, 1989)

Umweltbezogenes Risk-Management

Unsere Ausführungen zum Bereich des öffentlich-rechtlichen Umweltschutzes haben Grenzen deutlich gemacht. So wirkt etwa das Umweltstrafrecht immer erst nachträglich, dann also, wenn die Natur bereits geschädigt ist, und auch das Zivilrecht greift zu kurz.

Die vorhandenen gesetzlichen Strukturen bieten allein keine zukunftsorientierten Lösungswege. Wo sind neue Antworten auf alte Fragen zu finden?

Mit der geplanten Kodifizierung einer verschuldensunabhängigen Gefährdungshaftung sind weitreichende Folgen verbunden. Man erhofft sich damit einen Anstoß zu mehr „integrierten" Umweltschutzkonzepten, ein Vermeiden von Schadenersatzanforderungen durch „clean technologies". Es gilt die Folgerung: Schadens- (bzw. Abfall-)Vermeidung ist immer billiger als eine nachträgliche Behebung. Die Gestaltung des Ziels „Risikominderung" bekommt eine neue qualitative Bedeutung.

Gasser (1989) konstatiert, daß es unmöglich ist, einen risikofreien Betrieb zu konzipieren. Ursachen sind

- das mögliche technische Versagen bestimmter Einrichtungen,
- das zum jeweiligen Zeitpunkt „Noch-Nicht-Wissen-Können" bestimmter Toxizitäten oder sonstiger Risiken,
- das mögliche Fehlverhalten der Menschen.

Daraus resultiert zur Analyse der gesamten Risikostätte „Unternehmung" in ihrer Struktur die Notwendigkeit einer umfassenden kooperativen Zusammenarbeit verschiedenster Experten, um das Risiko abschätzen zu können: Techniker, Betriebswirtschaftler, Versicherungsleute, Juristen, Chemiker, Geologen usw.

Ein umfassendes Risikomanagement umfaßt

- das Erkennen aller Risikopotentiale bei Verfahren/Produkten/Entsorgung im Rahmen einer Risikoanalyse (Schwachstellenanalyse) und
- die Integration einer effektiven Risikovorsorge als Querschnittsfunktion und als integrierter Bestandteil der Unternehmenspolitik.

Um den gesamten Unternehmensablauf auf versteckte Umweltgefahren abzusuchen, werden zahlreiche Checklisten angeboten. In einem ersten Schritt ist der „Ist"-Zustand, quasi eine Bestandsaufnahme des gegenwärtigen Zustands, durchzuführen. Gasser (1989) schlägt ein „innerbetriebliches Umweltkataster" vor, das sich an folgenden Punkten orientieren soll:

- Standortbedingte Einflußfaktoren
  (Betriebsumfeld, Nachbarschaft, geologische Verhältnisse)
- Betriebsgebäude, Betriebsgelände
  (umweltsichernde Brandschutzmaßnahmen, allgemeine umweltsichernde technische Einrichtungen, umweltrelevante Vorgeschichte des Betriebsgeländes)
- Produkte und Produktionsverfahren
  (Freisetzung umweltgefährdender Stoffe im Normalbetrieb und im Falle der Betriebsstörung, umweltrelevante Sicherheitseinrichtungen im Produktionsverfahrensbereich)
- Lagerung und innerbetrieblicher Transport umweltgefährdender Stoffe
  (Bestandsaufnahme der Läger, Lagertanks und Lagerstätten, Beschikkungsphase und Wartungsphasen von Maschinen)
- Entsorgungskonzepte für Altschmierstoffe, Abwässer, Abluft und andere Abfallstoffe
  (auch unter Berücksichtigung der Abwassersysteme, Rückhaltevorrichtungen und Ölabscheider etc.)
- Transport umweltgefährdender Stoffe
  (Festigkeit und Haltbarkeit der Verpackung, Kennzeichnung umweltgefährdender Stoffe, Kontrolle und Verladung, Befestigung der Ladung)
- Betriebsorganisation, Mitarbeiter
  (Vorhandensein und Stellung betrieblicher Beauftragter)
- Einweisung von Mitarbeitern und ständig wiederholende Belehrung, Kenntnisse über Gefährungspotentiale durch umweltgefährdende Stoffe unter Beachtung der Fachliteratur, Sammlung von Erkenntnissen aus branchenvergleichbaren Betrieben

- rechtliche Konsequenzen
(insbesondere privat- und strafrechtliche Fragen)

Die daraus gewonnenen Erkenntnisse führen zu einer Auswertung der Betriebsanalyse nach folgenden Kriterien:

- Ermittlung des „Gefährdungsgrades“ durch relevante Risiken im Betrieb; hierbei ist auch abzustellen auf angeblich „zu bagatellisierende“ Risiken
- Erfassung der bereits durchgeführten Vorsorgemaßnahmen in Form eines Diagramms: „Risiko-Schutzgrad“
- aus den letztgenannten zwei Erkenntnissen Ermittlung des „Handlungsbedarfs“ für weitere Maßnahmen

Risikovorsorgende Maßnahmen müssen meines Erachtens mehrere komplexe Komponenten enthalten, z. B.

- betriebswirtschaftliche
(Bestellung eines Umweltbeauftragten, Festlegung von Zuständigkeiten und Verantwortung, Maßnahmenkataloge, Überwachungspläne, Vorsorgemaßnahmen, Sicherheitsmaßnahmen, interne Weisungen und Richtlinien, Kataster, Umwelt-Audits),
- personalwirtschaftliche
(ständige Schulung/Instruktion und Auffrischung des Sicherheitsgedankens) und
- versicherungstechnische
(Abdeckung der Risiken).

Es gehört zu den erstrangigen Organisationsaufgaben der Unternehmung, den Schadstoffanfall möglichst zu begrenzen und eine Entsorgung sicherzustellen, denn Umweltschutz kann (und darf) nicht allein durch Haftpflichtversicherung ersetzt werden.

Mit der Diskussion einer Gefährdungshaftung ist parallel auch eine Diskussion über eine Reform der Umweltdeckung verbunden. Die Versicherungsgesellschaften sehen die Gefahr von Risiken (selbst im Normalbetrieb), die nicht mehr versicherbar erscheinen. Für die betroffene Industrie ergäbe sich demnach eine unerwünschte Lücke zwischen Haftungsrecht und Versicherungsschutz. Das Institut der Deutschen Wirtschaft befürchtet, daß damit auch letztlich die Versicherungsunternehmen über Sicherheits- und Emissionsstandards entscheiden, ihnen damit quasi hoheitliche Aufgaben zugewiesen werden würden.

Ziel der Novellierung ist es, die Unternehmen aus wirtschaftlichem Eigeninteresse heraus zu vorbeugenden, schadenvermeidenden Maßnahmen zu veranlassen. Man sieht darin ein Motivationsinstrument für die Suche nach optimalen Schadenverhütungskonzepten. Das strafrechtliche Risiko zwinge den einzelnen Manager aus seiner persönlichen Verantwortung heraus, betriebliche Planungs-, Kontroll- und Organisationsmaßnahmen zu realisieren, die diesem Zweck dienen. Merkisch (1990) sieht allerdings die Gefahr, daß durch die haftungsrechtliche Gleichstellung von Normalbetrieb und Betriebsstörung die Unternehmen umweltschonende Techniken nicht einsetzen und diese Gelder stattdessen in die Bildung von Haftungsrückstellungen fließen werden, da diese Investitionen sie in ihrer bisherigen haftungsrechtlichen Situation belassen.

Die Risiken der Unternehmung aus ihrer Produkt- und Umweltverantwortung sind nur durch Schadenverhütung in den Griff zu bekommen. Diese Verhütungsmaßnahmen sind nicht nur im technischen Umweltschutzbereich zu sehen, sondern in einer präventiven Anpassung aller Arbeitsabläufe, Produktionsverfahren, Produktgestaltung etc. unter dem Aspekt der Risikovorsorge. Ein umfassendes Schadenverhütungsmanagement ist auch unter dem Aspekt des neuen Produkthaftungsgesetzes zu sehen, das das Management von dieser Seite her zu einer systematischen, ganzheitlichen und das gesamte Unternehmen umfassenden neuen (Qualitäts-)Politik zwingen wird. Die Lösung muß für beide Gesetze heißen: nachweisbare Qualitätssicherungssysteme aufbauen.

Eine zukünftige Bereitstellung einer Haftpflichtversicherung wird abhängen:

- zum einen von einem effizienten Risk-Management der Unternehmung selbst,
- zum anderen von neuen Formen der partnerschaftlichen Zusammenarbeit mit den Versicherungsgesellschaften.

So werden die Versicherungsgesellschaften eine erweiterte Risikoermittlung beim Versicherungsnehmer vornehmen, um die wesentlichen Gefahrenmomente zu erkennen. Eine umfassende Risikoanalyse wird verschiedene Methoden einsetzen, z. B. ausführliche Spezialfragebogen, Betriebsbegehungen, Auskünfte über vorhandenes Risk-Management (Kataster, Umweltbeauftragte etc.), Einsicht in Genehmigungsbescheide oder Einsatz von Sachverständigen.

Colonia
Für das Haftpflichtrisiko Umwelt bietet etwa die Colonia Versicherung eine neue Form von Beratung und Versicherungsschutz. Umweltprobleme führen zu völlig neuartigen rechtlichen, technischen, naturwissenschaftlichen und wirtschaftlichen Fragestellungen, die eine partnerschaftliche Zusammenarbeit von Unternehmen und Versicherung notwendig machen.

Um Umweltrisiken so gering wie möglich zu halten, sind im Vorfeld bereits zahlreiche Maßnahmen zu prüfen:

- *die Organisationsprozesse im Betrieb*
- *die Umrüstung veralteter Anlagen*
- *die Installation von Betriebseinrichtungen nach dem neuesten Stand der Technik*
- *regelmäßige Selbstkontrollen.*

Die heute bestehende Versicherung gegen Ersatzansprüche nach § 22 WHG ersetzt Schadensersatzansprüche aus Personen-, Sach- und Vermögensschäden sowie Rettungskosten; im Rahmen der Industriehaftpflichtversicherung besteht auch eine Deckung für Umweltschäden, aber nur, soweit sie auf Störfälle oder Unfälle zurückzuführen sind. Obwohl die endgültige Ausgestaltung des neuen Umwelthaftungsgesetzes noch nicht feststeht, ist klar: „In Zukunft wird Versicherungsschutz nur möglich sein, wenn die Risiken bekannt sind und durch geeignete Vorsorgemaßnahmen eingegrenzt werden können. Aus diesem Grund gibt es jetzt die Colonia Umweltberatung."

Diese Situation erzwingt eine wesentlich „offenere" Kommunikation. Der Versicherer wird in Zukunft, um diese Informationen zu erhalten, einen höheren Ermittlungsaufwand betreiben als früher. Man will die Problemherde kennen, analysieren und dem Kunden machbare Lösungsvorschläge unterbreiten. Auf dieser Grundlage kann der Unternehmer dann selbst seine Umweltrisiken durch Vorsorgemaßnahmen begrenzen.

Die Colonia Umweltberatung ist deshalb wesentlich mehr als nur Versicherungsschutz. In der Beratung ist ein spezialisiertes Team von Geologen, Ingenieuren, Chemikern und Juristen tätig. Diese kostenfreie umfassende Beratung und Betreuung prüft,

- *wie der Einsatz umweltgefährdender Stoffe schadenverhütend gesteuert werden kann,*
- *durch welche baulichen Maßnahmen der Sicherheitsstandard zu verbessern ist,*
- *wie die technischen Sicherheitseinrichtungen optimiert werden können,*
- *wie die Arbeitsabläufe und Produktionsabläufe strukturiert werden können, um eine umweltsichere Betriebsorganisation herzustellen.*

Oberstes Ziel ist die Schadenverhütung. Um Umweltrisiken weitgehend zu verringern, bedarf es heutzutage einer unternehmerischen Umweltschutzphilosophie. Die Praxis hat erwiesen, daß im Rahmen dieser Sicherheitsphilosophie einige unternehmerische Grundsatzentscheidungen zur Vorsorge besonders geeigent sind:

- *Bessere Übersicht über Umweltrisiken durch zentrale Beschaffung der im Unternehmen eingesetzten Stoffe*
- *Systematische Erfassung aller gefährlichen Stoffe durch die Auswertung von Sicherheitsdatenblättern*
- *Verringerung der Haftpflichtrisiken im Schadensfall durch sorgfältige Dokumentation aller relevanten Produktionsvorgänge*
- *Schaffung optimaler Sicherheitseinrichtungen wie zum Beispiel Auffangwannen oder automatische Warneinrichtungen*
- *Zentrale Lagerung von Betriebsstoffen, Reststoffen, Abfällen und Leergebinden*
- *Minimierung des Risikos beim innerbetrieblichen Transport durch standardisierte Sicherheitsvorrichtungen*
- *Verringerung oder Substitution von besonders gefährlichen Stoffen.*

Für diese und andere Fragestellungen stehen der Colonia Sachverständige zur Verfügung, sie arbeiten dabei eng mit den Haftpflichtexperten und Schadenjuristen zusammen, um eine Rundum-Lösung aus einer Hand zu bekommen. Im schriftlichen Bericht sind eine technische Einschätzung der Risiken sowie Verbesserungsvorschläge enthalten. In der Risikobewertung und Schadenbearbeitung wird mit freien Sachverständigen und selbständigen Sanierungsunternehmen kooperiert.

Da Industrie und Gewerbe schon heute und erst recht in Zukunft mit immer umfassenderen Haftpflichtansprüchen konfrontiert werden, sieht die Colonia die Notwendigkeit einer partnerschaftlichen Zusammenarbeit. Nur damit kann bei den gegebenen Voraussetzungen überhaupt noch ein kalkulierbarer Versicherungsschutz angeboten werden. „Gemeinsam" mit den Unternehmen müssen im Rahmen einer umfassenden Umweltberatung geeignete Vorsorgemaßnahmen erarbeitet werden.

Gerling Welt Institut für Risiko-Beratung Plus Sicherheits-Management
Eine Tochter des Gerling Konzerns, das Gerling Welt Institut für Risiko-Beratung Plus Sicherheits-Manangement (Grips), bietet seit 1988 eine umfassende Umweltrisikoanalyse an. Anhand von Firmenunterlagen und Betriebsbegehungen wird für Firmen, die über kein Expertenwissen verfügen, eine Art Kataster der Umweltgefahrenquellen angelegt. Ein Gutachten zeigt dann Vorschläge für Maßnahmen (mit Prioritätenliste). Da sich Grips um eine ganzheitliche Beratung bemüht, läßt sich aus dem Gutachten ein umfassendes Umweltsicherheitskonzept ableiten.

Risiko-Consulting
Unverzichtbar für die Unternehmensführung
Die Risikosituation der Industrie ändert sich mit hohem Tempo.
● Die technischen und technologischen Risiken wachsen weiter.
● Die Gesetzgebung in der EG wird ständig verschärft und führt zu erhöhten Haftungs- und Prozeßrisiken.
● Die Ansprüche der Gesellschaft an den Unternehmer aufgrund des gestiegenen Umweltbewußtseins wachsen ständig.
Die Zukunft der Unternehmen hängt von der Bewältigung dieser oft existenziellen Risiken entscheidend ab.
Professionelles Risiko-Consulting und Sicherheits-Management ist die zeitgemäße Antwort auf diese Herausforderungen: Integrierte, zukunftsorientierte Konzepte begegnen Risiken, bevor sie zu Schäden werden. Dabei wird der Mensch als Teil des Unternehmens und der Umwelt, als häufiger Ausgangspunkt von Störungen und als potentiell Betroffener besonders berücksichtigt.
Das Gerling Welt Institut macht Ihnen die umfassende Erfahrung der Gerling Industrieversicherung und das Know How der Gerling Beratungsinstitute zugänglich und ist Gesprächspartner für alle Fragen des industriellen Sicherheits-Management.
Wenn Sie einen Beratungstermin oder weitere Informationen wünschen, sprechen Sie mit uns: Tel. (02 21) 144-34 65. Oder schicken Sie uns einfach den Coupon.
Coupon
Wir sind an einer Umwelt-Risikoanalyse für unser Unternehmen interessiert und wünschen
einen Beratungstermin. Bitte rufen Sie uns an
am ______ um ______ Uhr
Telefon ______
Gerling Welt Institut
Für Risiko-Consulting Plus
Sicherheitsmanagement GmbH – GRIPS –
Hohenzollernring 90, 5000 Köln 1
Gerling Welt Institut
Für Risiko-Consulting Plus
Sicherheitsmanagement GmbH – GRIPS –
Hohenzollernring 90, 5000 Köln 1

Teil 16
Gatekeeper Handel – Pusher oder Blockierer?

Ökostrategien des Handels

Die Pioniere

> *"Öko goes mainstream."*
> *(Grefe/Sontheimer)*

Ökostrategien des Handels

Lange Zeit in seiner Bedeutung unterschätzt, rückt die Stellung des Handels als ökologischer „gatekeeper“ durch Aktivitäten großer Handelsunternehmen wie Migros, Tengelmann, Otto, Spar, Hertie oder Co op verstärkt ins Bewußtsein.

Das auf Lewin zurückgehende Gatekeeper-Konzept bietet einen guten Ansatz zur Erklärung der Selektionsfunktion des Handels zwischen Produkten und Verbraucher. Basierend auf bestimmten Determinanten seiner Entscheidungskriterien kann er die Marktwege für Produkte oder Informationen „offen“ oder „geschlossen“ halten – er bestimmt damit wesentlich das Diffusionsausmaß von ökologischen Konzepten. Diese Mittlerrolle kommt sehr deutlich in einem Auszug aus den „Grundsätzen“ des Otto Versands zum Umweltschutz zum Ausdruck:

Otto Versand

Als größte Versandhandelsgruppe der Welt ist Otto ein bedeutender Mittler zwischen Produktion und Verbrauch. Diese Funktion stellen wir in den Dienst des Umweltschutzes: „Die Umweltverträglichkeit der von uns angebotenen Produkte ist ein wesentliches Einkaufskriterium. Unsere Kunden werden im Katalog auf diese Umweltverträglichkeit hingewiesen. Denn nur wenn die Nachfrage nach umweltgerechten Produkten steigt, wenn Umweltverträglichkeit nicht mehr nur eine Nebenleistung ist, sondern zur Grundlage jeder Kaufentscheidung wird, werden alle Hersteller dem Rechnung tragen. (...)

Unser Ziel ist es, über ein verändertes Denken Verhaltensänderungen bei der Industrie und insbesondere bei unseren vielen Millionen Kunden zu bewirken. Das kann niemand allein erreichen. Gefragt sind Kompetenz, Autorität und – vor allem – Glaubwürdigkeit aller Multiplikatoren.“

Es werden bei den Fallstudien bewußt Unternehmen gewählt, die über ein außerordentlich hohes Markt- und Kundenpotential verfügen und damit den Umweltgedanken auch effizient verbreiten können. Zudem sind es Unternehmen, die den Umweltschutz zu einem ausdrücklichen Unternehmensziel erhoben haben und dies explizit in Unternehmensgrundsätzen oder ähnlichem auch dokumentieren.

Hansen (1988) differenziert in „ecology-push Strategien“ und „ecology-pull Strategien“. Bei den „ecology-pull Strategien“ beeinflußt der Handel die Durchsetzung ökologischer Bedarfe bei den Herstellern. Er tritt als „purchase agent“ der Verbraucher auf und gewinnt damit akquisitorisches Potential gegenüber seinen Zielgruppen. Die Gestaltung der Beschaffungspolitik besteht:

- in der bewußten Lieferantenauswahl unter ökologischen Gesichtspunkten
- in der direkten Einflußnahme auf den Lieferanten zu Produktgestaltung, -beschaffenheit usw.; dazu dienen Richtlinien oder etwa Stofflisten zur Spezifikation der Bestandteile.

Tengelmann

Mitte 1989 forderte Tengelmann alle Lieferanten des Hauses schriftlich auf, unverzüglich Maßnahmen zu treffen, „um den Chlorgehalt der an den Firmenverband zu liefernden

Produkte vollständig abzubauen", da die Chlorbleiche insbesondee im Gewässerbereich die Umwelt stark belastet. Auf Herstellerseite ist dies nicht über Nacht machbar, deshalb werden Übergangslösungen zunächst noch akzeptiert.

Inwieweit diese Strategie wirken kann, ist von der Bereitwilligkeit der Hersteller und weitgehend durch die Machtposition – Nachfragepotential des Handels oder Markenartikelpotential des Herstellers – bestimmt. Wie die Beispiele mit Waschmitteln und Sprays zeigen, war die Reaktion der Industrie anfänglich sehr hinhaltend bzw. schroff ablehnend. Tengelmann hat als Form der Einflußnahme auf die Hersteller bereits mehrmals auf in den Printmedien lancierte „offene Briefe" zurückgegriffen:

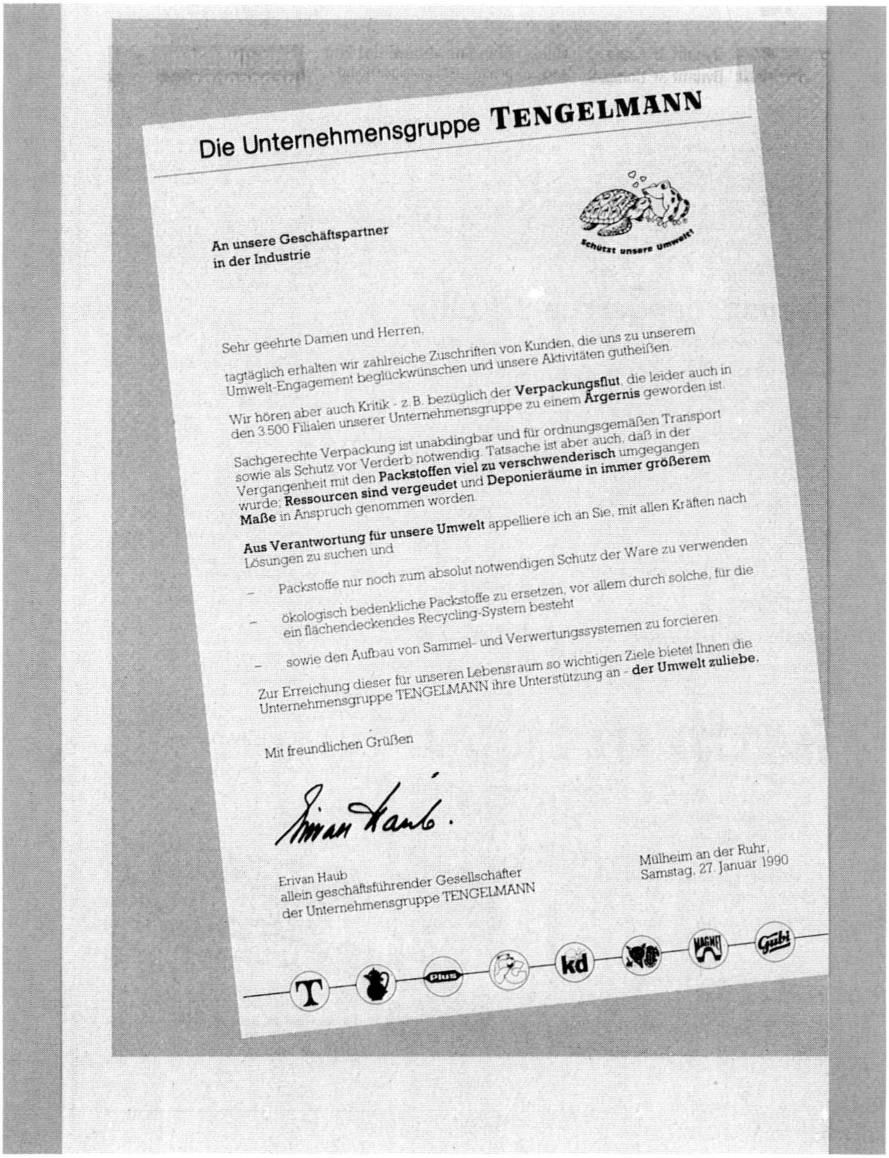

Die Unternehmensgruppe **TENGELMANN**

Schützt unsere Umwelt!

An unsere Geschäftspartner in der Industrie

Sehr geehrte Damen und Herren,

tagtäglich erhalten wir zahlreiche Zuschriften von Kunden, die uns zu unserem Umwelt-Engagement beglückwünschen und unsere Aktivitäten gutheißen.

Wir hören aber auch Kritik - z. B. bezüglich der **Verpackungsflut**, die leider auch in den 3.500 Filialen unserer Unternehmensgruppe zu einem **Ärgernis** geworden ist.

Sachgerechte Verpackung ist unabdingbar und für ordnungsgemäßen Transport sowie als Schutz vor Verderb notwendig. Tatsache ist aber auch, daß in der Vergangenheit mit den **Packstoffen viel zu verschwenderisch** umgegangen wurde; **Ressourcen sind vergeudet** und **Deponieräume in immer größerem Maße** in Anspruch genommen worden.

Aus Verantwortung für unsere Umwelt appelliere ich an Sie, mit allen Kräften nach Lösungen zu suchen und

- Packstoffe nur noch zum absolut notwendigen Schutz der Ware zu verwenden
- ökologisch bedenkliche Packstoffe zu ersetzen, vor allem durch solche, für die ein flächendeckendes Recycling-System besteht
- sowie den Aufbau von Sammel- und Verwertungssystemen zu forcieren.

Zur Erreichung dieser für unseren Lebensraum so wichtigen Ziele bietet Ihnen die Unternehmensgruppe TENGELMANN ihre Unterstützung an - **der Umwelt zuliebe.**

Mit freundlichen Grüßen

Erivan Haub
allein geschäftsführender Gesellschafter
der Unternehmensgruppe TENGELMANN

Mülheim an der Ruhr,
Samstag, 27. Januar 1990

- *1984 setzte Tengelmann die Waschmittelhersteller unter Druck, phosphatfreie Waschmittel zu produzieren. Da noch große Unsicherheit darüber herrschte, ob und in welchem Umfang Phosphatzusätze die Gewässer belasten, richtete Tengelmann entsprechende Anfragen an die Hersteller. Als dies nicht zur erwünschten Aufklärung führte, veröffentlichte man in der Presse einen offenen Brief an alle Waschmittelhersteller (und listete als erster dann alle phosphathaltigen Vollwaschmittel aus).*
- *1989/90 appelliert man an die „Geschäftspartner in der Industrie" mitzuhelfen, der zunehmenden Verpackungsflut Herr zu werden.*

Ein Vorteil einer umweltorientierten Einkaufspolitik könnte, wenn sie von Großformen des Handels mit ihrem entsprechenden Nachfragevolumen initiiert wird, darin gesehen werden, daß dem zu Änderungen gezwungenen Hersteller gewisse Abnahmegarantien für innovative, umweltfreundlichere Produkte gegeben werden können.

Bei der „ecology-push Strategie" kann der Handel im Rahmen seiner Angebotspolitik sein Sortiment umweltfreundlich gestalten (d. h. bewußte Aufnahme umweltfreundlicher bzw. Auslistung umweltschädlicher Produkte), eine entsprechende Beratung sicherstellen, den Verbraucher (umwelterzieherisch!) informieren und aufklären, die Umweltfreundlichkeit als Bestandteil des Firmenimages in der Kommunikationspolitik thematisieren sowie Rücknahmestellen einrichten.

Stärkstes Mittel, und in allen nachfolgend aufzuzeigenden Praxisbeispielen auch eingesetzt, ist sicherlich eine bewußte Modifizierung des Sortiments. Dies kann in der Aufnahme und Kennzeichnung umweltfreundlicher Produkte oder in der Eliminierung (also Auslistung) bestimmter umweltgefährdender Produkte oder Produktgruppen bestehen.

Hertie
Der Hertie Konzern hat allein 1989 rund 2000 Artikel aus Umweltgründen ausgelistet, neu eingeführt oder ausgetauscht. Für diese Aufgabe wurde Anfang 1989 ein eigener interner Arbeitskreis aus leitenden Mitarbeitern des Einkaufs gebildet und ein Einkaufsdirektor zum Umweltschutzbeauftragten ernannt. Die Zentraleinkäufer wurden für dieses Thema sensibilisiert und Umweltgesichtspunkte neben Preisen, Konditionen etc. in die Verhandlungen mit den Lieferanten aufgenommen. Angestrebt wird vor allem ein Abbau unnötiger Über-Verpackung; allein der Verzicht auf eine zusätzliche Einzelverpackung von T-Shirts im Polybeutel erbrachte eine Einsparung von 2,7 Millionen Plastikbeuteln.

Grenzen dieser Poltik liegen auf mehreren Ebenen:

- Inwieweit besteht überhaupt die Möglichkeit, auf umweltfreundlichere Produkte auszuzweichen? In welchen Fällen besteht eine hohe Markenpräferenz?
- Für manche Produkte ist eine kurzfristige Substitution nicht möglich – so ist etwa eine Umstellung auf Produkte des ökologischen Landbaus nur über Jahre möglich.
- Die Größe des Sortiments läßt nur ein selektives Eingreifen zu – Otto hat z. B. 100000 Artikelpositionen.

THE TIMES

To run Europe's leading organic farm, we recruited eleven staff and several million volunteers.

Not more than ten miles from the Scottish city of Perth is the Firth of Tay and the smaller River Earn.

It is on the fertile southern bank of this estuary that you will find a 300-acre farm known as Jamesfield.

Even though it's set amidst a landscape of rolling hills and lush evergreen woodlands, the farm isn't particularly picturesque.

The pleasing symmetry of its oats, wheat and barley rows is disrupted by an unruly scattering of wild oats, chickweed and Fat Hen.

Another member of our pest control squad.

Our flying watchdog.

idea to transform Jamesfield into a sort of organic R&D laboratory, our pulse quickened.

The plan was for the European Commission, the Scottish Development Agency and Safeway to shoulder the financial burden of what would, in the fullness of time, be Europe's most exciting agricultural project in decades.

Eleven scientists would be assigned to Jamesfield.

The reason for this is simple: Jamesfield is an organic farm. As a result, its fields are not treated with chemicals.

So instead of pesticide, Jamesfield relies almost entirely on the good will of its volunteers, like owls, ladybirds, hoverflies, frogs, blue butterflies, wasps, dragonflies and spiders to keep the pests at bay.

In place of synthetic fertilisers, the farm employs cattle, sheep, goats, earthworms, legumes and fungi to enrich the soil.

And as an alternative to herbicide, it has to resort to hoes and hard labour to control weeds.

Although Jamesfield is no scenic spot, we have a soft spot for the farm. After all, we were the first supermarket to sell organically grown fruit and vegetables nearly nine years ago.

(Today, Safeway handles well over 50 varieties of organic produce.)

So when the Edinburgh School of Agriculture came to us some time ago with the

The all-in-one lawnmower and fertilizer unit.

He attacks the bugs that attack the crops.

With Kermit, who needs insecticide.

The organic plough.

Their job: to leave no stone unturned, no avenue unexplored.

They would investigate the role organic farms can play in feeding the country.

They would strive to show to one and all in the agricultural community that chemical-free farms can indeed earn their keep.

They would experiment with organic methods of growing traditional crops. (Luscious vegetables grow perfectly well without chemicals being used.)

They would demonstrate all the 'non-commercial' benefits of organic farming. (Clean, sparkling rivers, for example.)

And, last but not least, they would share all the knowledge gained at Jamesfield with the rest of the Continent. Jamesfield would, in other words, be a classroom for the future generation of European organic farmers.

Being the country's leading organic greengrocer, we're glad we could be of assistance to Europe's leading organic farm. Naturally.

Aphids quake in fear of the dragon.

When they circulate, they pollinate.

SAFEWAY

- Die Komplexität der Beurteilungsaufgabe führt oft selbst in der Wissenschaft zu konträren Ergebnissen.
- Das Problem der Bewertung einzelner Komponenten im gesamten ökologischen Produktlebenszyklus und ihre Gewichtung im Rahmen einer Gesamtbilanz eines Produktes ist z. T. subjektiv (nur die Gesamtbilanz über Beschaffung, Produktion, Ge- und Verbrauch und Entsorgung eignet sich aber für ein „Urteil").
- Schwierigkeiten mit der Informationsbeschaffung bei den Herstellern.
- Möglicherweise negative Ausstrahleffekte eines „grünen" Images.

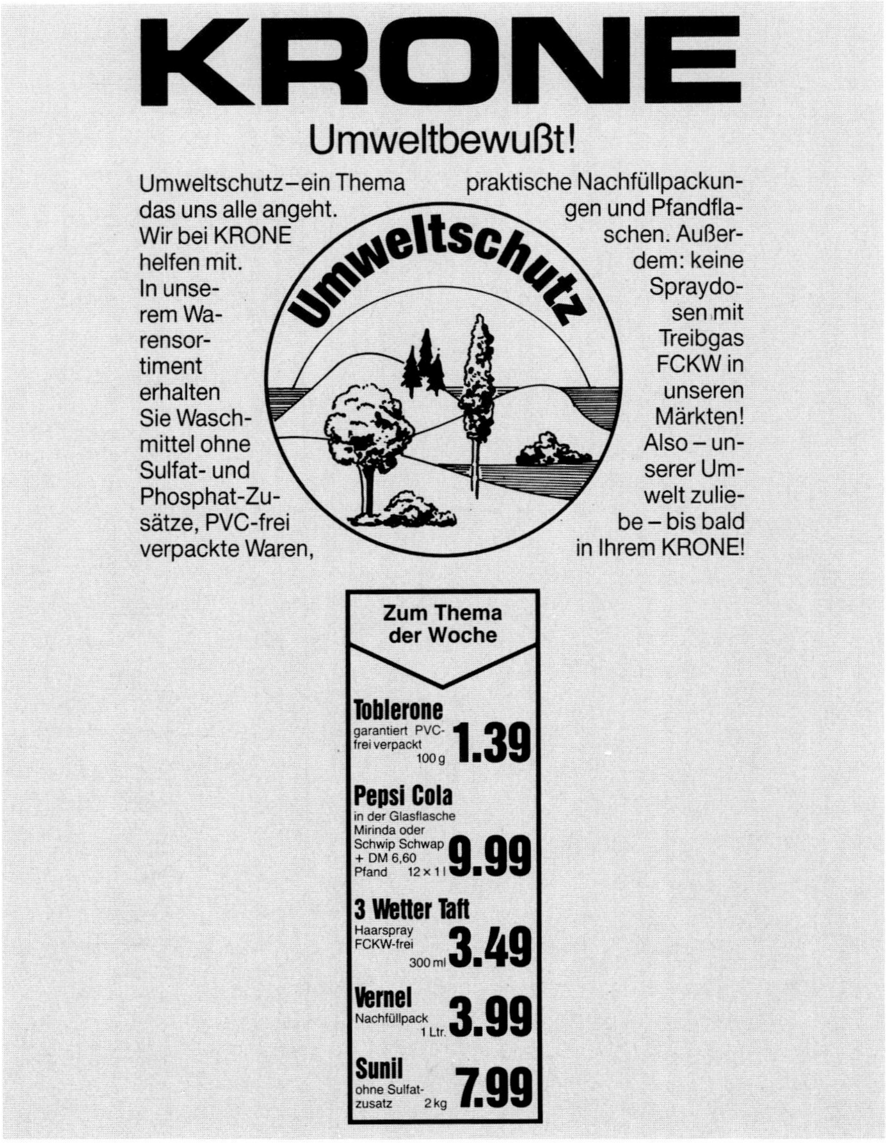

Migros

Die Verpflichtung zu einer umfassenden ökologischen Beratungs- und Informationsleistung wird insbesondere beim Migros Genossenschaftsbund sehr ernst genommen. Zwei Beispiele mögen dies verdeutlichen:

Mit der Einführung der „grünen Telefonnummer“, aufgedruckt auf allen MIFA-Produkten, kann aus der ganzen Schweiz zum Ortstarif ein Beratungsdienst in Anspruch genommen werden; 1988 waren es rund 1500 Anrufe.

Migros unterhält ein eigenes Ressort Kundenfragen. Die Anliegen beinhalten nach Aussagen des Geschäftsberichts 1988 immer weniger eigentliche Produktreklamationen. Sie sind vielmehr Ausdruck der allgemeinen Verunsicherung der Konsumenten und zielen auf ganzheitliche Problemkreise wie Umweltschutz (Recycling und Verpackung), Sortimentspolitik (Ethik und Funktion), gesunde Ernährung (Rückstände und Zusatzstoffe). Sehr häufig sind es auch Appelle an die M-Gemeinschaft, Beispiele neuzeitlicher Unternehmenspolitik zu setzen. Diese Erwartungshilfe bedingt ein neuartiges Verantwortungsbewußtsein, das sich nicht zuletzt in der erreichten und kontinuierlich weiterverfolgten Sensibilisierung des Marketings für Verbraucherfreundlichkeit und Umweltverträglichkeit zeigt. Dem Ressort Konsumentenbefragungen kommt damit zunehmend eine übergeordnete Vermittlung zwischen Konsumenten- und Unternehmenspolitik zu. „Der Dienst am Kunden ist von der Pflege der Umwelt nicht mehr zu trennen.“

Freie Hand hat der Handel bei der umweltorientierten Gestaltung seiner Eigennamen. Der Migros Genossenschaftsbund, dem innerhalb der Konzerngemeinschaft auch eigene Produktionsbetriebe angeschlossen sind, geht konsequent diesen Weg. So übernahm die Mibelle AG ihren Teil zur Erfüllung der Pionierrolle der Migros in bezug auf Materialeinsparung bei Zahnpasten (Tuben ohne Faltschachteln) oder bei treibgasfreien Haarsprays, die Mifa AG die Lancierung umweltfreundlicher Wasch- und Reinigungsmittel.

Ein Vorteil des Handels liegt darin, daß er im Gegensatz zu Produzenten, die auf Marken abzielen, ein Firmenimage und eine Firmenloyalität anstrebt. Das breite Sortimentsangebot erlaubt zudem leicht Kompensationsmöglichkeiten und seine hohe Handlungsflexibilität eine schnelle Reaktion auf Änderungen der Verbraucherwünsche.

Einzelne Maßnahmen der Handelsunternehmung und deren Präsentation über den gezielten Einsatz der Kommunikationsmittel (Werbung, Öffentlichkeitsarbeit, Verkaufsförderung oder Sponsoring) strahlen auf ihr (Umwelt-) Image aus. Die Beispiele verdeutlichen, wie auf diese Weise eine umweltfreundliche Vertrauensbasis geschaffen werden kann – im Sinne eines „Kaufe ich bei ..., leiste ich einen persönlichen Beitrag zum Umweltschutz“. Je mehr der Verbraucher auf Umweltskandale verunsichert reagiert, wird eine dokumentierte „Kompetenz in Sachen Umwelt“ den Einfluß des Handels stärken.

Bei dem immer akuter sichtbar werdenden Müllnotstand wird in naher Zukunft dem Aufbau sog. Redistributionssysteme verstärkt Bedeutung zukommen. Die Rücknahme kann entweder beim Händler selbst oder in einem (möglicherweise auch gemeinsam mit anderen Unternehmen betriebenen) Center erfolgen. Die Entsorgungsphase wird zunehmend zum Engpaßsektor im Produktlebenszyklus, neue Formen der Serviceleistungen werden damit beim Handel (oder auch beim Hersteller selbst, wie die jüngsten Beispiele bei Computern oder Kühlschränken zeigen) notwendig.

Die Leistung des Handels umfaßt das Sammeln und anschließende Sortieren. Damit besteht die Möglichkeit

- der Wiederverwendung (z. B. bei Mehrwegflaschen),
- der Weiterverwendung (z. B. bei Einwegflaschen, Kartonagen) innerhalb eines inner- oder interbetrieblichen Recyclings,
- der geregelten, möglichst ungefährlichen Entsorgung (z. B. bei Batterien, Altöl).

Die Umweltrelevanz des Handels geht aber über seine Mittlerstellung hinaus. Da alle wirtschaftlichen Tätigkeiten die natürlichen Systeme in irgendeiner Form belasten (Okkupation, Emission), hat auch der Handel – wenn auch in weit geringerem Ausmaß als etwa ein Produktionsunternehmen – die eigenen Umweltbelastungen bei der Erfüllung der Distributionsleistung zu berücksichtigen. Hausinterne Möglichkeiten bieten sich an bei Papier und Verpackung aus Recyclingmaterial, umweltschonenden Hausreinigungsmitteln, einer gesicherten Entsorgung oder dem Einsatz umweltfreundlicher Bürobedarfsartikel, bei der Gestaltung der Transportmittel (Einsatz von Kat-Autos, Eisenbahn) und der Energieversorgung (Heizung, Beleuchtung etc.).

LebeRecht-Stiftung

Seit 1983 arbeitet bereits die von der Solex- und Tania Handelsgruppe initiierte LebeRecht-Stiftung mit dem Ziel, durch Test und Beurteilungen in Fachausschüssen Produkte auszuwählen und zu empfehlen. Man will damit, neben Qualität und Gesundheitswert, die Umweltverträglichkeit der im Handel angebotenen Produkte verbessern. So wird bei Lebensmitteln z. B. auch der zur Herstellung notwendige Energieverbrauch, der Transport oder die Verpackung berücksichtigt.

Die Pioniere

Migros

Einer der Pioniere im Bereich des Handels ist sicherlich der Migros Genossenschaftsbund, die größte schweizerische Einzelhandelskette. Als erstes ausländisches Unternehmen wurde Migros mit dem Umweltpreis des Handels 1990 ausgezeichnet. Aus dem von Gottlieb Duttweiler 1925 gegründeten Lebensmittelgeschäft ist inzwischen ein Konzern mit 12 Mrd. Franken Umsatz (1988) und 64000 Mitarbeitern geworden. Neben den traditionellen Handelsgeschäften (527 Verkaufsstellen und 101 Verkaufswagen) zählen auch Produktionsbetriebe, Dienstleistungsunternehmungen oder Stiftungen zur Migros-Gemeinschaft. Eine der obersten Prinzipien ist der Schutz der Umwelt – Migros möchte Vorbild sein in der Förderung der Volksgesundheit (es werden keine Zigaretten und kein Alkohol geführt) und in der Schonung der natürlichen Ressourcen.

Die Migros Grundsätze

a) Wir tragen bei der Festlegung der Unternehmensziele dem Schutz der Umwelt Rechnung.
b) Bei Entscheidungen in der Migros-Gemeinschaft berücksichtigen wir die relevanten ökologischen Aspekte. Die zur Zielerreichung notwendigen Maßnahmen leiten wir unter Berücksichtigung der Wirtschaftlichkeit und Konkurrenzfähigkeit ein.
c) Wir unterstützen wegweisende Umweltschutzmaßnahmen, die gesamtwirtschaftlich interessante Ergebnisse versprechen.
d) Unsere Ausbildung legt bei ihrer Programmgestaltung Gewicht auf allgemeine und aktuelle Themen zum Schutze der Umwelt.
e) Die Forderung des Umweltschutzes lösen wir in Partnerschaft mit der öffentlichen Hand, Wirtschaft, Wissenschaft, Politik und den Konsumenten. Wir streben ganzheitliche, volkswirtschaftlich sinnvolle Lösungen an.
f) Wir befürworten eine fortschrittliche Gesetzgebung.
g) Durch umfassende Information orientieren wir unsere Genossenschaften, Mitarbeiter, Kunden und die breite Öffentlichkeit über unsere Aktivitäten.

Die Verwirklichung dieses Leitbildes wird mit Hilfe eines 4-Stufen-Modelles angestrebt, das zur Erfüllung der Zielvorgaben entwickelt wurde. Für den Zeitraum 1984 bis 1987 wurden erstmals die Umweltschutzmaßnahmen in allen Geschäftsbereichen gesammelt, systematisch ausgewertet und z. T. auch Ökobilanzen erstellt. Aus jeder der vier Stufen sollen stellvertretend einige markante Beispiele aufgeführt werden:

Stufe 1:
Sparen (ökonomischer Einsatz von Ressourcen)
vor allem durch das Weglassen von Verpackung:

- *Durch das Weglassen der Zahnpastaverpackung werden jährlich 40 t Karton eingespart.*
- *Bei den Gewürzgläsern brachte der Wechsel auf ein Leichtglas Glaseinsparung von 160 t im Jahr.*
- *Die Verdünnung des Joghurtdeckels um 20 % ergab eine Einsparung von 33000 kg Aluminium pro Jahr.*
  (Entspricht energiemäßig einer Heizölmenge von 1,4 Mill. Liter/Jahr.)

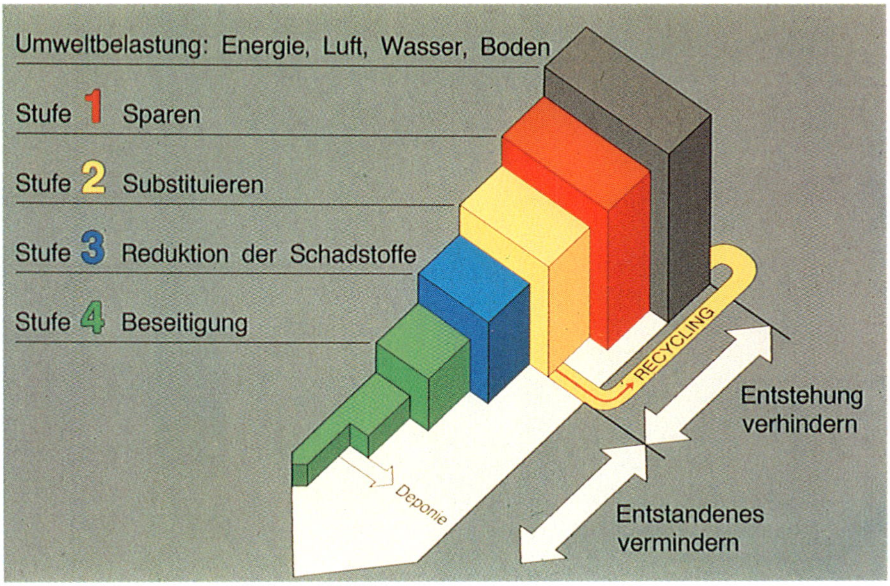

- *Die Verringerung des Joghurtbechergewichts um 10 % sparte 112 t Polystyrol pro Jahr.*
- *Die Halbierung des Quecksilbergehalts in den Alkalibatterien erwirkte eine Reduktion von 1000 kg Quecksilber pro Jahr.*
- *Verstärktes Angebot von lösungsfreien Farben und Lacken, damit wurden 42000 l Lösungsmittel gespart.*
- *Durch Maßnahmen im Energiebereich (Verstärkung der Wärmeisolierung, Wärmetauscher u. a.) werden pro Jahr in den Optigal-Geflügel-Hallen 1,2 Mill. Liter Heizöl gespart.*
- *In den Industriebetrieben ist zwar der absolute Energieverbrauch leicht gestiegen, die relativen Energieverbräuche, welche pro produzierte Tonne (Produktionsbetriebe) bzw. pro Umsatzmillion (Betriebszentralen) berechnet werden, sind jedoch weiter gesunken.*

Stufe 2:
Substituieren (Einsatz weniger umweltbelastender Problemlösungen)

- *Für den Transport der Ware vom Hersteller zur Filiale werden Mehrwegcontainer aus Kunststoff statt Einwegkarton-Sammelpackungen verwendet. Zur Zeit sind 5 Mill. Gebinde im Einsatz, sie ersetzen jährlich ca. 60000 t Kartonschachteln.*
- *Die Modernisierung der Mehrweggebinde entsprechend den Erfordernissen der modernen Logistik wurde eingeleitet. Die Testphase verlief positiv, und ab 1989 werden die neuen Gebinde schrittweise eingeführt.*
- *Zunehmend Verlagerung auf Bahntransporte (z. B. jetzt auch bei Tiefkühlprodukten mit eigens konstruierten Containern); Anteil Schiene 1986 36 %.*

Foto: Migros

Die neuen Tiefkühlwagen, um den Transport der Schiene sinnvoll zu erweitern

- *Ersatz der Kunststofftragetaschen durch Papiertragetaschen (die künstlerische Gestaltung zeigt die Abb.).*
- *Ersatz des Aludeckels bei 500-g-Joghurtbecher durch einen Polystyroldeckel.*
- *Substitution von PVC (durch chlorfreie oder Nichtkunststoffe). In der neuen Kunststoffschrumpfanlage der Mibelle wird nun statt PVC Polypropylen für Mehrfachpakkungen verwendet. Neun Maßnahmen ersetzten 1988 insgesamt 196 t PVC. Durch die Einführung von 7-dl-Salatsauceflaschen aus Polyethylen trägt die Conserves Estavayer mit 103 t Einsparung den Löwenanteil bei.*
- *Substitution von Energieträgern (z. B. Heizöl durch Gas oder Fernwärme).*
- *Der Umsatzanteil von Recyclingprodukten nimmt stetig zu; bei WC-Papier beträgt er 18 %, beim Haushaltspapier 30 %. Beim Papeteriesortiment stagniert der Anteil seit 1987 trotz zusätzlich eingeführter Artikel wie z. B. Geschenkpapier.*

Stufe 3:
Reduzieren (Reduktion von Schadstoff- und Lärmemissionen sowie der Abfälle)

- *Eine Rauchgasreinigungsanlage in der eigenen Abfallverbrennungsanlage in Bern hält u. a. 5000 kg Salzsäuregas und 3,1 t Staub zurück.*
- *Verringerung der Geruchsemission in einer Konservenfabrik mit Hilfe thermischer Nachverbrennung.*
- *Nur noch 2 % aller Spraydosen sind mit FCKW gefüllt. (Der frühere Jahresbedarf von etwa 450 t FCKW wurde bei Mibelle vollständig durch Propan/Butan ersetzt; in den Migros-Filialen selbst wird heute nur noch ein einziger FCKW-haltiger Spezialspray verkauft.*
- *Neufahrzeuge werden nur mit Katalysator angeschafft.*

Im Sinne der Kulturförderung hat die Migros im Jahre 1987 begonnen, Schweizer Künstler mit der Gestaltung von Tragetaschen zu beauftragen. Zweck ist, mit bekannten und unbekannten Künstlern zeitgenössisches Kunstschaffen unters Volk zu bringen. In einer Auflage von einer Million Exemplaren werden dabei Tragtaschen geschaffen, wobei jeweils 150 Exemplare vom Künstler signiert sind und zum Preis von 100 Franken angeboten werden. Die Normalauflage wird in den Migros-Läden zum üblichen Preis von 20 Rappen angeboten.

Stufe 4:
Beseitigen (gefahrlose Beseitigung nicht wiederverwertbarer Produkte)

- *Rücknahme gebrauchter Batterien (jährlich ca. 320 t)*
- *Kehrrichtverbrennungsanlage (Wärmeerzeugung)*
- *Vorzeitiger Ersatz von PCB-haltigen Kondensatoren*
- *Leuchtstoffröhren jetzt als Sondermüll.*

Tengelmann

Ein hervorragendes Beispiel für eine umweltbewußte Unternehmenspolitik als Erfolgskonzept stellt Tengelmann dar, der es verstand, in der Bundesrepublik ein unerreicht hohes positives Unternehmensimage für den Bereich Umweltschutz aufzubauen. Tengelmann ist eine der größten deutschen Warenhandelsgesellschaften mit ca. 10 Mrd. DM Jahresumsatz und ca. 900 Mill. Kunden im Jahr; zur Unternehmensgruppe gehören noch Plus, Kaiser's, Kaiser's Drugstore, Grosso). Im Rahmen einer konsequenten Strategie werden Rentabilitätsziele bei gleichzeitiger Wahrung von Umweltschutzaspekten erreicht. Umweltschutz hat obere Priorität bei unternehmerischen Entscheidungen. Zum Schutz der Umwelt gehört nach dieser Firmenphilosophie der sinnvolle und schonende Einsatz der natürlichen Rohstoffe und die Wiederverwendung von Materialien ebenso wie das Angebot von möglichst schadstoffarmen Ge- und Verbrauchsgütern und der Ersatz von umweltbelastenden Erzeugnissen durch weniger umweltgefährdende Produkte.

Bereits zu einem Zeitpunkt, als Umweltschutz noch nicht Medienthema war, zeigte man in den mehr als 3300 Filialen Aktivitäten zur Förderung des Umweltbewußtseins. Auszüge aus den vielfältigen Tengelmann-Aktivitäten, die sehr stark vom Engagement der Unternehmerfamilie geprägt sind und die sehr häufig der Zeit „voraus" waren, enthält ein chronologischer Überblick:

- *1968* *Stiftung „Karl-Schmitz-Scholl-Fonds"*
  (zur Erhaltung der Tier- und Pflanzenwelt und Reinhaltung von Wasser und Luft)
- *1982* *Gründung der „Elisabeth-Haub-Foundation" zur Förderung einer effizienten Umweltpolitik (z. B. schonende Nutzung natürlicher Ressourcen in den Entwicklungsländern)*
- *1984* *Umstellung auf bleifrei*
- *1984* *Auslistung von Schildkrötenprodukten*
  (um der fortschreitenden Ausrottung dieser Tiere entgegenzuwirken); bundesweit großangelegte Aufklärungsaktion: Schaufensterplakate, Regalschilder, Handzettel, 250000 farbenfrohe Autoaufkleber mit dem Slogan „Ich kaufe keine Schildkrötensuppe"
- *1984* *Umweltpärchen Frosch und Schildkröte als eingetragenes Warenzeichen*
- *1984* *alternativ zu Einwegware im Getränkesortiment auch Mehrweggebinde*
  (zur Reduktion der ansteigenden Verpackungsabfälle)
- *1987* *nur mehr phosphatfreie Vollwaschmittel*
  (Entlastung der Gewässer); erster Druck bereits 1984
- *1988* *Verbannung von FCKW-Sprays zum Schutz der Ozonschicht*
  (Ersatzangebote bereits ab 1984)
- *1988* *Vorstellung eines neuen „lärmarmen" LKW-Typs*
- *1989* *Präsentation eines „flüsternden Kühl-Brummis" auf der Internationalen Automobilausstellung in Frankfurt*
- *1989* *Auslistung isländischer Fischereiprodukte (Beitrag zur Rettung der Wale)*
- *1989* *Auslistung aller quecksilberhaltigen Alkali-Mangan-Batterien*
  (in allen Filialen Sammelbehälter für Altbestände als Entsorgungsmöglichkeit für den Kunden)
- *1989* *nur mehr „chlorfreie" Zellstoffprodukte (Übergangsfristen für Hersteller); Filtertüten ohne Chlorverwendung bei der Produktion)*
- *1989* *Testausrüstung einiger LKW in Berlin mit einem Unterfahrschutz für mehr Verkehrssicherheit.*

Zur Vermeidung von Verpackungsabfällen wurde in rund 60 Filialen die sog. „stählerne Milchkuh", ein Milch-Selbstzapfautomat mit einem Fassungsvermögen von 500 Litern Frischmilch, eingeführt. Die Plastiktragetasche, die das „Umweltpärchen" Frosch und Schildkröte ziert, ist aus Polyethylen, einem umweltfreundlichen Kunststoff.

Umwelt-Engagement der Unternehmensgruppe TENGELMANN

Bereits im Jahre 1968, zu einer Zeit also, in der das Wort "Umweltschutz" noch nicht in aller Munde war, rief Elisabeth Haub, die Enkelin des Firmengründers und Mutter des jetzigen allein geschäftsführenden Gesellschafters, Erivan Haub, den **Karl-Schmitz-Scholl-Fonds** ins Leben. Dieser Fonds setzt sich für die Erhaltung der Tier- und Pflanzenwelt und für die Reinhaltung von Wasser und Luft ein.

Jahrelang engagierte sich die Unternehmerfamilie Haub ausschließlich auf privater Basis für den Umweltschutz – bis 1984. Seither werden unter dem Motto "**Schützt unsere Umwelt**" auch in allen mehr als 3.300 Filialen der Unternehmensgruppe TENGELMANN Aktionen durchgeführt. Hier nur einige Beispiele:

Im März 1984 **Verkaufsstop für Schildkrötensuppen und Froschschenkel**, denn, so die Aussage, "Schildkröten gehören nicht in die Suppe, Froschschenkel nicht auf den Tisch".

Seit 15. März 1984 **verstärktes Mehrwegangebot** beim Diskonter **PLUS.**

Phosphatfreie Vollwaschmittel wurden schon Mitte 1984 als weniger umweltbelastend beworben. Zum 1. Januar 1987 erfolgte die **Auslistung aller phosphathaltigen Vollwaschmittel.**

Bereits Ende 1984 wurden **Sprays ohne Fluorchlorkohlenwasserstoffe** als umweltfreundlich herausgestellt. Im März 1985 verlangte ein namhaftes Industrieunternehmen unter Androhung einer einstweiligen Verfügung, die Werbeaussagen bezüglich der besseren Umweltverträglichkeit von FCKW-freien Sprays zu unterlassen. Zum 1. Juli 1988 konnte schließlich die **Auslistung aller FCKW-haltigen Sprays erfolgen.**

Regelmäßiges Angebot von Produkten, die mit dem "blauen Engel" ausgezeichnet wurden, und anderen umweltfreundlichen Artikeln in den Filialen der Unternehmensgruppe, z.B. Winterstreu ohne Salz, Energie-Sparlampen, Naturdünger ohne Chemie, Fruchtsäfte in Mehrweggebinden, alternative Putz- und Waschmittel, Neutralseifen, Saugglocke.

Betrieb von **Recycling-Centern**, in denen Verbraucher Glasflaschen ohne Pfand, Altpapier, Alu- und Weißblechdosen gegen Vergütung zurückgeben können.

Mit dem **Verzicht auf isländische Fischereiprodukte** zum 1. Januar 1989 soll ein Beitrag zur Rettung der Wale geleistet werden. Von dem Druck auf die isländische Regierung verspricht sich die Unternehmensgruppe TENGELMANN, daß die Jagd auf die bedrohten Meeressäuger endlich eingestellt wird.

Zum 1. Juli 1989 **Auslistung aller quecksilberhaltigen Batterien**. Die Sammelbehälter, die seit langem in allen Filialen stehen, werden als "Dienst an der Umwelt" den Kunden auch weiterhin die Möglichkeit geben, ihre alten quecksilberhaltigen Batterien zu entsorgen.

Die Unternehmensgruppe TENGELMANN wird ihren Weg **der Umwelt zuliebe** konsequent weitergehen.

Über diese Aktivitäten, die unter dem Motto „... der Umwelt zuliebe" stehen, wird ausführlich informiert. Mit einer ausgezeichneten PR-Arbeit konnten so Vertrauen, Glaubwürdigkeit und Kompetenz aufgebaut werden.

Tengelmann setzt sich seit vielen Jahren für eine umweltfreundliche, gesamtwirtschaftliche Lösung des Abfallproblems ein (vgl. auch den „offenen Brief"). Direkte Rücknahme von Verpackungen durch die Filialen selbst wird aus betriebswirtschaftlichen und hygienischen Gründen abgelehnt; man ist einem Modellversuch des Instituts für Selbstbedienung und Warenwirtschaft beigetreten und betreibt im Rahmen dieses Versuches ein Recyclingcenter in München. Für die Verbesserung von Verpackungen arbeitet ein eigener Verpackungsingenieur im Geschäftsbereich Logistik mit den Lieferanten an Lösungswegen.

Für seine Vorreiterrolle im Umweltschutz ist Tengelmann in den letzten Jahren mehrfach ausgezeichnet worden: „Weitblickender Falke" (1989), für „umweltbewußte Unternehmensführung" von der Arbeitsgemeinschaft selbständiger Unternehmer (1988), „Umweltpreis Handel" des Albrecht Verlages (1989) oder VITAL-Umweltschutzpreis (1987).

Otto Versand

Wie es auch in einem Spiegelinterview (1989) mit dem Versandhauschef zum Ausdruck kam, bekennt sich das größte Versandhaus der Welt zu einem „aktiven Umweltschutz". Der Umweltschutz wurde zu einem ausdrücklichen Unternehmensziel erhoben, da auch jedes Unternehmen etwas für den Erhalt unserer Umwelt zu tun hat. Man ist sich dessen bewußt, daß die Umsetzung dieses Gedankens in die Unternehmenspolitik nicht kurzfristig zum hundertprozentig umweltfreundlichen Versandhaus führen wird. Das wird es nicht geben, da der Mensch durch seine Lebensweise an sich schon eine Belastung für die Umwelt darstellt. Grundsätzlich gilt, ein Unternehmen muß Gewinn erwirtschaften, um zu wachsen, um Arbeitsplätze zu schaffen und zu erhalten, um dem Gemeinwesen zu dienen. Deshalb muß es zu konkurrenzfähigen Bedingungen Nachfrage befriedigen. Der scheinbar einfachste Weg ist also nicht beschreitbar, nämlich alle in irgendeiner Form die Umwelt beeinträchtigenden Artikel aus dem Angebot zu streichen. Jedes Handelshaus würde damit seine Existenz in Frage stellen. Das bedeutet: umweltgerecht wird ein großes Versandhaus mit Vollsortiment erst dann sein, wenn auch die Nachfrage umweltgerecht ist und die Industrie sich darauf eingestellt hat.

Der Otto Versand will stets so umweltgerecht handeln, wie es entsprechend dem gegebenen Wissensstand möglich ist. Wesentlicher Grundsatz ist die Beachtung der ökologischen Gesamtbilanz (Produktion, Ge- und Verbrauch und Entsorgung). Alle Arbeitsabläufe, jeder Materialeinsatz wird unter dem Gesichtspunkt bewertet, ob er in jeder Phase so umweltgerecht wie möglich durchgeführt wird.

Die lange Tradition des Umweltschutzes zeigt sich darin, daß bereits Ende der 70er Jahre beim Neubau des Verwaltungsgebäudes neueste Kenntnisse der Umwelttechnologie berücksichtigt wurden, beispielsweise konnten 60 % der Energiekosten gegenüber herkömmlichen Bauweisen eingespart werden. Die gesamten Versandkartonagen konnten ab 1973 auf Recyclingmaterial umgestellt werden, zum Einsatz kommt ein besonders dünnes und damit ressourcenschonendes Versandmaterial.

Eine qualitative Änderung des Öko-Engagements des Otto Versands im Sinne einer konsequenten Umweltorientierung der gesamten Unternehmenspolitik begann Mitte der 80er Jahre. Damals wurde der Umweltschutz neben der Kunden- und Mitarbeiterorientierung, neben der partnerschaftlichen Lieferantenpolitik und der Globalisierung zu einem ausdrücklichen Unternehmensziel erklärt. Alle hausinternen Arbeitsabläufe wurden konsequent auf ihre Umweltverträglichkeit untersucht, das Sortiment nach signifikant umweltschädlichen Produkten durchforstet und entsprechend modifiziert. Auch bei den Mitarbeitern entstand eine regelrechte Aufbruchstimmung in Sachen Umweltverantwortung und Mitarbeit.

Foto: Otto Versand

Otto-Kunden erhalten die Ware in Kartons aus Recycling-Papier

Die Organisation des betrieblichen Umweltschutzes steht unter dem Motto „Umweltschutz ist Chefsache". Der starke Rückhalt wird verkörpert in der Person des Vorstandsvorsitzenden, dem Sohn des Firmengründers, der den Umweltschutz ausdrücklich zu seiner eigenen Sache gemacht hat und alle Mitarbeiter aufforderte, ihn hier beim Wort zu nehmen. Aus gutem Grund gibt es beim Otto Versand keine eigene Umweltorganisation, keine Stabsstelle oder Abteilung, die sich ausschließlich mit diesen Fragen beschäftigt. Das liegt zum einen an der bereichsübergreifenden Wirkung des Umweltschutzes, die eine solche Regelung nicht praktikabel erscheinen läßt; besonders für ein so großes, dezentral organisiertes Unternehmen ist ein hierarchiefreies Denken und Handeln notwendig. Zum anderen ist das spezifische Umwelt-Know-how im ganzen Haus verteilt: Stärken und Schwächen einzelner Arbeitsabläufe, spezielle Eigenschaften von Produkten oder Produktsegmenten. Dieses für die Beurteilung einer ökologischen Gesamtbilanz notwendige Wissen findet sich in der Abteilung für Qualitätssicherung ebenso wie im Textileinkauf, in der Geschäftsabwicklung, der Katalogherstellung oder dem Technischen Einkauf. Die Aufgabe, dieses Know-how zusammenzuführen und die einzelnen Umweltaktivitäten verantwortlich zu steuern, erfüllt im Otto Versand ein sog. Umweltkoordinator.

Für diese Umweltkoordination ist der Direktionsbereich Wirtschaftspolitik und Kommunikation verantwortlich. Da er für die Entwicklung und Kommunikation der strategischen Unternehmensziele nach innen und außen befaßt ist, im ganzen Haus Querschnittsfunktionen erfüllt und direkt dem Vorstandsvorsitzenden untersteht, ist er prädestiniert zur Entwicklung und Betreuung des strategischen Zieles Umweltschutz. Diesem Bereich kommt auch eine Gelenkfunktion zwischen Theorie und Praxis zu. In unregelmäßigen Abständen wird ein bereichsübergreifendes Diskussionsforum zusammengerufen, der sog. Umweltgesprächskreis. Die Leiter aller tangierten Bereiche tauschen hier Informationen aus und legen die Grundzüge der Umweltpolitik des Hauses fest. Für die Lö-

Foto: Otto Versand

Sämtliche Altkartonagen und -papiere werden gesammelt, gepreßt und der Wiederverwertung zugeführt

sung spezifischer Probleme gibt es die Umweltarbeitsgruppen: Zwei beschäftigen sich mit der Verbesserung der Umweltverträglichkeit des Sortiments (Textilien/Hartwaren), eine mit hausinternen Arbeitsabläufen. Diese Gruppen sind relativ kleine Einheiten, sechs bis zehn kompetente Mitarbeiter verschiedener Bereiche kommen je nach Aufgabenstellung zusammen, um Problemlösungen zu erarbeiten. Der Umweltkoordinator kontrolliert die Ausführung der beschlossenen Maßnahmen und vertritt sie ggf. gegenüber der Geschäftsleitung.

Die praktische Umsetzung des Umweltschutzgedankens im Otto Versand ist darauf gerichtet, Schwachstellen im Sortiment und in den Arbeitsabläufen zu erkennen und – wo

Foto: Otto Versand

Umweltgerechte Ware in den Otto-Katalogen – Schadstoffarme wasserverdünnbare Farben

möglich – zu beseitigen sowie durch die gezielte Einflußnahme auf die Kunden und Lieferanten Produktion und Absatz von umweltverträglichen Produkten zu fördern: Signifikant umweltschädliche Produkte (z. B. gefährliche Lacke und Farben, Artikel aus Tropenholz, Pelze gefährdeter Tierarten) werden aus dem Katalog genommen oder durch umweltverträgliche Ware ersetzt, für bestimmte Produkte (z. B. Kühlschränke, Batterien) wird ein Rückholservice organisiert, Recyclingmöglichkeiten werden geschaffen, das Verpackungsmaterial wird so weit wie möglich den Umweltbedürfnissen angepaßt (Recyclingkartonage). Alle Arbeitsabläufe im Haus, jeder Material-, Maschinen- und Energieeinsatz wird auf seine Umweltverträglichkeit hin untersucht (z. B. Einsatz von chlorfrei gebleichtem und Recyclingpapier). Trotz des umfassenden hausinternen Umwelt-Know-hows sucht und pflegt man Kontakte zu externen Know-how-Trägern mit Expertenwissen, wie BUA und BUM, WWF, B.A.U.M. und Forschungseinrichtungen an Hochschulen. In erster Linie dienen diese Kontakte der Informationsbeschaffung, z. T. führen sie jedoch auch unmittelbar zu Veränderungen: Die Ergebnisse einer Schwachstellenanalyse der hausinternen Arbeitsabläufe durch Experten von B.A.U.M. konnten ebenso umgesetzt werden wie die Hinweise des WWF für eine unter Arten- und Tierschutzgesichtspunkten vorgenommene Durchforstung des Pelzsortiments.

Die Umweltverträglichkeit eines Produktes wird heute von den Verbrauchern allerdings noch allzu häufig nur als eine zu vernachlässigende Nebenleistung honoriert. Bestimmte Produzenten werden punktuell zwar einem starken öffentlichen Druck ausgesetzt, Umweltgesichtspunkten Rechnung zu tragen, aber nur starker öffentlicher Druck, z. B. über die Medien, führt tendenziell zu Bewußtseins- und damit auch zu Verhaltensänderungen. Um den Umweltschutzgedanken bei den Herstellern zu verstärken, ist für die Einkäufer des Otto Versands neben Preis, Qualität und Aktualität die Umweltverträglichkeit eines Produktes ein wesentliches Einkaufskriterium. Die Ernsthaftigkeit dieser Richtlinie wurde durch einen Brief unterstrichen, in dem der Vorstandsvorsitzende allen Lieferanten des Hauses mitteilt, daß der Otto Versand „jeden Fortschritt in Richtung einer größeren Umweltverträglichkeit eines Produktes in seine Entscheidung einbeziehen wird".

Auf der Absatzseite steht dem Versandhandel zur Forcierung umweltverträglicher Produkte ein gut geeignetes Medium zur Verfügung: der Katalog. Hier können dem Kunden auf einfache Art und Weise in Wort und Bild Informationen über die positiven Umwelteigenschaften eines Artikels vermittelt werden. Zusätzlich wird der Kunde durch ein auffälliges Symbol – einen grünen Baum – auf die besondere Umweltverträglichkeit eines Produktes aufmerksam gemacht. Dank dieser plakativen und detaillierten Aufklärung fällt manche Kaufentscheidung im Zweifelsfall für ein umweltverträgliches Produkt aus.

Mit der direkten Ansprache der Kunden sowie der Lieferanten nutzt der Otto Versand die Möglichkeiten, die ihm als Mittler großer Warenströme zwischen Produktion und Verbrauch zur Verfügung stehen, um den Umweltschutzgedanken zu fördern. Diesem Ziel dient auch die finanzielle Unterstützung von Umweltvorhaben anerkannter Verbände und Institutionen im Rahmen der Öffentlichkeitsarbeit. Zum Beispiel dient ein gemeinsam mit dem WWF ab April 1989 realisiertes Projekt „Artenschutzkoffer" der Umweltbildungsarbeit an Schulen, es führt zur Multiplikation des Umweltgedankens und über Bewußtseinswandel zu Verhaltensänderungen.

Die Erfahrungen des Otto Versands mit diesem neuen Element der Unternehmenspolitik – Umweltorientierung als ausdrückliches Unternehmensziel – sind vielfältig, die meisten positiv. Eine leistungsfähige Umwelt-Arbeitsstruktur wurde geschaffen, die es möglich machte, zahlreiche Maßnahmen durchzuführen oder auf den Weg zu bringen. Dabei erwies es sich freilich immer wieder, wie schwer es ist, ein Produkt oder einen Arbeitsablauf unter Berücksichtigung aller Eigenschaften umweltgerecht zu gestalten. Vielmehr zeigte die Erfahrung, daß auf den ersten Blick leicht lösbar erscheinende Probleme bei

4 DIE RAMPE Nr. 104, September 1989 — AUS DEM KONZERN

Umweltschutz als Unternehmensziel

Der Otto Versand hat den Umweltschutz zu einem ausdrücklichen Unternehmensziel erklärt.

So

- werden umweltschädliche Produkte aus dem Katalog verbannt;
- haben die Einkäufer die Umweltverträglichkeit eines Produktes zu einem wichtigen Entscheidungskriterium erhoben;
- wird die Umweltverträglichkeit eines Produktes in den Katalogen durch besondere Informationen kenntlich gemacht.

Auf diese Weise nutzt OTTO seine Funktion als Mittler großer Warenströme, um den Umweltgedanken zu fördern.

Das Ziel ist es, über ein verändertes Denken Verhaltensänderungen bei der Industrie und insbesondere bei den vielen Millionen Otto-Kunden zu bewirken. Das kann niemand allein erreichen. Gefragt sind Kompetenz, Autorität und – vor allem – Glaubwürdigkeit.

Der Otto Versand arbeitet deshalb mit anerkannten Umweltschutzorganisationen zusammen. Neben dem WWF, dem „World Wide Fund for Nature", und B.A.U.M., dem „Bundesdeutschen Arbeitskreis für umweltbewußtes Management" auch mit A.U.G.E., der „Aktionsgemeinschaft Umwelt, Gesundheit, Ernährung".

Deshalb hat er auch die Fragebogenaktion von A.U.G.E.: „Umweltfreundlicher Haushalt", unterstützt. Daß so viele Otto-Kunden dabei mitgemacht haben – insgesamt über 140.000 – hat ganz wesentlich zu deren großen Erfolg beigetragen.

Jetzt gibt es gesicherte Erkenntnisse über das Umweltverhalten der Bürger. Informationen wurden zusammengetragen, auf deren Basis Politik und Wirtschaft Entscheidungen treffen können. Umweltschutz ist machbarer geworden.

Aber auch, wo jeder einzelne mehr tun kann und sollte, ist klarer geworden. A.U.G.E. sagt, was besser gemacht werden kann.

Hier ein paar Beispiele:

- Energie sparen: Heizanlagen umrüsten, die älter als zehn Jahre sind; 1 Grad weniger Raumtemperatur erspart 6 % der Heizkosten.
- Wasser schonen: Wasserspargeräte in Toiletten einbauen und beim Reinigen auf Spezialmittel verzichten.
- Müll vermeiden: Lose verpackte Produkte kaufen; denken Sie an Ihre Einkaufstasche.
- Luftreinhaltung: Das Auto so oft wie möglich stehen lassen; den PKW mit geregeltem Drei-Wege-Katalysator nachrüsten.

Machen Sie mit! Nur wenn wir alle an einem Strang ziehen, können wir unserer Umwelt wirkungsvoll helfen.

Praktizierter Umweltschutz im Otto Versand

Wenn Tag für Tag 6.500 Menschen an einem Ort zusammenkommen, um ihrer Arbeit nachzugehen, dann stellt das natürlich eine beträchtliche Belastung für die Umwelt dar. Der Otto-Verwaltungs- und -Lagerkomplex in Hamburg-Bramfeld ist ein solcher Ort – und deshalb müssen sich alle bemühen, die Umweltbelastung so gering wie möglich zu halten.

In diesem Sinne geschieht schon Einiges. Besonders auf dem Energiesektor: Wärmerückgewinnungsanlagen, optimierte Steuerung von Heizungs- und Klimaanlagen, energieabsorbierende Dreifachverglasung und Zentrale Leittechnik kommen zum Einsatz. Dadurch ist es in den vergangenen Jahren gelungen, den Energieverbrauch des Otto Versand in Hamburg beträchtlich zu senken.

Aber auch auf anderen Gebieten sind Erfolge zu verbuchen: Durch die Verwendung umweltgerechter Mittel beim Reinigen von Motoren und Getrieben wird das Abwasser entlastet; durch die Begrenzung der Wassermenge in den WC-Spülbecken zum sparsamen Gebrauch mit dem wertvollen Naß beigetragen. Auch bei der Müllvermeidung ist OTTO gut vorangekommen, zuallererst durch die konsequente Umstellung des gesamten hausinternen „Papierkrams" auf Recyclingpapier. In diesem Zusammenhang ist es wichtig, daß alle Mitarbeiter die Mülltrennung praktizieren: Papier in die grünen, alle anderen Abfälle in die orangen Abfallkörbe. So wird das Recycling erleichtert.

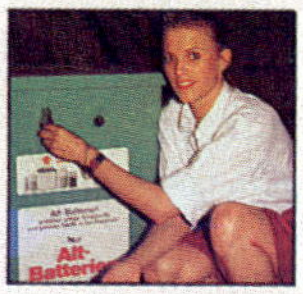

Praktizierter Umweltschutz soll den Mitarbeitern aber auch direkt zugute kommen. Diesem Ziel gelten beispielsweise die Lärmdämpfmaßnahmen im Betrieb und die konsequente Beseitigung aller asbestversetzten Bauelemente und Maschinenteile.

Dies sind einige Beispiele aus einem Programm, das noch erweitert werden muß. Dafür brauchen wir Ihre Anregungen. Wenn Sie Ideen haben, schreiben Sie an die Rampe-Redaktion. Ihr Brief kommt an! Was machbar ist, wird umgesetzt. Damit wir alle unserer Umwelt so wenig wie möglich zur Last fallen.

Sämtliche Altkartonagen und -Papiere werden gesammelt, gepreßt und der Wiederverwendung zugeführt.

Der Otto Versand hat den Umweltschutz zu einem wichtigen Unternehmensziel erhoben, was bedeutet dies für Sie persönlich?

Karl Georg Krützfeldt, Betriebsrat
Sicherlich stecken wir beim Umweltschutz immer noch in den „Kinderschuhen" und könnten noch mehr ändern. Z.B. Abschaffung der restlichen Plastiklöffel, -schüsseln und -becher in den Kantinen sowie bessere Trennung der Abfallentsorgung.

Hans-Jörg Hammer, Personalabteilung:
Ich finde dieses Ziel ausgesprochen gut: Damit kommt zum Ausdruck, daß wir als Unternehmen ein Teil unserer Umwelt, unserer Gesellschaft sind.

Anja Kralj, Jugendvertreterin:
Ein besonders pikantes Thema innerhalb des Bereiches „Umweltschutz" ist das Rauchen. Umwelt, das ist nämlich nicht nur der Baum vor dem Fenster.

Elke Staenglen, Sozialabteilung:
Wir müssen uns im täglichen Leben umweltbewußter verhalten.

Herbert Niermauntel, Betrieb
Seit Jahren versuchen meine Familie und ich den Umweltschutz zu praktizieren, allerdings handelt es sich dabei nur um Ansätze im Umdenken.

Dr. Ingrid Eger, Betriebsärztin
Das Umweltbewußtsein ist zwar gestiegen, aber es müßte jeder in seinem kleinen Lebensbereich lernen, umweltbewußt zu denken und zu handeln. Gute Ideen zum Umweltschutz sollten bei uns im OV herausgestellt und prämiert werden.

Hans Ingensand, Betriebsrat/BSG
Gerade der Normalverbraucher kann schon einen großen Beitrag zum Schutz der Umwelt leisten. Durch die vielfältigen Initiativen des OV auf diesem Gebiet finde ich mich in meiner Meinung bestärkt.

Saarlands Ministerpräsident Oskar Lafontaine zum Umweltengagement des Otto Versand: „Ich begrüße es sehr, daß große Versandhäuser sich bemühen, die notwendigen Informationen für die Verbraucher bereitzustellen. Ich glaube, hierin, Herr Dr. Otto, liegt das entscheidende Verdienst Ihres Hauses, daß Sie rechtzeitig erkannt haben, daß verantwortliches Handeln des Einzelnen richtige Informationen voraussetzt, und daß in einer reizüberfluteten Gesellschaft auch große Konzerne und Handelsunternehmen, wie Sie es vertreten, die Aufgabe haben, diese Informationen durch Vorauswahl, aber dann auch gezielt, an die Verbraucher weiterzugeben."

Wie bereits in der letzten Ausgabe berichtet, erhielt Dr. Michael Otto für den OV den Umweltschutzpreis 1989 des Magazins „Vital". Unser Bild zeigt Oskar Lafontaine (l.) nach der Preisverleihung im Gespräch mit Dr. Otto.

Georg Vogler, Hausinspektion, zur Abfalltrennung im OV

Seit welcher Zeit gibt es die getrennte Abfallerfassung im OV? „Seit Mai 1985."

Was gehört in welchen Papierkorb? „Zeitschriften, Zelluloseabfälle etc. in den grünen, Joghurtbecher, Kaffeereste, Obstabfälle, Kohlepapier, Plastik... in den orangefarbigen Papierkorb."

Wie „genau" muß man es bei der Trennung nehmen? „Möglichst sehr genau! Im Zweifel den orangefarbigen Korb benutzen."

Was passiert mit den Inhalten der Körbe? „Der Inhalt der grünen gelangt über den Papiercontainer in den Recyclingkreislauf, der Abfall aus den orangefarbenen Körben wird zur Müllbeseitigungsanlage gebracht."

Manche sagen: weshalb soll ich die Sachen getrennt sammeln, wenn sie schließlich doch wieder zusammen in einen Müllsack gekippt werden? „Das sollte eigentlich nicht vorkommen! Denn die Reinigungsfirmen sind ausdrücklich angewiesen, die Abfälle getrennt zu behandeln."

Was sollte man mit Sprudel- oder Saftflaschen machen? „Möglichst nur in die Glassammelbehälter in der Kantine und auf dem Tiefhof werfen."

Und mit alten Batterien...? „Dafür gibt es Batteriesammelbehälter. In Gebäude 1 und 10 jeweils im Erdgeschoß, Empfang und in der Kantine von Gebäude 3."

Welche Abfälle werden im Hause noch getrennt erfaßt? „Holz, Plastik, Pappe/Papier, Schrott, Glas und Gartenabfälle."

Ihr Wunsch an die Leser? „Daß noch mehr Menschen bei der Abfalltrennung mit gutem Beispiel vorangehen, auch wenn dies manchmal ein paar Schritte mehr kostet."

Herr Vogler, vielen Dank für das Gespräch!

Umwelt als Thema in der Otto-Mitarbeiter-Zeitung RAMPE auf chlorfreigebleichtem Papier

genauerem Hinsehen eine ungeahnte Komplexität beinhalten, die auch von Expertenwissen häufig nicht mehr durchdrungen werden kann. Widersprüchliche Lösungsvorschläge von verschiedenen Experten sind nicht die Ausnahme, eher die Regel. Die Erwartung, in absehbarer Zeit alle umweltrelevanten Fragen beantworten zu können, erfüllte sich nicht.

Obwohl auf diese Art und Weise der gute Wille und die Einsatzbereitschaft der Mitarbeiter auf harte Proben gestellt wurden, ist die positive Aufnahme des Themas Umweltschutz bei der Otto-Belegschaft einer der erfreulichsten Nebeneffekte des Umweltengagements. Die Begeisterung, mit der es aufgegriffen und vorangetrieben wurde, zog sich durch alle Bereiche und Hierarchiestufen des Hauses und ist heute ein wichtiges Element der Unternehmenskultur im Otto Versand. All dies findet vor dem Hintergrund einer sich wandelnden Einstellung der Öffentlichkeit statt. In den achtziger Jahren wurde das Umweltengagement eines Handelshauses noch weitgehend als freiwillige Leistung angesehen. Heute wird es nicht nur erwartet, sondern verlangt. Diese Entwicklung macht es in den Augen des Otto Versands absehbar, daß sich in den neunziger Jahren generell das Umweltengagement zu einem entscheidenden Maßstab bei der Beurteilung einer erfolgreichen Unternehmenspolitik entwickeln wird.

Teil 17
Notwendigkeit eines Umwelt-Controlling

Volkswirtschaftliche Konzepte
(oder: Die Zweifel am Sozialprodukt)

Betriebliche Konzepte
Sozialbilanz/Sozialberichterstattung
Ökologische Buchhaltung
Ansatzpunkte einer Ökobilanz

Aufbau eines Öko-Kennzahlensystems

Interne Umwelt – Audits

Öko-Assessment
Technology-Assessment
Umweltverträglichkeitsprüfung
Produktfolgenabschätzung

Wieviel kostet ein Baum?

„Kürzlich hat Frederic Vester versucht, die Leistung eines Baumes zu beziffern. Er kam bei einer 100jährigen Buche auf eine Holzwertleistung von 2,70 DM pro Jahr. Wird indessen die Photosynthese, die dieser Baum leistet, berechnet, so liegt der Gegenwert bei 153,43 DM. Der Baum erfüllt aber weitere Funktionen wie Bionik, Filter, Wasserspeicher, Sicherung des Bodenlebens durch organisches Material, Symbiose. Die Gesamtbilanz, nämlich den volkswirtschaftlichen Beitrag eines Baumes pro Jahr, beziffert er für den Baum allein auf 1675,64 DM. Steht dieser Baum im Wald, ergibt sich eine ganze Reihe von zusätzlichen Funktionen, wie beispielsweise Erosions- und Lawinenschutz und vieles andere mehr. Insgesamt 5297,25 DM leistet unser Baum. Ein Baum von 100 Jahren erreicht so den volkswirtschaftlichen Wert von über einer halben Million Mark. Das ist mehr als das fast Zweitausendfache seines bloßen Holzwerts. Wie rechnen wir, wenn ein Baum gefällt wird? Was ist sein Marktwert?"

(Quelle: Atteslander, 1989)

Umweltmanagement umfaßt die Planung, Steuerung und Kontrolle aller betrieblichen Umweltschutzaktivitäten. Die Erfüllung dieser Aufgabe einer offensiven ökologischen Unternehmenspolitik ist ohne ein Instrumentarium für ein Umwelt-Controlling nicht erfüllbar. Informationen über alle umweltrelevanten Vorgänge im Unternehmen sind unerläßliche Voraussetzungen für jeden Umweltschutz. Aufgabe der Unternehmensführung ist es, diese externen Austauschbeziehungen und die internen Prozesse entsprechend der jeweiligen Zielsetzung durch Maßnahmen zu gestalten und zu lenken. Für diese Aufgabe werden Informationen über vergangene, gegenwärtige und zukünftige Vorgänge benötigt. Zur Beschaffung dieser Informationen verwendet die Unternehmung ein institutionalisiertes Informationssystem, nämlich das betriebliche Rechnungswesen und betriebswirtschaftliche Kennzahlen. Die Regelung betrieblicher Prozesse stellt sich damit als ein Informationsproblem dar.

Ein solches praxisbezogenes Umwelt-Controlling-System (UCS) ist erst im Entstehen. Schaltzentrale wird ein Umweltinformationssystem sein (vgl. Teil 4), das quasi die Infrastruktur für die genannten Führungssysteme darstellt. Aufgabe ist dabei auch die Gewinnung von Daten für eine betriebsbezogene Umweltbewertung. Eine neue Dimension gewinnt diese Aufgabe auch mit der bereits ausführlich besprochenen Einführung einer Gefährdungshaftung im Umwelthaftungsrecht. Diese Managementinstrumente (wie etwa Umwelt-Audits) dienen mit ihren Informationen auch als „Nachweis" und damit der Risikoverminderung.

In der Theorie wird seit langem die Forderung an die Unternehmen herangetragen, „alle“ Folgen ihrer Tätigkeit zu erfassen und rechenschaftsmäßig darzustellen, ohne daß die erörterten Methoden einer ökologischen Erweiterung bisher über das „Schreibtisch“- bzw. Pilotprojektstadium wesentlich hinausgekommen sind. Kennziffern und eine „Ökobilanz“ werden weitere wichtige Bestandteile eines Umwelt-Controlling-Systems sein.

Wie an früherer Stelle bereits erläutert, werden ökologische Schäden betriebswirtschaftlich als negative externe Effekte (soziale Kosten) – also nicht als leistungsbedingter (und damit kostenrelevanter) Güterverzehr – betrachtet. Das betriebs- und volkswirtschaftliche Rechnungswesen muß den wirtschaftlichen „Erfolg“ mit neuen Zielerreichungsindikatoren messen. Dabei müßte über alle Wirkungen, also nicht nur über die Leistungen der Unternehmung („Nutzen“), sondern auch über die Schäden („Kosten“) umfassend informiert werden. Eine Kategorisierungsmöglichkeit der sozialen Kosten gibt Widenmayer (1981) an:

1. im Bereich der Natur (außerbetrieblich)

- Belastung der Landschaft (Mülldeponien u. a.)
- Belastung des Bodens (Erschöpfung der Ressourcen, Verkarstung etc.)
- Belastung der Luft (Rauch, Gase u. a.)
- Belastung des Wassers (Wasserverschmutzung, -erwärmung)

2. im Bereich des Menschen (innerbetrieblich)

- psychische Belastung (Schichtarbeit, Akkord etc.)
- physische Belastung (Arbeitsunfälle, Berufskrankheiten etc.).

Die sozialen Kosten sind im Zuge der Diskussion um Lebensqualität verstärkt in das öffentliche Interesse gerückt. Neigte man früher dazu, das Individuum bzw. die Unternehmung bei verursachten sozialen Kosten aus seiner/ihrer Verantwortung zu entlassen, so führt ein gesteigertes Umweltbewußtsein heute zu der Forderung, soziale Kosten und Nutzen dem Verursacher anzulasten.

Bei der Erfassung dieser Kostenkategorien treten schwerwiegende Probleme auf (Widenmayer, 1981):

- Zeitprobleme (z. B. Verzögerungseffekte zwischen Verursachung und Sichtbarwerdung)
- Kausalitätsprobleme (z. B. Verursacherprinzip)
- Meßprobleme (Meßniveau, -methoden)
- Bewertungsprobleme (Meßwerte gleichnamig zu machen).

Eine Zusammenfassung der Umweltkosten mit den Trägern dieser Kosten (Verursacher-, Gemeinlastprinzip) und die Art der Einschränkung von Umweltschäden (Vermeidungs-/Kompensationsprinzip) sowie die Möglichkeiten der darin angesprochenen Schadenverhütung und/oder -beseitigung zeigt Beschorner (1980).

Als Gegenstück zu den sozialen Kosten ist der soziale Nutzen (Kulturförderung, Spenden usw.) als positive gesellschaftliche Auswirkung der Unternehmensaktivitäten zu nennen.

Als – das traditionelle, primär geldliche und gütermäßige Beziehungen erfassende Rechnungswesen – ergänzende (nicht ersetzende!) Rechnungen sind als Erweiterungen auf den verschiedenen makro- und mikrowirtschaftlichen Ebenen bereits Ansätze zu

- einem Öko-Sozialprodukt („Wohlfahrtsbilanz") und
- einer Sozialbilanz bzw. einer Ökobilanz („gesellschaftsbezogene Rechnungslegung")

im Entstehen. Es sei an dieser Stelle bereits betont, daß der Begriff „Bilanz" für beide Formen mißdeutend ist, da er die Existenz einer gesellschaftsbezogenen Gewinn- und Verlustrechnung suggeriert, die nicht gegeben ist. Sie beantworten vielmehr die Frage nach dem gesellschaftlichen und ökologischen „Erfolg" der Unternehmung. Bezüglich des Grades der Organisiertheit und der Integration der Daten können die Erwartungen noch nicht erfüllt werden. Es gibt keinen einheitlichen Nenner, auch keinen Saldo. Die Verwendung der Begriffe hat sich inzwischen jedoch durchgesetzt.

Die ökologischen Wirkungen unternehmerischer Tätigkeit sollen als Bestandteil in eine umfassende „gesellschaftsbezogene Rechnungslegung" integriert werden. Die zu starke Gewichtung wirtschaftlicher Kriterien in den Entscheidungsprozessen, die zu „für sich" durchaus „richtigen" (i. S. von rationalen) Entscheiden führen, kann nicht mehr losgelöst von den sozialen Kosten des daraus resultierenden wirtschaftlichen Handelns gesehen werden und führt zur Entwicklung eines „Konzeptes der gesellschaftlichen Verantwortung" einer Unternehmung.

Ziel des Konzepts einer erweiterten Rechnungslegung ist es, den Einfluß sozialer und ökologischer Entwicklungen in die Ausgestaltung betrieblicher Abläufe einzubeziehen. Dies stellt den Praktiker vor Schwierigkeiten, denn zum einen ist die Wahrnehmung der gesellschaftlichen Realität ein subjektiver Vorgang, zum anderen existieren wirtschaftliche Rahmenbedingungen, die den Handlungsspielraum begrenzen.

Die gesellschaftsbezogene Berichterstattung versucht, die sozialökologische Verantwortung der Unternehmung ihren inneren und äußeren Bezugsgruppen informativ zu vermitteln (Informations- und Dokumentationsfunktion). Während sie gegenüber den äußeren (Umwelt-)Bezugsgruppen mehr als Argumentations- und Integrationsmittel dient, wird sie bei den eigenen Mitarbeitern und Führungskräften mehr als Informations-/Motivationsinstrument bzw. Führungsmittel gesehen.

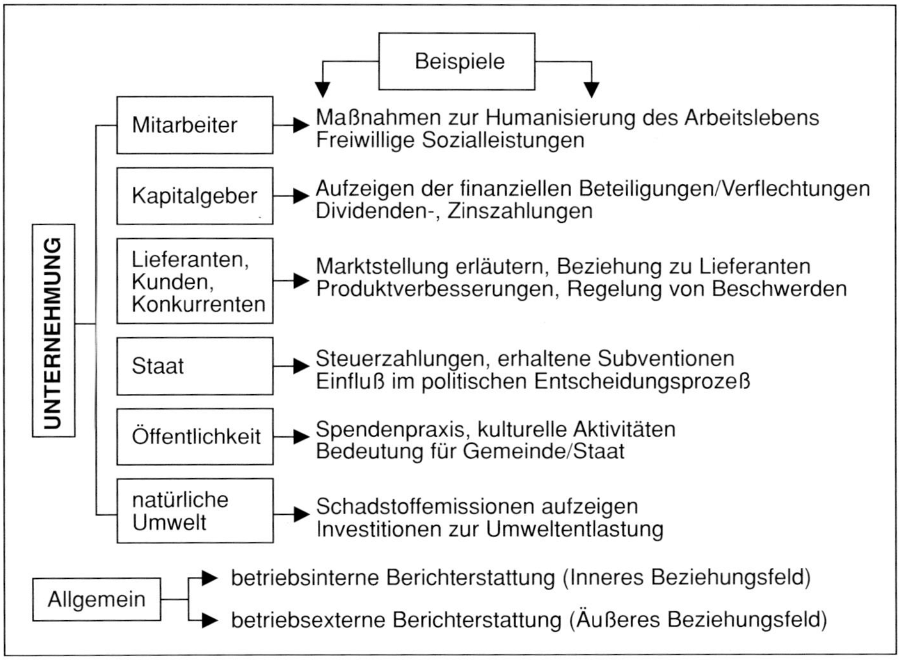

Abb. 50: Die Beziehungsfelder einer gesellschaftsbezogenen Rechnungslegung

„Die wichtigste Funktion ist, daß ein Unternehmen, das sich zur Erstellung einer Sozialbilanz entschließt, aus freien Stücken gewisse Konsequenzen und Ursachen seiner Handlungsweise neu überlegt. Auswirkungen auf Langfristplanung und Unternehmenspolitik liegen damit auf der Hand“ (Heymann/Seiwert, 1985).

Volkswirtschaftliche Konzepte
(oder: Die Zweifel am Sozialprodukt)

Die Entwicklung der gesellschaftsbezogenen Rechnungslegung muß vor der bereits dargestellten Wertedynamik und dem damit verbundenen grundsätzlichen Einstellungswandel bei den individuellen, aber auch gesamtgesellschaftlichen Präferenzen gesehen werden. Die Veränderungen der Wertmaßstäbe ließen zunehmend negative Begleiterscheinungen des Wirtschaftens bzw. des „Wachstums-um-jeden-Preis" (wie Umweltzerstörung, Ressourcenverknappung, Arbeitsplatzbelastungen) in das Bewußtsein weiter Bevölkerungskreise rücken. Diese Kreise beschränken sich keineswegs mehr auf das Umfeld der „Grünen", von „Öko-Freaks", Bürgerinitiativen oder Konsumentenorganisationen.

In eindrucksvoller und weitsichtiger Weise hat der frühere Bundeswirtschaftsminister und Bundeskanzler Ludwig Erhard bereits 1964 davor gewarnt, eine Wachstumspolitik ad infinitum zu betreiben, ansonsten „mit Sicherheit zu Recht die Frage gestellt wird, ob es noch immer richtig und nützlich sei, mehr materiellen Wohlstand zu erzeugen, oder ob es nicht sinnvoller ist, unter Verzichtleistung auf diesen sog. Fortschritt mehr Freiheit, mehr Besinnung und mehr Muße zu gewinnen". Daß, „solange man auf der politischen Ebene nach dem Motto verfährt – laßt uns weniger arbeiten, auf daß wir mehr konsumieren können! – wir uns auf dem falschen Weg befinden. Wenn der angestoßene Entfaltungsprozeß aber in diesem Sinne verläuft, daß unser Volk, neben dem unverzichtbaren Wert auf Sicherung materieller Lebensführung, in steigendem Maße eine geistige oder seelische Bereicherung als nützlich und wertvoll erachtet, dann werden wir in ferneren Tagen auch zu einer Korrektur der Wirtschaftspolitik kommen müssen. Niemand dürfte dann so dogmatisch sein, allein in der fortdauernden Expansion noch länger das Heil erblicken zu wollen."

Entscheidende Meßziffer des Wirtschaftswachstums ist das Bruttosozialprodukt (BSP) als die Summe der realen produktiven Gesamtleistung einer Volkswirtschaft an Gütern und Diensten während eines Jahres, bewertet mit Marktpreisen. Da das BSP zugleich auch als Indikator für den Lebensstandard bzw. die Lebensqualität gebraucht wird, mehren sich zunehmend kritische Stimmen, denn eine Konsumzunahme bedeutet nicht automatisch Zunahme der Wohlfahrt, außerdem werden bei der Ermittlung viele Leistungen nicht erfaßt (z. B. Hausfrauenarbeit, Nachbarschaftshilfe) oder falsch bewertet. Die wachsenden Folgekosten unserer Art zu wirtschaften lassen die Zweifel am Sozialprodukt immer größer werden.

Geradezu widersinnig erscheint die Ermittlungsmethode unter ökologischen Gesichtspunkten:

- Da sie nicht als materielle Werte erfaßt werden können, bleiben Umweltschäden (z. B. die Kosten des Waldsterbens) oder Gesundheitsbelastungen

z. B. die Verletzten im Straßenverkehr oder Nitrat im Grundwasser) unberücksichtigt, solange keine schadensmindernden Maßnahmen ergriffen werden.

- Werden Maßnahmen ergriffen (die ja lediglich zur Wiederherstellung des Ausgangsstatus dienen!), wirken diese dann aber als „Reparaturkosten" nicht wohlstandsmindernd, sondern als Erhöhung des BSP sogar wohlstandssteigernd (in Wirklichkeit liegt aber ein Vermögensabbau vor).
- Auch ein zunehmender Rohstoff- und Energieverbrauch wirkt sich wohlstandssteigernd aus.

Eine Nichtberücksichtigung des Naturverbrauchs und der Umweltschäden gibt Wirtschaft und Politik falsche Signale und bedarf einer Korrektur. Nach einer Berechnung des Wissenschaftszentrums Berlin (die Zahlen entsprechen weitgehend der Schadensermittlung bei Wicke) sind mindestens 10 % aller wirschaftlicher Aktivitäten als „Schadensreaktionen" zu betrachten (also über 200 Mrd. DM!). Diese „defensiven" Kosten (vom Spiegel als „häßliche Kehrseite" bezeichnet) zur Verhinderung einer Wohlfahrtsminderung sind vorsichtig geschätzt.

Wie auch eine öffentliche Anhörung im Mai 1989 in Bonn zum Thema „Entwicklung der ökologischen und sozialen Folgekosten des Wirtschaftens in der Bundesrepublik" zeigte, sind Zweifel an dieser politischen Ziel- und Orientierungsgröße weit verbreitet – doch wurden keine „Antworten" gefunden.

Seit langem werden Vorschläge zur Korrektur und zur Ergänzung der volkswirtschaftlichen Gesamtrechnung durch umweltrelevante Daten unterbreitet. Man geht davon aus, daß das BSP ein guter Indikator für die Produktion darstellt, der um bestimmte wohlstandsmindernde bzw. -erhöhende Ausgaben zu „korrigieren" sei. Allen Ansätzen zur Entwicklung bestimmter Schadenskategorien (z. B. Gesundheits-, Vermögens-, Produktions- oder ökologische Schäden) ist ein weitgehend ungelöstes Bewertungsproblem gemeinsam.

Das Statistische Bundesamt hat nun angekündigt, für 1991/92 zum ersten Mal ein korrigiertes Sozialprodukt zu veröffentlichen (auch UNO-Organisationen arbeiten an einer Neuformulierung des BSP). Das gemeinsame Forschungsprojekt des Bundesamtes mit der Universität Nürnberg und Fraunhofer-Instituten stößt dabei auf große Meß- und Bewertungsprobleme. Die Umweltbelastung kann nur in physikalischen Einheiten gemessen werden und ist schwer in Geldeinheiten zu „übersetzen". Man kann sich aber die Natur als einen Kapitalstock vorstellen, dessen Wert vermindert wird – ermittelt werden könnte dann, wieviel ausgegeben werden müßte, um Umweltschäden zu beheben oder zu vermeiden.

In einem ersten Schritt werden zur Zeit die jährlichen Umweltschutzinvestitionen sowie die Schadstoffemissionen in eine Datei gebracht. Nahziel des Bundesamts ist ein als Ergänzung zum BSP gedachtes sog. „Satellitensystem" zu bestimmten, gesellschaftlich wichtigen Informationsfeldern, in dem die Schäden noch nicht in monetären Größen, sondern mehr beschreibend erfaßt werden. Klaus/Ebert (1989) geben folgende Beispiele:

- Aggregierung der Ausgaben zur Verhinderung von Schäden bzw. zur Kompensation eingetretener Schäden.
- Darstellung der Umweltbelastung durch schädliche Nebeneffekte der wirtschaftlichen Aktivitäten einschließlich der Umweltschutzaktivitäten (Emissionskataster)
- Beschreibung der Veränderungen und des Zustandes der Umweltqualität
- Bewertung der Schäden, die trotz Vermeidungsbemühungen und trotz der Kompensationsaufwendungen bei den Betroffenen verbleiben.

Inzwischen ist aber daran gedacht, eine eigenständige umweltökonomische Gesamtrechnung aufzustellen, und die Möglichkeit einer Kombination mit der klassischen Sozialproduktstatistik wird angestrebt. Zumindest anfänglich wird dies nur in mehrjährigen Abständen erfolgen.

In den nächsten Jahren möglich erscheint eine monetäre Bewertung der Hausfrauenarbeit. Zur Erfassung könnten Haushaltsbefragungen und die Kosten vergleichbarer Dienstleistungen (für Kochen oder Putzen) auf dem freien Markt herangezogen werden, außerdem die Arbeitsleistung und die Abschreibung benutzter Haushaltsgeräte. Als wesentlich schwieriger wird dagegen die Erfassung der Untergrundwirtschaft angesehen.

Von seiten der Wissenschaft wird zunehmend eine Veränderung der Produkte und Produktionsprozesse in Richtung einer qualitativen Verbesserung gefordert. Ein Optimierungsdenken in einem ökologisch orientierten Wirtschaften muß danach streben, ein „qualifiziertes Wachstum" zu erreichen – ein Wachstum ohne Mehrverbrauch an Ressourcen.

Statt, wie beim BSP, nur mit einer einzigen Zahl zu operieren, verwenden sog. Indikatorensysteme mehrere Wohlstandsindikatoren. Mit Hilfe verschiedener gesellschaftlicher Kennziffern will man Bereiche erfassen, die bisher von der herkömmlichen ökonomischen Betrachtungsweise nicht abgedeckt sind. In der Sozialindikatorenforschung wird versucht, relativ vage Zielinhalte wie z. B. Arbeitszufriedenheit, Arbeitsqualität und Umweltqualität durch die Entwicklung von Maßzahlen zu operationalisieren. Entsprechende Versuche finden bei verschiedensten Institutionen statt (UNO, EG). Die OECD schlägt zum Beispiel acht Hauptzielbereiche vor, die in 24 Hauptindikatoren untergliedert werden. Die Bereiche umfassen:

- Gesundheit
- Persönlichkeitsentwicklung, intellektuelle und kulturelle Entfaltung durch Lernen

- Arbeit und Qualität des Arbeitslebens
- Zeitbudget und Freizeit
- Verfügung über Güter und Dienstleistungen
- physische Umwelt
- persönliche Freiheitsrechte und Rechtswesen
- Qualität des Lebens in der Gemeinde.

Aufstellung und Auswahl der zu berücksichtigenden Indikatoren sind nur in einem gesellschaftlichen Konsensfindungsprozeß zu ermitteln. Die Problematik eines derartigen Indikatorensystems ist äußerst vielschichtig: ungeklärte Meß- und Aggregationsprobleme, seine normative und subjektive Ausprägung, theoretische Schwierigkeiten, beträchtliche Kosten oder fehlende Abgrenzungskriterien relevanter Bezugsfelder.

Betriebliche Konzepte

Auf der mikrowirtschaftlichen Ebene sind die Ansätze zur Internalisierung dieser externen Effekte gemäß dem Verursacherprinzip sehr differenziert. Solche betriebswirtschaftlichen Bausteine können z. B. sein:

- Umweltindikatoren
- Checklisten und Merkmalprofile
- Produktfolgenmatrix
- Produktlinienanalyse
- Technologiefolgenabschätzungen
- Umweltverträglichkeitsprüfung
- Nutzen-Kosten-Analysen/Kosten-Wirksamkeits-Analysen
- ökologische Wertanalyse
- ökologische Buchhaltung
- betriebliche Ökobilanzen.

Sozialbilanz/Sozialberichterstattung

Zu den Wurzeln einer gesellschaftsbezogenen Berichterstattung als Erweiterung des traditionellen Rechnungswesens gehören zusätzliche Hauptkomponenten mehr „qualitativer Aspekte" wie „Lebensqualität" oder „Wohlfahrt", die allerdings einer „Präzisierung" bedürfen. Umfaßt werden vor allem

- die Erhaltung und Verbesserung der Umwelt und
- die Humanisierung der Arbeit.

Die Messung dieser Wirkungen kann entweder

- ex post am Ist-Zustand (= Gegenüberstellung der sozialen Kosten/Nutzen einer Unternehmung)

  oder

- an ex ante formulierten Zielgrößen (mit nachträglichem Soll-Ist-Vergleich) durchgeführt werden.

Der erstgenannte Weg wird von den allermeisten Sozialbilanzen gegangen, letzterer beschränkt sich auf die wenigen Beispiele einer zielorientierten Berichterstattung.

Nachdem in den USA bereits in den 60er Jahren Ansätze zur gesellschaftlichen Rechnungslegung festzustellen sind, wurde in Deutschland die erste Sozialbilanz 1972 von der STEAG (Essen) veröffentlicht; einen rudimentären Ansatz stellte bereits die „Statistische Übersicht über die sozialen Leistungen für die Gefolgschaft und Aufwendungen für die Volksgemeinschaft im Geschäftsjahr 1937/38" der AEG Telefunken dar. In den 70er Jahren folgten dann Unternehmen wie Pieroth, Deutsche Shell, Rank Xerox, BASF, Rheinbraun, Deutsche BP, Wella.

Während bis Mitte der 70er Jahre die Gewerkschaften der gesellschaftsbezogenen Rechnungslegung sehr kritisch gegenüberstanden („Werbegag"), was sich sogar in der Veröffentlichung einer Gegendarstellung zur BASF-Sozialbilanz (Frühjahr 1978) spektakulär äußerte, wurden Ende des Jahrzehnts eigene Vorstellungen, die gewerkschaftliche Informationsbedürfnisse berücksichtigen, entwickelt.

Gesetzliche Regelungen und eine Prüfung der Berichte etwa durch Wirtschaftsprüfer werden abgelehnt, ebenso die Mitwirkung an der Erstellung. Ein Kennzeichen der gesellschaftsbezogenen Berichterstattung ist dabei ihr freiwilliger Charakter, d. h., die bisherigen Veröffentlichungen gehen auf die Initiative der jeweiligen Unternehmen zurück, während der große Teil der Unternehmen in einer eher „defensiven Haltung" verharrt.

Direkte Sanktionsmechanismen irgendeiner Art gegen Verstöße des unternehmerischen Verantwortungsbewußtseins sind nicht gegeben, den Berichten kommt daher mehr „deklaratorische" Bedeutung zu. Aus Sicht der Wirtschaft wird die Befürchtung geäußert, daß eine starre Zementierung (etwa in Form von Gesetzen oder Tarifverträgen) zu einer Kontrolle unternehmerischer Aktivitäten führen könnte. Eine gesetzliche Regelung, wie in Frankreich, wird allgemein abgelehnt und ist in nächster Zeit bei den gegebenen politischen Realitäten auch nicht zu erwarten.

Die Herausforderung an die Unternehmungen lautet somit „Optimierung von ökonomischen Zielen und sozialökologischer Verantwortung", d.h., wirtschaftlich-ökonomische und gesellschaftlich-soziale Faktoren so zu integrieren, daß die Bedürfnisse möglichst vieler gesellschaftlicher Bezugsgruppen nicht auf Kosten der Natur befriedigt werden. Mit der gestiegenen Sensibilisierung des unternehmerischen Umfeldes wuchs auch der Wunsch nach einer ausreichenden Rechenschaftslegung der Unternehmenstätigkeiten. Die auf Rentabilität ausgerichtete Berichterstattung war nicht mehr ausreichend; konsequenterweise entstand hieraus die Forderung nach einer gesellschaftsbezogenen Berichterstattung (Faltlhauser, 1978), d. h. nach einer Ergänzung des Informationsinstrumentes „betriebliches Rechnungswesen". Zudem werden auch bei den wirtschaftlichen Zahlen eine vermehrte Transparenz und Informationspflicht der Unternehmen (siehe etwa die erweiterte Publizitätspflicht durch die 4. EG-Richtlinie) erkennbar.

Die im Jahre 1977 veröffentlichten „Rahmenempfehlungen des Arbeitskreises Sozialbilanzpraxis" (unter der Federführung der Pieroth GmbH) brachten eine gewisse Vereinheitlichung der Sozialbilanzen, heute folgen fast alle publizierten Bilanzen diesem Gliederungsschema (mit den Teilelementen Sozialbericht, Wertschöpfungsrechnung und Sozialrechnung), wobei das Konzept als „grobes Raster“ zu verstehen ist und nicht zu starren Festschreibungen einmal entwickelter Darstellungsformen führen soll.

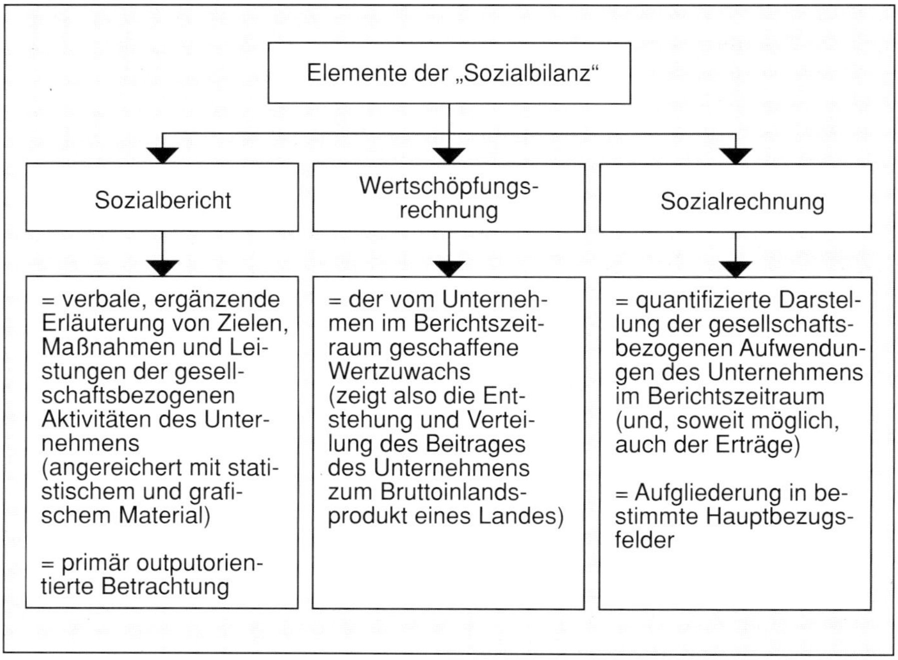

Abb. 51: Elemente der Sozialbilanz

Mischrechnungen des gesellschaftsbezogenen Rechnungswesens sind Kombinationen der Gesamt- und/oder Teilrechnungselemente. So kann beispielsweise der Geschäftsbericht durch zusätzliche Bestandteile wie technisches Datenkonzept, Wertschöpfungsrechnung oder/und Aufwand-Nutzen-Rechnung erweitert werden. Kennzeichen einer derartigen Kombination ist ihre große Flexibilität hinsichtlich der Möglichkeit mehrdimensionaler Erfassungs-, Meß-, Bewertungs- und auch Darstellungspotentiale. Für die gesellschaftsbezogene Berichterstattung der unter das „Publikationsgesetz“ fallenden Unternehmen ist vor allem der Lagebericht (§ 60 AktG) als neuer Ansatzpunkt von Bedeutung, der in die Bereiche „Wirtschaftsberichterstattung“ und „Sozialberichterstattung“ unterteilt.

Unter wirtschaftlichen Gesichtspunkten ist der Sozialbericht mit relativ geringen Kosten verbunden. Meß- und Bewertungsprobleme existieren nur in untergeordnetem Maße, da immer die verbale Form der Berichterstattung gewählt wird, wenn derartige Schwierigkeiten entstehen. In den Sozialberichten werden verbal, an Hand von Kennziffern oder Statistiken Nutzen und Schaden der Aufwendungen eines Unternehmens beschrieben. Umfang und Inhalt des

Sozialberichtes sind im einzelnen nicht vorgeschrieben, sondern liegen in der Ermessensentscheidung des Vorstandes. Die Auswahl der einbezogenen Aktivitäten unterliegt somit der subjektiven Entscheidung der Unternehmung, was zu der Gefahr führt, daß nur über positive Umweltbeziehungen berichtet wird. So erwähnt z. B. der größte Hersteller von FCKW in seinem Umweltkapitel zum Geschäftsbericht 88 das FCKW-Problem nicht, noch macht der größte Emittent der deutschen Elektrizitätswerke quantitative Angaben über den Schadstoffausstoß, noch wird das Thema Waldsterben i.d.R. angesprochen.

Widersprüchliche Angaben kennzeichnen die Aussagen zum Trend der Entwicklung des gesellschaftsbezogenen Rechnungswesens in den achtziger Jahren, die vermutlich auf verschiedenartig zugrundegelegte „Niveaus" der Berichte zurückzuführen sind. Während einige von einer „relativen Stagnation" der letzten Jahre sprechen, sehen andere eine „steigende Tendenz". Unterschiedlich auch die Zahlenangaben. Die Zahl der Unternehmen, die in der BRD getrennte Sozialbilanzen veröffentlichen, schwankt je nach Quelle zwischen 40 und 200; Dierkes verweist auf Berichte, nach denen 90 % der 500 Fortune-Unternehmen in den USA ihre gesellschaftsbezogenen Leistungen innerhalb ihrer Geschäftsberichte darstellen. Es darf jedoch mit Sicherheit davon ausgegangen werden, daß viele Firmen Sozialberichte für den internen Gebrauch erstellen. Viele Unternehmen begnügen sich allerdings damit, auf bestimmte Aktivitäten nur innerhalb gezielter PR-Anzeigenkampagnen hinzuweisen.

Von der Unternehmenspraxis kommt der Vorwurf, die komplexen theoretischen Ansätze seien in der Praxis nicht realisierbar. Und es wird die Forderung gestellt, das Niveau der Ansätze auf die „Ebene der Realisierbarkeit herunterzuschrauben". Vergleicht man jedoch das bisher Erreichte mit der zeitlichen Perspektive, unter der sich das traditionelle Rechnungswesen entwickelt hat, so erscheint es nach Dierkes sinnvoll, „... für den Bereich der gesellschaftsbezogenen Berichterstattung nicht zu schnell zu viel zu erwarten, sondern sich auf einen stetigen, aber langsamen Fortschritt, getragen durch Experimente der Wirtschaftspraxis, und weitere Forschungen der Wissenschaft einzustellen".

Die Bedeutung der gesellschaftsbezogenen Berichterstattung wird zukünftig hauptsächlich davon abhängen, ob ein günstiges „politisches" Klima für Sozialinnovationen und Experimente herrscht oder nicht. Es kann davon ausgegangen werden, daß ohne einen gewissen Druck von seiten der Bezugsgruppen, der Öffentlichkeit oder gesetzlicher Regelungen nicht erwartet werden kann, daß Unternehmen von sich aus eine umfassende und anspruchsvolle Form der Dokumentation verwenden (Dierkes, 1984). Inwieweit sich die gesellschaftsbezogene Berichterstattung glaubwürdig zu einem führungspolitischen Anliegen gemäß der sozialen Verantwortung einer Unternehmung weiterentwickeln wird oder nur als Werbungsersatz bzw. PR-Instrument zur möglichst vorteilhaften Selbstdarstellung im Sinne einer publikumswirksamen Veröffentlichung genutzt wird, hängt letztlich von der ethischen Haltung, den Wertvorstellungen, dem Verantwortungsbewußtsein und dem durchlaufenen Lernprozeß der Führungskräfte in den Unternehmen ab. Deshalb wird von verschiedenen Autoren auch der Einbezug umweltbezogener Zielerreichungsgrade in die Beurteilung der Führungskräfte (vor allem innerhalb des „strategischen Teils" der Beurteilungskriterien) gefordert.

„Die grundlegende Managementaufgabe besteht darin, die Perzeption des unternehmerischen Tuns durch Gesellschaft und Legislative in Einklang zu bringen mit dem tatsächlichen unternehmerischen Verhalten" (Abels, 1985).

Der Einfluß der gesellschaftsbezogenen Rechnungslegung auf betriebliche Entscheidungen und Aktionen kann, so Dierkes (1984), direkter Art (z. B. bei der Exploration zukünftiger Unternehmenspolitik oder der internen Leistungsbewertung) oder indirekter Art sein (allein die Vorbereitung und Veröffentlichung beeinflussen das Verhalten. „In diesem Sinne funktioniert die Sozialbilanz ähnlich wie der traditionelle Geschäftsbericht: seine Existenz dient selbst dann zur Überwachung und Kontrolle von Unternehmensverhalten, wenn er von der Mehrheit der Zielgruppen nicht ausführlich genutzt wird").

Nur eine von sozialem Verantwortungsbewußtsein getragene Unternehmensphilosophie bietet eine tragfähige Grundlage für eine glaubwürdige und gesamtgesellschaftlich nützliche, gesellschaftsbezogene Berichterstattung.

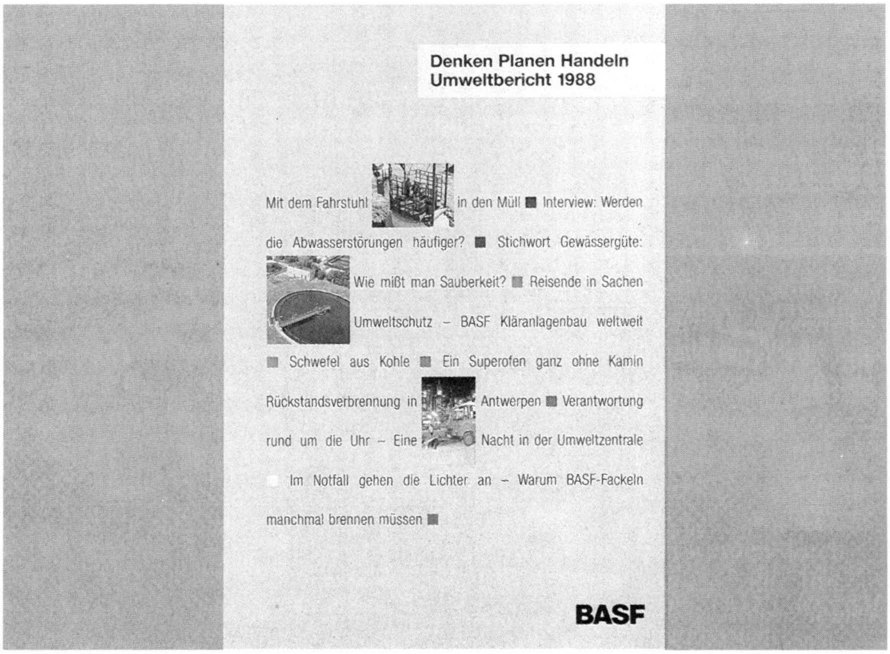

Migros
Musterbeispiele einer ausführlichen Sozialbilanz sind die insgesamt vier von Migros veröffentlichten Berichte (1978, 80, 83 und 86). Neben einem jeweils wechselnden „Schwerpunktthema“ wird über die Migros und ihre Aktivitäten zu bestimmten Gruppen (Kunden, Mitarbeiter, Öffentlichkeit und Genossenschafter) und über die kulturelle und soziale Verpflichtung sowie den Umweltschutz berichtet. Übergreifende Leitbilder geben einen verpflichtenden Rahmen vor. Ausgehend von konkreten Einzelzielen, werden die zur Erreichung eingeleiteten Maßnahmen und eingesetzten Mittel und die Ergebnisse geschildert. Es wird aufgezeigt, inwieweit gesetzte Ziele erreicht wurden, aber auch, wo noch Lücken sind. Die Migros folgt damit der Form eines sog. „zielbezogenen“ Rechenschaftsberichts. Ausführlich wird verbal und mit Tabellen über die Maßnahmen und Resultate in den drei Zielbereichen Energie- und Wasserverbrauch, Abfälle und Emissionen sowie Produktionsortiment und Verpackung berichtet.

Nach Aussagen von Migros erschien 1986 der letzte Bericht – es ist keine neue Sozialbilanz vorgesehen. Da diese Bilanzen bisher das weitestgehende Beispiel einer unternehmenszielbezogenen Berichterstattung darstellen, ist dies ein schwerer Schlag für das Instrument „Sozialbilanz“.

Wie eine Analyse des Wissenschaftszentrums Berlin der Umweltberichterstattung von 20 Großunternehmen zeigt, steigt der Umfang der Ökoseiten kontinuierlich. Während die meisten Firmen sich mit ein paar zusätzlichen Seiten im Geschäftsbericht begnügen, hat die BASF erstmals einen eigenen „Umweltbericht“ von 35 Seiten herausgegeben.

Bischof & Klein
Auch andere Unternehmen geben inzwischen gesonderte Umweltberichte heraus, in denen über Umweltschutzaktivitäten berichtet wird. Bei Bischof & Klein werden die im jeweiligen Jahr durchgeführten Maßnahmen auf zwei Seiten erläutert; zusätzlich wird ein

umfangreiches Informationsheft mit einer Chronik der seit 1985 durchgeführten B & K-Umweltschutzaktivitäten erstellt. Darin wird das Ökologiekonzept dargestellt und fortlaufend aktualisiert.

RWE
RWE, das nach eigenen Angaben als erstes Unternehmen der Öffentlichkeit 1985 eine „Umwelt-Bilanz“ (Umweltschutz im und am Kraftwerk) vorlegte, wollte „zeigen, welche Leistungen das RWE auf dem Gebiet des Umweltschutzes bereits erbracht hat und welche Arbeit noch zu leisten ist, um die Kraftwerke noch umweltschonender zu machen“. Die Broschüre mit 32 Seiten ist angereichert mit zahlreichen Grafiken und Zahlenwerten. Das Wort „Bilanz“ steht dabei für den Ausgleich zwischen den Zielen Sicherheit, Wirtschaftlichkeit und Umweltschutz.

Die Kritik am Konzept der erweiterten Sozialberichterstattung ist zum einen prinzipieller Natur, zum anderen richtet sie sich gegen konkrete Ausgestaltungen von Sozialberichten seitens bestimmter Unternehmungen. Management Wissen (10/89) spricht vom „Bluff auf Hochglanz“ und sieht die Berichterstattung als eine ausgefeilte PR-Strategie, das EPEA Umweltinstitut spricht von „Propagandabroschüren“ und das WZB von einer Einbindung in eine Produktwerbung. Man kritisiert die Berichtskonzentration auf nur wenige Schadstoffe, die mangelnde Vergleichbarkeit, das kaum mögliche Nachvollziehen der Angaben und die Unvollständigkeit der Informationen. Die Studie des WZB bestätigt, daß vorwiegend Angaben über die jährlichen Umweltschutzinvestitionen und deren laufende Betriebskosten gemacht werden. Man fordert das Anlegen eigenständiger Zeitreihen und Berichte über den klassischen Schadstoff Schwefeldioxid hinaus (Handelsblatt, 5. 1. 87).

Das Zitat von Schmalenbach (1926) hat sicher heute noch uneingeschränkte Gültigkeit:

> „Wer die sicherlich löbliche Absicht hat, die Privatwirtschaften dahin zu bringen, den gemeinwirtschaftlichen Nutzen zu pflegen, der kann nicht beim Rechnungswesen anfangen. Er muß dahin wirken, daß gemeinwirtschaftlicher und privatwirtschaftlicher Nutzen immer zusammenfallen; das ist im wesentlichen eine Frage der Wirtschaftspolitik. Zweitens ist es eine Frage der Erziehung. Wenn man durch Schule, Presse und andere Volksbildungsmittel das Volk erziehen würde, daß es solche Erfolge, die nur privatwirtschaftlich und nicht gemeinwirtschaftlich sinnvoll sind, mißachtet, so wäre viel geschehen. Heute ist dieser Teil der öffentlichen Meinung sehr schlecht ausgebildet ... Wir besitzen eine noch völlig unterentwickelte Kultur der Wirtschaftsmoral“ (zitiert nach: Vollherbst, 1984).

Ökologische Buchhaltung

Nahezu zwanzig Jahre liegen die Pionierarbeiten von Müller-Wenk zurück. Ähnlich wie das technische Datenkonzept bezieht sich der Ansatz der ökologischen Buchhaltung nach Müller-Wenk auf den Bereich „Unternehmen-physische Umwelt". Dieser Ansatz gründet auf einer materialbezogenen Input-Output-Betrachtung. Das vorgestellte Instrument ist der erste theoretische Versuch, ein Rechnungssystem zu earbeiten, das alle vom buchführenden Unternehmen ausgehenden Umwelteinwirkungen in bestimmten Kontenklassen

- Materialverbrauch,
- Energieverbrauch,
- feste Abfälle,
- gas- und staubförmige Abfälle,
- Abwasser,
- Abwärme,
- Denaturierung von Boden

nach den jeweils entsprechenden physikalischen Maßeinheiten (wie Gewicht, Volumen, Energiemenge) getrennt aufzeichnet bzw. mißt (Müller-Wenk 1978, 1980, 1986).

Nicht erfaßt werden auf der Outputseite die ionisierenden Strahlungen, der Lärm und die Einwirkungen auf Pflanzen und Tierwelt. Die ökologische Buchhaltung darf nur als ein (visualisierendes) Meßsystem verstanden werden, das Umwelteinwirkungen offenlegt; es gibt kein Konzept, mit dessen Methoden diese Wirkungen reduziert werden können. Es wird wie folgt vorgegangen:

(1) Getrennte Erfassung und Messung jeder Umwelteinwirkung (z. B. nach Art der Gewässerbelastung, Art des Rohmaterials) auf separaten Konten.

(2) Bewertung der jeweils ermittelten Einheitsmengen mittels eines Gradmessers. Zur Vergleichbarmachung verschiedenartiger ökologischer Wirkungen dient der sog. „Äquivalenzkoeffizient" (Aek). Je nach der ökologischen Knappheit der betroffenen Einwirkungsart (z. B. Erschöpfungsgrad der Rohstoffreserven, Beanspruchungsgrad des Aufnahmevermögens der Umwelt bei Emissionen) wird dieser Umrechnungsfaktor von dritter Seite (Staat, Experten etc.) verbindlich bestimmt.

(3) Die Multiplikationen der pro Einwirkungsart gemessenen Mengen mit dem jeweiligen Gradmesser (sprich mit dem sich in der Äquivalenzziffer ausdrückenden „ökologischen Knappheitspreis") ergibt eine allgemeine Meßzahl an Umwelteinwirkung, ausgedrückt in Rechnungseinheiten (RE). Jede umweltrelevante Maßnahme läßt sich nun anhand der ermittelten REs beurteilen, wobei die Höhe der REs als Indikator für die Stärke der Umweltbelastung angesehen wird.

(4) Addition aller Rechnungseinheiten zur Ermittlung der Gesamteinwirkung des Unternehmens während einer Periode auf die natürliche Umwelt; dies ermöglicht Vergleichs- bzw. Zeitreihenbeurteilungen.

Zur Verdeutlichung des Konzepts ist bei Müller-Wenk ein Abschluß der ökologischen Buchhaltung der Firma ROCO-Konserven wiedergegeben (neuere Zahlen liegen meines Wissens nicht vor). Ein weiteres Beispiels eines Modellversuches findet sich bei Simonis (1986).

Die ökologische Buchhaltung als reines „Meßsystem" der Umwelteinwirkungen bietet zahlreiche Möglichkeiten zur Beeinflussung des Umweltverhaltens: Da die Höhe der Rechnungseinheit ein Äquivalent für die Stärke der Umweltbelastung ist, ist ein möglichst geringer RE-Wert anzustreben. Damit ist die ökologische Buchhaltung eine wertvolle unternehmensinterne Entscheidungshilfe, da sie die informationsmäßige Grundlage für einen zweckoptimalen Einsatz ökonomischer Mittel im ökologischen Interesse vermittelt. Der Nutzen wird vor allem auch dann deutlich, wenn die zur Wahl gestellten Alternativen hinsichtlich ihrer Vor- und Nachteile exakt untersucht, d. h., wenn genau festgestellt werden kann, ob eine bestimmte Maßnahme einige Umwelteinwirkungen reduziert, andere dafür aber erhöht.

So läßt sich etwa die Frage beantworten, ob es sinnvoll ist, soundsoviel Rohstoffe einzusparen, dafür aber einen gewissen Mehrverbrauch an Energie oder eine erhöhte Abwasserbelastung in Kauf zu nehmen. Die jeweiligen Äquivalenzkoeffizienten können hierbei die Entscheidung objektiv und rational mit exakten Daten erleichtern.

Würden Unternehmen verpflichtet werden, eine ökologische Buchhaltung zu führen und die Ergebnisse entweder der Umweltschutzbehörde und/oder der breiten Öffentlichkeit bekanntzugeben, so erfüllte dies eine unternehmensexterne Informationsfunktion. Mit Hilfe der ökologischen Buchhaltung läßt sich das qualitative Wachstum einer Unternehmung (= Wachstum und Wertschöpfung bei nicht wachsendem Verbrauch von Recheneinheiten) erkennen, d. h. feststellen, ob das Wachstum mit zusätzlichen Folgen für die natürliche Umwelt verbunden ist oder nicht. Zusätzlich würde es den Aufbau eines Umweltkontingentierungssystems innerhalb eines Landens auf Basis der ökologischen Buchhaltung ermöglichen.

Am Konzept der ökologischen Buchhaltung wird kritisiert:

- sehr schwierige Datenerhebung
- der politisch-gesellschaftliche Charakter von Bewertungen
- wo die kritische Verbrauchsrate anzusetzen wäre und wer sie bestimmt
- die Definition des regionalen Bezugsrahmens
- die Bestimmung der zuzuteilenden Umweltbelastungskontingente
- die Anpassung der Äquivalenzkoeffizienten
- die Ausklammerung bestimmter Problemdiskussionen (z. B. Strahlung, Lärm)

- die Frage der Kontrolle dieser Buchhaltung
- wenig praktische Wirkung
- der Nicht-Einbezug der Haushalte.

Ansatzpunkte einer Ökobilanz

Beim Öko-Controlling ist man über erste Ansätze noch nicht hinausgekommen. Nachdem ein Forschungsprojekt des Instituts für ökologische Wirtschaftsforschung (IÖW), des Arbeitskreises „Future" und des nordrhein-westfälischen Umweltministeriums bei einem Zweigwerk von Bischof & Klein zur Einführung einer „Ökobilanz" als Baustein eines Management-Informationssystems im Ansatz stecken blieb, wird seit Anfang 1990 in neuen Pilotprojekten (Armstrong World Industries/Nordenia Unternehmensgruppe) vom IÖW und der PSI (Gesellschaft für Prozeßsteuerungs- und Informationssysteme) ein umfassendes betriebsinternes Controlling-System entworfen.

Darin soll, in Anlehnung an die Finanzbuchhaltung, kontinuierlich, umfassend und nach verbindlichen Verfahrensvorschriften eine ökologische Bilanzierung erfolgen. Eine solche Kenntnis und Bewertung aller von einem Unternehmen ausgehenden Wirkungen ist Voraussetzung für eine ökologische Unternehmenspolitik. Dies setzt die Erfassung umfassender Informationen voraus. Es ist dabei notwendig, die relevanten Informationen nicht nur monetär und quantitativ, sondern auch qualitativ aufzubereiten. Damit wird die Unternehmung in die Lage versetzt, ihre „ökologische Relevanz" zu bewerten. Dieses Instrument hilft, für den Unternehmer selbst und vor allem für die Öffentlichkeit, die Bewertungsmaßstäbe „transparent" zu machen.

Mit Hilfe dieser Ökobilanzen kann eine ökologische „Vergleichbarkeit" vor und nach einer Investition, über mehrere Perioden hinweg oder zwischen verschiedenen Betrieben hergestellt werden. Zu Vergleichszwecken können damit situativ Beschaffenheiten und Zustände (für ausgewählte Produkte, Produktionsverfahren oder Produktionsschritte) ermittelt werden.

Die Ökobilanzierung umfaßt vier Ebenen (Pfriem, 1988; future-Forum 1988; future-Workshop 1988):

Im Rahmen dreier Bilanztypen wird zunächst eine quantitative, stofflich-energetische Erfassung durchgeführt. Die „Input-Output-Bilanz" als Ausgangspunkt gibt damit einen Überblick nach Stoffen, Energien und Mengen. Auf der Inputseite werden die betrieblichen Inputs (getrennt nach Stoffen und Energien), auf der Outputseite die Produkte und Emissionen dargestellt (vgl. Abb. 52).

Input-Output Systematik
Stoff- und Energiebilanz

INPUT	OUTPUT
I. STOFFE	I. PRODUKTE
1. Rohstoffe 2. Hilfsstoffe 3. Betriebsstoffe 4. Weitere Materialien	1. Primärprodukte 2. Kuppelprodukte
	II. STOFFLICHE EMISSIONEN
II. ENERGIEN	1. Abfall 2. Abwasser 3. Abluft
1. gasförmig 2. flüssig 3. fest	
	III. ENERGETISCHE EMISSIONEN
	1. Abwärme 2. Lärm

Quelle: PSI-IÖW

Abb. 52: Input-Output-Systematik

Den jeweils ersten Teil der Inputseite in der ersten und zweiten Detaillierungsstufe der Input-Output-Bilanz zeigt das konkrete Beispiel aus dem Pilotprojekt. Pfriem (1988) sieht mit der stufenweisen Detaillierung der stofflich-energetischen Betrachtung die informatorischen Voraussetzungen für ökologisches Management geschaffen:

- Materialien können nach Bestandteilen von Spuren und Stoffen untersucht und evtl. substituiert werden.
- Die Erfassung der Wasser- und Energiemengen kann als Einstieg in ein Wasser- und Energiemanagement genutzt werden.
- Die detaillierte Betrachtung der stofflichen Rückstände und abgegebenen Energien kann als erster Schritt für ein systematisches Emissionsmanagement betrachtet werden.

Input 1986 1987	Input 1986 1987
I.-I Stoffe	**I.-I Stoffe**
Roh- und Hilfsstoffe:	Roh- und Hilfsstoffe:
1. Kunststoff-Folien	1. Kunststoff-Folien
2. Kunststoff-Gewebe	
3. Papier	1986 1987
4. Kunststoff im Verbindung mit anderen Stoffen	Polyethylenfolie: Polypropylenfolie:
5. Seile	Spezialfolie:
6. Vliesstoffe	• Polyethylenfolie:
7. Kleber	unterschiedliche PE-Varianten
8. Lösemittel	(verschiedene Dichte)
9. Farben, Lacke	verschiedene Färbungen
10. Verpackungen	verschiedene Additive
	• Polypropylenfolie: *
Betriebsstoffe:	• Spezialfolie verschiedene Varianten der Folie
11. Öle	Valeron, bestehend aus kreuz-
12. Wasser	weise aufeinander aufgebrachten
13. Luft	HDPE-Folien (= High Density Polyethylen)
Weitere Materialien:	teilweise Färbung (Pigmente) Kleberrückstände
14. Kleinmaterial, Reparaturmaterial, Werkzeuge, Ersatzteile	verschiedene Additive 2. Kunststoff-Gewebe:
	1986 1987
I.-II Energien	Polypropylen/ Polyethylen:
15. Butan	Polypropylen:
16. Strom	verschiedene Pigmente
17. Erdgas	(Färbung) verschiedene Additive (u.a. Textilhilfsmittel – Avivagen)

Quelle: Pfriem future-forum, 1988

Abb. 53: Darstellung Ebene 1 und 2

Technologische Input-Output-Analysen einzelner Fertigungsprozesse (Material- und Energiebilanzen) sind z. B. bei chemischen oder biologisch-technologischen Prozessen bereits seit langem eingeführt. Für eine konkrete Kostenstelle bei einer Kühlschrankproduktion gibt Stahlmann eine Situationsbeschreibung; mehrere solcher Verantwortungsbereiche können dann zu Input-Output-Tabellen (vgl. Abb. 54) für den gesamten Produktionsbereich zusammengefaßt werden. „Erfaßt man alle stofflichen und energetischen Inputs und Outputs – getrennt nach verschiedenen Substanzen und Energien –, so hat man bereits das Mengengerüst einer ökologischen Buchhaltung, welche diese (dimensionsverschiedenen) Mengen auf unterschiedlichen Konten erfaßt" (Strebel, 1980).

Input Code	Stoffe, Materialien, Erzeugnisse Energie, Energieträger	Mengen		von Kostenstelle
In-2	Schwarzbleche in Tafeln	153,5	t	120
	Edelstahlbleche in Tafeln	27,0	t	120
	Feuerverzinkte Bleche in Tafeln	55,5	t	120
	Alubleche	6,5	t	120
	insgesamt	242,5	t	
	Verkupferte Stahldrähte für Roste	12,5	t	120
	Schweißdrähte	100	kg	120
In-6	Elektromechanische Energie	115	MWh	105
	Acetylen 120 Nm	1,7	Gcal	
In-7	Kühlwasser	150	m^3	105
In-3	Sauerstoff	14040	Nm^3	120
	Schutzgas (Argon, Stickstoff)	2040	Nm^3	120
Output Code	**Stoffe, Materialien, Erzeugnisse Energie, Energieträger**	**Mengen**	**weiter zu Kostenstelle**	
Out-1	Blechteile	210	t*	141, 146/1
	Roste	12	t	146/2
Out-5	Sortierte Metallabfälle			
	Schwarzblech und Draht	11,5	t	121
	Cr-Ni-Blech Edelstahlblech	7,0	t	
	Verzinktes Stahlblech	12,0	t	
	Alublech	1,5	t	
Out-6	Metallabfälle im Werkstattmüll	1,0	t	
Out-7	Kühlwasser mit Abwärme, unverschmutzt	150	m^3	121
	* Materialzusammensetzung:			
	Schwarzblech	142	t	141
	Edelstahlblech	20	t	146/1
	Feuerverzinkt	43	t	146/1
	Alublech	5	t	146/1

Quelle: Stahlmann, 1988

Abb 54: Input- Output-Liste der Blechverarbeitung/Drahtnerei

Daraus lassen sich als weitergehende Maßnahmen vier Konzepte entwickeln:

- Stofflisten
- Wasser- und Energieeinsatz
- Produktzusammensetzungszertifikate
- stoffliche Emissionen und abgegebene Energien (Lebenszyklus).

Die „Prozeßbilanzen“ geben nun auf der zweiten Ebene (nachdem der Betrieb

ja zuerst eine „black-box“ blieb), ebenfalls nach einem Input-Output-Schema, einen detaillierten Einblick in die innerbetrieblichen Abläufe (z. B. Fertigungsanlagen, Transportprozesse).
In den „Produktbilanzen“ vollzieht sich eine Betrachtung der Produkte über den ganzen fünfstufigen ökologischen Produktlebenszyklus (vgl. Abb. 55):

- Einsatz von Stoffen und Energie
- Schadstoffe, Abwässer und feste Abfälle aus Produktionsverfahren
- Produktentsorgung
- Produktverwendung
- ökologische Probleme durch Transport zwischen den Stufen.

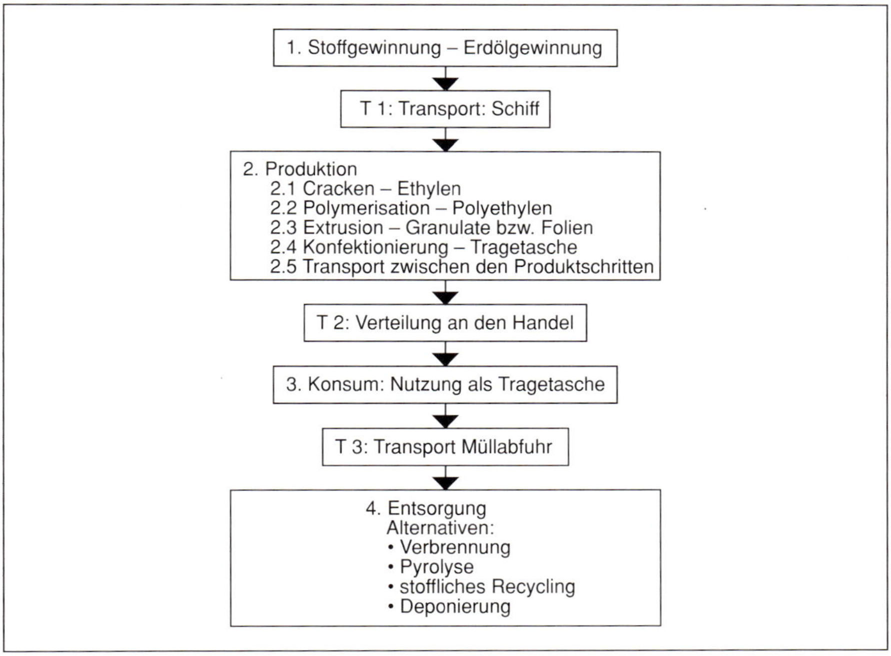

Quelle: Pfriem, 1989

Abb. 55: Der ökologische Produktlebenszyklus

Produkt- und Prozeßbilanzen erlauben damit eine Prüfung bestehender Produkte bzw. Produktionsverfahren, aber auch das ökologische Optimieren von mehreren Substitutionsverfahren.

Mit ihrer Erfassung sämtlicher Einsatzstoffe ermöglichen diese Bilanzen eine ökologische Schwachstellenanalyse. Stahlmann (1988) empfiehlt im Anschluß daran eine Ausgliederung der Materialien oder Materialbündel nach verschiedenen ABC-Klassifizierungen. Damit sollen die Mittel in die lohnendsten Bereiche gelenkt werden. Nach Aufstellung eines Prioritätenkatalogs umweltbelastender Stoffe folgt die Suche nach Alternativen: Der linke Unterscheidungspfad zeigt zu reduzierende, relativ einfache Input-Substitutionen, der rechte Entscheidungspfad eine Reihe von Einzeluntersuchungen, die ausgelöst werden (vgl. Abb. 56).

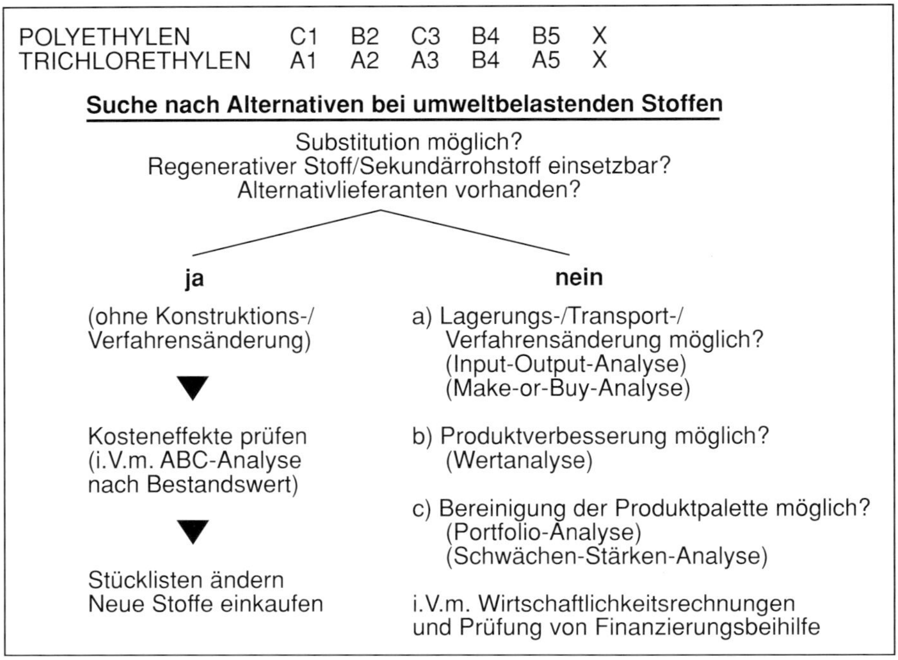

Quelle: Stahlmann future-forum, 1988

Abb.: 56 Material-Öko-Controlling

Zur Erfassung bisher nicht berücksichtigter Aspekte werden diese drei Ebenen ergänzt durch eine „Substanzbilanz"; sie umfaßt dauerhafte betriebliche Nutzungen (wie Flächennutzung, Bebauung, Landschaftseinschnitte) und nicht dem Betriebszweck dienende Prozesse (wie Altlastensanierung) (vgl. Abb. 57).

Eine Ökobilanz – als Teil eines Managementinformationssystems – erfüllt als Beitrag einer präventiven ökologischen Unternehmenspolitik nach Pfriem zwei Funktionen. Zum einen eine interne Funktion, nämlich Planung, Entwicklung, Steuerung und Kontrolle des Betriebsgeschehens unter Einbeziehung der ökologischen Relevanz. Adressaten sind dabei:

- die Unternehmensführung [aus den Ergebnissen dieser Schwachstellenanalyse können gezielte Strategien und Maßnahmen entwickelt werden für Verbesserungen in allen Bereichen, insbesondere bei Produktionsprozessen (z. B. Kreislaufprozessen) oder Produkten (Innovation, Substitution)]
- die Abteilungen (z. B. Hinweis für Marketingabteilung, welches Produkt in welcher Hinsicht umweltverträglich ist; Hinweis für sparsameren Materialeinsatz oder ökologische Kriterien beim Einkauf; Hinweis für Produktionsplanung und Produktentwicklung)
- die Mitarbeiter (Information, Motivation, Qualifikation).

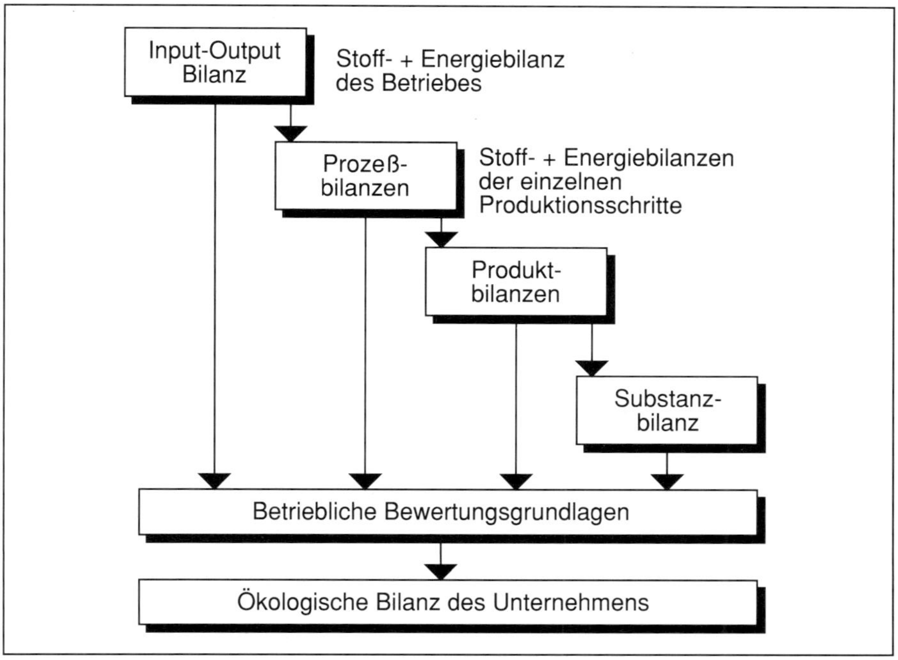

Quelle: PSI-IÖW

Abb. 57: Erfassung und Bewertung der von Unternehmen ausgehenden Wirkungen auf die Umwelt

Die externe Funktion dient der Kommunikations und dem Dialog zwischen Unternehmen und Umfeld. Es werden deren steigender umweltrelevanter Informationsbedarf oder Ansprüche befriedigt. Adressaten sind dabei:

- Gläubiger (Beleihung von Grundstücken – evtl. Altlasten)
- Lieferanten (Anpassung an ökologische Standards)
- Kunden und Verbraucher (ökologische Wirkungen als Verkaufselement, z. B. „Blauer Engel“)
- Behörden (Vertrauensvorsprung bei Kommunikation)
- Öffentlichkeit (hohes Interesse an ökologischen Vorgängen)
- Institutionen und Verbände (Informationen zu sachlicherer Umweltdiskussion)
- Versicherungen (Informationen für evtl. Umwelthaftpflicht).

Die Probleme einer – als Heuristik zu verstehenden – Ökobilanz sind zu sehen in:

- dem Datengewinn für die Produktbilanz
  (oftmals fehlen in den Betrieben die nötigen Daten; inwieweit erzwingt der Datenbeschaffungsaufwand besonders für mittelständische Unternehmen eine Verringerung der Komplexität, ohne dabei wesentliche Gesichtspunkte zu vernachlässigen? Inwieweit kann für die Informationsbeschaffung das bestehende System genutzt werden?)

- der Bewertung der erhobenen Daten
  (diese Frage ist noch weitgehend ungeklärt; sie nimmt den Entscheidungsträgern letztlich nicht die Entscheidung ab; sie ist aber eine sehr nützliche Heuristik)
- der interdisziplinären Zusammenarbeit (von Ökonomen, Naturwissenschaftlern, Technikern), die auch ein interdisziplinäres Verständnis bzw. Arbeiten voraussetzt.

Die immensen Bewertungsprobleme lassen sich exemplarisch am Beispiel zweier quantifizierbarer Produktbilanzen für Papier- bzw. Plastiktragetaschen verdeutlichen. Die 1988 veröffentlichte Studie des Umweltbundesamtes brachte als Ergebnis:

- Ein Wechsel von Polyethylen- zu Papiertragetaschen sei nicht sinnvoll, da bei der Herstellung von PE-Tragetaschen weniger Energie benötigt und insgesamt weniger Umweltbelastungen verursacht würden.
- Ein Wechsel von Papier- auf PE-Tragetaschen wird unter Hinweis auf den „besseren" Umstieg auf Mehrwegbeutel/Einkaufstasche abgelehnt.

Eine Untersuchung des Instituts für Papierfabrikation kommt inzwischen zu praktisch entgegengesetzten Ergebnissen.

Auch das Projektteam erkennt die Grenzen einer Ökobilanz, so muß

- zum einen das Öko-Controlling eingebettet sein in eine ökologische (Gesamt-)Unternehmenspolitik,
- zum anderen wird damit die unternehmerische Abwägung zwischen gegensätzlichen gesellschaftlichen Bedürfnissen und Präferenzen nicht überflüssig.

Auf längere Sicht muß man zur Erstellung von betrieblichen Ökobilanzen verbindliche Verfahrensvorschriften entwickeln, damit nicht „im Sinne guter PR-Arbeit" nur einige positive Aspekte herausgegriffen und bilanziert werden.

Bischof & Klein
Als ein Beispiel aus dem ersten Projektjahr soll die Entwicklungspraxis für eine Nachfüllpackung für Weichspüler bei Bischof & Klein herangezogen werden (future-forum 1988):

Weichspüler wurden durchweg in 4-l-HDPE-Flaschen angeboten, seit 1987 steht dem Verbraucher alternativ auch ein Konzentrat in einem Standbodenbeutel, einer recyclingfähigen Materialkombination aus PET/PE im Verhältnis 12 my/180 my, mit einem Liter Volumen Inhalt zur Verfügung. Da das Konzentrat genau den herkömmlichen vier Litern Weichspüler entspricht, wird eine 4-l-Flasche durch eine 1-l-Folienverpackung substituiert.

Das Kriterium „Umweltfreundlichkeit" reicht heute bei weitem nicht aus, um ein Produkt am Markt zu etablieren. So muß sich die Verpackung in Vertriebs- und Transportlogistik der Hersteller einfügen, zudem sind die Handling-Vorteile für den Verbraucher zu prüfen.

Als Vorteile für die Vertriebslogistik stellten sich heraus:

- *Die direkten Produktkosten konnten durch die neue Verpackung um 59 % drastisch gesenkt werden (vor allem in Zentrallager, Transport und Einzelhandel).*
- *Das kleinere Volumen beansprucht weniger Raum im Lager, beim Transport und vor allem auch im Regal des Einzelhändlers (Verdreifachung des Umsatzes auf gleicher Fläche: wo früher drei 4-l-Flaschen standen, steht heute ein Displaykarton mit 10 Nachfüllpackungen; zudem erfordert die Einführung keinen zusätzlichen Platz).*

Als Vorteile für den Verbraucher führt Bischof & Klein an:

- *die 4-l-Flasche braucht nur noch einmal gekauft zu werden, danach nur mehr die leichtere Nachfüllpackung; damit eine 75 %ige Platzersparnis im Einkaufsbeutel und Gewichtsersparnis*
- *augenfälligster (Volumen-)Vorteil bei der Entsorgung, da das Folien-Nachfüllpack einen kaum meßbaren Raum in der Mülltonne einnimmt.*

Die ökologischen Vorteile des Standbodenbeutels werden durch verschiedene Faktoren bestimmt:

- *Die herkömmliche 4-l-Flasche wiegt ca. 154 g, der Beutel 17 g. Der Materialeinsatz liegt damit um den Faktor 9 unter dem für die herkömmliche Verpackung. Ähnliches gilt für die zur Herstellung des Substitutionsproduktes benötigte Energie und für die Belastungen der Luft und des Wassers.*
- *Das deutlich verringerte Abfallaufkommen.*

In der ökologischen Gesamtbilanz schneidet das neue Produkt im Vergleich zum herkömmlichen um mehr als 70 % günstiger ab. Weitere (kaum quantifizierbare) Vorteile ergeben sich aus der reduzierten Lagerhaltung für Leerverpackungen und reduzierter Umweltbelastung durch verminderten LKW-Verkehr.

Deutsche Bank

Weniger anspruchsvoll, dafür aber praktikabler, sind Ansätze, in denen mit Hilfe eines Scoringverfahrens Umwelteinwirkungen erfaßt werden. Es soll Problemfelder aufzeigen und Denkanstöße bzw. Orientierungshilfen geben. Die Einwirkungen werden einzeln aufgelistet und mit Punkten bewertet. Ein solches System hat 1989 die Deutsche Bank (Mittelstandsbroschüre 11) vorgelegt.

In einem ersten Schritt der Unternehmensanalyse wird mit einer Checkliste eine grobe ökologische Schwachstellenanalyse durchgeführt, um damit die wichtigsten möglichen Risikopotentiale nach Unternehmenssektoren (Funktionsbereichen) und Gefährdungsbereichen (Schadstoffemissionen) des Unternehmens herauszufinden. Anschließend erfolgt eine Überprüfung der Umweltbelastungen (bereits konkret vorhanden oder zu erwarten) in den betrieblichen Leistungsstufen. Bei dieser ersten Stufe der vergleichenden Belastungsanalyse erfolgt die Ermittlung der Summe aller Belastungen nur quantitativ. Als Entscheidungsvorbereitung zwischen mehreren Alternativen werden mit Hilfe einer Checkliste die vorhandenen Belastungsfaktoren bewertet. Zeigt bereits diese einfache Erfassung Abweichungen, kann sich eine Durchrechnung der Alternativen mit konkreten Zahlen lohnen.

Gefährdungsbereich / Unternehmenssektor	I Luft	II Wasser/ Boden	III Abfall	IV Lärm	Mögliche Konsequenzen	Bereich
Lagerbereiche					Checkliste für ein	
• Rohstoffe	–	Tanks	Tankreinig.	–	Kontrollsystem er-	II
• Halbfertigwaren	–	Fässer	Leergebinde	–	stellen, Abnehmer	III
• Fertigprodukte	–	Kanister	Leergebinde	–	für Leergebinde	
• Betriebsstoffe	–	Tanks/ Fässer	–	–	suchen	
Versorgungsbereiche	Emissionen				regelmäßig messen	I
• Energie	–	–	–	–		
• Wasser	–	–	–	–		
• Heizung	Kesselhaus	Öltank	–	–	Tankkontrolle	II
Produktionsbereiche				Immissionen		
• Vorproduktion	–	–	–	Druckmaschinen	Isolierung/ Lärmschutz	IV
• Herstellung	–	Leitungen	Rückstände	–		
• Abpackung	–	Leckagen	–	Verpackung	neue Technologie	IV
Transportbereiche					lösungsmittel-	
• intern	–	Tankstelle	–	–	fester Belag	II
• extern	–	–	–	Abholer	Parkplatz verlegen	IV
Entsorgungsbereiche						
• Abwasser	–	–	–	–		
• Kläranlagen	–	Funktion/ Kapazität	–	–	Kontrollsystem einbauen	II

Quelle: Deutsche Bank, 1989

Abb. 58: Standortbestimmung des Unternehmens – Suchfeldsystem zur Ermittlung der Umweltgefährdung nach Funktionsbereichen (Beispiel)

In dieser „Umweltbilanz" wird die Unternehmensleistung untersucht nach

- *der Herstellungsphase (unter Berücksichtigung der Einsatzstoffe und des eigenen Produktionsprozesses),*
- *der Verwendungsphase (bzw. Einsatz/Verbrauch),*
- *der Entsorgungsphase*

und zum Vergleich einer alternativen umweltfreundlicheren Leistung gegenübergestellt.

Zum Vorgehen:

1. Schritt: Ermittlung der gesetzlichen Grundlagen.
Dient der Überprüfung der Produkte auf ihre Positionierung im Rahmen der aktuellen Umweltschutzgesetzgebung sowie absehbarer gesetzlicher Veränderungen.

Die Beurteilung erfolgt nach folgendem Bewertungsschema:

1. ohne erkennbare Einschränkungen auch für die Zukunft	■
2. zur Zeit keine Einschränkungen	■ ■
3. Einsatzmenge ist begrenzt	■ ■ ■
4. zeitlich begrenzter Einsatz erlaubt	■ ■ ■ ■
5. entspricht nicht der aktuellen Rechtslage	■ ■ ■ ■ ■

Belastungsbereiche / Leistungsbereiche	I Luft	II Wasser/Boden	III Abfall	IV Lärm	V Produkt- u. Verbraucherschutz	Mögliche Konsequenzen	Bereich
1. Vorprodukte/ Vorleistungen Roh- und Einsatzstoffe			AbfG			höhere Beschaffungskosten	II
2. Eigene Leistungserstellung	TAL			BImSch		Einbau von Filtern Betriebsrat/Arzt	I IV
3. Benutzung		WHG				neue Rohstoffe	II
Verbrauch					ChemG	eingeschr. Verwendung	V
Anwendung		WRMG				eingeschr. Verwendung	II
Lagerung							
4. Entsorgung Lagerung Wiedergewinnung			AbfG			neue Verpackung	III

Quelle: Deutsche Bank, 1989

Abb. 59: Leistungsanalyse des Unternehmens – Suchfeldsystem zur Überprüfung der Umweltbelastung durch die Unternehmensleistung vom Vorprodukt bis zur Entsorgung

Beurteilungsaspekte / Beurteilungsbereiche	Gesetzliche Grundlagen	Ökologische Aspekte						Summe	Bemerkungen
		Emissionen	Verbrauch natürlicher Ressourcen	Energieverbrauch	Beeinflussung des Abwassers	Belastung für Mensch/ Tier/Pflanze	nicht verwertbare Abfallstoffe		
• Rohstoffe/ Inhaltsstoffe									
• Eigene Fertigung									
• Verwendung/ Einsatz/ Verbrauch									
• Entsorgung									
Summe									

Quelle: Deutsche Bank, 1989

Abb. 60: Exemplarische Darstellung einer Umwelt-Bilanz

2. Schritt: Erfassung der ökologischen Aspekte.
Von den Fachbereichen des Unternehmens werden geschätzt:

- die Emmission
- der Verbrauch natürlicher Ressourcen
- der Energieverbrauch des Abwassers
- die Gefährdung von Mensch, Tier und Pflanze
- die Menge der nicht verwertbaren Abfallstoffe

Die Bewertung erfolgt nach einem ähnlichen Schema:

1. ohne Bedeutung	■
2. sehr gering	■■
3. gering	■■■
4. hoch	■■■■
5. sehr hoch	■■■■■

Zeigt die qualitative Analyse eine Bewertungsskala von 3 oder mehr Punkten, so ist für die Position eine quantitative Analyse zu empfehlen, in der dann der tatsächliche Verbrauch an natürlichen Ressourcen, die Aufwendungen an Energie, Wasser usw. sowie die Belastungen der natürlichen Umwelt in Menge und Wert erfaßt werden. Nachdem mit diesen zwei Schritten überprüft wurde, wo das Produkt bzw. die Unternehmensleistung im Rahmen der derzeitigen Gesetzgebung bzw. der Erfassung der ökologischen Aspekte positioniert ist, sind für die analysierten Leistungen Alternativen zu suchen. Dies können etwa sein:

- Rohstoffe aus regenerierbaren Ressourcen
- Fertigungstechniken mit geringerem Energiebedarf
- Formulierungen mit einer reduzierten Anwenderbelastung
- Inhaltsstoffe (Substitute) ohne Einsatzbeschränkung
- Verfahrenstechniken ohne Abfälle oder mit der Möglichkeit der Wiederverwendung
- Schaffung geschlossener Kreisläufe

Anschließend können dann die Belastungen durch die „alte“ Marktleistung den Belastungen durch die Alternativlösung gegenübergestellt werden, um so in bezug auf die erreichte Entlastung „Bilanz zu ziehen“. Zeigt diese einfache Erfassung Abweichungen, läßt sich ein erster Handlungsbedarf erkennen. Anhand der sich abzeichnenden ersten Lösungswege kann sich eventuell ein Durchrechnen mit konkreten Zahlen mit Hilfe der gleichen Checklisten empfehlen. In der Mittelstandsbroschüre der Deutschen Bank findet sich der gegenüberstellende Vergleich eines Vollwaschmittels mit und ohne Phosphat.

Aufbau eines Öko-Kennzahlensystems

Die bevorzugte Bedeutung des Materialmanagements für eine umweltorientierte Unternehmensführung ist bereite explizit dargelegt worden. Stahlmann (1988) empfiehlt den zusätzlichen Aufbau eines Kennzahlensystems, vor allem zur Kontrolle des Vorratsvermögens, mit dem

- die Kapitalproduktivität gesteigert,
- ein sparsamer Ressourcenverbrauch (durch Vermeidung von Überbeständen oder Verwürfen) angeregt,
- die Notwendigkeit und das Ausmaß von Material in Produkten oder bei Verfahren geprüft und
- eine wirtschaftliche und umweltgerechte Materialver- und entsorgung gewährleistet werden kann.

Als Beispiele einer umweltorientierten materialwirtschaftlichen Kontrolle werden außer den üblichen hier einsetzbaren Kennzahlen (wie Vorratsintensität, Umschlagshäufigkeit etc.) genannt:

$$\text{Wertschöpfung real} = \frac{\text{Umsatz/real}}{\text{Materialverbrauch/real}}$$

$$\text{Recyclingquote} = \frac{\text{Anteil des recycelten Materials pro Jahr}}{\text{Gesamtmaterialverbrauch pro Jahr}}$$

Material sind die Roh-, Hilfs- und Betriebsstoffe. Diese Quote ist je nach Branche und Art der Stoffumwandlung unterschiedlich groß. Stahlmann empfiehlt deshalb zur richtigen Interpretation ergänzende Kennzahlen wie

- Schrottverkaufserlöse pro Jahr
- Abwasserabgaben pro Jahr.

„Sind die Schrottverkaufserlöse niedrig, die Abfallbeseitigungskosten und Abwasserabgaben dagegen hoch, so ist mit Hilfe einer ökologisch erweiterten Wirtschaftlichkeits- und Amortisationsrechnung die Wirtschaftlichkeit von Recyclingverfahren zu prüfen."

Als Ausdruck der Materialverwertung sind außerdem einsetzbar:

$$\text{Ausschußquote} = \frac{\text{Ausschußmaterialwert} \times 100}{\text{Materialverbrauch}}$$

$$\text{Verwurfsquote} = \frac{\text{Verwurfswert pro Jahr} \times 100}{\text{durchschn. Lagerbestand}}$$

$$\text{Recyclingquote} = \frac{\text{Anteil des recycelten Materials pro Jahr}}{\text{Gesamtmaterialverbrauch pro Jahr}}$$

Unter ähnlichen Aspekten sind Energiezahlen heranzuziehen:

$$\text{spezifischer Endenergieverbrauch (Nettoproduktion)} = \frac{\text{Endenergieverbrauch}}{\text{Nettoproduktion}}$$

$$\text{spezifischer Endenergieverbrauch (Beschäftigte)} = \frac{\text{Endenergieverbrauch}}{\text{Zahl der Beschäftigten}}$$

$$\text{Spezifische Energiekosten (Gesamtkosten)} = \frac{\text{Energiekosten}}{\text{Gesamtkosten}}$$

Der Energieverbrauch ist auch in absoluten Größen festzuhalten, und zwar nach Energieträgern gesondert (regenerativ/nicht regenerativ). Zusätzlich sind die stofflichen und nicht-stofflichen Emissionen nach Volumen und Struktur festzuhalten.

Interne Umwelt-Audits

Management heißt nicht nur Setzen von Zielen und Bereitstellung von Mitteln zu deren Erreichung, sondern auch die Kontrolle der Zielerreichung. Umweltschutz ist ein wichtiger Aspekt einer Unternehmensstrategie und bedarf deshalb auch effizienter Managementmethoden. Bisher beschränkt sich die betriebliche Überwachungspraxis im Umweltschutzbereich hauptsächlich auf die Einhaltung von Grenzwerten, organisatorisch bezogen auf die Tätigkeit des Umweltschutzbeauftragten. Zweck eines Audits ist aber nicht nur, Auskunft zu geben, ob die entsprechenden Anlagen oder Einrichtungen, sondern ob das gesamte Umweltschutzmanagement bzw. die -organisation einer Unternehmung gemäß den gegebenen Zielen oder Auflagen „funktioniert". Die Kontrolle liefert damit Hilfen für unternehmerische Entscheidungen.

Anzustreben ist als Fernziel die Durchführung freiwilliger interner Umwelt-Audits, in denen, in Analogie zur Wirtschaftsprüfung, eine systematische und regelmäßige Prüfung der innerbetrieblichen Umweltmaßnahmen in allen umweltrelevanten Bereichen (Beschaffung/Produktion/Absatz/Transport/Entsorgung) und eine anschließende Bewertung erfolgt. Damit soll sichergestellt werden, daß dem Umweltschutz die gleiche Aufmerksamkeit zukommt wie den anderen Operationsbereichen und daß die Aktivitäten und Produkte eines Unternehmens in ihren Umweltauswirkungen beurteilbar und Risiken bereits an der Quelle ihrer Entstehung aufgedeckt werden.

Umweltschutz-Audits werden damit zu sehr wichtigen Elementen eines umfassenden Umweltmanagements. Die Audits sind inhaltlich eng den Umweltverträglichkeitsprüfungen („Environmental Impact Assessment", EIA) verwandt. Während aber

- die Umweltverträglichkeitsprüfungen vorgelagert sind (vor Bau einer Anlage, Prozeßänderung, neue Produkte etc.),
- kommt ein Umweltschutz-Audit während oder nach einer Betriebsphase der industriellen Tätigkeit zum Einsatz (im Englischen werden weitgehend synonym verwandt: Review, Appraisal, Survey oder Surveillance).

Die Durchführung eines Audits erfaßt

- im ersten Schritt eine Bestandsaufnahme der gegebenen Situation (= Sammeln der Informationen),
- im zweiten die Analyse (= Bewerten der Informationen) und
- im dritten die Festsetzung von Maßnahmen.

Internationale Handelskammer
Die Internationale Handelskammer (ICC) hält folgende Voraussetzungen für ein Environmental Auditing für notwendig:

- *volles Engagement der Unternehmensführung*
- *Objektivität der Prüfer*
- *fachliche Kompetenz*
- *klar umrissene und systematische Verfahren*
- *schriftliche Berichte*
- *Qualitätssicherung*
- *Weiterverfolgung*

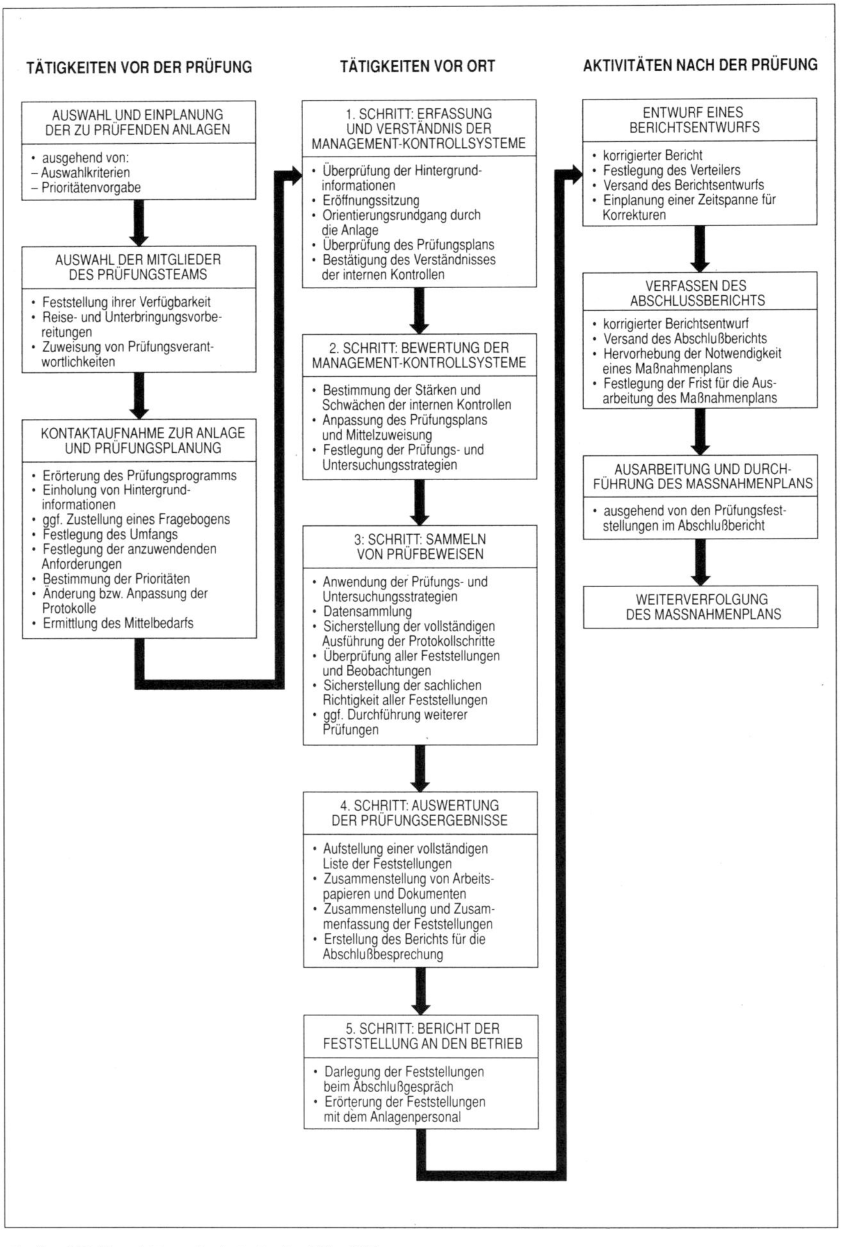

Quelle: ICC (Hrsg.), Umweltschutz-Audits, Köln 1989

Abb. 61: Grundlegende Schritte eines Umweltschutz-Audits

1989 hat die Internationale Handelskammer ein Positionspapier für Umweltschutz-Audits veröffentlicht. Damit werden die ersten international vereinbarten Antworten zu diesen Fragen gegeben. Die grundlegenden Schritte eines Audits, nämlich die Tätigkeiten vor der Prüfung, die Tätigkeiten vor Ort und Aktivitäten nach der Prüfung erklärt das Flußdiagramm im Überblick.

Ciba-Geigy

Als eines der ersten europäischen Unternehmen führte Ciba-Geigy 1981 institutionell ein „environmental audit" für alle Konzernunternehmen (außer den USA-Unternehmen) ein. Es dient dazu, die „environmental performance" einer Einheit zu überprüfen, offene Probleme zu identifizieren und die Korrekturschritte zu initiieren, die eine Erreichung der von dieser Einheit gesetzten Ziele ermöglichen. Diese Ziele können auf die Erfüllung gesetzlicher Vorgaben gerichtet, jedoch auch höher gesteckt sein, falls intern gesetzte Standards über die gesetzlichen Auflagen hinausgehen. Die Teams sind unabhängig organisiert, d. h., sie berichten nicht der jeweiligen Firma. Das Audit wird immer zusammen mit dem örtlichen Umweltschutzbeauftragten („environmental officer") der überwachten Firma durchgeführt. Die Diskussionen werden direkt mit dem Personal und den Führungskräften aus der Produktion, den Labors etc. geführt. Das normalerweise aus zwei Mann bestehende Audit-Team arbeitet circa für zwei Wochen in einer Einheit.

Das Umwelt-Audit umfaßt mehr als nur den Bereich der Gesetzeserfüllung. Die Brennpunkte sind:

- *Legal compliance*
- *Compliance with Ciba-Geigy internal norms*
- *Proper environmental management*
- *Inclusion of environmental matters in the planning procedures*
- *Adequate date bases on environmental aspects*
- *Efficiency of pollution control measures*

Normalerweise umfaßt das Audit zuerst die Informationssammlung und wird abgeschlossen mit einem Treffen des Audit-Teams mit dem Firmenmanagement. Bei diesem Treffen werden die Ergebnisse des Audits besprochen, Übereinstimmung für Gegenmaßnahmen erzielt sowie Verantwortungen und Termine gesetzt. Der Abschlußbericht beinhaltet alle Ergebnisse (Vergleich Ist-Soll-Werte) und eine Prioritätssetzung auf wichtige Abweichungen. Der Bericht geht an die Geschäftsleitung und stellt die Basis dar für Korrekturmaßnahmen. Es wurde auch ein „follow-up"-System eingerichtet, um über alle durchgeführten Audits auf dem laufenden zu bleiben.

Eine Beurteilung der Umweltauswirkungen (Environmental Impact Assessment) wird zweifach gesehen:

- *als eine Routinefunktion des Umweltschutzbeauftragten der örtlichen Einheit, der der Geschäftsleitung dieser Einheit berichtet*
- *als Funktion eines zentralen Umwelt-Audits, durchgeführt von Audit-Teams, die dem Top-Management berichten.*

Motto: The auditors role is not that of an environmental policeman.

Die Chancen eines Umwelt-Audits werden darin gesehen, daß

- *die Gesetzeserfüllung gesichert wird,*
- *eine effizienze Technologie gesichert wird,*
- *Probleme vermieden werden (kurz- und langfristig),*
- *Probleme gelöst werden durch einen Informationstransfer.*

Motto: An environmentally acceptable operation is an important long term management objective.

IBM
Auch bei IBM Deutschland werden Umwelt-Audits in einem verbindlichen Rahmen durchgeführt. Eine eigene Fachanweisung Umweltschutz „Eigenkontrollverfahren" legt dies fest und stellt damit sicher, daß in allen IBM-Lokationen einheitliche Umweltschutzüberwachungsprogramme und -techniken angewandt werden.

Danach sind

- *in die Umwelt gelangende Emissionen zu vermeiden oder diese entsprechend dem Stand der Technik so gering als möglich zu halten,*
- *Umweltschutzanlagen mit Überwachungseinrichtungen und Geräten auszurüsten und/oder durch analytische Überwachung die Reinigungsleistung der Anlagen und die für die Belastung der Umwelt relevante Art und Menge der Restemission festzustellen.*

  Die Meßergebnisse sind aufzuzeichnen. Art, Anzahl, Meßorte, Verfahren sowie die Form der Aufzeichnungen und deren „Reporting" werden genau beschrieben. Bestimmte definierte Vorgänge (behördlicher, interner und externer Art) müssen gemeldet werden; die dezentralen Umweltschutzbeauftragten haben im Rahmen des Umwelt-Masterplanes eine zusammenfassende Auswertung aller Kontrollaktivitäten zu erstellen.

  Um sicherzustellen, daß die gesetzlichen und die IBM-internen Vorschriften eingehalten werden, sind folgende Maßnahmen zu treffen:

- *Durchführung von Self-Audits zum Umweltschutz*
- *Kontrolle von Umweltschutzanlagen und umweltrelevanten Prozeß- und Grundversorgungsanlagen*
- *Kontrolle von Emissionen aus Prozeß- und Hilfsanlagen.*

Eigenkontroll-Festlegungen bei IBM-Deutschland (Auszug)

Umweltverträglichkeitsprüfung für neue oder geänderte Fertigungsbedingungen:
Für alle neuen Prozesse, Prozeßänderungen, Verlagerungen zu Lieferanten und für neue Produkte müssen EIAs, entsprechend LG Fachanweisung Umweltschutz „Environmental Impact Assessment" Register 8.1.5 des Liegenschaftshandbuches erstellt werden.

Oben genannte Veränderungen dürfen erst dann ausgeführt werden, wenn ein vollständiges, geprüftes und freigegebenes EIA vorliegt und die im Dokument gemachten Auflagen und Bedingungen erfüllt sind.

Abweichungen von vorgenannten Forderungen sind nur dann erlaubt, wenn Änderungen keine Umweltrelevanz haben. Dies muß beim Umweltschutzbeauftragten zwecks schriftlicher Bestätigung vom zuständigen Planer rechtzeitig und umfassend erläutert werden.

Für die Beurteilung von Einflüssen aus Prozeßänderungen bzw. Kapazitätsänderungen sind auf den Teilgebieten Abwasser, Abluft, Abfall und Lärm folgende Untersuchungen durchzuführen:

Beispiel für die Abwasserverträglichkeit:
Für neue Prozeßmaterialien muß der zuständige Planer erforderlichenfalls, auf Veranlassung des Umweltschutzbeauftragten, nachfolgend beschriebene Verträglichkeitsuntersuchung durchführen lassen:

Nach Bestimmungen der wesentlichen Inhaltsstoffe wird zu einer unbehandelten, repräsentativen Abwasserprobe das zu untersuchende Konzentrat im Verhältnis 1:10, 1:100 und 1:1000 zugegeben (das Konzentrat wird so verwendet, wie es im Prozeß anfällt).

Im Vergleich zur Original-Abwasserprobe werden Behandlungsschritte entsprechend den vorhandenen Abwasserbehandlungsanlagen mit den Mischproben im Labor durchgeführt.

Dabei werden je nach Notwendigkeit Parameter aus folgendem Katalog bestimmt:

- *Komplexierungsverhalten auf Schwermetalle*
- *Schlammabsetzverhalten und Auswirkungen auf die Schlammkonsistenz*
- *Schaumneigung*
- *Grenzwertverhalten (EFP und gesetzliche Grenzwerte)*
- *Einfluß auf Selektivaustauscher*

  Nach diesen Untersuchungen, die eine Bewertung der internen Einflüsse ermöglichen, werden die gereinigten Abwässer, die in externe Behandlungssysteme abgeleitet werden sollen, untersucht. Zu bestimmen sind je nach Einleitung und Bedingungen:

- *chemischer Sauerstoffbedarf CSB*
- *biologische Abbaubarkeit BSB 5*
- *Toxizität (Fischtest o. ä.)*
- *Indirekteinleiter-Grenzwerte*

Öko-Assessment

Mit Hilfe eines Öko-Assessments sollen Folgenabschätzungen durchgeführt werden. Der besondere Vorteil aus ökologischer Sicht liegt dabei in der zeitlichen Durchführung: ein Assessment ist der betrieblichen Entscheidung vorgelagert.

Technology-Assessment

Ein interessanter Ansatz zur Institutionalisierung der Technologiefolgenabschätzung findet sich in den USA. Das dortige Office of Technology-Assessment versucht, positive und negative Primär- und Sekundärfolgewirkungen bestimmter Technologieanwendungen in möglichst allen davon betroffenen Teilbereichen der Gesellschaft und ihrer Umwelt zu erfassen und zu prognostizieren; dabei werden auch soziale Neuerungen einbezogen. Die analytische Prioritätenfindung als Ergebnis der untersuchten Auswirkungsaspekte und ihre Bewertung dienen als Hilfe für die politischen Entscheidungsträger, ihre Informations- und Wissensdefizite abzulassen. Eine den USA entsprechende Institutionalisierung in einer neu zu schaffenden Institution wird in der Bundesrepublik z. Z. abgelehnt bzw. seit nunmehr 16 Jahren, je nach der Interessenlage der gegebenen politischen Fronten, unterschiedlich diskutiert.

Die vom 11. Deutschen Bundestag eingesetzte 2. Enquete-Kommission legte am 1. Juni 1989 einen ersten Bericht mit verschiedenen Empfehlungen vor (so etwa die Übertragung der Aufgabe an den Ausschuß für Forschung und Technologie), der an den genannten Bundestagsausschuß überwiesen wurde.

Umweltverträglichkeitsprüfung

Der Gesetzesentwurf der Bundesregierung vom 29. 6. 1988 zur Umweltverträglichkeitsprüfung (UVP) hat kurz vor Weihnachten den Bundesrat passiert und soll spätestens Mitte 90 in Kraft treten. Es wird damit verspätet eine EG-Richtlinie aus dem Jahr 85 in nationales Recht umgesetzt (es handelt sich also um keine „Verordnung", die direkt gegolten hätte). Damit findet die „nationale" Entwicklungsgeschichte, die 1971 mit der erstmaligen Aufnahme der UVP im Umweltprogramm der Bundesregierung begonnen hatte, einen Abschluß.

Mit Hilfe einer solchen „Einschätzung der Umweltauswirkungen" („Umweltverträglichkeitsprüfung" hat sich als unglückliche, aber inzwischen übliche Übersetzung des amerikanischen „Environmental Impact Assessment"-EIA durchgesetzt) sollen von der zuständigen Behörde unter Beteiligung der Öffentlichkeit auf wissenschaftlicher Basis möglichst frühzeitig (d. h. im Planungsstadium) auf unternehmerischen Entscheidungen beruhende Eingriffe in die Natur auf ihre ökologische „Verträglichkeit" hin erstmals systematisch,

umfassend und in einem formalisierten Verfahren untersucht und die Wirkungen bewertet werden. Diese Definition zeigt die inhaltliche Nähe zur Technologiefolgenabschätzung, die jedoch weiter zu fassen ist.
Neben die Kriterien Wirtschaftlichkeit und Rechtmäßigkeit tritt jetzt das Kriterium der Umweltverträglichkeit als Entscheidungskriterium.
Damit soll eine wirksame Umweltvorsorge aufgrund der Umweltstandards in den jeweiligen Fachgesetzen erreicht werden. Statt der bisherigen Nachbesserung sind UVPs vorbeugende Maßnahmen, die helfen sollen, zukünftige Schä-

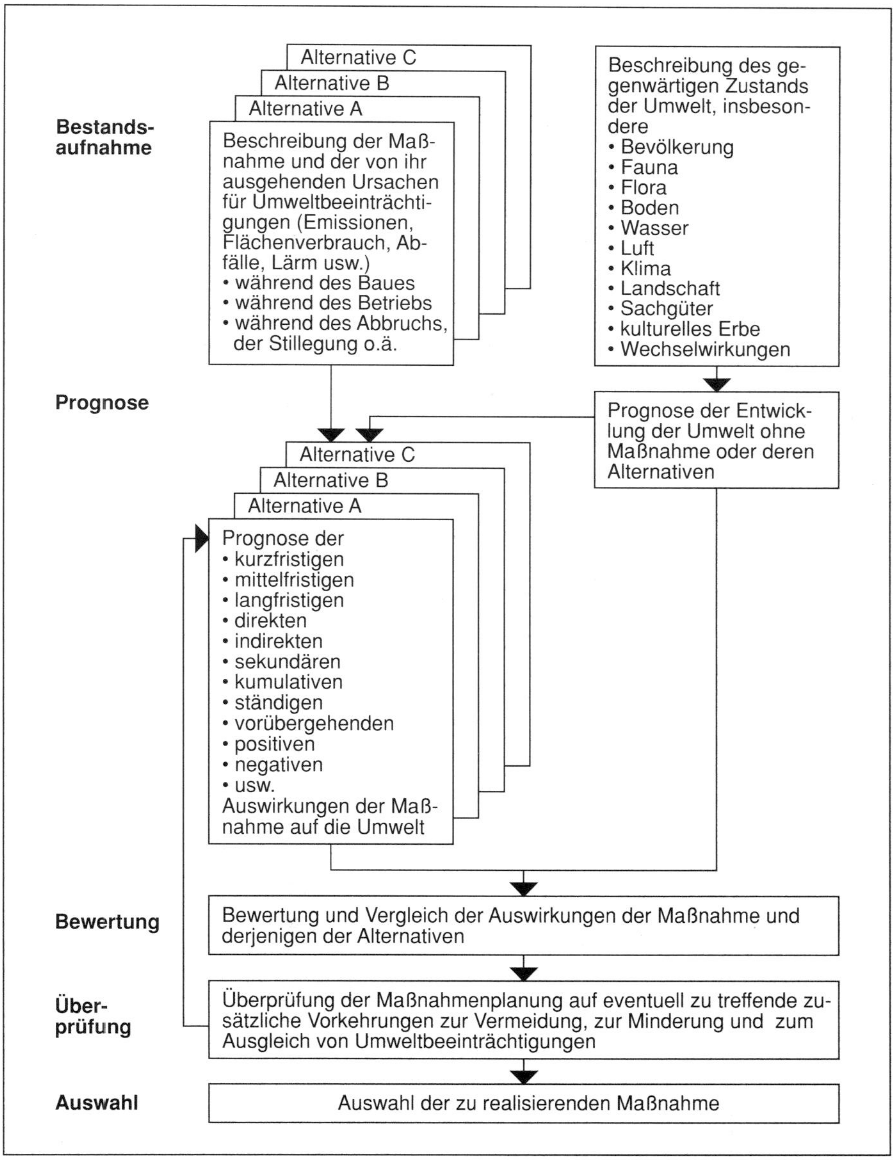

Quelle: Storm/Bunge, 1988

Abb. 62: Ablauf der Untersuchung der Umweltauswirkungen

den zu vermeiden. Basierend auf diesem richtigen Vorsorgegrundsatz will die UVP (auch salopp „Umwelt-TÜV“ genannt) im Gegensatz zu früher von Teiluntersuchungen zu einer medienübergreifenden Gesamtschau der Wirkungen kommen. Dabei sind nicht nur die Primärfolgen eines Projektes, sondern auch die oft übersehenen Folge- und Nebeneffekte zu berücksichtigen, um Umweltbelastungen von vornherein zu vermeiden. Diese Wirkungen beziehen sich auf folgende Schutzgüter:

- Menschen, Tiere, Pflanzen, Boden, Wasser, Luft, Klima und Landschaft
- das kulturelle Erbe und Sachgüter.

Den Ablauf der Untersuchung der Umweltauswirkungen zeigt im Überblick die Abbildung 62.

Die UVP-pflichtigen Vorhaben sind äußerst vielfältig, sie reichen von Kraftwerken bis zu Abfalldeponien; sie sind im Anhang zum UVP, Nr. 1, Anlage § 3 UVPG aufgeführt.

Eine erweiterte Verträglichkeitsprüfung, so Seitz (1988), könnte neben der Umweltverträglichkeit auch eine Raum- und Sozialverträglichkeit von Projekten miteinschließen und auch auf die Bio- bzw. Umweltverträglichkeit von Chemikalien und Fertigprodukten angewandt werden.

Bei einer von den ökologischen Briefen (1989) durchgeführten Umfrage bei Consulting Büros zeigte sich eine große Unsicherheit bezüglich der Inhalte und Auflagen bei UPVs, da bisher auch kaum Erfahrungen mit reinen Industrie-UPVs vorliegen. Man empfiehlt die UPV noch vor dem Gesetzesvollzug als Orientierungshilfe in kleinen Schritten auf folgenden Maßnahmeebenen:

- für eine umweltschonende Standortsuche und Anlagengestaltung
- für die Entwicklung eines Optimums an umweltfreundlicher Produktionstechnologie
- für den Einsatz umweltverträglicher Stoffe oder zur Beachtung der Entsorgungsproblematik.

Von seiten der Opposition werden im neuen Gesetz folgende Mängel gesehen:

- die Beschränkung auf „Projekte“
- die zahlreichen Ausnahmen
- die Fixierung von Schwellenwerten für pflichtige Anlagen
- die Prüfungs- und Zulassungsbehörde kann die gleiche Behörde sein, auch Projektträger und verfahrensleitende Behörde (deshalb Vorschlag eines unabhängigen UVP-Amtes)
- keine Verbandsklage von Organisationen zulässig

- sprachliche Abschwächungen („erheblich" etc.) führen evtl. zu längeren Genehmigungsverfahren.

IBM

Jede EIA besteht bei der IBM Deutschland aus drei Abschnitten:

(1) Environmental Description (ED)

(2) Impact Assessment (IA) bezogen auf die speziellen Umgebungsbedingungen im Herstellerwerk und/oder beim Kunden

(3) Zusammenfassung

Zu (1): Inhaltlich soll die Environmental Description kurzgefaßt sein, muß aber mindestens folgende Angaben enthalten:

- *Beschreibung der zu erwartenden Produktanwendung und der Umgebungsbedingungen bei seiner Anwendung*
- *Voraussichtliche Lebensdauer des Produktes*
- *Auflistung aller im Produkt enthaltenen Materialien und Hinweise für die Beseitigung des Produktes und/oder kritischer Bestandteile, z. B. Batterien, Kondensatoren usw.*
- *Auflistung aller für den Betrieb des Produktes benötigten Materialien (z. B. Öle, Toner, Farbbänder, Reiniger usw.) mit Hinweisen für deren Transport, Lagerung und die Beseitigung der entstandenen Reststoffe*
- *Auflistung aller erforderlichen Wartungsmaterialien und deren Beseitigung*
- *Den Energieverbauch in den einzelnen Betriebszuständen im Vergleich zu Vorläuferprodukten*
- *Physikalische und chemische Emissionen beim Betrieb*

Generell müssen genügend Informationen vorhanden sein, die es erlauben, das Impact Assessment (IA) durchzuführen.

Zu (2): Ein Impact Assessment muß mindestens folgende Angaben enthalten:

- *Auflistung aller im Fertigungsprozeß benötigten Materialien und deren Beseitigung. Für alle in irgend einer Weise kritischen Materialien (Umgang, Emission, Beseitigung, Knappheit usw.) sind Verbrauchsmengen anzugeben*
- *Genaue Aussagen über die entstehenden Abfälle und deren Beseitigung oder Wiederverwendung (Recycling) mit Bewertung der zu erwartenden Umweltbeinflussung*
- *Wesentliche Erhöhung/Verminderung des Gesamtenergieverbrauches, deren Auswirkungen und geplante Abhilfemaßnahmen*
- *Darstellung der Maßnahmen, die zur Verringerung des Einsatzes gefährlicher Materialien ergriffen werden*
- *Maßnahmen für den Arbeits- und Gesundheitsschutz*
- *Aussagen bezüglich der Einhaltung gesetzlicher und IBM-interner Vorschriften.*

Zu (3): EIA-Zusammenfassungen müssen folgende Angaben enthalten:

- *Voraussichtliche Auswirkungen auf die Umwelt*
- *Maßnahmen zum Umweltschutz, welche bereits ergriffen wurden bzw. geplant sind*

Das gleiche gilt für folgende Bereiche:

- *Arbeits- und Gesundheitsschutz*
- *Energieeinsparung*
- *Einsparung von Rohstoffen (Recycling, Reuse)*

● *Schlußbetrachtung*

Produktfolgenabschätzung

Die Produktfolgenabschätzung, eine Variante der Umweltverträglichkeitsprüfung, wird als ein erster Ansatzpunkt für eine ökologische Umorientierung gesehen.
Als ein einfaches Hilfsschema entwickelte Müller-Witt eine sog. Produktfolgenmatrix, deren Zweck es ist, „... die Produzenten für die Folgen ihres Tuns zu sensibilisieren und so vielleicht mitzuhelfen, daß manche Produkte gleich gar nicht in den Verkehr gebracht werden und andere nicht in der vorgesehenen Form oder Weise, selbst wenn sie betriebswirtschaftlich rentabel sind ... und/oder Arbeitsplätze sichern helfen" (Müller-Witt, 1985).

Mit Hilfe einer solchen Matrix wird versucht, das herzustellende Produkt von der Materialbeschaffung bis hin zur Beseitigung, also dem Lebenszyklus des Produkts folgend in fünf Zyklen unterteilt, auf seine ökologischen und sozialen Auswirkungen zu bewerten.

Für die Bewertung der Elemente als entscheidende Basis für eine nachfolgende Entscheidung bieten sich an:

- numerische Verfahren (z. B. mit einer Bewertungsskala von −5 bis +5 und Gewichtsfaktoren)
- deskriptive Verfahren (z. B. stichwortartige Beschreibung des Ergebnisses).

Müller-Witt, dem die Bewertungsproblematik wohl bewußt ist, weist darauf hin, daß es nicht darauf ankommt, möglichst kurzfristig ein 100 % ökologisch verträgliches neues Produkt zu entwickeln, sondern langfristig durch die permanente Produktdiskussion die Betriebsbelegschaften derart zu sensibilisieren, daß vernetztes und damit ökologisches Denken zu einer Selbstverständlichkeit wird.

Lebenszyklus des Produkts / soziale und ökologische Auswirkungen	Materialbeschaffung	Herstellung/ Verarbeitung	Transport/ Verteilung	An-, Verwendung/ Gebrauch	Verbrauch, Entsorgung/ Beseitigung	Σ
Fragen zur Ressourcenintensität und Qualität: • regenerierbarer Rohstoff • nicht regenerierbarer Rohstoff • recycelter Rohstoff • Belastung aus Vorprodukt • Kapitalintensität • Energieintensität • Neben-, Folge- oder Fernwirkungen sonstiger Art						
Fragen zur ökologischen Belastung: • Bodenbelastung • Boden-/Flächenverbrauch • Luftbelastung • Lärmbelastung • Gewässerbelastung • Wasserverbrauch • Belastung von Pflanzen Tieren Menschen • Abwärmebelastung • Neben-, Folge- oder Fernwirkungen sonstiger Art						
Fragen zur sozialen Verträglichkeit: • Arbeitsintensität • Gesundheitsbelastung am Arbeitsplatz • Monotonie am Arbeitsplatz • Fehlerfreundlichkeit • Reparaturfreundlichkeit • Gebrauchsintensität • Neben-, Folge oder Fernwirkungen sonstiger Art						
Σ						

Quelle: Müller-Witt, 1985

Abb. 63: Produktfolgematrix

Teil 18
Ökologische Ethik als Management-Gimmick?

Semantische Verklärungen
(oder: Realität mit Sprache vernebeln)

Moral und Verantwortung

Schlußbetrachtung

„Ökonomisches Handeln war und ist nur in ökologischer Verantwortung zu verstehen. Von Verantwortung kann man nur dann sprechen, wenn dem Menschen Einsicht in tatsächlich alternatives Handeln gegeben ist, darüber hinaus nur dann, wenn er frei entscheiden kann. Bei unserem hohen Lebensstandard sind für den einzelnen materielle Zwänge relativ gering, ist im Marktgeschehen die Möglichkeit der freien Entscheidung groß. Daraus würde ich folgern, daß noch nie die tatsächliche Verantwortung des Menschen, ökologisch und damit auch ökonomisch zu handeln, so weitreichend war wie heute.

Es ist deshalb die Frage zu stellen, wie irreversible Schäden der natürlichen Umwelt des Menschen verhindert, wie vermeidbare Überlastungen und unnötige Risiken ausgeschlossen werden können. Dabei ist es heute unbestritten, daß wir rascher Risiken produzieren, als die Fähigkeit entwickeln, mit ihnen umzugehen. Dies ist zu sehen als eine späte Folge der an sich höchst effizienten Arbeitsteilung in modernen Gesellschaften. Sie ist durch ein steigendes Ungleichgewicht zwischen Verfügungswissen (dem unersättlichen Streben nach dem ‚Wie') und dem Orientierungswissen (dem Mangel an Antworten auf das ‚Wozu') zu charakterisieren. Ökonomisches Handeln wird in Zukunft darin bestehen, ein gefährliches Gefälle zu vermeiden zwischen unserer Fähigkeit, effizient und rationell zu produzieren, und dem offensichtlichen Mangel, im menschlichen Handeln zugleich auch Sinn zu vermitteln. Vielleicht rechnen wir zuviel und werten zuwenig" (Atteslander, 1989).

Semantische Verklärungen

(oder: Realität mit Sprache vernebeln)

Unser Verhältnis zur Natur, der Geist einer Zeit, kommt sehr stark in der Sprache zum Ausdruck. Besonders im Bereich der Umweltbelastung werden viele Tatbestände im offiziellen Sprachgebrauch semantisch verschönert und damit „entproblematisiert".

„Das Wort ist eine geheimnisvolle, vieldeutige, ambivalente, verräterische Erscheinung. Es kann ein Lichtstrahl im Reich der Finsternis und es kann auch ein todbringender Pfeil sein. Und was das Schlimmste ist: es kann eine Weile dies und eine Weile jenes sein, es kann sogar beides gleichzeitig sein ...
Kein Wort enthält nur das, was ihm das etymologische Wörterbuch zuschreibt. Jedes Wort enthält auch die Person, die es ausspricht, die Situation, in der sie es ausspricht, und den Grund, warum sie es ausspricht ... Dasselbe Wort kann einmal wahrhaftig und ein anderes Mal lügnerisch sein" (Havel, Auszüge aus der Dankesrede anläßlich der Verleihung des Friedenspreises des Deutschen Buchhandels).

Einige geläufige Beispiele für realitätsverschleiernde Sprachregelungen mögen die Worthülsen „entlarven":

- **Entsorgung:** heißt das, wir haben uns der Sorge um unseren Abfall für immer entledigt? In Wirklichkeit haben wir uns aber von unseren Abfallsorgen nicht befreit, sondern entweder diese nur zwischengelagert (wie beim Atommüll, wo die Endentsorgung weltweit noch völlig ungelöst ist) oder nur auf Deponien oder Verbrennungsanlagen verlagert. Die Ängste um eine sichere Grundwasserversorgung sind bei geschätzten 60000 Altdeponien und ihrem weitgehend unbekannten Gefahrenpotential mehr als real! Nach einem Bericht des Materialprüfungsamtes Berlin ist keine Deponie langfristig dicht.
- **Entsorgungspark:** ein schöner Park ...?
- **Vom Aussterben bedroht:** das Artensterben als schicksalhafte Entwicklung oder als Ausrottung?
- **Sondermüll:** das „Besondere" ist wohl seine Gefährlichkeit.
- **Umwelt:** der Mensch als Mittelpunkt, die Natur nur seine ihn umgebende Welt. Würde der Begriff Mitwelt nicht eher deutlich machen, daß Umweltschäden nicht nur die Natur treffen, sondern auch den Menschen als Teil dieser Natur?
- **Mülltourismus:** aus den Augen aus dem Sinn ...?! Eine zynische Umschreibung von Giftmüllexporten unseres Wohlstandsmülls in devisenbedürftige Länder (über 2 Mill. t jährlich; nach einer Statistik des Umweltbundesam-

tes ist Deutschland der größte Abfallexporteur der Welt). Der Präsident des Umweltbundesamtes, Lersner, spricht von „Methoden wie beim Rauschgiftschmuggel"; ein generelles Ausfuhrverbot konnte bisher nicht erreicht werden, die UN in Luxemburg Anfang 1989 nur ein begrenztes Verbot beschließen. Zudem bleibt das Problem der Tarnung von Giftmüll als normale Ware. Zur Bekämpfung des internationalen Giftmülltourismus bestehen UN-Pläne, ein „Umwelt-Interpol" zu schaffen. Könnte es auch sein, daß die Fracht auf dem Weg des biologischen Erdkreislaufs sowieso irgendwann „zurückkommt"?

- **Altlast:** neudeutsche Umschreibung für stillgelegte Mülldeponien, wilde Müllkippen und bestimmte ehemalige Industriegrundstücke ... alles chemische Zeitbomben verschiedener Schadstoffe. Ein Damoklesschwert über Städten und Gemeinden bei ungeklärter Trägerschaft der immensen Sanierungskosten. Der Aufwand für die etwa 70000 „Verdachtsflächen" wird von der Allianz auf rd. 17 Mrd. DM geschätzt.

- **Eutropie:** griechisch für „guter Ernährungszustand", oder meint man den Schreckensruf an der „umgekippten" Adria: „Die Algen sind wieder da"?

- **Energierecycling:** „Wiederverwendung bereits benutzter Rohstoffe" (= Recycling) für einen Stoffkreislauf, bei dem etwas (endgültig!) verbrannt wird? Es werden nicht etwa aus den organischen Abfällen Stoffe zurückgewonnen, sondern die bei der Verbrennung freiwerdende Energie ausgenützt („thermische Verwertung"). Einmaliges und letztmaliges Recycling! Es wird aber nicht nur der Rohstoff Öl, sondern auch der im Produkt investierte Verarbeitungsmehrwert unwiderbringlich vernichtet.

Positiv besetzt sieht Biedenkopf (1989) den Begriff „Ausbeutung" im Zusammenhang mit der Gewinnung von Rohstoffen. Mit ihm werde ein ganz bestimmtes Verhältnis des Menschen zur Natur beschrieben: ein Prozeß, den man – cum grano salis – als Prozeß der Überwindung natürlicher Begrenzungen beschreiben könnte.

„Der Spiegel kann nichts dafür, wenn er der Jungfrau zeigt, daß sie schwanger ist" (Tucholsky).

Moral und Verantwortung

Eindringlich warnt Stoll (1984) davor, die augenblickliche Umweltproblematik im Fehlen ökologieverträglicher Instrumente zu erblicken, es gibt zahlreiche Literaturhinweise auf eine Unzahl allgemeiner und konkreter Entwürfe für eine naturgemäßere Produktion. Er sieht das Hauptaufgabengebiet einer (kritisch-konstruktiven) Betriebswirtschaftslehre in der Aufklärung von Konsumenten und Produzenten.

> „Die Zukunft der natürlichen Umwelt ist auch unsere Zukunft. Wir müssen unsere Wirtschaftsweise ändern und die Umweltprobleme als Chance sehen; als Herausforderung zu neuem Denken und Handeln in der Wirtschaft. Wir brauchen neue Konzepte für ein Wirtschaften im Einklang mit der Natur, denn nur das ökologisch Richtige ist langfristig auch ökonomisch richtig."

Meyer-Abich (1987) sieht in unserer Forderung nach Umweltschutz (um mit ihm Schaden von uns abzuwenden) nur eine Immunisierung gegen unsere eigenen Fehler – statt daß wir die Fehler unterlassen. Die Frage des „richtigen" Weges bedarf vielmehr einer politischen und ethischen oder religiösen Bewertung. In einer Demokratie wird die politische, rationale Bewertung als Diskussions-, Abwägungs- und Entscheidungsprozeß in der Öffentlichkeit und den legitimierten Gremien zunehmend partizipativ vollzogen. In den Wirtschaftswissenschaften ist viel über die Schwierigkeiten geschrieben worden, die Inanspruchnahme der „freien Naturgüter" mit einem adäquaten Preis zu versehen, da der fehlende Preismechanismus zur Beachtung der Knappheitsrelationen der Ressourcen zu einem dramatischen Raubbau in den letzten Jahrzehnten geführt hat.

Steger (1989) sieht damit – unter Einbindung des unternehmerischen Eigeninteresses – dem Staat mit seinen demokratisch gewählten Instanzen die Rolle eines „Sollwertgebers" zugewiesen, denn wenn „Umweltstandards weder vom Markt bestimmt, noch aus den individuellen Umweltpräferenzen abgeleitet werden können, so müssen sie zwangsläufig von der gesellschaftlichen Organisation festgelegt werden".

Dieser, wie es uns täglich vor Augen geführt wird, äußerst komplexe und schwierige politische Prozeß muß von der Wissenschaft und auch den Medien vorbereitet und begleitet werden. „Politisierung heißt Thematisierung von Entscheidungen" (Spaemann). Da auf viele dieser ökologischen Fragestellungen entsprechende Erkenntnisse, Konzepte, Verfahren oder Lösungen fehlen, ist dies ein höchst innovativer Prozeß. Der Staat als moralische Instanz erfordert den aufgeklärten Bürger, der sich an diesem Prozeß aktiv beteiligt.

> „Unsere bisherige Technik steht in der Natur wie eine Besatzungsarmee in Feindesland" (Ernst Bloch).

Die natürliche Umwelt als Lebensraum und Basis allen Wirtschaftens ist in ihrer Bedeutung erkannt. Die Reduzierung der Natur durch die Menschen zu einem beherrschbaren und ausbeutbaren „Objekt“, diese Einstellung wird durch eine „umweltorientierte Unternehmensführung“ allein nicht überwunden. Solange das Verhalten der Menschen derart geprägt ist, daß die Natur nur als Ressource wahrgenommen wird und der Mensch als Maß aller Dinge gilt bzw. die Natur von der Wertschätzung des Menschen abhängig ist, wird das geschädigte ökologische Gleichgewicht trotz aller gutgemeinten Vorsätze kaum verbessert, sondern in globaler Sicht mit Sicherheit noch verschlechtert werden (Meyer-Abich, 1985).

Voraussetzung für eine ökologische Regeneration ist in erster Linie eine Veränderung der Einstellung der Menschheit gegenüber der natürlichen Umwelt. Koslowski (1989) formuliert dies so: „Der Mensch und seine Wissenschaft können daher die Natur und die Begrenztheit der Ressource Natur nur angemessen begreifen, wenn sie die Natur als ein organisches Ganzes und nicht als Rohstoff-, Energie- oder Raumressource ansehen.“

Eine Grundeinstellung gegenüber der Natur im Sinne einer „ökologischen Ethik“ (diesen Begriff verwenden etwa Onken oder auch Pfriem) sollte vorherrschen, denn die durch gesetzgeberische Maßnahmen garantierte „Minimalethik“ (Raffée) greift zu kurz und wird zudem häufig nicht einmal realisiert.

Verstärkt werden zur Erhaltung der Natur „Grenzen des Vertretbaren“ (Biedenkopf) gesucht, die durch unsere Verantwortung gezogen werden. Das von Jonas formulierte „Prinzip der Verantwortung“ fordert, die natürlichen Lebensgrundlagen in intakter Form an zukünftige Generationen weiterzugeben. Dies impliziert eine Beschränkung der Nutzung auf das Ausmaß der Regenerationsfähigkeit der Natur, da – wie es zur Zeit geschieht – ein darüber hinaus gehender Verbrauch bereits einen Verzehr des „Naturstocks“ und damit eine Reduktion zukünftiger Lebenschancen und Gestaltungsoptionen bedeutet. Biedenkopf sieht eine Möglichkeit der „gesellschaftlichen Begrenzung“ durch Anwendung des „Prinzips der Nachhaltigkeit“. Dieser Grundsatz wurde erstmals in der Badischen Forstgesetzgebung 1833 postuliert; er verfügte, daß nicht mehr Bäume geschlagen werden dürfen, als jeweils nachwachsen.

> „Der Mensch ist das einzige uns bekannte Wesen, das Verantwortung tragen kann. Mit der Macht wächst die Verantwortung. Die so gewachsene Verantwortung können wir nur dann ausüben, wenn proportional auch unsere Voraussicht der Folgen wächst“ (Jonas, 1987, Rede zur Entgegennahme des Friedenspreises des deutschen Buchhandels).

Wicke (1990) „übersetzt“ den Kantschen kategorischen Imperativ umweltethisch wie folgt:
„Handle so, daß bei der Herstellung der von Dir produzierten Güter die Umwelt nicht leidet, daß diese von Dir verkauften Güter während ihrer Nutzung

der Umwelt nicht schaden und daß sie in ihrer Beseitigungsphase die Umwelt nicht mehr als vermeidbar belasten."

In ähnlicher Weise hatte bereits Rupert Lay, fußend auf dem kategorischen Imperativ, ökologisch orientierte Leitsätze aufgestellt:

- Grenze deine Bedürfnisse gegen die Ansprüche anderer Menschen so ab, daß ein allseitiges Optimum der Befriedigung von Erhaltungs- und Entwicklungsbedürfnissen möglich wird.
- Handle so, daß auch in hundert Jahren die Erde noch Lebensraum für Menschen sein kann.
- Löse keine Probleme, die aus dem Umgang mit der Umwelt entstehen, allein durch technisch-rationales Verhalten.
- Handle so, daß sich deine Arbeit und die Folgen deiner Arbeit nicht gegen die Natur richten und deren Regenerationskraft überschreiten.

Kaum ein Begriff wird in diesen Tagen so (über-)strapaziert wie die „Ethik" – kaum ein Fachartikel oder Managementseminar ohne Bezug auf dieses Schlagwort. An amerikanischen Wirtschaftsfakultäten wird Ethik als Pflichtkurs eingeführt, so etwa an der weltberühmten Harvard Universität 1989 erstmals „Unternehmerische Entscheidungen und ethische Werte". Ethik als Management-Gimmick unserer Tage? Fast unweigerlich bei dieser Ethikwelle auch der Bezug zu dem von Jonas formulierten Prinzip der Verantwortung („Handle so, daß die Wirkungen deiner Handlungen verträglich sind mit der Permanenz echten menschlichen Lebens auf Erden") als Handlungsanleitung. Sein Buch, meint die Wirtschaftswoche, sei so etwas wie eine neue Bibel für Öko-Ethiker geworden.

Nur, wie kann der einzelne in unseren extrem arbeitsteiligen Wirtschaftsstrukturen überhaupt noch Verantwortung übernehmen? Die jeweilige Verantwortung könnte sich nur auf den winzigen Ausschnitt der „indidivuellen" Handlungen beziehen. Für sein Handeln bietet die Ethik dem Menschen Wertmaßstäbe, äußert sich in seinem „Gewissen". Aber ein moralisches Verhalten des einzelnen wird nicht ein eventuell unerwünschtes Ergebnis des unüberschaubaren Produktionsergebnisses verhindern. Gibt es deshalb überhaupt eine bestimmbare ethische Unternehmenspolitik, oder kann das ethische Bewußtsein nur beim einzelnen Menschen (und damit dem einzelnen Mitarbeiter, egal welcher Hierarchie) verankert sein?

Die Notwendigkeit verantwortlichen unternehmerischen Handelns wird weitgehend erkannt, überwiegend jedoch nur halbherzig verfolgt. So hat z. B. eine nicht von innerer Überzeugung und Offenheit getragene Umweltinformationspolitik einiger von den jüngsten Umweltskandalen betroffenen Unternehmen der Vertrauens- und Glaubwürdigkeit der Wirtschaft generell Schaden zugefügt.

Will das Unternehmen langfristig auf dem Markt überleben, so muß es eine zuverlässige Identität aufbauen; dafür muß es auf kurzfristige Vorteile verzichten und die Gefahr des Scheiterns auf sich nehmen. Immerhin kommen die wirtschaftlichen Vorteile der eigenen Integrität langfristig doch ihm selbst zugute. Das integre, „gut eingeführte" Unternehmen hat am Ende bessere Absatzchancen auf dem Markt. Das Unternehmen muß also inneres Format entwikkeln, was man nur noch sehr schwach mit Eigennutz in Verbindung bringen könnte.

„Im Umweltschutz wird noch mehr vom Unternehmen verlangt als inneres Format, nämlich Moral. Dem Unternehmen muß es tatsächlich (und nicht nur vorgeblich) ernst sein mit dem Umweltschutz, obwohl Umweltschutz teuer ist und die eigenen Anstrengungen zunächst kaum geglaubt und selten gewürdigt werden. Was das Unternehmen über seine inneren Normen der Umwelt gegenüber nach außen signalisiert, muß seinem wirklichen Leitbild entsprechen, obwohl laxe oder fehlende Normen kostengünstiger wären. Die Vorteile integren Verhaltens kommen nun aber keineswegs dem Unternehmen selbst zugute, sondern lediglich der Wirtschaft insgesamt – und auch dies nur, wenn die große Mehrheit integres Verhalten der Umwelt gegenüber an den Tag legt. Gemeinnütziges Verhalten auch ohne jede Garantie für den eigenen Vorteil nennen wir Moral; und ohne sie wird die Wirtschaft nicht erfolgreich sein können" (Bonus, in: Siemens, 1986).

„Die Gesellschaft wird dem Unternehmer auf Dauer seine Freiheit nur zugestehen, wenn er durch praktizierte Solidarität zeigt, daß sein Erfolg auch der Gemeinschaft zugute kommt" (Schmidheini, 1987; Schweizer Unternehmer).

Im Sinne eines „geistigen Wandels" werden die Werthierarchien der verantwortlichen Führungskräfte und die Leitbilder (als die den Entscheidungsprozeß steuernden Richtlinien) sich wesentlich verändern müssen – neben ökonomisch-rationale Überlegungen haben sittlich-ethisch-moralische Grundhaltungen zu treten.

Hesse (1988) ist der Auffassung, daß die ethische Frage nach dem Guten und dem Rechten im Wirtschaftsleben nicht mehr ohne Beachtung der ökologischen Dimension betrachtet werden kann – somit muß Wirtschaftsethik heute zugleich Umweltethik sein.

Zur weiteren Entwicklung der Sozialethik (i. S. einer Verantwortung gegenüber dem ökonomischen Gesamtsystem), die Vorrang vor der Individualethik beansprucht, setzt er zwei Ansatzpunkte voraus:

- Interfakultative Zusammenarbeit und Zwiesprache (etwa von Ökonomen mit Theologen oder Philosophen)
- Die Moral einzelner oder von Gruppen darf nicht einfach auf die Normen und Ordnungsregeln einer arbeitsteiligen Großgesellschaft übertragen wer-

den. Jede Sozialethik muß „zeitnah“ sein, Moral ist immer auch als Resultat von „Interessenabwägungen“ zu begreifen.

Ein kurzfristiger, gewinnerzeugender Fortschritt muß auch langfristig zu verantworten sein. Ein Bewußtseinslernprozeß, ein gewandeltes Problembewußtsein auch für ökonomisches Neuland ist notwendig – für uns und für zukünftige Generationen. Erst aus diesem veränderten Bewußtsein kann auch ein ökologisch gewandeltes Handeln erwachsen. Dann wird die Industriegesellschaft die ökologische Herausforderung bestehen und in ökonomische Gewinne umsetzen und dabei die ökonomischen, sozialen und ökologischen Interessen in Einklang bringen.

Schlußbetrachtung

Es ist eine unbequeme Erkenntnis, aber alle der bisher vorwiegend eingesetzten nachsorgenden Umweltschutztechniken (wie Kläranlagen, Müllverbrennungsanlagen, Deponien etc.) lösen unsere Probleme letztendlich nicht – sie werden nur zeitlich oder räumlich verschoben; sie sind zudem auch sehr teuer. Sie geben uns aber die Zeitoptionen, um optimalere Methoden zu entwickeln und die Produktions- und Konsumprozesse schrittweise umzustellen.

Man muß wohl oder übel bei einem Teil der Unternehmen und der Öffentlichkeit an zwei Tabus rütteln:

- Es gibt keine Alternative zur Änderung unserer Produktionsprozesse hin zu einem vorsorgenden, integrierten Umweltschutz (z. B. mit geschlossenen Stoffkreisläufen u. ä.). Wir brauchen sowohl eine umweltgerechtere Produktion als auch umweltgerechtere Produkte – dies wird von immer mehr Firmen auch praktiziert, um damit die natürliche Regenerationsfähigkeit der Erde zu erhalten. Wir dürfen nicht länger auf Kosten zukünftiger Generationen den „Kapitalstock" der Natur angreifen.
- Es sind Änderungen der ökologieschädlichen Konsum- und Lebensgewohnheiten (mit ihren Verhaltensmustern) auf umweltschonendere bei jedem einzelnen notwendig. Der einzelne kann aus seiner Eigenverantwortung nicht entlassen werden. Seine Mündigkeit als umweltbewußter Verbraucher wird sich auch darin zeigen, was er kauft und was er „nicht" kauft, wie er an zukünftigen Entsorgungskonzepten freiwillig mitwirkt und ob vermehrt immaterielle Bedürfnisbefriedigung an die Stelle rein materieller Wünsche tritt.

Dies setzt jedoch eine Vernetzung der Produktions-, Gebrauchs- und Entsorgungsebenen voraus. Integrierte Konzepte bedeuten demnach, daß der Verbraucher vom Produzenten überhaupt eine umweltbewußtere Alternative angeboten bekommt und die Kommune ein effizientes, flächendeckendes Sammelsystem zur Verfügung stellt. Es bedarf einer Abstimmung aller drei Ebenen.

Damit werden zwangsweise neue Verteilungskonflikte verbunden sein, da der bisher weitgehend kostenlose Produktionsfaktor Natur abgegolten werden muß. Zudem werden unsere materiellen (Konsum-)Wertvorstellungen zu reduzieren und mehr auf moralisch-ethische Maßstäbe, die eine geänderte Einstellung zur natürlichen Umwelt beinhalten, hinzuführen sein.

Dazu gilt es, neue Konzepte zu entwickeln, Ansätze sind bereits vorhanden, Pioniere auf seiten der Unternehmen und Verbraucher bereits in Vorbildfunktion tätig. Doch bei aller Euphorie über marktwirtschaftliche Lösungsansätze: Auch der Staat darf sich nicht aus seiner alleinigen Kompetenz „wegstehlen", bestimmte Rahmenbedingungen setzen bzw. ändern zu können und zu müssen. Da industrielle Tätigkeit ohne jeglichen Einfluß auf die Umwelt nicht möglich ist, sind diese Auswirkungen bezüglich ihrer Verantwortbarkeit, im Verhältnis zum Nutzen der Produktion, im demokratischen Konsens zu bewerten. Die Marktkräfte allein wären hier überfordert. Die Aufgabe der Umsteuerung, der innovativen Änderung zu mehr ökologischen Rahmenbedingungen in unserer Marktwirtschaft kann nur der Staat erfüllen.

Gleich am Anfang des Buches habe ich auf den unaufhebbaren Gegensatz von Ökonomie und Ökologie hingewiesen. Einige Wege einer betriebswirtschaftlichen Umweltschonung als Konfliktlösungsstrategie innerhalb der „Schnittmenge" habe ich versucht aufzuzeigen, denn ohne Hoffnung auch keine Zukunftsbewältigung. Bedenklich stimmt, daß das Problem der globalen und nationalen Umweltzerstörung schon lange erörtert wird, aber die Zeiträume, die uns zu ihrer Lösung zur Verfügung stehen, immer kürzer werden.

Wahre Hilfe gewährt der stark gefährdeten Natur jedoch nur eins: Bewußtsein, Verzicht und Selbstbeschränkung, egal ob freiwillig oder auf Druck. Der Philosoph und Friedenspreisträger Jonas will die Völker zur Bewältigung der globalen Herausforderung der nächsten Jahrzehnte (Überbevölkerung, Klimakatastrophe, Umweltzerstörung) auf eine freiwillige Beschränkung ihrer Freiheit vorbereiten. Man müsse sich in Stolz und Würde auf eine „relative Armut" einstellen. Müßte sie dem Menschen aufgezwungen werden, sei es mit seiner Freiheit vorbei.

Ist die Forderung nach Maßhalten und Konsumverzicht nicht illusionär? Wahrscheinlich, aber wir müssen anfangen, sie wieder einzuüben, denn wir haben keine Zeit mehr für kollektive Verdrängung. Das Modell unserer Industriegesellschaft muß geändert werden. Kommt sonst, so fragt der Naturphilosoph Meyer-Abich (1990), die „Öko-Diktatur"? Wir müssen einen Ausgleich finden zwischen unseren menschlichen Ansprüchen und denen unserer „Mitwelt".

Gefordert ist der einzelne. „Moral ist gut, Politik ist besser. Am besten aber sind Menschen, die sich kümmern", meint Greffrath (1990). Sieht man den Staat als einzig mögliche moralische Instanz gegenüber der Wirtschaft, muß sich der einzelne gegenüber den Zuständen und ihrer Veränderung verantwortlich fühlen („Politisierung"). Dazu wird das persönliche tägliche Engagement gebraucht. Wir brauchen die politische Debatte einer „aufgeweckten Gesellschaft" über unsere Zukunftsprobleme und wie wir sie lösen wollen, d. h., wie wir die Gestalt unserer zukünftigen Lebensbedingungen sehen wollen. „Im Ändern der Verhältnisse aber, im Aufbau von Institutionen wird Moral zu Politik. Moralisch handelt, wer sich in diese politische Debatte über die Zukunft der Menschheit einschaltet" (ebd.). Diese Moral wird sich nicht nur als Sonntagsmoral, sondern im täglichen (oft genug frustrierenden) Kleinkram zu manifestieren haben.

Anhang

Abkürzungsverzeichnis

Literaturverzeichnis

Praxisbeispiele – Firmenverzeichnis

Wichtige Adressen

Stichwortverzeichnis

Abkürzungsverzeichnis

AGÖF:	Arbeitsgemeinschaft ökologischer Forschungsinstitute
A.S.I.E.G.E.:	Association Suisse pour l'Integration de l'Ecologie dans la Gestion d' Entreprises (= ö.B.U.)
ASU:	Arbeitsgemeinschaft Selbständiger Unternehmer
A.U.G.E.:	Arbeitskreis Umwelt, Gesundheit, Ernährung
B.A.U.M.:	Bundesdeutscher Arbeitskreis für umweltbewußtes Management
BDI:	Bundesverband der Deutschen Industrie
BIBB:	Bundesinstitut für Berufsbildung
BJU:	Bundesverband Junger Unternehmer
BMFT:	Bundesminister für Forschung und Technologie
BMU:	Bundesminister für Umwelt, Naturschutz und Reaktorsicherheit
BMWI:	Bundesminister für Wirtschaft
BSP:	Bruttosozialprodukt
BUND:	Bund für Umwelt und Naturschutz Deutschland
BUS:	Bundesamt für Umweltschutz der Schweiz
CEFIC:	Conseil European des Federations de l'Industrie Chimique
DAB:	Deutsche Ausgleichsbank
db:	Deutsche Bank
DG:	Deutsche Genossenschaftsbank
DIHT:	Deutscher Industrie- und Handelstag
ebs:	European Business School
EIB:	Europäische Investitionsbank
EKD:	Evangelische Kirche Deutschlands
ERP:	European Recovery Programm
FCKW:	Fluorchlorkohlenwasserstoffe
future:	Förderkreis Umwelt future
HWK:	Handwerkskammer
ICC:	Internationale Handelskammer
ifo:	Institut für Wirtschaftsforschung
IHK:	Industrie- und Handelskammer
IÖW:	Institut für ökologische Wirtschaftsforschung
KfW:	Kreditanstalt für Wiederaufbau
LfA:	Landesanstalt für Aufbaufinanzierung
ö.B.U.:	Schweizerische Vereinigung für ökologisch bewußte Unternehmensführung
RKW:	Rationalisierungskuratorium der Deutschen Wirtschaft
sbu:	Studiengruppe für Biologie und Umwelt
UBA:	Umweltbundesamt
VBU:	Verband der Betriebsbeauftragten für Umweltschutz
VCI:	Verband der Chemischen Industrie

UIS:	Umweltinformationssystem
UVP:	Umweltverträglichkeitsprüfung
WWF:	Umweltstiftung World Wildlife Fund Deutschland
ZVEI:	Zentralverband Elektro- und Elektronikindustrie e.V.

Literaturverzeichnis

Adelt, P./Sauke, Ch., Zur Eignung des Markenartikel-Konzepts bei der Vermarktung ökologisch relevanter Produkte, in: Markenartikel, H. 7/1988

Antes, R., Umweltschutzinvestitionen als Chancen des aktiven Umweltschutzes für Unternehmen im sozialen Wandel, Schriftenreihe des IÖW, 16/1988

Atteslander, P., Ökonomisches Handeln in ökologischer Verantwortung, in: IBM Nachrichten, 39 (1989), H. 296

Bauer, W./Müller, F.-J., Umweltverträglichkeit – neues Kriterium im Verpackungswesen, in: FhG-Berichte, 4/88

Beschorner, D., Gesellschaftsbezogene Rechnungslegung als Folge gestiegenen Umweltbewußtseins und sozialer Verpflichtungen, in: Personalwirtschaft, H. 12/1980

Biedenkopf, K., Konsequenzen begrenzter Ressourcen für die Gesellschaft, in: Verantwortung für die Zukunft. Konsequenzen begrenzter Ressourcen für Wissenschaft, Wirtschaft und Gesellschaft, ebs/IWG (Hrsg.), Bonn 1989

Blom, F., Ökologische Materialwirtchaft, in: Umweltschutz, Gewinn für die Zukunft, hrsg. vom Förderkreis Umwelt future e.V., Lengerich 1988

Bongaerts, J./Kraemer, A., Haftung und Versicherung von Umweltschäden, Schriftenreihe des IÖW, 8/1987

Brunowsky, R.-D./Wicke, L., Der Öko-Plan, Durch Umweltschutz zum neuen Wirtschaftswunder, 2., Aufl., München 1984

Dehnert, J., Die Verbrennung von Abfällen stellt auf Dauer keine befriedigende Lösung dar, in: Handelsblatt, 3./4. 11. 1989

Demmer, Ch., Öko-Sponsoring: Der grüne Schein, in: manager magazin, H. 6/1989

Deutsche Bank (Hrsg.), Umweltschutz. Fakten, Prognosen, Strategien, Mittelstandsbroschüre 11, Frankfurt a. M., 1989

Deutsches Institut für Gütesicherung und Kennzeichnung e.V., (Hrsg.), Umweltzeichen. Produktanforderungen, Zeichenanwender und Produkte, Ausgabe Juli 1989

Dierkes, M., Gesellschaftsbezogene Berichterstattung. Was lehren uns die Experimente der letzten 10 Jahre?, in: ZfB, 54. Jg., H. 12/1984

DIHT/IHK (Hrsg.), Umweltschutz-Partner IHK, o. J.

Dreyhaupt, F., Umweltrahmenbedingungen sind für einen Industrie- oder Gewerbestandort von entscheidender Bedeutung, in: Handelsblatt, Nr. 67, 6. 4. 1987

Dyllick, Th., Management der Umweltbeziehungen. Öffentliche Auseinandersetzungen als Herausforderungen, Wiesbaden 1989

Dyllick, Th., Ökologisch bewußte Unternehmensführung: Der Beitrag der Managementlehre, Schriftenreihe Ö.B.U./A.S.I.E.G.E., 1/1989

Edelhoff (Hrsg.), Der Abfall, Iserlohn 1988

Faltlhauser, K., Unternehmen und Gesellschaft, Theorie und Praxis der Sozialbilanz, in: DIB-Schriftenreihe, Bd. 5, Berlin 1978

Förderkreis Umwelt future e.V. (Hrsg.), future-forum 1987, future-workshop 1987, future-forum1988

Fischer-Winkelmann W./Hohl, E., Zum Stand des Human Resource Accounting, in: DU, 36. Jg., H. 2/1982

Follmann, R., Tapete und Umwelt, Vortrag IGI-Kongreß, 20. 6. 1989

Gasser, V., Konsequenzen aus der Umwelthaftung für das betriebliche Risiko-Management, in: Kongreßmanuskript „Betriebe und Umwelt", Nürnberg, 1989

Gierl, H., Ökologische Einstellungen und Kampfverhalten im Widerspruch, in: Markenartikel, H. 1/1987

Gleich, M., Zahltag, in: natur, H. 12/1989

Greffrath, M., Das Prinzip Goldmarie, in: Die Zeit, 2. 2. 1990

Grub, M., Unternehmen Grün. Ideen, Konzepte, Beispiele für mehr Natur in der Arbeitswelt, München 1990

Hamm, R., Im Zweifel für die Natur . . . und gegen das Strafrecht im Umweltschutz, in: Die Zeit, 27. 10. 1989

Heeg, F. J., Recycling-Management. Eine Gesamtaufgabe von der Produktentwicklung bis zur Produktverwertung, in: Management-Zeitschrift io, 53, Nr. 11/1984

Helgerth, R., Neue Entwicklungen im Umweltrecht und erfolgreiches Risikomanagement durch vorbeugende Maßnahmen, in: Kongreßmanuskript „Betriebe und Umwelt", Nürnberg, 1989

Hermanns, A./Püttmann, M., Die ökologische Herausforderung für die Marketing-Kommunikation, in: Werbeforschung & Praxis, Folge 1/1990

Hesse, H., Gewinn mit Moral, in: Wirtschaftswoche, Nr. 3/1988

Heyder, H., Umweltbewußtsein zur Chance machen. Betonen Sie die Öko-Schiene, auf der Sie Ihre Marketing-Aktivitäten vorantreiben, in: Marketing Journal, H. 2/1989

Heymann, H. H., Die Sozialbilanz als Instrument der Unternehmensführung, Frankfurt 1981

Heymann, H. H., Sozialbilanzen – Überlegungen zur konzeptionellen und politischen Entwicklung der Sozialbilanz-Bewegung, in: WiSt, 11. Jg., S. 171ff. 1982

Heymann, H./Seiwert, L., Sozialbilanzen, in: Harvard Manager, H. 1/1985

Hopfenbeck, W., Allgemeine Betriebswirtschafts- und Managementlehre. Das Unternehmen im Spannungsfeld zwischen ökonomischen, sozialen und ökologischen Interessen, Landsberg a. L. 1989

ICC (Hrsg.), Umweltschutz Audits, Köln 1989

Jorden, W., Recyclinggerechtes Konstruieren als vordringliche Aufgabe zum Einsparen von Rohstoffen, in: Maschinenmarkt, 89 (1983) 61

Kapp, K. W., Für eine ökosoziale Ökonomie. Entwürfe und Ideen – Ausgewählte Aufsätze, Frankfurt 1987

Kapp, K. W., Soziale Kosten der Marktwirtschaft, (Engl. Originalausgabe 1963), Frankfurt 1979

Kiss, M., Der Energiebeauftragte in der Unternehmung, in: Management Zeitschrift io, 50. Jg., H. 9/1981

Klaus, J./Ebert, W., Satellitensystem „Umwelt", in: WiSt, H. 2/1989

Klingholz, R., Sehenden Auges in die Katastrophe, in: Die Zeit, 1989

Koslowski, P., Konsequenzen begrenzter Ressourcen für die Wirtschaft, in: Verantwortung für die Zukunft. Konsequenzen begrenzter Ressourcen für Wissenschaft, Wirtschaft und Gesellschaft, ebs/IWG (Hrsg.), Bonn 1989

Kreikebaum, H. (Hrsg.), Integrierter Umweltschutz. Eine Herausforderung für das Innovationsmanagement, Wiesbaden 1990

Krekeler, M., Ökomarketing: Zielgruppen querbeet, in: Kommunikation, H. 10/1989

Krupp, H., Innovation der Innovationspolitik: Neue Ressourcenökonomie durch neue Rahmenbedingugen, in: FhG-Berichte, 3/89

Krusche, P. u. a., Ökologisches Bauen, Umweltbundesamt (Hrsg.), Wiesbaden/Berlin 1982

Kruschke, A., Verschärfung des Umweltrechts – Konsequenzen für die Unternehmen, in: Juristische Rundschau, H. 12/1989

Linke, W., PKW und Umwelt – ein Zielkonflikt. Umweltschutz hat einen hohen Stellenwert, in: Verlagsbeilage der Süddeutschen Zeitung Nr. 137, 16./17. 6. 1988

Meffert, H., Strategische Unternehmensführung und Marketing, Wiesbaden 1988

Meffert, H., Produktealterung als Absatzstrategie? Zur Debatte über die „geplante Obsoleszenz", in: Neue Zürcher Zeitung, 28. 2. 1990

Meffert, H./Wagner, H. (Hrsg.), Ökologie und Unternehmensführung – Dokumentation des 9. Münsteraner Führungsgesprächs, Arbeitspapier Nr. 26, Münster 1985

Meffert, H./Bruhn, M./Schubert, F./Walther, Th., Marketing und Ökologie – Chancen und Risiken umweltorientierter Absatzsstrategien der Unternehmungen, in: DB, H. 2/1986

Meffert, H./Benkenstein, M./Schubert, F., Umweltschutz und Unternehmensverhalten, in: Harvard-Manager, H. 2/1987

Meffert, H./Ostmeier, H./Kirchgeorg, M., Ökologisches Marketing – Ansatzpunkte einer umweltorientierten Unternehmensführung, in: Burkhard, H. (Hrsg.), Öko-Marketing, Schriftenreihe des IÖW, 18/1988

Merkel, R., Die Placeboparagraphen, in: Die Zeit, Nr. 43/1989

Merkisch, D., Haftung für Umweltschäden. Finanzierbarkeit und Versicherbarkeit aus der Sicht der Industrie, in: Betriebsberater, H. 4/1990

Meyer-Abich, K. M., Wege zum Frieden mit der Natur, in: Ökologie und Unternehmensführung, hrsg. von H. Meffert und H. Wagner, Münster 1985

Müllendorff, R., Umweltbezogene Unternehmensentscheidung unter besonderer Berücksichtigung der Energiewirtschaft, Frankfurt 1981

Müller, M./Meyer-Abich, K. M., Kommt die Öko-Diktatur? Das Modell der Industriegesellschaft muß geändert werden, in: Die Zeit, 6. 4. 1990

Müller-Wenk, R., Die ökologische Buchhaltung – ein Informations- und Steuerungsinstrument für umweltkonforme Unternehmenspolitik, Frankfurt/ New York 1978

Müller-Wenk, R., Konflikt Ökonomie Ökologie: Schritte zur Anpassung von Unternehmensführung und Wirtschaftsordnung, Karlsruhe 1980

Müller-Wenk, R., Die ökologische Buchhaltung, in: Ökonomie und Ökologie: Auswege aus einem Konflikt, hrsg. von U. E. Simonis, 4. Aufl. Karlsruhe 1986

Müller-Witt, H., Produktfolgeabschätzung als kollektiver Lernprozeß, in: Arbeiten im Einklang mit der Natur, hrsg. vom Öko-Institut, Freiburg i.B. 1985

Neuntinger, U., Umweltexpertensysteme am Beispiel industrieller Anwendungen, in: future-forum, 1988, Von der Öko-Bilanz zum Öko-Controlling. Chancen umweltorientierter Unternehmenspolitik.

Nahrendorf-R., Ohne Ethos verkommt die Wirtschaft, in: Handelsblatt, 15/ 16. 12. 1989

Nickel, V., Aktiv oder sprachlos? Ansatzpunkte für umweltorientierte Öffentlichkeitsarbeit, in: Markenartikel, 2/1990.

Oberholz, A., Umweltorientierte Unternehmensführung. Notwendigkeit, Einführung, Erfolge, Frankfurt 1989

Ondratscheck, D., Umweltschutz in der Oberflächentechnik: Situation und Forschungsaktivitäten am Beispiel der Lackiertechnik, in: FhG-Berichte, H. 4/1988

Pfriem, R., Ökologische Unternehmenspolitik, Frankfurt/New York 1986

Pfriem, R., Ansatzpunkte für ein ökologisches Rechnungswesen im Unternehmen, in: future-forum 1987: Umweltschutz, Gewinn für die Zukunft, hrsg. vom Förderkreis Umwelt future e.V., Lengerich 1987

Pfriem, R., Der Nutzen von Ökobilanzen. Thesen aus der Sicht ökologischer Unternehmensführung, in: Umweltschutz, Gewinn für die Zukunft, hrsg. vom Förderkreis Umwelt future e.V., Lengerich 1988

Pfriem, R., Ökologische Unternehmensführung, Schriftenreihe des IÖW, 13/ 1988

Pfriem, R., Die Ökobilanz – Ein betriebliches Informationsinstrument, in: future-forum 1988, Von der Öko-Bilanz zum Öko-Controlling. Chancen umweltorientierter Unternehmenspolitik.

Probst, G./Gomez, P. (Hrsg.), Vernetztes Denken. Unternehmen ganzheitlich führen, Wiesbaden 1989

Raffée, H./Wiedmann, K.-P., Das gesellschaftliche Bewußtsein in der Bundesrepublik und seine Bedeutung für das Marketing, Hamburg 1983

Raffée, H./Wiedmann, K.-P., Die Selbstzerstörung unserer Welt durch unternehmerische Marktpolitik?, in: Marketing ZFP, H. 4/1985

Römer, G., Umweltschutz und Controlling, in: controller magazin, 1/1990

Roth, P., Kultur-Sponsoring, Landsberg a. L. 1989

Schenkel, W., Abfallverwertung aus ökologischer und ökonomischer Sicht, in: Rationalisierung, 4/1981

Schenkel, W., Anspruch und Wirklichkeit in der Bundesrepublik Deutschland, in: Handelsblatt, Nr. 86, 6. 5. 1987

Schmitt, D./Schubert, H./Ziegahn, K.-F., Grenzgänger zwischen Technik und Ökologie: Umweltsituation und ihre Prinzipien, in: FhG-Berichte, 4/1988

Schneider, M., Planen für den Ernstfall, in: Wirtschaftswoche, 2. 6. 1989

Schoenheit, I., Ökologie und Marketing im Meinungsstreit – ein Tagungsbericht, in: Markenartikel, H. 2/1988

Schreiber, R. L., Ökologische Aspekte der Unternehmensführung, in: Schimmelpfeng-Review, H. 31/1983

Schreiber, R. L., Öko-Marketing: die Managementjahrhundertaufgabe, in: Marketing, 7. Jg., H. 4/1985

Schreiner, M., Marketing und Umwelt: Neuorientierung zum Öko-Marketing, in: Gablers Magazin, H. 10/1988

Schreiner, M., Umweltmanagement in 22 Lektionen, Wiesbaden 1988

Schuh, H., Zuviel Angst vor Asbest? Eine vergleichende Bewertung von Risiken tut not, in: Die Zeit, 16. 2. 1990

Schuh, H., Die Crux mit dem Risiko. Über die Schwierigkeit adäquater Einschätzung von Umweltgefahren, in: Die Zeit, 9. 3. 90

Schulz 1988

Seidel, E., „Wollen" und „Können". Auf dem Wege zu einer ökologisch verpflichteten Unternehmensführung, in: zfo, 2/1989

Siemens (Hrsg.), Umweltschutz – Versuch einer Systemdarstellung, Berlin/München 1986

Siemens (Hrsg.), Unsere Umwelt erhalten. Informations- und Kommunikationstechnik für den Umweltschutz, München 1989

Sietz, M./Michahelles, R., Umwelt-Checklisten für Manager, Taunusstein 1989

Simonis, U. E. (Hrsg.), Ökonomie und Ökologie. Auswege aus einem Konflikt, 4. Aufl., Karlsruhe 1986

Sprenger, R.-V., Umweltschutz und unternehmerisches Wettbewerbsverhalten, in: IfO-Schnelldienst, H. 1+2/1981

Stahel, W., Eine neue Beziehung zu den Dingen. Verkauf von Nutzen statt von Produkten, in: Neue Zürcher Zeitung, 28. 2. 1990

Stahlmann, V., Umweltorientierte Materialwirtschaft. Das Optimierungskonzept für Ressourcen, Recycling, Rendite, Wiesbaden 1988

Stahlmann, V., Öko-Controlling in einer Integrierten Materialwirtschaft, in: future-forum 1988, Von der Öko-Bilanz zum Öko-Controlling. Chancen umweltorientierter Unternehmenspolitik.

Stahlmann, V./Beschorner, D. u. a., Betriebliche Umweltschutzbeauftragte: Ausbildungsanforderungen. Betriebliche Praxis, Perspektiven. Schriftenreihe des IöW 34/1989

Steger, U., Konsequenzen begrenzter Ressourcen für die Wirtschaft, in: Verantwortung für die Zukunft. Konsequenzen begrenzter Ressourcen für Wissenschaft, Wirtschaft und Gesellschaft, ebs/IWG (Hrsg.), Bonn 1989

Steger, U., Umweltmanagement, Erfahrungen und Fundamente einer umweltorientierten Unternehmensstrategie, Frankfurt/Wiesbaden 1988

Steger, U., Nötige Veränderungen der Rahmenbedingungen. Lob des Marktmechanismus, in: Neue Zürcher Zeitung, 28. 2. 1990

Steinhilper, R., Recycling in der Industrie – technisch und wirtschaftlich erfolgreicher Umweltschutz, in: FhG-Berichte, 4/88

Stock, U., Das Nordsee-Ritual, in: Die Zeit, 16. 3. 1990

Stoll, E., Betriebliche Umweltpolitik – Der ökonomische Zwang zur Naturvergessenheit, in: Betriebswirtschaftslehre und ökonomische Krise. Kontroverse Beiträge zur betriebswirtschaftlichen Krisenbewältigung, hrsg. von W. H. Staehle und E. Stoll, Wiesbaden 1984

Storm, P.-Ch./Bunge, Th., Hrsg., Handbuch der Umweltverträglichkeitsprüfung, Berlin 1988

Strebel, H., Umwelt und Betriebswirtschaft, Berlin 1980

Strebel, H., Umwelteinwirkungen der Produktion, in: ZbfG, H. 6/1981

Strebel, H., Gründe und Möglichkeiten betriebswirtschaftlicher Umweltpolitik, in: Betriebswirtschaftslehre und ökonomische Krise. Kontroverse Beiträge zur betriebswirtschaftlichen Krisenbewältigung, hrsg. von W. H. Staehle und E. Stoll, Wiesbaden 1984

Strebel, H./Hildebrandt, Th., Produktlebenszyklen und Rückstandszyklen. Konzept eines erweiterten Lebenszyklusmodells, in: zfo, H. 2/1989

Syrbe, M., Forschung und Entwicklung an der Schwelle des dritten Jahrtausends, in: FhG-Berichte, 4/1989

Thexis, Uttwil (Schweiz), Sonderheft Öko-Marketing, H. 3/1988

Thomas, J., Die Organisation des industriellen Umweltschutzes, in: Der Betrieb, H. 43, 28. 10. 1988

Thome, G., Produktgestaltung und Ökologie, München 1981

Töpfer, A., Umwelt- und Benutzerfreundlichkeit von Produkten als strategische Unternehmensziele, in: Marketing ZFP, 7. Jh., H. 4/1985

Uhlig, Chr. A., Ökologische Krise und Ökonomischer Prozeß, Diessenhofen 1978

Ullmann, A. A., Der Betriebsbeauftragte für Umweltschutz aus betriebswirtschaftlicher Perspektive – Umweltpolitische Notwendigkeit oder gesetzgeberischer Perfektionismus?, in: ZfbF, H. 33/1981

Ulrich, H./Probst, G., Anleitung zum ganzheitlichen Denken und Handeln. Ein Brevier für Führungskräfte, Bern/Stuttgart 1988

Vahrenholt, F., Schluß mit der Heimlichtuerei! Ein Plädoyer für mehr Glasnost in der Umweltpolitik, in: Die Zeit, Nr. 21/1987

Vogl/Heigl/Schäfer, Handbuch des Umweltschutzes, Band 8, Landsberg a. L., Stand 12/89

Vollherbst, F.-J., Die externe gesellschaftsbezogene Berichterstattung der Unternehmung als Instrument gesellschaftlicher Konfliktregelung, Diss., Pfaffenweiler 1984

Wesel, U., Kein Recht auf Bäume, in: Die Zeit, Nr. 12/1988

Wicke, L., Umweltökonomie, München 1982
Wicke, L.,Instrumente der Umweltpolitik, von Auflagen zu marktkonformeren Instrumenten, in: WiSt, H. 2/1984
Wicke, L., Durch Umweltschutz zum neuen Wirtschaftswunder?, in: Ökologie und Unternehmensführung, hrsg. von H. Meffert und H. Wagner, Münster 1985
Wicke, L., Die ökologischen Milliarden. Das kostet die zerstörte Umwelt – so können wir sie retten, München 1986
Wicke, L., Offensiver betrieblicher Umweltschutz, in: Harvard Manager, H. 3/1987
Wicke, L., Chancen und Probleme der Betriebe durch umweltfreundliche Produkte, Teil I und II, in: Markenartikel, 12/1989 und 1/1990
Wicke, L./Schafhausen, F.: Instrumente zur Druchsetzung des Umweltschutzes, in: WISU, 11. Jg., S. 409/1982
Wicke/Haasis/Hucke/Schafhausen/Schulz, Betriebliche Umweltökonomie, München 1990
Widenmayer, M., Soziale Kosten als Bestandteil gesellschaftsbezogener Rechnungslegung, in: ZfB, 51. Jg., H. 2/1981
Winter, G., Das umweltbewußte Unternehmen. Ein Handbuch der Betriebsökologie mit 22 Checklisten für die Praxis, München 1987 (3. Aufl., 1990)
Würtenberger, G., Keine Tricks, in: Absatzwirtschaft, H. 3/1989
zfo, Sonderheft: Organisation des betrieblichen Umweltschutzes, H. 2/1989
o.V., Umweltschutz ist Management-Aufgabe, in: Blick durch die Wirtschaft, 28. 6. 1989
o.V., Sozio- und Umwelt-Sponsoring, in: Kommunikation, H.12/1989

Praxisbeispiele – Firmenverzeichnis

AEG
Alba
Alpirsbacher Klosterbräu
Annen Chemie
A.U.G.E.
BASF
B.A.U.M.
Bayer
Bayerische Genossenschaftsbanken
BfG-Bank
Bischof & Klein
BMW
Body Shop
Bosch-Siemens
BP
Busak & Luyden
Deutsche Castrol
Ciba-Geigy
Colonia
Commerzbank
Daimler Benz
Deutsche Ausgleichsbank
Deutsche Bank
Deutsche Bundespost
Dow Stade
Du Pont
Elida Gibbs
Europa Carton
Follmann
future
Gerling
Haindl
Henkel
Hertie
Hewlett Packard
Hoechst
Holsten Brauerei
Hypo-Bank
IBM Deutschland
ICC
IHK
Karstadt
Kaufhof
Kreditanstalt für Wiederaufbau
LebeRecht
Lever
Ludwig Stocker Hofpfisterei
Lüft
Mannesmann
McDonald's
Migros
Müller
Neff
Neumarkter Lammsbräu
Nixdorf
Nokia Data
Carl Nolte
Océ
Opel
Otto Versand
Philips
Raiffeisen und Volksbanken
Romika
RWE
Schwarzkopf
Schweizer & Söhne
Siemens
Staatlicher Mineralbrunnen Brückenau
Steinbeis Temming
Dr. Stewner
Christof Stoll
Storopack
Tengelmann
Toni Milchversand Wintherthur
Volkswagen
Wella
Werner & Mertz
Ernst Winter & Sohn
Wissoll
Woolworth

Wichtige Adressen – BRD/DDR/CH/A

Arbeitsgemeinschaft Naturfarben (AGN)
Im Asenwald 12
7000 Stuttgart 70
Tel.: 0711/727951

Arbeitsgemeinschaft Selbständiger Unternehmer e.V. (ASU)
Mainzer Str. 238
5300 Bonn 2
Tel.: 0228/343044–47

B.A.U.M. Österreich
Bundesweiter Arbeitskreis für umweltbewußtes Management
Anschützgasse 1
A-1153 Wien
Tel.: 0222/725107-233

Bayerische Landesanstalt für Aufbaufinanzierung
Königinstr. 15
8000 München 22
Tel.: 089/2124-0

Bayerisches Staatsministerium für Landesentwicklung und Umweltfragen
Pf. 810140
8000 München 81
Tel.: 089/02140

Berliner Industriebank AG
Landecker Str. 2 – 3
1000 Berlin 33
Tel.: 030/820030

bfi Bildung
Comeniusstr. 20
8500 Nürnberg 40
Tel.: 0911/4469333

Bund Architektur und Baubiologie e.V. (BAB)
Cronestr. 3
4420 Coesfeld
Tel.: 02541/71110

Bund für Umwelt und Naturschutz Deutschland
Im Rheingarten 7
5300 Bonn 3
Tel.: 0228/40097-0

Bundesamt für Umwelt, Wald und Landschaft
Hallwyl-Str. 4
CH-3003 Bern
Tel.: 031/619329

Bundesdeutscher Arbeitskreis für umweltbewußtes Management
(B.A.U.M.)
Christian-Förster-Str. 19
2000 Hamburg 20
Tel.: 040/407721

Bundesminister für Forschung und Technologie
Pf. 200240
Heinemannstr. 2
5300 Bonn 2
Tel.: 0228/59-1

Bundesminister für Umwelt, Jugend und Familie
Radetzkistr. 2
A-1011 Wien
Tel.: 01/71158-0

Bundesminister für Umwelt, Naturschutz und Reaktorsicherheit
Pf. 120629
Kennedyallee 5
5300 Bonn 1
Tel.: 0228/305-0

Bundesminister für Verkehr
Pf. 200100
Robert-Schumann-Platz 1
5300 Bonn 2
Tel.: 0228/61 51

Bundesminister für Wirtschaft
Villemombler Str. 76
5300 Bonn 1
Tel.: 0228/6151

Bundesverband Bürgerinitiativen Umweltschutz
Prinz-Albert-Str. 43
5300 Bonn 1
Tel.: 0228/214032

Bundesverband der Deutschen Industrie e.V. (BDI)
Gustav-Heinemann-Ufer 84 – 88
5000 Köln 51
Tel.: 0221/37081

Bundesverband Junger Unternehmer (BJU)
Mainzer Str. 238
5300 Bonn 2
Tel.: 0228/343044

Conseil Europeen Des Federations
De L'Industrie Chimique
Avenue LQuise 250/1
B-1050 Brussels
Tel.: 02/6402095

Deutsche Ausgleichsbank
Wielandstr. 4
5300 Bonn 2
Tel.: 0228/8311
bzw.
Sarrazinstr. 11 – 15
1000 Berlin 41
Tel.: 030/8513096

Deutscher Gewerkschaftsbund
Abteilung Umweltpolitik
Hans-Böckler-Str. 39
4000 Düsseldorf 30
Tel.: 0211/4301-300

Deutscher Industrie- und Handelstag
Adenauerallee 148
5300 Bonn 1
Tel.: 0228/1041

Europäische Investitionsbank
Boulevard Konrad Adenauer 100
L-2950 Luxemburg
Tel.: 00352/4379-1

Evangelische Akademie Tutzing
Schloßstr. 2
8132 Tutzing
Tel.: 08158/251-1

Förderkreis Umwelt future e.V.
Rahestr. 44
4540 Lengerich
Tel.: 05481/32545

Freie und Hansestadt Hamburg
Umweltschutzbehörde, Amt für Umweltschutz und Sanierungsförderung
Hammer Landstr. 12–14
2000 Hamburg 26
Tel.: 040/24860

Gemeinschaftsausschuß der Bundeskreditgarantiegemeinschaften
Johannitersr. 1
5300 Bonn 1
Tel.: 0228/232011

Gesellschaft für Ethik, Bildung und Management mbH
Hindenburgplatz 3
3200 Hildesheim
Tel.: 05121/31085

Gewerbeförderungsgesellschaft des Bundesverbandes der
Selbständigen mbH
Coburger Str. 1a
5300 Bonn 1
Tel.: 0228/232026-28

Greenpeace
Vorsetzen 53
2000 Hamburg 11
Tel.: 040/31186-1

Grüne Liga
Haus der Organisationen
Große Klausstr. 11
DDR-4020 Halle

Hessischer Minister für Umwelt und Energie
Pf. 3146
6200 Wiesbaden
Tel.: 06121/8170

ifo-Intitut für Wirtschaftsforderung
Poschinger Str. 5
8000 München80
Tel.: 089/92240

Institut für Baubiologie GmbH
Heilig-Geist-Str. 54
8200 Rosenheim
Tel.: 08031/17091

Institut für Ökologie und Unternehmensführung
European Business School
6226 Oestrich-Winkel
Tel.: 06723/69213

Institut für ökologische Wirtschaftsforschung (IÖW)
Giesebrechtstr. 13
1000 Berlin12
Tel.: 030/8826094

Internationale Handelskammer
Kolumbastr. 5
5000 Köln 1
Tel.: 0221/219531-32

Internationales Institut für Umwelt und Gesellschaft
Potsdamer Str. 58
1000 Berlin 30

Kommission der Europäischen Gemeinschaften
Generaldirektion Umwelt und Verbraucherschutz
Ruede la Loi 200
B-1049 Brüssel
Tel.: 0032/2235 11 823

Kreditanstalt für Wiederaufbau
Palmengartenstr. 5 – 9
6000 Frankfurt a. M. 11
Tel.: 069/74310

Minister für Ernährung, Landwirtschaft und Forsten des Landes Schleswig-Holstein
Pf. 1131
Düsternbrocker Weg 104 – 108
2300 Kiel
Tel.:

Minister für Naturschutz, Umweltschutz und Wasserwirtschaft der DDR
Schiffbauerdamm 15
DDR-1040 Berlin
Tel.: 02/2252235

Minister für Umwelt, Raumordnung und Bauwesen des Saarlandes
Pf. 1010
6600 Saarbrücken 1
Tel.: 0681/5011

Minister für Umwelt, Raumordnung und Landwirtschaft des Landes Nordrhein-Westfalen
Pf. 300652
4000 Düsseldorf 30
Tel.: 0211/45660

Ministerium für Ernährung, Landwirtschaft, Umwelt und Forsten Baden-Württemberg
Pf. 491
7000 Stuttutgart 1
Tel.: 0711/1260

Ministerium für Umwelt und Gesundheit des Landes Rheinland-Pfalz
Pf. 3180
Bauhofstr. 4
6500 Mainz
Tel.: 06131/160

Niedersächsischer Umweltminister
Archivstr. 2
3000 Hannover 1
Tel.: 0511/1040

Öko-Institut
Binengrün 34a
7800 Freiburg
Tel.: 0761/473031

Öko-Test Magazin
Pf. 111452
6000 Frankfurt 11
Tel.: 069/75800531

Österreichisches Institut für Baubiologie (IBÖ)
Landstraßer Hauptstr. 67/2
A-1030 Wien
Tel.: 0043 (222) 7133793

RAL Deutsches Institut für Gütesicherung und Kennzeichnung e.V.
Bornheimer Str. 180
5300 Bonn 1
Tel.: 0228/72614-0

Rationalisierungskuratorium der Deutschen Wirtschaft (RKW)
Düsseldorfer Str. 40
6236 Eschborn/Ts.
Tel.: 06196/4951

Rat von Sachverständigen für Umweltfragen
Gustav-Stresemann-Ring 11
6200 Wiesbaden
Tel.: 06121/752177

Schweizerische Vereinigung für ökologisch bewußte Unternehmensführung (Ö.B.U./A.S.I.E.G.E.)
Pf. 9
CH-9001 St. Gallen
Tel.: 071/286302

Schweizerischer Verband für Umwelttechnik
Elisabethenstr. 23
CH-4010 Basel
Tel.: 061/220288

Senator für Bauwesen der Freien Hansestadt Bremen
Pf. 1022
2800 Bremen 1
Tel.: 0421/3611

Senator für Stadtentwicklung und Umweltschutz
Otto-Suhr-Allee 18
1000 Berlin 10
Tel.: 030/25860

Stiftung Verbraucherinstitut
Reichpietschufer 74 – 76
1000 Berlin 30
Tel.: 030/2549020

Stiftung Warentest
Lützowplatz 11
1000 Berlin 30
Tel.: 030/2631-1

Studiengruppe für Biologie und Umwelt (sbu)
Nußbaumstr. 14
8000 München2
Tel.: 089/535010

Umweltbibliothek (der Zionskirche)
Griebenowstr. 16
DDR-1055 Berlin

Umweltbundesamt
Bismarckplatz 1
1000 Berlin 33
Tel.: 030/8903-1

Verband der Betriebsbeauftragten für Umweltschutz (VBU)
Alfredstr. 77 – 79
4300 Essen
Tel.: 0201/772011

Verband der Chemischen Industrie (VCI)
Karlstr. 21
6000 Frankfurt
Tel.: 069/2556-0

Wissenschaftszentrum Berlin
Griegstr. 5 – 7
1000 Berlin 33
Tel.: 030/8209050

WWF
Umweltstiftung WWF-Deutschland
Hedderichstr. 110
6000 Frankfurt a. M. 70
Tel.: 069/60500342

Zentralstelle für Rationelle Energieverwendung (ZRE)
Außenstelle Dresden
August-Bebel-Str.38
DDR-8020 Dresden
Tel.: 051/477979

Zentralverband des Deutschen Handwerks
Johanniterstr. 1
5300 Bonn 1
Tel.: 0228/545-1

Stichwortverzeichnis

Q

R

S

V

W

Z